IFRS 회계원리

IFRS 회계원리

제5판

반선섭
박창래
박종성
이은철
최수미
최종원
곽지영
이재홍

PRINCIPLES OF ACCOUNTING

서 문

2013년에 『IFRS 회계원리』 초판을 처음 출간하고 어느덧 10년의 시간이 흘렀다. 그동안 본서를 교재로 채택해 주신 교수님들께 깊은 감사를 표하며, 한편으로 독자들에게도 무한한 고마움을 느끼고 있다. 본서를 처음 출간할 당시 본서의 목표는 회계순환과정을 완전히 숙지하고 중급회계를 공부하기 위한 회계입문서로서의 역할이었다. 초판을 출간하고 10년이 지난 지금 시점에서 평가해 보면 이러한 목표는 이루어졌다고 판단된다. 이러한 판단은 강의를 하신 교수님들뿐만 아니라 학생들을 통해서 확인할 수 있었다.

본서를 출간한 이후 저자들은 나름대로 많은 책임을 느껴 왔다. 교재의 내용 중 오류는 없는지, 또한 설명이 미흡해 독자들이 이해하는 데 부족한 부분은 없는지 등 보다 훌륭한 교재를 출간하기 위해 서로 많은 의견을 주고받았다. 강의를 통해 저자들 모두 공통적으로 느끼고 있는 것은 난이도가 적당하다는 사실이다. 이는 본서가 회계원리 수준에서 담고 있어야 할 내용을 빠짐없이 다루고 있어서 회계원리를 요구하는 각종 자격시험(공무원 시험 포함)을 준비하는 데 유용하다는 의미이다. 뿐만 아니라 이후 중급회계를 공부하는 데 필요한 기초지식을 습득하는 데 충분하다는 의미이기도 하다. 그러나 한편으로 부드럽게 연결되지 못한 부분과 이해가 쉽지 않은 문맥들이 상당수 발견되었고, 책에서 배운 회계지식을 현실 속의 회계로 자연스럽게 연결시키기에는 부족하다는 아쉬움을 느끼게 되었다.

제5판을 출간하면서 난이도는 전과 동일하게 유지하고 각각의 장과 주제를 부드럽게 연결시키기 위해 많은 노력을 하였다. 이를 위해 일부 내용을 새롭게 추가하고 문맥을 수정하였으며 이해에 도움이 될 추가적 설명을 아끼지 않았다. 그리고 연습문제 중 너무 어렵거나 그 양이 방대한 문제들을 제거하고 새로운 문제들을 추가하여 전체적으로 회계원리 수준에 적합하도록 다듬었다. 뿐만 아니라 각 장별로 다루어지는 여러 주제들과 관련된 사례들을 최근 내용으로 변경하였고 신문기사들을 QR코드를 통해 접하면서 현실 속의 회계에 한걸음 더 가까이 다가갈 수 있도록 「QR코드로 배우는 회계」 코너를 보완하였다.

끝으로 본서를 출간한 신영사의 권영섭 사장님을 비롯한 임직원들께는 항상 고마움을 느끼고 있다. 아울러 잘못된 내용과 개선사항을 세밀하게 지적해 준 강릉원주대 박창래 교수님께 이 자리를 빌려 감사드린다. 사실, 저자들이 가장 고마우면서도 두려운 존재는 누구보다도 본서로 회계학을 처음 공부하는 독자들이다. 왜냐하면 '정보의 유용성'을 제일의 덕목으로 하는 회계학과 마찬가지로 독자들이 외면하는 도서나 무책임한 도서는 출간할 가치가 없기 때문이다. 본서가 독자들에게 탁월한 선택이 되게끔 저자들은 앞으로도 최선을 다할 생각이다.

2023년 7월
저자 일동

[교수님들을 위한 자료]
본서를 강의교재로 채택하는 교수님들을 위해 Power Point용 ppt file을 준비했습니다. 뿐만 아니라 연습문제와 해답을 흔글문서로 작성해 함께 제공해 드리오니 강의와 시험문제 출제 등에 참고하시기 바랍니다. 관련 자료들은 신영사(031-946-2894)에 문의하시면 받으실 수 있습니다.

초판 서문

저자들은 회계원리를 강의해 오면서 회계원리의 강의 범위와 깊이에 대해 많은 논의를 한 바 있다. 회계원리를 한 학기에 마치는 대학과 두 학기에 걸쳐 강의하는 대학이 있는가 하면, 중급회계가 필수인 대학이 있고 그렇지 않은 대학이 있다. 이런 상황에서 회계원리의 집필 범위를 결정한다는 것이 그리 쉬운 일은 아니었다. 처해진 상황이 어떻든 회계원리의 본질은 회계환경의 이해와 더불어 회계순환과정을 숙지하는 데 있다는 점에 저자들 모두가 공감하였다. 그리고 회계원리에서 다루어야 할 최소한의 내용에 어느 정도 플러스 알파의 동의가 이루어졌다. 이렇게 취합된 의견에 따라 본서를 출간하게 되었다.

본서는 기존의 회계원리 교재에 비해 다음과 같은 특징이 있다. 첫째, 회계순환과정에 초점을 두어 이 부분에 대해 자세한 설명을 하였다. 특히, 처음 접하는 독자들이 이해하기 어려운 결산조정분개와 재무제표의 작성 등 결산과정에 대해 자세히 설명하였다.

둘째, 회계원리는 연습을 많이 해야 자기 것이 된다는 점에 비추어 다양한 연습문제를 실었다. 본문을 읽고 연습문제를 풀어 봄으로써 각 장의 이해정도와 어느 부분이 미흡한가를 알 수 있게 하였다.

셋째, 계정과목별 회계처리를 다룬 제Ⅲ부에서는 회계원리에서 기본적이면서 반드시 필요한 부분은 자세히 설명하고 어렵거나 복잡한 주제는 다루지 않았다. 예컨대, 은행계정조정이나 기본적인 감가상각방법 등은 자세히 설명하였고, 자산재평가모형이나 손상차손 및 퇴직급여부채 등은 중급회계에서 다루기로 하고 설명에서 제외하였다.

넷째, 필요한 각 장마다 포괄적인 종합사례를 다루었다. 각 장의 종합사례를 이해하면 해당 장의 본문 내용을 90% 이상 이해한 것으로 간주해도 좋을 정도로 매우 포괄적이며, 반드시 알아두어야 할 문제만 실었다.

다섯째, 독자들이 실무적 감각을 느낄 수 있게 기업의 실제 재무제표의 일부를 주석과 함께 소개하였다. 이렇게 함으로써 교과서에서 배운 내용이 실제로 기업에서 활용된다는 점을 알 수 있게 하였다.

여섯째, 지금까지 공표된 최근의 K-IFRS에 의해 서술하였다. 특히, 일반목적 재무보고의 목적과 재무정보의 질적 특성을 다룬 재무보고를 위한 개념체계(제6장)는 가장 최근에 발표된 보고서를 토대로 서술하였다.

본서는 모두 14장으로, 4부로 나누어 구성하였다. 제 I 부에서는 회계의 기본환경과 재무제표에 대해 설명하였다. 회계가 어떠한 학문이고, 재무제표에는 어떠한 것이 있으며 어떠한 내용을 담고 있는지를 이해할 수 있게 하였다. 제 II 부에서는 가장 중요한 회계순환과정에 대해 설명하였다. 거래의 분개방법, 전기, 시산표 작성, 결산조정분개, 재무제표 작성, 마감분개에 대해 자세히 설명하였다. 그리고 상기업의 회계순환과정과 회계의 기본이론인 개념체계를 다루었다. 제Ⅲ부에서는 재무제표의 주요 계정과목에 대해 설명하였다. 각각의 계정과목에 대해 기본적으로 알아두어야 할 내용에 대해서는 자세히 설명하였고 복잡한 주제에 대해서는 간단히 언급하거나 다루지 않았다. 제Ⅳ부에서는 현금흐름표와 재무제표분석을 다루었는데 기본적으로 알아두어야 할 내용에 대해서만 서술하였다.

그리고 각각의 장은 일러두기와 현장사례, 본문, 재무제표 공시 사례, Epilogue, 종합사례 및 연습문제로 구성하였다. 일러두기에서는 각 장에서 다룰 내용과 반드시 알아둘 중요한 용어에 대해 언급하였다. 현장사례는 해당 주제와 관련된 실제 신문기사를 소개하였다. 본문에서는 참고사항과 플러스강의 등을 통해 회계에 대한 이해와 지식의 폭을 넓힐 수 있게 하였다. 재무제표 공시 사례는 실제 기업의 재무제표로서 현실감을 느낄 수 있게 하였다. 종합사례는 해당 장의 포괄적인 문제로서 각 장을 정리하는 의미도 갖고 있다. 연습문제는 진위형, 완성형, 선다형, 주관식 문제로 구성하여 다양한 연습과 더불어 이해 여부를 확인할 수 있게 하였다.

본서의 연습문제 해답과 해설은 신영사 홈페이지(http://www.shinyoungsa.co.kr)에서 다운로드할 수 있도록 준비해 놓았다. 필요한 독자들은 참고하기 바란다. 모름지기 회계학은 문제를 열심히 풀어보는 자를 능가할 수 없다. 귀찮더라도 직접 풀어보기 바란다. 끝으로 본서의 출간을 맡아주신 권영섭 사장님께 진심으로 감사드리며, 김종복 상무님, 박지영 부장님, 권오석 부장님께도 감사드린다.

2013년 2월
저자 일동

차 례

제 I 부　회계의 기본개념

CHAPTER 1

회계학 입문

CHAPTER 2

재무제표

제Ⅱ부 회계순환과정

CHAPTER 3 회계순환과정(Ⅰ) : 거래의 식별과 기록

CHAPTER 4 회계순환과정(Ⅱ) : 결 산

제Ⅲ부 계정과목별 회계처리의 이해

CHAPTER 6 금융자산(Ⅰ) : 현금및현금성자산과 수취채권

CHAPTER 7

재고자산

CHAPTER 8

유형자산과 무형자산

CHAPTER 9

부 채

CHAPTER 10

금융자산(Ⅱ) 및 투자부동산

제Ⅳ부 현금흐름표와 재무제표의 활용

CHAPTER 12 현금흐름표

CHAPTER 13

재무제표 분석

PART

I 회계의 기본개념

제 1 장 회계학 입문

제 2 장 재무제표

CHAPTER 1

회계학 입문

일러두기 ●●● 본장의 주요 목적은 회계 및 이와 관련된 환경을 이해하는 데 있다. 본장에서는 회계를 처음 접하는 독자를 위해 자본시장에서 회계정보의 역할과, 회계가 어떠한 학문이고 또 어떻게 분류되는가를 설명한다. 뿐만 아니라 회계와 관련된 환경으로서 주식회사의 특징과 기업활동의 종류, 기업과 관련된 정보이용자와 그들의 특성, 재무회계와 관리회계의 차이점, 일반적으로 인정된 회계원칙, 외부감사제도, 회계윤리에 대해 살펴본다. 처음 접하는 회계용어가 생소하더라도 자주 읽어 친숙해질 필요가 있다.

주요 용어 ●●● 자본시장, 회계, 재무활동, 투자활동, 영업활동, 투자자, 채권자(대여자), 정보중개인, 재무회계, 관리회계, 일반적으로 인정된 회계원칙(GAAP), 외부감사제도, 분식회계

현장사례 저자들의 한마디 : 회계(會計)하기 전에 회개(悔改)하라

소년은 아빠를 대신해 양을 몰고 들로 나갔다. 곧 싫증을 느낀 소년은 늑대가 나타났다고 소리를 쳤다. 소년의 장난에 두 번의 헛걸음을 한 마을 사람들은 진짜 늑대가 나타났을 때 소년의 말을 믿지 않았다. 그래서 소년은 양을 모두 잃게 되었다. 이솝우화에 나오는 양치기 소년 이야기이다.

외환위기 이후 우리나라 기업들이 얼마나 많은 거짓말을 해왔는지가 드러나면서 우리나라 자본시장에 공시되는 기업정보, 특히 회계정보에 대한 불신이 확산되었다. 이를 해결하기 위해 많은 노력이 있었지만 최근 조사결과에 의하면 우리나라 회계투명성 수준은 여전히 낮게 평가되고 있다. 기업의 회계정보는 재무제표로 제공되며, 이는 투자자들이 의사결정을 할 때 가장 중요시하는 정보 중 하나이다. 회계정보에 대한 불신은 결국 자본시장을 마비시키며 이로 인한 피해는 온 국민이 함께 겪게 된다. 우리는 외환위기를 겪으며 회계정보의 중요성에 대해 몸소 체험한 바가 있으며 외환위기 이후 수년간 회계투명성을 확보하기 위한 다양한 제도적 장치를 마련하였다.

그러나 이러한 제도적 개선에도 불구하고 아직도 우리나라 회계정보에 대한 불신은 해소되지 않고 있는 것 같다. 지난 2001년 미국의 PwC(PricewaterhouseCoopers)가 전 세계 35개국을 대상으로 투명성에 대한 설문조사를 실시한 결과, 회계분야에서의 우리나라의 불투명지수는 조사대상국 35개국 중 꼴찌인 35위를 차지하였다. 2001년이면 회계투명성을 위한 제도개선의 성과가 나타나기에는 조금 이른 시기라고 생각할 수도 있다.

그러나 2006년에 스위스 로잔에 있는 국제경영대학원인 IMD(International Institute for Management Development)가 발표한 '회계 및 감사분야'에 대한 평가결과에서도 61개국 중 58위를 차지하였다. 그렇다면 외환위기 이후 도입한 수많은 회계제도들이 효과가 없었던 것일까? 외환위기 이후에도 우리나라 기업들이 여전히 분식회계를 많이 하고 있는 것일까? 일부 회계학자들은 설문조사 자체에 문제를 제기하기도 하지만, 저자들이 생각하기에는 반드시 그렇지는 않은 것 같다.

PwC나 IMD의 설문조사는 주로 기업의 정보를 이용하는 투자자, 애널리스트들을 대상으로 한 것이다. 즉, 이 설문조사결과는 기업의 회계투명성이 개선되지 않았다고 해석할 것이 아니라, 회계투명성에 대한 불신이 아직 해소되지 않은 것으로 해석되어야 할 것이다. 이는 한 번 잃은 신뢰를 되찾기가 얼마나 힘든 것인지를 보여주는 사례이다.

한국회계기준원(http://www.kasb.or.kr)

지나고 보니 외환위기는 우리에게 많은 교훈을 주었다고 할 수 있다. 특히 회계정보의 신뢰성에 대한 중요성을 인식하게 해주었고, 이를 개선할 수 있게 해주었다. 그러나 Korea Discount 현상을 보면 한 번 잃어버린 신뢰를 회복하는 것이 얼마나 어려운가를 깨닫게 된다. 그래서 '회계(會計)하기 전에 회개(悔改)하라'는 말은 회계를 처음 접하는 사람들이 반드시 명심해야 할 문구이다.

윤리의식이 없다면 아무리 유용한 제도와 장치도 무용지물이며, 떨어진 신뢰성을 회복하기 위해서는 많은 시간과 노력이 요구된다.

제 1 절 의사결정과 회계정보

1 의사결정과 정보의 역할

의사결정과정에서 정보의 역할을 이해하기 위해 다음의 몇 가지 예를 들어 보자.

백두은행이 자금 대출을 요구하는 기업에 대출 여부를 결정해야 하는 상황에 직면해 있다고 하자. 그러면 자금 대출을 요구하고 있는 기업에 대해 백두은행은 대출 여부, 이자율과 대출기간을 결정해야 한다. 백두은행은 이러한 결정을 하기 위해 대출을 요구하는 기업에 여러 정보를 요구할 것이다. 예를 들면 다음과 같다.

백두은행의 대출심사시 필요한 정보

- 대출요청 기업이 과거에 대출받은 금액은 얼마인가?
- 대출요청 기업은 영업활동을 통해서 돈을 잘 벌어들이고 있는가?
- 과거에 대출받은 금액에 대해서 이자는 정상적으로 잘 갚고 있는가?
- 혹시 대출금을 연체하더라도 회수할 수 있는 충분한 담보가 있는가? 등

다른 예로 주식에 투자하는 어떤 개인투자자를 가정해 보자. 이 개인투자자는 증권회사의 자문을 받아 투자할 주식의 종목을 결정하는 것이 아니라 본인 스스로 결정한다고 하자. 그러면 개인투자자는 어느 기업의 주식에 투자할 것인가를 결정해야 할 것이다. 이를 위해 개인투자자는 투자종목을 결정하는 데 도움이 될 것이라고 판단되는 기업에 관한 자료를 수집할 것이다. 예를 들면 다음과 같다.

개인투자자의 투자종목 결정시 필요한 정보

- 투자할 기업은 영업활동을 통해서 돈을 잘 벌어들이고 있는가?
- 투자할 기업은 경쟁사에 비해 돈을 더 잘 벌고 있는가?
- 투자할 기업의 미래 전망은 양호한가?
- 투자할 기업의 채무는 많지 않은가? 등

위의 두 가지 예에서 우리가 공통적으로 느끼는 것은 문제를 해결하기 위해

무엇인가를 선택(투자할 대상 기업)하거나 결정(특정 기업에 대한 대출 여부)해야 한다는 것이다. 그리고 그 결정을 잘하기 위해서 우리는 정보를 필요로 한다.

그런데 정보가 없다면 의사결정자들은 어떠한 대안을 선택해야 할지 막막할 것이며, 의사결정 결과를 운에 맡길 수밖에 없을 것이다. 즉, 합리적 의사결정을 기대하기 어려울 것이다. 결국 정보는 의사결정과정에서 불확실성을 감소시켜 주는 역할을 함으로써 합리적 의사결정을 하도록 유도한다.

2 의사결정기준과 정보의 특성

그러면 백두은행이나 개인투자자는 어떠한 기준으로 의사결정을 해야 하는가? 아마도 백두은행은 백두은행의 가치(경제적 부)를 극대화시키고 개인투자자는 본인의 가치(경제적 부)를 극대화하는 대안을 선택할 것이다. 즉, 백두은행이나 개인투자자 모두 가치의 극대화가 의사결정의 기준이 될 것이다.

또한 백두은행이나 개인투자자는 기업이 소유하고 있는 것으로서 경제적 가치가 있는 것과 기업이 상환해야 하는 채무, 당해 연도 기업의 매출액과 순이익, 기업이 생산하는 제품의 종류 등 다양한 정보를 필요로 한다. 기업들은 간혹 다음 연도의 매출액 등 미래와 관련된 정보를 제공하기도 하지만 주로 과거와 관련된 정보를 제공한다. 또한, 장래의 경영계획 등 서술 형태의 정보를 제공하기도 하지만, 매출액 등 주로 화폐금액으로 측정되는 정보를 제공한다.

앞으로 설명하겠지만 이와 같은 정보는 주로 회계에 의해 제공되며, 이를 회계정보(accounting information)라 한다. 회계정보의 특성을 나타내면 1-1 과 같다.

1-1 기업에 관한 정보와 회계정보의 관계

성격 \ 시점	미 래	과 거
비화폐적 정보	• 차기 연도의 신입사원 채용 인원 • 차기 연도에 개발할 제품 종류 등	• 지난 연도의 파업일수 • 지난 연도의 특허권 등록 수 등
화폐적 정보	• 차기 연도의 매출액 • 차기 연도의 영업이익 등	• 지난 연도 말의 부채총액 • 지난 연도의 당기순이익 등

* 외부에 제공되는 회계정보는 주로 음영으로 표시한 영역이며, 기업의 경영자는 회계정보뿐만 아니라 미래·과거의 비화폐적 정보와 미래의 화폐적 정보를 이용하여 경영의사결정을 수행한다.

3 자본시장과 회계정보

기업과 관련된 예를 바탕으로 자본시장에서 회계정보가 어떤 역할을 하는지에 대해 살펴보자. 이는 기업과 투자자(또는 채권자)의 관계이기도 하다.

자본시장에는 자금을 필요로 하는 기업(경영자)과 여유자금을 가지고 투자할 곳을 찾고 있는 투자자(또는 채권자)가 있다. 기업의 경영자는 좋은 아이디어를 갖고 있는데 이를 상품화하기 위한 자금이 부족한 상황이고, 투자자는 여유자금은 갖고 있는데 이를 더 증식시키고 싶은 사람들이라고 이해해도 좋다. 이 두 부류의 사람들이 잘 만날 수 있다면 투자자의 여유자금이 기업으로 유입되어 좋은 상품들이 개발될 수 있을 것이고 이로 인한 혜택은 사회 전체가 누리게 된다. 이러한 과정이 원활하게 이루어지도록 자본이 중개되는 시장을 자본시장(capital market)이라고 한다.

자본시장은 다양한 참여자들로 구성되어 있다. 각 참여자별로 구체적인 역할은 본서의 범위를 넘어가므로 자세히 언급하지는 않는다. 그러나 중요한 참여자의 자본시장 내의 위치와 역할을 간략히 소개하면 1-2 와 같다.

사용할 수 있는 자본은 한정되어 있으므로 가능한 한 한정된 자본이 더 좋은 아이디어를 가진 곳에 투자되는 것이 바람직할 것이다(1-2 에서 ①). 한편, 기업은 아이디어를 상품화하기 위해서 자금이 필요하다(②). 자금을 필요로 하는 기업 중 어떤 기업에 투자하는 것이 좋을지를 판단하기 위해서는 정보가 필요한데, 이 중에서 가장 중요한 정보가 바로 회계정보이다(④). 그래서 기업들은 정보를 만들어 자본시장에 제공(이를 공시라고 한다)하며 투자자(또는 채권자)는 여러 기업들의 정보를 비교하여 더 좋다고 판단되는 곳에 자금을 투자(혹은 대여)하게 된다(③).

그런데 기업은 자금조달을 보다 쉽게 하기 위해서 자신의 모습을 과대포장하고 싶은 욕구가 있게 마련이다(우리가 포토샵을 이용하여 사진을 수정하는 것도 마찬가지이다). 이는 기업의 참모습(원판)을 잘 반영하지 못하는 거짓된 정보이다(사진만 보고 미팅에 나갔다가 사진과 너무 달라서 실망한 경우를 생각해 보라). 자본시장에 이처럼 거짓된 정보(과대포장된 정보)가 흘러다닌다면 자본시장 내의 여유자금을 가진 투자자(채권자)들은 더 이상 기업들이 공시한 정보를 믿지 않을 것이고, 투자도 하지 않을 것이다. 이를 방지하기 위해 기업이 작성하여 공시한 회계정보가 믿을만한 것인지를 검증해 주는 장치인 외부감사제도가 필요한 것이다(⑤). 외부감사제도란 결국 기업이 만든 정보에 신뢰성을 부여해 주기 위한 제도이다. 외부감사를 하는 사람은 기업과 아무런 이해관계가 없어야 하며 회계에 대한 전문지식을 갖고 있어야 한다.[1)]

1-2 자본시장의 참여자와 회계정보의 역할

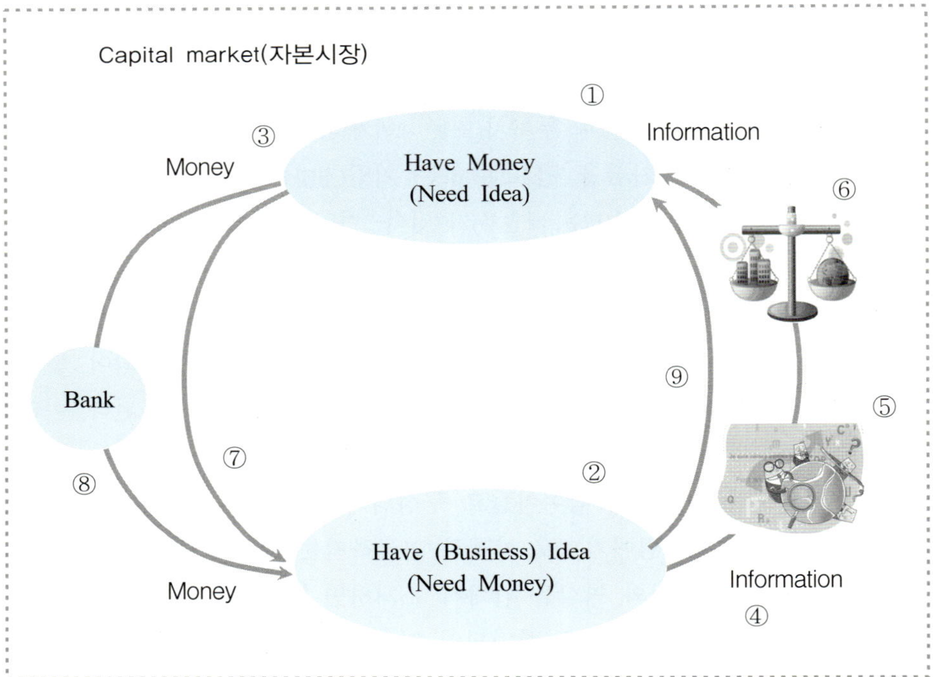

① 투자자, 채권자 – 자금공급자
② 기업(경영자) – 자금수요자
③ 자금(돈)
④ 정보(회계정보)
⑤ 외부감사인(공인회계사)
⑥ 정보중개인 : 애널리스트, 신용평가기관
⑦ 직접금융(주식발행)
⑧ 간접금융(차입)
⑨ 배당과 이자

자본시장 참여자 중에는 정보중개인(애널리스트, 신용평가기관)도 있다. 특히 애널리스트는 주로 증권회사에 소속되어 기업이 공시한 정보들을 분석하는 전문적인 지식을 갖추고 있는 사람들이다. 이들은 어려운 정보들을 투자자들이 이해하기 쉽게 해석해 주는 역할을 담당하고 있다(⑥).

지금까지는 기업의 정보가 투자자(혹은 채권자)에게 전달되는 과정을 소개한 것이다. 이러한 정보를 바탕으로 기업은 자금을 공급받게 되는데, 우량한 기업일수록 더 쉽게 자금조달이 가능하다. 기업이 자금을 조달하는 방법은 크게 투자와 차입으로 나눌 수 있다. 투자는 주식을 발행하는 것이며(⑦), 차입은 은행으로부터 자금을 빌리는 것이다(⑧). 그리고 투자자(또는 채권자)는 투자(대여)의 대가로 배당(이자)을

1) 공인회계사의 역할과 감사의견 등 외부감사제도에 대해서는 본장의 제6절에서 설명한다.

받게 된다(⑨).

자본시장 내의 정보와 자금의 흐름이 잘 이루어진다면 좋은 아이디어를 가진 기업에 자금이 보다 더 많이 저렴한 비용으로 유입될 것이다. 자금을 유입받은 기업은 좋은 아이디어를 상품화하여 고객에게 제공하게 된다. 이렇게 되면 사회 전체적인 후생이 극대화될 것이다.

▶ QR코드로 배우는 회계
회계 기초지식을 알아야 한다

반대로 자본시장에 거짓정보가 난무하여 투자자들의 의사결정을 어렵게 한다면 투자자들이 투자하지 않거나 투자한 자금마저 회수할 것이므로 사회 전체가 어려움을 겪게 될 것이다.

제 2 절 회계의 정의

초창기에는 회계를 장부에 기록하고 재무상태나 경영성과를 파악하는 측면으로만 단순하게 정의했다.[2] 그러나 오늘날에는 회계를 기업의 의사결정과 관련된 정보시스템으로 정의하는 것이 일반적이다. 이러한 현대적 의미에서의 회계는 1-3 과 같이 정의할 수 있다.

1-3 회계의 정의

회계(會計, accounting or accountancy)란 회계실체가 정보이용자들이 그들의 의사결정을 합리적으로 할 수 있도록 회계실체에 관한 재무적 정보를 식별 · 측정 · 전달하는 과정이다.

이상의 회계에 대한 정의는 다음과 같은 특성을 갖고 있다.

---

2) 이런 점에서 일부 사람들은 부기(bookkeeping)와 회계를 같은 것으로 오해하고 있다. 이러한 오해는 회계가 부기기능을 포함하고 있기 때문인 것으로 풀이된다. 그러나 회계는 그 이상을 내포하고 있다. 부기는 통상 경제적 사건을 장부에 기록하는 데 한정된다. 그러므로 부기는 회계의 극히 일부분이다. 회계는 경제적 사건을 식별하고 기록하여 이를 전달하는 모든 과정이 포함된다. 뿐만 아니라 회계는 의사결정과 관련된 제반 문제를 연구영역에 포함시켜 서비스를 제공하는 사회과학의 한 학문으로 자리잡고 있다.

(1) 회계가 제공하는 정보는 회계실체에 관한 것이다

회계실체(accounting entity)란 회계가 이루어지는 범위를 한정하는 것으로 소유주나 경영자와는 별도로 존재하는 관념상의 단위이다. 회계실체는 영리추구를 목적으로 존재하느냐 그렇지 않느냐에 따라 영리조직과 비영리조직으로 구분된다. 영리조직의 대표적 예가 기업이며, 비영리조직의 예로 정부기관과 대학, 병원, 교회 등을 들 수 있다. 회계는 회계실체의 영리추구 여부에 따라 분류되기도 한다. 즉, 영리조직인 기업에서 행하는 회계를 영리회계 또는 기업회계라 하며, 비영리조직에서 행하는 회계를 비영리회계라 한다. 자본시장에서 투자자나 채권자가 필요로 하는 정보는 기업에 관한 정보이기 때문에 회계에서는 주로 기업에 관한 정보 제공과 활용 방법을 다룬다. 그러므로 회계라 하면 대부분 기업회계를 의미한다. 그러나 기업 외에도 정부기관이나 대학, 병원과 같은 비영리조직도 회계실체가 될 수 있음은 당연하다. 다만 우리가 앞으로 배울 회계는 영리목적인 기업이 행하는 회계에 한정된다.3) 즉, 기업을 회계실체로 간주한다.

(2) 회계는 정보이용자(information users)를 돕는 역할을 하고 있다

회계정보이용자는 기업 내부에 있는 내부 정보이용자와 기업 외부에 있는 외부 정보이용자로 분류할 수 있다. 내부 정보이용자는 경영자라 할 수 있으며, 외부 정보이용자로는 투자자와 채권자, 공급자, 정부당국, 정보중개인 등이 있다. 회계는 정보이용자에 따라 크게 재무회계와 관리회계로 분류된다. 정보이용자와 회계의 분류에 대해서는 절을 달리하여 제4절과 제5절에서 설명한다.

(3) 회계는 정보이용자들이 합리적으로 의사결정을 할 것이라고 가정한다

여기에서 합리적이란 용어는 경제적이라는 뜻으로 사용되기도 한다. 즉, 합리적 의사결정이란 여러 대안 중 동일한 원가(cost)가 소요되는 경우 효익(benefit)이 가장 큰 대안을 선택한다는 의미이다.4)

(4) 회계는 주로 회계실체(기업)에 관한 재무적 정보를 제공한다

여기서 재무적 정보(financial information)란 화폐금액으로 측정가능한 정보를 의

---

3) 이처럼 누구의 회계정보를 제공할 것인가를 회계실체라 한다. 즉, 회계원리에서의 회계실체는 주로 영리목적의 기업(예 : 삼성전자)이며, 다른 용어로 기업실체라고도 한다.

4) 경영학 또는 경제학에서 '효율적'이라는 용어와 '효과적'이라는 용어를 사용한다. 효율성(efficiency)은 동일한 투입량을 기준으로 한 산출량으로 측정(즉, 산출량/투입량)하며, 효과성(effectiveness)은 목표치에 도달하는 정도로 측정한다.

미한다. 재무적 정보에는 기업의 재무상태와 경영성과, 현금흐름 및 자본변동에 관한 내용이 포함된다.

(5) 회계는 회계상의 거래를 식별하고 측정하여 이를 정보이용자에게 전달하는 과정으로서, 용역제공활동(service activity)이라 할 수 있다

여기서 식별(identification)이란 기업의 여러 가지 활동 중에서 회계기록의 대상이 되는 활동을 확인하는 것이며, 측정(measurement)이란 이러한 대상에 대해 구체적인 화폐금액을 부여하는 과정을 말한다.[5] 그리고 전달(communication)은 주로 재무제표를 통해 이루어진다. 회계를 기업의 언어(language of business)라고 부르기도 하는데, 이는 회계정보가 적정히 작성되어 이해관계자들의 의사결정에 유용하게 활용될 수 있도록 전달함으로써 이들간의 의사소통수단이 될 수 있기 때문이다.

제 3 절 회계실체로서의 기업

1 기업의 의의와 종류

기업(enterprise or firm)은 영리를 목적으로 인적자원과 물적자원을 결합하여 생산된 재화를 고객에게 인도하거나 용역을 제공하는 조직이라 할 수 있다. 오늘날 자본주의 경제체제에서 가장 대표적인 기업유형은 주식회사이다.

주식회사(corporation)는 주식(주권)으로 분할된 자본을 중심으로 하여 설립된 법인체이다. 주식회사의 소유주를 주주라 하는데, 주주는 출자한 자본금의 한도 내에서만 간접적인 유한의 책임을 질 뿐 기타의 모든 책임은 주식회사 자체가 부담하게 된다.

5) 회계기록의 대상이 되는 사건을 식별하고 화폐금액을 부여하여 장부에 기록하는 것을 인식(recognition)이라 한다. 즉, 인식이란 용어는 기록이라는 의미로 이해하면 된다.

2 주식회사의 특징

주식회사는 소유주(주주)와는 별도로 구분되는 실체로서, 자연인인 사람과 마찬가지로 향유할 권리와 부담할 의무를 갖는데, 이를 주식회사에는 법인격이 있다고 한다. 즉, 주식회사는 자신의 이름으로 부동산을 구입하여 소유할 수 있는 권리를 갖고 있고, 종업원을 채용할 수 있을 뿐만 아니라 세금을 납부해야 할 의무를 갖기도 한다.

기업을 주식회사 형태로 조직하여 운영하는 경우 다음과 같은 장점이 있다.

(1) 주식회사의 주주는 본인이 출자한 금액 한도 내에서만 책임을 지는 유한책임(limited liability)만을 부담한다

예를 들어, 부채가 ₩50,000인 상황에서 파산한 주식회사에 ₩10,000을 투자한 주주가 있다면 이 주주는 ₩50,000의 부채를 상환해야 하는 의무를 부담하는 것이 아니라 자신이 투자한 ₩10,000에 대해서만 책임지면 된다. 즉, 주주는 회사가 파산할 경우 자신의 투자금액만큼만 손해를 보는 것이다.

(2) 주식회사는 소유권의 양도가 자유롭다

주식회사의 경우에는 소유권을 나타내는 주식을 팔고 사는 것으로 소유권이 쉽게 이전된다. 즉, 해당 기업이 매력적인 투자대상이라고 판단한 투자자들은 그 회사의 주식을 자유롭게 살 수 있으며, 현재의 주주 또한 아무런 제한 없이 자신의 소유지분을 이전할 수 있다. 쉽게 생각하여 여유자금이 있어서 주식을 샀다가 자금이 필요할 때 주식을 팔면 된다고 이해해도 좋다.

(3) 주식회사 형태의 기업인 경우에는 대규모 자본조달이 용이하다

앞서 언급한 바 있듯이 주주가 유한책임을 지고 주식의 이전이 자유롭기 때문에 투자자는 유용한 투자수단으로 주식회사의 주식에 투자하여 소유하게 된다. 또한 주식회사의 소유권인 소유주 지분이 소규모의 금액인 주식으로 분할되어 있기 때문에 투자자들은 소액의 자금으로도 주식을 취득하여 배당금을 받거나 주가 상승으로 경제적 이득을 취할 수 있다. 그러므로 주식회사 형태로 기업을 설립하는 경우에는 일반대중으로부터 상대적으로 투자자금을 쉽게 모집할 수 있다. 예를 들어 한 명에게 1억원을 모집하는 것보다 천 명에게 ₩100,000씩 모집하는 것이 더 쉽다는 것이다.

(4) 일반적으로 주식회사는 소유와 경영이 분리됨에 따라 전문경영인을 영입하여 기업의 경영을 위탁할 수 있다

주식회사에서 대부분의 주주들은 회사의 일상적인 경영활동에는 참가하지 않고, 전문경영인들을 고용하여 이들에게 경영활동을 위임하고 있다.

> ▶ QR코드로 배우는 회계
> 회사경영 최선 다하도록…
> CEO에 '스톡옵션'

주식회사의 소유주인 주주들은 보통 1년에 한 번 이루어지는 정기주주총회에 참가하여 경영자의 경영성과를 평가하거나 배당의 결정 및 경영진을 선임하는 등 회사경영에 간접적인 역할만 수행하고 있다. 이와 같이 소유와 경영이 분리된 주식회사에서는 전문경영인들에게 경영을 위탁함으로써 보다 나은 경영성과를 기대할 수 있다.

3 기업활동의 분류와 회계정보

기업의 활동은 크게 재무활동, 투자활동, 영업활동으로 분류한다. 이를 도시하면 1-4 와 같다.

1-4 기업활동의 분류

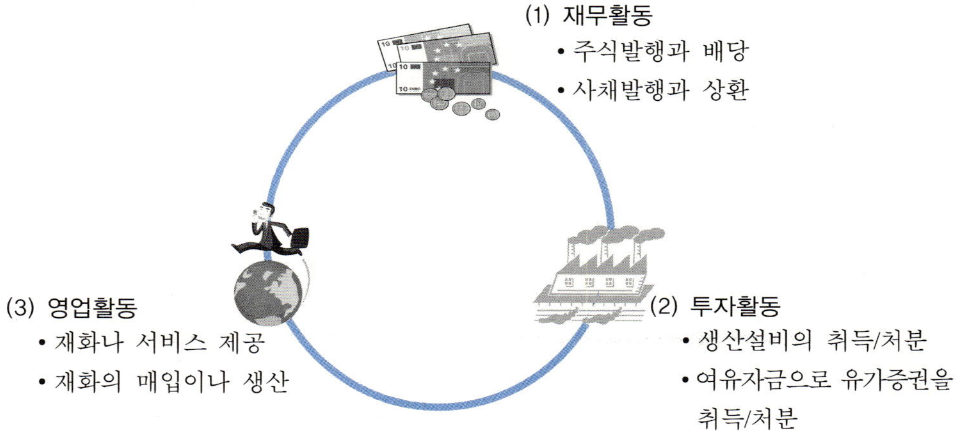

(1) 재무활동(financing activities)은 자금을 조달하거나 상환하는 활동이다

기업이 경영활동을 수행하기 위해서는 많은 자금이 필요한데, 기업 자체의 자금만으로는 부족한 경우가 많다. 따라서 소유주(주주)가 추가로 출자하거나 은행 등 외부로부터 자금을 조달해야 한다. 이때 기업이 필요한 자금의 조달방법과 규모를 결정하여 실제로 자금을 조달하거나 이를 상환하는 기업의 활동을 재무활동이라 한다. 소유주가 출자하여 기업이 보유하고 있는 자본을 자기자본이라 하며, 사채를 발행하거나 은행으로부터 차입하여 기업이 보유하고 있는 자본을 타인자본이라 한다.

재무활동의 예

> 예를 들어 ₩1,000,000의 자금을 조달하는 방법은 다음과 같다.
> 1) 1주당 ₩10,000씩 100주의 주식을 발행하면 ₩1,000,000의 자금을 조달할 수 있다. (주식발행)
> 2) 액면 ₩10,000인 회사채를 100장 발행하면 ₩1,000,000의 자금을 조달할 수 있다. (사채발행)
> 3) 은행으로부터 ₩1,000,000을 차입한다. (금융기관을 통한 차입)

이 세 가지 자금조달방법은 기업에 ₩1,000,000의 자금이 조달된다는 공통점이 있다. 그러나 주식을 발행하는 경우(자기자본)는 투자자를 모집하는 것이므로 갚을 의무가 없지만, 사채발행이나 차입의 경우(타인자본)는 빌린 것이므로 갚아야 할 의무가 있다는 점에서 차이가 있다.

(2) 투자활동(investing activities)은 영업활동에 사용할 목적 또는 투자목적(여유자금 운용)으로 경제적 자원을 취득하거나 처분하는 활동을 말한다

투자활동으로 취득하는 경제적 자원으로는 토지와 건물, 기계장치, 차량운반구 및 유가증권이나 투자부동산 등이 있다. 토지는 생산활동을 위한 공장이나 사무실 등의 건설을 위해 필요하고, 기계장치는 제품 등의 재화를 직접 생산하는 데 활용되며, 차량운반구는 원자재나 생산된 재화를 운반할 때 사용되는 경제적 자원이다. 한편, 기업이 여유자금이 생겼을 때 그 자금으로 유가증권이나 투자부동산을 취득하고 처분하는 활동도 투자활동에 속한다.

투자활동의 예

1) 본사 건물의 건설을 위해 ₩1,000,000을 주고 토지를 취득하다.
2) 상품의 운송을 위해 ₩1,000,000을 주고 트럭을 구입하다.
3) 코스닥시장에서 타기업인 A기업이 발행한 주식 100주(1주당 ₩10,000)를 ₩1,000,000에 취득하다.
4) 1주당 ₩10,000에 취득했던 A기업의 주식 가격이 상승하여 1주당 ₩15,000에 10주를 처분하다.

(3) 영업활동(operating activities)은 재화를 생산하거나 상품을 매입하여 고객에게 판매하거나 용역 등을 제공하여 수익을 창출하는 활동이다

기업은 영업활동을 통해 수익을 창출하고 이를 바탕으로 생산원가(원재료)와 근로자 또는 사원의 노동에 대한 대가(노무비 또는 급여 등) 및 사용한 자금에 대한 대가(이자비용)를 지불하며, 나머지는 기업 내부에 유보하여 미래의 성장을 위해 재투자한다. 그러므로 영업활동의 결과는 바로 기업의 경영성과와 연계되어 기업이 성장하거나 쇠퇴하는 원인이 되기 때문에 영업활동이 기업활동의 주된 핵심이라 할 수 있다.

영업활동의 예

1) 거래처로부터 상품 ₩1,000,000을 현금으로 매입하다.
2) 원가 ₩500,000인 상품을 ₩600,000에 외상으로 판매하다.
3) 종업원에 대한 급여 ₩300,000을 현금으로 지급하다.
4) 외상판매대금 ₩600,000을 현금으로 회수하다.

이러한 세 가지 활동은 독립적으로 이루어지는 것이 아니라 상호 연관되어 수행된다. 기업의 주요 활동은 경영자의 의사결정을 통해 이루어지는데, 경영자는 장기계획을 수립하여 투자의사결정을 하고 투자에 소요되는 자금을 조달하기 위해 재무활동을 한다. 그리고 이러한 투자 및 재무 활동을 바탕으로 기업고유의 영업활동에 대한 의사결정, 즉 상품이나 원재료의 구입량과 구입시기, 제품의 생산량과 생산시기 및 판매량과 판매시기 등에 대한 의사결정을 수행한다. 이러한 세 가지 활동을 통합적으로 수행하는 경영자의 활동을 경영(management) 또는 경영관리(business administration)라고 한다.

제 4 절 회계정보이용자(기업의 이해관계자)

기업은 다양한 사람들과 이해관계를 맺고 있으며 이러한 이해관계자들은 각각의 목적에 따라 다양한 정보를 필요로 한다. 회계정보이용자로는 기업에 자금을 제공하는 주주와 채권자, 노동력을 제공하는 종업원, 시설이나 원재료 등을 공급하는 공급자, 정부기관, 세무당국, 각 이익집단들 및 기업을 경영하는 경영자 등 매우 다양하다. 회계정보이용자는 정보에 대한 접근가능성에 따라 외부 정보이용자와 내부 정보이용자로 나눌 수 있다. 외부 정보이용자 중에서 가장 중요한 정보이용자로는 투자자와 채권자가 있다. 이를 도시하면 1-5 와 같다.

1-5 회계정보이용자의 분류

• 소비자
－내가 이 회사의 제품을 구입하면 내가 사용하는 동안 고장났을 때 A/S는 잘 받을 수 있을까?

기타 정보이용자들
• 정부기관
• 시민단체
• 지역사회
• 공급자
• 정보중개인
• 일반대중

기업
• 경영자
－우리 회사 매출액이 증가했나?
－우리 회사 이익이 증가했나?
－주주들에게 얼마나 배당해야 할까?
－임금을 올려야 하나?

• 현재 및 잠재적 투자자
－내가 이 기업에 투자한다면 이 기업이 이익을 많이 남겨서 많은 배당을 해 줄까?
－지금 이 기업의 주가가 ₩1,000인데, 미래에 이보다 주가가 더 오를 가능성이 있을까?

• 현재 및 잠재적 채권자(대여자)
－내가 이 기업에 자금을 빌려주면 갚기로 약속한 날에 원금을 회수할 수 있을까?
－기업이 망할 가능성은 없나? 그러면 이자는커녕 원금도 못 받게 될 텐데…

• 종업원
－이 회사의 급여나 복지후생은 잘되어 있는가?
－혹시 우리 회사 망하는 것은 아니야? 그럼 우리 가족의 생계는 어떡하지?
－이 회사에서 몇 년까지 근무할 수 있는가?

한편, 회계정보이용자들은 다양한 정보욕구를 갖고 있다. 이는 정보이용자들의 의사결정이 상이하기 때문이다. 따라서 필요로 하는 정보도 서로 다를 수밖에 없다.

1 투자자와 채권자

투자자(investors)는 기업이 발행한 지분증권(주식)에 투자한 자로서 소유주 또는 주주 등을 말한다. 투자자는 경영성과에 따라 배당을 받거나, 주가가 상승할 경우 이를 매각하여 시세차익을 얻을 목적으로 주식에 투자한다.

투자수익의 극대화라는 목적을 가진 투자자는 자신들이 소유하고 있는 제한된 자원을 여러 가지 투자안에 어떻게 효율적으로 배분할 것인가에 관한 의사결정을 하기 위하여 기업과 관련된 회계정보를 필요로 한다. 통상적으로 투자자는 현재 및 잠재적 투자자로 명명되는데, 현재 투자자는 주식을 보유하고 있는 자이고 잠재적 투자자는 아직 주식을 취득하지는 않았지만 미래에 주식을 취득할 가능성이 있는 자를 의미한다.

투자의사결정과 회계정보

잠재적 투자자의 고민 : A기업 주식의 주가가 지금 ₩1,000인데 앞으로 더 오를까? 오를 것 같으면 지금 사야 하는데…

현재 투자자의 고민 : A기업 주식 10주를 작년에 ₩1,000에 취득해서 갖고 있는데 오늘 주가를 보니 ₩2,500까지 올랐다. 더 오를 가능성이 있을까? 혹시 주가가 너무 많이 올랐기 때문에 이제 떨어지지는 않을까?

필요한 정보 : 미래에 A기업이 이익을 많이 낼 것으로 기대된다면, 주식을 보유하고 있는 주주들에게 많은 배당을 할 것이므로 주가가 계속 오를 가능성이 있을 것이다. 즉, 투자자에게는 미래에 A기업이 이익을 많이 낼 수 있을지에 대한 정보가 필요하다. 또한, 주가에 영향을 미칠 수 있는 정보, 예컨대 매출액의 추이나 신제품 개발활동 등에 관한 정보 등을 필요로 한다.

채권자(creditors)는 기업에 대해 법적으로 자금을 상환받을 권리가 있는 자금대여자를 말한다. 채권자는 기업에 자금을 대여하고 그 대가로 기업의 경영성과에 관계없이 안정적으로 매년 일정한 이자를 수취하며 약속된 기일에 원금을 회수하려고 한다. 이와 같이 안정적인 이자수취와 원금회수가 목적인 채권자 역시 자신들이 소유하고 있는 한정된 자금을 여러 기업들에 어떻게 효율적으로 배분할 것인가에 관한 의사결정을 위해 기업과 관련된 신뢰성 있는 회계정보를 필요로 한다.

대출의사결정과 회계정보

> 채권자의 고민 : A기업이 대출해 달라고 하는데 대출해 줘야 할까? 만약 대출해 준다면 1년에 이자를 얼마나 받아야 할까? 그리고 작년에 대출해 준 B기업은 대출기간을 2년 더 연장해 달라고 하는데 어떻게 해야 하지?
>
> 필요한 정보 : A기업이 앞으로 이자를 갚고 약속된 날짜에 원금을 상환하기에 충분한 이익을 벌어들이고 있다면 A기업에 대출해 주어도 된다. 그리고 A기업이 기존에 다른 은행으로부터 너무 많은 돈을 대출받아 파산할 가능성은 없는지 또는 기존에 대출받은 돈을 연체하고 있지는 않은지에 대한 정보도 필요하다.
>
> B기업 또한 대출기간을 연장하기 위해서는 이자를 정상적으로 갚을 수 있을지, 그리고 약속된 날짜에 원금을 상환하기에 어려움이 없을지에 대한 정보가 필요하다.

2 경영자(내부이용자)

기업의 회계정보는 경영자가 생산한다. 그러나 경영자는 기업경영과 관련한 다양한 의사결정에 회계정보를 이용하기도 한다. 즉, 경영자는 회계정보의 생산자이면서 수요자이다. 경영자는 기업의 전반적인 경영활동과 관련한 다양한 의사결정들을 하게 된다. 기업은 미래에 대한 목표를 설정하고 그 목표를 달성하기 위해 노력한다. 그리고 기간이 종료되면 실적을 측정하고 이를 목표치와 비교할 것이다. 실적이 목표치보다 낮다면 목표를 달성하지 못한 원인이 무엇인지를 분석하고 그 원인을 해소하기 위해 노력해야 할 것이다. 이러한 일련의 경영의사결정을 위해 경영자도 회계정보를 필요로 한다.

경영의사결정과 회계정보

> 경영자의 고민 : 한 달 있으면 주주총회가 열릴 예정이다. 올해 이익이 작년보다 떨어졌으면 나를 해임하려고 할 텐데 올해 이익은 얼마일까? 작년보다는 증가했을까? 감소했다면 그 이유는 무엇일까? 주주들에게 뭐라고 설명하지?
>
> 필요한 정보 : 작년과 올해의 판매량, 이익 등의 회계정보가 필요하다.

3 기타의 정보이용자

투자자와 채권자 이외의 외부 정보이용자로는 공급자, 정부기관, 세무당국, 정보중개인, 종업원, 소비자, 시민단체, 일반대중 등이 있다. 시설이나 원재료 등을 외상으로 공급하는 공급자들은 거래하고 있는 기업이 충분한 지불능력을 갖추고 있는지를 판단하기 위해 회계정보를 필요로 한다. 그리고 이를 바탕으로 장기적으로 거래를 지속할 것인가에 대해 판단하기도 한다. 이런 관점에서 볼 때 공급자가 필요로 하는 정보는 앞서의 채권자와 다를 바 없다.

정부기관은 기업들이 제공한 회계정보를 토대로 경제정책을 수립하거나 기업을 규제하는 정책을 입안하기도 한다. 예를 들어 당기순이익이 너무 많이 보고되는 산업의 회사에는 이익률을 낮추기 위해 재화나 서비스의 가격 인하를 유도할 것이다. 정부기관이 물가정책이나 기업경쟁력 제고를 위한 정책을 수립할 때에도 기업이 작성한 회계정보를 기초로 하며, 독과점 규제나 정부의 조달가격을 결정하기 위해서 회계정보를 활용하기도 한다.

규제기관의 또 다른 대표적 예로 금융감독원을 들 수 있다. 금융감독원은 투자자와 채권자를 보호하기 위해 기업들이 자본시장법 등 제반 법규를 준수하고 있는지를 감독하는 기관이다. 금융감독원은 기업들이 제공하는 회계정보를 분석하여 제반 법규를 준수하였는지를 판단하게 된다.

세무당국은 기업이 적절한 법인세를 납부하였는지를 판단하기 위해 회계정보를 필요로 한다. 기업은 기업이 벌어들인 만큼 세법에 따라 법인세를 납부해야 한다. 따라서 세금을 적게 납부하거나 세금탈루의 의혹이 있는 기업에 대해서는 그 기업의 회계정보를 자세히 분석하여 세법 규정의 위반 여부를 판단하게 된다.

정보중개인(information intermediaries)은 회계정보의 분석과 활용에 많은 시간과 노력을 투자할 수 없는 정보이용자들을 돕는 역할을 한다. 대표적 정보중개인으로 재무분석가와 신용평가기관 등을 들 수 있다. 재무분석가는 주로 기업의 주식가치 평가에 관한 정보를 투자자에게 제공하며, 신용평가기관은 회사가 발행하는 회사채의 신용등급에 관한 정보를 채권자에게 제공한다.[6] 정보중개인은 이러한 정보를 제공하기 위해 기업의 회계정보를 필요로 하기 때문에 투자자 및 채권자와 동일한

---

6) 우리나라의 경제에도 중대한 영향을 미치고 있는 Moody's Investor Service와 Standard and Poor's Corporation 등이 대표적인 신용평가기관이다. 그리고 재무분석가는 증권회사나 투자자문회사에 소속되어 분석활동을 할 수도 있고 개인적으로 분석업무를 수행하여 대가를 받고 분석결과를 판매하기도 한다.

정보수요를 갖고 있다고 할 수 있다.

기업에 노동력을 제공하는 종업원들은 회계정보를 통해 직업의 안정성이나 승진가능성 및 자기계발 가능성을 알아볼 수 있다. 그리고 노동조합에서는 임금의 인상폭을 결정하는 협상에 회계정보를 활용할 수 있다. 또한 잠재적 근로자, 즉 미래에 취업할 기업을 정하는 사람들도 어떤 기업에 취업할 것인지를 결정할 때 해당 기업의 회계정보 등을 이용하여 기업의 장기전망에 대해 평가하게 된다.

기업의 제품을 구매하는 소비자들은 구입할 제품을 사용하는 동안 A/S를 받을 수 있을 정도로 안정적인지에 대해 관심을 가질 것이며 이를 위해 기업에 대한 정보를 필요로 할 것이다.

이 외에도 일반대중, 시민단체들도 기업에 대해 관심을 갖고 있으며 현재 이해관계를 갖고 있지 않더라도 미래에 이해관계를 가질 가능성이 있다. 따라서 회계정보이용자는 사회 전체라고 해도 과언이 아니다. 예를 들어 이 책의 독자로서 여러분이 대학생이라면 여러분은 현재 삼성전자의 종업원은 아니지만 삼성전자에 입사를 희망하는 잠재적 종업원으로서 삼성전자에 관심을 갖게 될지도 모른다.

제 5 절 회계학의 분야

일반적으로 회계는 외부 혹은 내부 이해관계자 중 누구를 대상으로 정보를 제공하는지에 따라 재무회계와 관리회계로 구분한다. 투자자나 채권자와 같은 기업 외부의 이해관계자들의 의사결정에 유용한 정보를 제공하기 위한 회계분야를 재무회계라고 한다. 반면, 기업 내부에 있는 경영자의 합리적 의사결정을 위해 회계정보를 제공하는 것을 목적으로 하는 회계를 관리회계라 한다.

재무회계(financial accounting)는 기업 외부의 정보이용자가 합리적인 의사결정을 하는 데 유용한 정보를 제공하는 것을 목적으로 한다. 기업 외부의 정보이용자들은 앞서 살펴본 바와 같이 현재 또는 잠재적 투자자, 채권자, 공급자 등 매우 다양하다.

그런데 기업 외부의 정보이용자들이 필요로 하는 정보는 각기 다르다. 투자자는 주로 배당금을 얼마나 받을 수 있을지, 그리고 앞으로의 주가는 얼마나 될지 등을 예측하는 데 유용한 정보를 필요로 한다. 또한 채권자는 대출시 이자율을 어느 정도로 결정해야 할지와 대출금을 안정적으로 회수할 수 있을지를 평가하는 데 유용한 정보를 요구한다. 이렇듯 외부의 정보이용자들은 서로 다른 이해관계를 갖고 있으므로 모든 외부 정보이용자들의 욕구를 100% 충족시킬 수는 없다. 이에 대한 해결책으로 이들 정보이용자들의 공통욕구를 충족시킬 수 있는 정보를 제공해야만 특정한 정보이용자에게만 유용한 정보를 제공한다는 비난을 면할 수 있어 정보이용자들의 불만을 감소시킬 수 있다.

따라서 기업의 외부이용자들의 공통욕구를 충족시키기 위해서는 일상생활에서의 법률처럼 일정한 기준이나 원칙이 필요한데, 이것을 회계에서는 "일반적으로 인정된 회계원칙(generally accepted accounting principles : GAAP)"이라 부른다. 재무회계는 GAAP를 적용하여 외부의 다양한 정보이용자들이 공통적으로 이해할 수 있도록 일정한 형식에 따라 재무보고서를 작성하는데, 이를 일반목적(general purpose) 재무보고서라고 한다. 재무회계는 기업의 과거활동에 대해 기업 외부의 정보이용자에게 재무보고서의 형태로 정보를 제공하므로 재무회계가 다루는 정보는 과거와 관련되어 있다.

관리회계(managerial accounting)는 기업 내부의 경영자가 기업의 가치를 극대화하기 위해 합리적인 의사결정을 할 수 있도록 유용한 정보를 제공하는 회계분야이다. 즉, 관리회계는 경영자들이 영업과 투자 및 재무 활동과 관련된 의사결정을 하는데 유용한 정보를 제공하는 것을 목적으로 한다. 관리회계와 재무회계의 중요한 차이점 중 하나는 재무회계의 정보이용자는 기업 외부에 있지만 관리회계의 정보이용자는 기업 내부에 있다는 점이다.

관리회계는 재무제표의 작성과는 직접적인 관련이 없으며, 관리회계가 가지는 일반적인 특성은 다음과 같다.

첫째, 관리회계는 주로 기업 내부의 이해관계자인 경영자의 투자대안 분석 등에 필요한 정보를 제공하는 회계이므로 재무회계에서 준거하고 있는 일반적으로 인정된 회계원칙에 관계없이 필요한 다양한 형태의 회계정보를 제공한다.

둘째, 관리회계는 재무제표와 같은 일정한 형식이 없이 기업의 효율적 관리를 위하여 수시로 다양한 회계정보의 제공이 이루어진다. 기업 내부의 의사결정은 예산편성, 생산라인의 증설이나 폐쇄, 종업원의 업적평가 등과 같이 다양하므로 의사결정의 특성에 따라 한 가지 방법이 아닌 다양한 방법으로 정보를 제공할 수 있다. 그러므로 관리회계 정보를 생산하는 데에는 반드시 따라야 할 일반적인 규범이 있는 것이 아니고 합리적인 방법에 의하면 된다.

셋째, 기업의 의사결정은 대부분 미래지향적이므로 관리회계에서 다루는 정보는 과거뿐만 아니라 미래와 관련되는 경우가 많다.

재무회계와 관리회계의 차이점을 요약하여 나타내면 1-6 과 같다. 한편, 원가회계(cost accounting)는 기업이 생산・판매하는 제품의 원가를 파악하여 순이익을 계산하는 데 기여한다는 측면에서는 외부이용자를 위한 재무회계의 분야에 속한다고 할 수 있다. 그러나 경영자가 경영의사결정에 제품의 다양한 원가정보를 이용한다는 측면에서는 관리회계의 영역으로 볼 수도 있다. 또한 회계에는 세무회계와 회계감사, 회계정보시스템 등의 분야도 있다.

1-6 재무회계와 관리회계의 비교

	재무회계	관리회계
주요 이용자	투자자 및 채권자 등 외부이용자	경영자(내부이용자)
작성기준	일반적으로 인정된 회계원칙(GAAP)	특정한 기준이 없음
보고서 성질	일반목적용 재무제표	주로 특수목적용 보고서
정보의 특성	주로 과거의 재무적 정보	재무적・비재무적 정보
정보주기	보통 1년, 6개월(반기), 3개월(분기)	필요할 때마다 수시로 제공

제 6 절 재무회계의 기타 환경

1 일반적으로 인정된 회계원칙(GAAP)

투자자와 채권자 등 외부의 정보이용자들은 각기 상이한 정보욕구를 갖고 있다. 그러므로 이들의 공통욕구를 충족시키면서 정보의 유용성을 갖추기 위해서는 회계처리와 재무보고에 일정한 회계원칙(기준)이 필요한데, 이것을 일반적으로 인정된 회계원칙(GAAP)이라 하였다. 즉, GAAP는 회계처리에 있어서 오류의 가능성을 최소화하고 재무제표의 기업간 비교가능성 및 기간별 비교가능성을 높이기 위하여 일반적으로 보편타당하고 합리적이라고 인정되는 일련의 회계관습 및 회계처리기준을 의미한다.

그런데 각 나라마다 경제적 환경이 상이함에 따라 GAAP도 각 나라마다 서로 달라왔다. 그러나 오늘날에는 세계경제가 개방화되고 다국적 기업의 출현 등으로 국제회계기준으로 통일시키려는 노력이 활발히 이루어지고 있다. 우리나라도 공개기업의 경우에는 2011년부터 국제회계기준을 적용하고 있다. 현재, 우리나라에서의 GAAP는 공개(상장)기업에 대해서는 국제회계기준을 번역한 한국채택국제회계기준을, 비공개기업에 대해서는 일반기업회계기준을 적용하도록 하였다.[7] 뿐만 아니라 2014년부터는 중소기업의 회계처리 부담을 경감시켜 주기 위해 중소기업회계기준을 제정하여 적용할 수 있도록 하였다. GAAP의 특성을 정리하면 1-7 과 같다.

▶ **QR코드로 배우는 회계**
이익조정과 조작, 비록 종이 한 장 차이지만…

1-7 일반적으로 인정된 회계원칙(GAAP)의 특성

(1) GAAP는 제정 당시의 이용가능한 회계실무로서 기업실무에서 수용해야 한다. 기업에서 수용하지 못하는 회계원칙은 GAAP로서의 유용성이 없다.
(2) 회계담당자는 기업 외부에 공표하기 위한 재무제표의 작성과 공시에 반드시 이를 준수해야 한다. 이를 위하여 GAAP는 대부분 구체적으로 규정되어 있다.
(3) GAAP는 회계감사인이 회계감사시 재무제표의 적정성을 판단하는 기준이 되기도 한다. 왜냐하면 재무제표의 적정성 판단기준은 GAAP의 준수 여부이기 때문이다.
(4) GAAP는 경제적 또는 사회적 환경의 변화에 따라 진보하고 변화하는 특성을 가지고 있다. 이는 회계가 환경에 영향을 미치기도 하지만 환경의 산물로서 환경의 영향을 받기 때문이다.
(5) GAAP는 다양한 이해관계자들이 회계원칙 제정과정에서 영향력을 행사하여 제정되는, 일종의 정치적 과정(political process)의 산물이다. 왜냐하면 회계원칙의 제정은 다양한 정보이용자의 경제적 부에 영향을 미치기 때문이다.

우리나라의 GAAP 구성

- 한국채택국제회계기준(K-IFRS) : 유가증권시장이나 코스닥시장에 주식거래를 위탁한 공개법인
- 일반기업회계기준 : 중소기업이 아닌 비공개법인
- 중소기업회계기준 : 중소기업

7) 비공개기업의 경우에도 한국채택국제회계기준을 선택하여 적용할 수 있다.

참고 국제회계기준(International Financial Reporting Standards : IFRS)이란?

각국의 경제환경은 상이하므로 일반적으로 인정된 회계원칙 또한 나라마다 서로 다른 것은 당연하다. 그러나 각국의 경제가 개방화되면서 기업의 경제활동은 국경을 초월하여 널리 국제적으로 전개되고 있다. 이런 경제적 환경에서 경제활동을 원활히 하려면 각국의 회계기준을 정리하여 그 차이를 적게 하고 보다 통일된 것으로 제정할 필요가 있게 되었다. 이러한 목적으로 1973년에 IASC(International Accounting Standards Committee)가 설립되었고, 2002년에 명칭을 변경하여 현재 활동하고 있는 단체가 국제회계기준위원회(International Financial Standards Board : IASB)이다.

국제회계기준(IFRS)은 자본시장의 자유화에 따라 국제적으로 통일된 회계기준 제정을 목표로 국제회계기준위원회에서 제정한 회계기준이다. IFRS를 제정하기 전에는 IASC에서 IAS(International Accounting Standards)라는 명칭으로 발간하였다. 따라서 현재의 국제회계기준은 IAS와 IFRS 등 두 가지로 구성되었다. 또한 국제회계기준은 국제회계기준서(IAS와 IFRS)와 국제회계기준해석서인 IFRIC Interpretations[IASB로 명칭이 변경됨에 따라 SIC(Standing Interpretations Committee) Interpretation에서 명칭이 변경되었음]로 구성되어 있다. 국제회계기준에 관한 보다 자세한 사항은 금융감독원 회계포털(acct.fss.or.kr)이나 한국회계기준원(www.kasb.or.kr)의 웹사이트를 참고하기 바란다.

한편, 우리나라도 자본시장의 국제화에 부응하고 회계투명성을 높이기 위해 국제회계기준을 도입하기로 하고, 2011년부터 모든 공개기업들로 하여금 이를 적용하게 하였다. 따라서 우리나라의 회계기준제정기구인 한국회계기준원에서는 공개법인을 위해 별도의 회계기준을 제정하지 않고 국제회계기준을 번역한 한국채택국제회계기준(Korean International Financial Reporting Standards : K-IFRS)을 공표하고 있다.

2 외부감사제도

기업의 경영자가 일반적으로 인정된 회계원칙에 따라 재무제표를 작성하였는지에 대해서 주주나 채권자 등 일반 재무제표 이용자들이 쉽게 확인할 수 없기 때문에 기업과 독립적인 위치에 있는 회계전문가(공인회계사)로부터 재무제표를 감사받도록 함으로써 회계정보의 신뢰성을 부여하도록 하였는데, 이를 외부감사제도(external auditing)라 한다.

현재 우리나라의 경우 "주식회사 등의 외부감사에 관한 법률(외감법)"에 의하면 일정한 기준에 해당하는 주식회사 등은 의무적으로 외부감사를 받도록 되어 있다. 외부감사인은 감사결과에 대해 여러 가지의 감사의견을 감사보고서에 표명함으로

> ▶ QR코드로 배우는 회계
> 회계사도 로봇이 대체할 수 있을까

써 재무제표의 신뢰성이 어느 정도인지 정보이용자에게 전달하게 된다.

회계감사를 수행하는 전문가를 공인회계사(certified public accountant : CPA)라 한다.

플러스 + 강의 Q & A

Q 교수님, 외부감사인들이 표명하는 감사의견에는 어떠한 것들이 있나요?

A 네, 외부감사인들은 기업들이 작성한 재무제표에 대한 감사를 실시하고 다음과 같은 네 가지의 감사의견 중 한 가지를 표명하게 됩니다.

(1) 적정의견(unmodified opinion) : 재무제표가 GAAP에 의해 적정히 작성되었다고 판단되는 경우에 표명하는 의견입니다.

(2) 한정의견(qualified opinion) : 감사범위의 제한이 있었거나 재무제표가 부분적으로 GAAP에 위배사항이 있다고 판단되는 경우에 표명하는 의견입니다.

(3) 부적정의견(adverse opinion) : GAAP의 위배사항이 재무제표에 중대한 영향을 미친다고 판단될 때 표명하는 의견입니다.

(4) 의견거절(disclaimer of opinion) : 감사인의 독립성이 결여되었거나 감사범위가 크게 제한을 받아 감사의견을 표명할 수 없다고 판단될 때 표명하는 의견입니다.

3 회계윤리

회계정보의 신뢰성을 높이고 기업간의 비교가능성 등을 높이기 위해 직전에 설명한 외부감사제도를 도입하더라도 재무보고에 있어서 모든 문제가 해결되는 것은 아니다. 이는 마치 죄를 지으면 벌을 받는다는 법률이 있더라도 범죄가 발생하는 것과 동일한 이치이다. 회계정보의 신뢰성을 위해서 가장 중요한 것은 이러한 규정보다 회계윤리(accounting ethics)이다.

만약, 기업의 경영자가 기업의 재무정보를 왜곡하여 보고한다면 정보이용자들이 의사결정을 비합리적으로 하여 결국 자원의 배분을 왜곡시킨다. 이러한 현상은 몇몇 이해관계자에게 그 영향이 한정될 수도 있지만 대부분은 국가경제에도 막대한 영향을 미쳐 혼란에 빠지게 하는 경우가 많다. 이런 예는 우리나라의 경우 대우그

> ▶ **QR코드로 배우는 회계**
> 분식의 정점 찍은 '엔론 사태' 다시보기

룹, 한보그룹, SK글로벌 사태에서, 미국의 경우에는 Enron, WorldCom, Adelphia, Xerox 등에서 알 수 있다.

이렇게 특정한 목적을 달성하기 위하여 재무제표 작성시 재무상태나 경영성과를 왜곡표시하는 것을 분식회계(window dressing settlement or cosmetic accounting)라 한다.

Epilogue

본장에서는 회계를 처음 접하는 독자들에게 회계가 무엇이고 누구를 위하여 어떠한 정보를 주로 제공하는가에 대해 서술하였다. 모든 조직에서 회계가 필요하지만, 기업(특히, 주식회사)을 중심으로 정보이용자와 회계의 분류 등에 대해 알아보았다. 특히 재무회계의 기초라 할 수 있는 GAAP의 특성과 우리나라에서 무엇이 GAAP인가를 설명하였다. 마지막 부분에 회계윤리 문제를 언급하였다. 기업의 회계가 많이 투명해졌다고 하지만 정말 그렇게 되었는지는 저자들이 확약하기 힘들다. 독자들은 본장을 통해 회계의 목적과 앞으로 우리가 배울 회계는 기업회계로서, 이 중에서 재무회계라는 점을 항상 염두에 두어야 한다. 아울러 재무회계의 기저에는 GAAP가 있는데, 경제의 개방화와 세계화에 맞춰 앞으로 우리나라에서의 GAAP가 한국채택국제회계기준(K-IFRS)을 중심으로 구성된다는 점을 알고 다음 장으로 넘어가면 좋겠다.

연습문제 CHAPTER 1

1 [진위형] 다음 서술이 옳으면 T, 옳지 않으면 F를 기재하시오.

(1) 회계정보는 자본시장에서 미래의 불확실성에 대한 위험을 감소시켜 자원을 효율적으로 배분하는 데 기여한다.

(2) 회계행위의 주체는 주주나 경영자가 아닌 기업 그 자체이어야 한다.

(3) 주식회사는 소유지분의 양도가 자유롭다.

(4) 회계에서 기업의 경영활동은 영업활동과 재무활동 및 생산활동으로 분류한다.

(5) 기업이 주식을 발행하는 활동은 재무활동이지만 타회사의 주식을 취득하는 활동은 투자활동이다.

(6) 일반적으로 인정된 회계원칙은 기업의 회계실무와 재무제표의 작성을 지도하는 일반원칙으로서 기업이 처한 환경이 변화하더라도 변하지 않는다.

(7) 회계감사에서 적정의견은 재무제표에 오류가 전혀 없다는 것을 보증한다.

2 [완성형] 다음 괄호 안에 가장 적절한 용어를 넣으시오.

(1) 회계란 회계실체가 정보이용자들이 그들의 의사결정을 (　　　)으로 할 수 있도록 주로 회계실체에 관한 재무적 정보를 제공하는 학문이다.

(2) (　　　)이란 기업의 여러 가지 활동 중에서 회계기록의 대상이 되는 활동을 확인하는 것이며, (　　　)이란 이러한 대상에 대해 구체적인 화폐금액을 부여하는 과정을 말한다.

(3) 주식회사의 주주는 본인이 출자한 금액 한도 내에서만 책임을 지는 (　　　)만을 부담한다.

(4) 기업의 활동은 ① 자본시장을 통해 자금을 조달하는 (　　　)활동, ② 생산설비나 유가증권을 구입 또는 처분하는 (　　　)활동, ③ 제품을 생산하거나 상품을 매입하여 고객에게 판매하거나 용역을 제공하는 (　　　)활동 등 크게 세 가지로 분류할 수 있다.

(5) (　　　)은 회계정보의 분석과 활용에 많은 시간과 노력을 투자할 수 없는 정보이용자들을 돕기 위해 존재한다. 대표적 예로 재무분석가와 신용평가기관 등을 들 수 있다.

(6) 우리나라의 기업회계기준은 (　　　)과 일반기업회계기준으로 구성되어 있다.

(7) 특정한 목적을 달성하기 위하여 재무제표 작성시 재무상태나 경영성과를 왜곡표시하는 것을 (　　　)라 한다.

(8) 기업의 외부이용자들의 공통욕구를 충족시키기 위해서는 일상생활에서의 법률처럼 일정한 기준이나 원칙이 필요한데, 이것을 회계에서는 (　　　)이라 한다.

3 [선다형] 다음 물음에 가장 타당한 답을 하나만 선택하시오.

(1) 다음 중 자본시장과 회계정보의 관계에 대한 설명으로 옳지 않은 것은?
① 회계정보는 자본시장에서 자본이 효율적으로 배분되는 역할을 수행한다.
② 기업에서는 투자자 또는 채권자들로부터 자본을 조달하기 위해 회계정보를 제공한다.
③ 기업에서의 자금조달은 주식발행과 같은 직접금융과 은행으로부터의 차입과 같은 간접금융으로 구분할 수 있다.
④ 애널리스트나 신용평가기관과 같은 정보중개인은 전문적 지식을 갖고 있으므로 일반투자자나 채권자와는 차별화된 정보를 필요로 한다.
⑤ 자본시장에서 회계감사는 회계정보의 신뢰성을 높이는 역할을 담당한다.

(2) 회계의 정의와 관련된 다음 설명 중 가장 옳은 것은?
① 회계는 주로 미래에 발생될 경제적 사건에 관한 정보를 제공한다.
② 회계는 재무적 정보도 제공하지만 주로 비재무적 정보 제공을 목적으로 한다.
③ 회계는 기업과 같은 영리조직에서만 필요하다.
④ 회계는 정보이용자들이 합리적일 뿐만 아니라 비합리적으로 의사결정하는 것까지도 고려한다.
⑤ 회계는 회계정보를 제공하기 위해 거래를 식별하고 측정 및 전달하는 과정을 포함하고 있다.

(3) 기업활동의 분류와 이에 대한 회계정보를 설명한 내용 중 옳지 않은 것은?
① 배당금의 지급과 수령은 투자활동으로 분류된다.
② 생산설비의 취득과 처분은 투자활동으로 분류된다.
③ 은행으로부터 자금을 차입하고 상환하는 활동은 재무활동으로 분류된다.
④ 재화(상품이나 제품)의 매입이나 생산은 영업활동으로 분류된다.
⑤ 상품을 외상으로 판매한 대금을 회수하는 활동은 영업활동으로 분류된다.

(4) 다음 중 정보이용자에 관한 설명으로 옳지 않은 것은?
① 채권자는 원금과 이자의 회수가능성을 평가하는 데 유용한 정보를 필요로 한다.
② 소비자는 해당 기업의 제품을 구입하는 경우 제품의 품질과 내용연수를 평가하

는 데 유용한 정보를 필요로 한다.

③ 종업원은 본인의 연봉 인상 정도를 결정하기 위해 회계정보를 이용하기도 한다.

④ 경영자는 투자자와 채권자들이 이용하는 회계정보를 이용하기도 한다.

⑤ 정보이용자 중 투자자는 현재 투자자를 의미하며, 현재 주식을 보유하고 있지 않은 잠재적 투자자는 정보이용자로 간주되지 않는다.

(5) 회계정보이용자가 기업의 내부 또는 외부에 있느냐에 따라 회계를 분류할 경우, 분류로 옳은 것은?

① 재무회계와 회계감사 ② 공공회계와 기업회계
③ 재무회계와 관리회계 ④ 회계정보시스템과 관리회계
⑤ 단식회계와 복식회계

(6) 다음 중 일반적으로 인정된 회계원칙의 특성으로 옳지 않은 것은?

① 이는 경제적 또는 사회적 환경이 변화되더라도 변화되지 않는 특성이 있다.

② 이는 제정 당시의 이용가능한 회계실무로서 기업실무에서 수용해야 한다.

③ 기업은 기업 외부에 공표하기 위한 재무제표의 작성과 공시에 이를 준수해야 한다.

④ 이는 회계감사인이 재무제표의 적정성을 판단하는 기준이 되기도 한다.

⑤ 이는 다양한 이해관계자들이 회계원칙 제정 과정에서 영향력을 행사하여 제정되는, 일종의 정치적 과정의 산물이다.

(7) 재무제표에 보고되는 정보에 대한 일차적 책임은 누구에게 있는가?

① 기업의 경영자 ② 종업원 ③ 기업의 내부감사인
④ 외부감사인 ⑤ 기업의 소유자

(8) 기업이 외부감사인으로부터 매년 회계감사를 받는 가장 중요한 이유는 무엇인가?

① 회사 직원들의 부정을 적발하기 위해

② 회계정보의 공정성과 신뢰성에 대한 독립된 전문가로서의 의견을 표명하도록 하기 위해

③ 전문가로서 기업의 회계정보 작성을 지원받기 위해

④ 외부 정보이용자들에 대한 경영자의 재무보고책임을 회계전문가에게 위탁하기 위해

⑤ 회사 회계담당자의 회계처리상 오류를 바로잡기 위해

4 [일반적으로 인정된 회계원칙] 일반적으로 인정된 회계원칙(GAAP)의 특성에 대해 설명하시오.

CHAPTER 2

재무제표

일러두기 ••• 본장에서는 재무제표의 의의와 종류에 대해 살펴보기로 한다. 재무제표는 재무보고의 핵심적 수단이므로 재무제표는 무엇이고, 재무제표에는 어떠한 종류가 있으며 각각 어떠한 내용을 전달하는지 숙지해야 한다. 또한 각 재무제표의 기본구성요소인 자산, 부채, 자본, 수익, 비용의 기초적인 개념을 이해하고 세부 항목에는 어떠한 것들이 있는지 살펴본다. 마지막으로 각 재무제표 상호간에는 어떠한 연결 관계가 있는지 재무제표의 연계성이라는 주제로 알아보기로 한다.

주요 용어 ••• 재무제표, 재무상태표, 포괄손익계산서, 현금흐름표, 자본변동표, 자산, 부채, 자본, 수익, 비용, 현금주의, 발생주의, 재무제표의 연계성 관심 있는 기업의 재무제표는 어디에서 볼 수 있을까?

제2장을 시작하면서 삼성전자가 웹사이트를 통해 공시한 정보들을 체험해 보도록 하자. 자본시장에는 수많은 회사들이 있다. 각 회사들마다 공시할 내용을 회사 웹사이트에만 공시한다면 투자자, 채권자들은 하루 종일 PC 앞에 앉아서 회사들의 웹사이트를 서핑하고 다녀야 할 것이다. 이런 불편을 해소하고 정보이용자들의 정보이용을 원활하게 하기 위해 금융감독원에서는 전자공시시스템을 운영하고 있다. 여러분이 공부하고 있는 회계정보가 어떻게 공시되는지를 먼저 구경해 본다면 앞으로 회계공부가 더 흥미있을 것이다.

전자공시시스템(DART)에서 삼성전자 재무제표 살펴보기

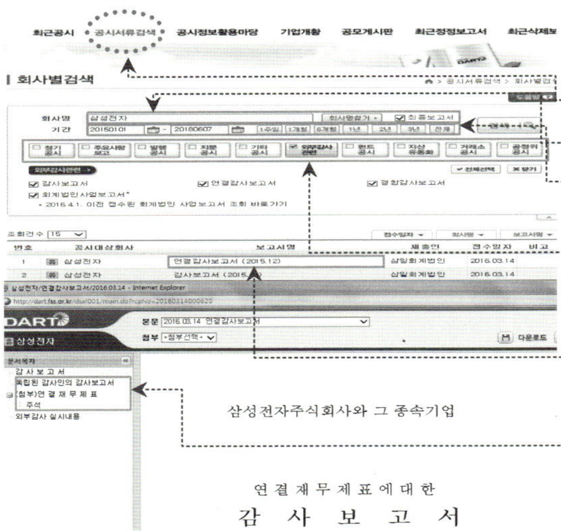

삼성전자 재무제표 살펴보기

- 전자공시시스템(http://dart.fss.or.kr) 접속

1. 공시서류검색 – 회사별검색 클릭
2. 회사명에 삼성전자 입력
   (자동완성기능이 있어서 편리하다.)
3. 기간 선택(1999년 자료부터 볼 수 있다.)
4. 공시유형 선택
   기업은 다양한 내용의 공시를 한다.
   이를 공시유형별로 구분해 두었는데, 감사인이 감사한 재무제표는 외부감사 관련 메뉴에 포함되어 있다.
5. 보고 싶은 보고서 클릭
   예를 들어 연결감사보고서를 클릭하면 새로운 창에서 감사보고서를 볼 수 있다.

〈Focus〉
- 재무제표 종류를 확인하고 구경해 보기
- 외부감사인의 감사보고서 읽어보기
- 재무제표에 대한 주석에는 어떤 내용들을 담고 있는지 확인하기

한국공인회계사회(KICPA) (http://www.kicpa.or.kr)

제 1 절 재무제표의 의의와 종류

1 재무제표의 의의와 특성

기업과 이해관계를 갖고 있는 정보이용자들은 그들의 의사결정을 합리적으로 하기 위해 기업에 관한 자료를 필요로 한다.

기업과 관련된 자료 중에서 화폐금액으로 객관적으로 표시할 수 있는 항목을 일정한 원칙에 의해 작성하여 나타내는 보고서를 통틀어 재무제표(financial statements : F/S)[1] 또는 재무보고서(statements of financial reporting)라 한다. 기업이 작성하는 재무제표의 종류는 다양하며, 각각의 재무제표가 제공하는 정보의 내용도 독특한 특징을 갖고 있다.

기업이 작성하여 제공하는 재무제표는 다음과 같은 특성을 갖고 있다.

(1) 재무제표는 기업에 관한 내용 중 화폐금액으로 표시할 수 있는 항목만을 나타낸다

재무제표에는 기업의 매출액이나 유가증권 등의 금액은 표시되지만, 경영자의 성격이나 경영방침 등 화폐금액으로 표시할 수 없는 내용은 나타내지 않는다.

(2) 재무제표는 객관적으로 측정할 수 있는 항목만을 나타낸다

기업의 인적자원은 경제적 가치가 있으면서 중요한 정보이지만 그 가치를 객관적으로 측정하기 곤란하므로 재무제표에 나타내지 않는다.

(3) 재무제표는 일정한 원칙(GAAP)에 의해 유사한 항목끼리 구분하여 표시한다

일정한 원칙은 대부분 규정으로 공표되어 있으며, 유사한 항목은 기업의 재무상태를 나타내는 항목과 경영성과를 나타내는 항목 및 현금흐름을 나타내는 항목 등으로 구분하여 각각의 재무제표에 표시한다.

1) 재무제표의 영문이 복수로 끝나는 것은 재무제표에 여러 개가 있기 때문이다. 財務諸表(재무제표)의 諸는 여러 개라는 뜻의 한자이다. 기업의 정보를 하나의 표에 담지 못하는 것은 각 표들이 담고 있는 정보의 성격이 상이하기 때문이라고 이해하면 된다.

(4) 재무제표는 미래의 예측자료를 지양하고 주로 과거의 자료를 나타낸다

미래의 예측자료는 객관적으로 측정하기 곤란할 뿐만 아니라 예측치와 실제치가 다를 경우 책임상의 문제가 따르기 때문이다. 과거의 자료는 신뢰성이 있으며 미래를 예측하는 자료로 사용된다.

(5) 재무제표는 독립된 감사인의 감사를 받는다

재무제표는 GAAP에 근거하여 작성되며, 이렇게 작성된 재무제표는 대부분 독립된 외부감사인의 감사를 받아 감사의견을 부여받게 된다. 재무제표가 독립된 외부감사인의 감사를 받게 되면 재무제표로서의 신뢰성이 향상된다. 즉, 감사받은 재무제표는 감사받지 않은 재무제표에 비해 신뢰성이 높아진다.

플러스+강의 Q & A

Q 교수님, 투자자나 채권자들이 궁금해하는 정보는 미래에 대한 정보가 아닌가요? 예를 들어 "내가 이 기업의 주식을 지금 산다면 앞으로 이 기업이 배당을 많이 해줄까?" 또는 "지금보다 주가가 더 오를까?" 등 이런 고민을 하는 거잖아요. 근데 왜 미래정보를 주지 않고 과거정보를 주는 거죠?

A 네, 아주 좋은 질문입니다. 맞아요. 투자자, 채권자들은 기업의 미래를 궁금해한답니다. 그러나 미래는 불확실한 것이기 때문에 신뢰성이 떨어진답니다. 기업이 "저는 앞으로 토익 성적이 950점이 될 것이고, 영어를 미국인처럼 유창하게 할 거랍니다"라는 말을 믿고 채용하지 않는 것과 마찬가지랍니다. 그래서 믿을 수 있는 과거정보를 확인하는 것이지요. 과거에 응시했던 토익성적표 등이 그런 것이지요. 과거의 토익성적표를 왜 볼까요? 이제 눈치챘지요? 그렇지요. 그러한 정보들이 미래를 어느 정도 예측할 수 있게 해준답니다. 투자자나 채권자들도 마찬가지랍니다. 지금까지의 경영성과, 재무상태가 좋은 기업이 미래에도 좋을 가능성이 더 높기 때문이지요. 재무제표가 미래에 대한 정보가 아닌 과거의 정보를 담고 있지만 과거의 결과이기 때문에 신뢰할 수 있고, 이런 자료를 잘 분석하면 미래를 예측하는 데 도움이 된답니다.

2 재무제표의 종류

앞에서 재무제표는 일정한 원칙에 의해 성격이 유사한 항목끼리 구분하여 몇 개의 표로 작성된다고 했다.

전통적으로 재무제표는 특정한 시점의 기업의 재무상태를 나타내는 재무상태표와 일정한 기간[2] 동안 경영성과를 나타내는 포괄손익계산서, 일정한 기간 동안 기업의 현금흐름을 나타내는 현금흐름표 및 일정한 기간 동안 자본의 변동을 나타내는 자본변동표 등이 있어 왔다. 재무제표 중에 스냅사진으로 나타내는 것과 같이 특정한 시점으로 나타내는 재무제표는 재무상태표뿐이고 나머지는 모두 캠코더로 촬영하듯 일정한 기간 동안의 활동에 관한 것이다. 이러한 재무제표간의 연계성을 나타내면 2-1 과 같다.

2-1 재무제표의 연계성

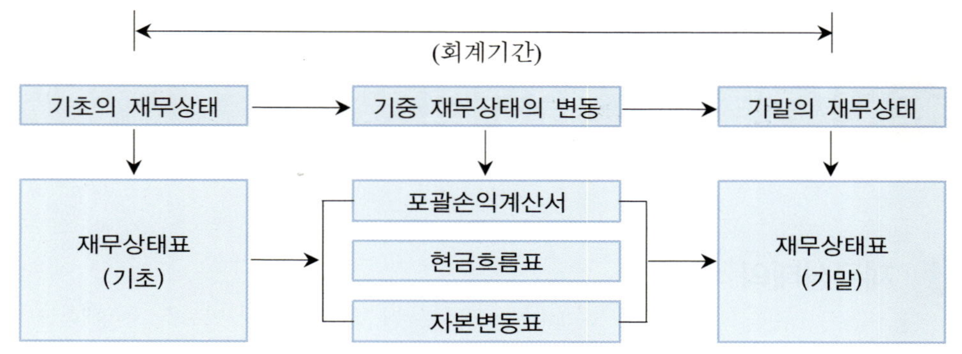

한편, 재무제표와 관련 있는 것으로 주석, 주기, 부속명세서 등이 있다. 주석(foot-notes)이란 재무제표 본문의 정보에 추가하여 재무제표 전반의 이해를 위하여 필요한 양적 및 질적 정보를 제공하는 것으로, 보통 재무제표 항목에 일련번호를 부여한 다음 이에 관한 사항을 본문 아래 또는 별지에 기재하는 형식으로 작성한다. 주석은 재무제표 본문의 내용을 이해하는 데 필수적인 것이므로 주석이 제외된 재무제표는 완전한 재무제표라 할 수 없다. 즉, 주석도 재무제표의 일부로 간주해야 한다.

주기(parenthetical disclosure)는 재무제표상의 해당 과목 다음에 그 회계사실의 내용을 간단한 자구 또는 숫자로 괄호 안에 표시하는 방법이다. 요즘은 재무제표를 명료하게 하기 위하여 주기로 제공하는 정보는 점차 감소되는 추세에 있고, 주석으로 대체되는 경향이 있다.

---

2) 회계에서 일정한 기간을 회계기간 또는 보고주기라 한다.

정보이용자를 위해서는 자세한 자료를 제공하거나 추가적인 정보를 제공할 필요가 있다. 부속명세서(supplementary schedules)는 재무제표에 제공되는 정보를 보다 자세히 나타내는 것으로 재고자산명세서나 유가증권명세서 등이 이에 해당한다. 보충명세서(supplementary statements)는 재무제표에 덧붙여 추가적인 정보를 제공하는 것으로 물가가 심하게 변동되는 경우 이를 고려하여 재무제표를 수정하여 공시하는 것이 이에 해당된다. 부속명세서와 보충명세서는 재무제표에 포함되지 않는다.

제2절부터는 각종 재무제표의 의의와 구성요소 및 구성요소의 정의와 성격 및 종류에 대해 간략히 살펴보기로 한다.

제 2 절 재무상태와 재무상태표

1 재무상태의 의의

재무상태표(statement of financial position : SFP)는 특정한 시점에서의 기업의 재무상태를 나타내는 보고서이다. 그렇다면 재무상태란 무엇인가?

기업의 재무상태(financial position)는 필요한 자금을 어떻게 조달하여 어디에 투자하고 있는가를 의미한다. 전통적으로 기업의 재무상태는 자산과 부채 및 자본으로 구분하여 나타낸다. 일반적으로 자산은 현재 투자(investment)되어 있는 상태를 나타내며 부채와 자본은 투자재원의 조달(financing) 방법과 내용을 나타낸다.

재무상태

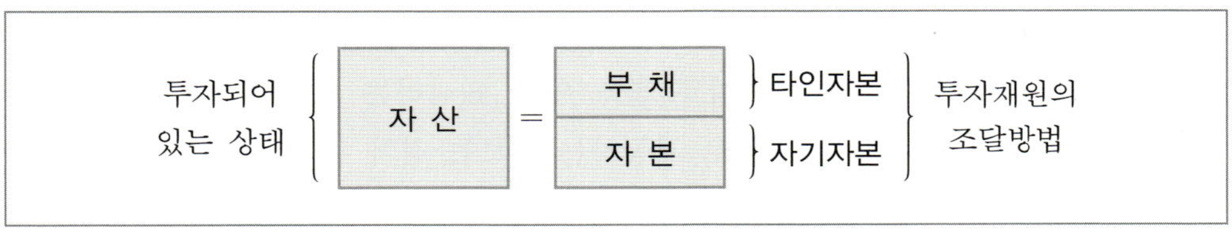

2 재무상태표의 의의와 구성요소

재무상태표는 특정한 시점의 기업의 재무상태를 나타내는 보고서로서 자산과 부채 및 자본으로 구성된다. 자산은 기업이 보유하고 있는 경제적 자원을 의미하고 부채는 경제적 의무를 나타낸다. 그러므로 재무상태표는 특정한 시점 현재 기업이 보유하고 있는 경제적 자원과 기업이 부담해야 할 경제적 의무 및 자본에 대한 정보를 제공하는 재무보고서이다.

어느 기업의 재무상태표를 작성하기 위해서는 일정 시점에서 그 기업이 보유하고 있는 자산과 부채 및 자본을 파악할 수 있어야 하며, 그중에서 화폐단위로 측정가능한 항목만이 재무상태표에 보고된다. 따라서 재무상태표의 가장 중요한 구성요소는 자산과 부채 및 자본이다. 그리고 재무상태표 상단에는 ① 재무상태표라는 보고서의 명칭, ② 어느 시점의 재무상태를 나타내는지를 알려주는 특정한 날짜, ③ 어느 기업의 재무상태를 나타내는지를 알려주는 기업의 명칭을 반드시 기재해야 한다.

또한 재무상태표 상단에는 ④ 통화 및 금액 단위를 표시하는 것이 일반적이다. 즉, (단위 : 천원)이라면 통화는 우리나라 원화이며, 금액단위는 천원으로 천원 이하는 표시하지 않았다는 뜻이다.

재무상태표 구성요소

① 재무상태표

③ XX회사 ② 20×1년 12월 31일 현재 ④ (단위 : 원)

자 산	×××	부 채	×××
		자 본	×××

3 재무상태표 등식과 형식

재무상태표는 자산과 부채 및 자본으로 구성되어 있는데, 이들 요소간에는 일정한 관계를 항상 유지하고 있다. 이들 관계를 나타내는 등식을 재무상태표 등식 또는 회

계등식(accounting equation)이라 한다. 이를 나타내면 2-2 와 같다.[3)]

2-2 재무상태표 등식(회계등식)

자 산	=	부 채	+	자 본

위의 재무상태표 등식은 항등식이며 회계장부에 기록하는 원리이기도 하다. 재무제표의 구성요소는 모두 화폐금액으로 표시하므로 자산총액은 부채총액과 자본총액의 합과 항상 같게 된다.

한편, 재무상태표는 보고식(reporting form) 또는 계정식(accounts form)으로 작성된다. 보고식은 상사에게 구두로 보고하듯이 자산, 부채, 자본의 순서로 일렬로 작성된다. 계정식은 재무상태표의 본문을 왼쪽과 오른쪽으로 구분하여 왼쪽에는 자산, 오른쪽에는 부채와 자본을 표시하여 작성한다.

재무상태표 형식

〈보고식〉

자 산 :	×××
	×××
부 채 :	×××
	×××
자 본 :	×××
	×××

〈계정식〉

자 산 :	×××	부 채 :	×××
	×××		×××
		자 본 :	×××
			×××

다음은 계정식 재무상태표를 전년도와 비교하는 형식으로 나타낸 것이다.[4)]

3) 회계등식에서 부채를 채권자청구권(creditor's equity)이라 하고 자본을 소유주청구권(owner's equity)이라 하기도 한다.

4) 20×2년 재무상태표를 20×1년도와 비교하는 형식으로 표시한 것은 정보의 비교가능성을 높이기 위한 것이다. 즉, 기업의 기간별 비교가능성을 높임으로써 유용성을 증대시키기 위한 것이다. 유동과 비유동에 대해서는 다음 4 에서 설명한다.

계정식 재무상태표 미리 구경하기

재무상태표

제8(당)기 20×2년 12월 31일 현재
하나회사 제7(전)기 20×1년 12월 31일 현재 (단위 : 천원)

과 목	금 액		과 목	금 액	
	제8(당)기	제7(전)기		제8(당)기	제7(전)기
자 산			부 채		
유동자산 :			유동부채 :		
현 금	₩7,000	₩8,000	매 입 채 무	₩8,000	₩5,000
매 출 채 권	6,000	7,000	미지급비용	4,000	11,000
선 급 비 용	4,000	6,000	유동부채 총계	12,000	16,000
상 품	3,000	2,000	비유동부채 :		
유동자산 총계	20,000	23,000	사 채	10,000	10,000
비유동자산 :			장기차입금	18,000	4,000
투자부동산	12,000	15,000	비유동부채 총계	28,000	14,000
장기대여금	7,000	2,000	부채 총계	40,000	30,000
토 지	13,000	10,000	자 본		
건 물	25,000	5,000	자 본 금	30,000	30,000
산업재산권	13,000	15,000	이익잉여금	20,000	10,000
비유동자산 총계	70,000	47,000	자본 총계	50,000	40,000
자산 총계	₩90,000	₩70,000	부채 및 자본 총계	₩90,000	₩70,000

[저자 주] 본장에서는 재무상태표가 ① 자산과 부채 및 자본으로 구분되고, ② 자산과 부채는 유동과 비유동으로 구분될 수 있다는 점, ③ 특정한 시점의 재무상태를 나타내고, ④ 자산은 부채 및 자본의 합계와 일치되어야 한다는 점만 이해하면 충분하다.

계정식 재무상태표에서 알 수 있듯이 정확한 재무상태표에서는 자산 총계와 부채 및 자본 총계는 항상 일치하게 된다. 또한 재무상태표에는 앞서 언급한 바와 같이 특정한 시점(날짜)과 화폐단위가 기재되었음을 볼 수 있다.

4 자산의 의의 및 주요 항목

자산(assets)은 한마디로 경제적 가치가 있는 재화나 권리라 할 수 있는데, 이에는 많은 종류가 있다. 2-3 에서는 앞으로 자주 사용하게 될 자산항목에 대해서만 간략히 소개하기로 한다. 독자들은 자산항목을 자주 접하여 자산으로 분류할 항목을 제외하거나 자산이 아닌 항목을 자산으로 분류하는 일이 없어야 한다.[5)]

2-3 자산계정의 구분과 종류

구 분	계정과목	의 미
유동자산	현금및현금성자산	현금은 통화(지폐와 동전)와 타인발행수표 등 통화대용증권을 포함하며, 현금성자산은 일정한 요건을 충족시키는 유동성이 매우 높은 단기금융상품을 말한다.(제6장)
	당기손익-공정가치측정금융자산	타기업이 발행한 주식이나 채권 등에 단기투자목적으로 보유하고 있는 항목(제10장)
	매출채권	외상으로 상품(제품)을 판매하거나 용역을 제공한 금액으로 외상매출금과 받을어음을 포함한다.(제6장)
	미수금	상품(제품) 이외의 자산(토지, 건물 등)을 외상으로 처분하고 아직 회수하지 않은 금액(제6장)
	단기대여금	1년 이내에 회수하기로 하고 타인에게 빌려준 채권(제6장)
	선급비용	비용으로 지급한 대가 중 아직 소멸되지 않은 부분으로 정상영업주기 내에 소멸되는 것(제6장)
	미수수익	일정한 기간 동안 용역을 제공하기로 하고 용역을 제공하였으나 아직 받지 아니한 금액(제6장)
	상 품	기업이 정상적인 영업순환과정에서 판매할 목적으로 외부로부터 매입하여 보유하고 있는 것(재고자산에 속함)(제7장)
비유동자산	투자부동산	비업무용으로 시세차익을 목적으로 보유하고 있거나 타인에게 임대할 목적으로 보유하고 있는 토지나 건물 등의 부동산(제10장)
	장기투자금융자산	장기투자목적으로 보유하고 있는 금융상품에 대한 투자로 상각후원가측정금융자산과 기타포괄손익-공정가치측정금융자산 등으로 구분된다.(제10장)
	토 지	영업활동에 사용할 목적으로 취득하여 보유하고 있는 대지, 임야, 전답, 잡종지 등(땅)(제8장)
	건 물	기업이 영업활동에 사용할 목적으로 구입하거나 건설하여 보유하고 있는 건축물 및 부속설비(제8장)
	기계장치	영업활동과정에서 제품을 제조하는 데 사용하기 위하여 보유하고 있는 기계 및 부속설비(제8장)
	비 품	업무용으로 보유하고 있는 책상, 전화, 컴퓨터 등과 사원복지용으로 보유하고 있는 냉장고, 정수기, 운동기구 등(제8장)
	산업재산권	법률에 의하여 일정 기간 독점적·배타적으로 이용할 수 있는 권리인 특허권, 실용신안권 등(제8장)
	영업권	사업결합 등에서 개별적으로 식별하여 별도로 인식하는 것이 불가능한 자산에서 발생하는 미래 경제적 효익(제8장)

5) 자산과 부채 등 각각의 계정에 대한 자세한 설명은 제6장부터 시작되는 계정과목론을 공부할 때 소개한다. 다만 회계원리에서는 회계순환과정이 중요한데, 이를 이해하는 데 사용되는 계정과목에 대해서는 그 의미를 개략적이나마 파악하고 있어야 한다.

자산은 정상영업주기 또는 1년을 기준으로 유동자산과 비유동자산으로 구분한다. 유동자산은 현금과 정상영업주기 또는 1년 중 보다 긴 기간 내에 현금으로 회수되거나 판매 또는 소비되는 재화를 말한다. 유동자산으로 분류되지 않는 자산은 모두 비유동자산으로 분류한다. 여기서 정상영업주기(normal operating cycle)란 현금을 상품 등에 투자하여 이를 판매하고 판매대금을 회수하는 데 소요되는 기간을 의미한다. 정상영업주기는 1년보다 길 수도 있고 짧을 수도 있다.

▶ QR코드로 배우는 회계
회계학적인 자산의 정의는 뭔가요

▶ QR코드로 배우는 회계
급전 필요한 회사, 1년 내 현금화 가능한 유동자산부터 처분

5 부채의 의의 및 주요 항목

부채(liability)는 기업이 현재시점에서 부담하는 경제적 의무이다. 현재의무와 미래의 약속은 구별되어야 한다. 미래에 특정 자산을 취득하겠다는 경영진의 의사결정 그 자체만으로는 현재의무가 발생하지 아니한다.

부채는 과거의 거래나 그 밖의 사건에서 발생한다. 예를 들면, 외상으로 재화를 구입하거나 용역을 제공받는 경우 매입채무가 발생하며, 은행대출을 받은 경우에는 상환의무가 발생한다.

기업이 거래상대방의 요구에 따라 현재의무를 이행하기 위해서는 일반적으로 미래 경제적 효익이 내재된 자원을 희생하게 된다. 현재의무는 다양한 방법, 예컨대 현금의 지급, 다른 자산의 이전, 용역의 제공, 다른 의무로 대체하거나 자본으로 전환됨으로써 이행될 수 있다.

부채는 한마디로 현금으로 상환하거나 재화를 인도 또는 용역을 제공해 주어야 하는 의무를 말한다. 앞으로 자주 사용하게 될 부채항목에 대해 간략히 설명하면 2-4 와 같다.[6]

6) 부채의 정의와 특성에 대해서는 제9장에서 다시 설명한다.

2-4 부채계정의 구분과 종류

구 분	계정과목	의 미
유동부채	매입채무	상품을 외상으로 매입한 금액으로 외상매입금과 지급어음을 포함한다.(매출채권과 대조)(제9장)
	단기차입금	1년 이내에 상환하기로 하고 타인으로부터 차입한 채무(단기대여금과 대조)(제9장)
	미지급금	상품 이외의 자산(토지나 건물, 비품 등)을 외상으로 매입하고 아직 지급하지 않은 금액(미수금과 대조)(제9장)
	미지급비용	발생된 비용 중 아직 지급하지 아니한 것으로 정상영업주기 내에 결제될 것으로 예상되는 금액(선급비용과 대조)(제9장)
	선수수익	일정한 기간 동안 용역을 제공하기로 하고 미리 수취한 금액으로 아직 제공하지 않은 용역에 대한 대가(미수수익과 대조)(제9장)
	유동성장기부채	장기부채 중 상환일이 1년 이내에 도래하는 부분(제9장)
비유동부채	사 채	주식회사가 장기자금을 조달하기 위하여 일정한 이자를 지급하기로 하고 일정한 시기(만기)에 상환하기로 하고 발행한 채무증권(제9장)
	장기차입금	1년 이후에 상환하기로 하고 타인이나 금융기관으로부터 차입한 채무(제9장)
	장기제품보증충당부채	제품을 보증해 주기로 하고 판매한 경우 기업이 잠재적으로 부담하고 있는 보증비용 추계액(제9장)

부채는 자산과 마찬가지로 정상영업주기 또는 1년을 기준으로 유동부채와 비유동부채로 구분한다. 유동부채는 정상영업주기 또는 1년 중 보다 긴 기간 내에 상환하기로 되어 있는 부채이다. 유동부채로 분류되지 않는 부채는 모두 비유동부채로 분류한다.

6 자본의 의의 및 주요 항목

회계에서 자본(owner's equity or capital)이란 자산에서 부채를 차감한 잔액을 말하는 것으로서 순자산(net assets)이라고도 한다. 즉, 자본은 일정 시점에서 기업의 소유자에게 귀속되어야 하는 소유주지분(주식회사의 경우 주주지분)을 의미한다. 자본은

2-5 와 같이 자산에서 부채를 차감하여 계산되는데, 이를 자본등식(equity equation)이라 부르기도 한다.

2-5 자본등식

자 본	=	자 산	−	부 채

자본은 크게 소유주(또는 주주)가 출자한 납입자본과, 납입자본 이외의 자본인 적립금(reserves)으로 구분된다. 주식회사의 경우 주식을 발행하여 대중으로부터 널리 자본을 조달하게 되는데, 주식발행으로 조달한 자금을 납입자본이라 한다. 납입자본은 자본금과 주식발행초과금으로 구성된다.[7)]

또한 주식회사의 경우 벌어들인 순이익 중 일부는 주주에게 배당금으로 지급하고 나머지는 기업 내부에 남기게 되는데, 이를 유보라 한다.[8)] 순이익 중 배당금의 형태로 기업 외부로 유출되지 않고 기업 내부에 남아 있는 부분을 이익잉여금이라 한다. 따라서 배당금을 비용으로 분류해서는 안 되며 이를 지급하면 이익잉여금의 감소로 처리해야 한다. 적립금의 대표적 구성요소가 이익잉여금이다.

예제 2-1 재무상태표 작성

다음은 서울회사의 20×1년 12월 31일의 재무자료이다.

현 금	₩?	미 지 급 금	₩10,000	단기차입금	₩40,000
자 본 금	50,000	단기대여금	30,000	사 채	40,000
미 수 금	22,000	건 물	80,000	이익잉여금	?
매 출 채 권	35,000	미지급비용	20,000	매 입 채 무	25,000

20×1년 12월 31일의 자산총액은 ₩200,000이다.

7) 우량기업들은 주식을 액면금액 이상으로 발행하게 되는 경우가 대부분이다. 이때 액면금액에 해당하는 금액은 자본금으로 기록하고 이를 초과하는 금액은 주식발행초과금으로 기록한다. 예컨대 액면금액 ₩5,000인 주식 10주를 주당 ₩8,000에 발행한 경우에는 자본금으로 ₩50,000, 주식발행초과금으로 ₩30,000을 기록한다.

8) 이런 의미에서 이익잉여금을 유보이익이라 하기도 하며, 영문자로 'retained earning'이라는 용어를 사용한다.

요구사항

1. 위 항목을 자산과 부채 및 자본으로 분류하시오.
2. 현금과 이익잉여금의 금액은 각각 얼마인가?
3. 20×1년 12월 31일의 재무상태표를 계정식으로 작성하시오.

풀이 및 해설

1. 자산, 부채, 자본의 분류
   자산 : 현금, 단기대여금, 미수금, 건물, 매출채권
   부채 : 미지급금, 단기차입금, 사채, 미지급비용, 매입채무
   자본 : 자본금, 이익잉여금
2. 현금 : ₩33,000(자산 총액에서 나머지 자산의 합계를 차감하여 계산)
   이익잉여금 : ₩15,000(회계등식에 의해 자산 총계와 부채 및 자본 총계는 일치해야 함)
3.

재무상태표

서울회사 20×1년 12월 31일 현재 (단위 : 원)

과 목	금 액	과 목	금 액
자 산 :		부 채 :	
현 금	₩33,000	매 입 채 무	₩25,000
단기대여금	30,000	단기차입금	40,000
매 출 채 권	35,000	미 지 급 금	10,000
미 수 금	22,000	미지급비용	20,000
건 물	80,000	사 채	40,000
		자 본 :	
		자 본 금	50,000
		이익잉여금	15,000
자산 총계	₩200,000	부채 및 자본 총계	₩200,000

▶ **QR코드로 배우는 회계**
'종잣돈+적정부채'로 이익잉여금 산출… 회사의 가치 키우죠

▶ **QR코드로 배우는 회계**
재무제표 보는 게 어렵다고? 재무제표는 회사의 가계부일 뿐이다!

제 3 절 경영성과와 포괄손익계산서

1 포괄손익계산서의 의의와 구성요소

포괄손익계산서(statement of income and comprehensive income)는 일정 기간 동안 기업의 경영성과를 나타내기 위한 재무보고서이다. 기업의 경영성과는 다양한 방법으로 측정할 수 있는데, 회계에서는 수익과 비용을 파악하여 계산한다.

포괄손익계산서에는 일정 기간 동안 기업이 창출한 모든 수익과 비용이 망라되며 그 차액을 포괄손익계산서의 가장 끝부분에 총포괄손익으로 보고하게 된다. 총포괄손익은 당기순손익에 기타포괄손익을 가감하여 산출한다. 투자자 등 정보이용자들은 포괄손익계산서를 통해 일정 기간 동안 기업의 경영성과를 알게 되며, 이러한 정보를 통해 기업의 미래 수익력을 예측하거나 경영자의 업적을 측정하기도 한다.

포괄손익계산서에는 ① 포괄손익계산서라는 보고서의 명칭, ② 회사명, ③ 일정한 기간, ④ 통화와 금액단위를 반드시 표시해야 한다. 왜냐하면, 기업의 경영성과란 경영활동을 수행한 일정 기간 동안의 성과이기 때문이다. 일정한 기간은 보통 1년의 회계기간으로 표시되며, 경우에 따라 반기(6개월) 또는 분기(3개월)로 표시되기도 한다.

포괄손익계산서의 구성요소

② XX회사	① 포괄손익계산서 ③ 20×1년 1월 1일부터 20×1년 12월 31일까지	④ (단위 : 원)
수 익		×××
비 용		(×××)
당기순손익		×××
기타포괄손익		×××
총포괄손익		×××

2 손익계산의 방법 : 순자산비교법과 거래기록법

기업의 손익을 계산하는 방법에는 두 가지가 있다. 하나가 순자산비교법이고 다른 하나가 거래기록법이다. 순자산비교법은 자산에서 부채를 차감하여 순자산을 계산한다는 점에서 자산·부채법(asset & liability method)이라고도 한다. 그리고 거래기록법은 수익과 비용을 발생시키는 거래를 중심으로 순이익을 계산한다는 점에서 수익·비용법(revenue & expense method)이라고도 한다.[9)]

1. 순자산비교법

순자산이란 자산에서 부채를 차감한 잔액으로서 자본과 동일하다고 하였다. 순자산비교법(net asset approach)에서는 기말시점의 순자산이 기초시점의 순자산에 비해 얼마만큼 증가하였는가를 판단하여 계산한다. 즉, 순자산비교법은 기말순자산에서 기초순자산을 차감하여 당기순이익을 계산하는 방법으로, 회계등식을 활용하면 2-6 과 같이 여러 가지로 나타낼 수 있다.

2-6 순자산비교법(Ⅰ)

기말자본－기초자본＝당기순이익
기말순자산－기초순자산＝당기순이익
(기말자산－기말부채)－(기초자산－기초부채)＝당기순이익
(기말자산－기초자산)－(기말부채－기초부채)＝당기순이익
자산증가분－부채증가분＝당기순이익

만일 회계기간중에 소유주(주주)들이 자본을 추가로 출자하거나 인출(또는 배당금)한 것이 있으면 이를 적절히 고려하여 2-7 과 같이 당기순이익을 산출해야 한다. 왜냐하면 소유주(주주)의 자본출자 또는 인출(또는 배당금)은 포괄손익계산서에 수익이나 비용으로 보고되지 않기 때문이다.

---

9) 수익은 상품을 판매하거나 용역을 제공한 대가로 수취하거나 수취하기로 한 금액을 의미하며, 비용은 판매된 상품의 원가와 급여, 임차료, 광고선전비 등으로 이해하기 바란다. 수익과 비용에 대해서는 다음에 자세히 설명한다.

2-7 순자산비교법(Ⅱ)

기초자본＋추가출자액－인출액(또는 배당금)＋당기순이익＝기말자본
당기순이익＝기말자본－기초자본－추가출자액＋인출액(또는 배당금)
당기순이익＝자본증가액－추가출자액＋인출액(또는 배당금)

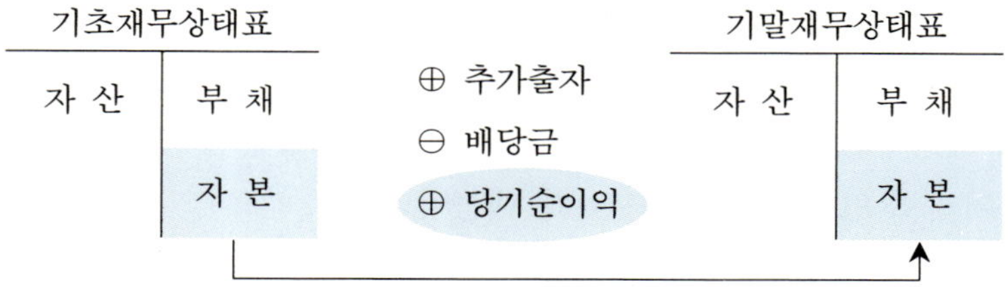

예제 2-2 순자산비교법을 이용한 순이익의 계산

연암(주)의 기초부채는 ₩60,000이었고 기말부채는 ₩45,000이었다. 기말의 순자산이 ₩80,000이었으며, 자산 총계는 기초보다 ₩25,000이 증가하였다. 당기중에 추가적인 주식발행으로 인하여 자본이 ₩18,000만큼 증가하였다고 하면 연암(주)의 당기순이익은 얼마인가?

풀이 및 해설

기말자산－₩45,000(기말부채)＝₩80,000(기말순자산, 기말자본)
∴ 기말자산＝₩125,000
∴ 기초자산＝₩100,000, 기초자본＝₩100,000－₩60,000＝₩40,000
₩80,000(기말자본)＝₩40,000(기초자본)＋당기순이익＋₩18,000(추가출자/증자)
∴ 당기순이익＝₩22,000

2. 거래기록법

거래기록법(transaction approach)이란 일정 기간 동안 발생한 수익과 비용을 항목별로 요약한 다음에 수익에서 비용을 차감하여 순이익을 계산하는 방법이다. 그러므로 거래기록법에서는 수익과 비용의 항목들을 체계적으로 모두 표시함으로써 당기순이익뿐만 아니라 구체적인 수익과 비용의 내역과 산출과정을 알 수 있다. 앞으로 특별한 경우를 제외하고 손익계산이라 함은 거래기록법에 의한 손익계산을 나타내

는 것으로 한다.

거래기록법으로 손익을 계산하려면 수익이 무엇이며 어떤 항목들이 있는지, 또한 비용은 무엇이며 어떤 항목들이 있는지를 반드시 알아야 한다. 거래로 인하여 순자산이 증가 또는 감소되더라도 이 거래가 손익거래인지 아니면 자본거래인지를 구분할 줄 알아야 정확한 순이익을 계산할 수 있다.[10] 왜냐하면 순자산의 증가는 앞서 살펴본 바와 같이 수익뿐만 아니라 주주의 추가출자 등 자본거래로 증가될 수도 있기 때문이다. 또한, 순자산의 감소도 비용뿐만 아니라 배당금 등 주주와의 자본거래로 인해 발생될 수 있기 때문이다.

거래기록법에 의해 수익과 비용을 비교하면 기업의 경영성과를 파악할 수 있다. 수익이 비용보다 많으면 당기순이익(net income)이 표시되고, 반대로 수익이 비용보다 적으면 당기순손실(net loss)이 표시된다.

예제 2-3 거래기록법을 이용한 순이익의 계산

다음 자료를 이용하여 당기순이익을 계산하시오.

판 매 비	₩5,500	이 자 수 익	₩500	관 리 비	₩8,000
임 대 료	1,000	잡 손 실	200	매 출 액	20,000

풀이 및 해설

총수익(이자수익+임대료+매출액)−총비용(판매비+관리비+잡손실)=당기순이익

(₩500+₩1,000+₩20,000)−(₩5,500+₩8,000+₩200)=₩7,800

3 수익과 비용의 인식시점 : 발생주의와 현금주의

거래기록법에 의해 순이익 계산시 수익과 비용을 기록하는 시점이 중요하지 않을 수 없다. 왜냐하면 어느 시점에 수익과 비용으로 기록하느냐에 따라 기업의 기간별 경영성과가 달리 보고되기 때문이다. 다음의 사례(함께 생각하기)를 통하여 수익과 비용의 인식시점에 대해 살펴보자.

10) 손익거래란 수익이나 비용이 발생되어 손익에 영향을 미치는 거래이며, 자본거래는 기업과 소유주의 거래(예 : 증자나 배당금 지급 등)를 의미한다.

함께 생각하기

발생주의와 현금주의의 비교

Q 임대업을 경영하는 방하나 씨가 매월 ₩800,000을 받기로 하고 건물을 임대해 주는 계약을 3월 1일에 체결하였다고 하자. 3월 1일 임차인이 입주하고 대금은 3개월마다 선불로 지급하기로 하였으며, 임대인은 임대건물의 전기세와 화재보험료 등 관리비로 매달 ₩300,000씩 균등하게 발생되어 매월 25일에 현금으로 지급한다고 하자. 이런 경우 방하나 씨가 월마다 손익을 계산한다면 3월의 순이익으로 얼마를 보고할 것인가?

A 아마도 이 물음에 3월에는 ₩2,400,000의 현금을 받고 ₩300,000의 현금을 지출하였으므로 ₩2,100,000의 이익이 발생되었다고 말하는 독자는 드물 것이다. 이와 같이 수익과 비용을 기록하는 시점이 중요한데, 이에는 두 가지 방법이 있다.

(1) 현금주의(cash basis accounting) : 현금주의하에서 수익은 현금을 수취하였을 때 기록하고 비용은 현금을 지급하였을 때 기록한다. 현금주의는 기록시점이 명확하므로 객관적이라 할 수 있지만 위 물음에서 알 수 있듯이 매월 임대로 인한 경영성과를 제대로 반영하지 못하는 경우가 많다.

방하나 씨의 경우 계약에 따라 현금의 수입과 지출이 이루어졌다면 다음의 비교표 상단부와 같은 월별 손익계산이 이루어질 것이다. 월별 손익계산서에서 알 수 있듯이 현금주의에 의해 손익을 계산할 경우 3월의 순이익은 과대계상되고 4월과 5월의 순이익은 과소계상되어 월별 순이익이 왜곡 보고되는 현상을 알 수 있다. 이러한 문제점을 해결하기 위해 적용하는 방법이 발생주의이다.

(2) 발생주의(accrual basis accounting) : 발생주의에서는 현금유입과 현금유출보다는 이를 발생시키는 거래나 사건을 중요시한다. 따라서 발생주의 회계에서 거래나 사건은 그것들이 발생한 기간에 장부에 기록하는데, 수익과 비용도 그것이 발생된 기간에 수익과 비용으로 인식한다.

발생주의하에서 수익은 수익인식기준(실현기준과 가득기준)을 충족시킬 때 인식하고 비용은 관련된 수익이 인식되는 기간에 인식한다.[11] 즉, 발생주의하에서 수익은 현금의 수취와 관계없이 실현기준과 가득기준을 동시에 만족시키면 장부에 기록하고 비용은 현금의 지급과는 관계없이 수익창출을 위해 발생되었을 때 장부에 기록한다.[12]

---

11) 회계에서 실현(realization)이란 상품이나 건물, 유가증권 등이 현금이나 매출채권 또는 미수금(현금청구권)으로 전환되는 것을 의미한다. 따라서 실현되었다는 것은 통상 판매되었다는 것을 의미하는데, 회계에서 판매란 일반적으로 재화의 인도 또는 용역의 제공을 의미한다. 그러나 수익은 실현되어야만, 즉 판매되어야만 인식할 수 있는 것은 아니다. 수익은 판매는 이루어지지 않았지만 판매가 가능할 때(실현가능할 때/실현기준) 수익을 얻기 위한 실질적 노력을 다했으면(회계에서는 이를 가득기준이라 함) 수익을 인식할 수 있다. 따라서 수익은 실현되었을 때 인식해야 한다는 것은 엄격한 의미에서 옳지 않다. 수익인식기준은 매우 중요하며 앞으로도 자주 설명될 것이다.

12) 회계에서 비용을 수익 창출에 기여했을 때 인식하는 것을 수익·비용 대응의 원칙(matching principle)이라 한다. 즉, 수익은 수익인식기준에 의해 인식하고 비용은 수익·비용 대응의 원칙에 의해 인식하는 것이 발생주의에 대한 정확한 해석이다.

위의 예를 발생주의를 적용하여 순이익을 계산하면 비교표의 하단부와 같다. 월별 손익계산에서 보는 바와 같이 발생주의가 매월의 순이익을 보다 적정히 나타내는 방법임을 알 수 있다. 그러나 세 달간의 순이익은 ₩1,500,000으로 서로 같음을 알 수 있다. 이는 3개월 전체로 본다면 발생한 금액과 현금을 수취/지급한 금액이 동일하기 때문이다.

또 다른 예로 여러분이 시간당 2만원을 후불로 받기로 하고 아르바이트를 하였다고 하자. 여러분이 만약 3시간 용역을 제공하였다면 6만원을 벌었다고 생각하지 현금으로 받은 것이 없다고 하여 번 것이 없다고 생각하는 사람은 없을 것이다.

[현금주의와 발생주의에 의한 순이익 비교]

(1) 현금주의

	3월	4월	5월	합계(3개월)
임대료수입	₩2,400,000	₩0	₩0	₩2,400,000
지　출	(300,000)	(300,000)	(300,000)	(900,000)
현금증가(감소)	₩2,100,000	₩(300,000)	₩(300,000)	₩1,500,000

(2) 발생주의

	3월	4월	5월	합계(3개월)
임대료수익	₩800,000	₩800,000	₩800,000	₩2,400,000
비　용	(300,000)	(300,000)	(300,000)	(900,000)
순이익(손실)	₩500,000	₩500,000	₩500,000	₩1,500,000

위에서 알 수 있듯이 발생주의 회계가 현금주의 회계에 비해 기업의 재무상태와 경영성과를 보다 적정하게 나타내는 방법임을 다시 한 번 강조한다. 그러나 기업활동에서 현금흐름은 무시할 수 없을 정도로 매우 중요하다. 그래서 기업뿐만 아니라 정보이용자들은 현금주의에 의한 회계정보(예 : 현금흐름표)를 보충적으로 이용하여 의사결정의 질을 개선하려고 한다.

4 포괄손익계산서 등식과 형식

포괄손익계산서에는 수익, 비용, 당기순손익, 기타포괄손익 및 총포괄손익 등 다섯 가지 정보가 표시된다. 포괄손익계산서의 구조를 이 다섯 가지 정보의 상호관계에 따라 식으로 표현하면 2-8 과 같다.

2-8 포괄손익계산서 등식

수 익 − 비 용 = 당기순손익

당기순손익 + 기타포괄이익 − 기타포괄손실 = 총포괄손익

위 식에 따라 수익을 먼저 열거하고 이어서 비용을 차감한 다음 당기순손익을 표시하고, 이로부터 기타포괄손익을 가감하여 총포괄손익에 도달하는 과정을 보여주는 형식을 보고식 포괄손익계산서라 한다.[13]

다음은 포괄손익계산서를 전년도와 비교하는 형식으로 나타낸 것이다. 기타포괄손익이 없으므로 당기순이익이 곧 총포괄이익을 나타낸다.

포괄손익계산서 미리 구경하기

포괄손익계산서

제8(당)기 20×2년 1월 1일부터 20×2년 12월 31일까지

하나회사 제7(전)기 20×1년 1월 1일부터 20×1년 12월 31일까지 (단위 : 원)

과 목	금 액	
	20×2년	20×1년
수 익	₩440,000	₩360,000
매 출 원 가	(200,000)	(170,000)
매출총이익	240,000	190,000
기 타 수 익	100,000	120,000
물 류 원 가	(40,000)	(50,000)
관 리 비	(100,000)	(90,000)
기 타 비 용	(20,000)	(30,000)
법인세비용차감전순이익	180,000	140,000
법인세비용	(60,000)	(40,000)
당기순이익	₩120,000	₩100,000
주 당 이 익	₩12	₩10

13) 위 식을 변형하여 T자 형식에서 왼쪽에 비용과 순이익을, 오른쪽에 수익을 기록한 것을 계정식 포괄손익계산서라 한다. 그러나 재무상태표와는 달리 계정식 포괄손익계산서는 거의 이용하고 있지 않다.

5 수익의 의의와 종류(원천)

수익(revenues)은 기업의 경영활동과 관련된 재화(상품이나 제품 등)의 판매 또는 용역의 제공 등에 대한 대가로 발생하는 자산의 유입 또는 부채의 감소로 나타난다. 예를 들면, 재화를 판매하거나 용역을 제공하면 그 대가로 현금이나 매출채권이 증가하게 된다. 또한 기업은 차입금을 상환하기 위하여 재화 및 용역을 채권자에게 공급할 수 있으며 그 결과로 부채가 감소하게 된다. 결국, 수익의 발생은 자본(순자산)의 증가를 초래하게 된다. 그러나 주주들이 출연(예 : 증자)한 것은 납입자본에 해당하므로 자본이 증가하더라도 수익이 아니라는 점에 주의해야 한다.

수익은 일상생활에서의 수입 또는 이익과 혼동하는 경우가 종종 있는데, 이를 엄격히 구분해야 한다. 회계에서 수입(receipt)은 현금의 유입을 지칭하는 용어로 사용된다. 한편, 이익(profit or income)은 수익에서 비용을 차감하여 계산되는 순액을 지칭하며, 수익은 비용을 차감하기 전의 총액을 의미한다. 즉, 이익은 순액(net)개념이고, 수익은 총액(gross)개념이다.

또한, 회계에서는 수익과 차익(gains, 또는 이득)을 구분하기도 한다. 수익은 기업의 주된 영업활동으로 인한 순자산(자본)의 증가를 의미하며, 차익은 이를 보조하기 위한 부수적 활동으로 인한 순자산의 증가를 의미한다. 유형자산처분이익처럼 차익

2-9 수익계정의 종류와 의미

	계정과목	의 미
수익	매출액	기업이 고객에게 용역을 제공하거나 상품 등을 인도한 대가로 수취하거나 수취할 금액
	이자수익	예금이나 대여금 또는 투자한 사채 등에서 발생하는 이자
	배당수익	유의적 영향력을 행사할 수 없는 피투자회사의 주식에 투자함으로써 받는 현금배당액
	로열티수익	특허권이나 컴퓨터 소프트웨어 등과 같은 무형자산을 타인에게 사용하게 함으로써 받게 되는 사용대가
	임대료	사용하지 않는 건물이나 토지 등을 타인에게 빌려주고 받는 월세수입 등
	유형자산 처분이익	기업의 장부에 기록되어 있는 금액 이상의 대가를 받고 유형자산을 처분한 경우, 그 초과액

은 순액개념으로 측정되는 것이 일반적이다.[14] 이하에서는 특별한 경우를 제외하고는 수익과 차익을 구분하지 않고 포괄적 의미로 모두 수익으로 칭하기로 한다.

2-9 에서는 수익계정 중 몇 가지에 대해서만 소개하기로 하고, 나머지 자세한 설명은 해당 계정과목이 소개될 때 하기로 한다.

6 비용의 의의와 종류

비용(expenses)은 기업의 경영활동과 관련된 재화의 판매 또는 용역의 제공 등에 따라 발생하는 자산의 유출이나 사용 또는 부채의 증가로 나타난다. 예를 들면, 재화의 생산 및 판매 과정에서의 비용 발생은 재고자산(상품, 제품 등)의 유출, 유형자산의 사용 또는 미지급비용과 같은 부채의 증가로 나타난다. 비용은 기업의 경영활동의 결과로서 발생하였거나 발생할 현금유출액을 나타내며, 경영활동의 종류와 당해 비용이 인식되는 방법에 따라 매출원가, 급여, 감가상각비, 이자비용, 임차료 등과 같이 다양하게 구분될 수 있다. 결국, 비용의 발생은 자본의 감소를 초래하게 된다. 그러나 주주들에게 분배한 배당금은 이익잉여금의 배분에 해당하므로 자본이 감소하더라도 비용이 아니라는 점에 주의해야 한다.

비용은 수익을 얻기 위해 소비된 것이라야 한다. 예컨대 매출이라는 수익을 얻기 위하여 상품을 판매하면 상품이라는 자산이 소비된다. 전술한 바와 같이 판매된 상품의 원가가 곧 매출원가라는 비용이 되는 것이다. 반면 수익을 얻는 데 공헌하지 못하고 가치가 소멸된 것은 비용이라 하지 않고 차손(loss 또는 손실)이라 부른다. 예컨대 도난손실이나 화재손실 등 재해손실이 이에 해당된다.

한편, 수익과 차익(이득)의 관계처럼 동일한 논리로 비용과 차손(손실)을 설명할 수 있다.[15] 즉, 차손은 비용과는 달리 기업의 부수적 활동으로 인한 순자산의 감소로서 순액으로 측정되는 것이 일반적이다. 이하에서는 차손이란 용어는 별도로 사용하지 않고 포괄적 의미로 비용이란 개념을 사용하기로 한다.

2-10 에서는 비용계정 중 몇 가지만 소개하기로 하고 나머지 자세한 설명은

14) 그러나 수익과 이득이라는 용어가 완전히 구분되어 사용되는 것은 아니다. 예컨대 자동차판매회사의 자동차 판매대금은 매출액으로 대표적인 수익이지만, 부수적 활동으로 타 기업에 자금을 대여해 주고 수취하게 되는 이자는 이득이라도 이자수익이라는 용어를 사용한다.

15) 한국채택국제회계기준에서는 수익과 차익 및 비용과 차손을 구분하지 않고, 광의의 수익에 차익을 포함시키고 광의의 비용에 차손을 포함시키고 있다.

해당 계정과목이 소개될 때 하기로 한다.

2-10 비용계정의 종류와 의미

	계정과목	의 미
비용	매출원가	판매한 상품의 매입원가나 판매된 제품의 제조원가
	급 여	종업원에게 지급한 월급과 보너스 등
	임차료	건물이나 토지 등을 빌려 사용하고 지급하는 대가
	감가상각비	건물이나 기계장치, 비품 등 유형자산의 원가를 그 자산의 사용기간에 체계적으로 배분한 금액
	광고선전비	텔레비전이나 신문 광고 등을 위해 지출하였거나 소비된 재화의 가치
	보험료	상품이나 제품 또는 유형자산에 대한 화재보험료 등
	이자비용	차입금이나 사채발행으로 인하여 회사가 부담하는 이자
	유형자산 처분손실	기업의 장부에 기록되어 있는 금액 이하의 대가를 받고 유형자산을 처분한 경우, 그 미달액

예제 2-4 포괄손익계산서의 작성

다음은 신라회사의 20×1회계연도(20×1. 1. 1～20×1.12.31)의 재무자료이다.

급 여	₩16,000	접 대 비	₩3,000	매 출 액	₩60,000
광고선전비	6,000	임 대 료	6,000	이 자 비 용	8,000
기 부 금	5,000	임 차 료	4,000	이 자 수 익	12,000
비품처분손실	7,000	토지처분이익	14,000	감가상각비	9,000

요구사항

1. 수익항목과 비용항목을 열거하시오.
2. 포괄손익계산서를 작성하시오.

풀이 및 해설

1. 수익과 비용 항목
   수익 : 매출액, 임대료, 이자수익, 토지처분이익
   비용 : 급여, 접대비, 광고선전비, 이자비용, 기부금, 임차료, 비품처분손실,
   감가상각비

2. 포괄손익계산서

포괄손익계산서

신라회사	20×1년 1월 1일부터 20×1년 12월 31일까지	(단위 : 원)
수 익		
매 출 액	₩60,000	
이 자 수 익	12,000	
임 대 료	6,000	
토지처분이익	14,000	₩92,000
비 용		
급 여	16,000	
접 대 비	3,000	
임 차 료	4,000	
감가상각비	9,000	
광고선전비	6,000	
이 자 비 용	8,000	
비품처분손실	7,000	
기 부 금	5,000	(58,000)
당기순이익		₩34,000

7 기타포괄손익

대부분의 수익과 비용은 당기순이익을 결정하는 데 포함된다. 그러나 GAAP에서는 특정한 수익이나 비용을 당기순이익 계산에 포함시키지 말 것을 요구하고 있다. 이렇게 수익이나 비용 중에서 당기순이익 계산에 포함시키지 않고 포괄손익계산서에 별도로 표시하도록 규정하고 있는 항목을 기타포괄손익(other comprehensive income : OCI)이라 한다. 따라서 기타포괄손익으로 표시하는 항목은 기업이 자의적으로 판단하여 결정하는 것이 아니라 GAAP에서 요구하고 있는 항목에 한정된다.

기타포괄손익은 보고기간 말 현재 미실현된 손익이다.[16] 보고기간 말 현재 미실현이익(손실)은 향후 경제환경의 변화로 손실(이익)이 발생될 수도 있다. 그러므로 이들 항목을 당기순이익 결정에 포함시킬 경우에는 성과가 왜곡표시될 수도 있다. 예를 들어 기업이 보유하고 있는 기타포괄손익-공정가치측정금융자산(장기투자 목적으로 보유하고 있는 주식이나 사채 등)의 공정가치가 상승하면 기타포괄손익-공정가치

16) 미실현손익은 제3자와의 거래가 발생되지 않아 확정되지 않은 손익을 의미한다. 예컨대 아파트를 취득하여 보유하고 있는데 가격이 상승(미실현이익)하거나 하락(미실현손실)하는 경우에 발생한다. 이러한 미실현손익은 처분할 때 실현된다.

측정금융자산평가이익이 발생한다. 그러나 향후 기타포괄손익-공정가치측정금융자산의 공정가치가 하락하면 평가이익이 감소되거나 평가손실이 발생될 수 있다. 이런 이유로 기타포괄손익을 당기순이익 결정에 포함시키지 않고 별도로 표시하도록 요구하고 있는 것이다.[17)]

▶ **QR코드로 배우는 회계**
자산 출처 알려면 재무상태표, 씀씀이는 손익계산서 들여다보세요

▶ **QR코드로 배우는 회계**
기업 수익성, 손익계산서 보면 알 수 있다

제 4 절 현금흐름표

1 현금흐름표의 의의

현금흐름표(statement of cash flow : SCF)는 일정 기간 동안 현금의 유입과 유출에 관한 정보를 제공하는 보고서이다.[18)] 앞서 설명한 바와 같이 기업의 순이익은 발생주의에 의해 계산되기 때문에 순이익과 현금흐름은 일치하지 않는다. 때로는 당기순이익을 크게 보고하는 기업이 현금부족으로 기업경영에 어려움을 겪는 경우가 자주 있다. 현금흐름표는 기업의 실제 현금이 어디로부터 유입되고 어디에 사용되었는가를 나타내 준다.

현금흐름표는 기업의 미래 현금흐름 창출능력에 관한 정보뿐만 아니라 재무상태표와 더불어 기업의 유동성과 재무적 탄력성을 평가하는 데 유용한 정보를 제공

17) 기타포괄손익에 대한 자세한 내용은 중급회계나 고급회계에서 배우게 된다. 회계원리에서는 이 정도 수준만 알면 된다. 기타포괄손익-공정가치측정금융자산평가손익에 대해서는 제10장에서 설명한다.

18) 재무제표 중에서도 재무상태표와 포괄손익계산서가 가장 기본이 되는 재무제표라 할 수 있다. 따라서 일반적으로 회계원리 교과과정은 재무상태표와 포괄손익계산서를 작성하는 데 목표를 두고 있다. 이 외의 재무제표들(현금흐름표, 자본변동표)은 재무상태표와 포괄손익계산서의 구조를 이해한 다음 학습하는 것이 훨씬 효과적이다. 본장에서는 재무상태표, 포괄손익계산서를 잘 이해하는 것만으로도 충분하다. 다른 재무제표에 대해서는 간단한 구조 정도만 이해하고 자세한 내용은 중급회계 교과목에서 공부하자.

한다. 여기서 유동성(liquidity)이란 현금화할 수 있는 능력이나 현금으로 전환하는 데 소요되는 기간을 의미한다. 기업의 유동성에 관한 정보는 매우 중요하다. 왜냐하면 유동성의 악화로 만기가 도래하는 채무를 상환하지 못할 경우에는 기업이 도산(bankruptcy)으로 연결될 수도 있기 때문이다. 재무적 탄력성(financial flexibility)은 예상치 못한 자금의 수요가 발생하였을 때 이에 대처할 수 있는 능력을 의미한다.

2 현금흐름표의 예시

현금흐름표는 영업활동 현금흐름과 투자활동 현금흐름 및 재무활동 현금흐름에 의해 변동된 현금액에 기초현금을 가산하여 기말현금을 나타내는 형식으로 작성한다. 영업활동 현금흐름을 나타내는 방법으로 직접법과 간접법 등 두 가지가 있다. 직접법은 현금주의에 의해 현금을 수반하여 발생한 수익 또는 비용 항목을 총액으로 표시하되, 현금유입액은 원천별로 현금유출액은 용도별로 분류하여 표시하는 방법을 말한다. 반면에 간접법은 당기순이익에 현금의 유출이 없는 비용 등을 가산하고

현금흐름표(간접법) 미리 구경하기

현금흐름표

하나회사 20×1년 1월 1일부터 20×1년 12월 31일까지 (단위 : 원)

영업활동 현금흐름		
당기순이익	₩700,000	
가감항목 :		
감가상각비	100,000	
미지급비용의 증가	300,000	
매출채권 증가	(200,000)	₩900,000
투자활동 현금흐름		
토지 취득		(400,000)
재무활동 현금흐름		
주식 발행	600,000	
배당금 지급	(100,000)	500,000
현금의 증가		1,000,000
기초현금		1,600,000
기말현금		₩2,600,000

현금의 유입이 없는 수익 등을 차감하며, 영업활동으로 인한 자산·부채의 변동을 가감하여 표시하는 방법을 말한다.

투자활동은 현금의 대여와 회수 활동, 유가증권 등 투자자산과 유형자산 및 무형자산의 취득과 처분 활동을 포함한다. 재무활동은 현금의 차입과 상환 활동 및 주식의 발행과 배당금의 지급 활동을 포함한다.

본장에서는 간접법에 의한 현금흐름표를 예시한다. 현금흐름표에 관한 보다 자세한 내용은 제12장에서 다루기로 한다.

▶ QR코드로 배우는 회계
영업익 100억 달성, 현금 100억 벌었을 거라는 착각 버려야

제 5 절 자본변동표

1 자본변동표의 의의

자본변동표(statement of changes in equity)는 일정 기간 동안 기업실체의 자본의 크기와 그 변동에 관한 정보를 나타내는 재무보고서이다. 자본변동표에는 소유주에 의한 투자내역과 소유주에 대한 배분내역이 모두 표시된다.

우리는 자본변동표를 통해 자본의 변동내역을 알 수 있다. 예컨대 자본 증가가 주식발행으로 이루어진 것인지 아니면 영업활동으로 인한 것인지를 알 수 있게 해준다. 또한, 자본변동표에는 이익잉여금의 변동내역을 보고함으로써 배당가능이익이 얼마인가를 알 수 있게 해주며, 배당금 등으로 인한 사외유출이 얼마인가도 알 수 있게 해준다.

2 자본변동표의 예시

자본변동표에는 자본금과 이익잉여금 및 기타자본요소를 각 항목별로 기초잔액과 변

동사항 및 기말잔액을 표시한다. 기타자본요소의 대표적 예가 기타포괄손익이다. 자본변동표를 작성하면 주주의 추가 출자나 이익잉여금의 변동내역은 당연히 알게 된다.

자본변동표 미리 구경하기

자본변동표

하나회사 20×1년 1월 1일부터 20×1년 12월 31일까지 (단위 : 원)

구 분	자본금	이익잉여금	기타자본요소	총 계
20×1. 1. 1	₩2,000	₩1,000	₩0	₩3,000
유 상 증 자	600			600
당기순이익		700		700
배 당 금		(100)		(100)
20×1.12.31	₩2,600	₩1,600	₩0	₩4,200

제 6 절 재무제표의 연계성(상호관계)

지금까지 재무상태표와 포괄손익계산서, 현금흐름표 및 자본변동표 등 재무제표의 개념과 양식에 대해 간략히 살펴보았다. 그런데 이들 재무제표는 각기 독립적으로 유용한 정보를 제공할 뿐만 아니라 서로 연계되어 있다는 점을 알고 있어야 한다.

각각의 재무제표는 상호보완적으로 사용될 때 보다 유용성이 증대될 수 있다. 예컨대, 재무상태표는 유동성과 재무탄력성을 평가하는 데 유용한 정보를 제공하지만 현금흐름표와 함께 이용될 때 유동성과 재무탄력성에 대한 평가를 보다 정확히 할 수 있다.

그리고 재무제표간에는 항목이 정교하게 연계되어 있는데, 이 역시 다음에 배우게 될 복식부기의 정교함 때문이다. 그러면 재무제표가 어떻게 연계되어 있는지 살펴보도록 하자.

우선 포괄손익계산서에 보고되는 당기순이익은 이익잉여금의 증가를 초래하므로 동액이 자본변동표의 이익잉여금란에 보고된다. 그리고 자본변동표상의 이익잉여금란에는 기초이익잉여금에 당기순이익을 가산하고 배당금 등을 차감하여 기말이익잉여금을 나타내므로 자본변동표상의 기말이익잉여금은 재무상태표의 기말이익잉여금과 일치하게 된다.

한편, 포괄손익계산서의 당기순이익은 간접법으로 작성하는 현금흐름표에도 동일한 금액이 보고되어 영업활동 현금흐름을 계산할 때 사용된다. 이렇게 포괄손익계산서상의 당기순이익은 모든 재무제표에 직접 또는 간접적으로 영향을 미친다는 점을 알고 있어야 한다.

그리고 기초 재무상태표상의 현금은 현금흐름표상의 기초현금으로 보고되어 기업의 여러 활동으로 인한 현금증감액에 가산되어 기말 재무상태표의 현금으로 보고된다. 또한, 현금흐름은 현금계정 이외의 계정의 변동으로 설명되기 때문에 기초 재무상태표의 자산과 부채 및 자본은 현금흐름표상의 변동내역이 가감되어 기말 재무상태표의 자산과 부채 및 자본으로 보고된다. 예를 들어 기초의 토지 잔액이 3만원인데 당기에 이 중 2만원어치를 처분하고 추가로 5만원의 토지를 구입하였다고 하자. 그러면 현금흐름표의 투자활동란에 2만원어치를 처분한 금액으로 현금유입액이 표시되고, 5만원의 구입은 투자활동란에 현금유출액으로 표시되어 기말의 재무상태표에는 자산란에 토지의 금액으로 6만원을 보고하게 된다.

플러스+강의 Q & A

Q 교수님, 재무제표들간에 연계성이 있다구요? 그럼 서로 영향을 미친다는 것인가요? 알 듯하면서도 잘 이해가 안 됩니다. 더 쉽게 설명해 주세요.

A 네, 사실 이번 장에서 가장 중요한 내용이 바로 재무상태표와 포괄손익계산서의 구조, 포함하는 정보의 내용, 그리고 이 두 개의 재무제표간의 상호 관련성이랍니다. 조금 쉬운 예를 들어 설명해 볼게요. 먼저 간단히 복습해 봅시다.

재무상태표는 무엇이지요? 그래요. 재무상태표는 특정 시점의 재무상태를 나타내는 표로서 자산=부채+자본의 형태로 구성되지요.

포괄손익계산서는 무엇이지요? 그래요. 포괄손익계산서는 일정 기간의 경영성과를 나타내는 표로서 수익−비용=순이익의 형태로 구성되지요.

특정 시점의 상태인 재무상태표는 일정 기간이 지난 후에는 변화하게 된답니다. 몸무게의 예를 들어볼게요. 여러분은 요즘 다이어트에 관심이 있어요. 그래서 매일 아침에 일어나서, 그리고 잠자리에 들기 전에 몸무게를 측정하고 있어요. 오늘 아침 7시의 몸무게는 50kg이었어요. 그런데 저녁 10시에 측정해 보니 52kg이었어요. 두 시점의 상태에 변화가 발생한 것이지요. 그 변화는 오늘 하루 동안(오전 7시~저녁 10시) 일어난 것이지요. 고민해 본 결과 몸으로 들어간 칼로리가 1,000칼로리인데, 활동으로 인해 배출된 칼로리가 그보다 훨씬 적었던 것이지요. 그래서 2kg이 하루 동안 축적된 셈이지요.

이게 바로 재무상태표와 포괄손익계산서의 관계랍니다. 오전 7시, 오후 10시의 상태를 측정한 것이 재무상태표이고, 하루 동안의 Input과 Output을 측정한 것이 포괄손익계산서랍니다.

이번에는 여러분의 지갑을 예로 들어볼까요? 아침에 집에서 나올 때 지갑 안에 ₩11,000이 있었어요. 그리고 집에 가서 지갑을 열어보니 ₩8,000이 있어요. 이렇게 각 시점별로 상태를 측정한 것이 재무상태표랍니다. 어? 그럼 두 시점간에는 ₩3,000의 감소가 있었군요. 오늘 하루 동안 내가 지갑을 꺼낸 일을 생각해 보니 이런 일이 있었어요.

하루 동안 지출한 돈 : 교통비 ₩3,000, 2끼의 식사 ₩6,000, 커피값 ₩4,000
아르바이트 하고 받은 돈 : ₩10,000

요약해 보면 오늘 아침에 ₩11,000이 있었는데, 오늘 하루 동안 지갑에 들어온 돈은 ₩10,000이고, 지갑에서 나간 돈은 ₩13,000이지요. 오늘 하루 동안 들어온 돈보다 나간 돈이 ₩3,000이 더 많으니까 저녁에 들어갔을 때에는 ₩3,000이 줄어든 ₩8,000만 남아 있겠지요.

아침에 나올 때 상태 → 저녁 때의 상태

번돈 : ₩10,000
쓴돈 : ₩3,000 + ₩6,000 + ₩4,000

₩11,000 (기초의 상태)	오늘 하루의 성과 : − ₩3,000 (상태의 변동)	₩8,000 (기말의 상태)

이 예는 벌어들인 돈보다 쓴 돈이 더 많았기 때문에 지갑 안에 돈이 줄어든 것이지요. 만약에 오늘 벌어들인 돈이 쓴 돈보다 더 많았다면? 그렇지요. 지갑 안의 돈은 늘어가겠지요.

자, 이제 특정 시점의 상태를 나타내는 재무상태표와 일정 기간의 성과를 나타내는 포괄손익계산서 간에 관계가 있다는 것이 이해되시나요?

Epilogue

본장에서는 재무제표의 종류와 형식 및 그들이 나타내는 정보의 내용 등을 다루었다. 회계원리에서 가장 기본이 되는 재무제표는 재무상태표와 포괄손익계산서이다. 한국채택국제회계기준은 원칙 중심이기 때문에 재무제표의 양식이나 분류에 있어서 기업의 재량권이 커졌다. 그러나 과거에는 GAAP가 규정 중심으로 되어 있어서 그런지 원칙 중심의 기준이 아직 낯설다. 그러므로 본장에서는 재무제표의 종류와 각각의 재무제표가 어떠한 정보를 표시하는지, 그리고 개략적인 형식에 대해서만 이해하면 되겠다. 물론 각각의 재무제표가 어떻게 연계되었는지를 이해하면 금상첨화일 것이다.

종합사례

CHAPTER 2

다음 항목들은 동덕(주)의 20×1년 12월 31일로 종료되는 회계연도의 재무상태표와 포괄손익계산서의 구성요소이다.

항목	금액	항목	금액
용역수익	₩680,000	현금	₩120,000
비품	300,000	매입채무	230,000
영업권	150,000	선급비용	100,000
광고선전비	56,000	자본금	300,000
임차료	150,000	단기차입금	400,000
급여	280,000	건물	550,000
선수수익	80,000	매출채권	350,000
토지	250,000	차량운반구	110,000
소모품비	75,000	장기차입금	200,000
이자비용	65,000	미지급비용	180,000
이익잉여금	?	미지급금	140,000
미수수익	70,000	임대료	77,000
특허권	170,000	배당금수익	50,000
당기손익-공정가치측정금융자산	160,000		

(물음 1) 각 항목을 (1) 자산, (2) 부채, (3) 자본, (4) 수익, (5) 비용으로 구분하시오.

(물음 2) 이익잉여금을 추정하고 계정식 재무상태표를 작성하시오.

(물음 3) 보고식 포괄손익계산서를 작성하시오.

풀이 및 해설

(물음 1) 자산, 부채, 자본, 수익, 비용의 분류

(1) 미래의 경제적 효익이 있는 항목은 자산으로 분류한다.

자산 : 현금, 비품, 건물, 매출채권, 토지, 차량운반구, 미수수익, 선급비용, 당기손익-공정가치측정금융자산, 특허권, 영업권

(2) 현금이나 용역을 제공해야 할 의무는 부채로 분류한다.

부채 : 매입채무, 단기차입금, 선수수익, 장기차입금, 미지급비용, 미지급금

(3) 재무상태요소 중 자산과 부채를 제외한 항목은 자본으로 분류한다.
자본 : 자본금, 이익잉여금

(4) 수익은 순자산(자본)의 증가를 초래한다.
수익 : 용역수익, 배당금수익, 임대료

(5) 비용은 순자산(자본)의 감소를 초래한다.
비용 : 광고선전비, 임차료, 급여, 소모품비, 이자비용

(물음 2) 재무상태표 작성

이익잉여금은 자산총액에서 이익잉여금을 제외한 자본과 부채의 총액을 차감하여 추정한다.

재무상태표

동덕(주) 20×1년 12월 31일 현재 (단위 : 원)

자산 :		부채 :	
현금	₩120,000	매입채무	₩230,000
당기손익-공정가치측정금융자산	160,000	단기차입금	400,000
매출채권	350,000	선수수익	80,000
미수수익	70,000	미지급비용	180,000
선급비용	100,000	미지급금	140,000
토지	250,000	장기차입금	200,000
건물	550,000	부채 총계	1,230,000
비품	300,000	자본 :	
차량운반구	110,000	자본금	300,000
특허권	170,000	이익잉여금	800,000
영업권	150,000	자본 총계	1,100,000
자산 총계	₩2,330,000	부채 및 자본 총계	₩2,330,000

(물음 3) 포괄손익계산서 작성

포괄손익계산서

동덕(주) 20×1년 1월 1일부터 20×1년 12월 31일까지 (단위 : 원)

수익 :		
용역수익	₩680,000	
임대료	77,000	
배당금수익	50,000	₩807,000
비용 :		
급여	₩280,000	
광고선전비	56,000	
임차료	150,000	
소모품비	75,000	
이자비용	65,000	626,000
당기순이익		₩181,000

연습문제

CHAPTER 2

1 [진위형] 다음 서술이 옳으면 T, 옳지 않으면 F를 기재하시오.

(1) 기업에 의해 작성되는 기본 재무제표는 재무상태표, 포괄손익계산서, 현금흐름표 및 위험보고서이다.

(2) 정보이용자의 의사결정을 돕기 위해 재무제표는 주로 기업의 과거에 관한 재무적 정보를 제공한다.

(3) 재무상태표 작성을 위한 회계등식은 '자산+부채=자본'이다.

(4) 포괄손익계산서는 일정 기간 동안 주주의 수익과 비용 및 당기순이익을 나타내는 재무보고서이다.

(5) 미래의 경영성과나 현금흐름을 예측하는 데에는 현금주의보다 발생주의가 우월하다.

(6) 매출채권, 선수금, 대여금, 상품, 건물은 모두 자산계정이다.

(7) 현금흐름표는 기업의 유동성이나 재무적 탄력성을 평가하는 데에는 유용하지 않다.

(8) 자본변동표에는 배당금 지급내역이 표시된다.

2 [완성형] 다음 괄호 안에 가장 적절한 용어를 넣으시오.

(1) 기업과 관련된 내용 중에서 화폐금액으로 객관적으로 표시할 수 있는 항목을 일정한 원칙에 의해 작성하여 나타내는 보고서를 통틀어 ( )라 한다.

(2) 재무제표 중에 일정한 시점의 기업의 재무상태를 자산과 부채 및 자본으로 구분하여 나타내는 보고서를 ( )라 한다.

(3) 보통 재무제표 항목에 일련번호를 부여한 다음 이에 관한 사항을 본문 아래 또는 별지에 기재하는 형식으로 작성하는 것을 ( )이라 한다.

(4) 과거의 거래나 사건의 결과로서 현재 기업실체에 의해 지배되고 미래에 경제적 효익을 창출할 것으로 기대되는 자원을 ( )이라 한다.

(5) 현금유입과 현금유출보다는 이를 발생시키는 거래나 사건을 중요시하여 이들이 발생한 기간에 수익과 비용으로 기록하는 것을 ( ) 회계라 한다.

(6) (　　)이란 자산의 유입이나 증가 또는 부채의 감소에 따라 자본의 증가를 초래하는 특정 회계기간 동안에 발생된 경제적 효익의 증가로 정의된다.

3 [선다형] 다음 물음에 가장 타당한 답을 하나만 선택하시오.

(1) 다음 중 재무제표의 특성으로 가장 옳지 않은 것은?

① 재무제표는 기업에 관한 내용 중 화폐금액으로 표시할 수 있는 항목만을 나타낸다.
② 재무제표는 객관적으로 측정할 수 있는 항목만을 나타낸다.
③ 재무제표는 일반적으로 인정된 회계원칙에 의해 작성된다.
④ 재무제표는 주로 과거의 거래나 사건에 관한 정보를 제공한다.
⑤ 재무제표는 모두 일정한 기간 동안 측정된 정보만을 제공한다.

(2) 다음은 재무제표 또는 재무보고와 관련된 설명이다. 옳지 않은 것은?

① 재무제표는 일반적으로 인정된 회계원칙에 의해 작성되지만, 재무보고 중에는 이에 근거하지 않는 정보도 포함된다.
② 재무제표는 독립된 회계감사인의 감사를 받는 것이 일반적이지만 재무보고 중에는 감사를 받지 않아도 되는 정보가 포함되기도 한다.
③ 재무보고의 핵심적 수단이 재무제표이다.
④ 기본 재무제표는 본문과 주석으로 구성된다.
⑤ 주기와 부속명세서는 재무제표 본문과는 관계없이 별도의 수단으로 상세한 정보를 제공한다.

(3) 재무상태표에 관한 다음의 설명 중 옳지 않은 것은?

① 재무상태표는 특정한 시점의 기업의 재무상태를 나타내는 재무보고서이다.
② 재무상태표에서 재무상태는 자산과 부채 및 자본으로 분류하여 보고한다.
③ 재무상태표에서 자산은 유동성이 큰 순서대로 보고하고, 부채는 유동성이 작은 순서대로 보고한다.
④ 재무상태표에 보고되는 자본은 자산 총액에서 부채 총액을 차감한 금액과 항상 일치한다.
⑤ 재무상태표는 기업의 유동성이나 재무구조를 파악하는 데 유용한 정보를 제공한다.

(4) 다음 중 포괄손익계산서의 설명으로 옳지 않은 것은?

① 포괄손익계산서는 일정 기간 동안 기업의 경영성과에 대한 정보를 제공하는 재무보고서이다.

② 포괄손익계산서에 보고되는 당기순이익은 거래기록법에 의하는 것이 현행 일반적으로 인정된 회계원칙이다.

③ 포괄손익계산서에 보고되는 당기순이익은 발생주의에 의해 작성되는데, 이는 현금주의에 의할 때보다 항상 작게 보고되는 특징이 있다.

④ 포괄손익계산서에 보고되는 비용은 발생주의하에 수익・비용 대응의 원칙에 의하여 보고된다.

(5) 재무제표의 연계성에 관한 다음의 설명 중 옳지 않은 것은?

① 포괄손익계산서상의 당기순이익은 현금흐름표와 자본변동표상의 당기순이익과 일치한다.

② 기초 재무상태표의 현금잔액에 현금흐름표상의 현금증감액을 가감하면 기말 재무상태표의 현금잔액이 된다.

③ 주식을 현금으로 발행하게 되면 현금흐름표와 자본변동표에 그 내역이 보고된다.

④ 재무상태표에 보고되는 재무상태의 모든 변동을 나타내는 재무제표가 현금흐름표이다.

⑤ 대부분의 경우 포괄손익계산서상의 순이익은 영업활동 현금흐름과 일치하지 않는다.

(6) 다음 중 재무제표요소들에 대한 설명으로 잘못된 것은?

① 자산은 과거의 거래나 사건의 결과로서 현재 기업실체에 의해 지배되고 미래에 경제적 효익을 창출할 것으로 기대되는 자원이다.

② 부채는 과거의 거래나 사건의 결과로 현재 기업실체가 부담하고 있고 미래에 자원의 유출 또는 사용이 예상되는 의무이다.

③ 수익은 기업실체의 경영활동과 관련된 재화의 판매 또는 용역의 제공 등에 대한 대가로 발생하는 자산의 유입 또는 부채의 감소를 의미한다.

④ 비용은 기업이 수익을 발생시키기 위해 희생한 경제적 자원의 의미를 가지며 반드시 기업의 현금이 지출되어야 비용으로 인식할 수 있다.

⑤ 자본은 자산에서 부채를 차감한 잔액을 의미한다.

(7) 다음 자료에 의하여 기말이익잉여금을 계산하면 얼마인가?

기초이익잉여금	₩800,000	당기수익 총액	₩6,000,000
당기비용 총액	5,600,000	당기 배당금 지급액	100,000

① ₩200,000 ② ₩400,000 ③ ₩600,000
④ ₩800,000 ⑤ ₩1,100,000

(8) 하나회사는 20×2년 3월초에 ₩10,000을 투자하여 설립한 후 곧바로 상품을 매입하고 ₩7,500을 현금으로 지급하였다. 그 후 3월말까지 매입상품 중 일부를 ₩8,200에 판매하였는데, 그중 ₩5,000은 3월말까지 외상으로 남아 있다. 판매된 상품의 매출원가는 ₩4,800이었다. 또한 3월 말일에 ₩1,500의 상품을 외상으로 매입한 거래 외에 다른 거래는 없었다. 3월의 이익 또는 손실로 옳은 것은?

① 발생주의에 의해 계산한 손실이 ₩6,600이다.
② 현금주의에 의해 계산한 이익이 ₩5,700이다.
③ 발생주의에 의해 계산한 이익이 ₩1,900이다.
④ 현금주의에 의해 계산한 손실이 ₩4,300이다.
⑤ 발생주의에 의한 순이익과 현금주의에 의한 순이익은 같다.

4 [재무상태표의 작성 1] 다음 자료를 이용하여 20×1년 12월 31일 현재 (주)호두의 재무상태표를 작성하시오.

건 물	₩20,000	매 입 채 무	₩13,500
미 지 급 금	9,000	매 출 채 권	12,400
현 금	3,500	선 급 금	1,500
자 본 금	10,000	이익잉여금	5,250
미지급비용	2,400	당기손익-공정가치측정금융자산	2,750

5 [재무상태표의 항목 구분] 다음 항목을 자산, 부채, 자본으로 분류하시오.

(1) 단기차입금	(　　　)	(2) 미 수 금	(　　　)
(3) 매 출 채 권	(　　　)	(4) 토　　지	(　　　)
(5) 비업무용토지	(　　　)	(6) 선 급 금	(　　　)
(7) 비　　품	(　　　)	(8) 매 입 채 무	(　　　)
(9) 이익잉여금	(　　　)	(10) 자 본 금	(　　　)
(11) 선 수 수 익	(　　　)	(12) 장기대여금	(　　　)

6 [회계등식] 다음의 (　) 안에 알맞은 금액을 기입하시오.

	자 산	부 채	자 본
(1)	₩7,500	₩6,000	₩(　　)
(2)	(　　)	9,400	5,000
(3)	12,500	(　　)	3,000

7 [재무상태표, 포괄손익계산서 항목 구분] 다음 자료는 (주)미래가 20×1년 12월 31일 현재 보유하고 있는 재무항목들이다. 아래 항목들을 이용하여 자산, 부채, 자본 및 수익, 비용을 분류하시오.

> 급여, 단기대여금, 단기차입금, 매출액, 매출원가, 매출채권, 미수금, 임대료, 미지급금, 자본금, 이익잉여금

8 [회계등식(재무상태표 등식)] (주)청송의 기초 재무상태는 다음과 같다. 한 해 동안 자산이 ₩4,000 증가했으며, 부채는 ₩2,000 감소했다. (주)청송의 기말자본을 구하면 얼마인가?

기 초 자 산	₩25,000	기 초 부 채	₩11,000

9 [재무상태표의 작성 2] 다음의 재무상태표를 수정하여 올바른 재무상태표를 작성하시오.

재무상태표

(주)호두 20×1년 12월 31일

현금	₩650	매출채권	₩3,500
토지	13,900	미수금	1,500
자본금	10,000	건물	11,000
매입채무	4,400	선수수익	5,800
이익잉여금	?	미지급비용	7,150
	₩28,950		₩28,950

10 [포괄손익계산서의 작성] 다음은 (주)신라의 회계자료이다. 이로부터 (주)신라의 20×1년 12월 31일로 종료되는 회계연도의 포괄손익계산서를 단일단계로 작성하시오.

매출액	₩56,000	급여	₩21,000	이자수익	₩12,000
매출원가	18,000	광고선전비	9,000	임대료	8,000
보험료	7,000	감가상각비	6,000	선수수익	5,000

11 [순자산비교법] (주)하나의 기초와 기말의 재무상태는 다음과 같다.

	기말	기초
자산총액	₩100,000	₩76,000
부채총액	20,000	34,000

당기중에 액면 ₩100의 주식 100주를 주당 ₩300에 발행하여 유상증자를 했으며, 주주들에게 현금배당 ₩1,800을 결의하여 즉시 현금으로 지급하였다.

(물음 1) 기타포괄손익이 없는 경우 당기의 수익총액이 ₩16,000이라면 비용총액은 얼마인가?

(물음 2) 당기의 기타포괄이익이 ₩3,000이고 비용이 ₩7,000이라면 수익총액은 얼마인가?

PART

Ⅱ 회계순환과정

CHAPTER

3

회계순환과정(Ⅰ): 거래의 식별과 기록

일러두기 ●●● 본장의 주요 목적은 회계상 거래를 이해하고, 회계기간중에 발생한 회계상 거래를 분석하며, 회계장부에 기록하는 과정을 숙지하는 데 있다. 구체적으로 회계기간중에 발생하는 여러 거래들 중에서 기록의 대상이 되는 회계상 거래를 어떻게 구별하는지 살펴보고, 모든 회계상 거래가 가지는 거래의 이중성이라는 특징을 이해한다. 또한 거래의 이중성이라는 특징에서 출발하여 회계상 거래를 회계장부에 어떻게 기록하고, 방대한 거래기록자료를 어떻게 효율적이고 명료하게 정리할 수 있는지 살펴보기로 한다.

주요 용어 ●●● 회계상 거래, 거래의 이중성, 회계등식(재무상태표등식), 계정, 차변, 대변, 대차평형의 원리, 거래요소의 결합관계, 회계순환과정, 전기, 총계정원장

현장사례 공인회계사는 회계감사만 하나요?

제1장에서 회계감사에 대해 간략히 설명하고, 외부감사인은 회계에 대한 전문성을 갖춘 공인회계사들만 할 수 있다고 언급하였다. 제3장의 현장사례에서는 공인회계사의 업무에 대해 살펴보자.

공인회계사는 회계와 세무 업무 등의 최고전문가라 할 수 있는데, 공인회계사의 업무는 크게 회계감사업무, 세무업무 그리고 경영자문업무로 구분할 수 있다.

회계감사업무는 공인회계사만이 수행할 수 있는 고유영역으로 주식회사 등의 외부감사에 관한 법률에 의한 법정감사업무를 의미한다.

세무업무는 법인세와 소득세의 세무조정이나 세무와 관련한 각종 이의신청, 심사 업무, 그리고 세무에 대한 자문, 국제조세 관련 업무 등을 의미한다.

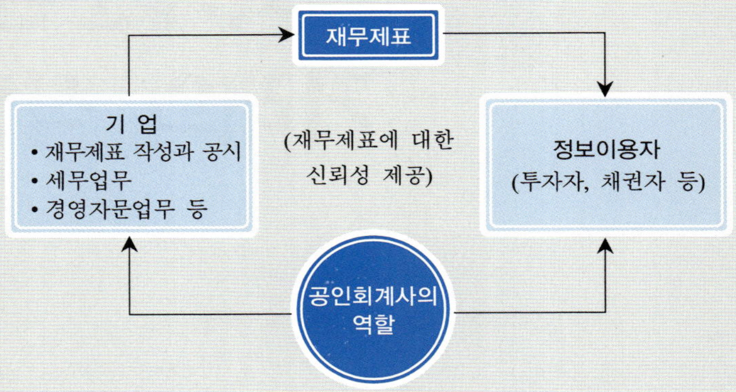

경영자문업무는 일반적으로 컨설팅이라고 불리는데, 경영분석 및 기업진단, 회사조직 및 업무절차의 입안 및 검토, 기업의 인수합병(M&A) 등 경영 전반에 걸친 자문업무 등을 의미한다.

이 외에도 공인회계사 자격증을 취득한 후에는 증권회사의 애널리스트로 진출하는 경우도 많다. 또한 최근 들어 기업체뿐만 아니라 정부기관, 대학, 공사 등 대부분의 조직에서 공인회계사 자격증을 소유한 지원자에게는 가산점을 부여하는 등 공인회계사에 대한 수요도 계속 증가하는 추세에 있다. 또한 국제회계기준의 도입과 함께 회계전문가에 대한 수요는 앞으로 폭발적으로 증가할 전망이다. 공인회계사는 회계전문가의 대명사이다.

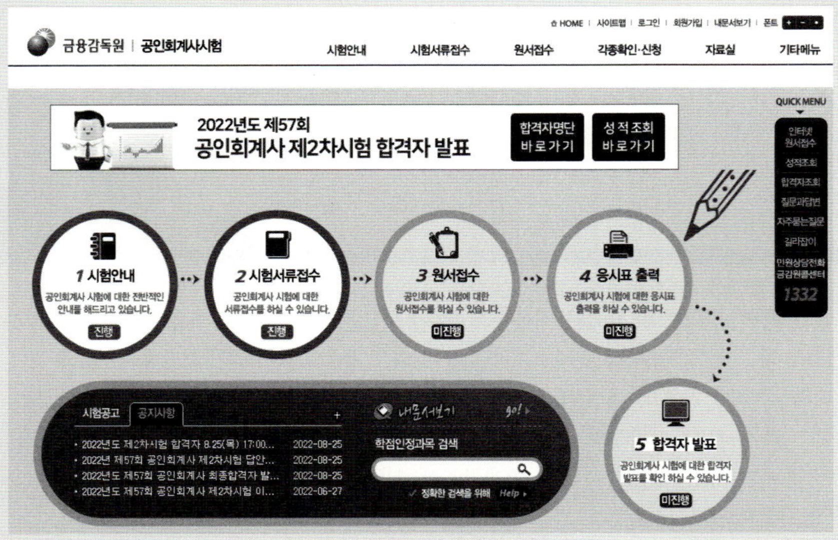

금융감독원/공인회계사시험(http://cpa.fss.or.kr)

회계원리를 공부하면서 회계가 본인의 적성에 맞는다고 생각한다면 공인회계사 자격시험은 충분히 도전할 가치가 있다고 보아 권하고 싶다. 공인회계사 시험제도에 대해서는 금융감독원/공인회계사시험 웹사이트(cpa.fss.or.kr)를 참고하기 바란다.

제 1 절 회계상의 거래

① 회계상 거래의 정의

회계정보를 제공하기 위해 기업이 우선적으로 해야 할 일은 기업과 관련된 여러 경영활동 중에 장부에 기록할 대상을 식별(identification)하는 일이다. 즉, 기업활동은 크게 영업활동과 투자활동 및 재무활동으로 구분되는데, 이 중 어떤 것을 장부에 기록하고 어떤 것을 기록하지 말아야 할 것인가를 결정해야 한다.

기업의 경영활동이 계속되는 한 특별한 경우를 제외하고는 기업의 재무상태(자산이나 부채 또는 자본)는 계속 변동하게 된다. 예컨대 은행으로부터 현금을 차입하면 현금이 증가하는 반면 갚아야 할 채무(차입금)도 증가하게 된다. 상품을 외상으로 판매하게 되면 외상매출금(자산)[1]이 증가하는 반면 수익의 발생으로 자본도 그만큼 증가하게 된다. 그리고 상품이라는 자산이 감소되고 그만큼 비용(매출원가)이 발생하게 된다. 또한 사원용 냉장고를 외상으로 구입하게 되면 비품이라는 자산이 증가하며 미지급금이라는 부채가 증가하게 된다. 이상은 모두 기업의 재무상태의 변동을 초래하는 예이다.

경영자나 기타 정보이용자들이 기업의 재무상태를 수시로 파악할 수 있으려면 기업은 재무상태의 변동을 적절히 장부에 반영해야 한다. 즉, 현금이라는 자산이 증가하게 되면 현금의 증가로 기록하고 현금을 사용하여 상품이나 비품을 구입하면 현금의 감소로 기록해야 할 것이다. 그러나 이때 만일 자산이나 부채 또는 자본에 발생하는 변동의 크기를 금액으로 측정할 수 없다면 기록을 하고 싶어도 할 수가 없게 된다. 회계에서는 기업의 경영활동 중 ① 재무상태, 즉 자산이나 부채 또는 자본의 변동을 초래하면서, ② 그 변동 금액을 화폐단위로 신뢰성 있게 측정할 수 있는 사건을 회계상 거래(transaction)라 한다. 그리고 회계상 거래만을 장부에 기록하는 대상으로 한다.[2]

---

1) 매출채권은 외상매출금과 받을어음을 포함한다. 그러나 내부관리목적상 기본적인 회계기록은 외상매출금과 받을어음을 구분하며, 재무상태표 작성시에 외상매출금과 받을어음을 통합하여 매출채권으로 보고하는 것이 일반적이다. 따라서 본서에서도 기본적인 회계기록에서는 외상매출금과 받을어음을 구분하며, 재무상태표에서는 매출채권으로 통합하여 보고한다. 매입채무도 동일한 이유로 외상매입금과 지급어음으로 구분한다.

회계상 거래

(1) 재무상태, 즉 자산이나 부채 또는 자본(수익과 비용 포함)의 변동을 초래하면서
(2) 그 변동 금액을 화폐단위로 신뢰성 있게 측정할 수 있는 사건

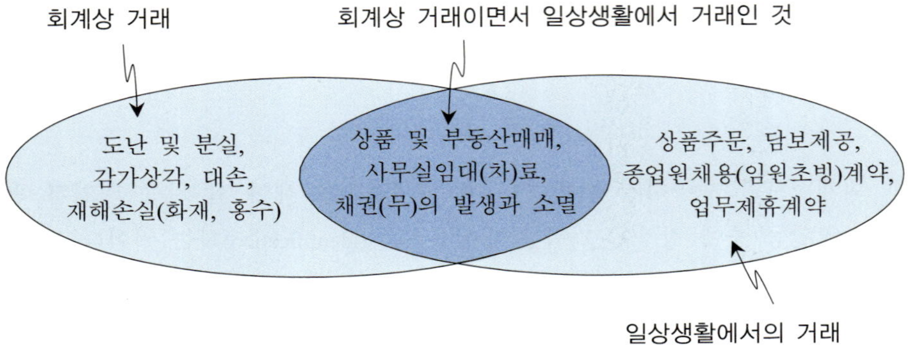

일상생활에서는 상품의 매매계약이나 건물의 임대차계약 등을 거래라 하지만 회계에서는 거래에 포함시키지 않는다. 왜냐하면 위와 같은 계약 자체만으로 재무상태, 즉 자산이나 부채 또는 자본의 변동을 초래하지 않기 때문이다.

그러나 상품의 도난이나 파손, 주식이나 채권의 가격하락은 일상생활에서 거래라 하지 않지만 경제적 가치의 변동을 초래하여 결국 재무상태의 변동을 초래하므로 회계상 거래로 간주된다. 이 외에도 현금을 분실하였거나 화재로 건물이 소실되는 경우, 시간의 경과로 차입금에 이자가 발생하는 사건은 일상생활에서 거래라 하지 않지만 회계상 거래로 간주된다.

한편, 상품을 매입하거나 토지나 비품 등을 취득하는 행위는 일상생활에서 거래로 간주되며 회계에서도 거래로 간주된다. 결국, 회계상 거래로 간주되기 위해서는 기업의 재무상태(자산, 부채, 자본)의 변동을 초래하면서 얼마만큼의 변동을 초래하였는지 화폐단위로 신뢰성 있게 측정할 수 있어야 한다.

또한, 수익이나 비용의 발생과 더불어 그 금액을 신뢰성 있게 측정할 수 있다면 당연히 회계상 거래이다. 왜냐하면 수익의 발생은 자본을 증가시키고 비용의 발생은 자본을 감소시키기 때문이다. 즉, 수익이나 비용의 발생은 자본의 변동을 초래하여 결국 재무상태의 변동을 초래하기 때문이다.

---

2) 회계상 거래의 요건은 장부에 기록 여부를 판단하는 기준이므로 재무제표의 요소(자산, 부채, 자본, 수익, 비용 등)를 기록하는 인식기준과 동일한 내용이다. 이에 대해서는 [보론]에서 설명한다.

예제 3-1 회계상 거래의 식별

다음은 (주)연세의 경영활동 중 일부이다.

(1) 현금 ₩1,000을 출자하여 영업을 개시하다.
(2) 홍금보 씨를 종업원으로 채용하기로 하고 연봉 ₩500을 지급하기로 하다.
(3) 상품 ₩300어치를 현금으로 매입하다.
(4) 상품 ₩200어치가 불에 타 소멸되다.
(5) 공정가치로 평가하는 금융자산의 공정가치가 ₩400만큼 하락하다.
(6) 월 ₩100씩 임대료를 받기로 하고 6개월치를 선불로 받다.
(7) 매월 이자를 ₩100씩 받기로 하고 돈을 빌려주었는데 3개월이 경과하다.
(8) 정가 ₩500인 비품을 구입하기로 하고 주문하였는데 아직 도착하지 않다.
(9) 관계기업의 채무 ₩800에 대해 지급보증을 하기로 하다.
(10) 대표이사의 업무용 차량이 도로교통법규를 위반하여 서울시로부터 범칙금 ₩900을 납부하라는 고지서를 받다.

요구사항

위의 경영활동 중 회계상 거래가 아닌 것을 고르고 그 이유를 설명하시오.

풀이 및 해설

회계상 거래가 아닌 것 : (2), (8), (9)

이유 : (2)와 (8), (9) 모두 재무상태의 변동을 초래하지 않았기 때문에 회계상 거래로 간주하지 않는다. (9)의 경우에는 관계기업이 채무불이행 상태에 놓이게 되면 그 시점에서 회계상 거래로 인식한다.

2 거래의 이중성

거래의 이중성(duality of transaction)이란 어떤 거래이든 자산이나 부채 또는 자본의 변동을 초래하는 원인과 그 결과라는 두 가지 속성이 함께 들어 있다는 것을 의미한다. 즉, 자산이 증가하게 되면 다른 자산이 감소되든지 아니면 부채 또는 자본의 증가를 초래한다는 것이다.

예를 들어 '은행으로부터 현금 ₩20,000을 차입한 경영활동'을 살펴보자. 먼저, 이런 활동이 거래의 조건을 만족하는지 살펴보면 현금이라는 자산이 증가했고, 객관적인 금액 ₩20,000으로 측정할 수 있다. 이 경영활동은 거래의 두 가지 조건을 모두 만족하므로 회계상의 거래이다. 이제 이 거래의 이중성을 살펴보기로 하자. 이 거래는 현금이라는 자산이 ₩20,000 증가했으며, 동시에 상환해야 할 부채인 차입금도 ₩20,000만큼 증가했다. 이처럼 하나의 거래에 두 가지 속성이 들어 있는 것을 거래의 이중성이라고 한다.

거래의 이중성

❝은행으로부터 ₩20,000 차입(원인)=현금 ₩20,000 증가(결과)
원인과 결과의 크기가 같으며, 이중으로 기록한다는 의미❞

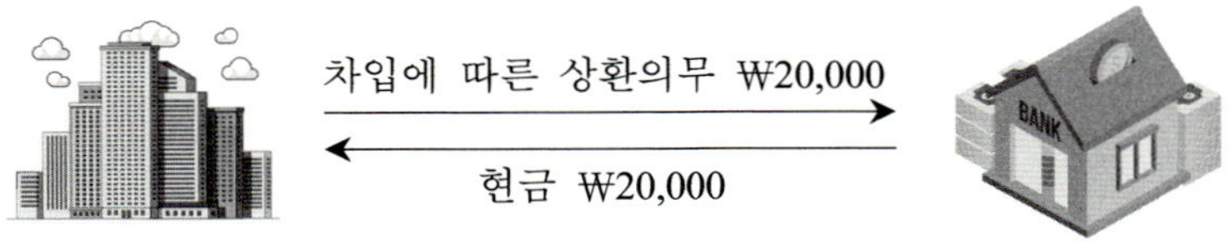

다른 예로 '현금 ₩20,000을 지급하여 차입금을 상환한 거래'를 살펴보자. 이는 현금이라는 자산의 감소 ₩20,000과 차입금이라는 부채의 감소 ₩20,000으로 구성된다. 또 다른 예로 '현금 ₩30,000으로 ₩20,000의 비품과 ₩10,000의 상품을 구입한 거래'를 살펴보자. 이는 현금이라는 자산의 감소 ₩30,000과 비품이라는 자산의 증가 ₩20,000 및 상품이라는 자산의 증가 ₩10,000으로 구성되었다는 점을 이해할 것이다.

위의 예에서 보듯이 모든 거래는 원인과 결과를 항상 함께 가지고 있으며, 또한 원인의 금액과 결과의 금액도 항상 일치한다. 회계에서는 거래의 이중성에 따라 모든 거래를 원인과 결과로 나누어 이중으로 기록한다. 이처럼 하나의 거래를 이중으로 기록하는 기록방법을 복식부기(double-entry book-keeping)라 부른다.

복식부기와 대조되는 방법으로 단식부기(single-entry book-keeping)가 있다. 단식부기는 원인과 결과 가운데 어느 하나만을 기록하는 방법이다. 예컨대 '현금 ₩300,000으로 비품을 구입한 거래'의 경우 '비품 구입 ₩300,000'으로만 기록한다. 이런 예는 가정에서 사용하고 있는 가계부에서 흔히 볼 수 있는데, 단식부기는 간편하다는 장점이 있지만 정보의 내용이 한정된다. 이 예에서 ₩300,000어치의 비품을 구입하였다는 점은 알 수 있지만, 이를 현금으로 구입하였는지 아니면 외상으로 구입하였는지는 알 수 없다.

반면 복식부기는 처음에는 다소 어렵게 느껴지지만 많은 장점을 갖고 있다. 위

> ▶ QR코드로 배우는 회계
> 인류 최초의 복식부기법

의 예에서 복식부기를 사용하면 '비품 구입 ₩300,000'뿐만 아니라 '현금 감소 ₩300,000'을 동시에 기록하기 때문에 비품을 현금으로 구입하였는지 아니면 외상으로 구입하였는지를 알 수 있다. 또한 복식부기를 사용하게 되면 거래를 기록하는 과정에서 발생된 오류를 발견할 수 있는 장점이 있다. 이를 복식부기의 자기검증기능(self-verification function)이라 한다.

제 2 절 회계등식을 이용한 거래의 기록

전 장에서 재무상태표의 구성요소들간의 상호관계를 요약하는 다음과 같은 식을 회계등식(재무상태표등식)이라고 소개한 바 있다.

회계등식(재무상태표등식)

자 산	=	부 채	+	자 본

지금부터는 복식부기가 갖는 장점을 보다 쉽게 이해할 수 있도록 회계등식을 이용하여 거래를 기록하는 방법을 소개하기로 한다. 이를 위하여 자본은 자본금과 이익잉여금으로만 구성된다고 가정하자. 그리고 이익잉여금의 변동은 수익과 비용 및 배당금으로만 이루어진다고 하자. 즉, 전 장에서 설명한 바와 같이 수익은 이익잉여금의 증가를 초래하고, 비용은 이익잉여금의 감소를 초래한다. 또한, 배당금은 비용이 아니지만 이익잉여금의 감소를 초래한다는 것도 앞서 설명한 바와 같다. 이런 관계를 이용하면 위의 회계등식을 3-1 과 같이 나타낼 수 있다.

3-1 회계등식의 분해

회계등식 : 자산=부채+자본

자산=부채+자본금+이익잉여금

자산=부채+자본금+기초이익잉여금+(수익-비용)-배당금

(수익-비용): 당기순이익

[자본계정의 변동요인]

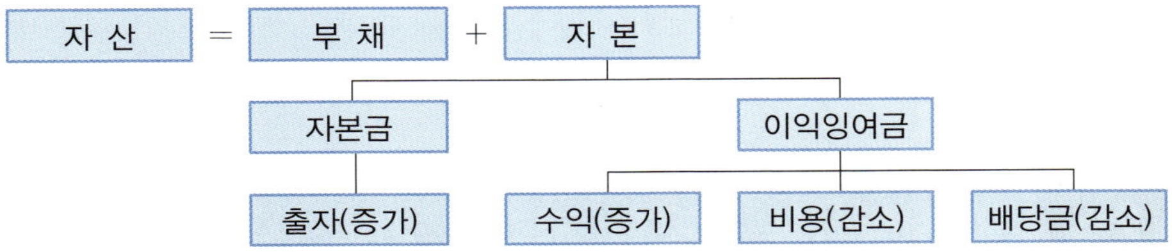

* ( )의 증가, 감소는 자본에 미치는 영향을 의미한다.

회계등식을 이용한 거래의 기록방법을 이해하기 위해 운동화를 세탁하는 서비스기업(짚신세탁소)의 예를 들기로 한다. 포괄손익계산서에서 설명한 수익과 비용을 여기서는 상세히 구분하여 사용하지 않고 단순히 이익잉여금의 증가 또는 감소로만 표기하기로 한다. 그리고 배당금도 별도로 표기하지 않고 이익잉여금의 감소로만 표기한다.

다음은 회계등식을 이용하여 거래를 기록하는 방법을 설명하기 위한 짚신세탁소의 1월 한 달간 거래내역이다. 회계기간은 1월 1일부터 1월 31일까지 한 달이며, 재무제표는 포괄손익계산서와 재무상태표만 작성하기로 한다.

기본자료

짚신세탁소 사례(서비스업) : 1월 1일부터 나짚신 씨는 신촌상가에서 짚신세탁소(주)를 운영하기로 하고 종업원 1명을 고용할 계획을 세우고 있다.

거래 1 (1월 1일) 현금 ₩5,000,000을 출자하여 세탁소를 개업하다. 동 일자로 종업원 1명을 고용하기로 하고 아울러 상가의 일부를 1년간 임차하기로 하다. 임차료는 월 ₩100,000씩 2개월치를 홀수달에 선불로 지급하기로 하다.

거래 2 (1월 2일) 1월과 2월분 상가 임차료 ₩200,000을 현금으로 지급하다.

거래 3 (1월 4일) 세탁을 해주고 현금 ₩1,000,000을 받다.

거래 4 (1월 8일) 갑으로부터 현금 ₩1,000,000을 단기간 차입하였는데 이자는 주지 않기로 하다.

거래 5 (1월 10일)	을의 운동화를 세탁해 주고 대가 ₩2,000,000을 다음에 받기로 하다.
거래 6 (1월 12일)	갑으로부터의 차입액 중 ₩300,000을 현금으로 상환하다.
거래 7 (1월 15일)	을의 외상대금 중 ₩500,000을 현금으로 받다.
거래 8 (1월 20일)	갑의 운동화를 ₩200,000에 세탁해 주고 대금은 차입금과 상계하기로 하다.
거래 9 (1월 25일)	종업원에 대한 급여 ₩800,000을 현금으로 지급하다.
거래10 (1월 28일)	₩300,000의 배당금을 현금으로 지급하다.
거래11 (1월 31일)	1월분 수도와 전기사용료 등 수도광열비 ₩400,000을 납부요청받았으나 미납하다.

1월 1일부터 회계상 거래가 발생할 때마다 짚신세탁소의 재무상태는 변동될 것이다. 그러면 위의 거래가 발생함에 따라 재무상태가 어떻게 변동되는지 살펴보기로 하자. 이하의 회계등식에서는 편의상 금액을 천원 단위로 표시하였다.

거래 1 (1월 1일) 현금 ₩5,000,000을 출자하여 세탁업을 개업하다.

회계등식

	자 산	=	부 채	+	자 본	
	현 금				자본금	이익잉여금
[거래 1]	+5,000	=			+5,000	

이 거래가 짚신세탁소의 재무상태(회계등식)에 미치는 효과를 나타내 보면 위와 같이 현금(자산)이 증가하고 동시에 동액의 자본(자본금)이 증가했다는 것을 알 수 있을 것이다. 그리고 종업원의 고용과 상가의 임차계약은 회계상 거래가 아니므로 기록할 필요가 없다.[3)]

거래 2 (1월 2일) 1월과 2월분 상가 임차료 ₩200,000을 현금으로 지급하다.

회계등식

	자 산	=	부 채	+	자 본		
	현 금				자본금		이익잉여금
거래 2 추가 전	+5,000	=			+5,000	+	0
[거래 2]	−200	=					−200
거래 2 추가 후	4,800	=			5,000	+	−200

3) 계약만으로는 자산, 부채 또는 자본의 변동이 생기지 않으므로 회계상 거래가 아니다. 이 점이 잘 이해되지 않으면 본장의 제1절을 복습해야 한다.

상가의 일부를 임차하여 임차료를 현금으로 지급하게 되면 현금(자산)이 감소하고 임차료(비용)의 발생으로 자본(이익잉여금)이 감소하게 된다. [거래 2] 이후에도 회계등식이 여전히 성립함을 알 수 있다.[4)]

거래 3 (1월 4일) 세탁을 해주고 현금 ₩1,000,000을 받다.

회계등식

	자 산	=	부 채	+	자 본		
	현 금				자본금		이익잉여금
거래 3 추가 전	4,800	=			+5,000	+	−200
[거래 3]	+1,000	=					+1,000
거래 3 추가 후	5,800	=			5,000	+	800

본래의 영업목적인 세탁용역을 제공하게 되면 현금(자산)이 증가하고 매출(수익)의 발생으로 자본(이익잉여금)이 증가하게 된다. 이후에도 회계등식이 계속 성립함을 알 수 있다.

[거래 2]와 [거래 3]을 자세히 살펴보면 자산이 감소되면 자본이 감소되고, 자산이 증가하면 자본이 증가됨을 알 수 있다. 그러므로 자산이 증가하면서 자본이 감소되는 경우나 자산이 감소되면서 자본이 증가되는 경우는 발생될 수 없음을 알 수 있을 것이다.

거래 4 (1월 8일) 갑으로부터 현금 ₩1,000,000을 단기간 차입하다.

회계등식

	자 산	=	부 채	+	자 본		
	현 금		단기차입금		자본금		이익잉여금
거래 4 추가 전	5,800	=		+	5,000	+	800
[거래 4]	+1,000	=	+1,000				
거래 4 추가 후	6,800	=	1,000	+	5,000	+	800

갑으로부터의 자금조달 활동(재무활동)으로 현금(자산)이 증가하고 단기차입금이라는 부채가 증가하게 된다. 이후에도 회계등식은 여전히 성립한다.

4) 임차료를 선급으로 지급했기 때문에 선급비용이라는 자산으로 기록할 수도 있다. 그러나 본장에서는 설명의 편의상 모두 비용으로 처리한다고 가정한다.

거래 5 (1월 10일) 을의 운동화를 세탁해 주고 대가 ₩2,000,000을 다음에 받기로 하다.

회계등식

	자산			=	부채	+	자본		
	현 금		외상매출금		단기차입금		자본금		이익잉여금
거래 5 추가 전	6,800			=	1,000	+	5,000	+	800
[거래 5]			+2,000	=					+2,000
거래 5 추가 후	6,800	+	2,000	=	1,000	+	5,000	+	2,800

외상으로 세탁용역을 제공하게 되면 외상매출금이라는 자산이 증가하고 매출(수익)의 발생으로 자본(이익잉여금)이 증가하게 된다. 이후에도 회계등식은 계속 성립한다.

거래 6 (1월 12일) 갑으로부터의 차입액 중 ₩300,000을 현금으로 상환하다.

회계등식

	자산			=	부채	+	자본		
	현 금		외상매출금		단기차입금		자본금		이익잉여금
거래 6 추가 전	6,800	+	2,000	=	1,000	+	5,000	+	2,800
[거래 6]	−300			=	−300				
거래 6 추가 후	6,500	+	2,000	=	700	+	5,000	+	2,800

갑에 대한 차입금을 상환하게 되면 현금(자산)이 감소하는 대신 단기차입금이라는 부채가 감소하게 된다. 이후에도 여전히 회계등식은 성립하게 된다.

거래 7 (1월 15일) 을의 외상대금 중 ₩500,000을 현금으로 받다.

회계등식

	자산			=	부채	+	자본		
	현 금		외상매출금		단기차입금		자본금		이익잉여금
거래 7 추가 전	6,500	+	2,000	=	700	+	5,000	+	2,800
[거래 7]	+500		−500	=					
거래 7 추가 후	7,000	+	1,500	=	700	+	5,000	+	2,800

[거래 7]로 인하여 외상매출금(자산)이 감소하고 현금(자산)이 증가하게 되는데 이후에도 회계등식은 여전히 성립하게 된다. 동일한 논리로 부채가 감소하고 다른 부채가 증가하거나 자본이 감소하고 다른 자본이 증가하더라도 회계등식은 성립하게 된다.

거래 8 (1월 20일) 갑의 운동화를 ₩200,000에 세탁해 주고 대금은 차입금과 상계하다.

회계등식

	자 산			=	부 채	+	자 본		
	현 금		외상매출금		단기차입금		자본금		이익잉여금
거래 8 추가 전	7,000	+	1,500	=	700	+	5,000	+	2,800
[거래 8]				=	−200				+200
거래 8 추가 후	7,000	+	1,500	=	500	+	5,000	+	3,000

[거래 8]은 단기차입금(부채)의 감소와 매출(수익)의 발생으로 이익잉여금이 증가되는 거래이다. 등식의 좌변의 변동은 없더라도 회계등식은 여전히 성립하게 된다.

[거래 8]에서 알 수 있듯이 자산의 변동이 없다면, 부채가 감소하게 되면 다른 부채가 증가하든지 아니면 자본이 증가되어야 하며, 부채가 증가하게 되면 다른 부채가 감소되든지 아니면 자본이 감소되어야 한다. 그러므로 부채의 증가와 자본의 증가 또는 부채의 감소와 자본의 감소만으로 이루어지는 거래는 있을 수 없다.

거래 9 (1월 25일) 종업원에 대한 급여 ₩800,000을 현금으로 지급하다.

회계등식

	자 산			=	부 채	+	자 본		
	현 금		외상매출금		단기차입금		자본금		이익잉여금
거래 9 추가 전	7,000	+	1,500	=	500	+	5,000	+	3,000
[거래 9]	−800			=					−800
거래 9 추가 후	6,200	+	1,500	=	500	+	5,000	+	2,200

급여를 현금으로 지급하게 되면 현금(자산)이 감소하고 급여(비용)의 발생으로 인하여 자본(이익잉여금)이 감소하게 된다. 이후에도 회계등식은 계속 성립한다.

거래 10 (1월 28일) ₩300,000의 배당금을 현금으로 지급하다.

회계등식

	자 산			=	부 채	+	자 본		
	현 금		외상매출금		단기차입금		자본금		이익잉여금
거래 10 추가 전	6,200	+	1,500	=	500	+	5,000	+	2,200
[거래 10]	−300			=					−300
거래 10 추가 후	5,900	+	1,500	=	500	+	5,000	+	1,900

[거래 10]은 배당금의 지급으로 현금(자산)이 감소되고 이익잉여금이 감소되는 거래이다. 앞서 언급했듯이 배당금은 비용이 아니면서 이익잉여금의 감소를 초래한다.

거래 11 (1월 31일) 1월분 수도광열비 ₩400,000을 납부요청받았으나 미납하다.

회계등식

	자 산		=	부 채		+	자 본	
	현 금	외상매출금		단기차입금	미지급비용		자본금	이익잉여금
거래 11 추가 전	5,900 +	1,500	=	500 +		+	5,000 +	1,900
[거래 11]			=		+400			−400
거래 11 추가 후	5,900 +	1,500	=	500 +	400	+	5,000 +	1,500

[거래 11]은 비용(수도광열비)의 발생으로 자본(이익잉여금)이 감소하고 비용을 아직 지급하지 않았으므로 미지급비용(부채)이 증가하게 되는 거래이다. 이후에도 여전히 회계등식은 성립한다.

지금까지 살펴본 바를 하나의 표로 정리하면 다음과 같이 나타낼 수 있다.

회계등식을 이용한 거래의 기록 : 짊신세탁소 (단위 : 천원)

회계등식

	자 산		=	부 채		+	자 본		
	현 금	외상매출금		단기차입금	미지급비용		자본금	이익잉여금	
[거래 1]	+5,000		=				+5,000		
[거래 2]	−200		=					−200	(임차료)
	4,800		=				+5,000 +	−200	
[거래 3]	+1,000		=					+1,000	(매출)
	5,800		=			+	5,000 +	800	
[거래 4]	+1,000		=	+1,000					
	6,800		=	1,000 +		+	5,000 +	800	
[거래 5]		+2,000	=					+2,000	(매출)
	6,800 +	2,000	=	1,000 +		+	5,000 +	2,800	
[거래 6]	−300		=	−300					
	6,500 +	2,000	=	700 +		+	5,000 +	2,800	
[거래 7]	+500	−500	=						
	7,000 +	1,500	=	700 +		+	5,000 +	2,800	
[거래 8]			=	−200				+200	(매출)
	7,000 +	1,500	=	500 +		+	5,000 +	3,000	
[거래 9]	−800		=					−800	(급여)
	6,200 +	1,500	=	500 +		+	5,000 +	2,200	
[거래10]	−300		=					−300	(배당금)
	5,900 +	1,500	=	500 +		+	5,000 +	1,900	
[거래11]			=		+400			−400	(수도광열비)
	5,900 +	1,500	=	500 +	400	+	5,000 +	1,500	

위와 같이 회계등식을 이용하여 거래를 기록하는 장부를 만들 수도 있다. 뿐만 아니라 1월말에 영업을 종료한 다음 1월말 현재의 재무상태를 나타내는 재무상태표(자산=부채+자본)를 작성할 수 있고, 1월 한 달 동안의 경영성과를 나타내는 포괄손익계산서는 이익잉여금 항목의 변화를 다시 조사하면 작성할 수 있을 것이다.

그러나 회계등식을 이용하여 거래를 기록하는 데에는 두 가지 커다란 문제점이 있다. 하나는 자산과 부채 및 자본을 나타내는 항목의 수가 많을 때에는 지면 크기의 한계로 기록이 곤란하다는 점이다. 위 예의 경우 항목 수가 모두 6개밖에 되지 않음에도 불구하고 오른쪽 여백이 없는 것을 보면 이를 쉽게 이해할 수 있을 것이다. 다른 하나는 개별항목에 변화가 일어났다는 사실은 알려주지만 그 원인이 무엇이었는지를 일목요연하게 알려주지 못한다는 점이다. 예컨대 자산 중 외상매출금 항목이 1월 한 달 동안 어떻게 변화했는가를 파악하려면 수십 페이지의 장부를 일일이 검색해야만 알 수 있다. 이러한 문제점들을 해결하기 위해 계정을 고안했으며, 이를 이용하여 기록하면 앞서 제기한 문제들을 해결할 수 있다. 계정을 이용하여 장부에 최초로 기록하는 과정을 분개라 하며, 이에 대해서는 제5절에서 설명한다.

예제 3-2 회계방정식에 의한 거래의 기록과 재무제표의 작성

다음은 20×1년 10월 1일에 설립한 (주)부름의 10월 한 달간 발생된 거래이다. (주)부름의 회계기간은 1개월이며 매달 말일에 결산을 한다.

일	자	거래내역
10	1	₩10,000의 현금을 받고 주식을 액면으로 발행하다.
	2	심부름용 차량을 ₩8,000에 취득하여 ₩3,000은 현금으로 지급하고 나머지는 외상으로 하다.
	4	사무용 소모품 ₩800어치를 외상으로 매입하다. (주)부름은 사무용 소모품 구입시 자산으로 기록하다.
	5	20×1년 10월 1일부터 효력이 있는 보험에 가입하고 1년간 보험료 ₩2,400을 현금으로 지급하다. (주)부름은 보험료 지급시 지급액 모두를 비용으로 기록하다.
	12	심부름 용역을 제공하고 ₩3,500의 대금을 청구하다.
	18	차량 외상구입액 중 ₩1,000과 소모품 외상매입액 중 ₩400을 갚다.
	20	10월 20일까지의 종업원 급여 ₩1,800을 지급하다.
	21	10월 12일에 청구한 용역대금 중 ₩1,400이 회수되다.
	25	심부름 용역을 제공하고 ₩2,500의 대금을 청구하다.
	28	10월의 유류비 ₩300을 현금으로 지급하다.
	30	₩500의 배당금을 지급하다.

요구사항

1. 회계방정식을 이용하여 위의 거래를 기록하시오.
2. 결산시점에 다른 조정사항이 없다고 가정할 경우 10월 한 달간의 포괄손익계산서와 10월 31일의 재무상태표를 작성하시오.

풀이 및 해설

1.

	자산				=	부채		자본			
	현금 +	차량운반구 +	소모품 +	외상매출금	=	미지급금 +	외상매입금	+ 자본금 +	수익 −	비용 −	배당금
10/01	+10,000				=			+10,000			
10/02	−3,000	+8,000			=	+5,000					
10/04			+800		=	+800*					
10/05	−2,400				=					+2,400	
10/12				+3,500	=				+3,500		
10/18	−1,400				=	−1,400					
10/20	−1,800				=					+1,800	
10/21	+1,400			−1,400	=						
10/25				+2,500	=				+2,500		
10/28	−300				=					+300	
10/30	−500				=						+500
합 계	2,000 +	8,000 +	800 +	4,600	=	4,400 +	0	+ 10,000 +	6,000 −	4,500 −	500

2.

포괄손익계산서

(주)부름 20×1년 10월 1일부터 20×1년 10월 31일까지 (단위 : 원)

수 익 : 매 출		₩6,000
비 용 :		
급 여	₩1,800	
보 험 료	2,400	
유 류 비	300	4,500
당기순이익		₩1,500

재무상태표

(주)부름 20×1년 10월 31일 현재 (단위 : 원)

자 산 :		부 채 :	
현 금	₩2,000	미 지 급 금	₩4,400
매 출 채 권**	4,600	자 본 :	
소 모 품	800	자 본 금	10,000
차량운반구	8,000	이익잉여금	1,000***
자산 총계	₩15,400	부채 및 자본 총계	₩15,400

* 일반적으로 소모품의 외상매입을 미지급금으로 기록한다. 단, 용역회사의 경우 매입채무로 기록하기도 한다.

** 재무상태표에는 외상매출금과 받을어음을 통합하여 매출채권으로, 외상매입금과 지급어음을 통합하여 매입채무로 보고한다.

*** 순이익 ₩1,500에서 배당금지급액 ₩500을 차감한 후 남은 금액인 ₩1,000이 이익잉여금으로 표시된다.

제 3 절 계정과 계정기입

1 계정의 의의와 유용성

회계등식을 이용하여 거래를 기록할 때 발생되는 문제점 중의 하나는 개별항목의 변동을 일목요연하게 파악할 수 없다는 것이다. 앞 절에서 사업을 시작할 때 현금은 ₩5,000,000이었지만, 1월말에 남아 있는 현금은 ₩5,900,000이다. 결과적으로 ₩900,000이 증가하였다는 점은 알 수 있다. 그러나 이러한 변동이 왜 생겼는지, 이번 기간에 현금이 어떻게 증가 또는 감소했는지를 알기 위해서는 회계등식을 하나씩 추적해야 하는 불편함이 따른다. 예로 든 깊신세탁소의 경우 1월에 겨우 11건의 거래가 있었기 때문에 이러한 불편함을 감수할 수 있을지 모르지만 실제 기업에서는 한 시간 만에도 수십, 수백 건의 거래가 발생(대형마트를 떠올려보면 쉽게 이해할 수 있을 것임)하기 때문에 회계등식을 이용한 장부 작성은 비능률적이다.

따라서 회계기간중에 발생하는 거래로 인한 자산, 부채 또는 자본의 변동을 체계적으로 기록하기 위한 방법이 필요하다. 이하에서는 이러한 체계적인 기록방법에 대해 알아보도록 한다.

회계에서는 회계기간 동안 발생되는 거래들을 항목별로 체계적으로 기록하기 위하여 계정이라는 것을 사용한다. 즉, 계정(accounts : a/c)이란 자산, 부채, 자본, 수익, 비용 등에 속하는 여러 항목들을 각기 구분하여 그 증가 또는 감소를 기록하는 장소(또는 단위, 수단)라 할 수 있다. 동일한 거래나 항목마다 하나의 계정을 설정하면 아무리 많은 거래가 발생되어 자산이나 부채가 변동되더라도 각각의 계정을 찾아봄으로써 각 항목의 증감내역과 현재 잔액을 쉽게 파악할 수 있다.

다음의 계정은 약식 계정으로 계정의 명칭이 있고, 아래를 왼쪽과 오른쪽으로 분할하여 영문자의 T자 형태를 하고 있다고 하여 T계정이라 한다.[5] 각각의 계정은 명칭을 갖고 있는데, 이를 계정과목(account name)이라 한다. 앞 절의 깊신세탁소의 예에서 본 현금, 외상매출금, 단기차입금, 미지급비용, 자본금, 매출, 급여 등이 계정과목의 예이다.

5) 계정에는 표준식과 잔액식 및 T계정(약식)이 있는데, T계정은 주로 학습용으로 쓰인다. 본서에서도 특별한 경우를 제외하고는 주로 T계정에 의해 설명하기로 한다.

계정의 단순양식(T계정)

계정의 명칭	
차 변 (왼쪽)	대 변 (오른쪽)

각 계정은 중앙의 선을 기준으로 하여 왼쪽과 오른쪽으로 나누어져 있는데, 회계에서는 왼쪽을 차변(debtor : Dr.), 오른쪽을 대변(creditor : Cr.)이라 부른다.[6] 그리고 계정의 차변(왼쪽)에 기록하는 것을 차변기입 또는 차기(debiting or debit entry)라 하고, 계정의 대변(오른쪽)에 기록하는 것을 대변기입 또는 대기(crediting or credit entry)라 한다.

2 계정기입의 원칙과 복식부기원리

거래를 분석하여 해당 계정에 기입할 때에는 일정한 원칙을 따라야 한다. 이를 계정기입의 원칙이라 한다. 이를 설명하기 전에 제2절에서 회계등식을 이용하여 거래를 기록해 본 짚신세탁소의 경우 현금계정의 변동내역을 살펴보도록 하자. 3-2 의 좌측에는 일자별로 현금의 증감 요약표가 있고 오른쪽에는 T계정 형식으로 표시하여 좌측의 증감내역을 옮겨 적은 것이다. 이때 현금의 증가(유입)는 차변(왼쪽)에 기입하고 현금의 감소(유출)는 대변(오른쪽)에 기입하였다.

3-2 에서 보듯이 현금계정의 경우 증가나 감소(−)를 나타내는 표시 없이 T계정의 형태에 차변에는 증가를 기입하고 대변에는 감소를 기록하면, 차변기입은 증가를 뜻하고 대변기입은 감소를 의미하는 것으로 이해될 것이다. 그리고 차변에 기입된 금액의 합계에서 대변에 기입된 금액의 합계를 차감하면 항상 현금잔액이 얼마인가를 알 수 있다. 또한 현금을 포함한 모든 자산계정은 해당 자산이 증가하면 차변에 기입하고, 감소하면 반대편인 대변에 기입한다.

6) Dr.과 Cr.은 라틴어 debere와 credere의 약자이며, debit과 credit도 위의 용어에서 파생된 것이다. 그리고 차변과 대변은 과거에 나름대로의 의미를 갖고 있었으나 오늘날에는 각각 계정의 왼쪽과 오른쪽의 의미밖에 없다.

3-2 계정기입의 예 (단위 : 천원)

증감 요약표

현 금

1/01	₩5,000
1/02	−200
1/05	1,000
1/08	1,000
1/12	−300
1/15	500
1/25	−800
1/28	−300
잔액	₩5,900

T계정 형태

현 금

(차변)			(대변)
1/01	₩5,000	1/02	₩200
1/05	1,000	1/12	300
1/08	1,000	1/25	800
1/15	500	1/28	300
차변잔액	₩5,900		

반면에 부채와 자본 계정에 대해서는 그 증가를 대변에 기입하고 감소를 차변에 기입한다. 이와 같이 부채와 자본의 경우 그 증가와 감소를 기록하는 위치가 자산과 반대방향인 것은 회계등식에 부채와 자본이 자산의 반대편에 있기 때문이다.[7] 이렇게 기록해야만 모든 계정의 차변기입 합계와 대변기입 합계가 일치되어 회계등식이 성립될 것이다. 이를 대차평형의 원리(principle of equilibrium) 또는 대차균형의 원리라 한다.

대차평형의 원리

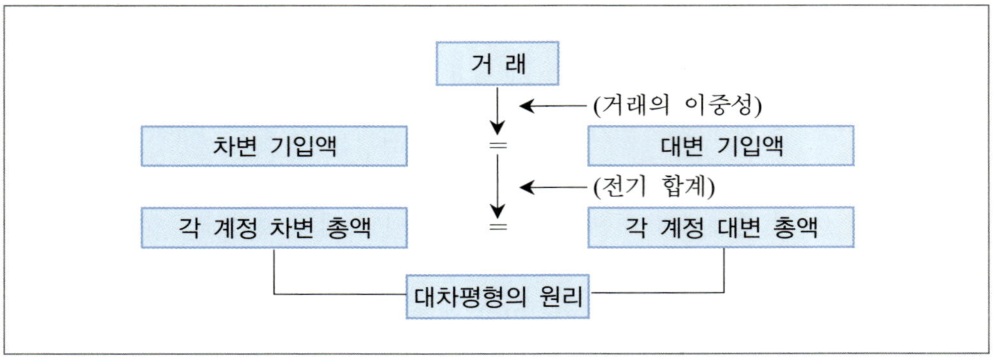

7) 각 계정의 증감을 기록할 때 지금까지의 설명과 역으로 자산의 증가를 대변에 기입하고 부채와 자본의 증가를 차변에 기입하면 어떻게 되겠는가? 이런 방법을 사용하더라도 안 되는 것은 아니다. 그러나 우리가 계정의 왼쪽을 차변이라 부르고, 자산의 증가를 차변에 기입하는 것은 하나의 회계관습 내지는 약속이다. 이는 우리나라의 경우 자동차의 운전석이 좌측에 있는 것과 동일한 이치이다. 즉, 일부 다른 나라에서 볼 수 있듯이 운전석을 오른쪽에 만들 수도 있다.

그리고 차변합계와 대변합계의 차이를 잔액(balance)이라 한다. 아주 특별한 경우를 제외하고 자산과 비용은 차변에 증가 또는 발생액을 기입하므로 차변잔액이 발생하고, 부채와 자본 및 수익은 대변에 증가 또는 발생액을 나타내므로 대변잔액이 발생한다. 회계에서는 이를 평상잔액(normal balance)이라 부른다. 즉, 자산과 비용은 차변에 평상잔액이 발생하고 부채와 자본 및 수익은 대변에 평상잔액이 발생한다. 이러한 논리에 따라 계정기입의 원칙을 나타내면 3-3 과 같다.

3-3 계정기입의 원칙

회계등식

자 산 = 부 채 + 자 본

자 산	부 채 + 자 본
① 등식의 왼쪽에 있으므로 계정의 왼쪽(차변)에 증가를 기록하고 반대편에 감소를 기록함 ② 차변잔액이 발생함	① 등식의 오른쪽에 있으므로 계정의 오른쪽(대변)에 증가를 기록하고 반대편에 감소를 기록함 ② 대변잔액이 발생함

자 산		부 채		자 본	
증가	감소	감소	증가	감소	증가

비 용		수 익	
발생	(감소)	(감소)	발생

이번에는 수익과 비용을 기록하는 방법에 대해 살펴보자. 수익의 발생은 자본(이익잉여금)의 증가를 초래하므로 자본계정과 동일하게 대변(오른쪽)에 기입하고, 비용의 발생은 자본(이익잉여금)의 감소를 초래하므로 차변(왼쪽)에 기입한다. 이는 본장 제2절에서 변형한 다음과 같은 회계등식을 상기하면 쉽게 이해할 것이며, 동일한 논리로 배당금은 지급 또는 지급할 금액을 차변에 기입한다.

회계등식의 세부적 분해

자산=부채+자본
자산=부채+[자본금+이익잉여금]
자산=부채+[자본금+(기초이익잉여금+수익−비용−배당금)]
자산+비용+배당금=부채+자본금+기초이익잉여금+수익

플러스 + 강의 Q & A

Q 교수님! 자산, 부채 또는 자본에 세부항목들이 여러 개가 있다는 것은 알겠어요. 제가 가진 자산만 해도 종류가 여러 개(현금, 예금통장의 (+)잔액, 가방, 책, 컴퓨터 등)가 있으니까요. 그래서 각 항목별로 각각 세부장부를 만들어서 증가와 감소를 기록하는 게 편하다는 것은 이해가 됩니다. 그리고 각 항목을 계정이라고 부르기로 약속한 것도 알겠고, 증가와 감소를 서로 다른 칸에 기록하는 것도 알겠어요.

그런데 증가는 모두 차변(왼쪽)에 기록하고, 감소는 모두 대변(오른쪽)에 기록하면 더 쉽지 않을까요? 왜 어렵게 자산의 증가는 차변이고, 부채와 자본이 증가하면 대변에 기록하게 한 것인지 잘 이해되지 않습니다.

A 네, 학생들이 회계원리를 배울 때 제일 힘들어하는 부분이기도 합니다. 자산, 부채, 자본의 모든 항목들에 대해서 증가는 차변, 감소는 대변에 기록해도 안 될 건 없겠지요. 어차피 잔액을 잘 계산하여 재무제표를 만들면 되니까요. 만약, 모든 계정들에 대해서 증가를 차변, 감소를 대변에 기록하면 잔액들이 모두 차변에 남겠지요? 그런데 앞에서 재무상태표를 작성할 때 자산은 차변에, 부채와 자본은 대변에 기록하기로 했었잖아요? 그러니까, 잔액들이 재무상태표의 자기 위치에 남도록 해주면 작성하기 훨씬 편하겠지요?

자산은 증가를 (재무상태표의 자기 위치인) 차변에, 감소를 그 반대인 대변에 기록하면 → 자산의 잔액은 차변에 남아 있고, 부채와 자본은 증가를 (재무상태표의 자기 위치인) 대변에, 감소를 그 반대인 차변에 기록하면 → 부채와 자본의 잔액은 대변에 남겠지요. 이렇게 하면 기말에 고민할 필요 없이 잔액이 있는 위치(차변 또는 대변)에 옮겨 적기만 하면 재무상태표가 완성되겠지요? 그리고 모든 계정의 증가를 차변, 감소를 대변에 기록하지 않는 이유는 잔액이 모두 차변잔액이 발생하여 대차평형의 원리가 무의미해지기 때문이기도 합니다. 반대의 경우도 마찬가지입니다.

마지막으로 정리하는 의미에서 계정의 왼쪽인 차변에 기입되는 항목과 계정의 오른쪽인 대변에 기입되는 항목을 구분해 보자. 계정기입의 원칙에 의해 차변에 기입되는 항목은 자산의 증가와 부채의 감소, 자본의 감소(배당금 포함) 및 비용의 발생이고, 대변에 기입되는 항목은 자산의 감소와 부채의 증가, 자본의 증가 및 수익의 발생임을 알 수 있다. 자산의 증가나 수익의 발생 등을 거래요소라 한다.[8)]

그리고 계정기입의 원칙에 따라 발생된 수익을 감소시켜 주기 위해서는 차변에 기록하고, 발생된 비용을 감소시켜 주기 위해서는 대변에 기입하면 된다.

---

8) 이에 대해서는 본장 제5절에서 설명한다.

제 4 절 회계순환과정

오늘날 회계는 기간별 보고의 가정에 따라 기업실체의 재무적 정보를 1년 등과 같은 회계기간으로 인위적으로 구분한 후, 각 회계기간마다 회계정보를 산출하여 보고하고 있다.[9] 이를 위하여 회계에서는 매 회계기간마다 발생하는 수많은 거래들을 장부에 일일이 기록한 후 기말에 이를 몇 가지 재무제표로 요약하는 과정을 반복적으로 수행한다.

이와 같이 매 회계기간마다 거래를 식별, 기록, 요약하여 재무제표를 작성하는 순환적 과정을 회계순환과정(accounting cycle)이라 한다. 이는 매 회계기간마다 순환적으로 반복된다는 뜻에서 붙여진 용어인데, 이를 회계절차(accounting process or procedure)라고도 한다. 회계순환과정을 나타내면 3-4 와 같다.

회계순환과정은 크게 두 부분으로 구분된다. 하나는 회계기간중에 이루어지는 것으로서 회계기간 동안 발생하는 거래들을 식별하고, 분개장에 분개하며, 총계정원장의 해당 계정에 전기하는 일이다. 이런 절차는 회계기간중에 거래가 발생되는 한 계속적으로 수행하는 작업이다.[10]

다른 하나는 경영성과가 얼마만큼이고 재무상태가 어떻게 변동되었는가를 파악하는 결산과정이다. 이는 시산표의 작성부터 시작하여 결산조정분개, 재무제표의 작성 및 마감분개를 통해 이루어진다.

본장에서는 분개와 전기하는 방법을 먼저 익히고 시산표 작성 이후 회계기간말의 결산절차는 다음 장(제4장)에서 설명하기로 한다.

---

9) 기간별 보고의 가정이란 특별한 사유가 없는 한 정보이용자가 의사결정을 합리적으로 할 수 있도록 일정한 기간을 단위로 재무정보(재무제표)를 제공한다는 가정이다. 일정한 기간단위를 보고기간 또는 회계기간이라 한다.

10) 분개장은 분개를 행하는 장부이며, 총계정원장은 모든 계정을 모아 놓은 장부이다. 이에 대해서는 차후에 설명한다.

3-4 회계순환과정

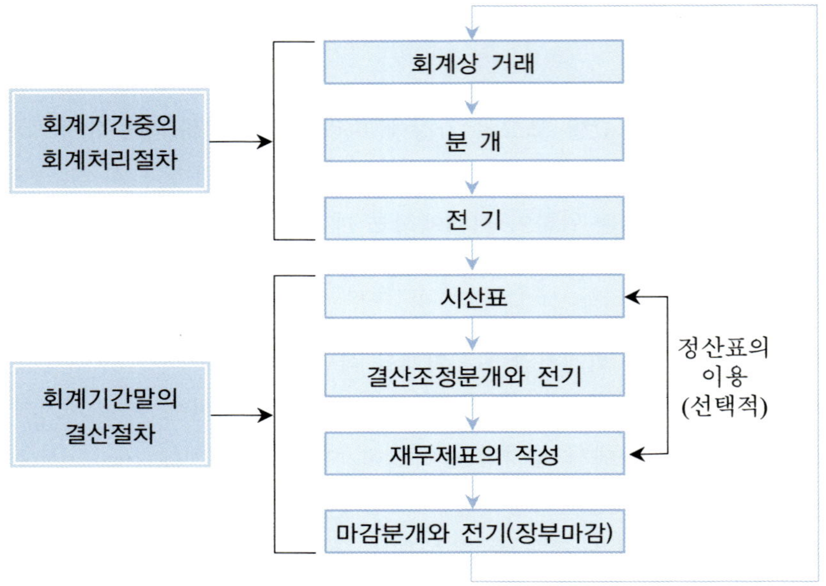

제 5 절 분개와 분개장

1 분개와 거래요소 간 결합관계

회계상의 거래가 발생되면 먼저 어느 계정이 얼마만큼의 금액이 증가 또는 감소되었는가를 판단해야 한다. 그리고 계정의 종류에 따라 증가 또는 감소를 차변 또는 대변에 기록할 것인가를 계정기입의 원칙에 의거하여 결정해야 한다. 즉, 거래가 발생되면 최소한 ① 어느 계정에 기록할 것인가, ② 어느 쪽(차변 또는 대변)에 기록할 것인가, ③ 얼마의 금액으로 기록할 것인가를 결정해야 한다.

회계상의 거래가 위와 같이 분석되면 곧바로 계정에 기입할 수도 있지만 발생될 수 있는 오류를 방지하기 위해 분개라는 절차를 거친다. 즉, 분개(journalizing or journal entry)란 차변에 기록할 계정과목과 금액 및 대변에 기록할 계정과목과 금액을 파악하여 분개장(journal)에 기록하는 절차를 의미한다. 그렇다면 차변에 기입할 수 있는 경우와 대변에 기입할 수 있는 경우는 어느 경우인가? 이에 대한 답은 이미 계정기입의 원칙에서 설명한 바 있다.

본절에서는 다른 접근방법으로 거래요소의 결합관계에 대해 살펴보도록 한다. 우선 자산의 증가와 결합될 수 있는 거래요소를 살펴보도록 하자.

자산의 증가와 결합되는 거래요소

① 현금 ₩100,000을 지급하고 비품을 구입하다.
자산(비품)의 증가 　　　　 자산(현금)의 감소

② 현금 ₩100,000을 단기간 차입하다.
자산(현금)의 증가 　　　　 부채(단기차입금)의 증가

③ 주식을 액면으로 발행하여 현금 ₩100,000을 조달하다.
자산(현금)의 증가 　　　　 자본(자본금)의 증가

④ 건물 임대료로 현금 ₩100,000을 받다.
자산(현금)의 증가 　　　　 수익(임대료)의 발생

위 거래들의 공통점은 왼쪽 차변에 자산의 증가가 기록되었다는 점이다. 왼쪽의 자산 증가와 결합되는 반대편을 정리하면 다음과 같다.

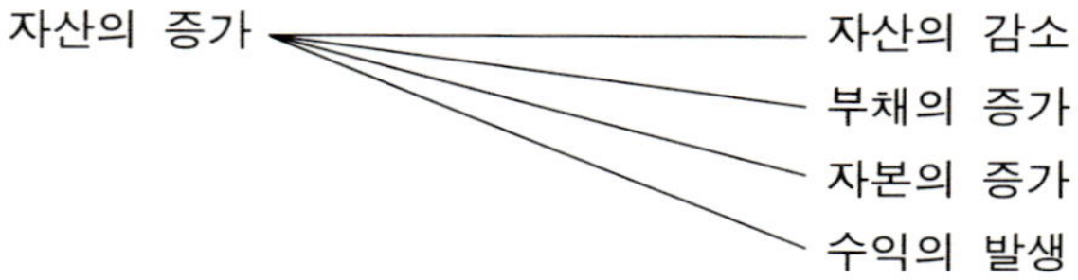

이번에는 자산의 감소와 결합되는 거래요소를 살펴보자.

자산의 감소와 결합되는 거래요소

⑤ 현금 ₩100,000을 지급하고 비품을 구입하다.
자산(비품)의 증가 　　　　 자산(현금)의 감소

⑥ 외상매입금 ₩100,000을 현금으로 상환하다.
부채(외상매입금)의 감소 　　　　 자산(현금)의 감소

⑦ 주주에 대한 배당금으로 현금 ₩100,000을 지급하다.
자본(이익잉여금)의 감소 　　　　 자산(현금)의 감소

⑧ 급여 ₩100,000을 현금으로 지급하다.

비용(급여)의 발생 **자산(현금)의 감소**

위 거래들의 공통점은 오른쪽 대변에 자산의 감소가 기록되었다는 점이다. 오른쪽의 자산 감소와 결합되는 거래를 정리하면 다음과 같다.

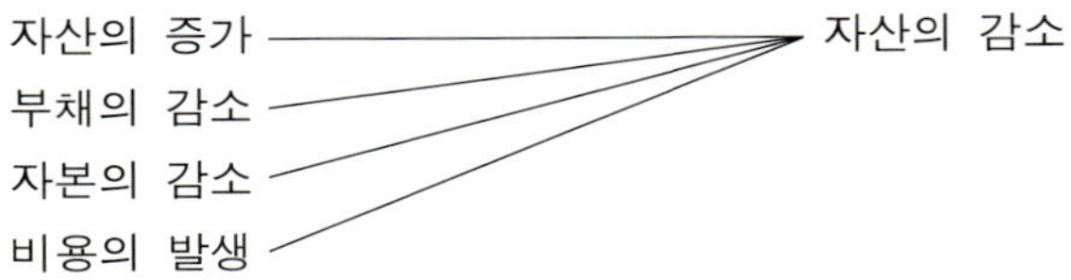

한편, 자산의 증가와 감소를 함께 고려하고, 나머지 거래요소를 모두 고려한다면 3-5 와 같은 거래요소의 결합관계가 성립한다. 부채나 자본, 비용, 수익 등 어느 한 가지를 중심으로 살펴보더라도 3-5 의 결합관계는 모두 성립한다.

3-5 거래요소의 결합관계

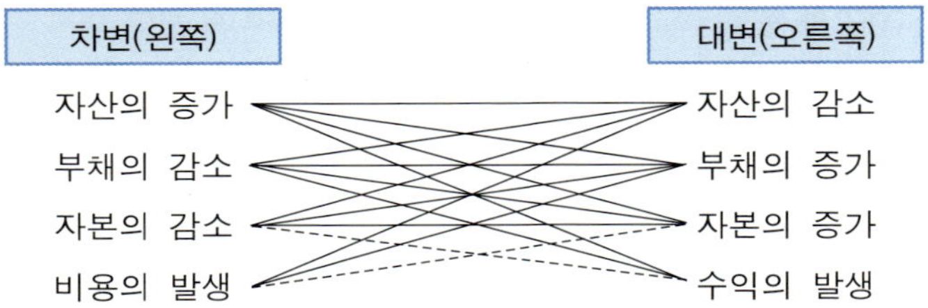

위의 거래요소의 결합관계는 분개에 있어서 다음과 같은 두 가지 중요한 의미를 갖고 있다.

① 차변에 기입될 수 있는 것은 자산의 증가와 부채의 감소, 자본의 감소 및 비용의 발생이며 대변에 기입될 수 있는 것은 자산의 감소와 부채의 증가, 자본의 증가 및 수익의 발생뿐이라는 점이다.

즉, 자산이 증가하게 되면 반드시 차변에 기입해야지 대변에 기록해서는 안 되며, 부채가 증가하면 대변에 기입해야지 차변에 기입해서는 안 된다는 점이다. 다른 계정과목의 경우에도 마찬가지이다.

② 거래의 이중성으로 차변요소는 대변요소와 결합되어야지 동일한 차변요소와 결합되어서는 안 된다는 점이다.

즉, 자산의 증가는 자산의 감소나 부채의 증가 또는 자본의 증가나 수익의 발생과 결합되어야지, 부채의 감소나 자본의 감소 또는 비용의 발생과 결합되어서는 안 된다는 점이다. 다른 요소의 경우에도 동일하다. 즉, 자산이 증가되면서 부채가 감소되는 거래는 있을 수 없다는 것이다. 이러한 원칙이 성립되는 이유는 바로 회계등식에 있다. 왜냐하면 회계등식은 어떠한 경우에도 성립해야만 하는 항등식이기 때문이다. 이러한 원칙 내지는 원리에 입각하여 장부에 기입하는 것을 복식부기라 함은 앞서 언급한 바와 같다.

그리고 위의 결합관계와 관련하여 한 가지 유의할 사항이 있다. 그것은 왼쪽 요소와 오른쪽 요소가 결합하되, 반드시 왼쪽의 하나와 오른쪽의 하나만 결합하는 것은 아니라는 점이다. 경우에 따라서는 다음과 같이 왼쪽의 하나 이상이 오른쪽의 하나 이상과 결합하기도 한다.

차변(또는 대변)에 복수의 거래요소와 결합하는 거래

⑨ 단기대여금 ₩100,000과 이자 ₩10,000을 합쳐 총 ₩110,000의 현금을 받다.

자산(현금)의 증가 —— 자산(단기대여금)의 감소
　　　　　　　　　　　수익(이자수익)의 발생

⑩ 단기차입금 ₩100,000과 이자 ₩10,000을 합쳐 총 ₩110,000의 현금을 지급하다.

부채(단기차입금)의 감소 —— 자산(현금)의 감소
비용(이자비용)의 발생

아무리 복잡한 거래라 할지라도 반드시 왼쪽의 한 개 이상의 거래요소와 오른쪽의 한 개 이상의 거래요소가 결합된다는 점을 명심해야 한다.

2 분개장과 분개의 표시방법

회계상 거래는 계정에 옮겨 적기 전에 분개장에 날짜순으로 최초로 기록된다. 즉, 분개장은 거래를 처음으로 기록하는 원시장부인 셈이다. 분개장은 모든 거래에 대해 어느 계정의 차변 또는 대변에 영향을 미쳤는가를 나타내 준다.

분개장은 정해진 형식이 없다. 다만, 날짜와 차변계정과목과 금액, 대변계정과목과 금액 등을 표시할 수 있도록 구성하면 된다.[11]

그리고 회계상 거래가 발생하면 계정에 직접 전기하지 않고 먼저 분개를 하는 이유는 오류를 방지하는 데 있다. 분개장의 기록은 원시기록에 해당하는 것으로서 전기나 재무제표 작성 과정상에 오류가 발생하면 이를 참고하여 해결할 수 있기 때문이다.

우선 사례로 제시한 짚신세탁소의 거래 중 처음 거래를 예로 들어 분개하는 절차를 살펴보자.

구 분	내 용
거 래	1월 1일, 현금 ₩5,000,000을 출자하여 세탁소를 개업하다. 동 일자로 종업원 1명을 고용하기로 하고 아울러 상가의 일부를 1년간 임차하기로 하다. 임차료는 월 ₩100,000씩 2개월치를 홀수달에 선불로 지급하기로 하다.
기본분석	현금이라는 자산이 ₩5,000,000만큼 증가하고 동액만큼 자본 중 자본금의 증가를 초래하였다. 그리고 나머지는 계약내용이지 회계상 거래가 아니다. 왜냐하면 위 거래로 아직 재무상태의 변동을 초래하지 않았기 때문이다.
차변/대변분석	차변에는 자산(현금)의 증가를 기록해야 한다. 현 금 ₩5,000,000 대변에는 자본(자본금)의 증가를 기록해야 한다. 자본금 ₩5,000,000

짚신세탁소의 1월 1일의 거래에 있어 교육용이나 실습용으로 인정될 수 있는 분개의 표시방법(단위 : 천원)을 몇 가지 예시하면 **3-6** 과 같다. 이 중에서 가장 간단한 방법은 ⑥처럼 차변과 대변을 '/'로 구분하는 방법이다. 교육용으로 분개를 표시할 때에는 계정과목과 금액을 차변과 대변으로 구분할 수 있고, 그 분개를 보고 거래를 유추할 수 있으면 충분하다.

3-6 분개의 표시방법

①	(차변) 현 금	5,000		(대변) 자 본 금		5,000
②	(차) 현 금	5,000		(대) 자 본 금		5,000
③	(Dr.) 현 금	5,000		(Cr.) 자 본 금		5,000
④	(차) 현 금		5,000			
	(대) 자 본 금				5,000	
⑤	현 금		5,000			
	자 본 금				5,000	
⑥	현 금	5,000	/	자 본 금		5,000

11) 분개장의 형식 예는 제6절의 [참고] 내용을 참조하기 바란다. 그리고 실무에서는 분개장 대신 전표를 사용하는 기업이 많다.

한편, 분개를 올바르게 할 줄 아는 독자들은 분개를 보고 거래를 유추할 수 있어야 한다. 예컨대 다음과 같은 분개가 있다고 가정하자.

(차) 비 품	300,000	(대) 현 금	100,000
		미지급금	200,000

위의 분개에서 차변에 기입된 비품은 자산에 해당되는데, 차변에 기입되었으므로 비품의 증가(취득)를 의미한다. 반면에 대변에 기입된 현금은 자산인데 대변에 기입되었으므로 현금의 감소(지출)를 의미하며, 대변에 기입된 미지급금은 부채인데 대변에 기입되었으므로 미지급금의 증가를 의미한다. 그러므로 위 거래는 '비품 ₩300,000을 취득하여 그 대가로 현금 ₩100,000을 지급하고 나머지는 외상으로 하다'라는 거래로 유추할 수 있다.

회계학에서 분개가 차지하는 비중은 매우 크다. 분개가 제대로 이루어져야만 그 다음 과정이 제대로 이루어질 수 있기 때문이다. 최종적으로 작성하고자 하는 재무상태표나 포괄손익계산서는 수많은 분개가 요약되고 정리된 것이므로, 회계업무를 실제로 담당할 사람이 아닐지라도 재무제표를 잘 이해하고 활용하기 위해서는 반드시 분개를 정확히 이해해야 한다.

이런 의미에서 제2절에서 기본자료로 제시한 짚신세탁소 사례를 이용하여 분개를 연습해 보기로 한다. 여기서는 중복을 피하기 위해 분개의 결과만 제시하기로 한다.

거래 1 (1월 1일) 현금 ₩5,000,000을 출자하여 세탁소를 개업하다.

1/1	(차) 현 금	5,000,000	(대) 자 본 금	5,000,000

❖ 자산(현금)이 증가하고 자본(자본금)이 증가한다. 기업실체의 가정에 따라 소유주의 관점이 아닌 기업의 관점에서 회계처리를 해야 한다. 기업의 관점에서는 현금의 유입이 발생한 것이다.

거래 2 (1월 2일) 1월과 2월분 상가 임차료 ₩200,000을 현금으로 지급하다.

1/2	(차) 임 차 료	200,000	(대) 현 금	200,000

❖ 비용(임차료)이 발생하고, 자산(현금)이 감소한다.

거래 3 (1월 4일) 세탁을 해주고 현금 ₩1,000,000을 받다.

1/4 (차) 현　　금 1,000,000　(대) 매　　출 1,000,000

❖ 자산(현금)이 증가하고, 수익(매출)이 발생한다.

거래 4 (1월 8일) 갑으로부터 현금 ₩1,000,000을 이자 없이 단기간 차입하다.

1/8 (차) 현　　금 1,000,000　(대) 단기차입금 1,000,000

❖ 자산(현금)이 증가하고, 부채(단기차입금)가 증가한다.

거래 5 (1월 10일) 을의 운동화를 세탁해 주고 대가 ₩2,000,000은 외상으로 하다.

1/10 (차) 외상매출금 2,000,000　(대) 매　　출 2,000,000

❖ 자산(외상매출금)이 증가하고, 수익(매출)이 발생한다.

거래 6 (1월 12일) 갑으로부터의 차입액 중 ₩300,000을 현금으로 상환하다.

1/12 (차) 단기차입금 300,000　(대) 현　　금 300,000

❖ 부채(단기차입금)가 감소하고, 자산(현금)이 감소한다.

거래 7 (1월 15일) 을의 외상대금 중 ₩500,000을 현금으로 받다.

1/15 (차) 현　　금 500,000　(대) 외상매출금 500,000

❖ 자산(현금)이 증가하고, 자산(외상매출금)이 감소한다.

거래 8 (1월 20일) 갑의 운동화를 ₩200,000에 세탁해 주고 대금은 차입금과 상계하기로 하다.

1/20 (차) 단기차입금 200,000　(대) 매　　출 200,000

❖ 부채(단기차입금)가 감소하고 수익(매출)이 발생한다.

거래 9 (1월 25일) 종업원에 대한 급여 ₩800,000을 현금으로 지급하다.

1/25 (차) 급　　여 800,000　(대) 현　　금 800,000

❖ 비용(급여)이 발생하고, 자산(현금)이 감소한다.

거래 10 (1월 28일) 배당금으로 현금 ₩300,000을 지급하다.

1/28	(차) 배 당 금	300,000	(대) 현 금	300,000

❖ 이익잉여금(배당금)이 감소하고 자산(현금)이 감소한다.

거래 11 (1월 31일) 1월분 수도광열비 ₩400,000을 납부요청받았으나 미납하다.

1/31	(차) 수도광열비	400,000	(대) 미지급비용	400,000

❖ 비용(수도광열비)이 발생하고 부채(미지급비용)가 증가(발생)한다.

예제 3-3 거래의 분개

다음은 심부름 용역을 제공하는 하나회사의 거래내역이다.

(1) 현금 ₩100,000을 출자하여 영업을 개시하다.
(2) 용역을 제공하고 대금 ₩80,000을 청구하다.
(3) 소모품 ₩20,000과 비품 ₩30,000을 현금으로 구입하다.
(4) ₩100,000의 현금을 은행으로부터 장기간 차입하다.
(5) 장기차입금 ₩30,000과 이자 ₩3,000을 현금으로 지급하다.
(6) 장기차입금 ₩20,000을 현금으로 상환하다.
(7) 임대료 ₩40,000을 현금으로 수령하다.
(8) 배당금으로 ₩50,000을 현금으로 지급하다.
(9) 전기요금(수도광열비) ₩20,000을 현금으로 납부하다.
(10) 6개월 후에 받기로 하고 현금 ₩35,000을 대여해 주다.
(11) 토지 ₩60,000을 외상으로 구입하다.
(12) 장기차입금에 대한 이자 ₩3,000이 발생되었으나 아직 지급기일이 도래하지 않았다.
(13) 단기대여금에 대한 이자 ₩2,000이 발생되었으나 아직 회수기일이 도래하지 않았다.

요구사항

위의 거래를 분개하시오.

풀이 및 해설

(1)	(차) 현 금	100,000	(대) 자 본 금	100,000
(2)	(차) 외상매출금	80,000	(대) 매 출	80,000
(3)	(차) 소 모 품	20,000	(대) 현 금	50,000
	비 품	30,000		
(4)	(차) 현 금	100,000	(대) 장기차입금	100,000
(5)	(차) 장기차입금	30,000	(대) 현 금	33,000
	이 자 비 용	3,000		
(6)	(차) 장기차입금	20,000	(대) 현 금	20,000
(7)	(차) 현 금	40,000	(대) 임 대 료	40,000
(8)	(차) 배 당 금	50,000	(대) 현 금	50,000
(9)	(차) 수도광열비	20,000	(대) 현 금	20,000
(10)	(차) 단기대여금	35,000	(대) 현 금	35,000
(11)	(차) 토 지	60,000	(대) 미 지 급 금	60,000
(12)	(차) 이 자 비 용	3,000	(대) 미지급비용	3,000
(13)	(차) 미 수 수 익	2,000	(대) 이 자 수 익	2,000

제 6 절 전기와 총계정원장

1 전기와 원장 및 계정의 형태

전 절에서 살펴본 분개는 각 계정에 거래내용을 기록함에 있어 누락이나 중복이 발생하지 않도록 하기 위한 중간적 절차였다. 그러므로 분개가 완료되면 이제는 해당 계정에 옮겨 적는 과정을 밟아야 하는데, 이를 전기(posting)라 한다. 즉, 전기란 분개장의 거래기록을 원장에 있는 해당 계정에 옮겨 적는 과정을 말한다.

그러므로 원장(ledger)은 기업이 사용하고 있는 계정이 있는 장부라는 것을 알 수 있다. 즉, 원장은 기업이 사용하고 있는 자산과 부채, 자본, 수익 및 비용을 나타내는 모든 계정을 모아 놓은 장부를 뜻한다. 이런 의미에서 원장을 총계정원장(general ledger)이라 부르기도 한다. 경영자들은 원장에 전기된 내용을 살펴보면 특정 시점의 현금이나 외상매출금 또는 차입금의 잔액이 얼마인지, 또한 기초부터 그 시점까지의 광고선전비나 이자수익이 얼마인가를 쉽게 파악할 수 있다.

그러면 원장의 계정은 어떠한 형태(모양)로 되어 있을까? 계정이 어떠한 형태이든 거래의 분개내용을 기록할 수 있어야 할 것이다. 즉, 최소한 계정의 명칭과 차변 또는 대변을 기록하는 장소 및 금액을 기록하는 장소는 있어야 한다. 원장은 T자형과 표준형(잔액식)이 있다.[12)]

교육용으로 가장 많이 사용되는 계정의 형태는 T자형이다. T자형은 계정을 둘로 분할하여 왼쪽에 차변을 기입하고 오른쪽에 대변을 기입하는 방법이다. 이를 나타내면 다음과 같다.

현 금

(T자형)

일 자	적 요	금 액	일 자	적 요	금 액

T자형 계정은 좌와 우 대칭으로 왼쪽(차변)과 오른쪽(대변)에 각각 거래가 발생한 일자, 적요, 금액 란으로 구성되어 있다. T자형 계정에서 잔액을 파악하려면 차변합계와 대변합계를 계산하여 그 차액으로 파악해야 한다. 자산과 비용은 차변잔액이 발생하며 부채와 자본 및 수익은 대변잔액이 발생한다. 즉, 증가가 기록되는 쪽에 잔액이 발생하는 것이 일반적이다.

2 전기방법

교육용으로 다음과 같이 T자형 계정에 전기하는 방법을 사용한다. 다음은 실제로 강의실에서 사용하는 분개와 전기방법을 보여주고 있다.

12) 원장에 있는 표준형(잔액식)계정은 제6절 [참고] 내용을 참조하기 바란다.

분개와 T자형 계정에의 전기 예

예 1월 1일 현금 ₩5,000,000을 출자하여 세탁소를 개업하다.

◆ **Solution**

→ 1단계 : 위의 경영활동이 거래에 해당하는지 분석한다.

* 현금(자산)이 변동(증가)하였고, ₩5,000,000이라는 화폐로 측정가능하므로 거래이다.

→ 2단계 : 거래라면 거래의 이중성을 발견하고 이를 차변과 대변으로 각각 나누어 적는다.

* 현금의 증가 : 현금은 자산임 − 자산이 증가했으므로 차변에 기록
* 자본금의 증가 : 자본금은 자본임 − 자본이 증가했으므로 대변에 기록

1/1 (차) 현　　금　5,000,000　(대) 자 본 금　5,000,000

→ 3단계 : 각 원장에 전기한다.

* 분개에서 등장한 계정과목의 장부를 찾아서 일자를 기록하고 차변에 분개되어 있으면 차변에, 대변에 분개되어 있으면 대변에 옮겨 적고, 상대계정(분개의 반대쪽 계정과목)을 기록한다. 상대계정이 둘 이상인 경우에는 '제좌'라고 기록한다.

이 과정을 그림으로 요약하면 다음과 같다.

거 래	1/1 현금 ₩5,000,000을 출자하여 세탁소를 개업하다.
분 석	거래의 이중성 발견하기 −자산(현 금)의 증가, ₩5,000,000 : 자산의 증가는 차변 −자본(자본금)의 증가, ₩5,000,000 : 자본의 증가는 대변
분 개	1/1 (차) 현　　금　5,000,000　(대) 자 본 금　5,000,000
전 기	현 금: 1/1 자본금 5,000,000 (차변) 자본금: 1/1 현　금 5,000,000 (대변)

* 원장에 옮길 때에는 차변인지, 대변인지 따로 고민할 필요가 없다. 분개할 때 차변에 기입할지 대변에 기입할지를 고민했으므로 각 원장에 그대로 옮겨 적기만 하면 되기 때문이다.
−분개에서 현금이 차변에 있으므로, 원장의 현금계정을 찾아서 차변에 기록
−분개에서 자본금이 대변에 있으므로, 원장의 자본금계정을 찾아서 대변에 기록

유사한 방법으로 앞에서 분개한 짚신세탁소의 분개를 원장에 전기해 보자. 거래내용은 생략하고 분개만 요약하여 다시 제시하면 다음과 같다(참고로 아래의 분개를 보면 각 일자에 어떤 거래가 있었는지도 연상될 수 있어야 한다).

날짜	차변	금액	대변	금액
1/01	(차) 현 금	5,000,000	(대) 자 본 금	5,000,000
1/02	(차) 임 차 료	200,000	(대) 현 금	200,000
1/04	(차) 현 금	1,000,000	(대) 매 출	1,000,000
1/08	(차) 현 금	1,000,000	(대) 단기차입금	1,000,000
1/10	(차) 외상매출금	2,000,000	(대) 매 출	2,000,000
1/12	(차) 단기차입금	300,000	(대) 현 금	300,000
1/15	(차) 현 금	500,000	(대) 외상매출금	500,000
1/20	(차) 단기차입금	200,000	(대) 매 출	200,000
1/25	(차) 급 여	800,000	(대) 현 금	800,000
1/28	(차) 배 당 금	300,000	(대) 현 금	300,000
1/31	(차) 수도광열비	400,000	(대) 미지급비용	400,000

그리고 [거래 1]부터 [거래 11]까지 모두 원장의 각 계정(T자형)에 전기하면 다음과 같다.

총계정원장과 전기 예

현 금

차변			대변		
1/01	자 본 금	5,000,000	1/02	임 차 료	200,000
1/04	매 출	1,000,000	1/12	단기차입금	300,000
1/08	단기차입금	1,000,000	1/25	급 여	800,000
1/15	외상매출금	500,000	1/28	배 당 금	300,000

외상매출금

차변			대변		
1/10	매 출	2,000,000	1/15	현 금	500,000

단기차입금

차변			대변		
1/12	현 금	300,000	1/08	현 금	1,000,000
1/20	매 출	200,000			

미지급비용

차변			대변		
			1/31	수도광열비	400,000

자본금

차변			대변		
			1/01	현 금	5,000,000

배당금

차변			대변		
1/28	현 금	300,000			

매 출

	1/04 현 금 1,000,000
	1/10 외상매출금 2,000,000
	1/20 단기차입금 200,000

임차료

1/02 현 금 200,000	

급 여

1/25 현 금 800,000	

수도광열비

1/31 미지급비용 400,000	

한편, 계정기입의 원칙에 따라 기입된 총계정원장의 계정을 보면 역으로 어떠한 거래가 발생되었는가를 알 수 있다. 다음의 T계정을 보고 어떠한 거래가 발생되었는가를 유추해 보자.

현 금

1/2 차입금 100,000	1/5 급 여 30,000
	1/6 비 품 50,000

현금계정을 보면 차변에 '1/2 차입금 ₩100,000'으로 기록되었으므로 현금의 증가이고, 상대(대변)계정이 차입금이라는 부채이므로 차입금의 조달(증가)로 ₩100,000의 현금이 증가(유입)되었음을 알 수 있다.[13] 동일한 논리로 대변에 '1/5 급여 ₩30,000'이 기록되었으므로 현금의 감소이고, 상대(차변)계정은 급여라는 비용이므로 급여라는 비용의 발생으로 ₩30,000의 현금이 감소(유출)되었음을 알 수 있다. 역시 동일한 논리로 1/6에는 비품의 구입(증가)으로 ₩50,000의 현금이 감소되어, 1/6 현재 ₩20,000의 현금이 남아 있음을 알 수 있다. 독자들도 계정기입의 원칙을 제대로 이해해야만 이렇게 정확히 유추할 수 있다.

13) 이는 1월 2일의 분개가 '(차) 현금 ₩100,000 (대) 차입금 ₩100,000'으로 기록된 거래를 계정에 옮겨 적은 결과이다. 따라서 자산(현금)의 증가 ₩100,000과 부채(차입금)의 증가 ₩100,000이 결합된 거래임을 유추할 수 있다.

예제 3-4 거래의 유추

다음은 (주)충남의 현금계정과 상품계정 및 외상매입금계정에 기입된 내용이다.

현 금

4/01 자 본 금	200,000	4/02 상 품	50,000
4/09 단기차입금	40,000	4/06 외상매입금	20,000
		4/08 토 지	30,000

상 품

4/02 현 금	50,000		
4/04 외상매입금	30,000		

외상매입금

4/06 현 금	20,000	4/04 상 품	30,000

요구사항

일자별로 발생된 거래를 유추하여 기술하시오.

풀이 및 해설

4월 1일 : (현금의 증가, 자본금의 증가) 현금 ₩200,000을 출자하여 영업을 개시하다.
4월 2일 : (상품의 증가, 현금의 감소) 상품 ₩50,000어치를 현금으로 구입하다.
4월 4일 : (상품의 증가, 외상매입금의 증가) 상품 ₩30,000어치를 외상으로 구입하다.
4월 6일 : (외상매입금의 감소, 현금의 감소) 외상매입금 ₩20,000을 현금으로 상환하다.
4월 8일 : (토지의 증가, 현금의 감소) ₩30,000의 토지를 현금을 지급하고 취득하다.
4월 9일 : (현금의 증가, 단기차입금의 증가) 1년 이내에 상환하기로 하고 ₩40,000을 차입하다.

참고 분개장의 기입과 원장에의 전기 예

분개장은 지정된 양식이 없다. 다음 분개장의 기입 예에서 보다시피 일자와 적요, 원면, 차변, 대변을 기입할 수 있으면 충분하다. 분개장에 기입한 분개는 기본자료에서 제시한 짚신세탁소 거래의 일부이다. 분개장에서 보는 바와 같이 일자란에는 거래가 발생한 날짜를 기록하며, 적요란에서 차변계정과목은 왼쪽에 기입하고 대변계정과목은 3-6 의 ⑤와 같이 두 칸 정도 밀어 오른쪽에 기입한다. 대체적인 방법으로 1월 2일의 분개처럼 차변계정과목은 왼쪽에 기입하고 대변계정과목은 오른쪽에 기입할 수도 있다. 원면은 해당 계정이 위치해 있는 원장의 면수를 의미하며, 차변과 대변에 금액을 기입하면 된다.

분 개 장 (제1면)

일 자	적 요	원 면	차 변	대 변
1/01/×7	현 금	11	5,000,000	
	자 본 금	31		5,000,000
	(현금을 출자하여 개업하다)			
1/02/×7	임 차 료	43	200,000	
	현 금	11		200,000
	(건물 임차료 2개월치를 지급하다)			

원장(총계정원장)에 전기하는 방법은 더욱 간단하다. 다음 잔액식 계정의 원장에서 보는 바와 같이 일자란에는 거래가 발생한 날짜(분개장의 일자와 일치함)를 기록하고 적요란에는 거래내역을 간결하게 기입한다. 분면란에는 해당 거래가 분개되어 있는 분개장의 면수를 기입하고 차변과 대변 및 잔액란에 금액을 기입하면 된다.

총계정원장

현 금 (원장 계정번호 11)

일 자	적 요	분 면	차 변	대 변	잔 액
1/01/×7	출자하여 영업을 개시함	1	5,000,000		5,000,000
1/02/×7	건물 임차료 2개월치 지급	1		200,000	4,800,000

자본금 (원장 계정번호 31)

일 자	적 요	분 면	차 변	대 변	잔 액
1/01/×7	출자하여 영업을 개시함	1		5,000,000	5,000,000

임차료 (원장 계정번호 43)

일 자	적 요	분 면	차 변	대 변	잔 액
1/02/×7	건물 임차료 2개월치 지급	1	200,000		200,000

▶ **QR코드로 배우는 회계**

현대 기업들도 울고 갈 개성상인의 회계관리

주식회사 농심의 외부감사인의 감사보고서

감사보고서 공시 사례

독립된 감사인의 감사보고서

주식회사 농심
주주 및 이사회 귀중

감사의견

우리는 주식회사 농심(이하 "회사")의 재무제표를 감사하였습니다. 해당 재무제표는 2021년 12월 31일과 2020년 12월 31일 현재의 재무상태표, 동일로 종료되는 양 보고기간의 손익계산서, 포괄손익계산서, 자본변동표, 현금흐름표 그리고 유의적인 회계정책의 요약을 포함한 재무제표의 주석으로 구성되어 있습니다.

우리의 의견으로는 별첨된 회사의 재무제표는 회사의 2021년 12월 31일과 2020년 12월 31일 현재 현재의 재무상태와 동일로 종료되는 양 보고기간의 재무성과 및 현금흐름을 한국채택국제회계기준에 따라, 중요성의 관점에서 공정하게 표시하고 있습니다.

우리는 또한 대한민국의 회계감사기준에 따라, 내부회계관리제도운영위원회가 발표한 「내부회계관리제도 설계 및 운영 개념체계」에 근거한 주식회사 농심의 2021년 12월 31일 현재의 내부회계관리제도를 감사하였으며, 2022년 3월 16일자 감사보고서에서 적정의견을 표명하였습니다.

감사의견근거

우리는 대한민국의 회계감사기준에 따라 감사를 수행하였습니다. 이 기준에 따른 우리의 책임은 이 감사보고서의 재무제표감사에 대한 감사인의 책임 단락에 기술되어 있습니다. 우리는 재무제표감사와 관련된 대한민국의 윤리적 요구사항에 따라 회사로부터 독립적이며, 그러한 요구사항에 따른 기타의 윤리적 책임을 이행하였습니다. 우리가 입수한 감사증거가 감사의견을 위한 근거로서 충분하고 적합하다고 우리는 믿습니다.

핵심감사사항

핵심감사사항은 우리의 전문가적 판단에 따라 당기 재무제표감사에서 가장 유의적인 사항들입니다. 해당 사항들은 재무제표 전체에 대한 감사의 관점에서 우리의 의견형성시 다루어졌으며, 우리는 이런 사항에 대하여 별도의 의견을 제공하지는 않습니다.

재무제표에 대한 경영진과 지배기구의 책임

경영진은 한국채택국제회계기준에 따라 이 재무제표를 작성하고 공정하게 표시할 책임이 있으며, 부정이나 오류로 인한 중요한 왜곡표시가 없는 재무제표를 작성하는 데 필요하다고 결정한 내부통제에 대해서도 책임이 있습니다.

경영진은 재무제표를 작성할 때, 회사의 계속기업으로서의 존속능력을 평가하고 해당되는 경우, 계속기업 관련 사항을 공시할 책임이 있습니다. 그리고 경영진이 기업을 청산하거나 영업을 중단할 의도가 없는 한, 회계의 계속기업전제의 사용에 대해서도 책임이 있습니다.

지배기구는 회사의 재무보고절차의 감시에 대한 책임이 있습니다.

재무제표감사에 대한 감사인의 책임

우리의 목적은 회사의 재무제표에 전체적으로 부정이나 오류로 인한 중요한 왜곡표시가 없는지에 대하여 합리적인 확신을 얻어 우리의 의견이 포함된 감사보고서를 발행하는 데 있습니다. 합리적인 확신은 높은 수준의 확신을 의미하나, 감사기준에 따라 수행된 감사가 항상 중요한 왜곡표시를 발견한다는 것을 보장하지는 않습니다. 왜곡표시는 부정이나 오류로부터 발생할 수 있으며, 왜곡표시가 재무제표를 근거로 하는 이용자의 경제적 의사결정에 개별적으로 또는 집합적으로 영향을 미칠 것이 합리적으로 예상되면, 그 왜곡표시는 중요하다고 간주됩니다.

감사기준에 따른 감사의 일부로서 우리는 감사의 전 과정에 걸쳐 전문가적 판단을 수행하고 전문가적 의구심을 유지하고 있습니다. 또한, 우리는:

• 부정이나 오류로 인한 재무제표의 중요왜곡표시위험을 식별하고 평가하며 그러한 위험에 대응하는 감사절차를 설계하고 수행합니다. 그리고 감사의견의 근거로서 충분하고 적합한 감사증거를 입수합니다. 부정은 공모, 위조, 의도적인 누락, 허위 진술 또는 내부통제 무력화가 개입될 수 있기 때문에 부정으로 인한 중요한 왜곡표시를 발견하지 못할 위험은 오류로 인한 위험보다 큽니다.
• 상황에 적합한 감사절차를 설계하기 위하여 감사와 관련된 내부통제를 이해합니다.
• 재무제표를 작성하기 위하여 경영진이 적용한 회계정책의 적합성과 경영진이 도출한 회계추정치와 관련 공시의 합리성에 대하여 평가합니다.
• 경영진이 사용한 회계의 계속기업전제의 적절성과, 입수한 감사증거를 근거로 계속기업으로서의 존속능력에 대하여 유의적 의문을 초래할 수 있는 사건이나, 상황과 관련된 중요한 불확실성이 존재하는지 여부에 대하여 결론을 내립니다. 중요한 불확실성이 존재한다고 결론을 내리는 경우, 우리는 재무제표의 관련 공시에 대하여 감사보고서에 주의를 환기시키고, 이들 공시가 부적절한 경우 의견을 변형시킬 것을 요구받고 있습니다. 우리의 결론은 감사보고서일까지 입수된 감사증거에 기초하나, 미래의 사건이나 상황이 회사의 계속기업으로서 존속을 중단시킬 수 있습니다.
• 공시를 포함한 재무제표의 전반적인 표시와 구조 및 내용을 평가하고, 재무제표의 기초가 되는 거래와 사건을 재무제표가 공정한 방식으로 표시하고 있는지 여부를 평가합니다.

우리는 여러 가지 사항들 중에서 계획된 감사범위와 시기 그리고 감사 중 식별된 유의적 내부통제 미비점 등 유의적인 감사의 발견사항에 대하여 지배기구와 커뮤니케이션합니다.

또한, 우리는 독립성 관련 윤리적 요구사항들을 준수하고, 우리의 독립성 문제와 관련된다고 판단되는 모든 관계와 기타사항들 및 해당되는 경우 관련 제도적 안전장치를 지배기구와 커뮤니케이션한다는 진술을 지배기구에게 제공합니다.

우리는 지배기구와 커뮤니케이션한 사항들 중에서 당기 재무제표감사에서 가장 유의적인 사항들을 핵심감사사항으로 결정합니다. 법규에서 해당 사항에 대하여 공개적인 공시를 배제하거나, 극히 드문 상황으로 우리가 감사보고서에 해당 사항을 기술함으로 인한 부정적 결과가 해당 커뮤니케이션에 따른 공익적 효익을 초과할 것으로 합리적으로 예상되어 해당 사항을 감사보고서에 커뮤니케이션해서는 안 된다고 결론을 내리는 경우가 아닌 한, 우리는 감사보고서에 이러한 사항들을 기술합니다.

이 감사보고서의 근거가 된 감사를 실시한 업무수행이사는 이주섭입니다.

서울특별시 영등포구 여의공원로 111
한영회계법인
대표이사 박용근
2022년 3월 16일

이 감사보고서는 감사보고서일 현재로 유효한 것입니다. 따라서 감사보고서일 후 이 보고서를 열람하는 시점 사이에 첨부된 회사의 재무제표에 중요한 영향을 미칠 수 있는 사건이나 상황이 발생할 수도 있으며, 이로 인하여 이 감사보고서가 수정될 수도 있습니다.

Epilogue

본장의 핵심은 회계상 거래를 인식하고 분개장에 분개를 한 다음 총계정원장에 전기하는 과정이다. 첫 단추를 잘 꿰어야 하듯이 회계원리에서는 분개하는 방법을 정확히 이해하고 있어야만 앞으로의 학습내용이 쉬워지고 좋은 결과가 예상될 수 있다. 그리고 이제는 독자들이 원장에 전기하는 절차가 완전히 기계적인 작업이라는 것을 깨달았을 것이다.

종합사례

CHAPTER 3

다음은 20×1년 10월 1일에 설립한 (주)부름의 10월 한 달간 발생된 거래이다. (주)부름의 회계기간은 1개월이며 매달 말일에 결산을 한다.

일	자	거래내역
10	1	₩10,000의 현금을 받고 주식을 액면으로 발행하다.
	2	심부름용 차량을 ₩8,000에 취득하여 ₩3,000은 현금을 지급하고 나머지는 외상으로 하다.
	4	사무용 소모품 ₩800어치를 외상으로 구입하다. (주)부름은 사무용 소모품 구입시 자산으로 기록하다.
	5	20×4년 10월 1일부터 효력이 있는 보험에 가입하고 1년간 보험료 ₩2,400을 현금으로 지급하다. (주)부름은 보험료 지급시 지급액 모두를 비용으로 기록하다.
	12	심부름 용역을 제공하고 ₩3,500의 대금을 청구하다.
	18	차량 외상구입액 중 ₩1,000과 소모품 외상매입액 중 ₩400을 갚다.
	20	10월 20일까지의 종업원 급여 ₩1,800을 지급하다.
	21	10월 12일에 청구한 용역대금 중 ₩1,400이 회수되다.
	25	심부름 용역을 제공하고 ₩2,500의 대금을 청구하다.
	28	10월의 유류비 ₩300을 현금으로 지급하다.
	30	₩500의 배당금을 지급하고 배당금계정에 차기하다.

(물음 1) 위의 거래를 분개하시오.

(물음 2) T계정에 전기하시오.

풀이 및 해설

(물음 1) 기중거래의 분개

10/01/×1	(차) 현 금	10,000	(대)	자 본 금	10,000
10/02/×1	(차) 차량운반구	8,000	(대)	현 금	3,000
				미 지 급 금	5,000
10/04/×1	(차) 소 모 품	800	(대)	미 지 급 금	800

* 일반적으로 소모품의 외상매입을 미지급금으로 기록한다. 단, 용역회사의 경우 매입채무로 기록하기도 한다.

10/05/×1	(차) 보 험 료	2,400	(대) 현 금		2,400
10/12/×1	(차) 외상매출금	3,500	(대) 매 출		3,500
10/18/×1	(차) 미 지 급 금	1,400	(대) 현 금		1,400
10/20/×1	(차) 급 여	1,800	(대) 현 금		1,800
10/21/×1	(차) 현 금	1,400	(대) 외상매출금		1,400
10/25/×1	(차) 외상매출금	2,500	(대) 매 출		2,500
10/28/×1	(차) 유 류 비	300	(대) 현 금		300
10/30/×1	(차) 배 당 금	500	(대) 현 금		500

(물음 2) 원장에의 전기(기중거래)

현 금

10/01	10,000	10/02	3,000
10/21	1,400	10/05	2,400
		10/18	1,400
		10/20	1,800
		10/28	300
		10/30	500

외상매출금

10/12	3,500	10/21	1,400
10/25	2,500		

소모품

10/04	800		

차량운반구

10/02	8,000		

미지급금

10/18	1,400	10/02	5,000
		10/04	800

자본금

		10/01	10,000

매 출

		10/12	3,500
		10/25	2,500

보험료

10/05	2,400		

급 여

10/20	1,800		

유류비

10/28	300		

배당금

10/30	500		

연습문제

1 [진위형] 다음 서술이 옳으면 T, 옳지 않으면 F를 기재하시오.

(1) 현금으로 부채를 상환하면 자본은 감소하게 된다.

(2) 거래의 이중성이란 모든 거래는 회계방정식의 양변에 동시에 영향을 초래한다는 것을 의미한다.

(3) 계정의 차변에는 항상 증가를 기록하고 계정의 대변에는 항상 감소를 기록한다.

(4) 자산은 회계방정식의 좌변(좌측)에 있으므로 차변에 증가를 기록한다.

(5) 배당금은 이익잉여금의 감소를 초래하므로 비용이다.

(6) 영업활동으로 인한 이익잉여금의 변동을 자세히 나타내기 위해 수익과 비용 등 임시계정을 사용한다.

(7) 회계순환과정이란 기업이 현금으로 재화를 구매하여 판매한 다음 현금으로 회수하는 일련의 과정을 회계로 나타내는 것을 의미한다.

(8) 분개장에 분개를 하는 이유 중의 하나는 곧바로 계정에 기입하는 경우 발생될 수 있는 오류를 방지하기 위한 것이다.

2 [완성형] 다음 괄호 안에 가장 적절한 용어를 넣으시오.

(1) 회계에서는 기업의 경영활동 중 재무상태, 즉 자산이나 부채 또는 자본의 변동을 초래하면서 그 변동 금액을 객관적으로 파악할 수 있는 사건을 회계상 (　　　)라 한다.

(2) 어떤 거래이든 자산이나 부채 또는 자본의 변동을 초래하는 원인과 그 결과라는 두 가지 속성이 함께 들어 있다는 것을 (　　　)이라 한다.

(3) 자산, 부채, 자본, 수익, 비용 등에 속하는 여러 항목들을 각기 구분하여 그 증가 또는 감소를 기록하는 장소(또는 단위, 수단)를 (　　　)이라 한다.

(4) 복식부기에서는 모든 계정의 차변기입 합계와 대변기입 합계가 일치되어 회계등식이 성립되는데, 이를 (　　　)라 한다.

(5) 회계실체가 매 회계기간마다 거래를 식별, 기록, 요약하여 재무제표를 작성하는 순환적 과정을 (　　　)이라 한다.

(6) 자산과 비용은 (　　　)에 평상잔액이 발생한다.

(7) 회계상의 거래가 식별되면 곧바로 계정에 기입할 수도 있지만 발생될 수 있는 오류를 방지하기 위해 (　　　)라는 절차를 거친다.

(8) 분개장의 거래기록을 원장에 있는 해당 계정에 옮겨 적는 과정을 (　　　)라 한다.

3 [선다형] 다음 물음에 가장 타당한 답을 하나만 선택하시오.

(1) 다음 회계상 거래에 대한 설명 중 옳지 않은 것은?

① 회계에서는 기업의 경영활동 중 자산이나 부채 또는 자본의 변동을 초래하면서 그 변동 금액을 객관적으로 파악할 수 있는 사건만을 거래라고 한다.

② 일상생활에서의 상품의 매매계약, 건물의 임대차계약 등은 회계상 거래에 포함된다.

③ 상품의 도난이나 파손, 주식이나 채권의 가격하락은 회계상 거래에 포함될 수 있다.

④ 현금을 분실하였거나 화재로 건물이 소실되는 경우도 회계상 거래이다.

⑤ 회계상 거래에 해당하는 경영활동이 발생하면 분개를 통해 각 계정에 반영해야 한다.

(2) 다음 중 회계상의 거래라고 할 수 없는 것은?

① 상품을 외상으로 판매하였다.

② 화재가 발생하여 건물의 일부가 파손되었다.

③ 원료공급회사와 2년간 100t의 원재료를 구입하기로 계약하였다.

④ 진열장의 상품이 변질되었다.

⑤ 이자지급기일이 도래된 차입금의 이자를 아직 지급하지 않았다.

(3) (주)동현상사는 자산계정을 감소시키는 거래를 하였다. 다음 중 이 거래와 동시에 발생할 수 있는 것은?

① 부채계정이 동일한 금액만큼 증가한다.

② 자본이 동일한 금액만큼 증가한다.

③ 다른 자산계정이 동일한 금액만큼 증가한다.

④ 수익계정이 동일한 금액만큼 증가한다.

⑤ 비용계정이 동일한 금액만큼 감소한다.

(4) 다음 거래요소의 결합형태 중 적절하지 못한 것은?

	차 변	대 변		차 변	대 변
①	자산의 증가	수익의 발생	②	자산의 증가	비용의 감소
③	비용의 발생	부채의 증가	④	자본의 증가	수익의 발생
⑤	수익의 감소	자산의 감소			

(5) 다음의 분개에 대한 설명 중 틀린 것은?

(차변) 외상매출금	80,000	(대변) 매 출	80,000

① 외상매출금이 ₩80,000 증가했다.
② 매출이 ₩80,000 증가했다.
③ 매출이 증가한 만큼 현금도 ₩80,000 증가했다.
④ 외상매출금 원장의 차변에 ₩80,000을 기록한다.
⑤ 이 거래로 인해 부채는 변동이 없다.

(6) 다음 중 거래를 기록하더라도 자산, 부채, 자본의 총액에는 변동이 없는 것은?
① 외상으로 건물을 장부금액으로 처분하였다.
② 신주를 발행하여 주주들로부터 자본금을 현금으로 불입받았다.
③ 토지를 취득하고 주식을 발행하였다.
④ 배당금으로 현금을 지급하였다.
⑤ 사채를 발행하여 비업무용 토지를 취득하였다.

(7) 다음 중 (   ) 속에 기입할 수 있는 가장 적절한 계정과목은?

(차) ( )	×××	(대) 매 출	×××
(차) 현 금	×××	(대) ( )	×××

① 감가상각비 ② 외상매출금 ③ 미지급비용
④ 외상매입금 ⑤ 현 금

(8) 다음 중 부채의 증가가 수반되지 않는 거래는?
① 2년 동안 무상으로 보증해 주기로 하는 자동차의 현금 판매
② 1월중 4월에 열리는 프로야구경기 입장권을 판매한 경우
③ 4주 후에 지급되는 현금배당을 의결한 경우
④ 보통주 발행으로 토지를 취득한 경우
⑤ 사채를 액면가 이하로 발행하는 경우

4 [계정기입의 원칙 1] 다음 계정의 증가가 차변 또는 대변 중 어디에서 이루어지는가를 기입하시오.

(1) 단기대여금 (　)	(2) 건　물 (　)	(3) 비　품 (　)
(4) 현　금 (　)	(5) 임 대 료 (　)	(6) 외상매출금 (　)
(7) 기 부 금 (　)	(8) 광고선전비 (　)	(9) 자 본 금 (　)
(10) 잡 손 실 (　)	(11) 외상매입금 (　)	(12) 선 급 금 (　)

5 [계정기입의 원칙 2] 계정기입의 법칙에 의거 (　) 안에 증가 · 감소를 표시하시오.

당기손익-공정가치측정금융자산	
(　)	(　)

외상매출금	
(　)	(　)

선수금	
(　)	(　)

급 여	
(　)	(　)

매 출	
(　)	(　)

자본금	
(　)	(　)

6 [분개] 다음 거래를 분개하시오.

(1) 현금 ₩20,000을 출자하여 영업을 개시하다.
(2) 대여금에 대한 이자 ₩100을 현금으로 받다.
(3) 외상매입금 ₩100을 현금으로 지급하다.
(4) 차입금 ₩200과 이자 ₩40을 현금으로 지급하다.
(5) 급여 ₩50, 잡비 ₩220을 현금으로 지급하다.
(6) 수수료수익 ₩100을 현금으로 받다.
(7) 상품을 ₩120에 매출하고 대금은 외상으로 하다.
(8) 비품 ₩400을 외상으로 매입하다.
(9) 이자 ₩180이 발생되었으나 아직 지급하지 않았다.
(10) 임대료 ₩300이 발생되었으나 아직 회수하지 않았다.
(11) 상품 ₩200을 외상으로 매입하다.
(12) 원가 ₩500의 토지를 ₩600에 외상으로 판매하다.
(13) 법인세비용 ₩120을 지급해야 하는데 다음 달에 지급할 예정이다.
(14) 1년 이내에 지급하기로 하고 ₩250을 차입하다.

7 [거래의 추정 1] 다음 분개를 보고 기중거래를 추정하시오.

	차변	금액	대변	금액
(1)	(차) 단기차입금	100	(대) 현 금	110
	이 자 비 용	10		
(2)	(차) 현 금	200	(대) 외상매출금	200
(3)	(차) 상 품	150	(대) 현 금	100
			외상매입금	50
(4)	(차) 외상매출금	100	(대) 매 출	100
(5)	(차) 현 금	50	(대) 매 출	150
	외상매출금	100		

8 [거래의 추정 2] 다음 각 계정의 기입내용을 보고 기중거래분개를 추정하시오.

현 금

차변		대변	
단기대여금	30	이 자 비 용	30
단기차입금	200	단기대여금	150

단기대여금

차변		대변	
현 금	150	현 금	30

이자비용

차변		대변	
현 금	30		
미지급비용	80		

단기차입금

차변		대변	
		현 금	200

미지급비용

차변		대변	
		이 자 비 용	80

9 [분개와 전기 1] 다음 거래를 분개하고 T계정에 전기하시오.

(1) 현금 ₩30,000을 출자받아 영업을 시작하다.
(2) 동덕상사로부터 상품 ₩10,000을 매입하고 대금 중 ₩8,000은 현금으로 지급하고 나머지는 외상으로 하다.
(3) 충북상사에 상품을 ₩8,000에 매출하고, 대금은 약속어음으로 받다.
(4) 보험료 ₩300을 현금으로 지급하다.
(5) 동덕상사에 외상매입금 ₩2,000을 현금으로 지급하다.
(6) 급여 ₩3,000을 현금으로 지급하다.
(7) 차입금에 대한 이자 ₩1,500을 현금으로 지급하다.

10 [분개와 전기 2] 경주산업(주)의 다음 거래를 분개하고 T계정에 전기하시오.

(1) 회사는 ₩40,000의 보통주식을 발행하고, 전액 현금으로 납입받아 회사를 설립하다.
(2) 현금 ₩15,000을 지급하고 건물을 구입하다.
(3) 광고비로 ₩600을 지급하다.
(4) @₩6,500의 책상 2개를 현금 ₩3,000과 60일 만기의 약속어음을 발행하여 구입하다.
(5) 청주상사로부터 상품 ₩7,000을 외상매입하다.
(6) 종업원에게 급여 ₩4,000을 지급하다.
(7) (주)강릉에 상품을 ₩8,500에 외상매출하다.
(8) 수도요금 ₩450을 지급하라는 청구서를 받다.
(9) 외상매출금 ₩8,500 중 ₩7,000을 현금으로 회수하다.

CHAPTER 4

회계순환과정(Ⅱ): 결 산

일러두기 ●●● 본장에서는 한 회계기간 동안의 거래기록을 마무리하여 재무제표를 작성하는 과정인 결산에 대하여 살펴본다. 결산과정은 한 회계기간 동안의 거래기록을 바탕으로 작성된 수정전시산표에서 출발하여 결산조정분개를 반영하여 각 계정별로 정확한 잔액을 도출하고, 재무제표의 작성과 마감분개를 통해 마무리하게 된다. 결산과정에서는 특히 결산절차를 흐름에 따라 이해하면서 각 단계가 의미하는 바가 무엇인지 숙지하고, 결산조정분개와 재무제표의 작성방법을 중심으로 이해해야 한다.

주요 용어 ●●● 회계기간, 결산, 시산표, 결산조정분개, 이연, 발생, 임시계정, 영구계정, 마감분개, 정산표

현장사례 상장사의 재무제표 실적 부풀리기

개인투자자가 기업의 재무제표와 감사보고서 등을 보고 투자했는데 해당 내용이 허위로 작성돼 손해를 본 경우 어떻게 해야 할까. 상장사들의 경우 투자나 경영상의 주요 정보와 변경사항들을 공시해야 하는데 이를 고의로 허위 작성할 경우 그 손해는 고스란히 개미 투자자가 보게 된다. 특히 이런 허위 정보로 인한 피해자의 숫자는 적게는 수십 명에서 많게는 그 수십 배에 달할 수도 있다.

실제로 A씨 등 239명은 지난 2014년 4월부터 2015년 7월 사이에 코스피 상장사인 대우조선해양의 주식을 매수했다가 손해를 봤다. 이들은 당시 대우조선해양의 사업보고서와 감사보고서, 기업의 재무상황 등 공시정보를 확인하고 투자를 했지만 이후에 이들 정보가 사실이 아니라는 것을 알았다.

대우조선해양은 당시 매출액과 영업이익, 당기순이익 및 자기자본(순자산)을 실제보다 과대계상해 회사의 상태가 실제보다 좋은 것처럼 투자자들을 오해하게 만들었기 때문이다. 회사는 이 같은 방식으로 2013년과 2014년 재무제표를 작성했다.

하지만 2015년 7월 대우조선해양이 해양플랜트 분야 등에서 2조원대 누적손실이 있었지만 앞선 재무제표에 반영하지 않고 숨겨왔다는 사실이 언론보도 등을 통해 알려졌다. 이 같은 분식회계 사건이 알려지면서 이 회사의 주가는 당일 하한가인 30%까지 폭락했다. 다음달인 8월 대우조선해양이 금융위원회 등에 2015년 반기재무제표를 제출했는데 당시 반기재무제표상 영업손실은 약 3조 1,998억원에 달했다.

금융감독원은 2015년 12월 대우조선해양의 분식회계 의혹과 감사보고서를 작성한 회계법인 등에 대한 감리를 시작했다. 조사 결과 회사의 분식회계 혐의가 인정됐고 이를 제대로 발견하지 못한 회계법인의 책임도 인정됐다. 금융위원회는 2017년 4월 대우조선해양에 분식회계와 증권신고서 거짓 기재 등을 이유로 과징금 45억 4,500만원을 부과했다. 회계법인에 대해서도 감사절차 부실과 거짓 자료 제출 등을 이유로 과징금 16억원을 부과하고 1년간 업무정지 처분을 내렸다. 대우조선해양 대표인 B씨 등은 분식회계 등으로 인한 주식회사 등의 외부감사에 관한 법률 위반 등 혐의로 기소돼 징역형을 선고받고 확정됐다.

거짓 공시정보가 공개된 2014년 4월부터 이 같은 내용이 공개된 2015년 7월 사이에 대우조선해양 주식을 취득했다가 이를 처분, 혹은 지속 보유했던 A씨 등은 허위 정보를 믿고 주식을 취득했다 손해를 봤다며 소송을 청구했다.

2014년말 기준 9만 3,000원대였던 이 회사의 주식은 2015년 7월말에는 3만 4,000원대까지 떨어지며 약 3분의 1토막이 났다.

서울고법 민사12-2부는 지난달 원고에게 대우조선해양 대표는 물론 회계법인도 이들 투자자에게 최소 62만 5,000원에서 최대 4억여원 등 총 90억여원을 공동 지급하라며 원고일부승소 판결했다.

재판부는 '자본시장법 제162조 제1항'을 들어 사업보고서 및 첨부서류 중 중요사항에 관해 거짓 기재를 하거나 중요사항이 기재 또는 표시되지 않는 경우, 해당 내용을 보고 주식을 매수한 사람이 손해를 입을 경우 회사가 이에 대한 배상책임을 져야 한다고 봤다.

재판부는 "대우조선해양 사업보고서 등에 분식회계에 의해 작성된 허위 재무제표가 포함돼 있는 것은 중요사항, 즉 투자자의 합리적인 투자판단 또는 주식가치에 중대한 영향을 미칠 수 있는 사항에 관해 거짓 기재한 경우에 해당한다"고 판시했다. (중략)

그러면서 "A씨 등은 감사보고서가 정당하게 공표된 것으로 믿고 주식을 거래한 것으로 사실상 추정되고, 이 같은 추정을 깨뜨릴 만한 증거도 없다"고 부연했다. (자료 : 파이낸셜뉴스, 2021.12.26)

제 1 절 회계기간과 결산과정

전 장에서는 회계순환과정의 처음 단계로 거래를 분개하고 총계정원장에 전기하는 절차에 대해 알아보았다. 이런 절차는 회계기간중의 절차로 회계상의 거래가 발생할 때마다 회계담당자가 행하는 절차이다. 본장에서는 그 다음 절차인 결산에 대해 다루기로 한다. 먼저 구체적인 절차에 들어가기 전에 이와 관련된 회계개념인 회계기간과 결산과정에 대해 살펴보기로 하자.

1 회계기간

기업은 재무정보를 정보이용자에게 제공할 의무도 있고 필요성도 있다고 하였다. 그렇다면 정보이용자에게 어느 주기로 언제 정보를 제공할 것인가? 정보이용자 입장에서는 수시로 의사결정에 직면하게 되므로 일정한 주기로 회계정보를 제공받고 싶어 할 것이다. 이처럼 일정한 기간 단위로 회계정보를 작성하여 제공하는 경우, 그 일정한 기간 단위를 회계기간(accounting period)이라 한다.

회계기간

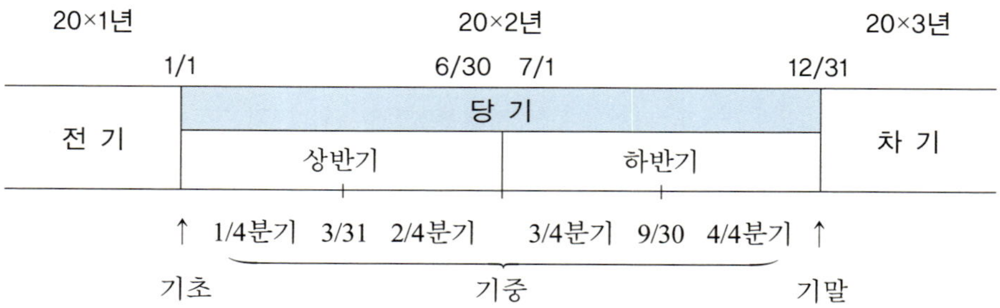

* 전기말과 당기초는 시차가 거의 나지 않기 때문에 재무상태의 변동이 거의 없다고 할 수 있다. 따라서 회계에서 당기초는 전기말과 동일한 의미이며, 같은 논리로 당기말은 차기초와 같다. (어제 23시 59분 59초의 몸무게와 오늘 00시 00분 00초의 몸무게가 같은 것과 동일하다)

대기업이든 중소기업이든 관계없이 기업은 정보이용자를 위하여 기업의 재무상태와 경영성과 등을 재무제표를 통해 주기적으로 작성하여 제공하고 있다. 우리나라 공개기업의 경우에는 1년을 기준으로 한 연차재무제표뿐만 아니라 정보의 목적적합성을 높이기 위해 3개월 또는 6개월마다 재무제표를 작성하여 공시하도록 하고 있는데, 이를 중간재무제표라 한다.

회계에서는 회계기간이 1년인 경우 이를 회계연도(fiscal year)라 한다. 회계연도는 보통 특정한 달의 1일부터 시작하여 12개월 후의 마지막 날짜에 종료된다. 대부분의 기업들이 사용하는 회계연도는 월력(calendar year, 1월 1일부터 12월 31일까지)과 일치한다. 그러나 4월 1일부터 3월 31일까지를 회계기간으로 사용하는 기업이 있듯이 회계연도는 기업이나 산업의 특성에 따라 약간씩 다르다. 그리고 회계기간 종료일을 보고기간말(결산일 또는 재무상태표일)이라 부른다.

2 결산과정

지금까지의 설명에 의하면 기업은 회계기간이 종료되면 정보이용자에게 재무정보를 제공하기 위해 재무상태표와 포괄손익계산서 등 재무제표를 작성해야 한다. 이

4-1 결산과정

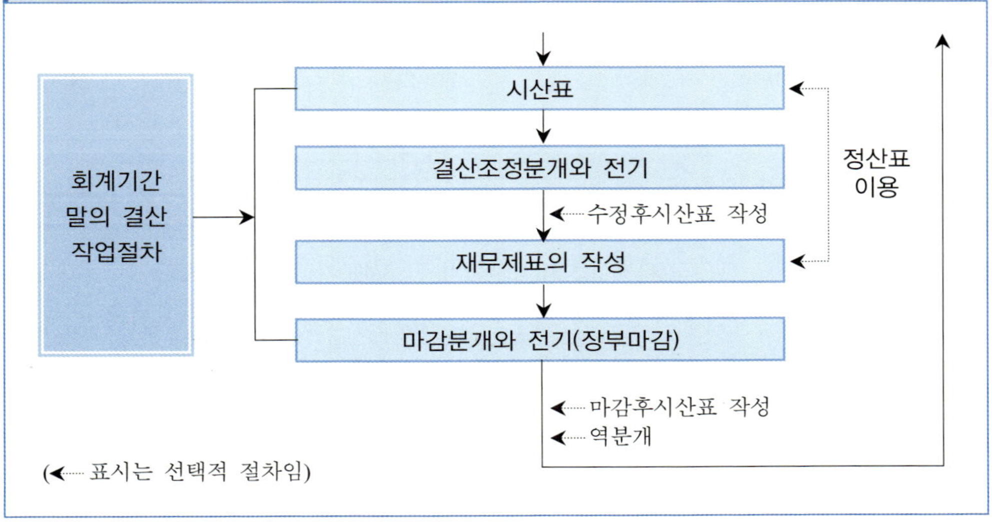

러한 회계절차를 결산이라 한다. 즉, 결산(closing)이란 회계기간이 종료되어 일정한 절차에 의해 재무제표를 작성하는 과정이라 할 수 있다. 이를 위해서는 기업의 경영활동을 나타내기 위해 사용한 자산과 부채, 자본, 수익 및 비용의 각 계정과목의 변동내역을 우선 살펴봐야 한다.

결산과정은 회계순환과정의 일부로서 제3장에서 소개한 내용을 발췌하여 4-1 과 같이 나타낼 수 있다. 제3장에서 소개한 내용과 다른 점은 기업이 자의적으로 선택할 수 있는 절차가 포함되었다는 점이다.

결산과정은 회계원리에서 매우 중요하다. 왜냐하면 회계순환과정의 마무리 단계로서 적정한 재무제표 작성을 위해서는 필수적일 뿐만 아니라 다소 복잡하기 때문이다. 그러면 결산과정에 대해 각 단계별로 자세히 알아보도록 하겠다.

제 2 절 시산표의 작성

1 대차평형의 원리와 시산표

복식부기에서는 모든 거래를 차변과 대변으로 나누어 동일한 금액으로 양변에 각각 분개한 다음, 차변에 분개된 금액은 총계정원장의 차변에 전기하고, 대변에 분개된 금액은 총계정원장의 대변에 전기한다. 그러므로 모든 거래를 바르게 분개하고 또한 바르게 전기했다면 각 계정들의 차변을 합계한 금액과 대변을 합계한 금액은 완전히 일치하게 된다. 이를 복식부기가 가지고 있는 대차평형의 원리라고 한 바 있다. 기업에서 발생한 모든 거래에 대한 분개 및 전기가 정확하게 이루어졌다면 대차평형의 원리에 의하여 원장에 있는 모든 계정들의 차변합계액과 대변합계액은 일치되어야 하는데, 만일 일치하지 않는 경우에는 분개 및 전기 과정에서 어떤 오류가 있었음을 의미한다.

이와 같이 각 계정의 잔액을 산출하고, 대차평형의 원리에 의하여 분개 및 전기의 정확성을 검증하기 위해 원장에 있는 모든 계정들과 각 계정의 잔액을 집계하여 작성하는 일람표를 시산표(trial balance : T/B)라 한다. 시산표의 특성을 나타내면

4-2 와 같다.

4-2 시산표의 특성

(1) 시산표란 분개 및 전기의 정확성 여부를 검증하기 위하여 작성하는 내부통제목적의 일람표를 의미하며, 외부보고목적으로 작성하는 재무제표는 아니다.[1)]

(2) 시산표는 분개 및 전기의 정확성을 검증하는 수단이라는 점 이외에도 일정 시점에 있어서 원장에 어떤 계정들이 존재하고 있는지와 당해 계정들의 증가액과 감소액 및 잔액이 각각 얼마인지를 일목요연하게 파악할 수 있게 해 준다.

(3) 시산표는 반드시 결산시점에서만 작성하는 것은 아니며, 내부통제의 목적으로 매주 또는 매월 말 등 필요할 때마다 작성할 수 있다.

시산표를 작성한 결과 만일 차변합계액과 대변합계액이 일치하지 않는다면, 이는 분개와 전기 중 적어도 하나 이상이 잘못 이루어졌음을 의미한다. 다시 말해 회계기간중 회계기록의 어딘가에 잘못이 있음을 뜻한다. 그러므로 모든 계정과목의 차변합계액과 대변합계액을 구하여 일치 여부를 점검해 보면 회계기록상에 오류가 있었는지 여부를 알 수 있다. 이는 대차평형의 원리 때문인데, 이를 복식부기의 자기검증기능이라 한 바 있다.

2 시산표의 작성과 종류

시산표란 총계정원장에 있는 모든 계정과 모든 계정의 차변잔액과 대변잔액을 원장에 있는 순서에 따라 한곳에 모아 놓은 표를 말한다. 시산표의 양식은 정해진 것 없이 다양한데, 여기서는 잔액시산표의 작성절차를 소개한다.

잔액시산표의 작성절차

① 시산표 양식의 계정과목란에 원장에 있는 모든 계정과목을 원장에 있는 순서대로 기입한다. 시산표 양식은 계정과목과 금액(잔액)을 기록하는 칸으로 구성되어 있다.

② 각 계정의 차변기입 총액과 대변기입 총액을 산출하여 차액(잔액)을 산출한다.

1) 시산표라는 이름은 차변잔액 합계와 대변잔액 합계가 일치하는지를 알아보기 위해 시험(test) 또는 점검한다는 의미에서 붙여진 것이다.

③ 잔액이 차변잔액이면 차변란에 금액을 기입하고, 대변잔액이면 대변란에 기입한다. 아주 특수한 경우를 제외하고 자산과 비용은 평상잔액이 차변에 발생하므로 차변란에 기입될 것이며, 부채와 자본 및 수익은 평상잔액이 대변에 발생하므로 대변란에 기입될 것이다.
④ 시산표상의 차변합계와 대변합계를 각각 계산하여 일치하는가를 검증한다.

시산표상의 차변잔액과 대변잔액이 일치해야 하는 이유는 다음에서 보는 바와 같이 회계등식으로부터 유도되었기 때문이다.

시산표 등식

• 회계등식 : 자산＝부채＋자본
＝부채＋자본금＋(기초이익잉여금＋수익－비용－배당금)
(수익－비용: 당기순이익)
∴ 자산＋비용＋배당금＝부채＋자본금＋기초이익잉여금＋수익
• 시산표 등식 : 자산계정잔액＋비용계정잔액＋배당금계정잔액
＝부채계정잔액＋자본금계정잔액＋기초이익잉여금잔액＋수익계정잔액

시산표는 계정과목 이외에 기재되는 금액의 성격에 따라 합계시산표와 잔액시산표 및 합계잔액시산표 등 세 가지가 있다.

합계시산표는 원장에 설정되어 있는 모든 계정에 대하여 각 계정의 차변합계액을 시산표의 차변에 기입하고, 대변합계액은 시산표의 대변에 기입하여 작성하는 시산표이다. 합계시산표의 차변합계액과 대변합계액은 각각 총거래발생액을 나타내며 대차평형의 원리에 의하여 일치하게 된다. 만일 차변합계액과 대변합계액이 일치하지 않으면 분개 및 전기의 과정에서 어떤 오류가 있었음을 의미하므로 오류를 조사하여 수정해야 한다.

잔액시산표는 원장에 설정되어 있는 모든 계정에 대하여 당해 계정의 증가액에서 감소액을 차감한 후의 잔액을 각각 차변과 대변에 기재하여 작성한다. 따라서 잔액시산표의 차변에는 자산계정의 잔액과 비용계정의 발생액이 기록되며, 대변에는 부채 및 자본 계정의 잔액과 수익계정의 실현액이 기록된다. 잔액시산표는 모든 계정의 회계기간 종료일 현재의 잔액(즉, 기말잔액)을 표시해 주므로 기업의 재무상태와 경영성과를 개략적으로 파악할 수 있게 한다.[2)]

2) 합계시산표와 잔액시산표는 계정과목을 가장 좌측에 기재하고 이어 차변금액과 대변금액을 기재하는 방

합계잔액시산표는 계정과목 양쪽에 각각 2개씩의 금액란이 있는데, 이 중 안쪽에 있는 두 개의 금액은 합계시산표를 나타내고, 바깥쪽에 있는 두 개의 금액은 잔액시산표를 나타낸다. 잔액란은 합계시산표의 양변에 적혀 있는 금액의 차이로 기입한다. 따라서 합계잔액시산표는 합계시산표와 잔액시산표를 하나로 결합한 시산표인데, 회계실무에서 가장 많이 작성하는 시산표라 할 수 있다. 왜냐하면 먼저 합계시산표를 작성하고 이로부터 잔액시산표를 작성하기 때문에 잔액(차액) 산출과정에서 발생되는 오류를 발견할 수 있기 때문이다.

시산표 작성시 계정과목의 열거순서는 어떻게 하더라도 상관없으나, 일반적으로 자산, 부채, 자본, 수익, 비용의 순서로 체계적으로 열거하는 것이 좋다. 이렇게 하면 나중의 재무제표 작성작업이 보다 더 용이해지기 때문이다.

제3장에서 공통자료로 제시한 짊신세탁소의 사례에 대해 합계잔액시산표를 작성하면 다음과 같다.

합계잔액시산표

짊신세탁소 1월 31일 (단위 : 천원)

차 변		계정과목	대 변	
잔 액	합 계		합 계	잔 액
₩5,900	₩7,500	현 금	₩1,600	
1,500	2,000	외상매출금	500	
	500	단기차입금	1,000	₩500
		미지급비용	400	400
		자 본 금	5,000	5,000
300	300	배 당 금		
		매 출	3,200	3,200
800	800	급 여		
200	200	임 차 료		
400	400	수도광열비		
₩9,100	₩11,700	합 계	₩11,700	₩9,100

지금까지 설명한 시산표는 회계기간중에 기업에서 실제로 발생된 거래에 대한 분개를 기초로 하여 작성된 것으로 이를 수정전시산표라 한다. 그러나 이와 같이 기중거래의 분개만 전기한 상태에서의 자산·부채·자본계정의 잔액은 기업의 회계기간말의 재무상태를 적정히 나타내지 못할 수 있다. 또한 수익과 비용 계정 잔액도 회계기간의 경영성과를 적정히 나타내지 못할 수 있다. 왜냐하면 현금의 수취나

법과 계정과목을 중앙에 기재하고 좌측에 차변금액, 우측에 대변금액을 기입하는 방법이 있다.

지급이 없더라도 발생주의에 의해 수익과 비용을 기록해야 하거나, 현금의 수취나 지급이 있더라도 발생주의에 의해 수익과 비용을 기록해서는 안 되는 상황들이 존재하기 때문이다.

따라서 기업의 정확한 재무상태나 경영성과를 나타내기 위해서는 기업회계기준에 따라 각 계정별 잔액을 수정하는 결산조정분개를 해야 하며, 이를 원장에 전기해야 한다. 기업은 결산조정분개를 원장에 전기한 후 각 계정별 잔액을 기초로 시산표를 다시 작성할 수 있다. 이와 같이 결산조정분개를 반영하여 작성되는 시산표를 지금까지 설명한 시산표와 구분하여 수정후시산표(adjusted trial balance)라 한다.

3 시산표의 기능과 한계

시산표의 차변합계액과 대변합계액이 일치하지 않는 것은 분개 또는 전기 과정 어딘가에 잘못이 있었음을 의미한다. 물론 차변합계액과 대변합계액이 일치하는 경우에도 오류는 존재할 수 있다. 일반적으로 시산표 작성과정에서 발견될 수 있는 오류는 4-3 과 같다.

4-3 시산표 작성과정에서 발견될 수 있는 오류

① 분개장 : 계정기입원칙의 오류(차변과 대변 금액의 불일치, 자산이나 비용 계정을 부채 또는 자본이나 수익 계정을 사용하거나 그 반대의 경우)

② 원 장 : 일부 계정의 전기 누락이나 이중전기 또는 전기금액의 잘못된 기록, 계정집계(잔액산출)상의 계산오류

③ 시산표 : 원장에서 시산표에 옮겨 적을 때의 오류, 시산표상의 계산오류

시산표의 차변합계액과 대변합계액이 일치하지 않는 경우에는 다음과 같이 회계장부의 작성순서의 역순으로 오류를 찾아낸다.[3]

① 시산표의 차변 및 대변의 합계액이 정확한가를 검산한다.

3) 예컨대 차변합계와 대변합계의 차이를 9로 나누어 나머지가 있는지를 확인해 본다. 만약 9로 나누어 나머지가 없다면 금액의 숫자 순서를 바꾸어 기록했을 가능성이 크다. 즉, ₩2,100으로 기입할 것을 ₩1,200으로 기입한 오류일 가능성이 크다.

② 각 계정의 합계금액을 시산표에 정확하게 옮겨 적었는지를 대조한다.
③ 각 계정의 차변과 대변의 합계금액 또는 잔액의 정확성을 검산한다.
④ 분개장에서 원장으로의 전기의 정확성을 대조 · 검산한다.
⑤ 분개장에서 분개와 계산의 정확성을 확인 · 검산한다.

그러나 시산표상의 차변잔액과 대변잔액이 일치한다고 해서 오류가 없다는 것을 보장하는 것은 아니다. 4-4 는 시산표의 차변과 대변이 일치하더라도 발견할 수 없는 오류들이다. 올바른 재무제표 작성을 위해서 회계상 오류는 반드시 확인하여 올바르게 수정해야 한다.

4-4 시산표에서 발견될 수 없는 오류

① 거래에 대한 분개를 똑같이 누락하거나 전기를 누락한 경우
② 거래를 이중으로 분개하거나 이중으로 전기한 경우
③ 차변과 대변 모두 잘못된 동일한 금액으로 분개하거나 전기한 경우
④ 오류가 우연히 상계(상쇄)된 경우

제 3 절 결산조정분개(기말수정분개)

1 결산조정분개의 필요성과 목적

우리는 앞 절에서 총계정원장의 일부 계정에 대하여 기말잔액을 수정해야 할 필요성이 있다고 하였다. 이런 수정사항을 결산조정사항이라 한다. 따라서 결산조정분개(year-end adjusting entry)란 기업의 재무상태나 경영성과 등을 적정히 나타내기 위해 계정의 기말잔액을 결산시점에서 수정하는 분개를 말하며, 기말정리분개나 결산정리분개, 결산수정분개 또는 기말수정분개라고도 한다. 즉, 결산조정분개는 결산조정사항을 올바르게 반영하기 위해 계정잔액을 수정하는 분개라 할 수 있다.

기업은 기업의 재무상태와 경영성과를 적정히 보고하기 위하여 기말에 결산조

정분개를 하게 된다. 즉, 기업은 결산조정분개를 통해 재무상태뿐만 아니라 수익과 비용을 적절히 대응시켜 경영성과를 정확히 파악할 수 있다.

결산조정분개의 필요성을 이해하기 위해 다음 면의 짚신세탁소 사례(함께 생각하기)를 먼저 읽어 보도록 하자. 임차료의 예에서 결산조정분개를 하지 않으면 자산이 과소계상되고 비용이 과대계상된다. 외상매출금의 예에서 결산조정분개를 하지 않으면 자산이 과대계상되고 비용이 과소계상된다. 이런 이유 때문에 적절한 결산조정분개가 필요하다.

결산조정분개의 필요성을 설명하기 위해 예를 든 두 가지 외에도 결산조정사항들이 많이 있다. 기업은 이들을 빠짐없이 파악하기 위하여 결산조정사항 목록을 작성한다. 결산조정사항 목록에는 미리 지급한 비용(선급비용), 미리 받은 수익(선수수익), 아직 지급하지 않은 비용(미지급비용), 아직 받지 않은 수익(미수수익), 기말 현재의 자산과 부채의 적절한 평가 등이 포함된다.

함께 생각하기

결산조정분개의 필요성(짚신세탁소 사례)

결산조정분개의 필요성을 이해하기 위해 짚신세탁소 사례 중에 두 가지만 검토해 보도록 하자. 하나는 임차료계정이고 다른 하나는 외상매출금계정이다.

(1) 짚신세탁소의 임차료

Q 짚신세탁소는 1월 2일에 1월분과 2월분에 해당하는 임차료 ₩200,000을 현금으로 지급하였다. 이런 경우 짚신세탁소의 1월 한 달간의 경영성과를 나타낸다면 임차료로 얼마를 계상해야 하는가?

A 약간만 생각한다면 현금으로 임차료를 지급한 금액인 ₩200,000을 1월 한 달간의 비용(임차료)으로 계상해야 한다는 독자는 아마도 없을 것이다. 즉, 1개월분 임차료 ₩100,000만을 1월의 포괄손익계산서에 기록하고, 나머지는 미래(2월)에 상가 사무실을 이용할 수 있는 권리(즉, 자산)로서 재무상태표에 기록해야 할 것이다.

만약, 2개월간의 임차료인 ₩200,000을 1월 한 달간의 임차료로 계상한다면 1월의 임차료가 ₩100,000만큼 과대계상되고(2월의 임차료는 과소계상될 것임) 자산(선급임차료)이 ₩100,000만큼 과소계상될 것이다. 그러므로 1월의 경영성과와 1월 31일의 재무상태를 정확히 파악하기 위해서는 임차료로 계상한 ₩200,000 중 임차료로 ₩100,000만을 계상하고 나머지 ₩100,000은 자산(선급임차료)으로 계상하는 분개가 필요할 것이다.

(2) 짚신세탁소의 회수불가능한 외상매출금

Q 짚신세탁소의 시산표상 을에 대한 외상매출금 ₩150,000이 남아 있는데, 1월 31일 현재 을이 파산하여 외상대금을 회수할 수 없는 상황이 발생할 가능성이 매우 높다고 가정하자. 이런 경우

1월 31일의 외상매출금으로 ₩150,000을 보고하는 것이 바람직한 정보일까?

A 이러한 경우 외상매출금으로 ₩150,000을 보고한다면 자산이 과대계상된다는 점을 알 수 있을 것이다. 기업은 매출(용역)수익 증대를 위하여 현금매출만을 고집하지 않고 외상매출을 하는 경우가 많은데, 상품이나 용역을 외상으로 제공하는 경우 외상거래처의 중도파산으로 대금 중 일부를 받지 못하는 경우가 있을 수 있다. 이처럼 외상대금 중 회수하지 못하게 되는 부분이 있음에도 불구하고, 만일 외상매출금계정 잔액 전부를 재무상태표에 자산으로 기록한다면 자산을 과대표시하는 결과를 초래하게 된다. 또한 회수하지 못하게 됨으로써 발생할 예상손실을 적절히 포괄손익계산서에 기록하는 것도 경영성과를 적정히 나타내기 위해 필요하다.

2 결산조정분개의 종류

일반적으로 회계기간말에 행하는 결산조정분개의 종류는 4-5 와 같이 네 가지로 분류할 수 있다.

4-5 결산조정분개의 종류

(1) 이연항목	① 비용의 이연 : 비용에서 차감하여 자산으로 인식(예 : 선급비용) ② 수익의 이연 : 수익에서 차감하여 부채로 인식(예 : 선수수익)
(2) 발생항목	① 비용의 발생 : 비용의 인식과 함께 부채를 인식(예 : 미지급비용) ② 수익의 발생 : 수익의 인식과 함께 자산을 인식(예 : 미수수익)
(3) 추정항목	재무상태와 경영성과를 적정히 나타내기 위해 회계담당자가 추정하여 계정에 반영하는 항목(예 : 대손상각비, 감가상각비 등)
(4) 기타항목	실지재고조사법에 의한 재고자산계정의 정리 등

(1) 이연항목(deferred items)

이미 현금을 지급하여 비용으로 처리한 금액의 일부(또는 전부)를 차기의 비용으로 계상하기 위해 선급비용(자산) 등으로 처리하거나, 이미 현금을 수취하여 수익으로 처리한 금액의 일부(또는 전부)를 차기의 수익으로 계상하기 위해 선수수익(부채) 등으로 처리하는 항목을 지칭한다. 그러므로 이연항목은 이미 회계장부에 기록된 내용들을 수정하는 항목이다.

(2) 발생항목(accrued items)

현금의 지급이나 수취가 이루어지지 않아 장부에 기록되지 않은 항목으로 발생주의에 의해 순이익과 재무상태를 적정히 나타내기 위해 추가로 계상하는 항목이다. 예를 들어 타인의 건물을 빌려 사용하고 임차료를 지급하지 않았다면 임차료라는 비용의 인식과 함께 미지급비용(부채)을 인식해야 한다. 또한, 타인에게 돈을 빌려 주고 기간이 경과되었으나 아직 이자를 받지 아니한 경우에는 이자수익의 인식과 더불어 미수수익(자산)을 인식해야 한다.[4)]

(3) 추정항목(estimated items)

회계담당자가 추정하여 계정에 반영하는 항목들로서 수취채권에 대해 대손상각비를 계상하거나 유형자산의 원가를 배분하는 감가상각비 등이 이에 해당한다. 보고기간말에 기타 재고자산의 가격 하락으로 재고자산가액을 수정하거나 금융상품의 가격변동으로 금융상품의 장부금액을 수정해 주는 것도 결산조정분개에 해당한다.

(4) 기타항목

상품을 실지재고조사법에 따라 회계처리할 경우 매출원가는 상품 판매시마다 기록하지 않고 기말에 결산조정분개시에 일괄 기록하게 된다. 이 경우 매출원가를 기록하면서 상품계정을 정리해 주는 절차는 결산조정분개에 해당한다. 이에 대해서는 제5장에서 설명한다.

1. 이연항목

(1) 비용의 이연 : 선급비용

기업들은 다음과 같이 임차료나 보험료를 지급하면서 지급액 전액을 임차료나 보험료 등 비용계정으로 기록하는 경우가 있다.

---

4) 결산조정분개의 대상으로는 발생주의 항목이 많다. 즉, 이자비용이나 임차료, 보험료 등의 비용뿐만 아니라 이자수익, 임대료 등 수익이 이에 해당한다. 이들 계정과목은 중요하다면 미지급이자 등 구체적으로 기재하고 중요치 않으면 통틀어 미지급비용, 선급비용, 선수수익, 미수수익 등으로 기록한다. 본서에서는 특별한 언급이 없는 한 후자의 방법을 사용하기로 한다.

전액 비용처리한 경우

이화회사는 20×1년 10월 1일 앞으로 1년간 종로회사의 건물을 빌려 쓰기로 하고, 1년간의 임차료 ₩12,000(월 ₩1,000)을 지급하면서 모두 차변에 임차료, 대변에 현금으로 다음과 같이 처리하였다.

비용 지급 분개(비용으로 계상) :

(차) 임 차 료	12,000	(대) 현 금	12,000

만약, 회계연도가 12월 31일로 종료(회계기간 : 1월 1일부터 12월 31일까지)된다면 시산표상의 임차료는 ₩12,000이 될 것이며, 이에 대해 아무런 조정을 해주지 않는다면 20×1년도의 포괄손익계산서에 임차료 비용으로 ₩12,000 전액이 보고될 것이다.

위와 같은 경우 앞서 배운 발생주의를 적용하면 이화회사가 20×1년도의 임차료로 계상할 금액이 ₩3,000이라는 것을 쉽게 이해할 것이다. 따라서 아무런 조정분개를 해주지 않는다면 임차료 비용이 과대계상되어 당기순이익이 과소계상되는 결과를 초래한다. 또한 ₩9,000만큼 자산이 과소계상됨을 알 수 있다. 왜냐하면 이화회사는 20×2년 9월까지 9개월간 건물을 사용할 수 있는 권리가 있기 때문이다. 즉, 지급한 비용 중 소멸된 부분만 비용으로 계상하고 소멸되지 않은 부분은 자산으로 계상한다.

그러므로 이러한 경우 비용으로 계상된 임차료 일부를 감소시키고, 감소된 금액은 차기에 그에 해당하는 용역을 받을 권리가 있으므로 자산으로 계상해야 한다. 이러한 결산조정분개가 이루어져야만 20×1년도의 재무상태와 경영성과뿐만 아니라 20×2년도의 재무상태와 경영성과를 왜곡시키지 않고 적정히 보고할 수 있다. 따라서 차변에 선급비용(자산의 증가)으로 ₩9,000을 계상하고 임차료계정 대변(비용의 감소)에 ₩9,000을 계상함으로써, 포괄손익계산서에 임차료(비용)로 ₩3,000이 보고되고 재무상태표에 선급비용(자산)으로 ₩9,000이 보고된다. 즉, 다음과 같은 결산조정분개를 해야 한다.

결산조정분개 : 자산의 증가와 비용의 감소로 처리함

(차) 선 급 비 용	9,000	(대) 임 차 료	9,000

위와 같이 현금을 지급하고 비용으로 계상한 경우 아직 소멸되지 않은 부분(차

기에 비용으로 계상되는 부분)은 이연(expense deferral)시켜 선급비용(prepaid expense)으로 계상하는 결산조정분개를 해주어야 한다. 즉, 지출된 비용을 이연시키면 복식부기 원리에 따라 자산으로 계상되어 차기 이후의 비용으로 계상된다는 점을 명심해야 한다. 지금까지의 설명을 도해하면 다음과 같다.

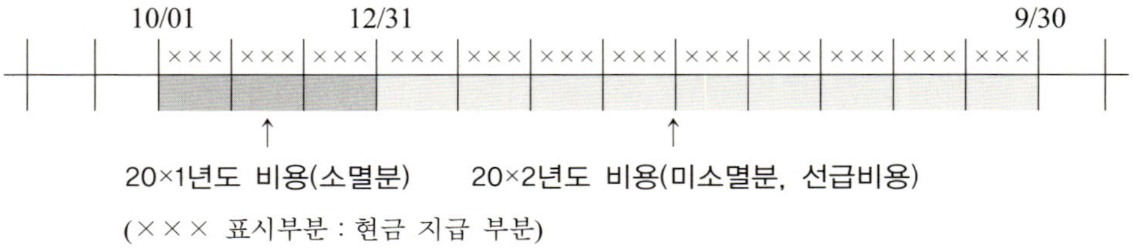

만약, 지금까지의 설명과는 달리 이화회사가 임차료를 지급하면서 이를 모두 다음과 같이 선급비용(자산)으로 계상한 경우를 가정해 보자.

전액 자산처리한 경우

이화회사는 20×1년 10월 1일 앞으로 1년간 종로회사의 건물을 빌려 쓰기로 하고, 1년간의 임차료 ₩12,000(월 ₩1,000)을 지급하면서 모두 차변에 선급비용, 대변에 현금으로 다음과 같이 처리하였다.

비용 지급 분개(자산으로 계상) :

(차) 선 급 비 용	12,000	(대) 현 금	12,000

이런 경우 20×1년 12월 31일 현재 선급비용(선급임차료)이라는 자산이 ₩3,000만큼 과대계상되어 있다. 왜냐하면 3개월치는 건물을 사용하여 가치가 소멸되었기 때문이다. 따라서 20×1년 12월 31일까지 3개월에 해당하는 임차료 ₩3,000을 비용으로 계상하고 과대계상된 선급비용을 ₩3,000만큼 감소시켜야 한다. 그러므로 다음과 같은 결산조정분개를 해야 한다.

결산조정분개 : 비용의 발생과 자산의 감소로 처리함

(차) 임 차 료	3,000	(대) 선 급 비 용	3,000

그러므로 처음 거래가 발생되었을 때 어떠한 분개를 했느냐에 따라 결산조정

분개의 내용이 달라진다. 그러나 결산조정분개를 정확히 하면 어떤 방법을 사용하든 위의 거래로 20×1년 12월 31일의 재무상태표에는 선급비용이라는 자산으로 ₩9,000이 보고되고, 20×1년도의 포괄손익계산서에는 임차료라는 비용으로 ₩3,000이 보고된다.

지금까지의 설명을 요약하면, 비용과 관련된 지출이 있게 되면 이를 관련 비용계정이나 자산으로 기록한다. 처음에 비용계정을 사용한 경우에는 결산시에 차기에 해당하는 부분을 선급비용(자산)으로 계상하고, 그 금액만큼 비용을 감소시켜야 한다. 만약, 처음에 자산(선급비용)으로 기록했다면 결산시 소멸된 부분만큼 비용을 기록하고, 동액만큼 선급비용을 감소시켜야 한다. 실무에서는 전자의 방법을 주로 사용하고 있다는 점을 알아두기 바란다.

예제 4-1 비용의 이연

20×1년 4월 1일 청주회사는 1년간의 보험료로 ₩240,000을 현금으로 지급하였다. 청주회사의 결산일은 12월 31일이며, 위 보험료는 20×2년 3월 31일로 종료된다.

요구사항

1. 청주회사가 보험료의 지급을 비용으로 처리한 경우 회계처리와 결산조정분개를 하시오.
2. 청주회사가 보험료의 지급을 자산으로 처리한 경우 회계처리와 결산조정분개를 하시오.

풀이 및 해설

1. 비용으로 처리한 경우

4/01/×1 :	(차) 보 험 료	240,000	(대) 현 금	240,000
12/31/×1 :	(차) 선 급 비 용	60,000	(대) 보 험 료	60,000

2. 자산으로 처리한 경우

4/01/×1 :	(차) 선 급 비 용	240,000	(대) 현 금	240,000
12/31/×1 :	(차) 보 험 료	180,000	(대) 선 급 비 용	180,000

* 어느 경우이든 결산조정분개를 정확히 하게 되면 재무상태표에는 선급비용(자산)으로 ₩60,000, 포괄손익계산서에는 보험료(비용)로 ₩180,000이 보고된다.

(2) 수익의 이연 : 선수수익

기업들은 임대료나 이자수익을 수취하면서 다음과 같이 지급액 전액을 임대료나 이자수익 등 수익계정으로 기록하는 경우가 있다.

전액 수익처리한 경우

종로회사는 20×1년 10월 1일 앞으로 1년간 이화회사에 건물을 빌려 주기로 하고, 1년간의 임대료 ₩12,000(월 ₩1,000)을 수취하면서 모두 차변에 현금, 대변에 임대료로 다음과 같이 처리하였다.

수익 수취 분개(수익으로 계상) :

(차) 현 금	12,000	(대) 임대료(수익)	12,000

만약, 회계연도가 12월 31일로 종료(회계기간 : 1월 1일부터 12월 31일까지)된다면 시산표상의 임대료는 ₩12,000이 될 것이며, 이에 대해 아무런 조정을 해주지 않는다면 20×1년도의 포괄손익계산서에 임대료 수익으로 ₩12,000 전액이 보고될 것이다.

위와 같은 경우 앞서 배운 발생주의를 적용하면 종로회사가 20×1년도의 임대료(수익)로 계상할 금액이 ₩3,000이라는 것을 쉽게 이해할 것이다. 따라서 아무런 조정분개를 해주지 않는다면 임대료 수익이 과대계상되어 당기순이익이 과대계상되는 결과를 초래한다. 또한 ₩9,000만큼 부채가 과소계상됨을 알 수 있다. 왜냐하면 종로회사는 20×2년 9월까지 9개월간 건물을 이화회사가 사용할 수 있도록 임대해 주어야 하기 때문이다. 즉, 수취한 임대료 중 받을 권리가 있는(가득된) 부분만 당기의 수익으로 계상하고 받을 권리가 없는(가득되지 않은) 부분은 부채로 계상한다.

그러므로 이런 경우 수익으로 계상된 임대료 일부를 감소시키고, 감소된 금액은 차기에 그에 해당하는 용역을 제공할 의무가 있으므로 부채로 계상해야 한다. 이러한 결산조정분개가 이루어져야만 20×1년도의 재무상태와 경영성과뿐만 아니라 20×2년도의 재무상태와 경영성과를 왜곡시키지 않고 적정히 보고할 수 있다. 따라서 차변에 임대료(수익의 감소)로 ₩9,000을 계상하고 선수수익계정 대변(부채의 증가)에 ₩9,000을 계상함으로써, 포괄손익계산서에 임대료(수익)로 ₩3,000이 보고되고 재무상태표에 선수수익(부채)으로 ₩9,000이 보고된다. 즉, 다음과 같이 결산조정분개를 해야 한다.

결산조정분개 : 수익의 감소와 부채의 증가로 처리함

(차) 임 대 료	9,000	(대) 선 수 수 익	9,000

위와 같이 현금을 수취하고 수익으로 계상한 경우 아직 가득되지 않은 부분(차기에 수익으로 계상되는 부분)은 이연(revenue deferral)시켜 선수수익(unearned revenues)으로 계상하는 결산조정분개를 해주어야 한다. 즉, 수취한 수익을 이연시키면 복식부기원리에 따라 부채로 계상되어 차기 이후의 수익으로 계상된다는 점을 명심해야 한다. 지금까지의 설명을 도해하면 다음과 같다.

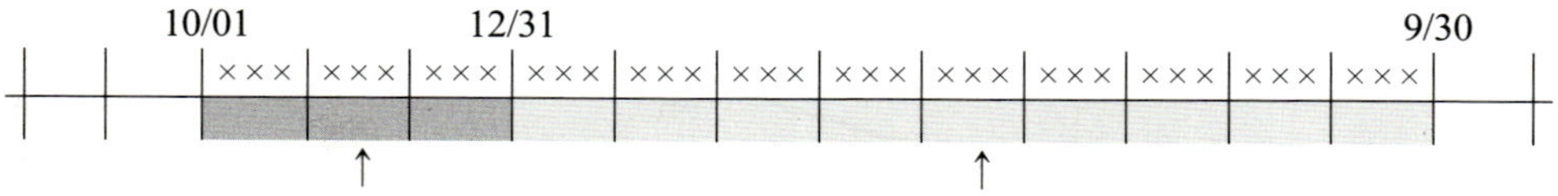

20×1년도 수익(가득분)　20×2년도 수익(미가득부분, 선수수익, 부채로 계상)

(××× 표시부분 : 현금 수취 부분)

만약, 지금까지의 설명과는 달리 종로회사가 임대료를 수취하면서 이를 모두 다음과 같이 선수수익(부채)으로 계상한 경우를 가정해 보자.

전액 부채처리한 경우

종로회사는 20×1년 10월 1일 앞으로 1년간 이화회사에 건물을 빌려 주기로 하고, 1년간의 임대료 ₩12,000(월 ₩1,000)을 수취하면서 모두 차변에 현금, 대변에 선수수익으로 다음과 같이 처리하였다.

수익 수취 분개(부채로 계상) :

(차) 현 금	12,000	(대) 선 수 수 익	12,000

이런 경우 20×1년 12월 31일 현재 선수수익(선수임대료)이라는 부채가 ₩3,000만큼 과대계상되어 있다. 왜냐하면 3개월치는 이화회사가 건물을 사용함으로써 임대료 수익이 가득되었기 때문이다. 따라서 20×1년 12월 31일까지 3개월에 해당하는 임대료 ₩3,000을 수익으로 계상하고 과대계상된 선수수익을 ₩3,000만큼 감소시켜야 한다. 그러므로 다음과 같은 결산조정분개를 해야 한다.

결산조정분개 : 부채의 감소와 수익의 발생(실현)으로 처리함

(차) 선 수 수 익	3,000	(대) 임 대 료	3,000

이연항목의 결산조정분개 전기

(1) 비용 지급의 회계처리

① 비용으로 처리한 경우 ② 자산으로 처리한 경우

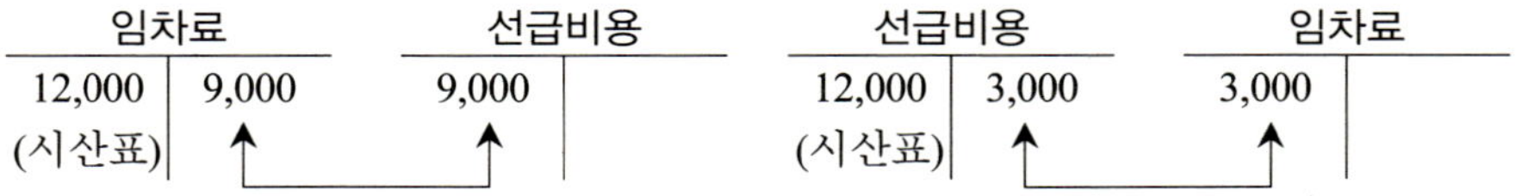

(2) 수익 수취의 회계처리

① 수익으로 처리한 경우 ② 부채로 처리한 경우

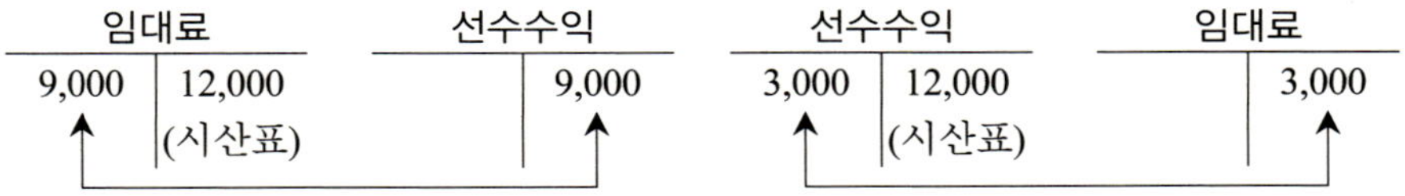

그러므로 처음 거래가 발생되었을 때 어떠한 분개를 했느냐에 따라 결산조정분개의 내용이 달라진다. 그러나 결산조정분개를 정확히 하면 어떤 방법을 사용하든 위의 거래로 20×1년 12월 31일의 재무상태표에는 선수수익이라는 부채로 ₩9,000이 보고되고, 20×1년도의 포괄손익계산서에는 임대료라는 수익으로 ₩3,000이 보고된다.

예제 4-2 수익의 이연

20×1년 4월 1일 청주회사는 1년간의 이자로 ₩240,000을 현금으로 수취하였다. 청주회사의 결산일은 12월 31일이며, 위 이자는 20×2년 3월 31일까지 해당된다.

요구사항

1. 청주회사가 이자의 수취를 수익으로 처리한 경우 회계처리와 결산조정분개를 하시오.
2. 청주회사가 이자의 수취를 부채로 처리한 경우 회계처리와 결산조정분개를 하시오.

풀이 및 해설

1. 수익으로 처리한 경우

4/01/×1 :	(차) 현 금	240,000	(대) 이 자 수 익	240,000
12/31/×1 :	(차) 이 자 수 익	60,000	(대) 선 수 수 익	60,000

2. 부채로 처리한 경우

4/01/×1 :	(차) 현 금	240,000	(대) 선 수 수 익	240,000
12/31/×1 :	(차) 선 수 수 익	180,000	(대) 이 자 수 익	180,000

* 어느 경우이든 결산조정분개를 정확히 하게 되면 재무상태표에는 부채(선수수익)로 ₩60,000, 포괄손익계산서에는 수익(이자수익)으로 ₩180,000이 보고된다.

2. 발생항목

(1) 비용의 발생 : 미지급비용

기업이 사무실이나 상가를 임차하여 사용하고 그 대가를 지급하지 않았다 하여 다음과 같이 아무런 회계처리를 하지 않는 경우를 가정해 보자.

비용의 발생

이화회사가 20×1년 10월 1일 앞으로 1년간 종로회사의 건물을 빌려 쓰기로 하고, 1년간의 임차료 ₩12,000(월 ₩1,000)을 후불로 20×2년 9월 30일에 지급하기로 하였다. 그러나 이화회사는 아직 현금으로 지급하기 않았기 때문에 아무런 회계처리를 하지 않은 상태이다.

이화회사의 경우 회계연도가 12월 31일로 종료되어 20×1년도의 재무제표를 작성한다고 가정한다.

만약 이화회사가 현금주의에 의해 그대로 재무제표를 작성한다면 임차료라는 비용이 과소계상되고, 미지급비용(미지급임차료)이라는 부채가 과소계상된다. 왜냐하면 종로회사의 건물을 3달간 사용하였으므로 3달간에 해당하는 비용과 함께 임차료를 지급할 의무가 발생되었기 때문이다. 따라서 포괄손익계산서에 임차료라는 비용을 보고하고, 재무상태표에 미지급비용이라는 부채를 계상하기 위해 다음과 같은 결산조정분개를 해야 한다.

비용의 발생에 대한 결산조정분개 :

(차) 임 차 료	3,000	(대) 미지급비용	3,000

이와 같이 발생된 비용(expense accruals)을 지급하지 못한 경우에 비용의 인식(차변)과 더불어 미지급비용(accrued expenses)을 부채로 인식한다. 이와 유사한 항목으로 급여, 이자비용 등이 있는데, 그 금액이 중요하지 않으면 통틀어 미지급비용이라 한다. 미지급비용은 상품을 외상으로 매입한 외상매입금이나 상품 이외의 자산(건물, 비품 등)을 외상으로 취득한 미지급금과는 구별되는 계정과목이다.

(2) 수익의 발생 : 미수수익

기업이 사무실이나 상가를 임대해 주거나 돈을 빌려 주고 임대료나 이자를 수취하지 않았다 하여 다음과 같이 아무런 회계처리를 하지 않는 경우를 가정해 보자.

수익의 발생

> 종로회사는 20×1년 10월 1일 앞으로 1년간 이화회사에 건물을 빌려 주기로 하고, 1년간의 임대료 ₩12,000(월 ₩1,000)은 후불로 20×2년 9월 30일에 수취하기로 하였다. 그러나 종로회사는 아직 현금을 수령하지 않았기 때문에 회계처리를 하지 않은 상태이다.
>
> 종로회사의 경우 회계연도가 12월 31일로 종료되어 20×1년도의 재무제표를 작성한다고 가정한다.

만약 종로회사가 현금주의에 의해 그대로 재무제표를 작성한다면 임대료라는 수익이 과소계상되고, 미수수익(미수임대료)이라는 자산이 과소계상된다. 왜냐하면 이화회사에 건물을 3달간 사용하게 하였으므로 3달간에 해당하는 수익과 함께 임대료를 수취할 권리가 발생되었기 때문이다. 회계에서는 이를 수익이 가득되었다고 하는데, 기업이 임대수익을 얻기 위해 해야 할 일을 다한 것을 의미한다. 따라서 포괄손익계산서에 임대료라는 수익을 보고하고, 재무상태표에 미수수익이라는 자산을 계상하기 위해 다음과 같은 결산조정분개를 해야 한다.

수익의 발생에 대한 결산조정분개 :

(차) 미 수 수 익	3,000	(대) 임 대 료	3,000

발생항목의 결산조정분개 전기

(1) 비용의 발생

(2) 수익의 발생

이와 같이 발생된 수익(revenues accruals)을 수취하지 못한 경우에는 수익의 인식(대변)과 더불어 미수수익(accrued revenues)을 자산으로 인식한다. 이와 유사한 항목으로 수수료수익과 이자수익 등이 있는데, 그 금액이 중요하지 않으면 통틀어 미수수익이라 한다. 미수수익은 상품을 외상으로 판매한 외상매출금이나 상품 이외의 자산(건물, 비품 등)을 외상으로 처분한 미수금과는 구별되는 계정과목이다.

예제 4-3 이자에 관한 결산조정분개(발생과 이연)

20×1년 10월 1일에 경북회사는 12개월 후에 상환하기로 하고 충남회사로부터 ₩1,000,000을 차입하였다. 이자율은 연 12%이며, 두 회사의 결산일은 12월 31일이다. 이자는 원금×연 이자율×(경과월수÷12개월)로 계산한다.

요구사항

1. 이자를 20×2년 9월 30일에 지급한다고 할 때, 두 회사가 행할 분개를 하시오.
2. 이자를 20×1년 10월 1일에 선지급(선수)하고, 이를 비용(수익)으로 처리했다고 가정할 경우 두 회사가 행할 분개를 하시오.
3. 이자를 20×1년 10월 1일에 선지급(선수)하고, 이를 자산(부채)으로 처리했다고 가정할 경우, 두 회사가 행할 분개를 하시오.

풀이 및 해설

1.

	경북회사			충남회사		
(1) 10/01/20×1 :	현 금	1,000,000		단기대여금	1,000,000	
	단기차입금		1,000,000	현 금		1,000,000
(2) 12/31/20×1 :	이 자 비 용	30,000		미 수 이 자	30,000	
	미지급비용		30,000	이 자 수 익		30,000
(3) 9/30/20×2 :	단기차입금	1,000,000		현 금	1,120,000	
	미지급비용	30,000		단기대여금		1,000,000
	이 자 비 용	90,000		미 수 이 자		30,000
	현 금		1,120,000	이 자 수 익		90,000

2.

	경북회사			충남회사		
(1) 10/01/20×1 :	현 금	1,000,000		단기대여금	1,000,000	
	단기차입금		1,000,000	현 금		1,000,000
	이 자 비 용	120,000		현 금	120,000	
	현 금		120,000	이 자 수 익		120,000

	차변		대변	
(2) 12/31/20×1 :	선급비용 90,000		이자수익 90,000	
	이자비용	90,000	선수수익	90,000
(3) 9/30/20×2 :	단기차입금 1,000,000		현　　금 1,000,000	
	현　　금	1,000,000	단기대여금	1,000,000
	이자비용 90,000		선수수익 90,000	
	선급비용	90,000	이자수익	90,000

3.

	경북회사		충남회사	
(1) 10/01/20×1 :	현　　금 1,000,000		단기대여금 1,000,000	
	단기차입금	1,000,000	현　　금	1,000,000
	선급비용 120,000		현　　금 120,000	
	현　　금	120,000	선수수익	120,000
(2) 12/31/20×1 :	이자비용 30,000		선수수익 30,000	
	선급비용	30,000	이자수익	30,000
(3) 9/30/20×2 :	단기차입금 1,000,000		현　　금 1,000,000	
	현　　금	1,000,000	단기대여금	1,000,000
	이자비용 90,000		선수수익 90,000	
	선급비용	90,000	이자수익	90,000

3. 소모품계정의 수정

기업은 업무용 소모품으로 복사용지, 화장지, 필기구 등을 구입하여 사용하는 경우가 많다. 예를 들어 1월 2일 소모품 ₩200,000을 구입하고 현금을 지급한 경우 다음과 같이 자산으로 기록하였다고 하자.

(차) 소 모 품	200,000	(대) 현　　금	200,000

기업이 경영활동을 하면서 소모품을 계속 소비하지만 소비할 때마다 비용으로 기록하지는 않는다. 그러나 회계기간 동안 얼마만큼의 소모품을 사용했는지를 알기 위해서는 회계기간말에 소모품이 얼마나 남아 있는지를 실사를 통해 파악해야 한다. 즉, 소모품 재고를 실사하여 사용한 만큼 소모품비라는 비용으로 기록하고 소모품 재고를 감소시키는 결산조정분개를 해야 한다. 이렇게 해야만 소모품이라는 자산과 소모품비라는 비용이 재무제표에 적정히 보고된다.

예를 들어 12월 31일 현재 소모품 재고를 실사한 결과 ₩120,000어치가 남아 있다면 다음과 같은 결산조정분개를 해야 할 것이다.

(차) 소 모 품 비	80,000	(대) 소　모　품	80,000

위와 같은 결산조정분개를 함으로써 12월 31일의 재무상태표에는 소모품이라는 자산으로 ₩120,000, 12월 31일로 종료되는 회계연도의 포괄손익계산서에는 소모품비라는 비용으로 ₩80,000이 보고된다.

한편, 기업이 업무용 소모품을 구입하면서 전액을 소모품이라는 자산계정을 사용하지 않고 다음과 같이 소모품비라는 비용계정에 차변기입하기도 한다.

(차) 소 모 품 비	200,000	(대) 현　　금	200,000

이때에는 다음과 같은 결산조정분개를 해야만 재무상태와 경영성과를 적정히 보고할 수 있게 된다.

(차) 소　모　품	120,000	(대) 소 모 품 비	120,000

위와 같은 결산조정분개를 함으로써 12월 31일의 재무상태표에는 소모품(자산)으로 ₩120,000이 보고되고, 포괄손익계산서에 소모품비(비용)로 ₩80,000이 보고된다.

소모품의 예에서도 최초 시점에 어떠한 분개를 하느냐에 따라 결산조정분개의 내용이 달라짐을 알 수 있다. 즉, 어떠한 방법으로 기록하든 적절한 회계처리가 이루어진다면 자산으로 계상되는 금액과 비용으로 기록되는 금액이 동일하게 보고된다는 점을 이해할 것이다. 이는 앞서 설명한 임차료와 임대료에 대한 선급비용과 선수수익의 예와 동일한 이치이다. 그리고 소모품에 대한 회계처리는 앞서 비용의 이연과 동일한 형태임을 알 수 있을 것이다.

소모품 사용액의 계산

종로회사의 20×1년말 소모품재고액은 ₩120,000이다. 종로회사는 20×2년에 소모품을 ₩150,000어치 구입하고 이를 소모품이라는 자산계정을 사용하여 기록하였다 하자. 그리고 12월말에 소모품 재고를 실사한 결과 ₩100,000어치의 재고가 있다고 가정하자. 그러면 종로회사가 20×2년 1년간 사용한 소모품, 즉 소모품비는 얼마로 계상될 것인가?

약간만 생각해 보면 ₩170,000어치의 소모품을 사용하였다는 점을 알 수 있을 것이다. 이는 아마도 다음과 같은 절차에 의해 계산되었을 것이다.

당기소모품 사용액 = 기초소모품재고액 + 당기소모품구입액 − 기말소모품재고액
= ₩120,000 + ₩150,000 − ₩100,000
= ₩170,000

따라서 20×2년도의 경영성과를 파악하기 위해서는 20×2년도 12월말에 다음과 같은 결산조정분개를 해야 한다.

(차) 소모품비	170,000	(대) 소 모 품	170,000

예제 4-4 소모품의 회계처리

12월 결산법인인 둘리회사는 20×1년 10월 10일 소모품을 ₩100,000어치 구입하였다. 20×1년 12월 31일 소모품 재고는 ₩70,000이다. 20×2년 6월 16일 소모품을 ₩200,000어치 구입하였다. 20×2년 12월 31일 소모품재고는 ₩50,000이다.

요구사항

1. 소모품 구입시 자산계정을 사용하는 경우 해야 할 분개를 하시오.
2. 소모품 구입시 비용계정을 사용하는 경우 해야 할 분개를 하시오.
3. 각 방법의 경우 20×2회계연도에 소모품비로 계상되는 금액과 소모품으로 보고되는 금액을 비교하시오.

풀이 및 해설

1. 자산계정으로 처리하는 경우

일자	차변	금액	대변	금액
10/10/×1 :	(차) 소 모 품	100,000	(대) 현 금	100,000
12/31/×1 :	(차) 소모품비	30,000	(대) 소 모 품	30,000
6/16/×2 :	(차) 소 모 품	200,000	(대) 현 금	200,000
12/31/×2 :	(차) 소모품비	220,000	(대) 소 모 품	220,000

2. 비용계정으로 처리하는 경우

일자	차변	금액	대변	금액
10/10/×1 :	(차) 소모품비	100,000	(대) 현 금	100,000
12/31/×1 :	(차) 소 모 품	70,000	(대) 소모품비	70,000
6/16/×2 :	(차) 소모품비	200,000	(대) 현 금	200,000
12/31/×2 :	(차) 소모품비	20,000	(대) 소 모 품	20,000

3. 어느 방법이든 소모품비는 ₩220,000, 소모품은 ₩50,000으로 보고된다.

4. 기타의 결산조정분개

재무상태와 경영성과를 적정히 보고하기 위해서는 지금까지 설명한 결산조정분개 외에도 자산의 적정한 평가와 유형자산의 원가배분 등에 관한 회계처리를 해야 한다. 예를 들어 재무상태표상 매출채권의 잔액이 ₩1,000,000인데 이 중 ₩50,000이 회수가 불가능할 것으로 예상된다면 재무상태표에 매출채권을 ₩950,000으로 보고해야 할 것이다. 만약, 이에 대해 아무런 회계처리를 하지 않는다면 자산이 과대계상되고 비용이 과소계상되는 결과를 초래한다. 이와 같이 매출채권 중에 회수가 불가능하여 발생되는 손실을 대손(bad debt)이라 한다. 따라서 객관적인 증거에 의해 대손이 예상되면 다음과 같은 결산조정분개(기말의 대손충당금 잔액이 "0"인 경우)를 실시하여 매출채권을 재무상태표에 적정한 금액으로 보고해야 한다.[5)]

(차) 대손상각비	50,000	(대) 대손충당금	50,000

대손은 회수가능성에 문제가 있다면 매출채권뿐만 아니라 대여금 등 모든 수취채권에 대해 인식해야 한다. 그리고 4-6 에서 보는 바와 같이 대손충당금은 관련 수취채권에서 차감하는 형식으로 보고하거나, 대손충당금을 차감한 순액으로 보고하고 관련 내용을 주석으로 보고하기도 한다.[6)] 이렇게 보고되는 수취채권의 순액을 순실현가능가치(net realizable value : NRV)라 한다. 외상매출금 등 수취채권은 재무상태표에 순실현가능가치 이상으로 보고할 수 없다.

4-6 수취채권의 보고방법

▸ 방법 Ⅰ

[부분재무상태표]

유동자산 :

매 출 채 권	₩1,000,000	
대손충당금	(50,000)	₩950,000

▸ 방법 Ⅱ

[부분재무상태표]

유동자산 :

매 출 채 권*	₩950,000

* 매출채권의 총액은 ₩1,000,000이며, 이에 대한 대손은 ₩50,000으로 추정됩니다.

---

5) 대손에 관한 회계처리방법에 대해서는 제6장에서 자세히 설명한다.

6) 대손충당금은 대변에 기록된다고 해서 부채계정으로 간주해서는 안 된다. 대손충당금계정은 수취채권에 대한 차감적 평가계정이다.

한편, 상품의 판매나 용역의 제공은 직접적으로 수익을 창출하지만 건물이나 기계장치 등은 기업의 수익창출에 간접적으로 기여하게 된다. 이렇게 1회계기간 이상 기업에 용역을 제공하는 유형자산의 경우에는 수익에 비용을 대응시키기 위해 합리적이고 체계적인 방법에 따라 유형자산의 원가를 비용으로 배분하게 된다. 이를 회계에서는 감가상각(depreciation)이라 하는데, 이에 관한 회계처리도 결산조정분개에 해당한다.[7)]

예를 들어, ₩50,000,000의 현금을 지급하고 건물을 취득하였는데 해당 건물은 20년간 사용가능하고(내용연수), 20년 후 건물의 잔존가치는 없으며 매 기간 동일한 용역을 제공한다고 가정하자. 그렇다면 기업은 다음과 같이 매년 ₩2,500,000[=(₩50,000,000－₩0)÷20년]씩 감가상각비로 계상하는 결산조정분개를 해야만 적정한 당기순이익과 재무상태를 보고하게 된다.

(차) 감가상각비	2,500,000	(대) 감가상각누계액	2,500,000

이 외에도 금융상품을 공정가치로 평가하거나 사채를 적정한 가액으로 평가하는 절차도 결산조정분개에 해당한다. 이들에 대해서는 해당 계정과목을 공부할 때 설명하기로 하겠다.

예제 4-5 결산조정분개(종합)

다음은 (주)서울용역의 20×1년 12월 31일로 종료되는 회계연도의 결산조정사항이다.

(1) 20×1년 10월 1일 1년간(20×1년 10월 1일부터 20×2년 9월 30일까지)의 보험료 ₩12,000을 지급하면서 모두 비용으로 기록하였다.

(2) 20×1년도에 ₩800의 소모품을 구입하면서 전액을 비용으로 기록하였다. 20×0년 12월 31일의 소모품재고는 ₩200이며 20×1년 12월 31일의 소모품재고는 ₩300이다.

(3) 20×1년 12월 31일 ₩1,000 자동차 수선용역을 완료하였으나 장부에 아직 기록되지 않았다. 이 금액은 20×2년 1월 10일 이내에 회수될 것이다.

(4) 20×1년도 전기요금 ₩2,500을 납부하라는 고지서를 20×2년 1월 10일에 받았다. 납부기한은 20×2년 1월 31일까지이다.

(5) 20×1년 10월 1일에 연 12%의 이자율로 ₩10,000을 대여해 주었다. 대여금의 만기는 20×2년 9월 30일이며 만기에 발생이자를 원금과 회수하기로 하였다.

---

7) 감가상각에 관한 회계처리방법에 대해서는 제8장에서 자세히 설명한다. 감가상각누계액계정은 유형자산 등에 대한 차감적 평가계정이다.

(6) 20×1년 12월 31일의 외상매출금 잔액은 ₩50,000이며 대손충당금의 잔액은 ₩0이다. 외상매출금 잔액의 2%가 대손으로 추정된다.

(7) 20×1년도 건물에 대한 감가상각비는 ₩30,000이다.

(8) 20×1년 7월 1일 1년간의 임대료 ₩12,000을 현금으로 수취하고 모두 임대료계정에 대기하였다.

요구사항

결산조정분개를 하시오.

풀이 및 해설

	차변	금액	대변	금액
(1)	(차) 선 급 비 용	9,000	(대) 보 험 료	9,000
(2)	(차) 소 모 품	100	(대) 소 모 품 비	100
(3)	(차) 외상매출금	1,000	(대) 매 출	1,000
(4)	(차) 수도광열비	2,500	(대) 미지급비용	2,500
(5)	(차) 미 수 수 익	300	(대) 이 자 수 익	300
(6)	(차) 대손상각비	1,000	(대) 대손충당금	1,000
(7)	(차) 감가상각비	30,000	(대) 감가상각누계액	30,000
(8)	(차) 임 대 료	6,000	(대) 선 수 수 익	6,000

3 수정후시산표

수정전시산표 잔액을 산출한 총계정원장에 결산조정분개사항을 전기하면 전기된 항목에 대해 새로운 잔액이 산출된다. 수정전시산표를 작성하듯 결산조정분개 사항을 전기한 후 작성하는 시산표를 수정후시산표 또는 조정후시산표라 한다.

수정후시산표 잔액은 기업의 재무상태나 경영성과를 나타내기에 적절한 금액들이다. 이 금액을 기준으로 자산과 부채 및 자본계정을 모아 재무상태표를 작성하고, 수익과 비용계정으로 포괄손익계산서를 작성한다. 하지만 수정후시산표를 반드시 작성해야 하는 것은 아니다.

▶ **QR코드로 배우는 회계**
확장하는 인공지능… 회계감사 영역도 '지각변동'

제 4 절 재무제표의 작성

회계순환과정에서 결산조정분개가 이루어진 다음에는 수정된 계정잔액으로 재무제표를 작성해야 한다. 이때 작성하는 재무제표가 재무상태표와 포괄손익계산서이다. 나머지 재무제표인 현금흐름표와 자본변동표는 추가정보를 필요로 한다. 본장에서는 재무상태표 및 포괄손익계산서의 작성방법에 대해 설명하기로 한다. 나머지 재무제표는 관련된 장에서 설명하기로 한다.

결산과정에서 결산조정분개를 행한 후 이를 각 계정에 전기하여 각 계정의 잔액이 정확하게 되면 정확한 계정잔액을 근거로 재무제표를 작성하게 된다. 이때 작성되는 주된 재무제표는 포괄손익계산서와 재무상태표이다. 즉, 경영성과를 나타내는 수익과 비용 계정을 별도로 모아 포괄손익계산서를 작성한다. 그리고 재무상태를 나타내는 자산과 부채 및 자본 계정을 별도로 모아 재무상태표를 작성한다.

포괄손익계산서를 작성하기 위해서는 포괄손익계산서라는 명칭과 회사명, 일정한 기간 및 화폐의 금액단위를 상단부에 표시한다. 그런 다음 본문에 수익과 비용을 구분하여 표시하고, 수익에서 비용을 차감하여 당기순손익을 표시한다.

재무상태표를 작성하기 위해서는 재무상태표라는 명칭과 회사명, 일정한 시점 및 화폐의 금액단위를 상단부에 표시한다.[8] 그런 다음 본문에 자산과 부채 및 자본을 구분하여 표시한다. 보고식 재무상태표는 자산, 부채, 자본의 순서대로 작성하며, 계정식 재무상태표는 왼쪽에 자산, 오른쪽에 부채와 자본을 표시한다.

제3장에서 기본자료로 제시한 짚신세탁소의 경우 회계기간이 1월 1일부터 1월 31일까지 한 달간이며, 결산조정사항은 다음의 세 가지라고 가정한다.

결산조정사항(짚신세탁소)

(1) 임차료 지급액 중 ₩100,000은 2월분이다.
(2) 1월달 광고선전비 ₩200,000을 청구받다.
(3) 1월 31일 세탁용역을 제공하고 ₩300,000을 청구하다.

그러면 짚신세탁소는 다음과 같은 결산조정분개를 해야 한다.

8) 재무상태표와 포괄손익계산서의 표시방법에 대해서는 이미 제2장에서 설명한 바 있다.

• 결산조정분개 :

(1) (차) 선 급 비 용	100,000	(대) 임 차 료	100,000
(2) (차) 광고선전비	200,000	(대) 미지급비용	200,000
(3) (차) 외상매출금	300,000	(대) 매 출	300,000

결산조정분개를 한 다음 경영성과를 나타내는 포괄손익계산서 요소인 수익과 비용 계정 및 그 잔액을 모으면 다음과 같다.

• 포괄손익계산서 요소 :
수익계정 : 매 출 ₩3,500,000
비용계정 : 급 여 ₩800,000, 임 차 료 ₩100,000, 수도광열비 ₩400,000
광고선전비 ₩200,000

이를 토대로 포괄손익계산서를 작성하면 다음과 같다.

포괄손익계산서

짚신세탁소	1월 1일부터 1월 31일까지	(단위 : 원)
매 출		₩3,500,000
비 용 :		
급 여	₩800,000	
임 차 료	100,000	
수도광열비	400,000	
광고선전비	200,000	1,500,000
당기순이익		₩2,000,000

한편, 재무상태를 나타내는 자산과 부채 및 자본 계정과 그 잔액을 모으면 다음과 같다.

• 재무상태표 요소 :
자산계정 : 현 금 ₩5,900,000, 외상매출금 ₩1,800,000, 선 급 비 용 ₩100,000
부채계정 : 단기차입금 ₩500,000, 미지급비용 ₩600,000
자본계정 : 자 본 금 ₩5,000,000, 이익잉여금 ?

이를 토대로 짚신세탁소의 1월 31일의 재무상태표를 작성하면 다음과 같다.

재무상태표

짚신세탁소 1월 31일 현재 (단위 : 원)

자 산 :		부 채 :	
현 금	₩5,900,000	단기차입금	₩500,000
매 출 채 권[9]	1,800,000	미지급비용	600,000
선 급 비 용	100,000	자 본 :	
		자 본 금	5,000,000
		이익잉여금	1,700,000
자산 총계	₩7,800,000	부채 및 자본 총계	₩7,800,000

그리고 짚신세탁소의 경우 이익잉여금에 영향을 미치는 항목은 포괄손익계산서의 당기순이익과 배당금뿐이다. 이를 토대로 재무상태표에 표시되는 이익잉여금을 계산하면 다음과 같다.

이익잉여금의 계산

기초이익잉여금	₩0
가산 : 당기순이익	2,000,000
차감 : 배 당 금	(300,000)
기말이익잉여금	₩1,700,000

여기서 한 가지 알아두어야 할 점은 재무제표의 작성순서이다. 즉, 어느 재무제표부터 작성할 것이냐 하는 점이다. 재무제표의 연계성을 생각해 볼 때 포괄손익계산서를 먼저 작성하는 것이 바람직하다. 그리고 당기순이익과 배당금을 고려하여 이익잉여금 잔액을 파악한 다음 재무상태표를 작성한다. 왜냐하면 포괄손익계산서상의 당기순이익은 기초이익잉여금에 가산되고, 이로부터 배당금을 차감하여 기말이익잉여금이 계산되는데 이 금액이 재무상태표에 보고되는 이익잉여금 금액이기 때문이다.

한편, 반드시 작성하는 것은 아니지만 수정후시산표(결산조정분개를 반영한 후의 시산표)를 작성하게 되면 이로부터 쉽게 포괄손익계산서와 재무상태표를 작성할 수 있다. 즉, 수정후시산표상의 계정을 포괄손익계산서 요소와 재무상태표 요소로 구분한 다음 양식에 의거 재무제표를 작성하면 된다. **4-7** 은 이를 보여주고 있다.

9) 외상매출금과 받을어음은 재무상태표에 매출채권으로 통합하여 표시한다. 마찬가지로 외상매입금과 지급어음도 재무상태표에 매입채무로 통합하여 표시한다.

4-7 수정후시산표로부터 재무제표 작성

수정후시산표

계정과목	차 변	대 변
현 금	₩5,900	
매 출 채 권	1,800	
선 급 비 용	100	
단기차입금		₩500
미지급비용		600
자 본 금		5,000
이익잉여금		0
매 출		3,500
급 여	800	
임 차 료	100	
수도광열비	400	
광고선전비	200	
배 당 금	300	
합 계	₩9,600	₩9,600

포괄손익계산서

매 출		₩3,500
비 용 :		
급 여	₩800	
임 차 료	100	
수도광열비	400	
광고선전비	200	1,500
당기순이익		₩2,000

이익잉여금의 계산

기초이익잉여금	₩0
가산 : 당기순이익	2,000
차감 : 배 당 금	(300)
기말이익잉여금	₩1,700

재무상태표

자 산 :	
현 금	₩5,900
매 출 채 권	1,800
선 급 비 용	100
자산 총계	₩7,800
부 채 :	
단기차입금	₩500
미지급비용	600
부채 총계	1,100
자 본 :	
자 본 금	5,000
이익잉여금	1,700
자본 총계	6,700
부채 및 자본 총계	₩7,800

〈설명〉

① 매출과 급여 등 포괄손익항목을 포괄손익계산서에 표시한다.

② 현금과 단기차입금 등 재무상태표 항목을 재무상태표에 표시한다.

③ 포괄손익계산서상의 당기순이익은 이익잉여금에 가산하고, 시산표상의 배당금은 차감한다.

④ 재무상태표에는 기말이익잉여금이 표시된다.

[주의] 모든 금액 단위는 천원이며, 각 재무제표의 회사명과 보고기간 또는 보고기간 말은 생략한다.

▶ QR코드로 배우는 회계

깐깐해진 회계법인 '짬짜미 결산' no!
20개 기업 상장폐지 기로… 감사대란

제 5 절 임시계정과 장부의 마감

1 임시계정의 마감

계정 중 모든 수익과 비용 및 배당금 계정을 임시계정(temporary accounts) 또는 명목계정(nominal accounts)이라 한다. 임시계정으로 수익과 비용 계정(손익계정)을 사용하는 이유는 경영성과, 즉 손익계산을 항목별로 자세히 나타내는 데 있다고 하였다. 그리고 배당금을 선언하거나 지급할 때 배당금계정에 차기하는 경우에는 이를 이익잉여금계정에 차기하여 이익잉여금의 감소로 나타내야 한다. 왜냐하면 배당금계정은 수익이나 비용 계정이 아니고 이익잉여금의 감소를 초래하는 임시계정이기 때문이다. 따라서 이들 임시계정들은 특정 회계기간의 거래자료(손익과 이익의 처분)를 일시적으로 기록해 두었다가 최종적으로 재무상태표의 이익잉여금계정으로 대체가 이루어진 다음 소멸하게 된다. 반면에 자산과 부채 및 자본 계정은 특정 회계기간이 지나도 계정잔액들이 소멸하지 않고 다음 회계기간에 이월되기 때문에 영구계정(permanent account) 또는 실질계정(real accounts)이라 한다.

임시계정들은 일단 재무제표가 완성되면 그 역할이 종료되므로 다음 회계연도에는 각 계정별로 다시 새로운 거래를 처음부터 기록해 나가기 위해 장부상의 계정잔액을 정리하는 절차가 필요하다. 즉, 다음 회계연도를 위하여 임시계정의 잔액을 0(zero)으로 만들어야 하는데, 이와 같이 임시계정의 잔액을 0으로 만드는 절차를 마감절차(closing procedures)라 하고, 이를 위한 분개를 마감분개(closing entry) 또는 결산분개라 한다.

마감절차가 필요한 이유는 당기의 수익과 비용이 다음 회계연도의 수익과 비용으로 보고되는 것을 방지하기 위한 것이다. 즉, 일정한 기간 동안 경영성과를 보고하기 위해서 임시적으로 사용한 수익과 비용 계정이 이익잉여금으로 대체되면 이들은 소기의 목적을 다한 것이므로 잔액을 0으로 만들어 없애 주어야 한다. 그래야만 다음 회계기간의 수익과 비용은 새로 만든 수익과 비용 계정(잔액이 없는 계정을 뜻함)에 기입되어 다음 회계기간의 경영성과를 파악할 수 있기 때문이다.

2 임시계정의 마감절차와 마감분개

임시계정은 그 잔액을 이익잉여금계정으로 대체함으로써 마감된다. 수익과 비용 등의 손익계정은 이익잉여금계정으로 직접 대체하기도 하지만 손익을 일목요연하게 파악하기 위하여 집합손익(income summary)계정을 이용하는 것이 일반적이다. 집합손익계정은 장부의 마감단계에서만 일시적으로 나타나는 임시계정이다. 수익과 비용계정은 4-8 과 같은 절차를 통하여 집합손익계정으로 마감된다.

4-8 마감절차

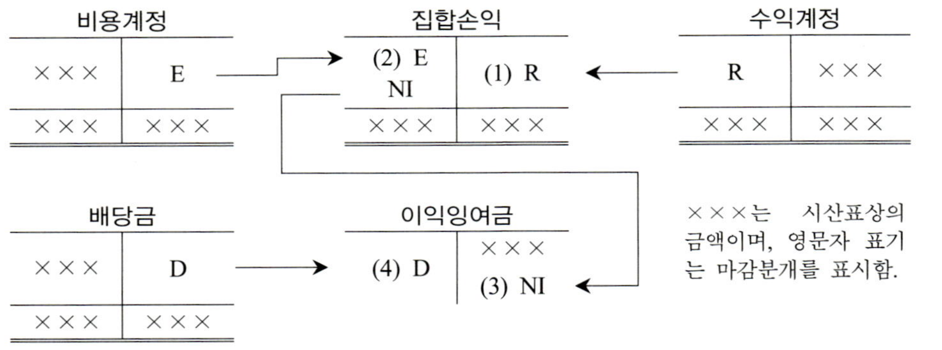

(1) 각 수익계정(R)에는 평상잔액이 대변에 남아 있으므로 그 수익계정의 대변잔액과 동일한 금액을 차변기입하여 모든 수익계정의 잔액을 0으로 만들고, 수익계정의 차변기입액(수익계정의 대변잔액)만큼 집합손익계정의 대변에 기입한다.

(2) 각 비용계정(E)에는 평상잔액이 차변에 남아 있으므로 그 비용계정의 차변잔액과 같은 금액을 대변기입하여 모든 비용계정의 잔액을 0으로 만들고, 비용계정의 대변기입액(비용계정의 차변잔액)만큼 집합손익계정의 차변에 기입한다.

위와 같은 절차에 따라 모든 수익계정과 비용계정이 마감되고, 특정한 회계기간 동안의 수익과 비용의 발생내용이 모두 집합손익계정에 반영된다. 이 계정을 집합손익계정이라 부르는 이유도 여기에 있다. 수익과 비용 계정이 집합손익계정으로 전기된 후 집합손익계정에 나타나게 되는 잔액이 곧 당기의 순이익(또는 순손실)이 된다. 즉, 대변잔액이 발생하면(수익>비용) 순이익(NI)이 발생하며, 차변잔액이 발생하면(수익<비용) 순손실이 발생된다.

(3) 집합손익계정 잔액을 이익잉여금계정으로 대체하여 집합손익계정을 마감한다. 즉, 순이익이 발생했을 경우(수익이 비용보다 큰 경우)에는 집합손익계정의 대변잔액이 발생하므로, 이때에는 집합손익계정의 대변잔액과 같은 금액을 차변기입하여 집합손익계정의 잔액을 0으로 만들고, 이익잉여금계정에 같은 금액을 대변기입한다. 반면에 순손실이 발생했을 경우에는 집합손익계정의 차변잔액이 발생되므로, 이때에는 집합손익계정의 차변잔액과 같은 금액을 대변기입하여 집합손익계정의 잔액을 0으로 만들고, 이익잉여금계정에 같은 금액을 차변기입한다.

(4) 배당금계정(D)을 마감한다. 배당금계정에는 배당선언액만큼 차변기입이 이루어진다. 이를 마감하기 위해서는 동액만큼을 배당금계정에 대변기입하고 이익잉여금계정에 동액만큼을 차변기입하면 된다.

이상의 마감분개가 종료되면 재무상태표에 표시되는 이익잉여금계정의 잔액이 결정된다. 즉, 기초이익잉여금 잔액에 순이익을 가산(순손실은 차감)하고 배당금을 차감하면 그 금액이 재무상태표에 표시되는 이익잉여금 금액(기말이익잉여금)이다.

지금까지의 설명에 의한 짚신세탁소의 마감분개와 원장에의 전기 결과를 보이면 다음과 같다.

마감분개와 원장에의 전기(짚신세탁소)

	차변	금액	대변	금액
(1)	(차) 매 출	3,500,000	(대) 집 합 손 익	3,500,000
(2)	(차) 집 합 손 익	1,500,000	(대) 임 차 료	100,000
			급 여	800,000
			수도광열비	400,000
			광고선전비	200,000
(3)	(차) 집 합 손 익	2,000,000	(대) 이익잉여금	2,000,000
(4)	(차) 이익잉여금	300,000	(대) 배 당 금	300,000

임차료 등

100,000	(2) 100,000
100,000	100,000

집합손익

(2) 1,500,000	(1) 3,500,000
(3) 2,000,000	
3,500,000	3,500,000

매 출

(1) 3,500,000	3,500,000
3,500,000	3,500,000

배당금

300,000	(4) 300,000
300,000	300,000

이익잉여금

(4) 300,000	0
	(3) 2,000,000

* 비용은 임차료계정만 표시하였는데 급여, 수도광열비, 광고선전비 계정도 모두 마감해야 하는 것은 당연하다. 그러므로 비용 총계인 ₩1,500,000이 집합손익계정에 차기되었다. 그리고 합계 표시는 계정을 마감한 결과를 나타낸다. 이에 대해서는 제5절 ❸을 참고하기 바란다.

❸ 장부의 마감

장부의 마감이란 1회계기간에 대한 장부의 기록을 완료하는 것을 말한다. 실무적으로 사용하고 있는 분개장과 원장 등의 장부에 발생된 거래를 회계기간에 관계없이 연속해서 기록하게 되면 어느 시점까지의 기록이 당기의 재무제표에 반영되어야 하고, 어느 시점부터의 기록이 차기의 재무제표에 반영되어야 하는지를 구분하기가 쉽지 않다. 따라서 당기에 분개한 것과 차기에 분개한 것, 그리고 당기에 전기한 것과 차기에 전기한 것을 명확하게 구분함으로써 당기의 재무제표와 차기의 재무제표를 명확하게 구분하여 작성해야 한다. 이를 위해서는 장부의 형식을 당기의 장부와 차기의 장부로 인위적으로 구분하는 절차가 필요하다.

만일 차기에 발생된 거래에 대한 분개를 당기의 분개장에 하게 되면 결과적으로 당기의 재무제표와 차기의 재무제표가 모두 잘못 작성되는 결과를 가져오게 된다. 따라서 이와 같은 오류를 방지하기 위해서는 1회계기간에 대한 장부기록이 시작되는 시점과 끝나는 시점을 명확하게 구분하는 것이 필요하며, 이를 위하여 이루어지는 절차를 장부의 마감이라 한다. 즉, 장부의 마감이란 1회계기간에 대한 장부의 기록, 즉 분개와 전기 등을 완료하여 장부의 형식을 당기와 차기로 인위적으로 구분하는 절차를 말한다.

1. 분개장의 마감

분개장을 마감한다는 것은 분개장의 형식을 회계기간별로 구분함을 의미한다. 분개장은 기중거래의 분개가 끝난 곳에서 일단 마감하고, 다음에 결산조정분개와 마감분개(결산분개)를 하여 다시 마감한다.

분개장은 분개장의 차변과 대변의 금액란에 각각 합계액을 기입하고, 그 대차가 일치하면 두 줄의 밑줄을 그어 마감한다. 따라서 두 줄의 밑줄을 긋기 전에 분개된 것만 당기의 재무제표에 반영되며, 그 이후에 분개된 것은 차기의 재무제표에 반영된다. 짚신세탁소의 분개장을 마감하는 표시를 보이면 4-9 와 같다.

4-9 분개장의 마감

분 개 장

일 자	적 요	원 면	차 변	대 변
	(결산조정분개) ⋮ (마감분개)			
1/31	이익잉여금	35	300,000	
	배 당 금	36		300,000
	(배당금계정을 마감함)			
1/31	(분개장을 마감함)		7,900,000	7,900,000
2/01	……			

* 원면란의 숫자는 가상적인 숫자임

2. 총계정원장의 마감

회계순환과정의 마지막 단계에서 총계정원장을 마감한다는 것은 원장에 있는 계정의 변동을 당기와 차기의 변동으로 구분하기 위해 기재하는 것을 말한다. 왜냐하면 계정에 아무런 표시를 하지 않으면 당기에 발생된 거래인지 아니면 전기에 발생된 거래인지를 쉽게 알아볼 수 없기 때문이다. 특히 수익과 비용에 대해서는 당기의 수익과 비용이 차기의 수익이나 비용으로 계상되는 일이 없어야 한다.

총계정원장에는 수익과 비용 등 임시계정과 자산, 부채, 자본 등 영구계정이 있다. 회계에서는 이들의 역할이 서로 다르므로 마감방법도 서로 다르다. 수익과 비용 계정은 경영성과를 나타내기 위한 임시계정이므로 잔액을 0으로 만들어 차기의 수익이나 비용으로 보고되는 일이 없어야 한다. 그러나 영구계정인 자산과 부채 및 자본 계정은 성격이 다르다. 영구계정은 해당 계정이 없어지기 전까지는 회사의 장부에 영구적으로 남게 된다. 예컨대 당기말 소모품재고가 ₩200,000이라면 이는 차기에 사용가능한 경제적 자원을 나타내기 때문에 차기로 넘겨주어야 한다. 회계에서는 이를 이월(forward)이라 한다.

4-10 은 수익(매출)과 비용(임차료) 등 임시계정을 마감하는 방법을 보여주고 있다. 배당금계정도 임시계정이므로 방법은 동일하다. 4-10 의 (1)은 기중의 거래뿐만 아니라 수정분개 및 마감분개까지 전기된 상태이며, (2)는 계정 마감 후의 모습을 보여주고 있다. 그리고 잔액이 0이라는 것을 나타내는 표시는 매출계정에서 사용한 방법과 임차료계정에서 사용한 방법 모두 가능한데, 매출에서 사용한 방법이 권장된다. 임차료에서 사용한 방법은 일종의 약식(간편법)이다.

4-10 임시계정(T-계정)의 마감

(1) 손익계정 마감 전

매 출

1/31 집합손익	3,500,000	1/04 현 금	1,000,000
		1/10 외상매출금	2,000,000
		1/20 단기차입금	200,000
		1/31 외상매출금	300,000

임차료

1/02 현 금	200,000	1/31 선급비용	100,000
		1/31 집합손익	100,000

(2) 손익계정 마감 후

매 출

1/31 집합손익	3,500,000	1/04 현 금	1,000,000
		1/10 외상매출금	2,000,000
		1/20 단기차입금	200,000
		1/31 외상매출금	300,000
	3,500,000		3,500,000

임차료

1/02 현 금	200,000	1/31 선급비용	100,000
		1/31 집합손익	100,000
	✓ 0		

영구계정을 마감할 때에는 잔액을 산출하여 차기로 이월시키는 작업이 필요하다. T계정 형식의 영구계정을 마감할 때에는 평상잔액이 어디에 발생하느냐에 따라 차기이월과 전기이월이 기재되는 쪽이 달라진다. 자산은 평상잔액이 차변에 발생하므로 차기이월 금액은 대변에 기록되고 전기이월은 차변에 기록된다. 그러나 부채와 자본은 평상잔액이 대변에 발생하므로 차기이월되는 금액은 차변에 기록되고 전기이월은 대변에 기록된다. 이렇게 하는 이유는 모두 대차평형의 원리가 적용되기 때문이다.

영구계정(T계정)을 마감하는 방법이 4-11 에 예시되어 있다. 영구계정도 외상매출금에서 보여주는 방법이 정석이며, 단기차입금에서 보여주는 방법은 약식(간편법)이다.

4-11 영구계정(T-계정)의 마감

(1) 영구계정 마감 전

외상매출금

날짜	적요	금액	날짜	적요	금액
1/10	매출	2,000,000	1/15	현금	500,000
1/31	매출	300,000			

단기차입금

날짜	적요	금액	날짜	적요	금액
1/12	현금	300,000	1/08	현금	1,000,000
1/20	매출	200,000			

(2) 영구계정 마감 후

외상매출금

날짜	적요	금액	날짜	적요	금액
1/10	매출	2,000,000	1/15	현금	500,000
1/31	매출	300,000	1/31	차기이월	✓1,800,000
		2,300,000			2,300,000
2/01	전기이월	✓1,800,000			

단기차입금

날짜	적요	금액	날짜	적요	금액
1/12	현금	300,000	1/08	현금	1,000,000
1/20	매출	200,000			
				잔액	✓500,000

참고 역분개와 이월시산표

회계순환과정이 종료되고 차기 연도 초에 역분개(reversing entry, 일명 취소분개)를 하는 경우가 있다. 역분개의 의미는 이미 행한 분개를 역으로 하여 취소한다는 뜻이다. 즉, 차변과 대변에 기입된 계정과목과 금액을 대변과 차변에 동일하게 기입하는 방식이다. 예컨대 '(차) 이자비용 10,000 (대) 미지급이자 10,000'의 분개를 '(차) 미지급이자 10,000 (대) 이자비용 10,000'으로 행하는 분개이다.

역분개는 오류를 수정하는 데 사용되기도 하지만 차기 연도의 분개를 간편하게 하려는 데 목적이 있다. 예를 들어 차기 연도에 이자비용으로 ₩30,000을 지급한다고 하자. 만약 역분개를 하지 않는다면 이자지급시에 전기에 지급하지 않은 미지급이자계정이 있는지, 있다면 잔액이 얼마가 있는지를 살펴봐야 한다. 그러나 역분개로 '(차) 미지급이자 10,000 (대) 이자비용 10,000'을 기입하게 되면 '(차) 이자비용 30,000 (대) 현금 30,000'의 분개를 함으로써 시산표상의 이자비용은 ₩20,000의 잔액이 표시된다. 그러므로 굳이 미지급이자계정의 유무를 신경 쓸 필요가 없다.

한편, 이월시산표라는 것도 있는데, 이는 장부를 마감한 후 차기이월되는 잔액만을 모아 놓은 표이다. 따라서 수익과 비용 계정 등 임시계정은 없으며 자산과 부채 및 자본 등 영구계정만 있게 된다. 그러므로 이월시산표는 기초의 재무상태를 표시하는 내용과 동일하다.

제 6 절 정산표를 이용한 재무제표 작성(☆)

1 정산표의 의의와 종류

시산표를 작성하고 결산조정분개를 행한 다음 재무제표를 작성하게 되는데, 이 과정에서 오류를 범하지 않고 재무제표를 용이하게 작성하기 위해 대부분의 기업에서는 정산표(worksheet)를 사용하고 있다. 그러므로 정산표는 반드시 작성해야 하는 회계장부는 아니며, 일종의 연습장 내지는 작업장이다.

정산표는 수정전시산표의 작성부터 재무제표 작성까지의 절차를 오류 없이 용이하게 하기 위한 것이다. 그러므로 정산표를 작성한다고 해서 결산조정분개를 원장의 계정에 전기를 하지 않아도 된다는 것은 아니다. 정산표의 작성 여부와 관계없이 결산조정분개를 해야 하며 이를 원장에 반드시 전기해야 한다. 그리고 정산표상의 포괄손익계산서와 재무상태표는 그 자체가 재무제표가 되는 것은 아니다. 다만, 포괄손익계산서와 재무상태표에 보고되는 항목만을 분리해 놓은 것에 지나지 않는다. 그러므로 정산표를 근거로 기업회계기준서에서 요구하는 방식에 의거하여 재무제표를 작성해야 한다.

2 정산표의 작성

10위식 정산표는 다음과 같은 절차에 의해 작성한다.[10)]

① 계정과목란에 수정전잔액시산표의 계정과목을 옮겨 적는다.

② 수정전시산표란에 잔액시산표의 차변 및 대변에 기록되어 있는 금액을 옮겨 적는다.

③ 결산조정사항에 대한 결산조정분개를 분개장에 한 후, 결산조정분개란에 차변과 대변을 구분하여 기입한다. 만약, 결산조정분개 과정에서 시산표상에 없는 계정과목을 사용해야 하는 경우에는 잔액시산표의 합계를 나타내는 줄 바로 아래부터 새로운 계정과목과 금액을 기재한다. 결산조정분개의 이기가 종료되면 마지막 줄에 합계를 표시한다.

④ 시산표의 금액과 결산조정분개의 금액을 합하여 수정후시산표란에 적는다. 이때 같은 변에 있는 금액은 더하고 반대 변에 있는 금액을 차감하는 것은 잔액산출의 원리와 동일한 이치이다.

⑤ 수정후시산표에 있는 항목 중 수익과 비용에 속하는 계정과목은 포괄손익계산서란의 차변 또는 대변에 옮겨 적고, 자산과 부채 및 자본에 속하는 계정과목은 재무상태표란의 차변 또는 대변에 옮겨 적는다.

⑥ 포괄손익계산서란과 재무상태표란의 차변합계액 및 대변합계액의 차액을 구하고, 그 금액(차액)을 당기순이익(순손실)으로 하여 각각 합계가 적은 쪽

10) 정산표의 형식은 다양한데 다음 면에 예시한 10위식을 주로 사용한다. 정산표 중에 수정후시산표란을 생략한 것을 8위식 정산표라 한다. 그리고 결산조정사항이 없다면 이를 생략하여 6위식 정산표를 작성할 수도 있으나 사용되는 경우가 거의 없다. 정산표에서 재무상태표보다 포괄손익계산서를 먼저 작성하는 이유는 포괄손익계산서에서 먼저 당기순이익이 산출되어야만 이 금액이 이익잉여금으로 대체되어 재무상태표가 완성되기 때문이다.

에 기입한다. 포괄손익계산서와 재무상태표에서 각각 산정된 당기순이익(순손실)이 동일한 경우에는 결산절차가 정확하게 이루어졌음을 의미한다.

⑦ 각 난의 합계액을 적고, 두 줄의 밑줄을 그어 정산표를 완성한다.[11]

이상의 절차에 의해 짚신세탁소의 사례를 정산표로 나타내면 다음과 같다.

정 산 표

짚신세탁소 (단위 : 천원)

계정과목	수정전시산표		결산조정분개		수정후시산표		포괄손익계산서		재무상태표	
	차 변	대 변	차 변	대 변	차 변	대 변	차 변	대 변	차 변	대 변
현 금	₩5,900				₩5,900				₩5,900	
외상매출금	1,500		③₩300		1,800				1,800	
단기차입금		₩500				₩500				₩500
미지급비용		400		②₩200		600				600
자 본 금		5,000				5,000				5,000
이익잉여금		0				0				0
배 당 금[12]	300				300				300	
매 출		3,200		③ 300		3,500		₩3,500		
급 여	800				800		₩800			
임 차 료	200			① 100	100		100			
수도광열비	400				400		400			
합 계	₩9,100	₩9,100								
선 급 비 용			① 100		100				100	
광고선전비			② 200		200		200			
합 계			₩600	₩600	₩9,600	₩9,600				
당기순이익							2,000			2,000
합 계							₩3,500	₩3,500	₩8,100	₩8,100

11) 8위식 정산표는 ④와 ⑤의 단계를 하나로 결합한 것이다. 즉, 8위식 정산표에서는 결산조정분개란의 금액을 가산 또는 차감하여 수익과 비용에 속하는 계정과목은 포괄손익계산서란의 차변 또는 대변에 직접 옮겨 적고, 자산과 부채 및 자본에 속하는 계정과목은 재무상태표란의 차변 또는 대변에 직접 옮겨 적는다.

12) 재무상태표의 차변에 기재된 배당금은 재무상태표 작성시 이익잉여금에서 차감해 주어야 된다는 점에 주의해야 한다.

주식회사 농심의 재무제표에 대한 주석

재무제표 공시 사례

[저자주] 본장부터 제12장까지 주식회사 농심의 재무제표 중 주요 내용을 소개한다. 독자들은 이를 통해 기업의 정보, 특히 회계정보가 어떠한 내용인지 실제로 체험하길 바란다. 자세한 내용과 그 밖의 자료는 금융감독원의 전자공시시스템(DART)에 접속하여 확인하길 바란다.

1. 일반사항

주식회사 농심(이하 "당사"라 함)은 1965년 9월 18일 롯데공업주식회사로 설립되었으며 1978년 3월에 주식회사 농심으로 상호를 변경하였습니다. 당사는 1976년 6월에 주식을 한국거래소가 개설한 유가증권시장에 상장하였으며 수차례에 걸친 증자와 전환사채의 전환 및 인적분할로 인한 감자 등으로 인하여 2021년 12월 31일 현재 자본금은 30,413백만원이며, 대주주는 (주)농심홀딩스(지분율 32.72%), 율촌재단(4.83%) 등으로 구성되어 있습니다.

당사는 수차에 걸친 공장 신증축 및 제품개발을 통해 영업을 확장시켜 왔으며, 당기말 현재 당사가 영위하고 있는 주요 사업은 라면, 스낵, 음료의 제조, 판매 및 수출입업입니다.

한편, 당사의 재무제표는 2022년 1월 26일에 이사회에서 최종 승인되었습니다.

2. 재무제표 작성기준 및 중요한 회계정책

(1) 재무제표의 작성기준

당사의 재무제표는 '주식회사 등의 외부감사에 관한 법률'에 따라 제정된 한국채택국제회계기준에 따라 작성되었으며, 주석에서 별도로 기술하는 경우를 제외하고는 역사적 원가모형을 적용하고 있습니다. 본 재무제표는 원화로 표시되어 있으며 다른 언급이 있는 경우를 제외하고는 원단위로 표시되어 있습니다.

(2) 종속기업투자 및 관계기업투자

당사의 재무제표는 기업회계기준서 제1027호에 따른 별도재무제표로서 지배기업의 투자자가 투자자산을 피투자자의 보고된 성과와 순자산에 근거하지 않고 직접적인 지분투자에 근거한 회계처리로 표시한 재무제표입니다. 당사는 종속기업에 대한 투자자산을 기업회계기준서 제1027호에 따른 원가법에 따라 회계처리하고 있습니다. 종속기업으로부터의 배당금은 배당을 받을 권리가 확정되는 시점에 당기손익으로 인식하고 있습니다. (이하 생략)

Epilogue

본장의 핵심은 회계순환과정의 후반부, 즉 결산과정으로 회계원리에서 가장 중요한 장으로 생각된다. 시산표의 작성은 기계적인 작업이지만 결산조정분개는 원시 분개를 어떻게 했느냐에 따라 달라진다고 하였다. 그러나 어떠한 절차를 거치든 결산조정분개 후에는 재무상태표에 보고되는 자산과 부채 및 포괄손익계산서에 보고되는 수익과 비용은 같아야 한다. 다음 절차인 재무제표 작성에서는 재무제표의 양식과 작성방법을 숙지하고 있어야 한다. 특히, 재무상태표 항목의 배열방법과 구분표시할 항목에 대해 정확히 알고 있어야 한다. 그리고 나머지 결산분개와 장부의 마감은 기계적인 작업에 지나지 않는다.

종합사례

CHAPTER 4

제3장의 종합사례와 연속하여 (주)부름은 다음과 같은 결산조정사항이 있다.

(1) 20×1년 10월 31일 현재 심부름 용역을 제공하고 아직 청구하지 아니한(장부에 기록되지 않은) 금액이 ₩2,400이다.
(2) 차량운반구에 대한 감가상각비 ₩400을 계상하다.
(3) 1개월치 보험료가 소멸되다.
(4) 10월 31일에 소모품 재고를 실사한 결과 그 금액은 ₩200이다.
(5) 10월 31일까지 발생되었으나 장부에 기록하지 않은 종업원에 대한 급여가 ₩900이다.

(물음 1) 수정전시산표를 작성하시오.
(물음 2) 결산조정분개를 하시오.
(물음 3) 포괄손익계산서와 재무상태표를 작성하시오.
(물음 4) 마감분개를 하시오.
(물음 5) 정산표를 작성하시오.

풀이 및 해설

(물음 1) 시산표의 작성

시 산 표

(주)부름 20×1년 10월 31일

계정과목	차 변	대 변
현 금	₩2,000	
외상매출금	4,600	
소 모 품	800	
차량운반구	8,000	
외상매입금		₩400
미 지 급 금		4,000
자 본 금		10,000
배 당 금	500	
매 출		6,000
급 여	1,800	
유 류 비	300	
보 험 료	2,400	
합 계	₩20,400	₩20,400

(물음 2) 결산조정분개

10/31/×1 (1)	(차) 외상매출금	2,400	(대) 매　　출	2,400
10/31/×1 (2)	(차) 감가상각비	400	(대) 감가상각누계액	400
10/31/×1 (3)	(차) 선 급 비 용	2,200	(대) 보 험 료	2,200
10/31/×1 (4)	(차) 소 모 품 비	600	(대) 소 모 품	600
10/31/×1 (5)	(차) 급　　여	900	(대) 미지급비용	900

(물음 3) 재무제표 작성

포괄손익계산서

(주)부름　　20×1년 10월 1일부터 20×1년 10월 31일까지　　(단위 : 원)

매 출		₩8,400
비 용 :		
급　　여	₩2,700	
보 험 료	200	
유 류 비	300	
감가상각비	400	
소 모 품 비	600	4,200
당기순이익		₩4,200

재무상태표

(주)부름　　20×1년 10월 31일 현재　　(단위 : 원)

자 산 :			부 채 :	
유 동 자 산			유 동 부 채	
현　　금		₩2,000	매 입 채 무	₩400
매 출 채 권		7,000	미 지 급 금	4,000
선 급 비 용		2,200	미지급비용	900
소 모 품		200	자 본 :	
비유동자산			자 본 금	10,000
차량운반구	₩8,000		이익잉여금	3,700
감가상각누계액	(400)	7,600		
자산 총계		₩19,000	부채 및 자본 총계	₩19,000

(물음 4) 마감분개

10/31/×1 ①	(차) 매 출	8,400	(대) 집 합 손 익	8,400
10/31/×1 ②	(차) 집 합 손 익	4,200	(대) 급 여	2,700
			보 험 료	200
			유 류 비	300
			감가상각비	400
			소 모 품 비	600
10/31/×1 ③	(차) 집 합 손 익	4,200	(대) 이익잉여금	4,200
10/31/×1 ④	(차) 이익잉여금	500	(대) 배 당 금	500

(물음 5) 정산표

정 산 표

(주)부름 (단위 : 원)

계정과목	잔액시산표		결산조정분개		수정후시산표		포괄손익계산서		재무상태표	
	차 변	대 변	차 변	대 변	차 변	대 변	차 변	대 변	차 변	대 변
현 금	₩2,000				₩2,000				₩2,000	
외상매출금	4,600		(1) 2,400		7,000				7,000	
소 모 품	800			(4) 600	200				200	
차량운반구	8,000				8,000				8,000	
외상매입금		₩400				₩400				₩400
미 지 급 금		4,000				4,000				4,000
자 본 금		10,000				10,000				10,000
배 당 금	500				500				500	
매 출		6,000		(1) 2,400		8,400		₩8,400		
급 여	1,800		(5) 900		2,700		₩2,700			
유 류 비	300				300		300			
보 험 료	2,400			(3) 2,200	200		200			
합 계	₩20,400	₩20,400								
감가상각비			(2) 400		400		400			
감가상각누계액				(2) 400		400				400
선 급 비 용			(3) 2,200		2,200				2,200	
소 모 품 비			(4) 600		600		600			
미지급비용				(5) 900		900				900
합 계			₩6,500	₩6,500	₩24,100	₩24,100				
당기순이익							4,200			4,200
합 계							₩8,400	₩8,400	₩19,900	₩19,900

연습문제

CHAPTER 4

1 [진위형] 다음 서술이 옳으면 T, 옳지 않으면 F를 기재하시오.

(1) 회계순환과정에서 마감분개는 재무제표 작성 전에 이루어지는 절차이다.

(2) 차변과 대변 계정 모두 이중으로 전기하거나 자산계정 대신 비용계정에 전기한 경우에는 시산표를 작성하더라도 오류를 발견할 수 없다.

(3) 수익으로 처리한 계정을 이연시키면 당기순이익이 감소하고 자산이 증가된다.

(4) 소모품의 기초재고가 ₩200,000인데 당기에 ₩500,000의 소모품을 구입하여 이를 소모품비계정에 차기하고, 소모품 실사액이 ₩300,000이라면 결산조정분개시 소모품계정에 ₩100,000을 차기하고 소모품비계정에 ₩100,000을 대기한다.

(5) 수익이나 비용 계정을 집합손익계정에 옮겨 적는 경우 집합손익계정에 차변잔액이 발생하면 당기순이익, 대변잔액이 발생하면 당기순손실이 된다.

(6) 정산표는 결산과정에서 반드시 작성해야 하는 재무제표 중의 하나이다.

(7) 결산조정분개를 행하는 주된 이유 중의 하나는 발생주의를 채택하고 있기 때문이다.

(8) 발생항목은 현금의 수수는 이루어지지 않았지만 수익이나 비용으로 기록하므로 관련 부채나 자산 계정의 감소가 이루어진다.

2 [완성형] 다음 괄호 안에 가장 적절한 용어를 넣으시오.

(1) 회계기간이 종료되어 일정한 절차에 의해 재무제표를 작성하는 과정을 (　　　)이라 한다.

(2) 대차평형의 원리에 의하여 원장에 있는 모든 계정들과 각 계정의 잔액을 집계하여 작성하는 일람표를 (　　　)라 한다.

(3) 기업의 재무상태나 경영성과 등을 적정히 나타내기 위해 계정의 기말잔액을 결산시점에서 수정하는 분개를 (　　　)라 한다.

(4) 매출채권 중에 회수가 불가능하여 발생되는 손실을 (　　　)이라 한다.

(5) (　　　)이란 현금의 지급이나 수취가 이루어지지 않아 장부에 기록되지 않은 항목으로 발생주의에 의해 순이익과 재무상태를 적정히 나타내기 위해 추가로 계상하는

항목이다.

(6) 자산과 부채 및 자본 계정은 특정 회계기간이 지나도 계정잔액들이 소멸하지 않고 다음 회계기간에 이월되기 때문에 (　　　)이라 한다.

(7) 수익과 비용 등의 손익계정은 이익잉여금계정으로 직접 대체하기 전에 영업성과를 일목요연하게 파악하기 위하여 일반적으로 (　　　)계정을 이용한다.

(8) (　　　)이란 이미 현금을 지급하여 비용으로 처리한 금액을 그 일부(또는 전부)를 차기의 비용으로 계상하기 위해 선급비용(자산) 등으로 처리하거나, 이미 현금을 수취하여 수익으로 처리한 금액을 그 일부(또는 전부)를 차기의 수익으로 계상하기 위해 선수수익(부채) 등으로 처리하는 항목을 지칭한다.

3 [선다형] 다음 물음에 가장 타당한 답을 하나만 선택하시오.

(1) 회계순환과정에서 나타나는 절차를 순서대로 맞게 배열한 것은?

㉠ 수정분개	㉡ 수정전시산표	㉢ 마감분개
㉣ 재무제표의 작성	㉤ 수정후시산표	

① ㉡－㉠－㉢－㉣－㉤　　② ㉡－㉠－㉤－㉣－㉢
③ ㉠－㉡－㉣－㉢－㉤　　④ ㉠－㉤－㉡－㉣－㉢
⑤ ㉠－㉢－㉡－㉣－㉤

(2) 다음의 설명 중 시산표를 통해 발견할 수 있는 오류가 아닌 것은?
① 하나의 거래에 대해서 차변과 대변의 금액을 불일치하게 분개하였다.
② 분개를 잘 수행한 후 차변 금액은 전기하였으나 대변 금액은 전기를 누락하였다.
③ 동일한 거래에 대해 분개를 두 번 수행하였고 원장에도 두 번 전기하였다.
④ 분개를 수행한 후 전기하는 과정에서 차변에 분개된 금액은 차변에 전기하고, 대변에 전기해야 할 금액도 차변에 전기하였다.
⑤ 한 개의 계정과목의 원장 잔액을 계산하면서 오류를 범하였다.

(3) 결산조정(수정)분개가 필요한 가장 주된 이유는?
① 거래가 1회계기간 이상에 걸쳐서 이루어지기 때문
② 차・대변을 일치시키기 위해
③ 회계기간말에 명목계정을 마감하기 위해
④ 적정하지 않은 계정의 잔액을 수정하기 위해
⑤ 다음 회계기간의 회계처리를 용이하게 하기 위해

(4) 당기에 현금을 지급한 금액의 일부(또는 전부)를 차기의 비용으로 계상하기 위해 당기의 비용에서 차감하는 것을 무엇이라고 하는가?

① 수익의 이연 ② 비용의 이연 ③ 수익의 발생
④ 비용의 발생 ⑤ 부채의 발생

(5) 다음 설명 중 옳지 않은 것은?

① 집합손익계정은 최종적으로 이익잉여금계정에 대체됨으로써 마감된다.
② 수익계정을 마감하기 위해 수익계정의 합계액을 집합손익계정의 차변에 기입한다.
③ 수익과 비용을 모두 집합손익계정으로 마감시킨 상태에서 집합손익에 나타나게 되는 잔액이 당기순이익(또는 당기순손실)이 된다.
④ 집합손익계정은 임시계정이다.
⑤ 배당금계정은 집합손익계정으로 대체되지 않고 이익잉여금계정에 직접 차기된다.

(6) 종로회사의 20×1년말 소모품 재고액은 ₩100,000이다. 종로회사는 20×2년중에 소모품 ₩150,000어치를 현금으로 구입하고 이를 소모품비로 회계처리하였다. 그리고 기말에 소모품에 대한 재고실사를 한 결과 ₩50,000의 소모품이 남아 있음을 확인하였다. 이와 관련하여 20×2년 포괄손익계산서에 기록되어야 할 소모품비는 얼마인가?

① ₩50,000 ② ₩100,000 ③ ₩150,000
④ ₩200,000 ⑤ ₩250,000

(7) 종로회사의 20×1년말 선급임차료 잔액은 ₩1,000이다. 종로회사는 20×2년중에 ₩3,000의 임차료를 현금으로 지급하고 선급임차료로 회계처리하였다. 아래와 같은 결산수정분개를 한 후에 20×2년 재무상태표에 기록되어야 할 선급임차료는 얼마인가?

(차) 임 차 료	2,000	(대) 선급임차료	2,000

① ₩1,000 ② ₩2,000 ③ ₩3,000
④ ₩4,000 ⑤ ₩5,000

(8) 다음 중 임시계정이 아닌 것은?

① 배당금계정 ② 감가상각비 ③ 매 출
④ 선급보험료 ⑤ 매출원가

(9) 12월 31일 수정전시산표의 차・대변 총계는 ₩117,894,000이다. 이에 다음과 같은 결산조정분개가 이루어진 경우 수정후시산표의 차변총계는 얼마인가?

㉠ 소멸된 선급보험료	₩175,000	㉡ 감가상각비	₩423,000
㉢ 미지급급여	280,000	㉣ 미수수익의 발생	245,000

① ₩119,017,000 ② ₩117,894,000 ③ ₩118,842,000
④ ₩118,772,000 ⑤ ₩118,760,000

4 [분개, 전기, 시산표 작성 1] 다음은 건물 청소용역을 영업활동으로 하는 (주)깔끄미의 4월중 발생거래이다.

> 1일 : 현금 ₩1,000,000을 출자하여 회사를 설립하다.
> 2일 : 사무용 및 청소용 비품을 ₩500,000에, 청소용 소모품을 ₩50,000에 취득하면서, ₩400,000은 현금을 지급하고 잔액은 외상으로 하다.
> 4일 : 광고선전비 ₩100,000이 발생하였는데 나중에 지급하기로 하다.
> 10일 : ₩200,000의 청소용역을 제공하고 현금을 수령하다.
> 15일 : 4일 발생한 광고선전비 중 ₩70,000을 현금으로 지급하다.
> 23일 : ₩300,000의 청소용역을 외상으로 제공하다.
> 25일 : 직원 급여 ₩100,000을 현금으로 지급하다.
> 28일 : 23일 발생한 외상대금 중 ₩200,000을 현금으로 수령하다.
> 29일 : 2일 발생한 외상대금 중 ₩100,000을 현금으로 지급하다.
> 30일 : 사무실 임차료 ₩60,000을 현금으로 지급하다.

(물음 1) 위의 각 거래를 분개하시오. 단, 분개시 사용할 계정은 현금, 외상매출금, 소모품, 비품, 미지급금, 미지급비용, 자본금, 매출, 광고선전비, 급여 및 임차료이다.
(물음 2) (물음 1)의 분개를 총계정원장(T계정 형식)에 전기하시오.
(물음 3) 4월 30일자 시산표를 작성하시오.

5 [분개, 전기, 시산표 작성 2] (주)충남은 매월말에 시산표를 작성하고 있으며, 다음은 20×1년 6월 30일 현재 (주)충남의 시산표와 7월중 발생한 거래의 내역이다. 결산일은 12월 31일이다.

시 산 표

차변 과목	금액	대변 과목	금액
현　　금	₩200,000	미 지 급 금	₩70,000
외상매출금	180,000	차 입 금	150,000
비　　품	330,000	자 본 금	400,000
급　　여	100,000	매　　출	300,000
광고선전비	50,000		
임 차 료	60,000		
	₩920,000		₩920,000

7월 1일　6월 30일에 ₩100,000에 취득했던 비품을 ₩100,000에 현금을 수령하고 처분하다.

7월 5일　외상매출금 중 ₩120,000을 현금으로 회수하다.

7월 10일　차입금 중 ₩100,000을 상환하면서 발생이자 ₩10,000도 지급하다.

7월 15일　₩150,000의 외상매출이 발생하다.

7월 18일　미지급금 ₩30,000을 현금으로 지급하다.

7월 25일　급여 ₩60,000을 현금으로 지급하다.

7월 31일　임차료 ₩30,000과 광고선전비 ₩20,000을 현금으로 지급하다.

(물음 1) 7월중에 발생한 거래를 분개하시오.

(물음 2) (물음 1)의 분개를 총계정원장에서 전기하시오.

(물음 3) (주)충남의 7월 31일자 시산표를 작성하시오.

6 [결산조정분개] 다음은 매년 12월 31일이 결산일인 (주)연암에서 발생한 거래이다.

(1) 20×1년 10월 1일 만기 1년의 정기예금에 현금 ₩1,000,000을 예치하였다. 정기예금의 연이자율은 5%이며, 만기상환시 이자를 수령한다. 20×1년 10월 1일(정기예금예치일), 12월 31일(결산일) 및 20×2년 9월 30일(만기상환일)에 회사가 해야 할 분개를 하시오.

(2) 20×1년 4월 1일 ₩1,000,000을 1년간 차입하였다. 차입금의 연이자율은 9%이며, 만기상환시 이자를 지급한다. 20×1년 4월 1일(차입일), 12월 31일(결산일) 및 20×2년 3월 31일(만기상환일)에 회사가 해야 할 분개를 하시오.

(3) 20×1년 12월 1일 1년분 화재보험료 ₩12,000을 지급하였다. 20×1년 12월 1일 (주)연암이 지급한 화재보험료를 모두 비용으로 회계처리한 경우와 자산으로 회계처리한 경우로 구분하여 20×1년 12월 1일(보험료 지급일), 12월 31일 및 20×2년 11월 30일(보험만료일)에 해야 할 분개를 하시오.

(4) 20×1년 9월 1일에 사무용 소모품 ₩10,000을 구입하였다. 결산일 현재 미사용 소모

품은 ₩2,000이다. (주)연암이 소모품을 구입하면서 이를 모두 비용으로 처리한 경우와 자산으로 처리한 경우로 구분하여 20×1년 9월 1일과 12월 31일에 해야 할 분개를 하시오.

(5) 20×1년 11월 1일 (주)연암은 회사 소유 창고의 일부를 임대해 주면서 매월 임대료를 ₩10,000으로 계산하여 6개월분 임대료 ₩60,000을 일시에 현금으로 수령하였다. (주)연암이 임대료를 수령하면서 이를 모두 수익으로 처리한 경우와 부채로 처리한 경우로 구분하여 20×1년 11월 1일과 12월 31일 및 20×2년 4월 30일(임대기간 만료일)에 해야 할 분개를 하시오.

7 [결산조정분개, 재무제표에의 영향] 다음은 용역제공회사인 연미회사의 20×1년 12월 31일로 종료되는 회계연도의 결산조정사항이다.

(1) 연미회사는 20×1년 9월 1일에 향후 6개월간의 임대료 ₩4,800을 수취하였다. 수취할 당시 선수수익계정에 ₩4,800을 대기하였다.

(2) 연미회사는 20×1년 12월 29일 용역제공을 완료한 작업이 있는데, 계약금액은 ₩5,000이다. 20×1년 12월 31일 현재 이에 대한 분개가 없었다.

(3) 연미회사는 20×1년 11월 1일부터 시작하는 화재보험에 가입하고 향후 1년간의 보험료 ₩4,200을 지급하면서 모두 선급보험료계정에 차기하였다.

(4) 20×1년 12월분 종업원 급여 ₩2,000이 발생되었으나 결산일 현재 지급되지 않고 20×2년 1월 5일에 지급할 예정이다.

(5) 20×1년 1월 1일 취득한 원가 ₩12,000(잔존가치 없음, 내용연수 10년)인 트럭에 대해 정액법으로 감가상각하였다.

(6) 20×1년 12월 30일에 20×1년도분 수도요금 ₩2,600의 고지서를 받았다.

(7) 20×1년 10월 1일 강원은행으로부터 이자율 연 12%의 조건으로 20×2년 9월 30일에 상환하기로 하고 ₩10,000을 차입하였다. 원금과 이자는 만기인 20×2년 9월 30일에 지급예정이다.

(8) 20×1년 1월 1일 소모품 재고는 ₩200인데 20×1년도에 소모품을 구입하면서 소모품비계정에 ₩1,000을 차기하였다. 20×1년 12월 31일 현재 소모품재고는 ₩500이다.

(물음 1) 결산조정분개를 하시오.

(물음 2) 위의 결산조정사항이 자산, 부채, 자본, 수익, 비용, 순이익에 미치는 영향을 아래 양식에 의거하여 표시하시오.

항 목	자 산	부 채	자 본	수 익	비 용	순이익
(1)	−	−3,200	+3,200	+3,200	−	+3,200

8 [결산조정분개, 재무제표 작성, 마감분개] 다음은 청주회사의 20×1년 12월 31일로 종료되는 회계연도의 수정전시산표이다.

수정전시산표

계정과목	금액	계정과목	금액
현 금	₩100,000	감가상각누계액	₩140,000
외상매출금	150,000	외상매입금	120,000
소 모 품	180,000	장기차입금	400,000
장기대여금	200,000	자 본 금	500,000
비 품	800,000	이익잉여금	250,000
토 지	400,000	매 출	950,000
급 여	250,000	임 대 료	300,000
광고선전비	160,000		
접 대 비	170,000		
수도광열비	120,000		
배 당 금	130,000		
	₩2,660,000		₩2,660,000

〈결산조정사항〉

(1) 장기차입금에 대해 20×1년도의 이자 ₩40,000이 발생되었으나 이자지급일은 20×2년 3월 31일이다.

(2) 장기대여금에 대해 20×1년도의 이자 ₩24,000이 발생되었으나 이자수취일은 20×2년 2월 28일이다.

(3) 임대료 중 20×2년도에 해당하는 금액은 ₩100,000이다.

(4) 광고선전비 중 20×2년도에 해당하는 비용은 ₩60,000이다.

(5) 외상매출금 중 회수불가능으로 추정되는 금액은 ₩20,000이다.

(6) 비품에 대한 감가상각비는 ₩50,000이다.

(7) 기말 소모품 재고액은 ₩70,000이다.

(8) 20×1년도 법인세비용은 ₩44,000인데 미지급상태이다.

(물음 1) 결산조정분개를 하시오.

(물음 2) 포괄손익계산서와 재무상태표를 작성하시오.

(물음 3) 마감분개를 하시오.

CHAPTER

5

상기업의 회계순환과정

일러두기 ••• 본장에서는 서비스기업과 상기업의 차이점을 중심으로 상기업의 회계순환과정에서 추가로 고려할 사항들을 학습한다. 상기업의 영업활동은 서비스기업과 달리 상품의 매입과 매출 거래가 추가된다. 따라서 상기업의 회계순환과정에서는 매입과 매출 거래를 어떻게 장부에 기록할지를 추가로 고려해야 한다. 상품에 대한 회계처리는 계속기록법과 실지재고조사법으로 나눌 수 있는데, 본장에서는 두 가지 방법에 따라 매입과 매출 거래에 대한 기록이 어떻게 달라지는지를 살펴보기로 한다.

주요 용어 ••• 상품, 매출, 매출원가, 기초재고, 기말재고, 계속기록법, 실지재고조사법, 매입에누리와환출, 매입할인, 매출에누리와환입, 매출할인

현장사례 이익과 주가의 관계

주가는 매출액과 영업이익, 순이익 중 영업이익에 가장 민감하게 반응한 것으로 조사됐다. 증권선물거래소가 28일 유가증권시장 상장 12월 결산법인을 대상으로 조사한 결과, 지난해 2분기를 기준으로 올해 1분기까지 매출액, 영업이익, 당기순이익 등이 3분기 연속 증가한 기업수는 각각 29개, 22개, 24개였다. 이들 기업의 평균주가 상승률은 각각 90.27%, 99.93%, 85.59%로 나타나 영업이익 성장 기업들의 주가상승폭이 가장 컸던 것으로 집계됐다.

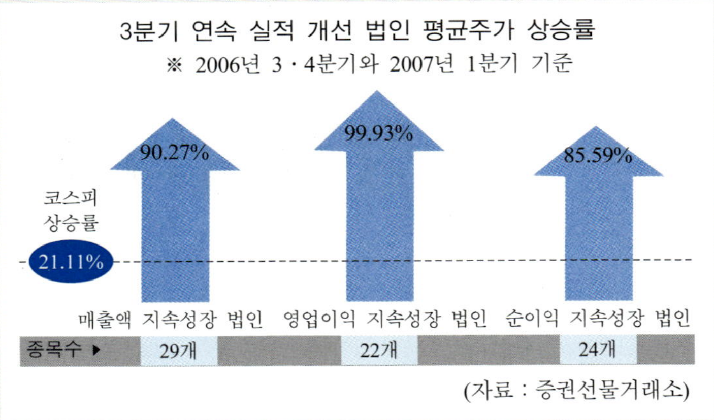

가장 눈에 띄는 기업은 포스코였다. 포스코는 금액 기준으로 매출액 상승률도 1위, 순이익 상승률도 최고였다. 포스코는 3분기 동안 매출액이 1조 286억원 늘었고, 순이익도 2,726억원이나 늘었다.

스테인리스 냉연강판을 생산하는 대양금속도 주목을 끌었다. 이 회사는 3분기 동안 매출액이 429억원에서 951억원으로 121.75%의 성장률을 보이며 매출 성장률 1위를 차지했고, 영업이익 역시 10억원에서 151억원으로 1,489%나 뛰어 영업이익 성장률도 최고였다.

금액 기준으로 영업이익이 가장 큰 폭으로 늘어난 기업은 현대중공업으로 2,400억원 이상 늘었고, 이 밖에도 포스코, 한진중공업, 엘지화학, 대한해운 등의 영업이익이 크게 늘어났다.

순이익 부문에서는 엘지석유화학이 가장 높은 892.75%의 성장률을 보였다. 삼성중공업, 씨앤상선, 삼호, 한화석유화학, 넥센타이어 등의 해당 기간 순이익이 100억원 이상 증가했다. 매출액, 영업이익, 순이익의 3개 부문에서 모두 3분기 연속 성장한 기업은 포스코와 현대중공업, 한국카본, 대한해운 등 4개 업체뿐이었다.

이은영 미래에셋증권 연구위원은 "대양금속의 경우 스테인리스 냉연강판의 원재료가 니켈인데 니켈 값이 지난해보다 3배 이상 오르면서 냉연강판 값을 올려 실적이 좋았다"며 "그러나 니켈 값이 고점으로 판단돼 앞으로 전망은 밝게 보이지 않는다"고 말했다.

(자료 : 한겨레신문, 2007.5.29)

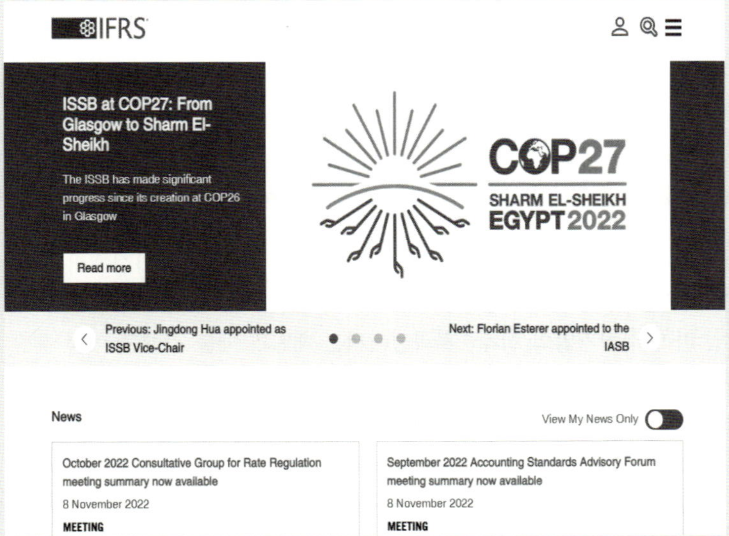

국제회계기준위원회(https://www.ifrs.org)

제 1 절 상기업의 특성

1 상기업의 영업순환과정

전 장까지는 서비스를 제공하는 기업의 회계순환과정에 대해 알아보았다. 앞으로 배우게 될 상기업의 회계순환과정도 서비스기업의 회계순환과정과 본질적인 면에서는 차이가 없다. 다만, 상기업의 경우 상품의 매입과 매출에 관한 거래가 포함될 뿐이다.

상기업(merchandising company)이란 상품을 매입하여 판매하는 것을 목적으로 설립된 회사로서 상품매매기업이라고도 한다. 여기서 상품(merchandise inventory)이란 기업이 정상적인 영업순환과정에서 판매를 목적으로 보유하고 있는 재화를 지칭하는 재고자산(inventory)의 일종이다.[1] 그러므로 서비스기업과 상기업의 본질적인 차이는 판매를 목적으로 보유하고 있는 재화(상품)의 보유유무에 있다.

상기업은 상품판매를 목적으로 하기 때문에 영업활동면에서 서비스기업과 차이가 있다. 서비스기업은 고객에게 용역을 제공하고 그 대가를 현금으로 회수하게 된다. 반면에 상기업은 상품을 매입하여 이를 고객에게 판매한 다음 현금을 회수하게 된다. 이렇게 상기업은 현금을 투자하여 상품을 매입하고 이를 고객에게 판매한 다음 현금으로 회수하는 활동을 계속적으로 수행하는데, 이를 영업순환주기(operating cycle) 또는 현금순환주기(cash-to-cash cycle)라 한다. 그러므로 상기업의 영업순환주기는 서비스기업의 영업순환주기보다 일반적으로 길다.

서비스기업과 상기업의 영업순환주기를 도해하면 5-1 과 같다. 그림에서 보는 바와 같이 상기업은 서비스기업에 비해 상품을 매입하는 활동과 상품재고가 추가됨을 알 수 있다. 따라서 상품의 매입과 매출에 관한 거래가 포함될 뿐 나머지 거래는 서비스기업과 커다란 차이가 없다.

1) 원재료에 노동력 등을 투입하여 제품을 제조하고 이를 판매하기 위해 설립된 기업을 제조기업(manufacturing company)이라 한다. 그러므로 제조기업에서의 재고자산은 제품과 원재료, 재공품(생산중에 있는 제품) 등이 있다.

5-1 영업순환주기 비교

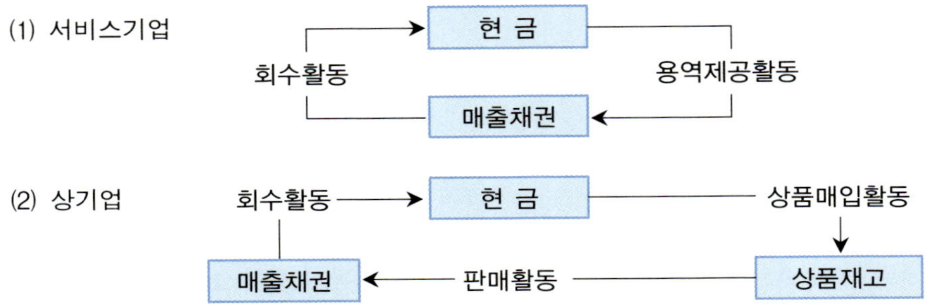

2 상기업의 재무제표

서비스기업은 고객에게 용역을 제공할 때 이에 대한 원가를 직접적으로 파악하기 곤란하다. 그러나 상기업은 상품을 판매한 대금과 직접적인 인과관계가 있는 판매된 상품의 원가를 파악할 수 있다. 회계에서는 상품을 판매한 대금을 매출 또는 매출액(sales or sales revenue)이라 하고, 판매된 상품의 원가를 매출원가(cost of goods sold or cost of sales)라 한다.

매출액에서 매출원가를 차감한 금액을 매출총이익(gross profit)이라 한다. 매출총이익은 상품의 부가가치를 알려주는 귀중한 정보이다. 재고자산의 판매와 관련한 매출총이익 계산과정을 제외한 다른 수익, 비용들은 서비스기업과 상기업에서 유사하게 발생된다. 즉, 급여나 광고비, 소모품비, 보험료, 접대비 등의 비용들은 서비스기업뿐만 아니라 상기업에도 공통적으로 발생되는 항목이다.

한편, 상기업의 경우에는 판매를 위해 보유하고 있는 상품을 재무상태표에 보고해야 한다. 왜냐하면 상품은 판매를 통해 기업에 현금유입을 가져다주므로 자산임에 틀림없기 때문이다.

서비스기업의 재무제표와 상기업의 재무제표를 비교하여 나타내면 5-2 와 같다. 보는 바와 같이 주된 차이점은 재고자산과 매출원가의 유무이다. 대부분 상기업들은 매출액에서 매출원가를 차감하여 매출총이익을 표시하는 방법으로 포괄손익계산서를 작성하고 있다.

5-2 서비스기업과 상기업의 재무제표 비교

	A. 재무상태표		B. 포괄손익계산서	
(1) 서비스기업	유동자산 :		용역수익	×××
	매출채권	×××	기타비용	×××
			순이익	×××
(2) 상기업	유동자산 :		매출액	×××
	매출채권	×××	매출원가	×××
	재고자산	×××	매출총이익	×××
			기타비용	×××
			순이익	×××

제 2 절 상품매매거래의 기록시스템

상기업의 상품과 관련한 회계처리의 핵심은 판매가능한 상품(goods available for sale)과 판매된 상품(goods sold)을 구분하는 데 있다. 판매가능한 상품 중 판매되지 않고 회계기간말에 기업이 매장이나 창고에 보관중인 상품을 기말재고(ending inventory)라 하는데, 재무상태표에 보고되는 상품은 이를 가리킨다. 그리고 기말재고는 다음 회계연도의 기초재고(beginning inventory)가 되어 다음 회계연도의 판매가능한 상품이 된다. 왜냐하면 판매가능한 상품은 기초재고에 당기매입액을 가산하여 계산되기 때문이다.

상기업의 경우 재무제표를 적정히 작성하기 위해서는 기말재고의 파악이 중요하다. 기말재고가 얼마이냐에 따라 재무상태표에 보고되는 자산(재고자산) 금액과 포괄손익계산서에 보고되는 매출원가가 달라져 당기순이익에 영향을 미치기 때문이다.

상기업은 판매가능한 상품과 판매된 상품을 구분하기 위해 상품매매에 대한 회계기록방법을 결정해야 한다. 이는 기말재고수량을 파악하는 방법이기도 한데, 이에는 계속기록법과 실지재고조사법이 있다. 두 방법에 의한 기록절차는 상이하므

로 적정한 재무제표 작성을 위해서는 양자의 차이점을 정확하게 숙지하고 있어야 한다.[2)]

두 가지 방법에 의한 회계처리를 설명하기에 앞서 상품판매와 관련하여 알아둘 사항이 있다. 이는 상품판매와 관련된 이익(상품매출이익)을 어떻게 기록할 것인가의 문제이다. 예를 들어 원가 ₩8,000인 상품을 ₩10,000에 판매하고 현금을 수취했다고 가정하자. 아마도 대부분의 독자들은 제3장에서 소개한 회계방정식에 의거하여 다음과 같이 회계처리할 것이다.

회계방정식 :	자 산		=	부 채	+	자 본
	현 금	상 품				이익잉여금
	+10,000	−8,000	=			+2,000

회계처리 :	(차) 현 금	10,000	(대) 상 품	8,000
			상품매출이익	2,000

위의 회계처리가 재무상태의 변화나 경영성과를 왜곡표시하는 것은 아니다. 그러나 위의 회계처리는 상품매출이익이 ₩2,000이라는 사실만 알려줄 뿐이며, 원가가 얼마인 상품을 얼마의 가격에 판매했는지는 알 수 없다. 예컨대 원가 ₩100,000의 상품을 ₩102,000에 판매하더라도 매출총이익은 ₩2,000이다. 두 경우 동일한 상품매출이익이지만 매출총이익률($=\frac{\text{매출총이익}}{\text{매출액}}\times 100\%$)에서는 현저한 차이를 보인다. 즉, 매출총이익률이 전자의 경우에는 20%이지만 후자의 경우에는 2%에 불과하다.

이상의 문제점을 해결하기 위해 상품판매거래는 순액으로 표시하지 않고 총액으로 표시하는 방법을 사용하고 있다. 즉, 상품판매거래를 수익(매출)이 발생되는 거래와 비용(매출원가)이 발생되는 거래를 분리하여 기록하는 방법을 사용하고 있다. 앞서 예로 든 거래는 ₩10,000의 수익(매출)이 발생되는 거래와 ₩8,000의 비용(매출원가)이 발생되는 거래로 각각 분리하여 회계처리한다. 이를 회계방정식과 함께 표시하면 다음과 같다.

▶ QR코드로 배우는 회계
"재고자산을 이용한 분식회계"…
다스의 비자금 조성방법

2) 두 방법에 의한 회계처리방법은 본장에서 자세히 설명하고, 두 방법의 장·단점 등 일부에 대해서는 제7장에서 추가로 설명한다.

회계방정식 :	자 산		=	부 채	+	자 본
	현 금	상 품				이익잉여금
	+10,000		=			+10,000(수익)
		−8,000				−8,000(비용)

회계처리 :	(차) 현 금	10,000	(대) 매 출	10,000
	매출원가	8,000	상 품	8,000

1 계속기록법

계속기록법(perpetual inventory system)은 상품의 매입과 매출이 이루어질 때마다 장부에 기록함으로써 장부에 의해 기말재고량을 파악하는 방법이다. 계속기록법에서는 상품의 매입을 자산의 증가로 보고 상품계정 차변에 기록하며, 대변에는 제공한 대가에 따라 현금 또는 외상매입금 등으로 분개한다. 한편, 상품을 판매하면 차변에 현금(또는 외상매출금)이라는 자산증가와 대변에 매출이라는 수익발생을 분개하며, 동시에 차변에 매출원가라는 비용발생과 대변에 상품이라는 자산감소를 분개한다. 즉, 계속기록법에서 매출원가는 매출과 동시에 인식된다는 특징이 있다.

계속기록법에서는 상품계정만 보면 판매된 상품의 원가와 기말재고액을 파악할 수 있다. 이를 그림으로 나타내면 5-3 과 같다.

5-3 계속기록법에서의 상품계정

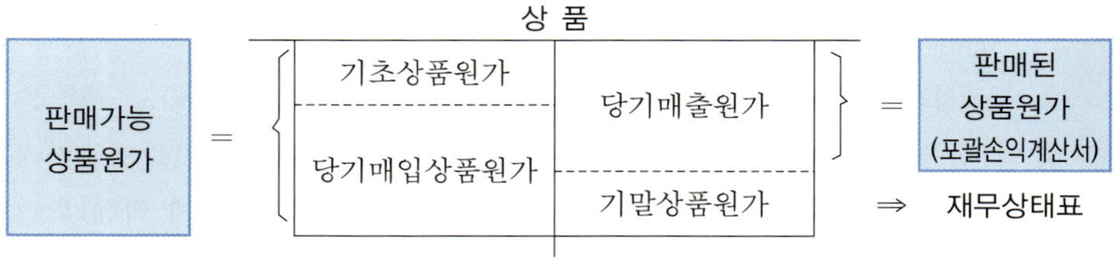

∴ 기초상품원가+당기매입상품원가−당기매출원가=기말상품원가

계속기록법에서는 장부만 열어보면 즉시 재고자산과 매출원가를 파악할 수 있는 장점이 있다. 이 방법은 전통적으로 소수의 고가 상품을 취급하는 기업이 적용

하는 방법이다. 예컨대 자동차나 가구, 가전제품 등을 취급하는 상기업들은 계속기록법을 사용하고 있다. 그리고 이 방법은 회계기록 비용이 상대적으로 많이 소요된다. 하지만 요즘은 바코드와 광스캐너 및 컴퓨터의 발달로 다종다량의 상품을 취급하는 도·소매업도 계속기록법을 적용하는 추세에 있다.3)

계속기록법을 사용할 때에는 분개장 외에 취급상품별로 상품재고장이라는 별도의 장부에 추가적으로 기록한다. 상품재고장에 입고(매입) 및 출고(매출)되는 상품의 수량이 계속적으로 기록되기 때문에 장부를 통하여 기말재고량을 즉시 파악할 수 있다.

상품재고장에는 입고란, 출고란, 잔고란이 있다. 입고란에는 매입수량과 단가가 기록되고, 출고란에는 매출수량과 단가가 기록되며, 잔고란에는 매 시점마다 재고수량과 단가가 기록된다. 따라서 재고량을 파악하려면 해당 일자의 잔고란을 읽으면 언제든지 즉시 파악할 수 있다. 상품재고장의 예를 보이면 다음과 같다.

상품재고장

상품명 : 스마트폰 (단위 : 천원)

일 자		적 요	입 고			출 고			잔 고		
20×1년			수량	단가	금액	수량	단가	금액	수량	단가	금액
7	1	기초매입	50	10	500				50	10	500
	2	매 입	20	10	200				70	10	700
	4	매 출				30	10	300	40	10	400
		합 계									

계속기록법에 따른 매입거래와 매출거래의 회계처리에 대해 살펴보자.

(1) 매입거래

상품의 매입은 보통 현금이나 외상으로 이루어진다. 그리고 매입은 판매자로부터 상품을 수취하였을 때 기록하는 것이 일반적이다. 각각의 매입거래는 매입송장(purchase invoice)이나 발행된 수표철 등 문서화된 증빙자료에 의해 확인되고 이를 근거로 회계처리가 이루어진다.4)

3) 실무에서는 계속기록법과 실지재고조사법을 병행하는 것이 일반적이다.

4) 매입송장은 별도로 작성되는 것이 아니라 판매자의 매출송장을 매입자가 이용하는 것이다. 즉, 판매자가 송장을 구매자에게 상품과 함께 보내면 구매자는 이를 매입의 증빙자료로 사용한다.

계속기록법에서 매입의 회계처리

> 상품을 ₩100,000 매입한 경우에는 상품계정 차변에 기록하고 대변에는 현금 또는 외상매입금으로 계상한다.
>
> (차) 상품(또는 재고자산) 100,000 (대) 현금(또는 외상매입금) 100,000

(2) 매출거래

용역수익과 마찬가지로 매출수익도 가득되었을 때 기록된다. 이는 수익인식의 원칙에 의해 이루어진다. 매출수익은 상품이 판매자로부터 구매자에게 인도되었을 때 인식하는 것이 일반적이다. 이 시점에서 매출거래가 종료되고 판매가격이 결정된다.

매출은 현금이나 신용으로 이루어진다. 모든 매출거래는 매출송장이나 현금입금표 같은 증빙서류에 근거하여 기록된다. 매출송장(sales invoice)에는 상품명, 수량, 단위당 가격, 총판매가격, 신용조건 및 운반조건 등이 기재된다.[5]

계속기록법에서는 매출이 이루어진 경우 두 가지 분개를 실시한다. 하나는 판매로 인한 매출수익을 인식하는 분개이며, 다른 하나는 매출원가를 인식하는 분개이다. 매출원가는 매출과 직접적인 인과관계가 있는 비용이다.

계속기록법에서 판매시점의 회계처리

원가 ₩20,000인 상품을 외상으로 ₩30,000에 판매하였다면 다음과 같이 회계처리한다.

(차) 외상매출금	30,000	(대) 매 출	30,000
(차) 매 출 원 가	20,000	(대) 상 품	20,000

2 실지재고조사법

실지재고조사법(periodic inventory system)은 상품판매시점에서는 매출을 인식하는 회계처리만 하고 회계기말에 가서 재고실사를 통해 기말재고금액을 파악한 후 판매가

5) 우리나라 기업의 경우에는 송장보다는 부가가치세법상 주고받는 세금계산서를 주로 사용하고 있다. 이는 거래가 이루어질 때마다 발행되기도 하지만 거래가 빈번하게 이루어지는 경우에는 월별로 집계하여 일괄적으로 발행하기도 한다.

능재고액(기초재고액+당기매입액)에서 기말재고금액을 차감하여 매출원가를 계산하는 방법이다.

실지재고조사법에서는 상품매입시 상품계정을 사용하지 않고 매입계정을 사용한다. 매입계정은 기말에 매출원가를 계산하기 위한 임시계정이다. 그리고 상품을 판매한 경우에는 차변에 현금이나 외상매출금의 증가로 기록하고 대변에 매출로 기록한다. 이때 주의할 것은 계속기록법과는 달리 매출원가를 인식하지 않는다는 점이다. 그러므로 기말에 기말재고수량을 파악하여 매출원가를 산출하는 결산조정분개를 별도로 해야 한다.

실지재고조사법은 기말에 실사를 통해 기말재고수량을 파악한 다음 매출원가를 간접적으로 파악하는 방법이다. 예컨대 판매가능수량(=기초재고수량+당기매입수량)이 100개이고 기말재고수량이 20개라면 80개가 판매된 것으로 추론된다. 즉, 5-4 와 같은 방법으로 매출수량을 파악한다.

5-4 실지재고조사법에서의 매출수량 파악

기초재고수량+당기매입수량−기말재고수량=당기판매수량

(기초재고수량+당기매입수량: 판매가능수량, 기말재고수량: 실사수량)

실지재고조사법은 판매시 매출액만 기록하고 매출원가를 기록하지 않기 때문에 기장업무가 상대적으로 간단하고, 기말에 실제 재고수량을 정확히 파악할 수 있다는 장점이 있다. 그러나 이 방법은 기중에 도난당한 상품이나 감모수량이 모두 매출원가로 계상되기 때문에 재고자산의 통제목적으로 적합한 방법이 아니다. 즉 재고자산의 감소원인이 판매 때문인지 도난, 분실, 파손과 같은 재고감모 때문인지를 정확히 알 수 없다는 단점이 있다. 따라서 재고자산을 효율적으로 관리하기 위해서는 계속기록법을 사용하면서 주기적으로 실사를 하여 재고자산의 수량부족원인을 파악해야 한다.

실지재고조사법에 따른 매입거래와 매출거래의 회계처리에 대해 살펴보자.

(1) 매입거래

실지재고조사법에서는 상품매입시 상품계정에 기록하지 않고 임시계정인 매입계정을 사용한다. 매입계정은 기말에 매출원가를 산출하기 위해 임시적으로 사용하는 계정으로서 자산계정이 아니다. 매출원가는 기말에 실사를 통해 결정되며 아울러 기말재고자산으로 보고할 금액도 결정된다.

실지재고조사법에서 매입의 회계처리

외상으로 상품 ₩32,000을 매입한 거래를 실지재고조사법에 의해 회계처리하면 다음과 같다.

(차) 매　　입	32,000	(대) 외상매입금	32,000

(2) 매출거래

실지재고조사법에서 매출거래는 계속기록법과 유사하게 회계처리가 이루어지지만 중요한 차이가 한 가지 있다. 즉, 판매가 이루어진 경우 계속기록법에서는 매출을 기록함과 동시에 매출원가를 기록하지만, 실지재고조사법에서는 매출에 관한 분개만 하고 매출원가에 대해서는 회계처리를 하지 않는다. 왜냐하면 실지재고조사법에서 매출원가는 기말에 실사를 해야만 알 수 있기 때문이다. 그러므로 실지재고조사법에서는 매출원가를 파악하는 결산조정분개를 행하는 절차가 추가된다.

실지재고조사법에서 매출의 회계처리

상품을 외상으로 ₩55,000에 판매한 경우 회계처리는 다음과 같다.

(차) 외상매출금	55,000	(대) 매　　출	55,000

— 매출원가 회계처리 없음 —

(3) 결산조정분개

실지재고조사법에서는 기말에 상품재고를 실사함으로써 매출원가를 산출하는 결산조정분개를 해야 한다. 매출원가를 산출하는 결산조정분개 중 가장 많이 이용되는 것은 매출원가계정을 이용하는 방법으로, 기초재고액과 당기매입액을 매출원가계정 차변에 기록하고 실사를 통해 파악한 기말재고액을 매출원가계정 대변에 기록하는 방법이다. 이렇게 실지재고조사법에서 상품계정은 기중에는 아무런 회계처리를 하지 않고 기말에 매출원가를 산정할 때에만 사용된다. 이를 매출원가계정 대체법이라 한다. 이에 대한 절차를 자세히 설명하면 다음과 같다.

매출원가계정 대체법 절차

① 기초재고액을 매출원가계정에 차기한다.

(차) 매 출 원 가	×××	(대) 상품(기초재고)	×××

② 매입액을 매출원가계정에 차기한다. 이렇게 하면 ①과 ②의 매출원가계정 합계가 판매가능상품원가가 된다.

(차) 매 출 원 가	×××	(대) 매입(순매입액)	×××

* 또는 ①과 ②의 회계처리를 다음과 같이 동시에 하더라도 결과는 동일하다.

(차) 매 출 원 가	×××	(대) 상품(기초재고)	×××
		매 입	×××

③ 기말재고액을 매출원가계정 대변에 기록한다. 이렇게 하는 이유는 판매가능상품원가(①과 ②의 합계)에서 기말재고액을 차감하여 매출원가를 산출하기 위한 것이다.

(차) 상품(기말재고)	×××	(대) 매 출 원 가	×××

매출원가계정 대체법 사례

다음의 수정전시산표를 바탕으로 매출원가를 산출하는 결산조정분개를 하면 다음과 같다.

수정전시산표

계정과목	차 변	계정과목	대 변
상 품	₩5,000		
매 입	36,000		

* 실사결과 기말상품재고액은 ₩7,000이다.

〈결산조정분개〉

①	(차) 매 출 원 가	5,000	(대) 상품(기초재고)	5,000
②	(차) 매 출 원 가	36,000	(대) 매 입	36,000
③	(차) 상품(기말재고)	7,000	(대) 매 출 원 가	7,000

매출원가계정 대체법을 사용할 경우 실지재고조사법에 의한 결산조정분개를 T계정에 표시하면 5-5 와 같다.

5-5 매출원가계정 대체법에 의한 결산조정분개방법

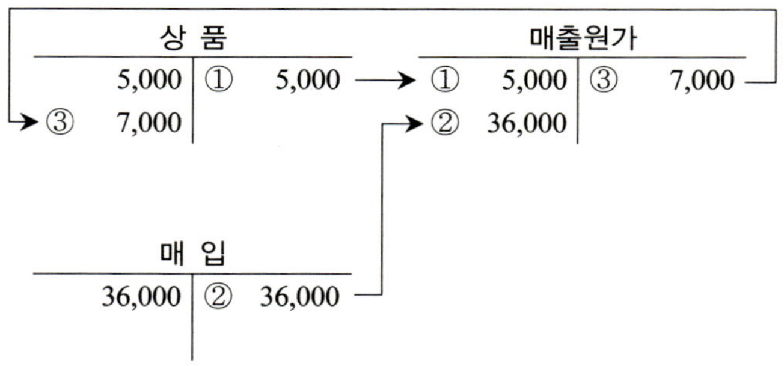

위와 같은 분개와 T계정에 대한 전기를 보면 매출원가는 다음과 같은 절차에 의해 계산됨을 알 수 있다.

실지재고조사법에서 매출원가의 계산

기초재고액	₩5,000
매 입 액	36,000
판매가능상품원가	₩41,000
기말재고액	(7,000)
매 출 원 가	₩34,000

지금까지 살펴본 계속기록법과 실지재고조사법을 비교하여 나타내면 **5-6** 과 같다.

5-6 계속기록법과 실지재고조사법의 비교

	계속기록법	실지재고조사법
주로 적용되는 상품	소수의 고가 상품	다량의 저가 상품
기말재고 파악방법	장부를 통해 수시로 파악	기말에 실사를 통해 파악
매입시 회계처리	상품(재고자산)계정을 사용	매입계정을 사용
기말조정분개	필요 없음	매출원가를 산출함
회계기록 비용	많이 발생함	적게 발생함

예제 5-1 계속기록법과 실지재고조사법의 비교

전자제품을 판매하는 이화(주)의 회계기간은 20×1년 7월 1일부터 7월 31일까지이다. 이화(주)의 20×1년 7월중 상품매매거래는 다음과 같다.

7월 1일 : 기초상품재고액은 ₩100,000이다.
7월 6일 : 상품 ₩200,000을 외상으로 매입하였다.
7월 12일 : 원가 ₩220,000의 상품을 ₩400,000에 외상으로 판매하였다.
7월 16일 : 상품 ₩460,000을 외상으로 매입하였다.
7월 20일 : 원가 ₩340,000의 상품을 ₩600,000에 외상으로 판매하였다.
7월 31일 : 기말에 상품재고액을 실사한 결과 ₩200,000으로 밝혀졌다.

요구사항

1. 이화(주)는 상품매매에 대해 계속기록법을 사용하고 있다.
   (1) 회계기간중의 회계처리를 하시오.
   (2) 7월 31일(기말)에 행할 결산조정분개를 하시오.
   (3) 마감분개를 하시오.
2. 이화(주)는 상품매매에 대해 실지재고조사법을 사용하고 있다.
   (1) 회계기간중의 회계처리를 하시오.
   (2) 7월 31일(기말)에 행할 결산조정분개를 하시오.
   (3) 마감분개를 하시오

풀이 및 해설

1. (1) 회계기간중 회계처리

일자	차변	금액	대변	금액
7/06/×1	(차) 상 품	200,000	(대) 외상매입금	200,000
7/12/×1	(차) 외상매출금	400,000	(대) 매 출	400,000
	매 출 원 가	220,000	상 품	220,000
7/16/×1	(차) 상 품	460,000	(대) 외상매입금	460,000
7/20/×1	(차) 외상매출금	600,000	(대) 매 출	600,000
	매 출 원 가	340,000	상 품	340,000

* 외상매출금과 받을어음은 매출채권에 속하며, 외상매입금과 지급어음은 매입채무에 속한다. 일반적으로 금액이 중요할 때에는 각기 구분하여 사용하고, 재무상태표상에는 매출채권(매입채무)계정으로 통합하여 보고한다.

(2) 계속기록법하에서는 이런 경우 결산조정분개로 행할 회계처리가 없다.
(다만, 다음 절에서 다루게 될 '매출에누리와환입' 또는 '매출할인'이 발생된 경우 매출액에서 차감시키는 결산조정분개를 한다)

(3) 마감분개

(차) 매　　출	1,000,000	(대) 집 합 손 익	1,000,000
(차) 집 합 손 익	560,000	(대) 매 출 원 가	560,000
(차) 집 합 손 익	440,000	(대) 이익잉여금	440,000

2. (1) 회계기간중 회계처리

7/06/×1 :	(차) 매　　입	200,000	(대) 외상매입금	200,000
7/12/×1 :	(차) 외상매출금	400,000	(대) 매　　출	400,000
7/16/×1 :	(차) 매　　입	460,000	(대) 외상매입금	460,000
7/20/×1 :	(차) 외상매출금	600,000	(대) 매　　출	600,000

(2) 결산조정분개

(차) 매 출 원 가	100,000	(대) 상품(기초재고)	100,000
(차) 매 출 원 가	660,000	(대) 매　　입	660,000
(차) 상품(기말재고)	200,000	(대) 매 출 원 가	200,000

* 위의 결산조정분개 결과 매출원가는 ₩560,000(=기초상품재고액 ₩100,000+당기매입액 ₩660,000−기말상품재고액 ₩200,000)임을 알 수 있다.

(3) 마감분개

(차) 매　　출	1,000,000	(대) 집 합 손 익	1,000,000
(차) 집 합 손 익	560,000	(대) 매 출 원 가	560,000
(차) 집 합 손 익	440,000	(대) 이익잉여금	440,000

※ 계속기록법을 사용하는 경우나 실지재고조사법을 사용하는 경우나 상품매매기록시스템만 다를 뿐 내용은 동일하다. 독자들은 두 방법간의 차이점을 명확히 이해하기 바란다.

제 3 절 상품매매 관련 특수항목의 회계처리

본절에서는 상품의 매매와 관련하여 발생할 수 있는 특수항목의 회계처리를 계속기록법과 실지재고조사법으로 나누어 살펴보고자 한다. 일반적으로 상품의 매입과 관련하여 매입환출, 매입에누리 및 매입할인이라는 특수항목이 존재하며, 상품의 매출과 관련하여 매출환입, 매출에누리 및 매출할인이라는 특수항목이 존재한다.

매입환출, 매입에누리 및 매입할인과 매출환입, 매출에누리 및 매출할인은 각각 매입자의 입장과 판매자의 입장에서 표현한 것으로 동일한 상황에서 서로 대응되는 항목들이다. 이하에서 자세하게 살펴보자.

1 계속기록법

(1) 매입거래

간혹 매입자는 구입한 상품이 마음에 들지 않을 수 있다. 또는 매입한 상품이 파손되어 상품의 역할을 못하거나 주문한 상품 대신 엉뚱한 상품이 도착하기도 하고, 품질이 떨어지는 상품이 배달될 수도 있다. 이런 경우 매입자는 판매자에게 상품을 되돌려주어야 하는데, 이를 매입환출(purchase return)이라 한다. 어떤 경우에는 매입한 상품의 약간의 하자에 대해 매입가격을 일부 깎아주는 혜택을 받을 수 있는데, 이를 매입에누리(purchase allowance)라 한다. 회계에서는 이 두 가지를 별도로 구분하기도 하지만, 이 두 가지를 합하여 '매입에누리와환출'이라는 계정을 사용하는 것이 일반적이다.

계속기록법에서 매입에누리와환출의 회계처리

매입에누리와환출이 ₩15,000 발생된 경우에 매입자는 상품계정을 감소시킴과 동시에 외상매입금을 감소시킨다. 만약, 현금으로 매입이 이루어진 경우에는 현금계정을 증가시킨다.

(차) 외상매입금(또는 현금)	15,000	(대) 상　　품	15,000

상품을 외상으로 판매한 경우 판매자는 현금으로 회수해야만 필요한 곳에 이를 사용할 수 있다. 그런데 구매자가 파산하여 매출대금을 회수할 수 없는 경우가 발생할 수도 있다. 그러므로 판매자는 외상매출금을 조기에 회수할 목적으로 구매자가 일정한 기간 내에 대금을 지급하면 할인혜택을 부여하기도 한다. 이를 현금할인(cash discounts)이라 하는데, 매입자 입장에서는 판매자로부터 부여받은 현금할인을 매입할인(purchase discounts)이라 한다.

외상으로 매입하는 경우 판매자와 구매자 간에 정하는 대금지급조건을 신용조건이라 하는데, 이에는 현금할인을 부여하는 기간과 현금할인 조건 및 지급해야 하는 기한이 명시된다.

신용조건의 예

(1) 매출송장에 "2/10, n/30"의 신용조건이 기록되어 있는 경우
☞ 이는 송장일자로부터 10일 이내에 대금지급이 이루어지면 매입에누리와환출 금액을 차감한 송장금액의 2%를 할인해 주고, 그렇지 않으면 송장일로부터 30일 내에 매입에누리와환출 금액을 차감한 송장금액을 지급해야 한다는 뜻이다.[6)]

(2) 매출송장에 "2/10/EOM, n/60"의 신용조건이 기록되어 있는 경우
☞ 이는 판매가 이루어진 그 다음달 10일 이내에 대금지급이 이루어지면 2%의 할인 혜택을 부여하고, 그렇지 않으면 송장일로부터 60일 내에 결제가 이루어져야 한다는 뜻이다.[7)]

그러나 판매자가 항상 현금할인 혜택을 부여하는 것은 아니다. 판매자가 현금할인 혜택을 부여하지 않는 경우에는 외상매입금을 상환해야 할 기한만 명시된다. 예컨대, "n/30"이나 "n/10/EOM" 등의 신용조건은 각각 송장가액에서 매입에누리와환출 금액을 차감한 순액을 송장일로부터 30일 이내에 지급하거나 판매가 이루어진 그 다음달 10일 이내에 지급해야 한다는 뜻이다.

계속기록법에서 매입할인의 회계처리

매입자가 ₩20,000의 외상매입금을 상환할 때 2%의 할인혜택을 받았다면, 계속기록법에서는 할인액만큼 상품계정 대변에 기록한다. 즉, 할인액만큼 상품의 매입원가가 감소되는 결과를 초래한다.

(차) 외상매입금	20,000	(대) 현 금	19,600
		상 품	400

한편, 상품을 매입하는 경우 수수료를 부담하거나 운반비(freight-in) 또는 보험료 등을 지급하는 경우가 있다. 이를 매입부대원가라 하는데, 이러한 지출들은 일반적으로 상품의 효용을 증가시키므로 상품의 원가에 포함시킨다.

---

6) 매입할인 조건이 부여된 경우에는 거의 모두 행사된다고 본다. 왜냐하면 내재된 이자율이 시장이자율보다 매우 크기 때문이다. 예를 들어 2/10, n/30인 경우 내재된 이자율은 약 연 36.5%가 된다.

7) EOM은 'end of month'의 약자이다.

계속기록법에서 매입부대원가(운반비 등)의 회계처리

상품 매입과정에서 ₩5,000의 운임이 지출되었다면 다음과 같이 회계처리한다.

(차) 상 품	5,000	(대) 현 금	5,000

(2) 매출거래

앞의 매입거래에서 언급했듯이 주문한 상품과 다르거나 심하게 파손된 경우에 판매자는 발송한 상품을 다시 회수하게 되는데, 이를 매출환입(sales return)이라 한다. 만약, 약간의 하자에 대해 판매가격의 일부를 감해 주었다면 이를 매출에누리(sales allowance)라 한다. 그리고 매입에서의 경우와 마찬가지로 회계에서는 이를 통합하여 '매출에누리와환입'이라 한다. 계속기록법에서 매출에누리와환입이 발생된 경우에는 외상매출금을 감소시키고 동시에 매출에누리와환입계정 차변에 기록한다.

계속기록법에서 매출에누리와환입의 회계처리

외상으로 판매한 상품 ₩10,000(원가 ₩6,000)이 반품되었다면 다음과 같이 회계처리한다.

(차) 매출에누리와환입	10,000	(대) 외상매출금	10,000
(차) 상 품	6,000	(대) 매 출 원 가	6,000

매출에누리와환입계정은 평상잔액이 차변에 발생하지만 비용이 아니라 매출(수익)에 대한 차감적 성격의 평가계정이다. 이를 직접 매출계정의 차변에 기록할 수도 있지만 이런 경우에는 매출에누리와환입 금액이 얼마인지를 알 수 없게 된다. 즉, 매출에누리와환입계정을 별도로 사용하여 그 금액이 얼마인지를 파악할 수 있음으로써 경영관리에 도움을 줄 수 있다. 예컨대 과도한 매출에누리와환입이 이루어졌다면 이는 판매된 상품의 품질이 좋지 않거나 비효율적으로 주문에 대처하고 있든지, 아니면 고객에게 대금을 청구하거나 상품을 운반 또는 선적하는 데 오류가 많다는 것을 의미하기 때문이다.

그리고 판매자 입장에서의 현금할인을 매출할인이라 한다. 즉, 매출할인(sales discounts)은 구매자가 할인기간 내에 대금을 지급하는 경우 판매대금의 일부를 할인해 주는 금액이다. 매출할인이 이루어진 경우에는 매출할인계정 차변에 기록한다. 매출할인계정도 매출계정에 대한 차감적 성격의 평가계정이다. 매출에누리와환입의 경우와 마찬가지로 매출할인계정 대신에 매출계정 차변에 직접 기록할 수 있지만 고객에게 할인혜택을 부여한 총액을 파악할 목적으로 별도로 매출할인계정을 이용한다.

계속기록법에서 매출할인의 회계처리

₩20,000의 판매대금에 대해 현금할인 혜택이 이루어져 ₩19,600(신용조건 : 2/10, n/30)을 회수한 경우에는 다음과 같이 회계처리한다.

(차) 현　　금	19,600	(대) 외상매출금	20,000
매 출 할 인	400		

한편, 판매자 입장에서 발생되는 운임은 운반비(freight-out or delivery expense)계정으로 판매비와관리비로 처리한다. 그러나 매입과정에서의 운반비는 앞서 언급한 바와 같이 자산의 원가에 포함시킨다.

(3) 결산조정분개와 마감분개

계속기록법에서는 판매시 매출수익의 인식과 더불어 매출원가라는 비용을 인식했기 때문에 기말에 특별히 해야 할 결산조정분개는 없다. 다만, 매출에누리와환입, 매출할인을 매출수익에서 차감하는 결산조정분개를 해야 한다.

계속기록법에서의 마감분개는 서비스기업과 본질적으로 차이가 없다. 다만, 상품의 매입 및 매출과 관련된 손익계정이 추가될 따름이다.

계속기록법에서의 결산조정분개와 마감분개

다음의 수정전시산표를 바탕으로 결산조정분개와 마감분개를 예시하면 다음과 같다.

수정전시산표

계정과목	차 변	계정과목	대 변
매 출 원 가	₩60,000	매　　출	₩100,000
운 반 비	5,000		
급　　여	12,000		
매출에누리와환입	1,000		
매 출 할 인	2,000		

(1) 결산조정분개

(차) 매　　출	3,000	(대) 매출에누리와환입	1,000
		매 출 할 인	2,000

(2) 마감분개

(차) 매　　출	97,000	(대) 집 합 손 익	97,000

(차) 집 합 손 익	77,000	(대) 매 출 원 가	60,000
		운 반 비	5,000
		급 여	12,000
(차) 집 합 손 익	20,000	(대) 이익잉여금	20,000

지금까지 설명한 계속기록법에 관한 특징과 회계처리방법을 요약하면 5-7 과 같다.

5-7 계속기록법에 의한 회계처리 요약

(1) 장부에 매입과 매출 수량을 기록함으로써 기말재고수량을 파악하는 방법이다.
(2) 상품 매입시 자산의 증가로 보아 자산계정인 상품계정 차변에 기록한다.
(3) 상품 매출시 매출과 매출원가 분개를 동시에 행한다.
(4) 기말의 상품계정 차변잔액은 상품의 기말재고액을 나타내며, 이를 재무상태표의 유동자산란에 보고한다.
(5) 매입할인과 매입에누리와환출은 상품계정 대변에 기록하고 매입운임은 상품계정 차변에 기록한다.
(6) 결산조정분개는 매출할인과 매출에누리와환입에 대해서만 행한다.

예제 5-2 계속기록법에 의한 특수항목의 회계처리

다음은 전자제품을 판매하는 이화(주)의 상품매매거래에 관한 자료이다. 이화(주)의 회계기간은 20×1년 7월 1일부터 7월 31일까지(1개월)이다. 이화(주)의 기초재고액은 ₩150,000이며, 상품매매에 대해 계속기록법을 사용하고 있다.

7월 2일 : 상품 ₩100,000을 "2/10, n/30"의 신용조건으로 외상으로 매입하였다.
7월 3일 : 원가 ₩200,000인 상품을 외상으로 ₩300,000에 판매하였다.
7월 5일 : 7월 2일에 외상으로 구매한 상품 중 ₩20,000을 결함을 이유로 반품하였다.
7월 10일 : 7월 2일에 발생한 외상대금 중 ₩50,000을 상환하였다.
7월 12일 : 상품 ₩50,000을 외상매입하면서, ₩5,000의 운임이 지출되었다.
7월 15일 : 원가 ₩10,000의 상품을 ₩18,000에 외상으로 판매하였다.
7월 18일 : 7월 15일에 판매한 상품 절반(1/2)이 환입되었다.
7월 20일 : 원가 ₩20,000인 상품을 "2/10, n/30"의 신용조건으로 ₩30,000에 외상판매하였다.
7월 28일 : 7월 20일에 판매한 외상대금이 모두 회수되었다.

요구사항

1. 회계기간중에 이화(주)가 행할 회계처리를 하시오.
2. 7월 31일(기말)에 행할 결산조정분개를 하시오.
3. 마감분개를 하시오.

풀이 및 해설

1. 회계기간중 회계처리

일자	차변	금액	대변	금액
7/02/×1	(차) 상 품	100,000	(대) 외상매입금	100,000
7/03/×1	(차) 외상매출금	300,000	(대) 매 출	300,000
	매출원가	200,000	상 품	200,000
7/05/×1	(차) 외상매입금	20,000	(대) 상 품	20,000
7/10/×1	(차) 외상매입금	50,000	(대) 현 금	49,000
			상 품	1,000

＊ 할인기간 내에 상환하므로 매입할인을 상품원가에서 차감한다.

일자	차변	금액	대변	금액
7/12/×1	(차) 상 품	55,000	(대) 외상매입금	50,000
			현 금	5,000
7/15/×1	(차) 외상매출금	18,000	(대) 매 출	18,000
	매출원가	10,000	상 품	10,000
7/18/×1	(차) 매출에누리와환입	9,000	(대) 외상매출금	9,000
	상 품	5,000	매출원가	5,000
7/20/×1	(차) 외상매출금	30,000	(대) 매 출	30,000
	매출원가	20,000	상 품	20,000
7/28/×1	(차) 현 금	29,400	(대) 외상매출금	30,000
	매출할인	600		

2. 결산조정분개

차변	금액	대변	금액
(차) 매 출	9,600	(대) 매출에누리와환입	9,000
		매출할인	600

3. 마감분개

차변	금액	대변	금액
(차) 매 출	338,400	(대) 집합손익	338,400
(차) 집합손익	225,000	(대) 매출원가	225,000
(차) 집합손익	113,400	(대) 이익잉여금	113,400

2 실지재고조사법

(1) 매입거래

실지재고조사법에서는 매입에누리와환출이 발생하거나 매입할인이 발생된 경우에는 계속기록법과는 달리 각각의 계정을 사용하는 것이 관습이다.

실지재고조사법에서 매입에누리와환출의 회계처리

외상으로 구매한 상품 중 ₩2,000을 결함을 이유로 반품하였다.

(차) 외상매입금	2,000	(대) 매입에누리와환출	2,000

실지재고조사법에서 매입할인의 회계처리

매입자가 ₩30,000의 외상매입금을 상환할 때 2%의 할인혜택을 받았다면, 실지재고조사법에서는 할인액만큼 매입할인계정 대변에 기록한다.

(차) 외상매입금	30,000	(대) 현 금	29,400
		매 입 할 인	600

매입자에게 매입운임이 발생된 경우에는 매입계정 차변에 기록한다. 그러나 매입할인은 매입운임을 포함하지 않고 송장가액에서 매입에누리와환출을 차감한 금액만을 기준으로 이루어진다는 점에 주의하기 바란다.

실지재고조사법에서 매입운임의 회계처리

상품매입과정에서 매입운임 ₩4,000을 지출하였다면, 회계처리는 다음과 같다.

(차) 매 입	4,000	(대) 현 금	4,000

(2) 매출거래

실지재고조사법에서 매출에누리와환입과 매출할인에 대한 회계처리는 계속기록법에서의 회계처리와 동일하다. 다만, 매출에누리와환입이 발생된 경우 계속기록법에서는 매출원가를 감소시키고 상품을 증가시키는 분개를 했으나, 실지재고조사법에서는 판매시점에서 매출원가를 인식하지 않았으므로 이에 대한 분개를 할 필요가 없다.

실지재고조사법에서 매출에누리와환입의 회계처리

외상으로 판매한 상품 ₩5,000이 환입되었다면 다음과 같이 회계처리한다.

(차) 매출에누리와환입	5,000	(대) 외상매출금	5,000

실지재고조사법에서 매출할인의 회계처리

₩50,000의 판매대금에 대해 현금할인 혜택이 이루어져 ₩49,000(신용조건 : 2/10, n/30)을 회수한 경우에는 다음과 같이 회계처리한다.

(차) 현 금	49,000	(대) 외상매출금	50,000
매 출 할 인	1,000		

한편, 매출운임은 계속기록법이든 실지재고조사법이든 관계없이 운반비계정으로 판매비와관리비로 보고한다. 지금까지 설명한 항목들을 요약하면 다음과 같다.

매출(매입)과 관련된 특수항목

특수항목	발생원인	재무제표에의 보고
매출환입 (매입환출)	판매(매입)한 상품의 반품	매출환입(매입환출) 및 에누리로 매출(매출원가)에서 차감
매출(매입)에누리	약간의 하자로 인한 값깎기	
매출(매입)할인	대금의 조기회수(지급)로 인한 할인	매출(매출원가)의 차감
매입운임	매입과정에서 구매자가 부담한 운반비	상품의 원가(매입)에 가산
매출운임	판매과정에서 판매자가 부담한 운반비	판매비와관리비로 보고

(3) 결산조정분개와 마감분개

실지재고조사법에서 매출원가를 산출하는 결산조정분개를 함에 있어 매입에누리와환출 및 매입할인이 있는 경우, 매출원가 산출에 앞서 순매입액을 산출하는 과정이 추가로 필요하다. 이에 대한 절차를 자세히 설명하면 다음과 같다.

매출원가계정 대체법 절차

① 매입에누리와환출 및 매입할인이 있는 경우 매입계정에 대기한다. 이는 매입에누리와환출 및 매입할인 계정의 잔액을 "0"으로 만들고 총매입액을 감소시켜 순매입액을 산출하기 위한 것이다. 이로써 매입에누리와환출 및 매입할인 계정은 마감분개 등 추가로 행할 회계처리가 없게 된다.

(차) 매입에누리와환출	×××	(대) 매 입	×××
매 입 할 인	×××		

② 기초재고액을 매출원가계정에 차기한다.

(차) 매 출 원 가	×××	(대) 상품(기초재고)	×××

③ 순매입액을 매출원가계정에 차기한다. 이렇게 하면 ②와 ③의 매출원가계정 합계가 판매가능상품원가가 된다.

(차) 매 출 원 가	×××	(대) 매입(순매입액)	×××

* 또는 ②와 ③의 회계처리를 다음과 같이 동시에 하더라도 결과는 동일하다.

(차) 매 출 원 가	×××	(대) 상품(기초재고)	×××
		매 입	×××

④ 기말재고액을 매출원가계정에 대기한다. 이렇게 하는 이유는 판매가능상품원가(②와 ③의 합계)에서 기말재고액을 차감하여 매출원가를 산출하기 위한 것이다.

(차) 상품(기말재고)	×××	(대) 매 출 원 가	×××

매출원가계정 대체법 사례

다음의 수정전시산표를 바탕으로 매출원가를 산출하는 결산조정분개를 하면 다음과 같다.

수정전시산표

계정과목	차 변	계정과목	대 변
상 품	₩5,000	매입에누리와환출	₩2,000
매 입	36,000	매 입 할 인	1,000

* 실사결과 기말상품재고액은 ₩7,000이다.

〈결산조정분개〉

①	(차) 매입에누리와환출	2,000	(대) 매 입	3,000
	매 입 할 인	1,000		
②	(차) 매 출 원 가	5,000	(대) 상품(기초재고)	5,000
③	(차) 매 출 원 가	33,000	(대) 매 입	33,000

* 매출원가로 대체되는 금액은 매입(매입운임을 가산한 금액)에서 매입에누리와환출 및 매입할인을 차감한 순액임에 주의하라.

④	(차) 상품(기말재고)	7,000	(대) 매 출 원 가	7,000

매출원가계정 대체법을 사용할 경우 실지재고조사법에 의한 결산조정분개를 T계정에 표시하면 5-8 과 같다.

5-8 매출원가계정 대체법에 의한 결산조정분개 방법

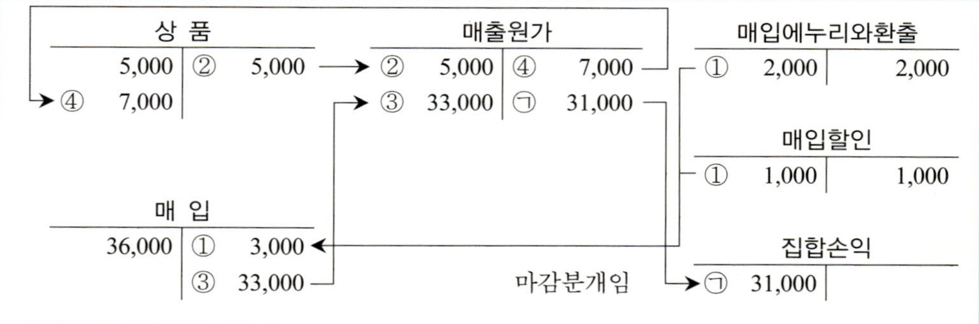

위와 같은 분개와 T계정에 대한 전기를 보면 매출원가는 다음과 같은 절차에 의해 계산됨을 알 수 있다.

실지재고조사법에서 매출원가의 계산

기초재고액			₩5,000
총 매 입 액		₩36,000	
차감) 매입에누리와환출	₩2,000		
매 입 할 인	1,000	(3,000)	
매입상품원가(순매입액)			33,000
판매가능상품원가			38,000
기말재고액			(7,000)
매 출 원 가			₩31,000

실지재고조사법에서의 마감분개는 앞에서 설명한 계속기록법에서의 마감분개와 동일하다. 즉, 별도계정으로 설정한 매입에누리와환출계정 및 매입할인계정은 매입계정에 대기되고, 매입계정은 매출원가계정에 대기되는 결산조정분개를 통해 모두 없어지고 매출원가계정만 남아 있게 된다.

지금까지 설명한 실지재고조사법에 의한 회계처리를 요약하면 5-9 와 같다.

5-9 실지재고조사법에 의한 회계처리 요약

(1) 기말에 실사를 통해 기말재고수량을 파악하는 방법이다.
(2) 상품 매입시 임시계정인 매입계정을 사용하여 매입계정 차변에 기록한다.
(3) 상품 매출시 매출 분개만 행하고 매출원가 분개는 하지 않는다.
(4) 매입할인과 매입에누리와환출, 매출할인과 매출에누리와환입 등의 항목은 별도의 계정을 사용하여 장부에 기록한다.
(5) 기중에는 상품계정을 사용하지 않고 기말에 실사를 통해 매출원가를 산출하는 결산조정분개를 행한다.

예제 5-3 실지재고조사법에 의한 특수항목의 회계처리

다음은 전자제품을 판매하는 이화(주)의 상품매매거래에 관한 자료이다. 이화(주)의 회계기간은 20×1년 7월 1일부터 7월 31일까지(1개월)이다. 이화(주)의 기초재고액은 ₩150,000이며, 상품매매에 대해 실지재고조사법을 사용하고 있다.

7월 2일 : 상품 ₩100,000을 "2/10, n/30"의 신용조건으로 외상으로 매입하였다.
7월 3일 : 원가 ₩200,000인 상품을 외상으로 ₩300,000에 판매하였다.
7월 5일 : 7월 2일에 외상으로 구매한 상품 중 ₩20,000을 결함을 이유로 반품하였다.
7월 10일 : 7월 2일에 발생한 외상대금 중 ₩50,000을 상환하였다.
7월 12일 : 상품 ₩50,000을 외상매입하면서, ₩5,000의 운임이 지출되었다.
7월 15일 : 원가 ₩10,000의 상품을 ₩18,000에 외상으로 판매하였다.
7월 18일 : 7월 15일에 판매한 상품 절반(1/2)이 환입되었다.
7월 20일 : 원가 ₩20,000인 상품을 "2/10, n/30"의 신용조건으로 ₩30,000에 외상판매하였다.
7월 28일 : 7월 20일에 판매한 외상대금이 모두 회수되었다.
7월 31일 : 기말상품을 실사한 결과 ₩59,000임이 확인되었다.

요구사항

1. 회계기간중에 이화(주)가 행할 회계처리를 하시오.
2. 7월 31일(기말)에 행할 결산조정분개를 하시오.
3. 마감분개를 하시오.

풀이 및 해설

1. 회계기간중 회계처리

일자	차변	금액	대변	금액
7/02/×1	(차) 매입	100,000	(대) 외상매입금	100,000
7/03/×1	(차) 외상매출금	300,000	(대) 매출	300,000
7/05/×1	(차) 외상매입금	20,000	(대) 매입에누리와환출	20,000
7/10/×1	(차) 외상매입금	50,000	(대) 현금	49,000
			매입할인	1,000

* 할인기간 내에 상환하므로 매입할인을 인식한다.

일자	차변	금액	대변	금액
7/12/×1	(차) 매입	55,000	(대) 외상매입금	50,000
			현금	5,000
7/15/×1	(차) 외상매출금	18,000	(대) 매출	18,000
7/18/×1	(차) 매출에누리와환입	9,000	(대) 외상매출금	9,000
7/20/×1	(차) 외상매출금	30,000	(대) 매출	30,000
7/28/×1	(차) 현금	29,400	(대) 외상매출금	30,000
	매출할인	600		

2. 결산조정분개

차변	금액	대변	금액
(차) 매출	9,600	(대) 매출에누리와환입	9,000
		매출할인	600
(차) 매입에누리와환출	20,000	(대) 매입	21,000
매입할인	1,000		
(차) 매출원가	150,000	(대) 상품	150,000
(차) 매출원가	134,000	(대) 매입	134,000
(차) 상품	59,000	(대) 매출원가	59,000

3. 마감분개

차변	금액	대변	금액
(차) 매출	338,400	(대) 집합손익	338,400
(차) 집합손익	225,000	(대) 매출원가	225,000
(차) 집합손익	113,400	(대) 이익잉여금	113,400

참고 상기업의 다단계포괄손익계산서(영업손익의 구분표시)

상기업의 경우 매출액과 직접적인 인과관계가 있는 매출원가를 매출액에서 차감하는 형식으로 매출총이익을 표시한다. 이를 비용의 기능별 분류법(일명, 매출원가법)이라 한다. 이런 경우 매출총이익에서 판매비와관리비(급여, 광고선전비, 임차료, 감가상각비, 대손상각비 등)를 차감하여 영업손익을 구분하여 표시하는 형식으로 포괄손익계산서를 작성하는데, 이의 양식을 소개하면 다음과 같다. 이는 다음의 종합사례에서 보여주는 포괄손익계산서와 양식면에서 약간의 차이가 있음을 알 수 있을 것이다.

포괄손익계산서

매 출 액	×××
매 출 원 가	(×××)
매출총이익	×××
판매비와관리비	(×××)
영 업 이 익	×××
영업외수익	×××
영업외비용	(×××)
법인세비용차감전순이익	×××
법인세비용	(×××)
당기순이익	×××

▶ **QR코드로 배우는 회계**

현대백화점, 불황 속에서 장사 잘했네…
매출 오르고 영업이익도 껑충

주식회사 농심의 재무제표에 대한 주석

재무제표 공시 사례

2. 재무제표 작성기준 및 중요한 회계정책

* 다음 주석 내용은 교육목적상 제48기의 것을 제공합니다.

(중간생략)

2.9 매출채권

매출채권은 정상적인 영업과정에서 판매된 재화 및 제공된 용역과 관련하여 고객으로부터 수취할 금액입니다. 매출채권의 회수가 1년 이내에 예상되는 경우 유동자산으로 분류하고 그렇지 아니한 경우 비유동자산으로 분류합니다. 매출채권은 최초에 공정가치로 인식하며, 유효이자율을 적용한 상각후원가에 대손충당금을 차감한 금액으로 측정하고 있습니다.

2.10 재고자산

회사의 재고자산의 수량은 계속기록법과 정기적으로 실시하는 실지재고조사에 의하여 확정되며, 상품은 이동평균법에 의하여 산정된 원가로 평가되고 있습니다. 재고자산은 원가와 순실현가능가치 중 작은 금액으로 표시하고 있습니다. 순실현가능가치는 정상적인 영업과정에서의 추정 판매가격에서 적용가능한 변동 판매비용을 차감한 금액입니다.

(이하 생략)

Epilogue

본장은 상기업의 회계순환과정을 다루었다. 상기업의 회계순환과정은 상품의 매입과 매출만 추가될 뿐 나머지 과정은 서비스기업과 다를 바 없다. 상품매매기록은 계속기록법을 적용하느냐 아니면 실지재고조사법을 적용하느냐에 따라 달라진다. 특히 실지재고조사법을 사용할 때 기말에 매출원가를 구하는 결산조정분개가 중요하다.

종합사례

CHAPTER 5

1 다음은 (주)대한의 20×1년도 4월의 거래내역이다.

> 20×1년 4월 1일의 상품재고는 10단위(@₩1,000)이다. 상품거래에 대해 매입에누리와환출, 매출에누리와환입, 매입할인 및 매출할인 계정을 별도로 사용한다. 그리고 이에 대한 조정은 결산조정분개에서 행한다.
>
> 4월 2일 : (주)민국으로부터 @₩1,000의 상품 5단위를 신용조건 '2/10, n/30'으로 매입하고, 인수운임 ₩80은 현금으로 지급하다.
> 4월 3일 : 매입한 상품 1단위를 반품하다.
> 4월 4일 : 상품 6단위(@₩1,000)를 단위당 ₩1,500에 신용조건 '2/10, n/30'으로 (주)만세에 판매하고, 판매운임 ₩120은 (주)대한이 부담하다.
> 4월 5일 : 4월 4일 판매된 상품 1단위가 반품되어 돌아오다.
> 4월 8일 : (주)민국에 상품매입대금을 현금으로 지급하다.
> 4월 10일 : (주)만세로부터 상품판매대금을 현금으로 회수하다.
> 4월 30일 : 월말상품재고는 9단위(@₩1,000)이다.

(물음 1) 계속기록법과 실지재고조사법하에서 일자별 회계처리를 모두 하시오.

(물음 2) (물음 1)의 회계처리를 T계정에 각각 전기하되, 상품(또는 매입)계정과 수익 및 비용 계정만 표시하시오.

(물음 3) 각 방법하의 마감분개를 하시오.

풀이 및 해설

(물음 1)

	계속기록법			실지재고조사법		
4월 2일	상 품	5,080		매 입	5,080	
	외상매입금		5,000	외상매입금		5,000
	현 금		80	현 금		80
4월 3일	외상매입금	1,000		외상매입금	1,000	
	상 품		1,000	매입에누리와환출		1,000
4월 4일	외상매출금	9,000		외상매출금	9,000	
	매 출		9,000	매 출		9,000
	매 출 원 가	6,000		–		
	상 품		6,000			
	운 반 비	120		운 반 비	120	
	현 금		120	현 금		120
4월 5일	매출에누리와환입	1,500		매출에누리와환입	1,500	
	외상매출금		1,500	외상매출금		1,500
	상 품	1,000		–		
	매 출 원 가		1,000			
4월 8일	외상매입금	4,000		외상매입금	4,000	
	현 금		3,920	현 금		3,920
	상 품		80	매 입 할 인		80
4월 10일	현 금	7,350		현 금	7,350	
	매 출 할 인	150		매 출 할 인	150	
	외상매출금		7,500	외상매출금		7,500
4월 30일	매 출	1,650		매 출	1,650	
(결산조정분개)	매출에누리와환입		1,500	매출에누리와환입		1,500
	매 출 할 인		150	매 출 할 인		150
				매입에누리와환출	1,000	
	–			매 입 할 인	80	
				매 입		1,080
	–			매 출 원 가	10,000	
				상 품		10,000
	–			매 출 원 가	4,000	
				매 입		4,000
	–			상 품	9,000	
				매 출 원 가		9,000

(물음 2)

(1) 계속기록법

상 품			
전기이월	10,000	4/3	1,000
4/2	5,080	4/4	6,000
4/5	1,000	4/8	80

매 출			
4/30	1,650	4/4	9,000

매출원가			
4/4	6,000	4/5	1,000

매출에누리와환입			
4/5	1,500	4/30	1,500

매출할인			
4/10	150	4/30	150

운반비			
4/4	120		

(2) 실지재고조사법

상 품			
전기이월	10,000	4/30	10,000
4/30	9,000		

매 입			
4/2	5,080	4/30	1,080
		4/30	4,000

매입에누리와환출			
4/30	1,000	4/3	1,000

매입할인			
4/30	80	4/8	80

매 출			
4/30	1,650	4/4	9,000

매출에누리와환입			
4/5	1,500	4/30	1,500

매출할인			
4/10	150	4/30	150

매출원가			
4/30	10,000	4/30	9,000
4/30	4,000		

운반비			
4/4	120		

(물음 3) 마감분개는 계속기록법과 실지재고조사법이 동일하다.

(차) 매 출	7,350	(대) 집합손익	7,350
(차) 집합손익	5,120	(대) 매출원가	5,000
		운반비	120
(차) 집합손익	2,230	(대) 이익잉여금	2,230

2 다음은 (주)대한의 20×1년 12월 31일 현재 수정전시산표이다.

수정전시산표

(주)대한 20×1년 12월 31일 (단위 : 원)

차변 과목	금액	대변 과목	금액
현 금	₩820,000	외상매입금	₩250,000
외상매출금	1,000,000	대손충당금	130,000
상 품	350,000	미지급금	1,000,000
토 지	1,500,000	자 본 금	2,000,000
기계장치	1,000,000	이익잉여금	500,000
장기대여금	800,000	매 출	3,660,000
매 입	1,900,000	이자수익	60,000
임 차 료	20,000		
급 여	150,000		
배 당 금	60,000		
	₩7,600,000		₩7,600,000

기말조정사항은 다음과 같다.

① 기말상품에 대한 재고실사액은 ₩400,000이다.

② 외상매출금 중 ₩200,000이 대손으로 예상된다.

③ 기계장치에 대한 감가상각비는 ₩300,000이다.

④ 이자수익 중 ₩20,000은 20×2년에 해당하는 이자를 미리 받은 것이다.

⑤ 임차료 중에서 ₩10,000은 다음 회계기간의 임차료를 미리 지급한 것이다.

⑥ 기계장치를 임대하고 20×1년 임대료 ₩30,000을 미수하다.

⑦ 광고선전비 ₩40,000을 아직 지급하지 않았다.

⑧ 20×1년 법인세비용 ₩310,000을 미지급하다.

(물음 1) 결산조정분개를 하시오.

(물음 2) 포괄손익계산서를 작성하시오.

(물음 3) 재무상태표를 계정식으로 작성하시오.

(물음 4) 마감분개를 하시오.

풀이 및 해설

(물음 1) 결산조정분개

①	(차) 매 출 원 가	350,000	(대) 상 품	350,000
	(차) 매 출 원 가	1,900,000	(대) 매 입	1,900,000
	(차) 상 품	400,000	(대) 매 출 원 가	400,000
②	(차) 대손상각비	70,000	(대) 대손충당금	70,000
③	(차) 감가상각비	300,000	(대) 감가상각누계액	300,000
④	(차) 이 자 수 익	20,000	(대) 선 수 수 익	20,000
⑤	(차) 선 급 비 용	10,000	(대) 임 차 료	10,000
⑥	(차) 미 수 수 익	30,000	(대) 임 대 료	30,000
⑦	(차) 광고선전비	40,000	(대) 미지급비용(광고비)	40,000
⑧	(차) 법인세비용	310,000	(대) 미지급법인세	310,000

(물음 2) 포괄손익계산서

포괄손익계산서

(주)대한	20×1. 1. 1～20×1.12.31	(단위 : 원)
매 출 액		₩3,660,000
매 출 원 가		
기초상품재고액	₩350,000	
당기매입액	1,900,000	
기말상품재고액	400,000	(1,850,000)
매출총이익		1,810,000
이 자 수 익	40,000	
임대료(수익)	30,000	70,000
급 여	150,000	
임 차 료	10,000	
대손상각비	70,000	
감가상각비	300,000	
광고선전비	40,000	(570,000)
법인세비용차감전순이익		1,310,000
법인세비용		(310,000)
당기순이익		₩1,000,000

(물음 3) 재무상태표

재무상태표

(주)대한 20×1년 12월 31일 현재 (단위 : 원)

자 산 :			부 채 :	
현 금		₩820,000	매 입 채 무*	₩250,000
매 출 채 권*	₩1,000,000		선 수 수 익	20,000
대손충당금	(200,000)	800,000	미지급비용	40,000
선 급 비 용		10,000	미지급법인세	310,000
미 수 수 익		30,000	미 지 급 금	1,000,000
상 품		400,000	부채 총계	1,620,000
토 지		1,500,000	자 본 :	
기 계 장 치	₩1,000,000		자 본 금	2,000,000
감가상각누계액	(300,000)	700,000	이익잉여금	1,440,000
장기대여금		800,000	자본 총계	3,440,000
자산 총계		₩5,060,000	부채 및 자본 총계	₩5,060,000

* 외상매출금과 받을어음(외상매입금과 지급어음)은 재무상태표상에 매출채권(매입채무)계정으로 통합하여 보고한다.

(물음 4) 마감분개

	(차)		(대)	
㉠	매 출	3,660,000	집 합 손 익	3,730,000
	이 자 수 익	40,000		
	임 대 료	30,000		
㉡	집 합 손 익	2,730,000	매 출 원 가	1,850,000
			급 여	150,000
			임 차 료	10,000
			대손상각비	70,000
			감가상각비	300,000
			광고선전비	40,000
			법인세비용	310,000
㉢	집 합 손 익	1,000,000	이익잉여금	1,000,000
㉣	이익잉여금	60,000	배 당 금	60,000

연습문제

CHAPTER 5

1 [진위형] 다음 서술이 옳으면 T, 옳지 않으면 F를 기재하시오.

(1) 상기업은 제조기업보다 항상 영업순환주기가 짧다.

(2) 계속기록법에서는 총계정원장 또는 상품재고장을 보면 곧바로 상품재고액을 알 수 있다.

(3) 계속기록법에서 구매자 측의 매입에누리는 수익으로 분류된다.

(4) 매입할인(현금할인)은 매입대금을 조기에 지급함으로써 발생하는 것이므로 이자수익(금융수익)의 일종이다.

(5) 상품을 매입하는 경우 발생된 운반비는 상품의 취득원가에 포함시키며, 판매하는 경우 발생된 운반비는 매출원가에 포함시킨다.

(6) 매출할인 및 매출에누리와환입은 결산조정분개 또는 마감분개를 통해 매출액을 감소시키는 항목이다.

(7) 계속기록법의 장점은 재고수량을 정확히 파악할 수 있다는 점이다.

(8) 실지재고조사법에서는 기말에 실사를 하여 파악한 기말재고액을 이용하여 매출원가를 역산하는 과정이 필요하다.

2 [완성형] 다음 괄호안에 가장 적절한 용어를 넣으시오.

(1) 상기업에서 정상적인 영업순환과정에서 판매를 위하여 보유하고 있는 항목을 상품이라 하며, 제조기업에서 이를 자가제조한 경우 (　　　)이라 한다.

(2) 매출액에서 매출원가를 차감한 금액을 (　　　)이라 한다.

(3) 기초재고액에 당기매입액을 가산한 금액을 (　　　)이라 하며, 이로부터 기말재고액을 차감하여 매출원가를 계산한다.

(4) 상품의 매입과 매출이 이루어질 때마다 장부에 기록함으로써 장부에 의해 기말재고량을 파악하는 방법을 (　　　)이라 한다.

(5) 대손을 방지하고 상품판매가격을 조기에 회수할 목적으로 할인혜택을 주는 것을 판매자 측에서 (　　　)이라 한다.

(6) 판매한 상품이 반품되어 오는 것을 판매자 측에서 (　　　)라 한다.

(7) 매입한 상품의 약간의 하자로 매입가격을 할인받는 것을 (　　　)라 한다.
(8) 자산을 유동과 비유동으로 구분하여 보고하는 경우 재고자산은 (　　　)으로 분류하여 재무상태표에 보고한다.

3 [선다형] 다음 물음에 가장 타당한 답을 하나만 선택하시오.

(1) 상품매매회사와 서비스회사의 회계처리에 대한 설명으로 적절하지 않은 것은?
① 기능별 분류시 서비스기업과 상기업의 경우 매출총이익이 표시된다는 공통점이 있다.
② 서비스기업과 상기업의 포괄손익계산서에는 모두 당기순손익이 표시된다.
③ 상기업의 회계처리에는 서비스기업에는 없는 상품에 대한 회계처리가 추가된다.
④ 상기업과 서비스기업의 재무상태표상의 가장 큰 차이는 재고자산에 있다.
⑤ 매출원가는 상기업에서만 나타나며 서비스기업에서는 나타나지 않는다.

(2) 다음의 설명 중 옳지 않은 것은?
① 상품매매기업의 가장 중요한 수익은 상품을 판매하여 얻은 매출액이다.
② 매출원가는 판매된 상품의 원가를 의미한다.
③ 매출액에서 매출원가를 차감한 순액을 손익계산서에 보고한다.
④ 매출액과 매출원가는 현금주의가 아닌 발생주의에 의해 기록해야 한다.
⑤ 포괄손익계산서상의 매출액은 매출에누리와환입, 매출할인을 차감한 순액으로 기록한다.

(3) 다음 중 계속기록법의 특징이라고 할 수 없는 것은?
① 주로 소수의 고가 상품을 취급하는 회사에 적합한 방법이다.
② 상품의 재고금액을 장부를 통해 수시로 파악할 수 있다.
③ 상품 매입시 상품계정을 이용한다.
④ 상품 판매시 매출액에 대한 회계처리만 하면 되므로 기장업무가 간소화된다.
⑤ 기중에 판매된 상품의 원가는 판매시 매출원가로 회계처리한다.

(4) 다음 중 설명이 적절하지 않은 것은?
① 매입자가 부담한 운반비는 매입한 자산의 원가에 포함시킨다.
② 판매과정에서 발생한 운반비는 당기비용으로 처리한다.
③ 매입할인이란 상품에 결함이 있어 매입금액을 할인받는 것을 의미한다.
④ 매입환출이란 매입한 상품에 결함이 있어 판매자에게 상품을 되돌려주는 경우를 의미한다.
⑤ 포괄손익계산서상의 당기매입액은 매입에누리와환출, 매입할인 등을 차감한 순

액으로 기록된다.

(5) 당기에 매입한 상품은 ₩200,000이며 기말상품은 기초상품에 비해 ₩20,000 증가한 것으로 나타났다. 당기의 매출원가는 얼마인가?

① ₩150,000 ② ₩180,000 ③ ₩200,000
④ ₩220,000 ⑤ ₩250,000

◆ 다음의 자료를 이용하여 아래의 각 문항에 답하시오.

매입운임	₩1,000	매입에누리	₩500	기초상품재고	₩2,500
매출액	100,000	매입할인	600	기말상품재고	1,500
매입	50,000	매출에누리	1,000	급여	10,000
이자수익	2,000	배당금	2,000	비품처분이익	2,000
(판매)운반비	3,000	매출할인	300	임차료	5,000

(6) 포괄손익계산서에 보고될 매출액은 얼마인가?

① ₩95,700 ② ₩98,700 ③ ₩99,000
④ ₩100,000 ⑤ ₩102,000

(7) 포괄손익계산서에 보고될 매출원가는 얼마인가?

① ₩46,000 ② ₩49,900 ③ ₩50,900
④ ₩51,000 ⑤ ₩52,000

(8) 포괄손익계산서에 보고될 당기순이익은 얼마인가?

① ₩32,800 ② ₩34,800 ③ ₩33,800
④ ₩42,000 ⑤ ₩42,100

4 [계속기록법과 실지재고조사법 1] 다음은 (주)미래의 20×1년 상품매매거래내역이다. 단, 모든 거래는 현금거래이다.

	수 량	단 가
기초상품재고	200개	₩2,000
매입	900개	2,000
매출	800개	2,500

(물음 1) 기말재고의 수량 및 금액이 각각 얼마인지 계산하시오.

(물음 2) (주)미래가 계속기록법을 적용할 경우 매입, 매출에 대한 회계처리를 하고 당

기의 매출원가 및 매출총이익을 계산하시오.

(물음 3) (주)미래가 실지재고조사법을 적용할 경우 매입, 매출에 대한 회계처리 및 결산수정분개를 하고 당기의 매출원가 및 매출총이익을 계산하시오.

5 [계속기록법과 실지재고조사법 2] 다음은 (주)대한의 20×1년 3월의 상품매매거래 내역이다. (주)대한은 매출에누리와환입, 매출할인, 매입할인, 매출할인 계정을 분리하여 사용하고 있으며, 이들에 대한 조정은 결산조정분개에서 행하고 있다. 20×1년 3월 1일의 상품재고는 10단위 @₩1,000이다.

3월 2일 : (주)민국에 상품 7단위(원가 @₩1,000)를 단위당 ₩2,000에 '2/10, n/30'의 신용조건으로 판매하였으며, 판매운임 ₩200을 현금으로 지급하였다.
3월 4일 : 3월 2일 판매한 상품 2단위가 반품되어 들어오다.
3월 6일 : (주)민국으로부터 상품 3단위를 단위당 ₩1,000에 '2/10, n/30'의 신용조건으로 구매하였으며, 인수운임 ₩40을 현금으로 지급하다.
3월 8일 : (주)민국에 매입상품 1단위를 반품시키다.
3월 10일 : (주)민국으로부터 상품판매대금을 전액 회수하다.
3월 14일 : (주)민국의 외상매입대금을 현금으로 지급하다.
3월 31일 : 월말 상품재고는 7단위(@₩1,000)이다.

(물음 1) 계속기록법과 실지재고조사법하에서 일자별 회계처리를 모두 하시오.

(물음 2) (물음 1)의 회계처리를 T계정에 각각 전기하되, 상품(또는 매입)계정과 수익 및 비용 계정만 나타내시오.

(물음 3) 각 방법하의 마감분개를 하시오.

6 [상기업의 매출원가] 실지재고조사법을 적용하고 있는 (주)청송의 20×1년도 상품관련 자료는 다음과 같다. 아래 자료를 이용하여 (주)청송의 20×1년도 매출원가를 계산하면 얼마인가? 단, 모든 상품거래는 외상거래이다.

기초상품재고액	₩50,000	기초외상매입금	₩20,000
기말상품재고액	70,000	기말외상매입금	30,000
당기외상매입금 현금지급액	200,000		

7 [회계순환과정 종합문제 1] (주)대한의 20×1년말 전기 후 각 과목별 원장의 잔액은 다음과 같다.

현 금	₩662,000	소 모 품	₩15,000	보 험 료	₩9,000
외상매출금	170,000	건 물	1,200,000	이 자 비 용	50,000
상 품	100,000	매 입	300,000	급 여	7,000
여비교통비	1,000	외상매입금	270,000	건물관리비	8,000
이 자 수 익	10,000	임대료수익	62,000	차 입 금	1,000,000
이익잉여금	100,000	매 출	400,000	자 본 금	680,000

기말수정사항은 아래와 같다.

(1) 재고실사결과 기말상품재고액은 ₩150,000이다.

(2) 이번 회계기간의 임대료수익은 ₩102,000인데, 이 중 ₩40,000을 아직 받지 않았다.

(3) 이번 회계기간의 보험료는 ₩8,000으로, ₩1,000은 20×2년도 해당분이다.

(4) 이번 회계기간의 이자비용은 총 ₩55,000으로, ₩5,000을 아직 지급하지 않았다.

(5) 소모품 미사용액은 ₩5,000이다.

(물음 1) 위에 제시한 각 원장별 잔액을 이용하여 수정전시산표를 작성하시오.

(물음 2) 위 (1)~(5)까지의 기말수정사항에 대한 결산조정분개를 하시오.

(물음 3) (물음 2)의 수정분개를 반영한 수정후시산표를 작성하시오.

(물음 4) 포괄손익계산서를 작성하시오(단일단계로 작성할 것).

(물음 5) 재무상태표를 작성하시오.

(물음 6) 집합손익계정을 이용하여 마감분개를 하시오.

8 [회계순환과정 종합문제 2] 다음은 (주)대한의 20×1년 12월 31일의 잔액시산표이다.

잔액시산표

(주)대한 20×1년 12월 31일

계정과목	차 변	대 변
현 금	₩6,000	
외상매출금	56,000	
상 품	70,000	
비 품	60,000	
감가상각누계액		₩24,000
선 급 비 용	3,600	
단기차입금		23,400
자 본 금		56,000
매 출		600,000
매 입	400,000	
급 여	100,000	
광 고 비	1,800	
영 업 비	6,000	
합 계	₩703,400	₩703,400

결산정리 사항은 다음과 같다.

(1) 외상매출금에 대한 대손예상액은 ₩5,600으로 추정된다.
(2) 비품에 대한 감가상각비는 ₩6,000이다.
(3) 당기 중 소멸된 선급보험료는 ₩1,600인데, 지급시 선급비용계정에 차기하였다.
(4) 단기차입금에 대한 이자발생액은 ₩800으로 미지급상태이다.
(5) 급여가 발생되었으나 미지급액은 ₩1,200이다.
(6) 광고비 중 20×2년도에 방영될 부분에 대한 선급액은 ₩600이다.
(7) 소모품 기말재고액은 ₩1,000인데, 구입시 영업비계정에 차기하였다.
(8) 12월 31일의 기말상품재고액은 ₩80,000이다.
(9) 당기 법인세비용과 미지급액은 ₩3,000이다.

(물음 1) 결산조정분개를 하시오.
(물음 2) 포괄손익계산서를 작성하시오.
(물음 3) 계정식 재무상태표를 작성하시오.
(물음 4) 마감분개를 하시오.

PART III

계정과목별 회계처리의 이해

CHAPTER 6

금융자산(Ⅰ) : 현금및 현금성자산과 수취채권

일러두기 본장에서는 유동성(현금화하기 쉬운 정도)이 가장 큰 자산인 현금및현금성자산 및 매출채권이나 대여금과 같은 수취채권에 대해 알아보기로 한다. 먼저 현금및현금성자산에서는 회계상 현금과 현금성자산으로 분류되는 항목에는 어떠한 것이 있는지 살펴보고, 이들 구성항목의 회계처리방법에 대해 설명한다. 그리고 수취채권에서는 대손의 의미를 이해하고, 대손에 관한 회계처리와 보고는 어떻게 이루어지는지 상황별로 이해해야 한다. 특히 어음과 관련된 거래의 회계처리에 대해 확실히 이해해야 한다.

주요 용어 현금, 통화대용증권, 현금성자산, 내부통제제도, 소액현금, 당좌예금, 당좌차월, 은행계정조정표, 수취채권, 매출채권, 대손상각비, 대손충당금, 받을어음, 미수금, 선급금

현장사례 코로나, 인플레에 '현금및현금성자산' 보유를 늘리고 있는 기업들

주요 기업의 연도별 현금및현금성자산 보유 규모(단위 : 원)

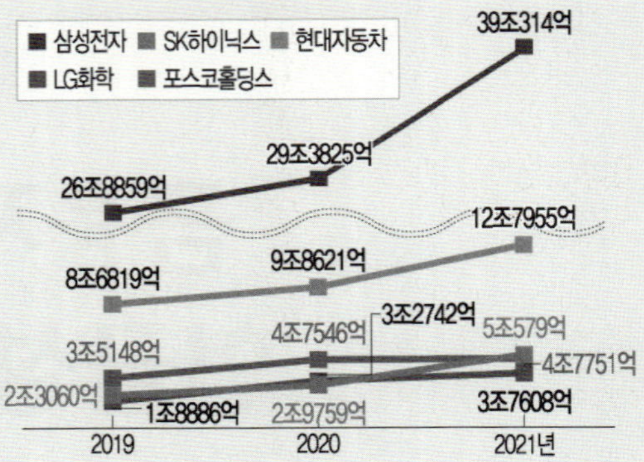

(자료 : 금융감독원 전자공시시스템)

국내 주요 기업의 현금및현금성자산이 코로나19 팬데믹 이전보다 크게 늘어났다. 경제 불확실성에 대비하고, 미래 성장엔진에 투자할 '실탄'을 확보하는 차원으로 볼 수 있다. 세계경제는 미·중 무역갈등을 거치면서 급격하게 '블록경제'로 옮겨가는 분위기다. 여기에 글로벌 인플레이션 우려, 공급망 위기, 우크라이나 사태가 겹치면서 불안감이 커진 기업들은 '곳간 채우기'에 나선 것이다. 다만 쌓아두기만 할 뿐, 실제 투자로 이어지지 않을 수 있다는 지적이 제기된다.

금융감독원 전자공시에서 유가증권시장의 시가총액 상위 20개 기업(금융사·공기업 제외)을 분석한 결과, 18개 기업의 현금및현금성자산 보유액이 코로나19 이전인 2019년 대비 증가한 것으로 조사됐다. 대표적으로 삼성전자 현금 보유액은 29조 3,825억원에서 39조 314억원으로 32.8% 늘었다. 현대자동차는 9조 8,621억원에서 12조 7,955억원으로 29.7% 뛰었다.

반면 삼성물산은 2019년 2조 7,044억원에서 지난해 2조 2,545억원으로, SK텔레콤은 2019년 1조 2,708억원에서 지난해 8,727억원으로 각각 줄었다.

기업들은 '실탄' 확보에 채권 발행, 증자를 함께 활용했다. 지난해 일반 기업회사채 발행 물량은 46조 7,230억원에 달했고, 이 가운데 13조 3,760억원이 순발행 물량이었다.

기업들이 현금을 대규모로 쌓는 건 시장 변화, 신사업 전환에 대비하는 차원으로 풀이된다. 대표적으로 최근 시장 선점에 뛰어들면서 대형 투자계획을 발표하고 있는 배터리 업계와 반도체 업계에서 현금 보유 증가세가 발견된다.

LG에너지솔루션의 현금성자산은 2020년 1조 2,828억원에서 지난해 1조 4,931억원으로 늘었다. SK이노베이션은 2019년 2조 1,960억원에서 지난해 3조 4,238억원으로, 삼성SDI는 2019년 1조 1,562억원에서 지난해 2조 3,256억원으로 증가했다.

사업구조 전환을 위해 현금을 필요로 하는 사례도 있다. SK이노베이션은 배터리 사업을 하는 신설회사 SK온과 석유개발(E&P)사업을 담당하는 신설회사 SK어스온을 물적분할하면서 두 회사에 유동자산을 몰아줬다. 분할 전에 SK이노베이션 유동자산은 2조 5,000억원이었는데, 이 가운데 1조 2,400억원을 SK온에, 892억원을 SK어스온에 배분했다.

또한 인플레이션, 우크라이나 사태 등으로 경영 불확실성이 높아지는 상황도 기업에 '현금 모으기'를 부추긴다. 김대종 세종대 경영학부 교수는 "대외무역 불확실성이 커지면서 수출의존도가 높은 기업들이 위험 상황에 대비하는 차원에서 현금 확보를 늘리고 있다. 미국이 기준금리를 올리고 원·달러 환율이 더 오르는 등 당분간 수출 상황이 악화될 것으로 예상돼, 이에 대비하는 게 필요하다"고 분석했다.

그러나 기업의 과도한 현금 보유를 우려하는 시선도 있다. 자금이 연구·개발(R&D) 등의 생산적인 곳에 쓰이지 않고 곳간에 묶여 있으면 아무런 '경제적 효과'를 기대할 수 없기 때문이다.

(자료 : 파이낸셜뉴스, 2021.12.26)

제 1 절 현금및현금성자산

1 현금의 의의와 종류

현금(cash)이란 교환의 매개물로서 재화를 구입하거나 단기채무의 결제에 즉시 사용될 수 있는 경제적 자원을 의미한다. 따라서 재무상태표에 현금으로 보고하기 위해서는 사용에 제한이 없어야 한다. 현금은 또한 기업의 영업활동과 관련하여 유동성과 지급능력을 표시해 주는 척도로서의 기능을 한다.

일상생활에서 현금은 지폐와 주화 등 통화를 의미하지만 회계에서는 보다 넓은 의미로 사용된다. 회계에서 현금은 통화뿐만 아니라 통화대용증권 등을 포함하는데, 이를 정리하면 6-1 과 같다.

6-1 현금의 범위

회계상 현금의 범위＝(1)＋(2)＋(3)
(1) 통화 : 지폐, 주화
(2) 통화대용증권 : 당좌수표, 가계수표, 자기앞수표, 여행자수표, 우편환증서, 지급기일이 도래한 공채와 사채의 이자표, 일람출급조건의 받을어음, 배당금지급통지표 등
(3) 요구불예금(당좌예금 등)
* 우표와 수입인지, 선일자수표, 차용증서, 부도수표 등은 현금에 해당하지 않음에 주의하기 바란다.

▶ QR코드로 배우는 회계
신세계프라퍼티, 현금성자산 10배 증가 '착시효과'

통화(일명, 한국은행권)란 만원권과 천원권 등의 지폐 및 오백원짜리와 백원짜리 등의 주화(coins)를 의미한다. 통화대용증권이란 언제든지 자유로이 통화로 교환할 수 있는 권리가 부여되어 교환의 매개물(결제수단)로 사용될 수 있는 여러 가지 증서를 말한다. 통화대용증권은 통화로 교환할 수 있는 권리가 부여된 시점에 현금으로 기록해야 한다. 통화대용증권의 예는 다음과 같다.

통화대용증권의 예

(1) 당좌수표 : 당좌수표란 은행에 당좌예금을 하고 있는 법인이 거래대금의 지급 등을 목적으로 당좌거래은행으로부터 교부받은 당좌수표용지에 필요한 금액을 기재하여 발행하는 수표를 말한다. 거래상대방에게 재화 또는 용역을 제공하고 그 대가로 타인이 발행한 당좌수표를 받게 되면 받은 시점에서 현금으로 기록한다.

(2) 가계수표 : 가계수표란 은행에 가계종합예금을 하고 있는 개인사업자가 거래대금의 지급 등을 목적으로 거래은행으로부터 교부받은 가계수표용지에 필요한 금액을 기재하여 발행하는 수표를 말한다. 가계수표는 법인이 아닌 개인사업자가 발행한다는 점에서 당좌수표와 구분이 될 뿐 그 기능은 본질적으로 당좌수표와 동일하다.

(3) 자기앞수표 : 자기앞수표란 은행에 예금을 하고 있는 법인 또는 개인이 그 은행으로부터 통화를 인출하는 대신에 수표로 인출하고자 하는 경우 은행에서 발행하는 수표를 말한다.

(4) 여행자수표 : 여행자수표란 해외여행자들로 하여금 현금의 휴대에 따르는 위험을 회피할 수 있도록 은행이 발행하는 여행자용 수표를 말한다.

(5) 우편환증서 : 우편환증서란 우체국을 통하여 통화를 원격지에 송금하는 경우 우체국에서 발행하는 증서를 말한다. 우편환증서가 필요한 법인 또는 개인은 필요한 만큼의 통화를 우체국에 지급하고 우편환증서를 받아 송금하고자 하는 상대방에게 보낼 수 있으며, 상대방은 우편환증서를 수령한 후 가까운 우체국에 가서 통화로 교환할 수 있다.

(6) 지급기일이 도래한 공채와 사채의 이자표 : 일정한 기간마다 받을 수 있는 이자표가 채권에 첨부된 공채나 사채에 투자하였을 때 이자지급기일이 도래하게 되면 현금으로 기록한다.

(7) 일람출급조건의 받을어음 : 타인으로부터 받은 약속어음과 환어음 중 일람출급조건인 경우에는 수령시점에서 통화로의 교환 여부에 관계없이 어음에 기재되어 있는 금액을 현금으로 기록해야 한다. 일람출급이란 지급을 요청하면 즉시 결제가 이루어지는 것을 의미한다.

그러나 우표와 수입인지, 선일자수표, 차용증서, 부도수표 등은 현금으로 분류되지 않는다. 우표와 수입인지는 현금으로 전환할 목적이 아니라 우편요금이나 수입인지대금을 선급한 것이므로 선급비용이나 소모품으로 처리한다.

선일자수표는 수표수령인이 현재가 아닌 수표권면에 표시된 미래의 발행일자에 지급제시를 하기 때문에 경제적 실질은 어음과 동일하다.[1] 따라서 상품매매로 선

1) 원래 수표는 수령하는 즉시 현금으로 교환할 수 있다. 그런데 현재의 당좌예금잔액이 없거나 부족한 경우 현재가 아닌 미래의 특정일을 발행일로 기재하여 거래상대방에게 수표를 교부하기도 하는데, 이를 선일자수표라 한다. 이는 거래대금의 지급을 미래의 특정일까지 이연시키기 위한 수단으로 발행한다.

일자수표를 발행한 회사는 발행시점에서 이를 지급어음(매입채무)계정의 대변에 기록하고, 수취한 회사는 수취한 시점에서 이를 받을어음(매출채권)으로 기록한다.

차용증서(IOU)는 돈을 빌린 사실이 있음을 입증하기 위하여 차입자가 대여자에게 발행·교부해 주는 증서로서, 이는 대여금으로 기록한다.[2)] 부도수표(dishonored check)란 발행회사의 당좌예금잔액이나 당좌차월한도액을 초과하여 현금과의 교환이 거절된 수표를 말한다. 은행에 지급제시한 수표가 부도처리되면 수표를 보유하고 있는 회사는 결과적으로 대금지급을 받지 못했으므로 다시 외상매출금을 증가시키는 분개를 해야 한다.

한편, 당좌예금이나 보통예금 등 요구불예금(demand deposits)은 입출금이 자유로운 예금으로서 은행에 맡겨둔 현금(cash in bank)이나 다름없다. 그러므로 이들 요구불예금은 금고 속의 현금(cash on hand)과 마찬가지로 재무상태표에 현금으로 통합하여 보고한다.

예제 6-1 회계상 현금의 범위

20×1년말 (주)대한의 금고를 조사한 결과 다음과 같은 것이 있었다.

통　　화	₩2,750	급여가불증	₩4,500
우　　표	650	우편환증서	3,000
타인발행수표	6,250	자기앞수표	2,600
2일 후 만기도래어음	10,000	차 용 증 서	5,500

요구사항

20×1년 12월 31일의 재무상태표에 현금으로 보고할 금액을 구하시오.

풀이 및 해설

현금으로 보고할 항목과 금액 :

통　　화	₩2,750
우편환증서	3,000
타인발행수표	6,250
자기앞수표	2,600
합 계	₩14,600

* 급여가불증과 차용증서는 대여금으로, 우표는 선급비용 또는 소모품으로, 2일 후 만기도래어음은 받을어음(매출채권)으로 보고해야 하는 항목이다.

2) 차용증서의 영문 약자 IOU는 "I owe you"를 발음나는 대로 영문자로 표기한 것이다.

2 현금성자산의 요건과 종류

현금은 유동성이 가장 큰 자산이지만 그 자체로는 수익성이 없다. 이런 이유로 기업들은 여유자금을 활용할 목적으로 주식이나 사채 또는 금융기관에서 발행하는 상품에 단기간 투자하기도 한다. 이러한 단기투자자산 중 다음의 요건을 모두 충족시키는 항목을 현금성자산(cash equivalents)이라 한다.

K-IFRS 현금성자산의 정의와 요건

- 정의 : 유동성이 매우 높은 단기투자자산으로서 확정된 금액의 현금으로 전환이 용이하고 가치변동의 위험이 중요하지 않은 자산
- 요건 : (1) 확정된 금액의 현금으로 전환이 용이하고,
  (2) 가치변동의 위험이 중요하지 않아야 하며,
  (3) 만기일이 단기(예 : 취득일로부터 만기일이 3개월 이내)에 도래하는 경우

일반적으로 보통주와 같은 지분상품은 가격변동이 심하므로 현금성자산에서 제외한다. 다만, 상환일이 정해져 있고 취득일로부터 상환일까지의 기간이 단기인 우선주와 같이 실질적으로 현금성자산인 경우에는 예외로 한다. 그리고 현금성자산의 판단기준은 만기 또는 상환일이 취득일로부터 3개월이지 결산일 기준이 아니라는 점에 주의해야 한다. 현금성자산의 예를 제시하면 다음과 같다.

현금성자산의 예

(1) 취득 당시 만기가 3개월 이내에 도래하는 국공채와 사채
(2) 취득 당시 상환일이 3개월 이내에 도래하는 상환우선주
(3) 취득 당시 만기가 3개월 이내에 도래하는 양도성예금증서(CD)
(4) 3개월 이내의 환매조건을 가진 환매채(RP), 초단기금융상품(MMF)[3] 등
단, 보통주는 가격변동이 심하므로 현금성자산으로 분류되지 않는다.

3) 환매채(repurchase agreement)는 금융기관이 일정 기간 후 확정금리를 가산하여 되사는 조건으로 발행하는 채권으로 환매조건부채권의 준말이다. 초단기금융상품(money market fund)은 투자신탁회사가 고객들의 자금을 모아 펀드를 구성한 후 금리가 높은 만기 1년 미만의 기업어음, 양도성예금증서 등의 단기금융상품에 투자하여 발생된 수익을 고객에게 되돌려주는 만기 30일 이내의 금융상품이다. 이는 만기가 30일 이내이므로 현금성자산으로 분류하고, 보통예금처럼 입출금이 자유롭고 며칠만 맡기더라도 이익을 받을 수 있다는 장점이 있다.

예제 6-2 현금및현금성자산의 범위

다음은 (주)대한의 20×1년 12월 31일(결산일) 현재의 현금 및 예금 등의 내역이다.

지폐와 동전	₩30,000	수입인지	₩10,000
타인발행수표	30,000	배당금지급통지표	20,000
만기가 2개월 이내인 채권(20×1년 12월 1일에 취득)			150,000
양도성예금증서(120일 만기)			500,000
기일이 도래한 공채이자표			10,000
일반적 상거래상의 선일자수표			200,000
환매채(20×1년 11월 1일에 취득한 90일 환매조건)			300,000
정기적금(2년 후 만기도래)			400,000
정기적금(1년 이내 만기도래)			300,000

요구사항

20×1년 12월 31일의 재무상태표에 현금및현금성자산으로 보고할 금액을 구하시오.

풀이 및 해설

현금및현금성자산으로 보고할 항목과 금액 :

지폐와 동전	₩30,000
타인발행수표	30,000
배당금지급통지표	20,000
만기가 2개월 이내인 채권(20×1년 12월 1일 취득)	150,000
기일이 도래한 공채이자표	10,000
환매채(20×1년 11월 1일 취득한 90일 환매조건)	300,000
합 계	₩540,000

cf. 수입인지 : 소모품, 양도성예금증서(120일 만기) : 단기금융상품, 일반적 상거래상의 선일자수표 : 매출채권(받을어음), 정기적금(2년 후 만기도래) : 장기금융상품, 정기적금(1년 이내 만기도래) : 단기금융상품

3 현금 관련 계정의 보고

현금과 관련된 계정으로는 지금까지 설명한 통화와 통화대용증권 및 현금성자산 이외에도 소액현금과 당좌예금 등이 있다. 이들 현금과 관련된 거래를 기록하는 방법은 현금이나 당좌예금, 현금성자산, 소액현금 등 별도의 계정을 사용하다가 재무

상태표에 보고할 때에는 현금및현금성자산으로 통합하여 보고하는 방법이다. 이를 나타내면 6-2 와 같다.

6-2 현금및현금성자산의 보고와 구성항목

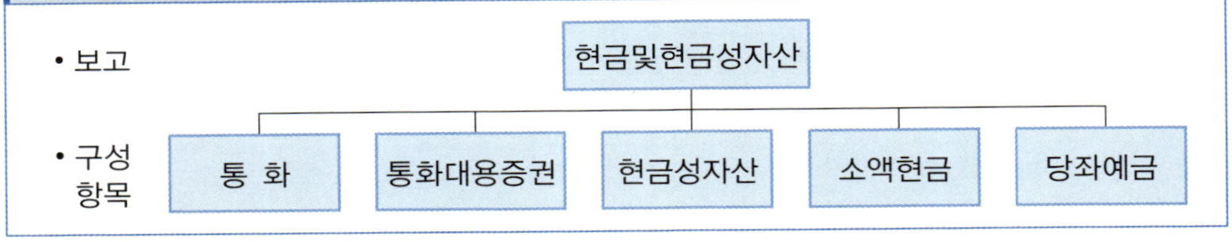

현금및현금성자산을 별도로 보고하는 이유는 이들의 정보가 기업의 유동성 파악에 매우 중요하기 때문이다. 따라서 당좌개설보증금, 양건예금(보상잔액)이나 담보제공된 예금처럼 사용이 제한된 항목은 현금및현금성자산으로 보고하지 않는다.4)

양건예금이란 기업이 은행으로부터 대출받는 조건으로 일정 금액을 은행에 예치하도록 요구받게 되는 경우 은행에 예치하는 예금을 말한다. 양건예금은 대출금을 상환하지 않는 한 사용할 수 없으므로 현금및현금성자산으로 보고하지 않는다. 양건예금은 실무에서 꺾기예금 또는 보상잔액(compensating balances)이라고도 한다.

제 2 절 내부통제제도와 현금의 관리

1 내부통제제도

현금의 관리와 통제는 기업에 있어서 매우 중요하다. 현금은 대부분 소액이며 소유권의 확인이 불가능하고 다른 자산으로 전환이 쉽기 때문에, 부정이 발생하기 가장 쉬운 자산이다. 또 현금은 거래의 결제수단으로 항상 적정량이 준비되어 있어야 하는데 그 자체로서는 수익성이 없는 자산이기 때문에, 그 운용이 기업의 성패에 큰

4) 당좌개설보증금에 대해서는 제2절 4 에서 설명하기로 한다.

영향을 미치는 자산이다.

따라서 기업은 ① 영업활동을 수행하는 데 충분한 현금을 보유하고 있어야 하고, ② 최대한의 수익을 위해 유휴현금은 항상 생산이나 투자 활동으로 전환할 수 있어야 하며, ③ 도난이나 부정에 의한 현금의 손실을 최대한 방지할 수 있어야 한다. 이러한 효율적인 현금의 관리와 통제를 위하여 현금예산과 내부통제제도가 필요하다.

내부통제제도(internal control system)란 기업의 자산을 보호하고, 재무자료의 정확성과 신뢰성을 보장하며, 영업활동을 원활히 하기 위하여 기업이 취하는 모든 절차 및 조직을 말한다. 그 조직의 활동이 효율적으로 수행되기 위해서는 최소한 자산의 취급과 기록 업무는 분리되어야 한다. 현금을 효율적으로 관리하기 위한 내부통제제도의 절차는 다음과 같다.

현금의 내부통제를 위한 제도적 장치

① 현금보관자와 장부기록 담당자의 구분 : 담당 업무의 분리
② 모든 현금거래를 파악할 수 있는 제도의 운영 : 현금출납장 등
③ 최소한의 필요 현금만을 보유 : 현금수취액은 모두 즉시 입금함
④ 현금잔액에 대한 검증시스템 수립 : 주기적 또는 수시 검증
⑤ 회사의 장부상 금액과 은행잔액의 조정 : 은행계정의 조정
⑥ 보유현금에 대한 적절한 수익률 달성
⑦ 물리적인 현금 통제 : 금고 설치 등

현금의 수입과 지출 거래는 발생빈도가 높고 매우 중요하기 때문에 실무적으로는 현금거래의 내역을 상세히 기록하기 위하여 보조장부인 현금출납장을 작성하는 것이 일반적이다. 현금출납장을 작성하는 경우에는 매일매일의 거래금액 합계액과 잔액만을 총계정원장에 기입하는 방식을 사용한다.

2 소액현금제도

현금은 그 성격상 도난이나 분실의 위험이 매우 높은 자산이므로 가능한 한 직접 보유하는 현금을 최소화하고 은행에 예치한 후 필요할 때마다 인출하여 사용하는 것이 안전하다. 대부분의 회사에서는 현금의 내부통제를 위하여 회사 금고에 많은

현금을 보관하는 대신 은행에 당좌예금으로 예치하여 대부분의 지출은 당좌수표를 발행하여 교부하는 방법을 사용하고 있다. 그러나 회사운영에 필요한 소모품 구입비, 교통비 등과 같이 소액이면서 일상적으로 발생하는 비용을 필요할 때마다 수표를 발행하여 지급하는 것은 실무적으로 매우 불편하고, 이러한 소액지출을 모두 자금부서에서 일괄적으로 관리하게 되면 자금부서는 필요 이상의 많은 현금을 보유하게 된다.

따라서 각 부서가 일정 기간(통상 1주일 또는 1개월) 동안 사용할 것으로 예상되는 일상적인 소액의 운영비를 당좌수표에 기재하여 각 부서의 담당자에게 교부하고, 담당자는 교부받은 당좌수표를 통화로 교환하여 보관하면서 소액의 현금지출이 필요할 때마다 현금을 지급하는 것이 보다 편리할 것이다. 이와 같은 목적으로 회사가 각 부서에 교부한 금액을 기록하기 위하여 사용하는 계정과목을 소액현금(petty cash fund)이라 한다. 그리고 소액현금계정을 이용하여 소액의 운영경비를 효율적으로 통제하는 것을 소액현금제도라 한다.

일정 기간이 지나면 당해 기간 동안 각 부서에서 실제 운영비로 사용한 금액을 영수증과 함께 자금부서에 제출해야 하며, 이때 회계담당자는 일괄하여 비용으로 기록해야 한다. 그리고 다음 기간 동안 사용할 것으로 예상되는 금액을 다시 수표를 발행하여 지급하게 된다.

가장 일반적인 소액현금제도의 회계처리 예를 보이면 다음과 같다.

소액현금제도 회계처리

(1) 소액현금의 설정 : 1월초 당좌수표 ₩100,000을 발행하여 소액현금을 설정하다.

(차) 소 액 현 금	100,000	(대) 당 좌 예 금	100,000

(2) 소액현금의 사용 : 1월중 지출내역은 다음과 같다.

소모품비 ₩30,000　　여비교통비 ₩40,000　　잡비 ₩15,000

－ 분개 없음 －

(3) 소액현금의 사용 확인 : 1월말 소액현금의 사용내역과 영수증을 보고받다.

(차) 소 모 품 비	30,000	(대) 소 액 현 금	85,000
여비교통비	40,000		
잡　　비	15,000		

(4) 소액현금의 보충 : 1월말 소액현금의 사용액을 보충하기 위해 당좌수표를 발행하다.

(차) 소 액 현 금	85,000	(대) 당 좌 예 금	85,000

3 현금과부족

장부상의 현금잔액과 실제 보유하고 있는 현금잔액은 반드시 일치되어야 하지만 분개를 잘못하거나 횡령 또는 분개의 누락 등으로 인하여 일치하지 않는 경우가 있다. 이러한 경우 그 차이의 원인을 밝혀 실제잔액과 장부잔액을 일치시켜야 하는데, 그 차이의 원인이 밝혀지기 전까지 양 잔액을 일치시키기 위하여 일시적으로 사용하는 계정과목을 현금과부족(cash over and short)이라 한다. 또한 소액현금제도를 운영하고 있는 경우에도 소액현금잔액과 소액현금사용액(영수증)의 합계액이 소액현금설정액과 일치되지 않아 현금과부족이 생길 수도 있다.

현금과부족계정은 차이의 원인이 밝혀지면 그 원인을 나타내는 계정으로 대체되어야 하며, 결산일까지 그 원인이 밝혀지지 않는 경우에는 잡이익 또는 잡손실로 처리한다.

즉, 현금의 실제잔액이 장부금액보다 많고 그 차이의 원인을 알 수 없는 경우에는 일단 실제잔액을 정확한 잔액으로 보아 장부금액을 증가시키는 분개를 한다. 그리고 차이의 원인을 조사하여 그 원인이 밝혀지면 해당 원인을 나타내는 계정으로 대체해야 하며, 결산일까지 그 원인이 밝혀지지 않으면 잡이익으로 처리한다.

만약, 현금의 실제잔액이 장부금액보다 적고 그 차이의 원인을 알 수 없는 경우에는 일단 실제잔액을 정확한 잔액으로 보아 장부금액을 감소시키는 분개를 한다. 그리고 차이의 원인을 조사하여 그 원인이 밝혀지면 해당 원인을 나타내는 계정으로 대체해야 하며, 결산일까지 그 원인이 밝혀지지 않으면 잡손실로 처리한다.

어떠한 경우이든 결산일 현재 현금과부족계정의 잔액은 항상 0이 되므로 재무제표에는 현금과부족계정이 표시되지 않는다. 즉, 현금과부족계정은 장부에만 존재하는 임시계정으로 재무제표에는 표시할 수 없으며, 현금의 장부잔액과 실제잔액의 차이조정을 위해 회계기간중에만 일시적으로 사용된다는 점에 주의해야 한다.

예제 6-3 소액현금과 현금과부족

12월 1일 소액지출을 위해 당좌수표를 발행하여 ₩100,000의 소액현금을 설정하고 월말마다 사용금액을 보고 받는 즉시 보충해 주기로 하였다. 12월 31일 다음과 같은 사용보고서를 받았다.

소액현금잔액	₩20,000
소 모 품 비	30,000
잡 비	40,000
현금과부족	10,000
합 계	₩100,000

현금과부족의 원인 중 ₩6,000은 거래처 접대비 지출임이 밝혀졌으나, 나머지는 결산일까지 원인을 알 수 없다.

요구사항

각 일자별 회계처리를 하시오.

풀이 및 해설

(1) 12/01 :	(차)	소 액 현 금	100,000	(대) 당 좌 예 금	100,000
(2) 12/31 :	(차)	소 모 품 비	30,000	(대) 당 좌 예 금	80,000
		잡 비	40,000		
		현금과부족	10,000		
(3) 12/31 :	(차)	접 대 비	6,000	(대) 현금과부족	10,000
		잡 손 실	4,000		

4 당좌예금과 당좌차월

1. 당좌예금거래

당좌예금이란 기업이 현금의 도난방지, 현금지출의 통제 및 원활한 거래대금의 지급 등을 위하여 시중은행과 당좌거래계약을 체결하고 현금을 은행에 예입한 후, 은행으로부터 교부받은 당좌수표용지 또는 약속어음용지에 필요한 금액을 기재하여 현금을 인출할 수 있는 예금을 말한다.

당좌예금에 가입하게 되면 기업이 직접 거래상대방에게 현금을 지급하지 않고 당좌수표 또는 약속어음을 발행하여 은행으로 하여금 현금의 지급을 담당하게 함으로써 현금거래에 따르는 위험과 부정 등을 예방할 수 있게 된다. 당좌예금은 다른 예금과 달리 이자가 없을 뿐만 아니라 수표와 어음의 지급업무 대행수수료를 기업이 부담한다. 당좌거래의 유형을 도시하면 아래와 같다.

당좌거래의 유형

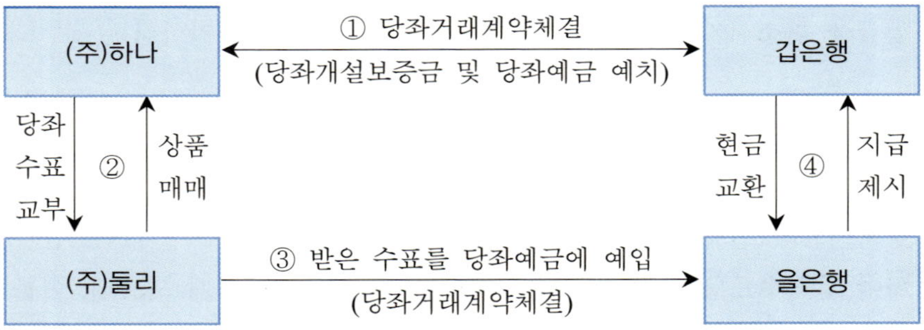

① 당좌거래계약체결 : 은행과의 당좌거래를 하기 위해서 먼저 당좌거래계약을 체결하고 당좌개설보증금을 예치해야 한다. 당좌개설보증금은 계약기간이 1년 이내가 아닌 한 투자자산으로 기록한다. 왜냐하면 당좌거래를 계속하는 한 회사가 자유롭게 인출·사용할 수 없는 예금이기 때문이다.

한편, 은행과의 당좌거래계약에 의거하여 수표 또는 어음을 발행할 목적으로 현금을 은행에 예치하게 되면 회사는 이를 당좌예금계정의 차변에 기록한다.

② 당좌수표 교부 : 상품을 매입하고 그 대금지급을 위해 당좌수표를 발행하여 거래 상대방에게 교부하게 되면 수표 발행회사는 이를 당좌예금계정에 대변기입한다.

③ 당좌수표의 예입 : 수표소지자는 자신과 당좌거래계약이 체결되어 있는 거래은행에 당좌수표를 예입한다.

> ④ 지급제시 : 수표소지인의 거래은행은 수표소지인을 대신하여 수표발행인의 거래은행에 수표금액의 지급을 요청하게 되는데, 이를 지급제시(추심요구)라고 한다. 지급제시를 받은 수표발행인의 거래은행은 지급청구를 받은 시점에서 현금을 수표와 교환하여 지급하고 발행회사의 당좌예금잔액을 감소시킨다.

당좌수표의 발행은 무제한적으로 이루어질 수 있는 것이 아니라 당좌예금의 잔액범위 내에서만 가능하다. 따라서 만일 당좌예금잔액을 초과하여 수표를 발행하면 당연히 은행에서는 현금으로의 교환을 거절하게 되는데, 이를 부도(또는 지급거절)라 한다.

타인이 발행한 당좌수표를 받으면 그 즉시 현금으로 교환할 수 있는 권리가 부여되므로 당해 시점에서 당좌수표에 기재되어 있는 금액을 현금으로 기록해야 한다. 당좌수표는 발행일부터 언제든지 현금화할 수 있는 증서이므로 어음과는 달리 지급기일(만기일)이라는 개념이 존재하지 않는다.[5] 그리고 기업이 당좌수표를 당좌예금에 입금시키면 은행은 당해 당좌수표를 발행한 회사의 거래은행에 추심(지급요청)을 요구하여 부도 유무를 확인한다. 만약, 추심이 정상적으로 이루어진 경우에 기업은 별도의 회계처리가 필요 없지만 부도수표로 통보받은 경우에는 당좌예금의 입금을 취소시키든지 아니면 당좌예금의 출금으로 처리한다.

2. 당좌차월

당좌예금의 인출은 당좌예금잔액을 초과하여 이루어질 수 없다. 만일 잔액을 초과하여 당좌수표를 발행하게 되면 은행은 지급을 거절하게 되는데, 이를 부도라고 한다. 부도를 예방함과 동시에 손쉬운 자금조달을 위하여 기업은 미리 은행측과 당좌차월계약을 맺는다. 이런 경우 기업은 계약에서 정한 일정 기간(차월기간) 동안 일정 금액(차월한도) 범위 내에서 당좌예금잔액을 초과하여 수표를 발행할 수 있게 된다.

회사가 수표를 발행하면 은행은 당좌차월한도 범위 내에서 회사를 대신하여 현금을 지급해 주며, 회사는 이를 차월기간의 종료일까지 언제든지 자금의 여유가 있을 경우에는 일정한 이자와 함께 은행에 상환하면 된다. 당좌차월계약에 근거하

5) 어음의 경우에는 수령 즉시 현금으로 교환할 수 없다. 수표와 달리 어음은 증서에 기재되어 있는 지급기일(만기일)이 되어야 현금으로 교환할 수 있다. 이런 점에서 어음은 지급기일(만기일)까지 대금의 지급을 연기하는 외상의 수단으로 이용된다.

여 은행으로부터 조달한 차입금을 당좌차월이라 한다.

당좌차월거래가 발생하는 경우, 즉 회사는 당좌예금잔액을 초과하여 수표를 발행하게 되는 경우에도 회계기간중에는 당좌예금을 감소(대변 기입)시킨 후, 결산일에 부채상당액(당좌예금의 (−)잔액)을 일괄하여 당좌차월로 인식한다.

당좌차월계약에 근거하여 기업이 예금잔액을 초과하여 수표를 발행하면 재무상태표에 이를 유동부채인 당좌차월 또는 단기차입금으로 보고해야 한다. 설령 A은행에 정(+)의 당좌예금잔액이 있더라도 B은행에 부(−)의 당좌예금잔액(당좌차월)이 있다면 서로 상계하지 아니하고 각각 A은행의 잔액은 자산(현금및현금성자산)으로 보고하고 B은행의 잔액은 유동부채로 보고해야 한다.

예제 6-4 당좌차월

12월 결산법인인 하나회사는 갑은행과 당좌거래를 체결함과 동시에 당좌차월계약을 맺었다. 당좌차월 한도액은 ₩50,000이며, 20×1년 12월 20일 현재 당좌예금잔액은 ₩20,000이다. 이후 다음과 같은 거래가 발생하였고 결산일이 도래하였다.

12/22 : 광고비로 ₩10,000의 수표를 발행하다.
12/27 : 비품구입으로 ₩40,000의 수표를 발행하다.

요구사항

일자별 회계처리를 하시오.

풀이 및 해설

(1) 12/22 :	(차) 광고선전비	10,000	(대) 당 좌 예 금	10,000
(2) 12/27 :	(차) 비　　품	40,000	(대) 당 좌 예 금	40,000
(3) 12/31 :	(차) 당 좌 예 금	30,000	(대) 단기차입금(또는 당좌차월)	30,000

5 은행계정조정

은행계정조정표(bank reconciliation statement)란 일정 시점에서 회사장부상 당좌예금잔액과 은행장부상 당좌예금잔액 간에 차이가 있는 경우 그 차이를 조정함으로써 정확한 당좌예금잔액을 파악하기 위하여 회사가 작성하는 표를 말한다.

당좌예금거래가 발생하면 회사는 당좌예금계정을 사용하여 분개를 하고, 은행 역시 적절한 계정과목을 사용하여 분개를 함으로써 일정 시점에서의 회사와 은행의 장부상 당좌예금잔액을 각각 파악할 수 있다. 이때 동일 시점에서의 회사 당좌예금잔액과 은행 당좌예금잔액은 서로 일치되어야 하는데, 거래를 인식하는 시점상의 차이나 입금수표의 부도 또는 오류 등으로 인하여 이 두 잔액이 일치하지 않는 경우가 흔히 발생된다. 따라서 회계담당자는 일정 시점에서의 장부상 당좌예금잔액이 정확한 금액인지를 은행장부에 기록되어 있는 회사의 당좌예금잔액과 비교·분석함으로써 확인하는 절차를 취해야 한다.

이를 위해 회사의 회계담당자가 은행에 가서 은행장부를 직접 보고 당좌예금잔액을 확인하는 것은 실무상 매우 번거로운 일이므로 은행에서는 은행의 장부기록에 의한 일정 시점의 회사 당좌예금잔액을 문서로 확인해 주는데, 이를 당좌원장사본 또는 당좌예금잔액증명서라 한다. 따라서 회사는 월말 또는 결산일에 거래은행으로부터 당좌원장사본 또는 당좌예금잔액증명서를 교부받아 회사의 장부상 당좌예금잔액과 비교함으로써 차이 여부를 확인하고, 만일 차이가 있으면 그 차이를 조정하는 은행계정조정표를 작성해야 한다.

원장상의 회사측 당좌예금잔액과 잔액증명서상의 은행측 당좌예금잔액이 일치하지 않는 원인은 다음과 같이 회사측에 원인이 있는 경우와 은행측에 원인이 있는 경우로 나누어진다.

1. 불일치의 원인이 회사측에 있는 경우

불일치의 원인이 회사측에 있다는 것은 당좌예금거래에 대하여 은행측은 바르게 처리하였지만, 회사는 잘못 처리하였음을 의미하므로 이러한 사항들에 대하여 회사는 회사측 당좌예금잔액에 가감함과 동시에 수정분개를 해야 한다. 물론, 은행측은 이러한 사항들에 대하여 바르게 처리하였으므로 은행측이 제시한 당좌예금잔액에 대해서는 아무런 조정을 할 필요가 없다.

(1) 은행에서는 예입으로 기록하였으나 회사는 예입으로 기록하지 않은 사항

① **미통지예금** : 미통지예금(입금)이란 거래상대방이 회사에 대금결제를 통보하지 않고 회사의 당좌예금계좌에 직접 입금시킨 금액을 말한다. 즉, 무통장으로 입금되었으나 회사가 입금내역을 확인하지 못하여 회계처리하지 않은 경우를 말한다. 이런 경우 은행에서는 적절하게 처리하여 은행측 당

좌예금잔액을 증가시켰지만, 회사는 아직 거래상대방으로부터 통지를 받지 못하여 당좌예금을 증가시키는 회계처리를 하지 못했기 때문에 회사측 당좌예금잔액은 그만큼 과소계상되어 있을 것이다. 따라서 회사는 회사측 당좌예금잔액을 증가시키기 위한 회계처리를 해야 한다.

② **추심어음입금액** : 회사가 보유하던 받을어음이 만기가 되면 직접 지급제시를 하는 것이 아니라 은행에 상대방 거래은행의 통장에서 어음금액을 출금해 줄 것을 요청하게 된다. 이 경우 지급을 요청하는 것을 추심이라 하고 은행에 추심을 위임하는 것을 추심위임이라 한다. 회사가 은행에 추심을 위임할 경우 위임은 회계상 거래가 아니므로 별도의 회계처리를 하지 않고 은행이 추심을 받아 회사의 통장에 입금해 줄 경우 비로소 받을어음의 회수로 회계처리한다. 이 경우 은행이 추심대금을 통장에 입금해 주었으나 이를 확인하지 못하여 회사장부에 반영하지 못한 경우에는 회사측 잔액과 은행측 잔액이 불일치하게 된다. 이 경우 확인시점에서 당좌예금잔액을 증가시키는 회계처리를 해야 한다.

(2) 은행에서는 인출로 기록하였으나 회사는 인출로 기록하지 않은 사항

③ **은행차입금에 대한 이자비용** : 은행은 회사의 차입금에 대하여 계산된 이자를 회사에 통보하지 않고 직접 회사의 당좌예금잔액에서 차감할 수 있다. 이런 경우 은행에서는 적절하게 처리하여 은행측 당좌예금잔액을 감소시켰지만, 회사는 아직 은행으로부터 통지를 받지 못하여 당좌예금을 감소시키는 회계처리를 하지 못하였으므로 회사측 당좌예금잔액은 그만큼 과대계상되어 있을 것이다. 따라서 회사는 회사측 당좌예금잔액을 감소시키기 위한 회계처리를 해야 한다.

④ **은행수수료** : 은행은 수표의 추심 또는 당좌거래 등 회사로부터 일정한 수수료를 받게 되는데, 이를 회사에 통보하지 않고 직접 회사의 당좌예금잔액에서 차감할 수 있다. 이런 경우 은행에서는 적절하게 회계처리하여 은행측 당좌예금잔액을 감소시켰지만, 회사는 아직 은행으로부터 통지를 받지 못하여 당좌예금을 감소시키는 회계처리를 하지 못하였으므로 회사측 당좌예금잔액은 그만큼 과대계상되어 있을 것이다. 따라서 회사는 회사측 당좌예금잔액을 감소시키기 위한 회계처리를 해야 한다.

⑤ **당좌수표의 부도** : 거래처로부터 받은 당좌수표를 회사의 당좌예금계좌에 예입하면 회사와 은행 모두 당좌예금잔액을 증가시키는 회계처리를 해야

하며, 은행이 회사를 대신하여 수표대금의 회수를 위한 추심을 하게 된다. 은행이 직접 수표의 추심을 의뢰하였으나 거래상대방의 당좌예금잔액이 부족하여 부도가 발생한 경우, 은행에서는 적절하게 회계처리하여 은행측 당좌예금잔액을 감소시켰지만, 회사는 아직 은행으로부터 부도발생 사실을 통지받지 못하여 당좌예금을 감소시키는 회계처리를 하지 못하였으므로 회사측 당좌예금잔액은 그만큼 과대계상되어 있을 것이다. 따라서 회사는 회사측 당좌예금잔액을 감소시키기 위한 회계처리를 해야 한다.

2. 불일치의 원인이 은행측에 있는 경우

불일치의 원인이 은행측에 있다는 것은 당좌예금거래에 대하여 회사측은 옳게 처리하였지만 은행측에서 적절한 회계처리가 이루어지지 않은 것을 의미하므로 이러한 사항들은 은행측이 제시한 당좌예금잔액에 가감해야 한다. 따라서 이러한 사항들에 대하여 회사의 장부상 당좌예금잔액을 수정할 필요가 없기 때문에 회사측의 수정분개 대상에 포함되지 않는다.

(1) 회사에서는 예입으로 기록하였으나 은행은 예입으로 기록하지 않은 사항

⑥ 은행미기입예금 : 은행미기입예금(deposit in transit)이란 회사에서는 당좌예금으로 입금시켰으나 은행에서 아직 입금으로 처리하지 않은 예금을 말한다. 이런 경우 회사에서는 적절하게 회계처리하여 회사측 당좌예금잔액을 증가시켰지만, 은행은 아직 증가시키는 회계처리를 하지 않았으므로 은행측 당좌예금잔액은 그만큼 과소계상되어 있을 것이다. 따라서 은행측 당좌예금잔액을 증가시키기 위하여 은행미기입예금을 은행측이 제시한 당좌예금잔액에 가산해야 한다.

(2) 회사에서는 인출로 기록하였으나 은행은 인출로 기록하지 않은 사항

⑦ 기발행미인출수표 : 기발행미인출수표(outstanding checks)란 회사에서는 수표를 발행하였으나 은행에는 아직 지급제시가 되지 않아 인출되지 않은 수표를 말한다. 이런 경우 회사에서는 수표발행시점에서 적절하게 회계처리하여 회사측 당좌예금잔액을 감소시켰지만, 은행은 아직 감소시키는 회계처리를 하지 않았으므로 은행측 당좌예금잔액은 그만큼 과대계상되어 있을 것이다. 따라서 은행측 당좌예금잔액을 감소시키기 위하여 기발행미인출수

표를 은행측이 제시한 당좌예금잔액에서 차감해야 한다.

3. 기장상의 오류

회사측이나 은행측에서 당좌예금의 입금이나 출금을 기록할 때 오류가 발생되는 경우가 있다. 예컨대, 입금액을 ₩54,000으로 기입할 것을 ₩45,000으로 기입하는 경우이다. 이런 경우에는 오류의 내용에 따라 회사측 또는 은행측 당좌예금잔액에 가산하거나 차감해 주는 수정분개를 해야 한다.

은행계정조정표에서 회사측 당좌예금잔액이 조정되어야 하는 경우와 은행측 당좌예금잔액이 조정되어야 하는 경우를 요약하면 6-3 과 같다.

6-3 은행계정조정 항목과 방법

조정항목	회사측 잔액		은행측 잔액
조정 전 잔액	×××	≠	×××
① 미통지예금	+		
② 추심어음입금	+		
③ 이 자 비 용	−		
④ 은행수수료	−		
⑤ 부 도 수 표	−		
⑥ 은행미기입예금			+
⑦ 기발행미인출수표			−
조정 후 잔액	×××	=	×××

해당 조정항목들을 반영하여 회사측 잔액과 은행측 잔액을 수정하면 회사측과 은행측의 조정 후 잔액은 서로 일치하게 된다. 그리고 회사측은 회사측에 불일치의 원인이 있는 항목에 대해 조정분개(수정분개)를 해야 한다.

예제 6-5 은행계정조정표

20×1년 5월말 현재 연암(주)에 대한 은행측 예금잔액증명서상 잔액은 ₩3,625,000이고, 회사의 장부상 당좌예금잔액은 ₩3,760,000이다. 은행과 회사 측 잔액의 차이의 발생 원인은 다음과 같다.

(1) 발행수표 중 아직 은행에서 인출되지 않은 수표는 다음과 같다.

발 행	수표번호	금 액
20×1. 5. 27	#113	₩100,000
20×1. 5. 29	#118	205,000

(2) 외상매입금 지급분인 수표(발행일 20×1.5.15, 수표번호 #102, ₩105,000)가 회사의 장부상 ₩150,000으로 잘못 기장되어 있다.

(3) 당좌차월이자 ₩35,000을 은행에서는 회사의 당좌예금에서 차감하였지만 회사에서는 차감 기장을 하지 않았다.

(4) 20×1년 5월 31일 오후에 거래처로부터 받은 상품판매대금 ₩250,000에 대한 수표를 은행에 예입하고 회사에서는 장부에 예입 기장하였으나, 은행에서는 20×1년 6월 1일에 입금된 것으로 처리하였다.

(5) 은행에 예입한 수표 ₩300,000이 부도처리되어 은행에서는 인출 기록을 하였으나, 회사에서는 아직 통보를 받지 못하여 인출 기장을 하지 않았다.

(6) 거래처로부터 외상매출금 회수분 ₩100,000에 대하여 온라인에 의한 입금이 있었으나 회사에서는 입금사실을 모르고 있었다.

요구사항

1. 5월 31일 현재의 은행계정조정표를 작성하시오.
2. 회사측이 해야 할 수정분개를 하시오.

풀이 및 해설

1. 은행계정조정표의 작성

은행계정조정표

(1) 회사측 조정		(2) 은행측 조정	
회사 장부상 잔액	₩3,760,000	잔액증명서상 잔액	₩3,625,000
가산 : (2) 기장오류	45,000	가산 : (4) 은행미기입예금	250,000
(6) 외상매출금 회수	100,000		
차감 : (3) 당좌차월이자	(35,000)	차감 : (1) 기발행미인출수표	(305,000)
(5) 부도수표	(300,000)		
조정 후 잔액	₩3,570,000	조정 후 잔액	₩3,570,000

2. 수정분개 : 회사는 은행계정조정표를 작성하면서 (2), (3), (5), (6)의 사항에 대하여 다음과 같은 수정분개를 해야 한다. (1)과 (4)의 사항들은 은행측과 관련이 있으므로 수정분개 대상에 포함되지 않는다.

	차변	금액	대변	금액
(2)	(차) 당 좌 예 금	45,000	(대) 외상매입금	45,000
(3)	(차) 이 자 비 용	35,000	(대) 당 좌 예 금	35,000
(5)	(차) 외상매출금	300,000	(대) 당 좌 예 금	300,000
(6)	(차) 당 좌 예 금	100,000	(대) 외상매출금	100,000

제 3 절 수취채권의 분류와 측정

수취채권(receivables)이란 기업이 고객에게 신용으로 상품이나 기타 자산을 판매하거나 용역을 제공함으로써, 또는 자금 등을 타 기업이나 개인에게 대여해 줌으로써 회수할 권리가 있는 채권을 의미한다. 반면, 지급채무(payables)란 기업이 타 실체로부터 신용으로 상품이나 기타 자산을 매입하거나 용역을 제공받음으로써, 또는 자금 등을 타 기업이나 개인으로부터 차입함으로써 지급할 의무가 있는 채무를 의미한다. 그러므로 특정 기업에서의 수취채권은 상대방 기업에는 지급채무가 되며, 특정 기업에서의 지급채무는 상대방 기업에는 수취채권이 된다.[6]

수취채권 중 상품을 판매하거나 용역을 제공하는 과정, 즉 일반적 상거래에서 발생된 채권을 매출채권이라 한다. 그리고 일반적 상거래 이외의 활동으로 인한 수취채권을 기타채권(또는 비매출채권)이라 한다. 외상매출금과 받을어음은 매출채권에 속하며, 대여금과 미수금 등은 기타채권이다. 일반적으로 재무상태표에는 외상매출금과 받을어음을 통합하여 매출채권으로 보고한다. 그러나 그 금액이 중요할 때에는 각기 구분하여 사용하고 보고할 때에는 통합하여 보고한다.

수취채권의 분류와 종류

수취채권
- 매출채권 : 외상매출금, 받을어음 등
- 비매출채권 : 미수금, 대여금, 미수수익 등

수취채권 중 1년 이내에 회수하기로 되어 있는 수취채권은 유동자산으로 분류하며, 회수기일이 1년 이후에 도래하는 수취채권은 비유동자산으로 분류한다. 예컨대, 회수기일이 1년 이내인 대여금은 유동자산(단기대여금)으로 분류하고, 회수기일이 1년 이후에 도래하는 대여금은 비유동자산(장기대여금)으로 분류한다.

매출채권을 포함한 수취채권의 회계처리는 두 가지로 분류된다. 하나는 최초 인식시점의 회계처리이고 다른 하나는 최초 인식 후 후속 측정시의 회계처리이다.

6) 지급채무를 포함한 유동부채에 대해서는 제9장에서 다룬다.

제 4 절 매출채권의 최초 인식

1 수량할인

기업들은 다량으로 상품을 매입하는 고객이나 종업원 등 특수고객에게 할인혜택을 부여하는 경우가 있는데, 이를 수량할인(quantity discount)이라 한다. 이런 경우 매출채권으로 기록하는 금액은 고객으로부터 수취하기로 한 금액이 된다. 이런 이유로 판매자는 매출송장에 수량할인 또는 특수고객할인을 차감한 금액을 송장가액으로 보낸다.

수량할인의 대표적 예로 100단위, 500단위, 1,000단위에 대해 10/20/30이 있다. 이는 100단위 이상을 구입하면 10%의 수량할인 혜택을 주고, 500단위 이상을 구입하면 추가로 20%의 할인혜택을 부여하며, 1,000단위 이상 구입할 경우에는 추가로 30%의 할인혜택을 부여하는 조건이다.

2 매출에누리와환입

상기업의 상품매매에 있어서 상품의 하자나 파손으로 인하여 판매된 상품이 환입되거나 에누리를 해주는 경우가 있는데, 이를 매출에누리와환입이라 한다. 이는 포괄손익계산서에 순매출액을 보고하기 위해 총매출액에서 차감한다.

3 매출할인(현금할인)

상품의 외상대금을 신용조건에 따라 조기에 회수하는 경우 할인혜택을 부여하는데, 이를 현금할인이라 한다. 그리고 판매자 입장에서의 현금할인을 매출할인이라 하고 이를 매출액에서 차감한다. 제5장에서 소개하였듯이 대표적인 현금할인조건은

'2/10, n/30'이다. 이는 송장일로부터 10일 이내에 대금지급이 이루어지면 2%의 할인혜택을 부여하고, 그렇지 않으면 30일 이내에 지급해야 한다는 뜻이다. 그런데 현금할인에 내재된 이자율이 매우 높고 구매자는 매입가격이 할인되는 장점이 있으므로 현금할인은 대부분 이루어진다.

제 5 절 매출채권의 후속 측정 : 대손비용의 인식과 회계처리

재화나 용역을 외상으로 제공하는 경우 기업은 미래에 현금을 수취할 권리, 즉 매출채권을 확보하게 되지만 이들 전부가 현금으로 회수된다는 보장이 없다. 왜냐하면 거래처의 파산, 재해발생, 채무자의 사망 및 도주 등의 이유로 매출채권의 일부 또는 전부를 회수하지 못하게 될 수도 있기 때문이다. 이렇게 매출채권 중 일부 또는 전부를 현금으로 회수하지 못하게 되는 경우에는 손실이 예상되는데, 이를 대손(bad debt)이라 한다.

매출채권을 최초 인식한 후 이에 대한 후속 측정은 대손비용의 인식과 관련된 것으로 주로 보고기간말에 이루어진다. 이하에서는 대손에 대한 회계처리 및 보고 방법에 대해 알아보기로 한다.

1 대손 회계처리의 개요

보고기간말 현재 매출채권의 대손이 예상되는 경우 대손상각비(bad debt expense)를 인식해야 한다. 대손상각비는 매출채권에 대한 손상차손의 일종으로, 대손상각비를 인식함에 있어서 회사는 일반적으로 충당금설정법(allowance method)에 따라 기록한다. 충당금설정법은 보고기간말 현재 매출채권의 대손이 예상되는 경우 기대신용손실을 추정하여 대손상각비를 인식하고, 충당금을 설정하여 매출채권의 장부금액을 간접적으로 감소시키는 방법이다.

이때 충당금의 명칭으로는 대손충당금(allowance for doubtful accounts)을 사용하며,[7] 재무상태표에 보고할 때에는 매출채권을 직접 차감시키지 않고 매출채권에서 차감하는 형식으로 표시하여 간접적으로 감소시킨다.

2 충당금설정법하에서 각 시점별 회계처리

1. 보고기간말

충당금설정법하에서 기업은 보고기간말 현재 매출채권의 대손이 예상되는 경우, 미래 경제적 상황에 대한 합리적이고 뒷받침될 수 있는 정보를 고려하여 기대신용손실을 추정한다. 기대신용손실은 ① 계약상 수취하기로 한 현금흐름과 ② 수취할 것으로 예상하는 현금흐름의 차이를 말한다. 한편, K-IFRS에서는 기대신용손실을 측정할 때 실무적 간편법을 사용할 수 있도록 하고 있으며, 실무적 간편법의 예로서 충당금 설정률표(provision matrix)를 사용한 매출채권 기대신용손실의 계산을 제시하고 있다. 이 경우 충당금 설정률표는 매 보고기간말에 과거에 관측된 채무불이행률을 갱신하고, 미래전망 추정치의 변동을 분석하여 작성된다.

보고기간말(결산일)에 매출채권의 기말잔액에 대하여 기대신용손실을 추정한 후, 기대신용손실 추정액(대손추정액)과 기대신용손실을 추정하기 직전의 대손충당금 잔액(즉, 수정전시산표상 대손충당금 잔액을 의미함)을 비교하여 6-4 와 같은 분개를 해야 한다. 다음의 어떤 경우이든 재무상태표에 보고되는 대손충당금은 매출채권의 기말잔액에 대한 기대신용손실 추정액임에 유의해야 한다. 왜냐하면 재무상태표에 기대신용손실 추정액만큼의 대손충당금을 매출채권에 차감하는 형식으로 보고해야 매출채권의 실제 가치를 정보이용자에게 제공할 수 있기 때문이다.

▶ QR코드로 배우는 회계
'기업 실적의 숨은 암초'
쉽게 이해하는 대손충당금

7) K-IFRS에서는 손상차손(impairment loss)과 손실충당금(loss allowance) 계정으로 예시하고 있으나, 실무에서는 매출채권이나 대여금과 같은 수취채권에 대한 손상차손을 대손상각비라는 용어로 회계처리하고 있으므로 본서에서는 대손상각비와 대손충당금 계정을 사용하여 설명한다.

6-4 충당금설정법하의 보고기간말 대손충당금 기록

(1) 기대신용손실 추정액 > 기대신용손실 추정 직전의 대손충당금 잔액 : 그 차이를 차변에 대손상각비, 대변에 대손충당금으로 기록한다.

(차) 대손상각비 ××× (대) 대손충당금 ×××

(2) 기대신용손실 추정액 < 기대신용손실 추정 직전의 대손충당금 잔액 : 그 차이를 차변에 대손충당금, 대변에 대손충당금환입으로 기록한다.[8)]

(차) 대손충당금 ××× (대) 대손충당금환입 ×××

이에 관한 회계처리 예를 보이면 다음과 같다. 그리고 ②의 경우에 발생하는 대손충당금환입은 영업외수익으로 표시한다.

충당금설정법하의 보고기간말 대손충당금 기록

① 결산일의 기대신용손실 추정액이 ₩100,000, 결산 직전 (수정전시산표상) 대손충당금 잔액이 ₩30,000인 경우

(차) 대손상각비 70,000 (대) 대손충당금 70,000

② 결산일의 기대신용손실 추정액이 ₩100,000, 결산 직전 (수정전시산표상) 대손충당금 잔액이 ₩120,000인 경우

(차) 대손충당금 20,000 (대) 대손충당금환입 20,000

2. 대손확정시점

충당금설정법하에서는 직전 보고기간말에 매출채권의 대손예상에 대해 미리 비용(대손상각비)을 인식하고 대손충당금을 기록하였으므로 회계기간중 실제로 대손이 확정된 시점에서는 대손충당금을 줄이고 동시에 관련 매출채권을 제거한다. 이때 대손확정액이 대손충당금 잔액보다 적은 경우에는 대손확정액만큼 대손충당금을 차변에 기록하고 매출채권을 대변에 기록하면 된다. 그러나 대손확정액이 대손충당금 잔액보다 많은 경우에는 대손충당금 잔액을 차변에 기록함과 동시에 차액(=대손확정액−대손충당금 잔액, 즉 대손충당금 부족액)을 대손상각비로 계상하고 대손확정액만큼 매출채권을 대변에 기록하여 제거한다.[9)]

8) 이와 같이 기대신용손실 추정액과 기대신용손실 추정 직전의 대손충당금 잔액을 비교하여 그 차이를 대손상각비로 추가기록하거나 또는 대손충당금을 환입하는 방법을 보충법이라 한다.

9) 대손충당금 잔액에 관계없이 대손확정액 전액을 대손충당금으로 차변에 기록할 수도 있다. 이때에는 시산표

충당금설정법하의 대손확정시 회계처리

① 대손충당금 잔액이 ₩100,000이고, 대손확정액이 ₩80,000인 경우

(차)	대손충당금	80,000	(대) 외상매출금	80,000

② 대손충당금 잔액이 ₩100,000이고, 대손확정액이 ₩130,000인 경우

(차)	대손충당금	100,000	(대) 외상매출금	130,000
	대손상각비	30,000		

3. 손상회복(대손확정 후 회수)시점

매출채권에 대하여 대손이 확정되어 대손충당금(또는 대손상각비)을 차변에 기록한 이후에 매출채권이 현금으로 회수되는 경우가 있다. 매출채권의 일부가 대손으로 확정된 경우 기업은 대손충당금(또는 대손상각비)을 차변에 기록하고 매출채권을 대변에 기록하였으므로, 대손으로 처리한 매출채권이 현금으로 회수되는 경우에는 대손확정분개를 취소(취소분개)하고 회수에 관한 분개를 한다. 그리고 전기 이전에 대손처리한 채권을 당기에 회수한 경우에도 동일한 회계처리를 한다.

충당금설정법하의 (대손)상각채권 회수시 회계처리

① 대손처리한 위 2.의 ①을 당기에 회수한 경우

(차)	외상매출금	80,000	(대) 대손충당금	80,000
(차)	현　　금	80,000	(대) 외상매출금	80,000

② 대손처리한 위 2.의 ②를 당기에 회수한 경우

(차)	외상매출금	130,000	(대) 대손충당금	100,000
			대손상각비	30,000
(차)	현　　금	130,000	(대) 외상매출금	130,000

위와 같이 대손이 확정된 후 매출채권을 복원시키고 회수에 관한 회계처리를 하는 이유는 고객의 신용을 관리하는 데 필요한 자료로 사용하기 위한 것이다. 왜냐하면 대손이 확정된 후 매출채권을 회수한 고객과 그렇지 않은 고객은 신용상에 차이가 있기 때문이다.

상 대손충당금 잔액이 차변에 발생할 수도 있는데, 이에 대해서는 다음의 [참고]를 읽어보기 바란다.

예제 6-6 충당금설정법에 의한 대손의 회계처리

다음은 12월 결산법인인 (주)대한의 회계자료 일부이다.

(1) 20×1년 12월 31일 : 외상매출금 잔액에 대한 기대신용손실 추정액이 ₩100,000인데 수정전시산표상 대손충당금 잔액이 ₩30,000이다.

(2) 20×2년 3월 30일 : 거래처 (주)민국이 파산하여 ₩80,000의 외상매출금이 회수불가능으로 판명되었다.

(3) 20×2년 5월 15일 : 3월 30일에 대손처리한 (주)민국으로부터 ₩40,000의 외상매출금을 회수하였다.

(4) 20×2년 9월 30일 : 거래처 (주)만세가 파산하여 ₩90,000의 외상매출금이 회수불가능으로 판명되었다.

(5) 20×2년 12월 31일 : 외상매출금 잔액에 대한 기대신용손실을 ₩120,000으로 추정하였다.

요구사항

(주)대한이 해야 할 회계처리를 하시오.

풀이 및 해설

	차변	금액	대변	금액
(1)	(차) 대손상각비	70,000	(대) 대손충당금	70,000

* ₩100,000(기대신용손실 추정액)－₩30,000(결산 직전 대손충당금 잔액)＝₩70,000

	차변	금액	대변	금액
(2)	(차) 대손충당금	80,000	(대) 외상매출금	80,000
(3)	(차) 외상매출금	40,000	(대) 대손충당금	40,000
	현　　금	40,000	외상매출금	40,000
(4)	(차) 대손충당금	60,000	(대) 외상매출금	90,000
	대손상각비	30,000		
(5)	(차) 대손상각비	120,000	(대) 대손충당금	120,000

* ₩120,000(기대신용손실 추정액)－₩0(결산 직전 대손충당금 잔액)＝₩120,000

참고 대손발생시 대체적 회계처리방법

본문에서는 대손발생시 대손확정액이 대손충당금 잔액보다 큰 경우에는 대손충당금 잔액을 차변에 기록함과 동시에 부족분을 대손상각비로 회계처리하였다. 이는 대손충당금계정의 차변잔액, 즉 음(－)의 잔액이 발생되는 것을 방지하기 위한 고육지책의 일환으로 개발한 방법이다. 이 방법은 회계기간중에 대손이 발생하면 대손충당금 잔액이 있는지 또한 어느 정도 있는지를 일일이 확인해야 하는 불편함이 있다. 이런 불편함을 없애려면 대손확정시 대손충당금 잔액이 대손확정액보다 적더라도 대손확정액 전액을 대손충당금으로 차변에 기록하면 된다. 이렇게 회계처리하면 대손충당금 잔액이 대변잔액이 아니라 차변잔액이 발생하여 수정전시산표상 대손충당금 잔액이 음(−)이 되는데, 이 경우 기말에 대손상각비를 인식할 때 대손충당금 차변잔액, 즉 음(−)의 잔액만큼 추가로 더 기록해 주면 된다. 이렇게 회계처리한 결과 재무제표에 표시되는 대손상각비와 대손충당금은 본문에서 설명한 방법과 동일하다.

본문의 예처럼 대손충당금 잔액이 ₩100,000인데 대손확정액이 ₩130,000이라면 다음과 같이 회계처리하며, 그 결과 결산 직전 대손충당금 잔액(수정전시산표상 대손충당금 잔액)은 (₩30,000)이 된다.

(차) 대손충당금	130,000	(대) 외상매출금	130,000

그리고 보고기간말에 매출채권 잔액에 대한 기대신용손실이 ₩20,000으로 추정된다면 다음과 같이 결산조정분개를 행하면 된다.

(차) 대손상각비	50,000	(대) 대손충당금	50,000

* ₩20,000(기대신용손실 추정액) − (₩30,000)(결산 직전 대손충당금 잔액) = ₩50,000

이렇게 되면 대손충당금 설정액 ₩50,000은 결산 직전 대손충당금 잔액 (₩30,000)과 상계되어 보고기간말의 재무상태표에는 대손충당금이 ₩20,000으로 표시된다. 결론적으로 본문의 방법이든 [참고]의 방법이든 결산조정분개의 금액만 다를 뿐 재무상태나 당기순이익에 미치는 영향에는 차이가 없다.

4. 대손충당금의 표시방법

대손충당금은 매출채권에 대한 차감적 평가계정으로 매출채권에서 차감하는 형식으로 표시함으로써 매출채권의 순실현가능가치(net realizable value : NRV)를 표시해 준다. 이를 나타내면 다음과 같다.

대손충당금의 표시방법

자 산 :			
매 출 채 권	×××		
대손충당금	(×××)	×××	←순실현가능가치

그러나 매출채권을 대손충당금을 차감한 순액으로 보고할 때에는 대손충당금의 내역을 주석으로 공시한다. 이에 대해서는 이미 제4장 제3절에서 설명한 바 있다.

예제 6-7 대손에 관한 회계처리 종합

다음은 20×1년 1월초에 설립된 (주)대한의 외상매출금과 관련된 자료이다. (주)대한은 외상매출금에 대한 대손을 충당금설정법에 의해 회계처리하고 있다.

(1) 20×1년 12월 31일(결산일) 현재 외상매출금 잔액이 ₩100,000이다. 외상매출금 잔액에 대한 기대신용손실을 추정한 결과 이 중에 ₩20,000이 회수불가능할 것으로 추정하였다.

(2) 20×2년 10월 10일 ₩16,000의 대손이 발생하였다.

(3) 20×2년 12월 31일 현재 외상매출금의 잔액은 ₩200,000인데, 기대신용손실은 ₩25,000으로 추정된다.

(4) 20×3년 5월 15일 20×1년도에 대손으로 처리한 외상매출금 중 ₩5,000이 회수되었다.

(5) 20×3년 6월 16일 ₩33,000의 대손이 발생되었다.

(6) 20×3년 12월 31일 외상매출금의 잔액은 ₩250,000인데, 외상매출금 잔액에 대한 기대신용손실을 추정하기 위해 충당금 설정률표를 이용한다. (주)대한의 20×3년 12월 31일 현재 충당금 설정률표는 아래와 같다. 충당금 설정률표는 매 보고기간말에 과거에 관측된 채무불이행률을 갱신하며, 미래전망 추정치의 변동을 분석하여 작성된다.

연체기간	외상매출금	채무불이행률
정상(외상기간 미경과)	₩140,000	1%
1~30일 연체	80,000	2%
31~90일 연체	20,000	4%
91일 초과 연체	10,000	10%

요구사항

충당금설정법에 의해 일자별 회계처리를 하시오.

풀이 및 해설

(1) (차) 대손상각비 20,000 (대) 대손충당금 20,000

* ₩20,000(기대신용손실 추정액)－₩0(설립 첫해이므로 결산 직전 대손충당금 잔액이 ₩0임)＝₩20,000

(2) (차) 대손충당금 16,000 (대) 외상매출금 16,000

(3) (차) 대손상각비 21,000 (대) 대손충당금 21,000

* ₩25,000(기대신용손실 추정액)－₩4,000(결산 직전 대손충당금 잔액)＝₩21,000만큼 설정하여 재무상태표에 대손충당금 ₩25,000이 표시되도록 한다.

(4) (차) 외상매출금 5,000 (대) 대손충당금 5,000
　　현　　금 5,000　　외상매출금 5,000

(5) (차)	대손충당금	30,000	(대) 외상매출금	33,000
	대손상각비	3,000		
(6) (차)	대손상각비	4,800	(대) 대손충당금	4,800

* 연체기간	외상매출금	채무불이행률	기대신용손실 추정액
정상(외상기간 미경과)	₩140,000	1%	₩1,400
1~30일 연체	80,000	2%	1,600
31~90일 연체	20,000	4%	800
91일 초과 연체	10,000	10%	1,000
합 계	₩250,000		₩4,800

** ₩4,800(기대신용손실 추정액) − ₩0(결산 직전 대손충당금 잔액) = ₩4,800

※ (5)의 경우 [참고]에서 설명한 방법에 의해 회계처리를 하면 다음과 같다. 그러나 재무상태나 대손상각비로 표시되는 금액은 동일하다.

(5) (차)	대손충당금	33,000	(대) 외상매출금	33,000
(6) (차)	대손상각비	7,800	(대) 대손충당금	7,800

▶ QR코드로 배우는 회계

기업의 자산이 커 보이는 매출채권은 '양날의 검'

제 6 절 어음거래와 채권 · 채무

1 약속어음의 의의

약속어음(promissory note)이란 어음의 발행인이 어음상에 기재되어 있는 지급기일에 일정 금액을 어음소지인에게 무조건 지급할 것을 약속하는 증서를 말한다. 은행으로부터 교부받는 약속어음용지의 표준양식은 다음과 같으며, 모든 은행이 통일된 양식의 약속어음용지를 사용하고 있다.

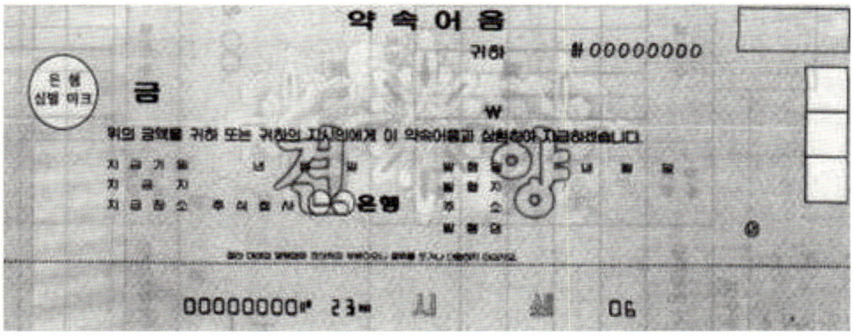

약속어음을 발행하는 자는 약속어음용지에 지급하고자 하는 금액과 일자를 기재하여 거래상대방에게 교부해야 하며, 약속한 지급기일이 도래하면 약속어음과 교환하여 현금을 지급해야 한다. 그리고 어음수취인은 어음을 타인에게 양도하거나 만기일 전에 은행에 할인하여 현금으로 전환하여 사용할 수 있다. 이런 구조로 약속어음이 발행된 경우 발행인이 채무자가 되며, 수취인 또는 소지인이 채권자가 된다.

약속어음은 만기일에 어음대금의 지급과 더불어 이자를 지급하느냐 그렇지 않느냐에 따라 이자부어음(interest-bearing note)과 무이자부어음(noninterest-bearing note)으로 분류된다. 대부분 어음은 무이자부어음이다.

이자부어음의 경우 이자율은 통상 연이자율로 표시되며, 이자는 일별로 계산되는 것이 보통이다.[10] 이자부어음의 경우 다음과 같이 이자수익을 인식한다.

10) 이자는 상관습상 1년을 360일로 간주하여 계산한다.

이자부어음의 이자수익

이자수익＝액면금액×이자율×(어음의 내용기간÷360일)

위에서 어음의 내용기간(duration period)이란 어음발행일부터 어음만기일까지의 기간을 말한다. 따라서 '60일 어음'이라 하면 내용기간은 어음발행일부터 60일째 되는 날짜까지가 될 것이다.

2 어음의 발행과 수취의 회계처리

1. 일반적 상거래에서 발생한 어음

기업의 주된 영업활동의 대상이 되는 재화나 용역을 제공하면서 약속어음을 수취한 경우에 발생되는 어음상의 채권은 받을어음으로 기록하고, 어음을 발행한 경우에 발생되는 어음상의 채무는 지급어음으로 기록한다. 그러나 재무상태표에는 각각 매출채권과 매입채무로 보고해야 한다.

이렇게 재무상태표에 받을어음과 지급어음으로 보고하지 않고 매출채권과 매입채무로 보고하는 것은 경제적 실질을 중요시하기 때문이다. 왜냐하면 매출채권(매입채무)과 받을어음(지급어음)은 일반적 상거래로 인한 채권(채무)이라는 점에서 동일하므로 경제적 실질면에서 동일하다. 다만, 어음법상 권리(책임)가 있느냐 없느냐의 차이뿐이다. 일반적으로 어음상의 채무가 통상의 외상매입금보다 지급의무의 부담이 크다.

2. 일반적 상거래 이외의 재화나 용역의 구입으로 인한 어음

건물이나 유가증권의 처분대가 및 사무실임대료 등을 회수하기 위하여 약속어음을 수취한 경우에 발생하는 어음상의 채권은 미수금으로 기록하고, 어음상의 채무는 미지급금으로 기록해야 한다. 미수금(미지급금)의 경우 회수(지급)기일이 장기이면 장기미수금(장기미지급금)으로 분류한다.

3. 자금의 융통으로 인한 어음

대여한 현금의 회수를 약속받기 위하여 약속어음을 수취한 경우에 발생하는 어음상의 채권은 회수기간의 장·단에 따라 장기대여금 또는 단기대여금으로 기록하고, 어음상의 채무는 상환기간의 장·단에 따라 장기차입금 또는 단기차입금으로 기록해야 한다. 자금의 융통으로 인한 약속어음은 차용증서의 기능과 동일하다.

예제 6-8 어음의 발행과 수취

(주)대한은 휴대폰을 제조하여 상기업에 판매하는 기업이고 (주)민국은 휴대폰을 매입하여 소비자에게 판매하는 상기업이다. 두 회사간에 다음과 같은 어음거래가 발생되었다. 두 회사 모두 일반적 상거래에 대해 외상매출금과 받을어음 및 외상매입금과 지급어음을 별도로 사용하고 있다. 그리고 두 회사 모두 실지재고조사법을 사용하고 있다.

(1) 11월 2일 (주)대한은 휴대폰을 ₩300,000에 (주)민국에 판매하고 대금은 3개월 만기 약속어음을 받다.
(2) 11월 11일 (주)대한은 장부금액 ₩400,000인 업무용 토지를 (주)민국에 ₩500,000에 처분하고 대금은 만기 1개월인 약속어음(무이자부)으로 받다. (주)민국은 영업활동에 사용할 목적으로 취득한 것이다.
(3) 12월 12일 (주)대한은 (주)민국으로부터 운영자금에 사용할 목적으로 ₩200,000을 차입하고 1년 만기 약속어음(연이자율 12%)을 발행해 주다.

요구사항

일자별로 양 회사가 행할 회계처리를 하시오.

풀이 및 해설

	(주)대한			(주)민국		
(1) 11/02 :	받을어음	300,000		매입	300,000	
	매출		300,000	지급어음		300,000
(2) 11/11 :	미수금	500,000		토지	500,000	
	토지		400,000	미지급금		500,000
	토지처분이익		100,000			
(3) 12/12 :	현금	200,000		단기대여금	200,000	
	단기차입금		200,000	현금		200,000

3 어음의 추심과 부도어음

1. 어음의 추심과 회수

어음대금을 회수하기 위해서는 어음상 채권자가 채무자에게 직접 지급을 요구할 수도 있다. 그러나 실무에서는 대부분 거래은행으로 하여금 추심을 의뢰하도록 하고 있다. 이를 위해서는 어음소지인이 거래은행에 어음을 넘겨주어야 하는데, 이를 추심위임배서라 한다.[11)]

추심위임배서란 받을어음의 대금추심(회수)을 당좌거래은행에 의뢰하기 위하여 어음의 뒷면에 기명날인한 후, 만기일 이전에 당좌거래은행에 양도하는 것을 말한다. 어음소지인이 당좌거래은행에 대금추심을 위하여 어음을 양도하더라도 만기일이 도래하기 전까지는 받을어음인 상태에 변화가 이루어지지 않으므로 추심위임배서가 이루어지는 시점에서는 어떠한 회계처리도 할 필요가 없으며, 만기일이 도래하여 결제되는 시점에 어음상의 채권을 소멸시킴과 동시에 당좌예금으로 기록해야 한다.[12)]

2. 부도어음

어음소지인은 만기일 또는 그 후 2일 이내에 어음상에 기재되어 있는 지급지에서 어음을 제시하고 어음대금의 지급을 청구할 수 있다. 이때 어음발행인의 당좌예금 잔액이 부족하여 지급 거절되는 경우를 어음의 부도라 하며, 부도가 발생하여 현금으로 교환하지 못한 어음을 부도어음(dishonored note)이라 한다. 부도가 발생하면 어음소지인은 공증인에게 의뢰하여 지급거절증서를 작성하고, 어음금액과 지급거절

---

11) 어음의 배서란 어음소지인이 만기일 이전에 어음상의 채권을 타인에게 양도하는 것을 말한다. 어음을 만기일 이전에 양도할 때에는 어음의 뒷면에 양도의 의사 및 양도자의 이름을 기재하고 날인하여 제3자에게 교부해야 하는데, 이러한 절차가 어음의 뒷면에서 이루어지기 때문에 이를 어음의 배서라 하며, 실무적으로는 어음의 이서라고도 한다. 어음상의 채권을 양도하는 자를 배서인 또는 양도인이라 하며, 어음상의 채권을 양수하는 자를 피배서인 또는 양수인이라 한다. 만기일 이전에 어음을 배서양수한 피배서인은 만기일 이전에 제3자에게 다시 배서할 수도 있고, 만기일에 발행인(지급인)에게 지급제시하여 현금으로 교환할 수도 있다. 어음의 배서는 그 목적에 따라 추심위임배서와 배서양도 및 어음의 할인으로 구분된다.

12) 어음의 배서양도란 외상매출처로부터 수취한 약속어음을 대금지급의 목적으로 어음의 뒷면에 기명날인 후, 만기일 이전에 외상매입처에 양도하는 것을 말한다.

증서 작성비용 및 만기일부터 상환일까지의 법정이자(예 : 연 6%) 등에 대한 상환청구를 어음의 발행인이나 배서인에게 할 수 있다.

어음수취인이나 거래은행이 추심을 의뢰하여 지급이 거절된 경우 대손이 확정되기 전까지는 별도의 회계처리를 하지 않아도 된다.

요약하면, 어음이 부도가 되었더라도 곧바로 대손으로 처리하는 것이 아니라 소구(회수)비용 등을 가산하여 매출채권(부도어음) 등 수취채권으로 기록해야 한다. 이후에 회수가 이루어지면 회수에 관한 분개를 하고, 회수가 불가능해지면 대손 회계처리를 하면 된다.

예제 6-9 어음의 추심과 부도어음

(주)대한은 휴대폰을 제조하여 상기업에 판매하는 기업이고 일반적 상거래에 대해 외상매출금과 받을어음 계정을 별도로 사용하고 있다.

(1) 10월 10일 (주)대한은 휴대폰을 ₩300,000에 (주)민국에 판매하고 대금은 2개월 만기 약속어음을 받다.

(2) 11월 11일 (주)대한은 장부금액 ₩400,000인 업무용 토지를 ₩500,000에 처분하고 대금은 만기 1개월인 약속어음(무이자부)으로 받다.

(3) (주)대한은 (1)과 (2)의 어음이 만기가 되어 12월 8일 거래은행에 추심을 의뢰하다. 12월 12일에 (1)의 어음은 대금이 결제되었다는 통지를 받다. 그러나 (2)의 어음은 부도로 판명되었다는 연락을 12월 15일에 받다.

요구사항

각 일자에 (주)대한이 행할 회계처리를 하시오.

풀이 및 해설

(1) 10/10 :	(차) 받을어음	300,000	(대) 매출		300,000
(2) 11/11 :	(차) 미수금	500,000	(대) 토지		400,000
			토지처분이익		100,000
(3) 12/08 :	(회계처리 없음)				
12/12 :	(차) 현금(당좌예금)	300,000	(대) 받을어음		300,000
12/15 :	분개를 하지 않고 부도어음이라는 사실을 비망기록(메모)한다.				

제 7 절 기타의 수취채권

기타의 수취채권은 기업의 주된 영업활동과 관련 없는 거래에서 발생된 채권을 말한다. 또한, 거래의 특성상 어느 기업에서의 수취채권은 다른 기업에는 지급채무로 표시된다. 기타 채권과 채무는 6-5 와 같은 유형으로 나누어진다. 지급채무에 대해서는 제9장에서 설명한다.

6-5 기타 채권과 채무의 분류

거래내용	채 권	채 무
① 상품 이외의 자산매매	미 수 금	미 지 급 금
② 임대료 등 수익의 미수·비용의 미지급	미 수 수 익	미지급비용
③ 임차료 등 비용의 선급·수익의 선수	선 급 비 용	선 수 수 익
④ 현금의 대여와 차입 거래	대 여 금	차 입 금
⑤ 상품 매매계약대금의 선지급·선수	선 급 금	선 수 금
⑥ 거래내용의 미확정	가 지 급 금	가 수 금

1 미수금과 미수수익 및 선급비용

미수금이란 상품 이외의 자산인 유형자산이나 유가증권 등을 처분하였으나 그 대가를 미래에 받기로 한 경우 또는 용역 제공을 완료하고 계약상의 지급기일이 경과하여 법률적으로 받을 권리가 확정되었으나 아직 대가를 받지 못한 경우에 발생하는 채권을 말한다.

미수수익이란 일정 기간 계속 제공하는 용역에 대하여 이미 당기에 기간의 경과로 인하여 가득은 되었으나, 아직 계약상의 수취시기가 도래하지 않아 용역대가를 받을 권리가 법적으로 확정되지 않은 수익을 말한다. 예를 들어, 당기에 기간의 경과로 인하여 가득은 되었으나 계약상의 수취시기가 도래하지 않아 받지 못한 건물임대료, 이자수익 등이 미수수익에 속한다.

선급비용이란 일정 기간 동안 계속하여 용역을 제공받기로 약정하고 미리 대가를 지급한 이자, 임차료, 수수료 등의 비용 중에서 결산일 현재 용역을 제공받지 못한 부분에 대한 채권을 말한다.[13] 즉, 선급비용은 일정한 계약에 따라 계속적으로 용역을 제공받는 경우 이미 용역대가는 지급하였으나, 결산일 현재 아직 용역을 제공받지 못하여 당기의 비용으로 인식하지 않고 차기의 비용으로 인식해야 할 부분을 말한다. 선급비용은 선급금과는 구별되어야 하는데, 선급금은 상품매입에 따른 대가의 선급액을 말한다.

2 단기대여금과 선급금

단기대여금이란 단기간(1년) 내에 회수하기로 하고 현금을 대여해 준 채권을 말한다. 대여금은 대여기간의 장·단에 따라 단기대여금과 장기대여금으로 분류된다. 즉, 회수기일이 결산일로부터 1년 내에 도래하면 단기대여금으로 기록하고, 1년 이후에 도래하면 장기대여금으로 기록해야 한다. 따라서 장기대여금일지라도 최종 회수일 직전의 회계기간에는 유동자산으로 재분류해야 하며, 장기간 분할로 상환받는 대여금도 결산일로부터 1년 내에 상환받을 예정인 금액은 유동자산으로 재분류해야 한다. 또한 대여금에서 발생되는 이자는 발생주의에 의거하여 이자수익으로 계상한다.

선급금이란 매입자가 상품의 매매계약을 확실히 이행하기 위하여 미리 대금의 일부를 지급한 경우에 발생되는 것으로, 상품을 받을 권리가 있다.

예제 6-10 기타의 채권

(주)대한은 전제품을 제조하여 판매하는 회사이고 (주)민국은 이를 매입하여 판매하는 상기업이다. 두 회사 모두 결산일은 12월 31일이다.

(1) 8월 8일 (주)대한은 장부금액 ₩20,000인 토지를 (주)민국에 ₩17,000에 외상으로 판매하다.

(2) 10월 1일부터 (주)대한은 (주)민국에 건물을 임대하기로 하고 대금은 매년 9월 30일

---

13) 선급비용과 선급금은 기타채권으로 분류하였는데, 엄밀한 의미에서 현금을 수취할 수 있는 권리가 있는 것은 아니다. 따라서 이들 항목은 미수금과 대여금 및 미수수익과 성격면에서 차이가 있다. 미수금과 대여금 및 미수수익은 금융자산으로 분류되지만, 선급비용과 선급금은 비금융자산으로 분류되며 일종의 비금전채권이라 할 수 있다.

에 후불로 받기로 하다. 임대료는 연 ₩24,000이다.

(3) 11월 1일부터 (주)대한은 (주)민국의 특허권을 사용하기로 하고 동 일자로 연간 사용료 ₩12,000을 현금으로 지급하다. 현금 지급(수취)시 자산(부채)계정을 사용한다.

(4) 11월 20일 (주)대한은 (주)민국에 6개월 후에 회수하기로 하고 ₩80,000의 운영자금을 빌려주다.

(5) 12월 9일 (주)대한은 (주)민국에 상품을 판매하기로 하고 계약금 명목으로 미리 ₩60,000의 현금을 수취하다.

요구사항

두 회사가 행할 회계처리를 하시오.

풀이 및 해설

* 지급채무에 관한 회계처리는 제9장을 참고하기 바란다.

	(주)대한			(주)민국		
(1) 8/08 :	미 수 금	17,000		토 지	17,000	
	토지처분손실	3,000		미 지 급 금		17,000
	토 지		20,000			
(2) 10/01 :	(분개 없음)			(분개 없음)		
12/31 :	미 수 수 익	6,000		임 차 료	6,000	
	임 대 료		6,000	미지급비용		6,000
(3) 11/01 :	선 급 비 용	12,000		현 금	12,000	
	현 금		12,000	선 수 수 익		12,000
12/31 :	로열티비용	2,000		선 수 수 익	2,000	
	선 급 비 용		2,000	로열티수익		2,000
(4) 11/20 :	단기대여금	80,000		현 금	80,000	
	현 금		80,000	단기차입금		80,000
(5) 12/09 :	현 금	60,000		선 급 금	60,000	
	선 수 금		60,000	현 금		60,000

♣ (주)농심의 중요한 회계정책 주석사항(일부)

- 현금및현금성자산 : 당사는 통화 및 타인발행수표 등 통화대용증권과 당좌예금 및 확정된 금액으로의 현금전환이 용이하고 가치변동의 위험이 중요하지 아니한 투자자산으로서 취득 당시 만기일이 3개월 이내인 것을 현금및현금성자산으로 계상하고 있습니다.
- 매출채권 : 매출채권은 정상적인 영업과정에서 판매된 재화 및 제공된 용역과 관련하여 고객으로부터 수취할 금액입니다. 매출채권의 회수가 1년 이내에 예상되는 경우 유동자산으로 분류하고 그렇지 아니한 경우 비유동자산으로 분류합니다. 매출채권은 최초에 공정가치로 인식하며, 유효이자율을 적용한 상각후원가에 대손충당금을 차감한 금액으로 측정하고 있습니다.

현금및현금성자산, 수취채권

재무제표 공시 사례

1.

재무상태표

제58(당)기 2021년 12월 31일 현재
주식회사 농심 제57(전)기 2020년 12월 31일 현재 (단위 : 원)

과 목	제58(당)기	제57(전)기
자 산		
I. 유동자산	748,863,157,788	701,908,303,950
현금및현금성자산	9,024,655,891	93,937,356,729
매출채권	167,117,793,365	162,063,629,188
기타채권	16,079,266,745	14,495,030,406
기타유동자산	12,433,976,966	5,371,349,105

2. 주석 5. 현금및현금성자산

보고기간종료일 현재 현금및현금성자산의 내역은 다음과 같습니다. (단위 : 천원)

구 분	당기말	전기말
현금 및 보통예금	9,024,656	9,737,357
기타예금	–	84,200,000
합 계	9,024,656	93,937,357

3. 주석 7. 매출채권

보고기간종료일 현재 매출채권의 약정회수기일기준 연령분석은 다음과 같습니다.

(단위 : 천원)

구 분	당기말	전기말
만기미도래	163,580,370	159,551,938
만기경과 미손상금액 :		
6개월 이하	3,432,822	2,381,611
6개월 초과 12개월 이하	2,137	36,422
12개월 초과	102,464	93,658
소 계	3,537,423	2,511,691
합 계	167,117,793	162,063,629

Epilogue

본장부터는 자산계정에 대해 공부하게 된다. 각각의 자산계정에서는 정의와 측정 문제가 가장 중요하다. 왜냐하면 이 두 가지를 알아야만 자산의 분류 문제와 재무상태표에 보고할 금액이 결정되기 때문이다. 회계원리에서는 자산의 정의와 취득시 측정(최초 측정)에 대해서 다루고 복잡한 후속 측정에 대해서는 주로 중급회계에서 다룬다.

또한 본장에서는 현금및현금성자산과 수취채권의 인식 및 측정 문제를 다루었다. 이들 모두 금융자산이다. 회계원리에서는 본장의 내용 정도는 이해하고 있어야 한다. 즉, 현금및현금성자산계정에서는 소액현금의 운용과 회계처리 및 은행계정조정방법이다. 그러나 4위식 은행계정조정표인 현금검증표는 중급회계에서 다룬다. 수취채권에서는 매출채권의 금액 결정과 대손의 회계처리, 어음의 발행과 수취에 대한 회계처리방법을 이해해야 한다.

종합사례

CHAPTER 6

다음은 12월 결산법인인 (주)대한의 회계자료로부터 발췌한 내역이다.

(1) 20×1년도에 발생한 거래는 다음과 같다.

① 장부금액 ₩50,000인 토지를 ₩80,000에 처분하여 ₩20,000은 타인발행수표로 수취하고 나머지는 외상으로 하다.

② 20×1년도 발생된 이자수익 ₩30,000을 아직 회수하지 않고 있다.

③ 20×2년도에 해당하는 임차료 ₩40,000을 자기앞수표로 지급하다.

④ 상품 ₩60,000을 매입하기로 하고 계약금으로 당좌수표를 발행하여 지급하다. 상품은 20×2년도에 도착할 예정이다.

⑤ 상품을 ₩90,000에 판매하여 ₩50,000은 현금을 수취하고 나머지는 약속어음을 받다.

(2) 다음은 20×1년 12월 31일 현재 (주)대한의 원장상의 당좌예금잔액은 ₩815,000이나 은행의 잔액증명서상의 잔액은 ₩856,000이다. 차이가 발생된 원인은 다음과 같다.

① (주)대한은 12월 29일에 현금 ₩15,000을 당좌예입하였으나 은행은 20×2년 1월 2일자로 예입처리하였다.

② (주)대한은 (주)민국으로부터 받은 수표 ₩32,000을 은행에 당좌예입하였으나 은행은 착오로 아직 예입으로 처리하지 않았다.

③ (주)대한이 매입채무의 결제를 위해 수표를 발행하였으나 수표소지인의 지급제시가 없어 은행에서 아직 인출되지 않은 금액이 ₩13,000이다.

④ 12월 30일에 (주)만세에 대한 단기대여금 ₩35,000이 은행에 당좌예입되었으나, 이 사실의 통지가 없어 (주)대한은 아직 이에 대한 회계처리를 하지 않았다.

⑤ 12월 30일 만기인 받을어음 ₩19,000이 추심되어 당좌예금에 입금되었으나 (주)대한은 이를 통지받지 못하여 아직 회계처리하지 않았다.

⑥ 당좌거래 수수료 ₩3,000을 은행에서는 (주)대한의 당좌예금잔액에서 직접 차감하였지만 (주)대한은 아직 이에 대한 회계처리를 하지 않았다.

⑦ (주)대한은 12월 28일 외상매출금을 회수하여 당좌예금에 입금한 수표 ₩70,000을 ₩22,000으로 잘못 기록하였다.

⑧ 비품 처분대가로 받아 12월 27일 은행에 당좌예입한 수표 ₩24,000이 지급이 거절되었으나 (주)대한은 아직 차감하는 회계처리를 하지 않았다.

(3) 20×1년 12월 10일 거래처의 파산으로 외상매출금 ₩65,000이 회수가 불가능한 것으로 밝혀졌다. 당시 대손충당금계정 잔액은 ₩100,000이다. 20×1년 12월 31일 현재 외상매출금에 대한 기대신용손실은 ₩150,000으로 추정된다.

(물음 1) (1)의 거래와 관련하여 (주)대한이 행할 회계처리를 하시오.

(물음 2) (2)의 자료에 근거하여 ① 은행계정조정표를 작성하고, ② (주)대한이 행할 회계처리를 하시오.

(물음 3) (3)과 관련하여 (주)대한이 20×1년 12월에 행할 회계처리를 모두 하시오.

(물음 4) (3)의 자료에서 20×1년 12월 31일 현재 외상매출금에 대한 기대신용손실이 ₩20,000으로 추정되는 경우에 (주)대한이 행할 회계처리를 하시오.

풀이 및 해설

(물음 1)

	차변			대변	
① (차)	현 금	20,000	(대)	토 지	50,000
	미 수 금	60,000		토지처분이익	30,000

* 상품의 매매가 아니므로 미수금계정을 사용한다.

	차변			대변	
② (차)	미 수 수 익	30,000	(대)	이 자 수 익	30,000

* 수익의 발생에 해당하는 회계처리이다.

	차변			대변	
③ (차)	선 급 비 용	40,000	(대)	현 금	40,000

* 비용의 선급이므로 선급비용계정으로 처리한다.

	차변			대변	
④ (차)	선 급 금	60,000	(대)	현 금	60,000

* 상품이나 유형자산 등의 취득을 위해 미리 지급한 금액은 선급금계정을 사용한다.

	차변			대변	
⑤ (차)	현 금	50,000	(대)	매 출	90,000
	받 을 어 음	40,000			

(물음 2)

① 은행계정조정표 작성

은행계정조정표

(1) 회사측 조정			(2) 은행측 조정		
회사 장부상 잔액		₩815,000	잔액증명서상 잔액		₩856,000
가 산 :	④ 미통지예금	35,000	가 산 :	① 은행미기입예금	15,000
	⑤ 추심어음입금	19,000		② 은행측(미기입) 오류	32,000
	⑦ 기장오류	48,000			
차 감 :	⑥ 수수료비용	(3,000)	차 감 :	③ 기발행미인출수표	(13,000)
	⑧ 부도수표	(24,000)			
조정 후 잔액		₩890,000	조정 후 잔액		₩890,000

② 수정분개

(주)대한은 은행계정조정표를 작성하면서 ④ 내지 ⑧의 사항에 대하여 다음과 같은 수정분개를 해야 한다. ① 내지 ③의 사항들은 은행측과 관련이 있으므로 수정분개 대상에 포함되지 않는다. 그리고 부도수표는 별도계정으로 구분하여 회계처리할 수도 있다.

(차)	수수료비용	3,000	(대)	당좌예금	3,000
(차)	미 수 금	24,000	(대)	당좌예금	24,000
(차)	당좌예금	35,000	(대)	단기대여금	35,000
(차)	당좌예금	19,000	(대)	받을어음	19,000
(차)	당좌예금	48,000	(대)	외상매출금	48,000

또는 다음과 같이 통합하여 하나의 분개로 표시해도 된다.

(차)	수수료비용	3,000	(대)	단기대여금	35,000
	미 수 금	24,000		받을어음	19,000
	당좌예금	75,000		외상매출금	48,000

(물음 3)

① 20×1년 12월 10일

(차)	대손충당금	65,000	(대)	외상매출금	65,000

* 대손충당금 잔액이 충분하므로 대손충당금을 차변에 기록하고 해당 외상매출금을 제거한다. 만약, 대손충당금 잔액보다 대손발생액이 더 큰 경우에는 차액만큼 대손상각비를 차변에 기록한다.

② 20×1년 12월 31일

(차)	대손상각비	115,000	(대)	대손충당금	115,000

* ₩150,000(기대신용손실 추정액) − ₩35,000(결산 직전 대손충당금 잔액) = ₩115,000

(물음 4)

(차)	대손충당금	15,000	(대)	대손충당금환입	15,000

* ₩20,000(기대신용손실 추정액) − ₩35,000(결산 직전 대손충당금 잔액) = (₩15,000)
기대신용손실 추정액보다 결산 직전의 대손충당금 잔액이 더 크므로 차액(초과분)을 대손충당금환입(기타수익)으로 처리한다.

연습문제

CHAPTER 6

1 [진위형] 다음 서술이 옳으면 T, 옳지 않으면 F를 기재하시오.

(1) 현금및현금성자산으로 보고되는 항목에는 당좌예금이 포함되지 않는다.

(2) 현금성자산이 되기 위해서는 확정된 금액에 현금으로 전환이 용이하며, 가치변동의 위험이 중요하지 않을 뿐만 아니라 결산일 현재 만기가 3개월 이내이어야 한다.

(3) 현금시재액이 장부상 잔액보다 많을 때에는 현금과부족계정의 차변에 기록한 다음 원인을 파악하여 대체한다.

(4) 기발행미인출수표는 회사측 잔액에서 가산하여 정확한 잔액을 산출한다.

(5) 신용카드판매로 인하여 은행에 지급하는 수수료는 매출액의 차감으로 표시한다.

(6) 충당금설정법에서는 대손충당금 잔액을 고려하여 기대신용손실 추정액과의 차이만을 추가로 설정 또는 환입한다.

(7) 충당금설정법에서 대손처리한 수취채권이 회수된 경우에는 대손충당금계정을 복원시키고 회수에 대한 회계처리를 행한다.

(8) 어음이 부도가 된 경우에는 즉시 부도처리하여 손실로 처리한다.

2 [완성형] 다음 괄호 안에 가장 적절한 용어를 넣으시오.

(1) (　　　)이란 교환의 매개물로서 재화를 구입하거나 단기채무의 결제에 즉시 사용될 수 있는 경제적 자원을 의미한다.

(2) 당좌수표나 자기앞수표 등과 같이 언제든지 자유로이 통화로 교환할 수 있는 권리가 부여되어 교환의 매개물 또는 결제수단으로 사용될 수 있는 증서를 (　　　)이라 한다.

(3) 현금성자산이 되기 위해서는 (　　　) 현재 만기가 3개월 이내이어야 하며, 대부분의 지분상품은 현금성자산으로 분류되지 않는다.

(4) 기업의 자산을 보호하고, 재무자료의 정확성과 신뢰성을 보장하며, 영업활동을 원활히 하기 위하여 기업이 취하는 모든 절차 및 조직을 (　　　)라 한다.

(5) 기업이 고객에게 신용으로 상품이나 기타 자산을 판매하거나 용역을 제공함으로써, 또는 자금 등을 타 기업이나 개인에게 대여해 줌으로써 회수할 권리가 있는 자산을 (　　　)이라 한다.

(6) 기업의 재무상태표에는 일반적 상거래에서 발생하는 외상매출금과 받을어음을 통합하여 (　　　)으로 보고한다.

(7) 거래처가 채무상환에 불성실하거나 파산 등의 이유로 기업이 수취채권을 현금으로 회수할 수 없는 경우에는 손실이 발생하게 되는데, 이를 (　　　)이라 한다.

(8) 대손충당금은 수취채권에 대한 차감적 평가계정으로 당해 수취채권가액에서 차감하는 형식으로 표시함으로써 수취채권의 (　　　)를 표시해 준다.

3 [선다형] 다음 물음에 가장 타당한 답을 하나만 선택하시오.

(1) 다음 중 현금및현금성자산에 포함되지 않는 것은?

① 통화대용증권　② 소액현금(petty cash fund)
③ 당좌예금　④ 당좌개설보증금
⑤ 지점전도금

(2) 하나회사는 회계기간말에 금고를 실사하여 다음과 같은 자료를 얻었다. 재무상태표에 표시할 현금및현금성자산은 얼마인가?

(1) 통 화	₩625,400	(2) 우 표	₩8,200
(3) 타인발행 수표	1,320,000	(4) 타인발행 약속어음	1,270,000
(5) 배당금지급통지표	325,000	(6) 만기 도래한 국공채이자표	350,000
(7) 직원 단기대여금	100,000		

① ₩3,998,600　② ₩3,898,400　③ ₩2,628,600
④ ₩2,620,400　⑤ ₩2,295,400

(3) 회계원장상 기말의 현금잔액은 ₩120,000인 반면 실제 보유하고 있는 현금은 ₩150,000으로 ₩30,000의 차이가 있음을 발견하였다. 이 경우 적절한 회계처리 방법은?

① 경리직원은 이 차이 금액에 대해 메모만 해둔다.
② 우선 현금과부족으로 대체하는 회계처리를 한다.
③ ₩30,000을 잡이익으로 회계처리한다.
④ ₩30,000을 잡손실로 회계처리한다.
⑤ 재무상태표에는 원장의 잔액만큼 보고하면 된다.

(4) 은행계정조정표상의 은행측 현금과 예금계정을 조정하는 데 사용된 다음 항목 중에서 회사측 장부에 수정분개를 필요로 하지 않는 것은?

① 부도수표　② 은행미기입예금(deposit in transit)
③ 은행이 회수한 받을어음　④ 은행수수료
⑤ 회사측의 기장 오류

(5) (주)대한은 20×6년 12월 31일 현재 회사의 당좌예금계정 잔액과 은행의 당좌예금 잔액증명서상의 잔액간 불일치를 조정하여 정확한 잔액을 ₩42,000으로 일치시켰다. 조정 전 잔액 불일치의 원인은 다음과 같다. 잔액 조정 전 (주)대한의 당좌예금 계정 잔액은 얼마인가?

기발행 미인출수표	₩6,000	입금 후 부도처리된 수표	₩3,000
회사 입금액 중 은행측 미기입액	1,000	은행수수료 회사측 미기입액	500

① ₩38,500 ② ₩39,500 ③ ₩42,500
④ ₩45,000 ⑤ ₩45,500

(6) 충당금설정법하에서 특정 고객의 외상매출금이 회수불가능한 것으로 판명되었을 때의 회계처리 영향으로 옳은 것은? (단, 충당금 잔액은 회수불가능 채권보다 크다)

ⓐ 자본 총액은 변동이 없다. ⓑ 자산 총액은 변동이 없다.
ⓒ 비용은 증가하지 않는다.

① ⓐ ② ⓐ와 ⓒ ③ ⓐ와 ⓑ
④ ⓐ, ⓑ, ⓒ 모두 ⑤ 없 음

(7) 외상매출금 잔액을 기준으로 기대신용손실을 추정할 때, 총외상매출금에 대한 기대신용손실 추정액과 동일한 금액은?
① 포괄손익계산서에 보고되는 대손상각비
② 재무상태표에 보고되는 대손충당금 잔액
③ 당해 기간 동안 대손충당금 변동액
④ 직전의 대손충당금 잔액
⑤ ②에서 ④를 차감한 금액

(8) (주)대한은 기말 외상매출금 잔액의 채무불이행률을 분석한 결과, 수취할 것으로 예상되는 현금흐름이 ₩2,000,000으로 추정되었다. 외상매출금과 관련한 추가적인 정보는 다음과 같다. 회사가 결산조정분개시 기록해야 할 대손상각비는 얼마인가?

대손충당금 기초잔액	₩200,000
당기의 대손확정분	150,000
외상매출금 기말잔액	2,300,000
당기 대손확정된 외상매출금의 회수분	50,000

① ₩150,000 ② ₩200,000 ③ ₩250,000
④ ₩300,000 ⑤ ₩350,000

4 [현금의 범위] 다음 항목 중 재무상태표에 표시될 현금및현금성자산은 얼마인가?

통 화	₩1,400,000	수입인지	₩30,000
배당금지급통지표	2,500,000	우편환증서	20,000
거래처발행 가계수표	740,000	소액현금	130,000
차용증서	50,000	선일자수표	2,000,000

5 [현금계정 관련 분개] 다음을 당좌예금계정과 소액현금 등의 계정을 별도로 사용하여 회계처리하시오.

(1) (주)대한으로부터 상품 ₩1,200을 매입하고, 대금은 (주)민국으로부터 받은 수표 ₩1,000과 보유하고 있던 자기앞수표로 지급하다.
(2) (주)대한에 상품 ₩2,000을 매출하고, 대금 중 ₩1,500은 (주)대한이 발행한 수표로 받고, 잔액은 당사가 발행·교부하였던 수표로 받다.
(3) (주)대한으로부터 받은 자기앞수표 ₩2,000을 신한은행에서 현금으로 교환하다.
(4) 현금실제액은 ₩1,700이고 현금출납장의 잔액은 ₩2,000으로 차이가 있어 현금부족액의 원인을 조사중이다.
(5) 위 부족액의 원인을 조사한바 여비교통비로 ₩200을 지급한 내용이 기록되지 않은 것으로 판명되었고 나머지는 결산일까지 원인을 찾지 못하였다.
(6) 현금실제액이 장부잔액보다 ₩3,000이 많아 그 원인을 조사중이다.
(7) 위의 현금과잉액 중 ₩2,000은 이자수익의 기입누락임이 판명되었고 잔액에 대하여는 결산일까지 원인을 밝혀내지 못하였다.
(8) 국민은행과 당좌거래계약을 맺고 현금 ₩5,000을 당좌예입하다.
(9) (주)대한으로부터 상품 ₩3,000을 매입하면서 대금 중 ₩2,000은 국민은행 앞 당좌수표를 발행하여 지급하고, 잔액은 외상으로 하다.
(10) 12월 31일(결산일)에 (주)민국으로부터 상품 ₩5,000을 매입하고 대금은 수표를 발행하여 지급하다. 당좌예금잔액은 ₩4,000이며 당좌차월한도액은 ₩3,000이다.

6 [은행계정조정] (주)대한은 9월 30일에 당좌예금계정의 잔액을 확인하기 위하여 은행에 조회한 결과 잔액증명서상의 잔액이 ₩12,500이라는 사실을 알았다. 그러나 동 일자의 회사장부상 당좌예금잔액은 ₩6,750으로 기록되어 있었다. 그 차이의 원인을 조사한바 다음과 같은 사실을 알아냈다.

> ① 9월 30일에 당좌예입한 현금 ₩950이 은행에서는 아직 예입처리되지 않았다.
> ② 9월 29일에 당좌예입한 수표 ₩2,000이 부도처리되었으나 아직 회사는 이 사실을 알지 못하고 있다.
> ③ 회사가 수표를 발행하였으나 수표소지인의 지급청구가 없어 아직 은행에서는 인출되지 않은 금액이 ₩7,750이다.
> ④ 은행잔액에는 포함되어 있으나 회사장부에는 아직 기록되어 있지 않은 사항으로 다음과 같은 것들이 있다.
>
> | | |
> |---|---:|
> | 외상거래처의 미통지입금액 | ₩1,200 |
> | 추심어음입금액 | 200 |
> | 은행차입금이자 미기입액 | 450 |

(물음 1) 은행계정조정표를 작성하시오.

(물음 2) 회사가 행할 수정분개를 하시오.

7 [기타의 수취채권] 다음 거래를 회계처리하시오.

(1) 종업원의 출장비로 ₩2,000을 현금으로 지급하다.

(2) 출장 간 종업원으로부터 여비를 정산하고 잔액 ₩400을 현금으로 회수하다.

(3) 취득원가 ₩5,000인 건물이 소실되어 보험금을 청구하다. 이 건물의 감가상각누계액은 ₩1,500이다. 따라서 건물의 장부금액은 ₩3,500이다.

(4) 보험회사로부터 보험금으로 ₩3,200을 회수하다.

(5) (주)대한에 상품 ₩5,000을 주문하고 계약금으로 ₩2,000을 수표를 발행하여 지급하다.

(6) 종업원에게 급여 ₩5,000을 가불해 주다.

(7) 당월 급여 ₩15,000을 지급하면서 위의 가불금과 소득세 ₩400을 차감한 잔액을 현금으로 지급하다.

(8) 장부금액 ₩40,000인 토지를 ₩50,000에 처분하고, 대금은 다음 달에 받기로 하다.

(9) 다음 회계연도의 임차료 ₩60,000을 미리 현금으로 지급하다.

(10) 당기의 임대료 ₩40,000이 발생되었으나 받기로 한 날짜는 다음 연도 2월말이다.

(11) (주)민국에 ₩50,000을 대여해 주고 ₩20,000은 1년 이내에, 나머지는 2년 후에 회수하기로 하다.

8 [충당금설정법 1] 다음은 (주)대한의 20×1년말 수정전시산표의 일부이다. (주)대한이 검토한 결과 외상매출금에 대한 기대신용손실은 ₩60,000으로 추정된다.

수정전시산표

(주)대한 20×1년 12월 31일 현재 (단위 : 원)

차변	금액	대변	금액
현 금	₩520,000	외상매입금	₩100,000
외상매출금	300,000	차 입 금	180,000
대손상각비	10,000	대손충당금	20,000
		매 출 액	560,000

(물음 1) 20×1년말 현재 재무상태표상에 표시될 대손충당금은 얼마인가?

(물음 2) 20×1년도 포괄손익계산서상에 표시될 대손상각비는 얼마인가?

(물음 3) 20×1년말 현재 재무상태표상의 매출채권의 장부금액은 얼마인가?

9 [충당금설정법 2] 다음을 구하시오.

(1) (주)미래의 20×1년초 재무상태표상의 대손충당금 잔액은 ₩20,000이다. 20×1년중에 외상매출금 중 ₩30,000이 회수불가능으로 판명되어 장부에서 모두 제거하였다. (주)미래의 20×1년말 현재 외상매출금 총액은 ₩300,000이며, 기대신용손실을 반영할 경우 외상매출금의 현재가치는 ₩280,000이다. 20×1년도 포괄손익계산서에 반영할 대손상각비를 구하면 얼마인가?

(2) (주)청송의 20×1년초 재무상태표상의 대손충당금 잔액은 ₩20,000이다. 20×1년중에 대손확정액(전기발생 외상매출금에 대한)이 ₩10,000이며, 20×1년 결산과정에서 인식한 대손상각비는 ₩5,000이다. (주)청송의 20×1년말 외상매출금의 순장부금액이 ₩120,000일 때 20×1년말 대손충당금 차감 전 외상매출금 잔액을 구하면 얼마인가?

10 [충당금설정법/연령분석법] (주)대한은 외상매출금 잔액 ₩100,000에 대한 기대신용손실을 추정하기 위해 충당금 설정률표를 이용한다. (주)대한의 충당금 설정률표는 아래와 같다. 충당금 설정률표는 매 보고기간말에 과거에 관측된 채무불이행률을 갱신하며, 미래전망 추정치의 변동을 분석하여 작성된다.

연체기간	외상매출금	채무불이행률
정상(외상기간 이내)	₩40,000	1%
5개월 이내 연체	30,000	2%
5~10개월 연체	20,000	3%
10개월 초과 연체	10,000	10%

결산 직전 대손충당금 잔액이 다음과 같은 경우 필요한 회계처리를 하시오.

(1) 대손충당금 잔액이 없는 경우
(2) 대손충당금 잔액이 ₩3,000인 경우
(3) 대손충당금 잔액이 ₩2,000인 경우
(4) 대손충당금 잔액이 (₩500)인 경우

11 [대손상각 종합문제] 다음은 (주)대한의 20×2년 외상매출금과 관련된 정보이다. 20×1년 12월 31일 현재 대손충당금의 잔액은 ₩20,000이다.

(기중자료)

① 20×2년 3월에 외상매출금 ₩15,000이 회수불가능한 것으로 판명되었다.
② 20×2년 5월에 외상매출금 ₩8,000이 회수불가능한 것으로 판명되었다.
③ 20×2년 6월에 외상매출금 ₩5,000이 회수불가능한 것으로 판명되었다.
④ 20×2년 7월에 전기에 대손처리하였던 외상매출금 ₩2,000이 다시 회수되었다.
⑤ 20×2년 9월에 당기 6월에 대손처리하였던 외상매출금 ₩5,000이 다시 회수되었다.
⑥ 20×2년 10월에 당기 5월에 대손처리하였던 외상매출금이 다시 회수되었다.

(기말 추가자료)

a. (주)대한의 20×2년 12월 31일 현재 외상매출금의 잔액이 ₩243,000이었다.
b. (주)대한은 외상매출금에 대한 기대신용손실을 추정하기 위해 충당금 설정률표를 이용한다. (주)대한의 충당금 설정률표는 아래와 같다. 충당금 설정률표는 매 보고기간 말에 과거에 관측된 채무불이행률을 갱신하며, 미래전망 추정치의 변동을 분석하여 작성된다.

연체기간	외상매출금	채무불이행률
정상(외상기간 이내)	₩100,000	1%
90일 이내 연체	50,000	3%
91일~120일 연체	20,000	5%
121일~200일 연체	60,000	10%
200일 초과 연체	13,000	100%

(물음) 충당금설정법에 따라 회계처리하시오.

CHAPTER 7

재고자산

일러두기 ●●● 본장에서는 상품과 같이 판매를 목적으로 보유하고 있는 재고자산의 회계처리에 대해 알아보기로 한다. 재고자산의 회계처리는 취득원가의 결정, 수량파악과 단가 산정을 통한 매출원가와 기말재고의 배분, 그리고 기말재고자산의 평가와 관련된 내용을 숙지해야 한다. 재고자산은 상품매매기업의 주된 수익창출원이므로 회계적 측면뿐만 아니라 경영관리적 측면에서도 매우 중요한 자산이다. 따라서 독자들은 본장에서 다루는 내용을 반드시 숙지하기 바란다.

주요 용어 ●●● 재고자산, 판매가능원가, 매출원가, 기말재고, 계속기록법, 실지재고조사법, 원가흐름가정, 선입선출법, 후입선출법, 평균법, 재고자산감모손실, 재고자산평가손실

현장사례

제품이 안 팔린다… 재고자산이 쌓이고 있는 기업들

삼성전자는 TV 등 영상기기 생산라인 가동률을 1분기 84.3%에서 2분기 63.7%로, 휴대폰 라인 가동률을 81.0%에서 70.2%로 낮췄다. 코로나19 특수가 끝나고 경기 침체에 따른 '소비절벽'이 현실화되면서 가동률을 하향 조정했다는 설명이다. 같은 기간 LG전자도 냉장고(127%→119%)와 세탁기(99%→81%), 에어컨(129%→108%) 등 생활가전 라인의 2분기 가동률을 전 분기보다 낮췄다.

통계청에 따르면 지난 6월 기준 제조업 재고율(재고/출하)은 124.6%로, 전월 대비 10.3%포인트 상승했다. 재고율은 기업 재고를 시장에 내다 판 제품의 양으로 나눈 값이다. 팔리지 않고 쌓인 재고가 얼마나 되는지를 보여주는 지표다. 코로나19 직후인 2020년 5월 128.6% 이후 25개월 만에 가장 높은 수치다. 외환위기 때인 1998년 8월(133.2%)에 육박한다.

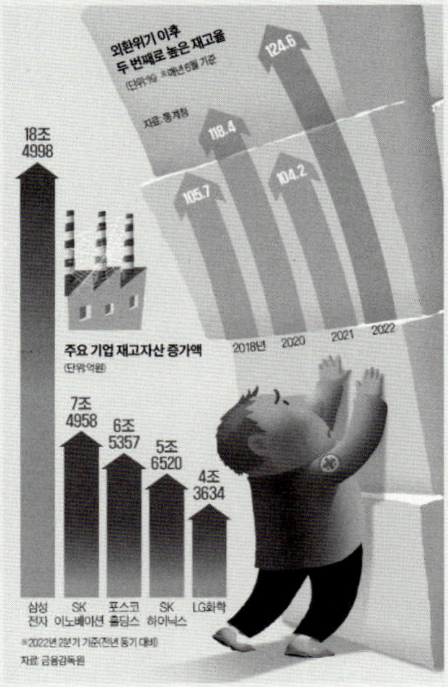

(자료 : 금융감독원)

반도체, 정유, 석유화학, 철강 등 제조업 기업을 중심으로 재고가 급증하고 있다. 삼성전자의 올 2분기 재고자산은 52조922억원으로, 전년 동기 대비 18조 4,998억원 증가했다. 이어 △포스코홀딩스(6조 5,357억원), △SK하이닉스(5조 6,520억원), △LG화학(4조 3,634억원) 등의 순으로 늘었다. 삼성전자는 반도체 사업을 담당하는 DS 부문(30.7%)을 비롯해 스마트폰과 TV·가전 사업을 담당하는 DX 부문(21.3%), 디스플레이 부문(21.8%) 등 전체 사업 부문에서 재고자산이 두루 증가했다.

재고자산은 시중에 바로 팔 수 있는 상품, 제품과 생산과정에 있는 반제품·재공품 및 원재료로 구분된다. 재고자산이 증가하는 이유는 크게 두 가지다. 경기 침체에 따른 수요 둔화로 상품, 제품이 팔리지 않고 쌓이거나, 원재료값 상승으로 이미 확보한 원자재의 재고 평가액이 늘어난 경우다.

최근에 늘어난 재고 중 상당 부분이 상품 재고, 제품 재고라는 게 업계의 설명이다. 삼성전자의 경우 반제품과 원재료에 비해 제품 재고 증가율(43.1%)이 가장 높은 것으로 나타났다.

(자료 : 한국경제, 2022.8.18)

재고자산 과대계상 ○○테크놀러지, 전(前) 대표 검찰 통보

회계처리기준을 위반해 재무제표를 작성, 공시한 ○○테크놀러지에 대해 과징금 8,140만원이 부여됐다. 전 대표이사와 재무담당임원 등은 검찰통보 조치가 취해졌다. (중략)

○○테크놀러지는 지난 2010년 이후 2012년 9월(3·4분기) 결산기까지 50억원 이상의 재고자산을 과대계상한 것으로 나타났다. 2012년 9월 결산기에 부동산 투자회사 지분을 등기임원에게 매각하면서도 특수관계자거래 주석에 기재하지 않기도 했다.

이에 증권선물위원회는 과징금 8,140만원과 감사인 지정 2년, 전 대표이사, 재무담당임원에 대한 검찰통보 조치를 내렸다. 아울러 감사인인 △△회계법인에 대해서는 재고자산 소유권에 대한 감사절차 소홀을 이유로 손해배상공동기금 추가적립 30%와 ○○테크놀러지에 대한 감사업무 제한 2년을 조치했다.

(자료 : 파이낸셜뉴스, 2015.8.12)

제 1 절 재고자산의 의의와 중요성

1 재고자산의 정의와 종류

재고자산(inventory)은 정상적인 영업과정에서 판매를 위하여 보유중이거나 생산중인 자산 및 생산이나 용역제공에 사용될 원재료나 소모품으로 정의된다. 정상적인 영업순환과정에서 판매를 위하여 보유하고 있는 자산으로는 상품과 제품(finished goods)이 있으며, 생산중에 있는 자산으로는 재공품(work in process)과 반제품이 있다.[1] 그리고 생산이나 용역제공에 사용될 자산으로는 원재료(raw materials)와 소모품 등이 있다.

재고자산의 종류는 기업의 유형과 기업의 목적활동, 즉 정상적인 영업활동의 행태에 따라 달라진다.[2] 기업의 유형은 서비스기업과 상기업 및 제조기업으로 분류된다. 서비스기업은 주된 활동이 서비스를 제공하는 것이므로 재고자산이 거의 없다. 그리고 상기업은 다른 기업으로부터 재화를 매입하여 판매하는 것을 목적으로 하기 때문에 상품이 주된 재고자산이다. 반면, 제조기업에서는 원재료를 투입하여 제조한 제품 판매를 목적으로 하기 때문에 제품과 재공품, 원재료 및 저장품이 주된 재고자산을 구성한다.

그리고 재고자산은 기업의 정상적 영업활동의 종류에 따라 달라지기도 한다. 유가증권은 일반 기업에서 단기투자자산 또는 투자자산으로 분류되지만 유가증권 매매업에서는 재고자산(상품유가증권)으로 분류된다. 또한 각종 기계류도 일반 기업에서는 유형자산으로 분류되어 기계장치로 보고하지만 기계장치를 제조하여 판매하는 기업에서는 보유 또는 생산중인 기계장치들이 재고자산으로 분류된다. 그리고 부동산매매업의 경우에는 판매를 목적으로 보유하고 있는 토지, 건물 등이 재고자산이 되는 것은 당연하다.

---

1) 반제품이란 현재 상태로 판매가능한 재공품을 말한다. 그러므로 반제품의 금액이 중요한 경우에는 별도로 구분하여 보고할 수 있다.

2) 기업의 정상적인 영업활동이란 기업의 주요 목적을 달성하기 위한 활동으로 주된 영업활동 또는 일반적 상거래라고도 한다.

2 재고자산의 중요성

재고자산의 판매는 매출액이라는 영업수익을 창출함과 동시에 매출액에 대응되는 매출원가라는 비용의 발생을 수반한다. 대부분의 기업에서 매출액은 수익 중 가장 중요한 부분을 차지하며, 기업의 영속성을 유지하기 위해서는 일정한 수준 이상의 매출액을 유지해야 한다. 그리고 매출원가는 매출액과 직접적인 인과관계가 있는 비용이다.

매출원가는 판매가능한 재고자산 중 판매된 재고자산의 원가를 말한다. 판매가능한 재고자산은 기초재고액에 당기매입액을 가산하여 계산한다. 실지재고조사법하에서 매출원가는 기말재고자산을 얼마로 평가하느냐에 따라 달라진다. 왜냐하면 실지재고조사법하에서 매출원가는 판매가능한 재고자산으로부터 기말재고자산을 차감하여 계산되기 때문이다. 결국 기말재고자산을 얼마로 평가하느냐에 따라 포괄손익계산서에 보고되는 당기순이익과 재무상태표에 보고되는 재고자산가액에 영향을 미치게 된다. 이를 나타내면 7-1 과 같다.

7-1 매출원가와 기말재고의 관계

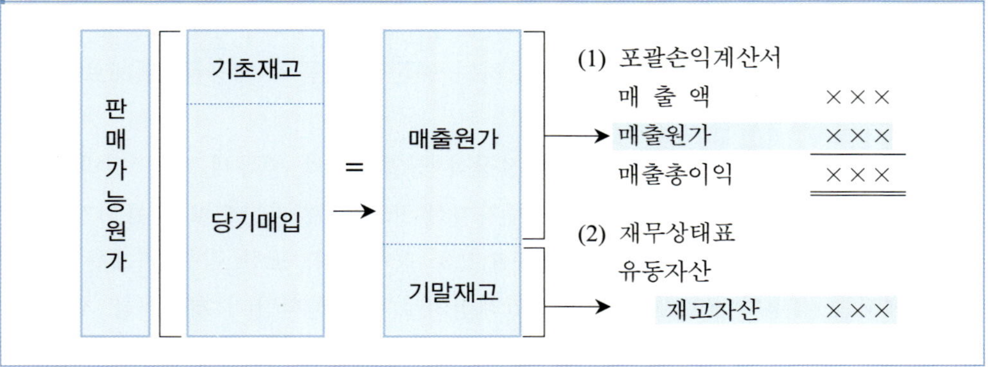

재고자산에 대한 회계처리는 재고자산의 원가에 포함되는 항목과 재고자산의 수량에 포함시킬 항목의 구분이 중요하다. 그리고 인플레이션 등의 영향으로 재고자산(상품)의 가격이 변동하는 것이 일반적이다. 그러므로 얼마에 매입한 재고자산이 판매되었고, 얼마에 매입한 재고자산을 기말에 보유하고 있는가를 결정하는 원가흐름가정이 중요하다.

▶ QR코드로 배우는 회계
기업의 돈맥경화 부르는 '악성재고'

제 2 절 재고자산의 취득원가와 포함 여부 결정

1 재고자산의 취득원가

자산의 취득원가는 해당 자산의 매입가격에 매입부대비용을 가산한 금액이다. 이러한 취득원가 결정기준은 재고자산에도 그대로 적용된다. 즉, 재고자산의 취득원가는 매입가격에 수입관세와 제세금(과세당국으로부터 추후 환급받을 수 있는 금액은 제외), 매입운임, 하역료 그리고 완제품, 원재료 및 용역의 취득과정에 직접 관련된 기타 원가를 가산한 금액이다. 매입할인, 매입에누리와환출, 리베이트 및 기타 유사한 항목은 매입원가를 결정할 때 차감한다.

상기업의 재고자산인 상품의 취득원가는 상품의 매입원가에 부대비용을 포함시킨다. 부대비용은 취득과정에서 불가피하게 발생되는 지출이기 때문에 취득원가에 포함시키는 것이다.

기타 원가는 재고자산을 현재의 장소에 현재의 상태로 이르게 하는 데 발생한 범위 내에서만 취득원가에 포함된다.

2 재고자산의 포함 여부 결정

기업이 재고자산에 대하여 소유권을 갖고 있는 경우에는 결산일 현재 당해 재고자산이 어디에 보관되어 있는지에 관계없이 당해 기업의 재고자산에 포함시켜야 한다. 그러나 특정 항목의 경우에는 그것을 누구의 재고자산에 포함시켜야 할지 명확하게 결정하기 어려운 경우가 있다. 예를 들어, 법적 소유권은 없으나 회사가 보관하고 있는 상품이라든가, 소유권은 이미 이전되었으나 운송중에 있는 상품 등을 들 수 있다. 그러므로 재고자산의 포함 여부는 법적 소유권과 경제적 실질을 모두 고려하여 판단해야 한다.

여기서는 ① 미착상품, ② 적송품, ③ 시송품 등에 대하여 기말재고자산에의 포함 여부 및 그 이유를 설명하기로 한다.

1. 미착상품

미착상품(goods in transit)이란 원격지 또는 외국으로부터 상품을 매입하는 경우에 아직 매입자의 창고에 입고되지 않고 운송중에 있는 상품을 말한다. 미착상품은 운송약관에 따라 누구의 재고자산인지가 결정된다. 운송약관은 크게 선적지인도(F.O.B. shipping point)조건과 도착지인도(F.O.B. destination)조건으로 분류된다.[3)]

선적지인도조건이란 수출지의 항구에서 상품의 선적이 이루어지는 시점에 당해 상품에 대한 소유권과 위험이 매입자에게 이전되는 계약조건을 말하며, 이를 수출지인도조건이라고도 한다.[4)] 이 조건에 의하면 상품이 선적된 후에 발생하는 일체의 손실위험 등을 매입자가 부담하기 때문에 매입자는 상품의 선적이 이루어지는 시점에서 당해 상품에 대한 소유권을 얻게 되므로 운송중인 상품을 미착상품으로 기록해야 한다. 따라서 선적지인도조건으로 계약이 체결된 경우 결산일 현재 운송중인 상품이 있으면 당해 상품은 매입자의 재고자산에 포함시켜야 한다. 그리고 판매자는 선적이 완료되면 매출로 기록한다.

도착지인도조건이란 상품이 매매계약상의 도착지에 도착한 시점에 당해 상품에 대한 소유권과 위험이 매입자에게 이전되는 계약을 말하며, 이를 수입지인도조건이라고도 한다. 이 조건에 의하면 상품이 지정된 도착지에 도착할 때까지는 상품의 소유권과 상품에 대한 일체의 위험을 판매자가 부담하기 때문에 매입자는 상품이 계약서상의 도착지에 도착한 시점에서 상품에 대한 소유권을 획득하게 된다. 따라서 도착지인도조건으로 계약이 체결된 경우 결산일 현재 운송중인 상품이 있으면 당해 상품은 판매자의 재고자산에 포함시켜야 한다. 그러므로 도착지인도조건으로 상품을 매입하는 경우 운송중인 상품에 대해 매입자는 매입으로 기록해서는 안 된다. 또한 판매자도 도착 전에는 매출로 기록해서는 안 된다.[5)]

---

3) F.O.B.는 Free on Board의 약자로 이후에 오는 지명에서 상품에 대한 권리와 의무가 면제됨을 뜻한다.

4) 선적지인도조건의 대표적인 것으로 운임보험료포함조건(C.I.F.)과 운임포함조건(C.F.) 등이 있으며, 대부분의 수입거래는 이와 같은 선적지인도조건으로 이루어지고 있다.

5) 제조기업의 경우 운송중인 원재료에 대해서도 동일한 원리가 적용된다. 미착원재료와 미착상품이 중요한 경우에는 중요성 관점에서 분리하여 기록할 수도 있지만 보통 미착품계정을 이용하여 통합하여 보고한다.

예제 7-1 미착상품(운송중인 상품)

(주)대한은 미국의 AS회사로부터 상품 ₩10,000을 외상으로 매입하였다. AS회사의 장부에는 이 상품의 원가로 ₩7,000이 기록되어 있고, 운임은 (주)대한이 부담한다. 일자별 거래내역은 다음과 같으며, 양 회사 모두 계속기록법에 의해 회계처리하고 있다.

(1) 7/10 : AS회사가 상품을 항구에서 선적하다. 이 상품은 7월 30일에 도착할 예정이다.

(2) 7/30 : 상품이 예정대로 도착하여 (주)대한은 인수운임 ₩1,000을 현금으로 지급하다.

요구사항

1. 운송약관이 선적지인도기준인 경우 양 회사가 행할 회계처리를 각각 하시오.
2. 운송약관이 도착지인도기준인 경우 양 회사가 행할 회계처리를 각각 하시오.

풀이 및 해설

1. 선적지인도기준

(1) (주)대한

7/10 :	(차) 미 착 상 품	10,000	(대) 외상매입금	10,000
7/30 :	(차) 상 품	11,000	(대) 미 착 상 품	10,000
			현 금	1,000

(2) AS회사

7/10 :	(차) 외상매출금	10,000	(대) 매 출	10,000
	매 출 원 가	7,000	상 품	7,000
7/30 :	(회계처리 없음)			

2. 도착지인도기준

(1) (주)대한

7/10 :	(회계처리 없음)			
7/30 :	(차) 상 품	11,000	(대) 외상매입금	10,000
			현 금	1,000

(2) AS회사

7/10 :	(회계처리 없음)			
7/30 :	(차) 외상매출금	10,000	(대) 매 출	10,000
	매 출 원 가	7,000	상 품	7,000

∴ 위에서 보는 바와 같이 선적지인도기준인 경우에만 미착상품계정이 사용된다.

2. 적송품

기업은 상품을 직접 판매하는 데 따르는 시간과 비용을 절감하기 위하여 수탁자에게 판매를 위탁하여 상품을 판매할 수 있는데, 이와 같은 매출형태를 위탁판매 또는 위탁매출이라 한다. 적송품(consigned goods)이란 위탁판매하기 위해 제3자(수탁자)에게 상품을 발송하여 결산일 현재 수탁자의 창고에 보관되어 있는 상품을 말한다.

위탁판매를 위하여 위탁자가 수탁자에게 상품을 발송하는 것은 상품의 소유권에 아무런 변화를 가져오지 않으므로 매출로 인식해서는 안 되며, 또한 수탁자는 상품에 대한 판매를 대행할 뿐 소유권을 획득한 것이 아니므로 매입으로 인식하지 않는다. 따라서 적송품은 수탁자가 점유하게 되나 수탁자가 적송품을 판매하기 전까지는 적송품에 대한 소유권이 위탁자에게 있으며, 또한 적송비용, 판매비용 및 기타 위험을 위탁자가 부담하기 때문에 결산일 현재 판매되지 않은 적송품은 위탁자의 재고자산에 포함시켜야 한다.

3. 시송품

고객으로 하여금 상품을 시험적으로 사용하게 한 후, 고객이 매입하겠다는 의사표시를 하면 비로소 판매가 이루어지는 형태를 시용매출이라 한다. 시송품이란 시용판매를 위해 거래처(시용매입자)에 상품을 발송하여 결산일 현재 시용매입자가 보관하고 있는 상품을 말한다. 시용매출을 위하여 시용판매자가 시용매입자에게 상품을 발송하는 것은 상품의 소유권에 아무런 변화를 가져오지 않으므로 매출로 인식해서는 안 되며, 또한 시용매입자도 수취한 상품의 소유권을 획득한 것이 아니므로 매입으로 인식하지 않는다.

시송품은 시용매입자가 점유하게 되나, 시용매입자가 매입의사 표시를 하기 전까지는 소유권이 시용판매자에게 있기 때문에 결산일 현재 매입의사를 표시하지 않은 시송품은 시용매출자의 재고자산에 포함시켜야 한다.

제 3 절 재고자산의 수량파악방법(기록방법)

재고자산 금액은 수량에 매입단가를 곱함으로써 계산된다. 본절에서는 실지재고조사법과 계속기록법에 의한 재고자산 수량파악방법에 대하여 검토하며, 다음 절에서 매입단가 결정방법을 설명할 것이다. 두 개의 절을 통해 살펴볼 내용들을 간단히 요약하면 7-2 와 같다.

7-2 재고자산의 금액 결정

재고자산 금액 =	수 량	×	단 가
	실지재고조사법		개별법
	계속기록법		선입선출법
			후입선출법
			평균법

1 실지재고조사법

실지재고조사법은 기말에 재고자산 실사를 통해 기말재고수량을 파악하고, 판매가능수량(기초재고수량+당기매입수량)에서 실사를 통해 확인된 기말재고수량을 차감하여 당기에 판매된 수량을 파악하는 방법이다. 이러한 관계를 등식으로 표시하면 다음과 같다.

실지재고조사법에서의 수량파악

기초재고수량+당기매입수량−기말재고수량=당기판매수량

실지재고조사법에서는 상품매입장에 매입수량, 단위당 취득원가 및 매입금액 등을 기록할 뿐 판매된 상품의 원가에 대해서는 기록하지 않는다.[6] 따라서 결산일 현재 창고에 보관중인 상품을 실사하여 기말재고수량을 먼저 결정하고, 이를 판매가능한 상품수량에서 차감하여 매출수량을 결정한다. 결국 실지재고조사법은 결산일 현재 재고자산으로 남아 있지 않는 것은 모두 판매된 것으로 가정하여 매출수량을 결정하는 방법이다.[7)]

실지재고조사법에서는 종속적으로 당기의 매출수량이 결정되므로 당기에 발생한 도난이나 증발 및 파손 등에 의한 상품의 감모수량이 모두 판매된 상품수량에 포함된다. 그러므로 이 방법은 실제 매출수량을 정확하게 알 수 없는 문제점을 갖고 있다.

또한 실지재고조사법에 의하면 매입장에 매입내역만 기록할 뿐 매출수량과 매출일자 등을 기재하지 않으므로 매출시점 이후에 매입한 상품도 판매된 것으로 간주될 수 있다. 따라서 원가배분범위는 판매가능한 상품원가 전부가 되며, 모든 매출은 모든 매입이 이루어지고 난 후에 이루어진 것으로 간주된다. 결과적으로 실지재고조사법을 사용하면 기중의 상품매출시점에서는 원칙적으로 매출원가를 알 수 없게 되며, 결산일에 일괄하여 판매가능한 상품의 원가에서 기말재고액을 차감함으로써 매출원가를 산정하게 된다.

결과적으로 실지재고조사법에 의하면 매출원가의 인식은 기중의 매입·매출거래에 대한 회계처리와는 별도로 결산일에 결산조정분개를 통하여 단 한 번에 이루어질 수밖에 없다.

2 계속기록법

계속기록법은 매출수량과 단가 및 매출원가를 상품재고장의 출고란에 기록함으로써 매출수량과 매출원가를 독립적으로 먼저 결정하고, 기말재고수량과 원가는 상품재고장의 기말시점의 잔고에 기록되어 있는 수량과 원가로 파악하는 방법이다. 계속기록법은 장부에 기재된 내용으로 재고자산의 수량을 파악하므로 장부재고조사법이라고도 한다. 그러므로 계속기록법에서는 판매가능한 상품수량에서 매출수량을 차감함으로써 기말재고수량을 종속적으로 결정하는 방법이다. 이러한 관계를 등식으로 표시하면 다음과 같다.

---

6) 실지재고조사법에서는 계속기록법에서 작성한 상품재고장(일명, 상품시재장)을 사용해도 되지만 구태여 사용할 필요가 없다. 왜냐하면 매출과 잔고를 기록하지 않기 때문이다.

7) 물론 선적지인도기준으로 매입하여 운송중에 있는 미착상품과 적송품 및 시송품은 기말재고에 포함시켜 판매수량으로 계산되는 일이 없도록 해야 한다.

계속기록법에서의 수량파악

기초재고수량+당기매입수량−당기매출수량=기말재고수량

계속기록법에 의하면 상품재고장의 매입내역란에 매입수량과 단가를 기록할 뿐만 아니라 매출내역란에 매출일자, 매출수량 등을 기록한다. 그리고 잔고란에 잔고수량과 단가를 기록한다. 따라서 상품재고장의 매출내역란에 기록되어 있는 매출수량을 합산하여 당기의 매출수량을 결정하고, 원가를 합산하여 매출원가를 결정한다. 그러므로 기말재고액은 총판매가능원가에서 매출원가를 차감한 잔액으로 결정된다. 기말재고수량도 장부상 판매가능한 수량에서 장부상 판매된 수량을 차감하여 계산한다. 결국 계속기록법은 상품재고장의 매출내역란에 기록되어 있지 않은 수량은 모두 결산일 현재 남아 있는 것으로 가정하여 기말재고수량을 결정하는 방법이다.

계속기록법에서는 기말재고수량이 종속적으로 결정되므로 당기에 발생한 도난, 증발 등에 의한 상품의 감소수량이 모두 기말재고수량에 포함된다. 그러므로 이 방법은 실제의 기말재고수량을 정확하게 알 수 없는 문제점을 갖고 있다.

또한 계속기록법에서는 상품재고장의 매출내역란에 실제의 매출일자를 기록하므로 매출시점 이전에 매입한 상품만 판매될 수 있으며, 매출시점 이후에 매입한 상품은 기말에 남아 있는 것으로 기록될 수밖에 없다. 따라서 매출원가와 기말재고(잔고)에 배분할 판매가능원가는 매출시점 이전에 매입한 상품의 원가가 된다. 즉, 매출원가로 계상되는 원가는 판매시점 이전에 매입한 상품의 원가만 배분된다. 이 점이 실지재고조사법과 다른 점이다.

결과적으로 계속기록법을 사용하면 매출시점에서 원가배분범위가 확정되므로 기중의 상품판매시점에서 매출원가를 산정할 수 있게 되며, 판매가능한 상품의 원가에서 매출원가를 차감함으로써 기말재고액(잔고)을 산정하게 된다.

지금까지의 설명에서 알 수 있듯이 정확한 재고관리와 상품의 감모수량을 파악하기 위해서는 실지재고조사법과 계속기록법을 같이 사용해야 하며, 실제로 많은 기업들이 이렇게 하고 있다. 즉, 상품재고장의 판매가능한 상품수량에서 매출내역란에 기재되어 있는 매출수량을 차감함으로써 장부상 기말재고수량을 결정하고, 이를 실지재고조사에 의한 기말재고수량과 비교하여 실지재고수량이 장부재고수량보다 적으면 그 차이가 바로 감모수량을 의미한다.[8)]

실지재고조사법과 계속기록법의 차이점은 상품재고장이나 매입장에 매출수량과 매출일자를 기록하는지의 여부에 있다. 즉, 어떤 방법을 사용하든 상품의 매입일자와 매입단가 및 매입수량 등 매입내역은 반드시 기록해야 한다.

▶ QR코드로 배우는 회계
오뚜기, 농심보다 재고관리도 우수… 재고자산회전율 격차 여전

실무에서는 계속기록법을 일부 수정한 방법(일명, 수정계속기록법)을 사용하는 기업이 많다. 이는 매출된 상품의 매입단가를 기록하지 않고 수량만을 기록하는 방법으로, 단가를 기록하지 않으므로 그만큼 기장업무가 간편해진다.

제 4 절 재고자산의 원가흐름가정

우리는 앞에서 재고자산 금액은 수량에 매입단가를 곱함으로써 계산된다는 것을 알았다. 또한 재고자산 수량은 실지재고조사를 통해(실지재고조사법) 또는 상품재고장을 통해(계속기록법) 파악될 수 있음을 알았다. 본절에서는 재고자산 또는 매출원가 결정시 적용되는 매입단가 결정방법에 대하여 검토한다.

다음 간단한 예를 살펴보자. 어느 회사가 기초재고로 10단위(단위당 매입가격 ₩100)를 보유하고 있었으며 당기에 추가로 10단위를 매입하였는데, 단위당 매입가격이 ₩120이었다고 가정하자. 이처럼 현실에서는 인플레이션 등으로 인해 상품의 매입단가가 구입시점에 따라 조금씩 달라진다.

매출원가와 기말재고의 결정

기초재고	10단위	(단위당 매입가격 ₩100)	₩1,000
당기매입	10단위	(단위당 매입가격 ₩120)	1,200
판매가능재고	20단위		₩2,200
당기판매(매출원가)	10단위		₩ ?
기말재고(재고자산)	10단위		₩ ?

회사는 이 중 10단위를 판매하고 10단위를 기말재고로 보유하고 있다고 가정하자. 판매된 상품 10단위의 원가는 포괄손익계산서에서 매출원가로 보고될 것이

8) 이에 대한 회계처리는 제5절에서 자세히 설명한다.

며, 아직 판매되지 않고 남아 있는 10단위의 원가는 재무상태표에서 재고자산으로 보고될 것이다. 그렇다면 판매된 10단위와 기말재고로 남아 있는 10단위에 각각 어떤 단가를 적용하여 금액을 결정할 것인가? 수익 · 비용 대응의 원칙에 의해 할 수만 있다면 실제로 판매된 상품과 판매되지 않고 남아 있는 상품의 원가를 개별적으로 추적하여 매출원가와 재고자산 금액으로 기록하는 것이 가장 바람직할 것이다. 그러나 현실적으로 대부분의 기업에서 이러한 방법은 가능하지 않다. 따라서 우리는 기말재고자산 또는 매출원가를 결정하기 위해 수량에 곱하는 단가를 결정할 때 인위적으로 원가흐름을 가정할 필요가 있다. 예를 들면 먼저 매입한 상품이 먼저 판매된다거나 나중에 매입한 상품이 먼저 판매된다고 가정하는 것이다. 이러한 가정을 통해 당기 판매된 10단위에 적용할 단가와 기말재고로 남아 있는 10단위에 적용할 단가를 결정하게 된다. 이하에서는 개별법과 다양한 원가흐름가정에 대하여 설명한다.

1 개별법

개별법(specific identification method)은 실제의 단위당 취득원가를 기준으로 매출원가와 기말재고액을 결정하는 방법이다. 개별법에 의하면 상품매입시에 상품별로 단위당 취득원가를 알 수 있도록 가격표를 부착한 후 상품매출시 판매한 상품에 부착되어 있는 가격표를 집계하여 매출원가를 산정하고, 결산일 현재 창고나 매장에 남아 있는 상품의 원가표를 집계하여 기말재고액을 산정한다.

개별법은 실제원가흐름을 적용하여 실제의 매출원가와 실제의 기말재고액을 구할 수 있기 때문에 이론적으로 가장 타당한 원가배분방법이다. 그러나 상품을 매입할 때마다 가격표를 부착하여 관리하는 것이 현실적으로 쉽지 않기 때문에 수량이 많지 않고 고가인 자동차나 귀금속 등을 매매하는 기업의 경우에 사용이 가능한 방법이다.

그러므로 개별법은 소수의 고가품(보석, 자동차, 선박, 부동산 등)을 취급하는 경우에만 적용이 가능하다.[9] 개별법은 상호교환이 가능한 다량의 동질적인 재고자산에 대해 적용하는 것은 적절하지 않으므로 이러한 상황에서는 매출원가와 기말재고자

9) 그러나 요즘은 바코드나 광스캐너, 컴퓨터 등의 발달로 대형 마트나 백화점에서도 개별법을 사용하고 있다.

산가액을 결정하기 위하여 물량흐름과는 관계없이 원가흐름을 가정하게 된다. 이에는 선입선출법, 후입선출법, 평균법 등 다양한 방법이 있다.

2 선입선출법

선입선출법(first-in first-out method : FIFO)은 물량의 실제흐름과는 관계없이 먼저 매입한 상품이 먼저 판매되는 것으로 가정하여 매출원가와 기말재고액을 결정하는 방법이다. 선입선출법에 의하면 상품재고장에 기록되어 있는 단가(단위당 취득원가)를 매입순서대로 판매한 상품에 먼저 배분한다. 따라서 과거에 매입한 상품의 단가가 매출원가를 구성하게 되며, 최근에 매입한 상품의 단가가 기말재고액을 구성하게 된다.

결과적으로 재무상태표에 표시되는 상품의 원가는 현행원가(시가)에 가까운 수치가 된다. 그러나 기초재고액과 당기중 먼저 매입한 상품의 단가가 매출원가로 배분되므로 매출원가는 과거의 취득원가로 표시되어 상품의 취득원가가 상승하는 인플레이션의 경우에는 후에 설명하는 후입선출법이나 평균법보다 이익이 과대계상되는 특징이 있다.

재고자산의 수량결정방법으로 실지재고조사법을 사용하면 상품매입장 또는 상품재고장에 매출일자를 기록하지 않으므로 원가배분범위는 실사시점에서의 판매가능한 원가 전부가 된다. 따라서 판매량이 많아 재고가 거의 없는 경우 가장 최근에 매입한 상품의 단가도 매출원가로 배분될 수 있게 된다. 그러나 계속기록법을 사용하면 상품재고장(상품수불부)에 매출일자를 기록하므로 원가배분범위는 매출시점 이전 매입분이 된다. 따라서 매출시점 이전에 매입한 상품의 단가만 매출원가로 배분할 수 있으며, 매출시점 이후에 매입한 상품의 단가는 전액 기말재고로 배분되어야 한다.

그런데 취득원가의 배분방법으로 선입선출법을 사용하는 경우에는 실지재고조사법과 계속기록법 중 어떤 방법을 사용하든 관계없이 매출원가와 기말재고액은 동일하게 산정된다. 왜냐하면 계속기록법과 선입선출법을 함께 사용하는 경우에 매출원가로 배분되는 단가는 실지재고조사법을 사용하는 경우에도 매출원가로 배분되며, 기말재고로 배분되는 단가는 실지재고조사법을 사용하는 경우에도 기말재고액으로 배분되기 때문이다.

다음은 각각의 원가흐름가정에 따른 매출원가와 기말재고액을 알아보기 위한 기본자료이다. 그리고 도난이나 증발 등 재고자산의 감모수량은 없다고 가정한다.

기본자료

일 자	적 요	단 위	단 가	총원가
1/01	기초재고	100	₩10	₩1,000
4/15	매 입	200	11	2,200
8/24	매 입	300	12	3,600
11/27	매 입	400	13	5,200
	합 계	1,000		₩12,000

1년 동안 10월 20일에 550단위가 판매되고 기말재고로 450단위가 남아 있다.

선입선출법을 가정하고 실지재고조사법에 의해 기말재고액과 매출원가를 계산하면 다음과 같다.

선입선출법/실지재고조사법에 의한 매출원가와 기말재고

단계1 : 판매가능원가 ₩12,000(기본자료의 기초재고원가와 당기매입원가 합계)

단계2 : 기말재고

일 자	단 위	단 가	총원가
11/27	400	₩13	₩5,200
8/24	50	12	600
	450		₩5,800

단계3 : 매출원가

총판매가능원가	₩12,000
차감 : 기말재고액	5,800
매출원가	₩6,200

실지재고조사법을 사용하면 상품판매 일자와 수량을 기록하지 않으므로 원가배분범위는 당기의 총판매가능한 원가 전부가 되며, 선입선출의 원칙에 따라 매입순서대로 상품의 단가를 매출원가로 배분해야 한다.

한편, 선입선출법을 가정하고 계속기록법에 의해 매출원가와 기말재고액을 파악하는 절차를 나타내면 다음과 같다.

선입선출법/계속기록법에 의한 매출원가와 기말재고

상품재고장 (선입선출법)

일 자		적 요	입 고			출 고			잔 고		
			수 량	단 가	금 액	수 량	단 가	금 액	수 량	단 가	금 액
1	1	전기이월	100	@10	₩1,000				100	@10	₩1,000
4	15	매 입	200	11	2,200				100	10	1,000
									200	11	2,200

8	24	매 입	300	12	3,600				100	10	1,000
									200	11	2,200
									300	12	3,600
10	20	매 출				100	@10	₩1,000			
						200	11	2,200			
						250	12	3,000	50	12	600
11	27	매 입	400	13	5,200				50	12	600
									400	13	5,200
12	31	매출원가				550		6,200			
		차기이월				50	12	600			
						400	13	5,200			
			1,000		₩12,000	1,000		₩12,000			
1	1	전기이월	50	12	600				50	12	600
			400	13	5,200				400	13	5,200

이는 통상 상품재고장을 작성하여 파악된다. 계속기록법을 사용하면 상품재고장의 출고란에 매출일자를 기록하므로 원가배분범위는 매출시점 이전 판매가능한 재고가 되며, 선입선출의 원칙에 따라 상품의 단가를 매출원가로 배분해야 한다. 선입선출법을 계속기록법과 함께 사용한 경우에 매출원가와 기말재고액은 실지재고조사법을 함께 사용한 경우와 항상 동일하게 계산된다.

3 후입선출법

후입선출법(last-in first-out method : LIFO)은 물량의 실제흐름과는 관계없이 나중에 매입한 상품이 먼저 판매되는 것으로 가정하여 매출원가와 기말재고액을 결정하는 방법이다. 후입선출법에 의하면 상품재고장이나 매입장에 기록되어 있는 단가를 매입순서의 역순으로 판매된 상품에 먼저 배분한다. 따라서 최근에 매입한 상품의 단가가 매출원가를 구성하게 되며, 과거에 매입한 상품의 단가가 기말상품재고액을 구성하게 된다.

결과적으로 재무상태표에 표시되는 상품의 원가는 과거의 낮은 취득원가로 구성된다는 문제점이 있다. 그러나 최근에 매입한 상품의 단가가 매출원가가 되므로 매출원가는 현행원가, 즉 최근의 취득원가로 표시되어 보다 합리적인 수익・비용의 대응이 이루어진다. 따라서 물가가 상승하는 경우에는 평균법이나 선입선출법에 비하여 매출원가가 높게 산정되므로 당기순이익과 법인세가 가장 적게 산정된다. 이로 인하여 후입선출법을 사용하면 법인세의 납부시기를 미래로 이연시키는 효과를 기대할 수 있다.

취득원가의 배분방법으로 후입선출법을 사용하는 경우에는 원가배분범위의 결정방법으로 실지재고조사법과 계속기록법 중 어떤 방법을 함께 사용하느냐에 따라 매출원가와 기말재고액은 달리 계산된다. 왜냐하면 계속기록법과 후입선출법을 함께 사용하면 매출시점 이전에 매입한 상품의 역순으로 판매가 된 것으로 보기 때문에 매출시점 이후에 매입한 최근의 상품이 기말재고액을 구성하게 된다. 그러나 실지재고조사법과 후입선출법을 함께 사용하면 판매가능한 상품의 역순으로 판매가 된 것으로 보기 때문에 최근에 구입한 상품은 판매되고 과거에 매입한 상품이 기말재고액을 구성하게 되기 때문이다.

앞의 기본자료에 의해 후입선출법을 가정하고 실지재고조사법에 의해 매출원가와 기말재고를 계산하면 다음과 같다.

후입선출법/실지재고조사법에 의한 매출원가와 기말재고

단계1 : 판매가능원가 ₩12,000(기본자료의 기초재고원가와 당기매입원가 합계)

단계2 : 기말재고

일 자	단 위	단 가	총원가
1/01	100	₩10	₩1,000
4/15	200	11	2,200
8/24	150	12	1,800
	450		₩5,000

단계3 : 매출원가

총판매가능원가	₩12,000
차감 : 기말재고액	5,000
매출원가	₩7,000

한편, 후입선출법을 가정하고 계속기록법에 의해 매출원가와 기말재고액을 파악하는 절차를 나타내면 다음과 같다. 다음 면의 상품재고장에서 볼 수 있듯이 후입선출법을 적용하게 되면 기장업무가 복잡하게 된다. 이는 후입선출법의 단점이기도 하다.

계속기록법에 의한 매출원가와 기말재고액은 통상 상품재고장을 작성하여 파악된다. 계속기록법을 사용하면 상품재고장의 출고란에 매출일자를 기록하므로 원가배분범위는 매출시점 이전 판매가능한 재고가 되며, 후입선출의 원칙에 따라 상품의 단가를 매출원가로 배분해야 한다. 후입선출법을 계속기록법과 함께 사용한 경우에 매출원가와 기말재고액은 실지재고조사법을 함께 사용한 경우와 달리 계산된다.

후입선출법/계속기록법에 의한 매출원가와 기말재고

상품재고장 (후입선출법)

일자		적요	입고			출고			잔고		
			수량	단가	금액	수량	단가	금액	수량	단가	금액
1	1	전기이월	100	@10	₩1,000				100	@10	₩1,000
4	15	매입	200	11	2,200				100	10	1,000
									200	11	2,200
8	24	매입	300	12	3,600				100	10	1,000
									200	11	2,200
									300	12	3,600
10	20	매출				300	@12	₩3,600			
						200	11	2,200			
						50	10	500	50	10	500
11	27	매입	400	13	5,200				50	10	500
									400	13	5,200
12	31	매출원가				550		6,300			
		차기이월				50	10	500			
						400	13	5,200			
			1,000		₩12,000	1,000		₩12,000			
1	1	전기이월	50	12	500				50	10	500
			400	13	5,200				400	13	5,200

한국채택국제회계기준에서는 후입선출법의 적용을 배제하고 있다. 그 이유는 후입선출법이 실제 원가흐름을 신뢰성 있게 반영하지 못할 뿐만 아니라 재무상태표에 표시되는 재고자산이 오래전에 취득한 단가를 반영함으로써 영업성과를 왜곡 표시할 가능성이 크기 때문이다.

4 평균법

평균법(average method)은 상품의 총취득원가를 상품수량으로 나누어 단위당 평균취득원가를 산정한 후, 이를 매출수량과 기말재고수량에 곱하여 매출원가와 기말상품재고액을 결정하는 방법이다. 평균법은 실지재고조사법과 같이 사용할 경우에는 총평균법이 되며, 계속기록법과 같이 사용할 경우에는 이동평균법이 된다.[10)]

총평균법(가중평균법 : weighted average method)은 당기에 판매가능한 상품의 원가를 판매가능한 상품의 수량으로 나누어 단위당 평균원가를 산정한 후, 이를 각각 매출수량과 기말재고수량에 곱하여 매출원가와 기말재고액을 결정하는 방법이다.

총평균법은 판매가능한 상품의 원가를 기준으로 단위당 평균취득원가를 계산하므로 상품재고장이나 매입장에 매출단가와 매출일자를 기록하지 않는 경우, 즉 실지재고조사법에 의하여 원가배분을 하는 경우에 사용할 수 있는 원가배분방법이다. 총평균법에 의하면 매출시점 이후 매입액도 평균원가의 산정대상에 포함된다. 이와 같이 총평균법은 계속기록법과는 병행하여 사용할 수 없는 방법이며, 총평균법에 의한 단위당 평균취득원가는 다음과 같은 산식에 의하여 결산일에 한 번 계산하므로 기중 매출시점에서는 매출원가를 산정할 수 없다.

단위당 총평균원가

$$\text{단위당 총평균원가} = \frac{\text{기초재고액} + \text{당기순매입액}}{\text{기초재고수량} + \text{당기순매입수량}}$$

앞의 기본자료에 의해 평균법을 가정하고 실지재고조사법(총평균법)에 의해 매출원가와 기말재고를 계산하면 다음과 같다.

평균법/실지재고조사법(총평균법)에 의한 매출원가와 기말재고

단계1 : 판매가능원가 ₩12,000(기본자료의 기초재고원가와 당기매입원가 합계)

단계2 : 기말재고

단위당 원가 : ₩12,000 ÷ 1,000 = @₩12

단 위	단 가	총원가
450	₩12	₩5,400

단계3 : 매출원가

총판매가능원가	₩12,000
차감 : 기말재고액	5,400
매출원가	₩6,600

이동평균법(moving average method)은 기중 실제 매출시점을 기준으로 매출시점

10) 평균법 중 단순평균법은 모든 상품을 매입시점마다 1개씩만 구입한 것으로 보고 단가의 합계를 매입횟수로 나누어 평균원가를 구하는 방법으로, 매입수량을 고려하여 평균원가를 산정하지 않기 때문에 평균값으로 사용하는 데 문제점이 많다. 이런 이유로 기업회계기준에서는 이를 인정하지 않고 있다.

현재 판매가능한 상품의 취득원가를 매출시점 현재 판매가능한 수량으로 나누어 단위당 평균취득원가를 산정한 후, 이를 매출수량에 곱하여 매출원가를 산정하고 기말재고액은 판매가능한 상품의 원가에서 매출원가를 차감함으로써 산정하는 방법이다.

이동평균법은 기초재고액과 매출시점 이전의 상품매입액을 합산하여 단위당 평균취득원가를 산정하므로 상품재고장에 실제의 매출일자를 기록하는 경우, 즉 계속기록법에 의하여 원가배분을 하는 경우에 사용할 수 있는 원가배분방법이다. 그러므로 이동평균법은 실지재고조사법과는 같이 사용될 수 없는 방법이다. 이동평균법에 의한 단위당 평균취득원가는 다음과 같은 산식에 의하여 매입이 있을 때마다 계산한다.

단위당 이동평균원가

$$\text{단위당 이동평균원가} = \frac{\text{매입 이전 재고액} + \text{매입액}}{\text{매입 이전 재고수량} + \text{매입수량}}$$

한편, 평균법을 가정하고 계속기록법(이동평균법)에 의한 매출원가와 기말재고액을 파악하면 다음과 같다. 이는 통상 상품재고장을 작성하여 파악된다. 그리고 매입단가는 매입이 이루어질 때마다 새로 계산한다.

평균법/계속기록법에 의한 매출원가와 기말재고

상품재고장 (이동평균법)

일 자		적 요	입 고			출 고			잔 고		
			수 량	단 가	금 액	수 량	단 가	금 액	수 량	단 가	금 액
1	1	전기이월	100	@10	₩1,000				100	@10	₩1,000
4	15	매 입	200	11	2,200				300	10.67	3,200
8	24	매 입	300	12	3,600				600	11.33	6,800
10	20	매 출				550	@11.33	₩6,232	50	11.33	568
11	27	매 입	400	13	5,200				450	12.82	5,768
12	31	매출원가				550		6,232			
		차기이월				450	12.82	5,768			
			1,000		₩12,000	1,000		₩12,000			
1	1	전기이월	450	12.82	₩5,768				450	12.82	₩5,768

5 각 방법의 비교

지금까지 기본자료를 이용하여 원가흐름가정에 따라 매출원가와 기말재고를 계산하는 방법을 알아보았다. 그런데 유심히 살펴보면 매입단가가 시간이 경과함에 따라 증가하는 것을 알 수 있을 것이다. 즉, 완만한 인플레이션인 경우로 물가가 상승하고 있다고 생각할 수 있다. 그러면 각 방법이 포괄손익계산서와 재무상태표에는 어떠한 영향을 미치게 될까?

이에 대한 영향을 알아보기 위해 실지재고조사법을 사용하고 매출액은 ₩13,000, 기타비용은 ₩3,000, 법인세율은 30%라고 가정한다. 그러면 각 방법하에 다음과 같은 포괄손익계산서를 작성할 수 있을 것이다.

원가흐름가정의 비교(포괄손익계산서)

	선입선출법	총평균법	후입선출법
매 출 액	₩13,000	₩13,000	₩13,000
기초재고액	1,000	1,000	1,000
당기매입액	11,000	11,000	11,000
판매가능상품원가	12,000	12,000	12,000
기말재고액	5,800	5,400	5,000
매 출 원 가	6,200	6,600	7,000
매출총이익	6,800	6,400	6,000
기 타 비 용	3,000	3,000	3,000
세 전 이 익	3,800	3,400	3,000
법인세비용	1,140	1,020	900
당기순이익	₩2,660	₩2,380	₩2,100

위에서 보는 바와 같이 어느 방법을 사용하든 기초재고액과 당기매입액의 합계로 표시되는 판매가능한 상품의 원가는 동일하다. 그리고 실지재고조사법이므로 매출원가는 판매가능상품원가에서 실사에 의한 기말재고액을 차감하여 계산된다.

비교포괄손익계산서에서 보는 바와 같이 물가가 상승하는 경우에는 후입선출법에 의한 당기순이익과 법인세비용이 다른 두 방법에 비해 낮음을 알 수 있다. 이는 매출원가가 최근에 매입한 원가, 즉 가격상승이 이루어진 상품의 원가로 이루어졌기 때문이다. 그러므로 물가가 상승하는 경우에는 후입선출법을 사용함으로써 법인세 혜택을 기대할 수 있다.

그러나 재무상태표에 보고되는 재고자산가액(기말재고액)은 역으로 선입선출법이 가장 크고 후입선출법이 가장 작다. 선입선출법에 의한 재고자산이 가장 큰 이유는 가장 최근에 매입한 자산이 기말재고로 남아 있다고 가정하고 있기 때문이다. 그러므로 재무상태표에 보고되는 자산가액을 현행원가에 가까운 금액으로 보고하기 위해서는 선입선출법을 적용하는 것이 바람직하다. 선입선출법은 법인세비용차감전순이익이 크게 보고되어 법인세 지출이 증가하는 문제점이 있는 반면, 후입선출법은 재무상태표에 보고되는 자산가액이 과거의 낮은 가액으로 표시된다는 문제점이 있다. 이를 정리하면 다음과 같다.

원가흐름가정간의 비교

물가가 지속적으로 상승하는 경우 재무제표 요소의 비교

(1) 기 말 재 고 : 선입선출법 > 평균법 > 후입선출법
(2) 매 출 원 가 : 선입선출법 < 평균법 < 후입선출법
(3) 당기순이익 : 선입선출법 > 평균법 > 후입선출법

예제 7-2 원가흐름가정에 의한 매출원가와 기말재고

다음은 (주)대한의 재고자산과 관련된 회계자료이다.

일 자	적 요	수 량	매입단가	판매단가
5/01	기초재고	200개	@₩50	@₩100
5/10	매 출	150개		
5/21	매 입	300개	@₩60	@₩100
5/30	매 출	200개		

요구사항

1. 계속기록법을 사용한다고 할 경우 다음 각각의 원가흐름가정에 따른 매출원가와 기말재고원가를 계산하시오.
   (1) 선입선출법 (2) 평균법 (3) 후입선출법
2. 실지재고조사법을 사용한다고 할 경우 다음 각각의 원가흐름가정에 따른 매출원가와 기말재고원가를 계산하시오. 단, 실지재고수량은 100개이다.
   (1) 선입선출법 (2) 평균법 (3) 후입선출법

풀이 및 해설

1. 계속기록법

(1) 선입선출법

매출원가 : 150개×@₩50+(50개×@₩50+150개×@₩60)=₩19,000

기말재고원가 : 150개×@₩60=₩9,000

(2) 평균법(이동평균법)

매출원가 : 150개×@₩50+200개×@₩58.57*=₩19,214

* (50개×@₩50+300개×@₩60)÷350개=@₩58.57

기말재고원가 : 150개×@₩58.57=₩8,785

(3) 후입선출법

매출원가 : 150개×@₩50+200개×@₩60=₩19,500

기말재고원가 : 50개×@₩50+100개×@₩60=₩8,500

2. 실지재고조사법

(1) 선입선출법

판매가능원가 : 200개×@₩50+300개×@₩60=₩28,000

기말재고원가 : 100개×@₩60=₩6,000

매출원가 : ₩28,000−₩6,000=₩22,000

[주의] 계속기록법에서의 매출원가와 기말재고액의 금액이 다른 이유는 감모수량 50개의 원가가 매출원가에 포함되었기 때문이다.

(2) 평균법

판매가능원가 : 200개×@₩50+300개×@₩60=₩28,000

단위당 원가 : ₩28,000÷500=@₩56

기말재고원가 : 100개×@₩56=₩5,600

매출원가 : ₩28,000−₩5,600=₩22,400

(3) 후입선출법

판매가능원가 : 200개×@₩50+300개×@₩60=₩28,000

기말재고원가 : 100개×@₩50=₩5,000

매출원가 : ₩28,000−₩5,000=₩23,000

제 5 절 재고자산감모손실과 저가 평가

1 재고자산감모손실

재고자산의 감모(shortage)란 계속기록법에 의하여 파악된 장부상 재고수량보다 실지재고조사법에 의하여 파악된 실지재고수량이 부족한 것을 말한다. 재고자산의 감모는 상품의 분실·도난·파손·증발 등의 원인에 의하여 발생하는 것으로 계속기록법과 실지재고조사법을 같이 사용해야 파악할 수 있다.

계속기록법이나 실지재고조사법 중 하나의 방법만 사용하는 경우에는 위와 같은 원인에 의하여 발생되는 감모수량을 파악할 수 없다. 왜냐하면 계속기록법만 사용하면 감모수량이 기말 현재 창고에 남아 있는 것으로 간주되며, 실지재고조사법만 사용하면 감모수량은 기중에 판매된 것으로 간주되기 때문이다.

재고자산의 감모는 발생원인에 따라 정상적으로 발생하는 감모손실과 비정상적으로 발생하는 감모손실로 구분될 수 있다. 정상적인 감모란 업종의 특성에 따른 구조적 원인에 의하여 어쩔 수 없이 발생하는 감모를 말한다. 반면, 비정상적 원인에 의한 감모란 재고관리자의 부주의, 태만이나 관리소홀 등의 인위적인 원인에 의하여 발생하는 감모를 말한다.

한국채택국제회계기준에서는 이에 대한 회계처리방법을 명확히 규정하고 있지 않다. 그러나 감모손실의 발생원인을 고려할 때 정상적으로 발생하는 감모손실은 매출원가로 기록하고 비정상적으로 발생하는 감모손실은 기타비용으로 처리하는 방법이 타당하다고 판단된다. 즉, 정상적 감모는 당해 상품을 판매하는 한 어쩔 수 없이 발생하게 되는 감모를 의미하기 때문에 매출에 관련된 부수적 비용으로 보아 매출원가로 인식하고, 비정상적 감모는 주의했더라면 미리 예방할 수 있었던 감모를 의미하므로 매출원가가 아닌 기타비용으로 처리하는 것이 매출총이익을 왜곡표시하지 않는다.

1. 매출원가법 : 정상적인 감모

실지재고조사법하에서 재고자산의 감모에 의한 수량손실을 매출원가로 인식하기 위해서는 매출원가를 인식하기 위한 결산조정분개시 실지재고액을 매출원가계정의 대변에 기록함과 동시에 상품계정의 차변에 기록해야 한다.

실지재고조사법하의 감모손실에 대한 매출원가법

(차) 상 품(기말)	×××	(대) 매 출 원 가	×××

* 상품계정에 차기되는 금액은 실지재고액임.

이와 같이 매출원가계정의 대변에 실지재고액을 기록하면 매출원가계정에서 종속적으로 결정되는 매출원가에 감모손실이 자동적으로 포함된다.

예를 들어, 기초재고액이 ₩300이고 당기매입액이 ₩1,300이어서 판매가능한 상품의 원가가 ₩1,600이라고 하자. 그런데 장부상 기말재고액이 ₩600인데 실지재고액이 ₩500인 경우 다음과 같은 결산조정분개를 한다. 그러면 ₩100의 감모손실이 매출원가에 자동적으로 포함된다.

실지재고조사법하의 감모손실에 대한 매출원가법

(차) 매 출 원 가	300	(대) 상 품	300
매 출 원 가	1,300	매 입	1,300
상 품	500	매 출 원 가	500

이러한 관계를 매출원가계정에 표시하면 다음과 같다.

매출원가법하의 매출원가(실지재고조사법)

	매출원가		
기초재고	₩300	₩1,100 →	만약, 계속기록을 하였다면 매출원가가 ₩1,000이었겠지만, 실지재고조사법에 의하므로 재고감모 ₩100이 자동적으로 매출원가에 포함되어 매출원가가 ₩1,100으로 추정된다.
당기매입	1,300	500 ←	실사에 의한 실지재고액
판매가능원가	₩1,600	₩1,600	

한편, 계속기록법을 적용하는 경우 감모손실이 파악되는 경우에는 감모액만큼 상품계정에 대기하고, 매출원가계정에 차기한다. 이렇게 하면 감모액만큼 매출원가

가 증가되고 상품계정이 감소하게 된다.

위의 예에 대해 계속기록법을 적용하는 경우에는 다음과 같은 결산조정분개를 해야 한다.

계속기록법하의 감모손실에 대한 매출원가법

(차)	매 출 원 가	100	(대) 상 품	100

2. 기타비용법 : 비정상적인 감모

실지재고조사법하에서 감모에 의한 수량손실을 기타비용인 재고자산감모손실로 인식하기 위해서는 매출원가를 인식하기 위한 결산조정분개시 기말재고액을 어떠한 금액으로 상품계정에 차기했느냐에 따라 달라진다.

만약, 실지재고조사에 의한 기말재고액을 상품계정의 차변에 기록하고 매출원가계정의 대변에 기록하였다면 감모손실이 이미 매출원가에 포함되는 결과를 초래한다. 그러므로 이를 기타비용인 재고자산감모손실로 별도로 보고하기 위해서는 감모액만큼 매출원가계정에 대기하고 동액을 재고자산감모손실로 처리한다.

위에서 살펴본 예에서 감모발생액 ₩100을 기타비용으로 보고하기 위해서는 다음과 같은 결산조정분개 외에 재고자산감모손실 인식에 대한 회계처리를 추가해야 한다.

실지재고조사법하의 감모손실에 대한 기타비용법(1)

(차)	매 출 원 가	300	(대) 상 품	300
	매 출 원 가	1,300	매 입	1,300
	상품(기말 실지재고)	500	매 출 원 가	500
(차)	재고자산감모손실	100	(대) 매 출 원 가	100

위와는 달리 결산조정분개시 상품계정에 장부상 재고를 차기하고 동액을 매출원가계정에 대기한 경우에는 매출원가 금액이 감모손실을 제외한 장부상 금액으로 표시된다. 그러나 상품계정에는 장부상 금액을 차기하였으므로 이 금액에는 감모손실이 포함되어 있다. 그러므로 재무상태표에 실지재고액을 보고하기 위해서는 감모손실 금액만큼을 상품계정에 대기하고 동액을 재고자산감모손실계정의 차변에 기

록해야 한다. 다음의 회계처리 예는 이를 보여주고 있다.

실지재고조사법하의 감모손실에 대한 기타비용법(2)

(차)	매 출 원 가	300	(대) 상 품	300
	매 출 원 가	1,300	매 입	1,300
	상품(장부상 재고)	600	매 출 원 가	600
(차)	재고자산감모손실	100	(대) 상 품	100

어느 방법을 사용하든 결과는 동일한데 가급적 (1)의 방법을 사용하는 것을 권한다. 왜냐하면 본절의 마지막 부분의 포괄손익계산서에서 보듯이 (1)의 방법에서는 포괄손익계산서의 매출원가에 기타비용으로 보고되는 감모손실이 보고되지만 (2)의 방법에서는 보고되지 않기 때문이다. 이러한 관계를 매출원가계정에 표시하면 다음과 같다.

기타비용법하의 매출원가(실지재고조사법)

매출원가

	차변	대변			
기초재고	₩300		₩1,000	→	감모손실을 기타비용으로 별도로 보고하기 위해 정상적 매출원가(장부상 매출원가)를 기재한다.
당기매입	1,300	장부상 재고	100	→	재고자산감모손실로 처리한다.
			500	←	실사에 의한 실지재고액(재무상태표 보고액)
판매가능원가	₩1,600		₩1,600		

한편, 계속기록법을 적용하는 경우 비정상적 감모손실이 파악되는 경우에는 비정상적 감모액만큼 상품계정에 대기하고, 재고자산감모손실계정에 차기한다. 이렇게 하면 비정상적 감모액만큼 기타비용이 증가하고 상품계정이 감소하게 된다.

위의 예에 대해 계속기록법을 적용하는 경우에는 다음의 결산조정분개를 해야 한다. 계속기록법에서는 비정상재고감모손실 정보가 매출원가에 나타나지 않는다.

계속기록법하의 감모손실에 대한 기타비용법

(차)	재고자산감모손실	100	(대) 상 품	100

예제 7-3 재고자산감모손실

12월말 결산법인인 (주)대한은 재고자산의 원가배분방법으로 선입선출법을 사용하고 있다. 결산일 현재 실지재고조사에 의한 기말재고수량은 2개로 파악되었다. 따라서 장부상 기말재고액은 ₩410이며 실지재고액은 ₩210이다. 모든 상품의 매입은 현금으로 이루어졌다. 감모액 중 반은 정상적 감모로 매출원가로 처리하고, 나머지는 비정상적 감모로 기타비용으로 처리한다고 가정한다.

1년간 상품매매거래는 다음과 같으며, 8월 13일에 상품 4개를 단위당 ₩120에 현금을 받고 판매하였다.

일 자	매입내역			매출내역		
	수 량	단 가	금 액	수 량	단 가	금 액
기초재고	1개	@₩80	₩80			
7월 12일	6	100	600			
8월 13일				4개	[ ]	[ ]
10월 14일	1	110	110			
계	8개		₩790	4개		

요구사항

1. 실지재고조사법(판매수량만 기록하여 장부상 수량 파악)을 사용한다고 할 때 해야 할 회계처리를 하시오.
2. 계속기록법(기말에 실사하여 실제수량 파악)을 사용한다고 할 때 해야 할 회계처리를 하시오.

풀이 및 해설

1. 실지재고조사법[(1)의 방법]

7/12	(차) 매 입	600	(대) 현 금	600
8/13	(차) 현 금	480	(대) 매 출	480
10/14	(차) 매 입	110	(대) 현 금	110
12/31	(차) 매출원가	80	(대) 상 품	80
	매출원가	710	매 입	710
	상 품	210	매출원가	210
	재고자산감모손실	100	매출원가*	100

* 상품과 매출원가 계정에 ₩310을 기록한 경우에는 매출원가 대신 상품계정에 대기한다[(2)의 방법].

2. 계속기록법

7/12	(차) 상품	600	(대) 현금	600
8/13	(차) 현금	480	(대) 매출	480
	매출원가	380	상품	380
10/14	(차) 상품	110	(대) 현금	110
12/31	(차) 매출원가	100	(대) 상품	100
	재고자산감모손실	100	상품	100

2 재고자산의 저가 평가

1. 저가법으로 평가하는 이유

대부분의 다른 자산과 마찬가지로 재고자산도 취득 시점에는 취득원가(역사적 원가)로 기록한다. 그러나 기말재무상태표에 표시되는 재고자산은 취득원가와 순실현가능가치 중 낮은 금액으로 보고한다. 그렇다면 다른 자산과는 달리 재고자산을 취득원가와 순실현가능가치 중 낮은 금액으로 측정하는 이유는 무엇일까?

정보이용자에게 유용한 정보, 즉 목적적합한 정보를 제공하기 위해서는 공정가치로 측정(평가)하는 것이 바람직할 것이다. 재고자산도 공정가치로 평가하면 보다 유용한 정보를 제공할 수 있을 것으로 생각할 수도 있다. 그러나 전통적으로 재고자산은 공정가치로 평가하지 않아 왔다. 왜냐하면 공정가치(재고자산의 경우 판매가격)의 상승으로 인한 것은 미실현이익으로 재고자산의 경우 판매가 이루어져야만 현금으로 전환되기 때문이다. 즉, 재고자산은 정상적인 영업순환과정에서 판매를 위해 보유하고 있는 자산이기 때문에 특별한 경우를 제외하고 판매되기 전에는 수익을 인식하지 않았다. 이것이 바로 전통적으로 지켜온 실현주의이다.

그러나 판매를 위해 보유하고 있는 재고자산의 경우 물리적으로 손상되거나 진부화 또는 판매가격이 하락하여 원가도 회수하기 곤란한 경우에는 어떻게 할 것인가? 재고자산은 기업 수익창출의 대부분을 차지하고 있다. 그러므로 위와 같은 이유로 효용이 감소된 자산을 그대로 보고할 경우에는 기업의 재무상태나 경영성과 또는 미래의 현금흐름을 적정히 평가하는 데 문제가 될 수 있다. 이런 이유로 재고자산의 경우에는 공정가치법 또는 원가법을 지양하고 시가가 원가보다 하락한 경우에만 시가로 표시하는 방법을 사용해 왔다. 이것이 바로 저가법이다.

재고자산의 저가법(lower of cost or market method : LCM)이란 원가와 시가 중에서 낮은 금액으로 평가하는 방법이다. 이렇게 저가로 평가하는 이유는 예상되는 손실은 즉시 인식하자는 것과 재고자산의 과대계상을 방지하는 데 있다. 재고자산을 저가로 평가하는 데에는 보수주의가 커다란 역할을 해 왔다. 즉, 예상되는 이익은 인식하지 않아도 예상되는 손실은 인식한다는 것이다.

2. 저가법의 적용방법

한국채택국제회계기준에서는 재고자산의 원가와 비교할 시가로 순실현가능가치를 사용하도록 하고 있다. 여기서 순실현가능가치(net realizable value : NRV)는 정상적인 영업과정의 예상 판매가격에서 예상되는 추가 완성원가와 판매비용을 차감한 금액으로 정의하고 있다.

재고자산에 대한 저가법은 개별 항목(종목)별, 그룹별(조별) 또는 총액을 기준으로 적용할 수 있다. 이 중에서 가장 낮게 평가되는 방법은 개별 항목별 기준이며 한국채택국제회계기준에서도 항목별 적용을 원칙으로 하고 있다. 어떤 경우이든 총액기준으로 적용해서는 안 된다.[11]

재고자산을 저가로 평가함으로써 발생하는 재고자산의 평가손실은 향후 매출수익의 감소를 초래한다는 측면에서 매출원가로 보고하는 방법이 타당한 것으로 판단된다. 이런 경우 평가손실은 재고자산평가충당금으로 회계처리하고 재무상태표에는 재고자산에서 차감하는 형식으로 표시한다. 그러나 한국채택국제회계기준에서는 이에 대해 명확히 규정하고 있지 않다.

---

11) 한국채택국제회계기준에서는 유사한 품목의 경우 그룹별(조별, 군별) 적용방법도 가능하며, 원재료의 시가로는 현행대체원가를 사용할 수 있다고 규정하고 있다. 이에 대한 자세한 설명은 중급회계에서 다룬다.

예제 7-4 저가법에 의한 재고자산 평가

다음은 (주)대한이 보유하고 있는 상품이다. 상품은 서로 다른 종류이며 (주)대한은 재고자산을 저가법으로 평가하고 있다.

종 목	취득원가	순실현가능가치
A	₩4,000	₩4,300
B	3,000	2,400
C	1,350	1,410

요구사항

1. 종목별 기준으로 저가법을 적용할 경우 (주)대한이 행할 회계처리를 하시오.
2. (주)대한이 재고자산을 재무상태표에 보고하는 방법을 표시하시오.

풀이 및 해설

1. 종목별 기준

종 목	취득원가	순실현가능가치	평가이익(손실)
A	₩4,000	₩4,300	₩300
B	3,000	2,400	(600)
C	1,350	1,410	60

종목별 기준이므로 시가가 원가보다 적은 B에 대해서만 평가손실을 인식한다.

(차) 재고자산평가손실 (매출원가)	600	(대) 재고자산평가충당금	600

2. 부분재무상태표

유동자산 :	재고자산	₩8,350	
	재고자산평가충당금	(600)	₩7,750

지금까지 알아본 재고자산감모손실([예제 7-3])과 재고자산평가손실(₩20이라고 가정)을 매출원가에 반영하는 방법을 표시하면 7-3 과 같다.

7-3 매출원가의 표시(감모손실과 평가손실)

매출원가 :	기초상품재고액	₩80	
	당기상품매입액	710	
	기말상품재고액	(210)	
	매출 이외의 재고감소액	(100)	
	재고자산평가손실	20	₩500

(해설) (1) 기말상품재고액은 장부상 재고가 아니라 평가손실을 인식하기 전의 실지재고수량의 원가이다.

(2) 매출 이외의 재고감소액은 비정상적 재고감모손실이나 광고비(상품을 판매촉진용으로 제공한 경우) 등을 통합하여 나타내는 항목이다.

(3) 재고자산평가손실은 매출원가에 가산한다. 따라서 재무상태표에는 상품을 ₩190(=₩210－₩20)으로 보고한다.

▶ QR코드로 배우는 회계

실적 쥐락펴락 '재고평가' 넌 누구니?

♣ (주)농심의 중요한 회계정책 주석사항(일부)

- 재고자산 : 재고자산은 취득원가와 순실현가능가치 중 낮은 금액으로 표시하고 있습니다. 당사는 재고자산을 아래의 방법에 의하여 산정된 취득원가로 평가하고 있으며, 제품, 재공품 및 반제품의 원가는 원재료비, 직접노무비 및 기타 직접원가와 제조간접비로 구성됩니다. 순실현가능가치는 정상적인 영업과정에서의 예상 판매가격에서 예상되는 추가 완성원가와 판매비용을 차감한 금액입니다.

재고자산 — 재무제표 공시 사례

1.

재무상태표

제58(당)기 2021년 12월 31일 현재

주식회사 농심 제57(전)기 2020년 12월 31일 현재 (단위 : 원)

과 목	제58(당)기	제57(전)기
자 산		
Ⅰ. 유동자산	748,863,157,788	701,908,303,950
현금및현금성자산	9,024,655,891	93,937,356,729
단기금융상품	242,000,000,000	232,000,000,000
기타금융자산	154,366,234,995	35,638,900,000
매출채권	167,117,793,365	162,063,629,188
기타채권	16,079,266,745	14,495,030,406
재고자산	147,696,610,351	158,402,038,522
기타유동자산	12,433,976,966	5,371,349,105
배출권	144,619,475	

2. 주석 9. 재고자산

보고기간종료일 현재 재고자산 내역은 다음과 같으며, 재무상태표에는 평가손실충당금이 차감된 순액으로 표시되어 있습니다. (단위 : 천원)

구 분	당기말			전기말		
	취득원가	평가손실충당금	장부금액	취득원가	평가손실충당금	장부금액
제품 및 상품	77,341,608	(1,612,289)	75,729,319	79,549,650	(1,438,423)	78,111,227
반제품 및 재공품	9,490,609	–	9,490,609	8,632,472	–	8,632,472
원재료 및 부재료	34,777,801	(214,061)	34,563,740	45,415,423	(157,647)	45,257,776
미착품	19,521,355	–	19,521,355	19,060,363	–	19,060,363
기 타	8,391,587	–	8,391,587	7,340,201	–	7,340,201
합 계	149,522,960	(1,826,350)	147,696,610	159,998,109	(1,596,070)	158,402,039

당사는 재고자산의 순실현가능가액과 장부가액을 비교하여 당기에 230,280천원의 재고자산평가손실을 인식하였으며, 전기에 581,307천원의 재고자산평가손실을 인식하였습니다. 파손 등에 폐기된 재고자산과 관련하여 계상된 재고자산폐기손실은 당기 및 전기 각각 2,795,910천원 및 3,429,969천원입니다.

Epilogue

본장에서는 재고자산의 개념과 재고에 포함되는 항목, 재고자산의 원가에 포함시키는 지출, 재고자산의 수량파악방법, 원가흐름가정, 감모손실과 평가손실의 처리방법 등에 대해 살펴보았다. 이 중 어느 항목을 무시할 수 없으며 모두 중요하다고 생각된다. 왜냐하면 어느 한 가지 항목의 처리를 잘못했다면 재고자산의 금액이 달라질 뿐만 아니라 매출원가와 당기순이익도 달라지기 때문이다. 처음 접하는 부분이라 복잡해 보일 수 있다. 그러나 차근차근 읽고 문제를 풀어보면 어려울 것도 없다.

종합사례

다음은 (주)대한의 재고자산과 관련된 자료 중 일부를 발췌한 것이다.

(1) (주)대한의 4월 1일 재고는 700단위로 단가는 ₩50이다. 다음은 4월의 매입과 매출에 관한 자료이다. 4월 30일의 재고수량은 900단위이다.

	수 량	단 가		수 량	단 가
매 입 : 4일	300	₩52	매 출 : 5일	400	₩90
8일	1,000	54	20일	800	100
29일	100	67			

(2) (주)대한의 기초재고수량은 300단위(취득원가 @₩30, 순실현가능가치 @₩32)이며, 당기매입액은 1,500단위로서 총매입액은 ₩57,000이다. 그리고 (주)대한의 12월 31일 재고자산과 관련된 자료는 다음과 같다. 재고자산의 감모수량 중 40%는 정상적인 상황에서 발생한 것이고, 나머지는 비정상적인 것으로 기타비용으로 처리하고 있다.

장부상 재고수량	200단위	취득원가	@₩40
실지재고수량	150단위	순실현가능가치	@₩35

(물음 1) (1)과 관련하여 계속기록법 적용시 선입선출법, 평균법, 후입선출법에 의한 4월 30일의 재고액과 4월의 매출원가는 각각 얼마인가?

(물음 2) (1)과 관련하여 실지재고조사법 적용시 선입선출법, 평균법, 후입선출법에 의한 4월 30일의 재고액과 4월의 매출원가는 각각 얼마인가?

(물음 3) (2)와 관련하여 기타비용으로 표시되는 재고자산감모손실은 얼마인가?

(물음 4) (2)와 관련하여 매출원가는 얼마인가?

(물음 5) (2)와 관련하여 (주)대한이 행할 수정분개를 하시오(실지재고조사법).

(물음 6) (2)와 관련하여 12월 31일의 부분재무상태표를 작성하시오.

풀이 및 해설

(물음 1) 계속기록법에 의한 월말재고액과 매출원가

계속기록법에 인한 매출원가와 기말재고액을 파악하기 위해서는 상품입고와 상품출고를 기록하는 상품재고장을 작성해야 한다. 본장 사례의 경우는 간단하기 때문에 선입선출법과 후입선출법에 대해서는 생략한다.

		월말재고액	매출원가
계속기록법 :	선입선출법	① ₩49,900	② ₩61,400
	이동평균법	③ ₩48,880	④ ₩62,420
	후입선출법	⑤ ₩47,500	⑥ ₩63,800

① 800단위×@₩54＋100단위×@₩67＝₩49,900

② 400단위×@₩50＋300단위×@₩50＋300단위×@₩52＋200단위×@₩54＝₩61,400

③ ₩48,880 (상품재고장 참조)

④ ₩62,420 (상품재고장 참조)

상품재고장

(이동평균법)

일 자		적 요	입 고			출 고			잔 고		
			수 량	단 가	금 액	수 량	단 가	금 액	수 량	단 가	금 액
4	1	전기이월	700	@₩50	₩35,000				700	@₩50	₩35,000
4	4	매 입	300	52	15,600				1,000	50.6	50,600
4	5	매 출				400	@₩50.6	₩20,240	600	50.6	30,360
4	8	매 입	1,000	54	54,000				1,600	52.725	84,360
4	20	매 출				800	52.725	42,180	800	52.725	42,180
4	29	매 입	100	67	6,700				900	54.311	48,880
4	30	매출원가				1,200		62,420			
		차월이월				900		48,880			
			2,100		₩111,300	2,100		₩111,300			
5	1	전월이월	900	54.311	₩48,880				900	54.311	₩48,880

⑤ 600단위×@₩50＋200단위×@₩54＋100단위×@₩67＝₩47,500

⑥ 300단위×@₩52＋100단위×@₩50＋800단위×@₩54＝₩63,800

(물음 2) 실지재고조사법에 의한 월말재고액과 매출원가

실지재고조사법에서는 기말재고액을 실사에 의해 먼저 파악하고 총판매가능원가로부터 이를 차감하여 매출원가를 계산한다.

		월말재고액	매출원가
실지재고조사법 :	선입선출법	① ₩49,900	② ₩61,400
	총평균법	③ ₩47,700	④ ₩63,600
	후입선출법	⑤ ₩45,400	⑥ ₩65,900

총판매가능원가＝기초재고액＋당기매입액＝₩111,300

① 800단위×@₩54＋100단위×@₩67＝₩49,900

② ₩111,300－₩49,900＝₩61,400

③ 총평균법에 의한 단가 = ₩111,300 ÷ 2,100단위 = @₩53
900단위 × @₩53 = ₩47,700

④ ₩111,300 − ₩47,700 = ₩63,600

⑤ 700단위 × @₩50 + 200단위 × @₩52 = ₩45,400

⑥ ₩111,300 − ₩45,400 = ₩65,900

(물음 3) 기타비용으로 보고되는 감모손실

비정상적인 감모수량 = (200단위 − 150단위) × 60% = 30단위
기타비용으로 보고되는 감모손실 = 30단위 × @₩40 = ₩1,200
매출원가에 포함되는 정상감모손실 = 20단위 × @₩40 = ₩800

(물음 4) 매출원가

매출원가 = 기초재고액 + 당기매입액 − 실지재고액 − 비정상감모손실 + 재고자산평가손실
= ₩9,000 + ₩57,000 − 150단위 × @₩40 − ₩1,200(물음 3) + ₩750 = ₩59,550

(물음 5) 결산조정분개(실지재고조사법)

(차)	매 출 원 가	9,000	(대)	재 고 자 산	9,000
	매 출 원 가	57,000		매　　입	57,000
	재 고 자 산	6,000		매 출 원 가	6,000
	재고자산감모손실	1,200		매 출 원 가	1,200
	매출원가(재고자산평가손실)	750		재고자산평가충당금	750

재고자산감모손실과 재고자산평가손실의 관계를 도표로 나타내면 다음과 같다.

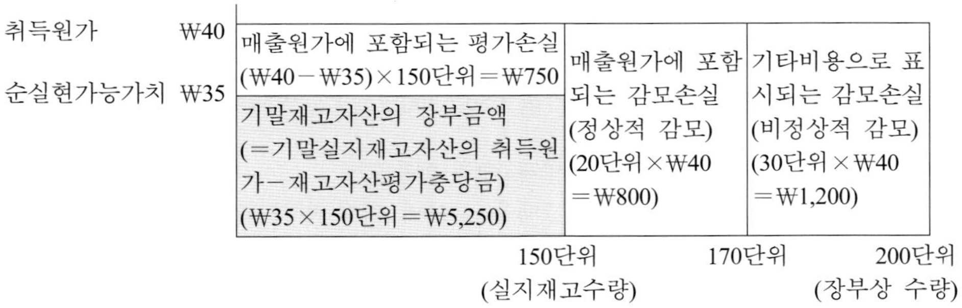

(물음 6) 부분재무상태표

자 산 :			
재 고 자 산	₩6,000		
재고자산평가충당금	(750)	₩5,250	

* 재고자산평가충당금은 재고자산에 대한 평가계정으로 재고자산에서 차감하는 형식으로 표시한다.

연습문제

CHAPTER 7

1 [진위형] 다음 서술이 옳으면 T, 옳지 않으면 F를 기재하시오.

(1) 제3자에게 판매할 목적으로 보유하고 있는 것은 모두 재고자산으로 분류한다.

(2) 당기매입원가와 기말재고액을 합쳐 판매가능원가라 한다.

(3) 재고자산의 취득원가는 수입관세나 운송비용 등 매입원가에 직접 배부할 수 있는 지출을 가산한다.

(4) 구매자의 매입할인은 재고자산의 취득원가에 가산하며 판매자의 매출할인을 매출에서 차감한다.

(5) 선적지인도기준으로 매입한 경우 상품이 도착한 시점에 구매자는 매입 또는 상품계정에 차기한다.

(6) 적송품은 수탁자의 재고자산으로 기록하여 보고하는 것이 회계관습이다.

(7) 실지재고조사법은 재고를 정확히 파악할 수 있는 장점이 있지만 감모의 원인을 제대로 파악하기 곤란하다는 단점이 있다.

(8) 상품단가가 상이한 경우 후입선출법에서는 실지재고조사법과 계속기록법에 의한 매출원가가 달리 계산되지만 선입선출법과 평균법에서는 동일하게 계산된다.

2 [완성형] 다음 괄호 안에 가장 적절한 용어를 넣으시오.

(1) 정상적인 영업과정에서 판매를 위하여 보유중이거나 생산중인 자산 및 생산이나 용역제공에 투입될 원재료나 소모품을 (　　　)이라 한다.

(2) 판매가능한 재고자산은 기초재고액에 (　　　)을 가산하여 계산한다.

(3) 위탁판매하기 위해 제3자(수탁자)에게 상품을 발송하여 결산일 현재 수탁자의 창고에 보관되어 있는 상품을 (　　　)이라 한다.

(4) 물량의 실제흐름과는 관계없이 먼저 매입한 상품이 먼저 판매되는 것으로 가정하여 매출원가와 기말재고액을 결정하는 방법을 (　　　)이라 한다.

(5) 평균법을 계속기록법과 같이 사용할 경우의 평가방법을 (　　　)이라 한다.

(6) 재고자산의 (　　　)란 계속기록법에 의하여 파악된 장부상 재고수량보다 실지재고

조사법에 의하여 파악된 실지재고수량이 부족한 것을 말한다.

(7) 재고자산의 (　　　)이란 원가와 시가 중에서 낮은 금액으로 평가하는 방법이다.

(8) 추정판매가액에서 판매시까지 정상적으로 발생하는 추가비용을 차감한 가액을 (　　　)라 한다.

3 [선다형] 다음 물음에 가장 타당한 답을 하나만 선택하시오.

(1) 다음 중 재무상태표상에 재고자산으로 표시될 수 없는 것은?

① 부동산매매업을 하는 기업이 개발 후 분양할 목적으로 구입한 토지
② 전자제품전문회사가 상품 및 고객관리 목적으로 구입하여 사용중인 컴퓨터
③ 양계장에서 치킨집에 판매할 목적으로 기르고 있는 닭
④ 증권회사가 투자자에게 판매할 목적으로 보유하고 있는 유가증권
⑤ 선박제조회사가 고객의 주문으로 현재 제조중인 선박

(2) 다음 중 매출원가와 관련된 설명으로 옳은 것은?

ⓐ 매출원가는 기업이 매입 또는 제조로 발생된 원가를 의미한다. ⓑ 매출원가는 포괄손익계산서에 비용으로 표시된다. ⓒ 매출원가는 취득단가가 상이한 경우 원가흐름가정에 따라 달라진다.

① ⓑ　　② ⓒ　　③ ⓑ와 ⓒ
④ ⓐ, ⓑ, ⓒ　　⑤ 없 음

(3) 원가흐름의 가정이 다름에 따라 영향을 미칠 수 있는 재무제표는?

① 재무상태표　　② 포괄손익계산서　　③ 자본변동표
④ ①과 ③　　⑤ ①, ②, ③ 모두

(4) 다음 중 재고자산의 저가법에 관한 설명으로 옳은 것은?

ⓐ 저가법은 역사적 원가 원칙의 예외이다. ⓑ 상품의 순실현가능가치가 원가 이하로 하락한 경우 당기순이익은 감소한다. ⓒ 상품의 순실현가능가치가 원가 이하로 하락하면 자산총액은 감소한다.

① ⓐ　　② ⓑ　　③ ⓒ
④ ⓐ, ⓑ, ⓒ 모두　　⑤ 없 음

(5) 계속기록법에 관한 설명 중 옳지 않은 것은?
① 상품재고장을 보면 항시 수량을 파악할 수 있다.
② 재고자산계정은 매입과 매출이 이루어질 때마다 변동된다.
③ 매출과 동시에 매출원가를 인식한다.
④ 매입계정은 사용하지 않는다.
⑤ 감모가 발생되더라도 기말재고에 대한 수정분개가 필요하지 않다.

(6) (주)대한은 사과를 판매하는 청과물전문마트이다. 상품의 매입단가는 계속 증가하고 있는 추세이며 기말재고상품의 수량은 기초에 비해 증가하였다. 이 경우 당기순이익이 크게 계상되는 순서로 옳게 배열된 것은?
① 선입선출법 < 총평균법 < 후입선출법
② 후입선출법 < 총평균법 < 선입선출법
③ 총평균법 < 선입선출법 < 후입선출법
④ 총평균법 < 후입선출법 < 선입선출법
⑤ 어떤 방법을 이용하더라도 당기순이익은 동일하다.

(7) 다음 자료에 근거하여 기말 재무상태표상에 기록되는 재고자산의 장부금액은 얼마인가? 단, 감모손실은 비정상적인 원인에 의해 발생하였다.

장부재고수량	30개	취득원가	@₩40
실지재고수량	20개	순실현가능가치	@₩35

① ₩700　② ₩800　③ ₩1,050
④ ₩1,200　⑤ ₩1,250

(8) 20×1년도의 기말재고자산이 ₩10,000만큼 과소평가되었다. 20×1년도와 20×2년도의 당기순이익에 미치는 영향을 바르게 표시한 것은?

	20×1	20×2
①	영향 없음	영향 없음
②	₩10,000 과대계상	₩10,000 과대계상
③	₩10,000 과소계상	₩10,000 과소계상
④	₩10,000 과대계상	₩10,000 과소계상
⑤	₩10,000 과소계상	₩10,000 과대계상

4 [재고자산에 포함되는 항목] 다음 항목 중 재고자산에 포함시킬 항목은 ○, 재고자산에서 제외되는 항목은 ×표 하시오.

(1) 시송품으로 발송하였으나 아직 매입통지를 받지 못한 상품의 원가 ( )
(2) 선적지인도기준으로 매입하여 선적이 완료된 상품의 원가 ( )
(3) 도착지인도기준으로 매입하여 운송중에 있는 상품의 원가 ( )
(4) 매입하기로 계약이 체결되어 있는 상품의 원가 ( )
(5) 타 회사에 판매를 위탁하였으나 아직 판매가 되지 않은 상품의 원가 ( )
(6) 타 회사로부터 판매를 위탁받고 보관중인 상품의 원가 ( )
(7) 창고에 보관하고 있으나 은행차입금의 담보로 제공되어 있는 상품의 원가 ( )

5 [매출총이익] 다음의 자료를 이용하여 아래의 물음에 답하시오.

기초상품재고액	₩30,000	총 매 출 액	₩800,000
당기총매입액	500,000	매출에누리	10,000
기말상품재고액	100,000	매 출 환 입	40,000
매 입 환 출	30,000	매입에누리	70,000

(물음 1) 포괄손익계산서에 표시될 매출액은 얼마인가?
(물음 2) 포괄손익계산서에 표시될 매출원가는 얼마인가?
(물음 3) 포괄손익계산서에 표시될 매출총이익은 얼마인가?

6 [실지재고조사법 1] 다음 거래를 실지재고조사법에 의해 회계처리하시오.

(1) 상품의 기초재고액은 ₩2,000이다.
(2) 상품 ₩10,000을 (주)대한으로부터 매입하고, 매입대가 중 ₩4,000은 약속어음을 발행해 주고 잔액은 외상으로 하다.
(3) 상품 ₩16,000을 (주)대한으로부터 외상매입하고, 인수운임 ₩4,000을 현금으로 지급하다.
(4) 상기 상품 중 일부가 파손되어 상품대금 중에서 ₩1,000을 에누리하다.
(5) (주)민국에 상품 ₩41,000을 외상으로 매출하다.
(6) 상기 상품 중 일부가 파손되어 ₩2,000을 에누리해 주다.
(7) 상품의 기말재고액은 ₩5,000이다.

7 [매출액, 매출원가, 매출총이익] 다음은 (주)대한의 최근 3년간 포괄손익계산서 관련자료이다. (　) 안에 적절한 금액을 기재하시오.

	20×3	20×2	20×1
매 출 액	₩(⑧)	₩30,000	₩23,500
매출에누리와환입	1,250	(④)	(①)
순 매 출 액	₩34,000	₩(⑤)	₩22,500
기 초 재 고	(⑨)	(⑥)	(②)
기 말 재 고	(⑩)	3,000	1,500
매 입 액	17,500	(⑦)	11,900
매입에누리와환출	750	500	400
매 입 운 임	500	700	500
매 출 원 가	(⑪)	15,000	12,500
매출총이익	₩16,000	₩14,250	₩(③)

8 [계속기록법] 다음은 계속기록법을 사용하고 있는 (주)대한의 회계자료 중 일부이다.

5/ 1	기초재고	400개	@ ₩100
5/ 9	매　　출	300개	
5/18	매　　입	600개	@ ₩120
5/28	매　　출	300개	
5/30	매　　출	300개	

(물음 1) 선입선출법을 이용하여 기말재고액 및 매출원가를 계산하시오.

(물음 2) 이동평균법을 이용하여 기말재고액 및 매출원가를 계산하시오.

9 [실지재고조사법 2] 다음은 실지재고조사법을 사용하고 있는 (주)대한의 회계자료 중 일부이다. 5월말의 실지재고수량은 150개이다.

5/ 1	기초재고	400개	@ ₩100
5/ 9	매　　출	300개	
5/18	매　　입	600개	@ ₩120
5/28	매　　출	500개	

(물음 1) 선입선출법을 이용하여 기말재고액 및 매출원가를 계산하시오.

(물음 2) 총평균법을 이용하여 기말재고액 및 매출원가를 계산하시오.

10 [선입선출법/후입선출법] (주)대한의 10월 1일 월초 재고는 700단위로 단가는 ₩50이다. 다음은 10월의 매입과 매출에 관한 자료이다.

	수 량	단 가		수 량	단 가
매 입 : 4일	300	₩52	매 출 : 3일	400	₩90
8일	300	52	9일	500	85
13일	1,000	51	11일	300	92
21일	400	55	23일	600	86
29일	300	56	27일	800	87

(물음 1) 계속기록법 적용시 선입선출법, 후입선출법에 의한 기말재고액은?

(물음 2) 실지재고조사법 적용시 선입선출법, 후입선출법에 의한 기말재고액은?

11 [감모손실과 평가손실] 다음은 실지재고조사법을 사용하고 있는 (주)대한의 재고자산과 관련된 자료이다. 감모손실은 모두 비정상적인 것으로서 기타비용으로 처리하고 평가손실은 매출원가로 표시한다.

장부재고수량	30개	취 득 원 가	@₩40
실지재고수량	20개	순실현가능가치	@₩35

(물음 1) 재고자산감모손실은 얼마인가?

(물음 2) 재고자산평가손실은 얼마인가?

(물음 3) 재무상태표에 표시할 재고자산의 순실현가능가치는 얼마인가?

(물음 4) (주)대한이 행할 수정분개를 하시오. 기초재고와 당기매입에 대한 수정분개는 적절히 이루어졌다.

CHAPTER

8

유형자산과 무형자산

일러두기 본장에서는 유형자산과 무형자산에 관해 살펴보기로 한다. 유형자산은 기업이 영업활동에 사용할 목적으로 보유하고 있는 물리적 실체가 있는 자산이며, 무형자산은 미래 경제적 효익을 가지는 물리적 실체가 없는 자산이다. 유형자산과 무형자산에서는 특히 취득원가의 결정과 내용연수 동안의 원가배분과정인 감가상각(상각) 및 상각방법을 숙지해야 한다. 또한 무형자산은 그 회계처리에 있어 유형자산과 유사한 내용이 많으므로 유형자산을 자세히 학습한 후 무형자산은 차이점 위주로 학습하기 바란다.

주요 용어 유형자산, 무형자산, 감가상각비, 감가상각누계액, 정액법, 정률법, 연수합계법, 이중체감법, 생산량(사용량)비례법, 연구비, 개발비, 산업재산권, 영업권

현장사례 체감잔액법을 통해서 감가상각비를 선제 반영한 기업

(자료 : 제이콘텐트리)

제이콘텐트리가 올 2분기 매출은 크게 늘었음에도 영업손실을 기록해 배경이 주목된다. 방영 드라마 편수가 증가하면서 감가상각비를 선제적으로 적용한 탓이다.

감가상각비 선제 적용으로 향후 건전한 재무구조 구축이 기대된다. 코로나19에 주춤했던 극장 사업도 티켓 가격 인상, 관객 수 증가 등으로 4분기 손익분기점을 달성할 수 있다는 평가다.

올 1분기 130억원의 영업이익을 기록한 것에 비해서도 적자 전환했다. 전년 동기 대비 매출이 큰 폭으로 증가했음에도 영업손실이 났다. '체감잔액법'을 이용하여 매출원가가 증가한 회계상 이슈가 주요 원인이다.

체감잔액법은 회계학에서 유형자산의 감가상각시 유형자산의 내용연수 초기에 감가상각비를 많이 계상하고 차차 적게 계상하는 방법을 의미한다. 내용연수의 초기에 상대적으로 많은 금액을 상각한 후 후반기로 갈수록 점차 작은 금액을 상각한다.

드라마 제작비는 제작 단계에서 곧바로 비용처리하지 않는다. 먼저 '건설중인 자산'으로 기입한 후 제작이 완료되면 판권(자산)으로 인식한다. 이때부터 일정 기간 동안 감가상각을 시작한다. 일반적으로 5년 정률법으로 감가상각해 재무제표에 기입한다.

제이콘텐트리는 올해 방영 드라마 편수가 증가했다. 작년 5월 제이콘텐트리 계열사인 JTBC가 5월부터 수목드라마 슬롯을 신설하면서 드라마 편수가 증가했다. 올 1분기에도 총 5편의 드라마가 방영됐다.

수목드라마 확대는 제이콘텐트리의 해외 매출과 직결된다. 글로벌 OTT 플랫폼 넷플릭스와 수목드라마 방영작에 대한 공급 계약이 체결돼 있기 때문이다. 제이콘텐트리는 2019년 자회사 JTBC스튜디오를 통해 넷플릭스와 3년간 공급 계약을 체결했다.

하반기에도 '인간실격' 등의 텐트폴(대규모 제작비가 투입된 콘텐츠) 콘텐츠와 함께 '지금 우리 학교는', 'D.P.', '지옥', '종이의 집', '안나라수마나라' 등의 넷플릭스 오리지널 드라마가 방영될 예정이다.

제작이 완료된 드라마 판권에 대해 선제적으로 감가상각비를 적용함으로써 향후 건전한 손익구조를 구축할 수 있다. 기간을 나눠 처리하기 때문에 비용분산효과가 발생한다.

(자료 : the bell, 2021.8.11)

제 1 절 유형자산의 인식과 측정

1 유형자산의 정의와 인식

유형자산(property, plant and equipment)은 재화나 용역의 생산이나 제공, 타인에 대한 임대 또는 관리 활동에 사용할 목적으로 보유하는 물리적 형태가 있는 자산으로서, 한 회계기간을 초과하여 사용할 것이 기대되는 자산으로 정의된다.[1] 즉, 유형자산은 장기간 기업의 정상적 영업활동에 사용할 목적으로 취득한 자산으로 물리적 형태가 있는 자산을 말한다. 회계상 유형자산은 8-1 과 같은 특징을 갖고 있다.

8-1 유형자산의 특징

(1) 영업활동에 사용할 목적으로 보유하고 있는 자산 항목이다
그러므로 토지나 건물 등을 취득하였을지라도 영업활동에 사용할 목적이 아닌 투자목적으로 취득한 경우에는 투자자산으로 분류해야 하며, 정상적인 영업순환과정에서 판매목적으로 취득한 경우에는 재고자산으로 분류해야 한다.

(2) 기업에 장기간 용역을 제공하며 보통 감가상각의 대상이 된다
비감가성 자산으로는 토지와 건설중인자산이 있다. 토지는 회계학에서 내용연수가 무한한 것으로 간주되며, 건설중인자산은 수익창출에 기여하고 있지 않기 때문에 감가상각을 하지 않는다.

(3) 물리적 실체(형태)를 지녀야 한다
이런 점에서 물리적 실체가 없는 무형자산과 구별된다. 그러나 형태가 있다고 해서 유형자산이 되는 것은 아니다. 상품은 물리적 형태가 있더라도 판매를 목적으로 보유하고 있기 때문에 재고자산으로 분류한다.

▶ **QR코드로 배우는 회계**
같은 부동산이라도 취득목적 따라 계정 다르죠

유형자산으로 인식되기 위해서는 8-2 의 인식기준을 모두 충족해야 한다. 그래야만 재무상태표에 유형자산으로 보고될 수 있다.

1) 타인에 대한 임대목적으로 보유하고 있는 자산 중에서 부동산은 투자부동산의 과목으로 하고, 별도로 표시한다.

8-2 유형자산의 인식기준

(1) 유형자산의 정의를 충족한다.
(2) 자산으로부터 발생하는 미래 경제적 효익이 기업에 유입될 가능성이 높다.
(3) 자산의 원가를 신뢰성 있게 측정할 수 있다.

2 유형자산의 분류와 공시

한국채택국제회계기준에서 제시하고 있는 유형자산의 과목 분류의 예는 다음과 같다.

유형자산의 계정과목

(가) 토 지	(나) 토지와 건물	(다) 기계장치
(라) 선 박	(마) 항공기	(바) 차량운반구
(사) 집 기	(아) 사무용비품	(자) 생산용식물

유형자산의 과목은 업종의 특성 등을 반영하여 신설하거나 통합할 수 있다. 위에 열거되어 있지 않더라도, 당해 기업이 속한 업종의 특성상 특정 유형자산의 비중이 중요한 경우에는 별도의 과목을 신설하고, 중요하지 않다면 통합하여 적절한 과목으로 표시할 수 있다. 예를 들어 제철업의 경우에는 용광로를 별도의 과목으로 표시할 수 있다. 반면에 기계장치의 비중이 크지 않은 서비스 업종 등의 경우에는 기계장치를 기타의 유형자산으로 분류할 수 있다.

유형자산의 감가상각누계액은 개별 유형자산의 종류별로 차감하는 형식으로 표시하거나 또는 감가상각누계액을 직접 차감한 순액으로 기록할 수도 있다. 감가상각누계액을 직접 차감한 순액으로 표시할 경우에는 그 내용을 주석으로 기재해야 한다.

제 2 절 유형자산의 최초 인식과 취득 후 지출

1 유형자산의 원가와 구성요소

유형자산을 최초 인식할 때에는 원가(cost)로 측정한다. 유형자산의 원가는 인식시점의 현금가격상당액이다. 유형자산의 원가는 ① 관세 및 환급불가능한 취득 관련 세금(취득세, 등기비 등)을 가산하고 매입할인과 리베이트 등을 차감한 구입가격, ② 경영진이 의도하는 방식으로 자산을 가동하는 데 필요한 장소와 상태에 이르게 하는 데 직접 관련되는 원가로 구성된다.

경영진이 의도하는 방식으로 자산을 가동하는 데 필요한 장소와 상태에 이르게 하는 데 직접 관련되는 원가의 예는 다음과 같다.

유형자산의 원가 예

(1) 유형자산의 매입 또는 건설과 직접적으로 관련되어 발생한 종업원급여
(2) 설치장소 준비 원가
(3) 최초의 운송 및 취급 관련 원가
(4) 설치원가 및 조립원가
(5) 유형자산이 정상적으로 작동되는지 여부를 시험하는 과정에서 발생하는 원가
(6) 전문가에게 지급하는 수수료

그러나 다음의 항목들은 유형자산의 원가에 포함시키지 않는다. 이들 지출은 포괄손익계산서에 비용으로 인식한다.

유형자산의 원가에 포함되지 않는 항목

(1) 새로운 시설(점포)을 개설하는 데 소요되는 원가
(2) 새로운 상품과 서비스를 소개하는 데 소요되는 원가(예 : 광고 및 판촉활동과 관련된 원가)
(3) 새로운 지역에서 또는 새로운 고객층을 대상으로 영업을 하는 데 소요되는 원가 (예 : 직원교육훈련비)
(4) 관리 및 기타 일반간접원가

유형자산이 경영진이 의도하는 방식으로 가동될 수 있는 장소와 상태에 이른 후에는 원가를 더 이상 인식하지 않는다. 따라서 유형자산을 사용하거나 이전하는 과정에서 발생하는 원가는 당해 유형자산의 장부금액에 포함하여 인식하지 아니한다. 예를 들어 기업의 영업 전부 또는 일부를 재배치하거나 재편성하는 과정에서 발생하는 원가는 유형자산의 원가에 포함시키지 않는다.

그러면 몇 가지 유형자산의 취득원가 구성요소에 대해 알아보기로 하자. 토지(land)는 공장용지나 건물부지 등으로 사용하기 위해 취득하여 보유하고 있는 용지를 가리킨다. 토지를 취득한 경우에는 그 매입원가와 토지의 취득에 따른 구입수수료, 등기비, 취득세, 등록세, 복토비용, 장애물 제거비용 및 정지비용 등을 토지의 취득원가로 하여 토지계정의 차변에 기록한다. 즉, 토지의 취득원가에는 토지의 매입원가뿐만 아니라 취득한 토지를 사용가능한 상태로 만들기 위하여 지출하는 모든 부대비용이 포함된다. 그러므로 신건물을 건설하여 사용할 목적으로 구건물이 있는 토지를 취득하였다면 건물을 지을 수 있는 상태까지 발생된 정지비나 구건물 철거비용 등은 토지의 원가에 산입하고, 이 과정에 발생된 부산물 처분액은 취득원가에서 차감한다.

구축물(land improvements)의 원가에는 구축물의 용도로 사용할 수 있는 상태까지 발생된 지출을 모두 자본화한다. 예를 들어 토지 위에 새로운 주차장을 만드는 경우 토지포장비와 배수설치비, 담장 설치비 및 조명시설 등은 주차장의 원가에 포함시킨다. 즉, 이들 지출은 구축물계정의 차변에 기록되어야 한다. 구축물을 토지계정과 분리하여 별도로 보고하는 이유는 토지의 내용연수는 무한하지만 구축물은 한정된 내용연수를 가졌기 때문이다. 따라서 구축물은 해당 자산의 내용연수 동안 감가상각이 이루어져야 한다.

건물(buildings)은 건물 자체뿐만 아니라 냉난방이나 전기시설 및 통신시설 등을 포함한다. 영업활동에 사용할 목적으로 건물을 구입(신축)하는 경우에는 그 매입원가(건설원가)와 건물의 취득에 따른 구입수수료, 취득세, 등록세, 공증수수료, 사용 전 건물수리비(예를 들면, 지붕이나 바닥 교체비와 전기 및 배관 설비 지출액) 등을 건물의 취득원가로 하여 건물계정의 차변에 기록한다. 즉, 건물의 취득원가에는 건물의 매입(건설)원가뿐만 아니라 취득한 건물을 영업활동에 사용가능한 상태로 만들기까지 발생된 모든 부대비용이 포함된다.

건물을 여러 회계기간에 걸쳐 신축하거나 매입하는 경우에는 당해 건물의 취득을 완료할 때까지 투입되는 모든 비용을 건설중인자산계정의 차변에 기록하며, 취득이 완료되어 당해 건물을 영업활동에 사용할 수 있는 상태가 된 시점에서 건물계정으로 대체해야 한다. 여기서 건설중인자산(construction in progress)이란 유형자산의 취득을 완료할 때까지 유형자산의 취득을 위하여 이루어지는 지출을 기록하는 계정과목으로 취득과정중에 있는 유형자산을 의미한다.

기계장치 등 설비자산의 취득원가도 현금구입가격과 관련 부대비용으로 구성된다. 설비자산의 부대비용으로는 구입운임, 구매자가 운송중에 부담하는 보험료, 설치비 및 시운전비 등이 있다. 그러나 차량보험료나 운전면허 취득비 등은 부대비용에 포함시키지 않는다.

예제 8-1 토지와 건물 원가

(주)대한은 20×8년초에 설립되었다. (주)대한은 영업활동에 사용할 공장건물을 짓기 위해 낡은 건물이 있는 토지를 구입하였다. 다음은 이와 관련된 지출이며 공장건물은 20×8년도에 완공되었다.

(1) 낡은 건물이 있는 토지의 구입대금	₩1,000,000
(2) 토지 취득 중개수수료	50,000
(3) 토지의 취득 및 등록세	80,000
(4) 공장건물 건축허가비	5,000
(5) 신축공장건물 설계비	63,000
(6) 기존건물 철거비	150,000
(7) 기존건물의 철거과정에서 수거한 건자재 판매대금	30,000
(8) 토지의 정지 및 측량비	35,000
(9) 건물 신축을 위한 토지굴착비용	45,000
(10) 건물공사원가(재료원가, 노무원가, 제조간접원가)	2,875,000

요구사항

토지와 건물 원가를 각각 계산하시오.

풀이 및 해설

(1) 토지의 원가 : ₩1,000,000(1)＋₩50,000(2)＋₩80,000(3)＋₩150,000(6)－₩30,000(7)＋₩35,000(8)＝₩1,285,000

(2) 건물의 원가 : ₩5,000(4)＋₩63,000(5)＋₩45,000(9)＋₩2,875,000(10)＝₩2,988,000

2 취득방법에 따른 원가 결정 : 원가의 측정

유형자산을 취득하는 방법은 다양하게 이루어진다. 기업이 직접 건설하거나 현물출자로 주식을 발행하여 취득하기도 한다. 유형자산의 원가는 인식시점의 현금상당액으로 하는 것이 원칙이다. 이하에서는 이에 대해 간략히 알아보기로 한다.

기업은 유형자산을 일괄로 취득하는 경우가 있다. 예컨대 건물이 있는 토지를 취득하는 경우이다. 이때에는 건물과 토지의 공정가치를 기준으로 토지의 원가와 건물의 원가로 구분한다. 이런 절차가 중요한 이유는 토지는 감가상각을 하지 않지만 건물은 감가상각을 하기 때문이다. 그러므로 건물의 원가를 토지의 원가에 포함시킬 경우에는 자산이 과대계상되고 당기순이익이 과대계상되는 결과를 초래한다.

때로는 기업이 외부로부터 구입하지 않고 직접 건설하는 경우가 있다. 이때에는 건설원가 또는 제작원가를 유형자산의 취득원가로 하고 건설 또는 제작 중에 있는 유형자산은 건설중인자산으로 보고한다. 건설원가에는 직접재료비와 직접노무비 및 제조간접비가 포함된다.

한편, 기업은 특수 이해관계자의 현물출자로 유형자산을 취득하기도 한다. 예컨대 회사의 주식을 발행해 주고 건물을 취득하는 경우이다. 이때에는 현물로 받은 유형자산의 공정가치를 주식의 발행가액으로 하며, 현물의 공정가치를 알 수 없는 경우에는 주식의 공정가치를 발행가액으로 한다.

기업은 독지가나 사회단체로부터 무상으로 유형자산을 취득하는 경우가 있다. 이런 경우 등기비 등 소유권 이전비용만을 자산의 취득원가로 한다면 자원의 수탁책임에 관한 정보가 제대로 보고되지 않을 것이다. 이때에는 증여자산의 공정가치를 해당 자산에 차기하고, 대변에는 자산수증이익으로 하여 기타수익으로 보고한다.

예제 8-2 유형자산의 취득원가 결정(1)

다음은 (주)대한의 유형자산과 관련된 거래내역이다.

(1) (주)대한은 건물을 취득하는 대가로 액면가 ₩500인 보통주식 1,000주 발행해 주었다. 주식의 공정가치는 알 수 없으나 건물의 공정가치는 ₩1,300,000이다.

(2) (주)대한은 (주)민국으로부터 공정가치 ₩2,000,000인 토지를 증여받았다. 이 토지는 (주)민국의 장부에 ₩1,500,000으로 기록되어 있다.

(3) (주)대한은 ₩2,000,000을 나중에 지급하기로 하고 토지와 건물 및 비품을 일괄로

취득하였다. 취득 당시 각 자산의 공정가치는 다음과 같다.

토지 : ₩1,200,000, 건물 : ₩900,000, 비품 : ₩400,000

요구사항

1. (주)대한이 해야 할 회계처리를 하시오.
2. (2)의 (주)민국이 행할 회계처리를 하시오.

풀이 및 해설

1. (1) (차) 건 물	1,300,000	(대) 자 본 금	500,000
		주식발행초과금	800,000
(2) (차) 토 지	2,000,000	(대) 자산수증이익(기타수익)	2,000,000
(3) (차) 토 지*	960,000	(대) 미 지 급 금	2,000,000
건 물	720,000		
비 품	320,000		

* ₩2,000,000×(₩1,200,000÷₩2,500,000)=₩960,000

2. (차) 기 부 금	2,000,000	(대) 토 지	1,500,000
		토지처분이익	500,000

예제 8-3 유형자산의 취득원가 결정(2)

다음은 (주)대한의 유형자산과 관련된 거래내역이다.

(1) (주)대한은 사무실용 건물을 신축하기로 하고 건설에 착수하였다.
① 건설자재비와 인건비 등 건설원가로 ₩4,000,000을 현금으로 지급하였다.
② 건물이 완공되어 ₩500,000의 취득세를 납부하였다.

(2) (주)대한은 영업활동에 사용할 목적으로 토지를 구입하고 그 대금 ₩100,000을 6개월 만기의 약속어음을 발행하여 지급하였다. 또한 토지의 취득과 관련하여 소개료 ₩1,000, 등기이전료 ₩500, 취득세 ₩2,000을 현금으로 지급하였다.

요구사항

(주)대한이 해야 할 회계처리를 하시오.

풀이 및 해설

(1) (차) 건설중인자산	4,000,000	(대) 현 금	4,000,000
(차) 건 물	4,500,000	(대) 건설중인자산	4,000,000
		현 금	500,000

(2) (차) 토 지	103,500	(대) 미 지 급 금	100,000
		현 금	3,500

③ 유형자산의 취득 후 지출

유형자산을 취득한 이후 당해 자산을 사용하는 과정에서 자산 일부를 교체하거나 수선하는 등 여러 가지 지출이 있게 된다. 이러한 지출 중에는 지출된 회계기간의 영업활동과 관련된 경상적인 수선비 성격을 가진 것도 있고, 자산의 근본적인 기능 또는 성질에 중요한 변화를 가져오는 것도 있다. 따라서 유형자산의 취득 후 발생한 지출을 자본화[2)]하여 당해 자산의 장부금액에 가산할 것인지 아니면 당기의 비용으로 인식할 것인지에 관한 문제가 발생하게 된다. 왜냐하면 어떻게 처리하느냐에 따라 자산 또는 당기순이익으로 보고되는 금액이 달라지기 때문이다. 즉, 취득 후 발생된 지출을 유형자산의 장부금액에 포함시키면 자산이 증가되어 순이익이 증가되나, 당기비용으로 처리하면 비용이 증가되어 순이익이 감소하게 된다.[3)]

유형자산의 취득 후 지출을 유형자산의 장부금액에 포함시킬 것인가 아니면 당기비용으로 처리할 것인가를 판단하는 기준은 8-2의 유형자산의 인식기준과 동일하다. 즉, 지출로 인해 미래 경제적 효익이 기업에 유입될 가능성이 높고 그 금액을 신뢰성 있게 측정할 수 있는 경우에는 유형자산의 장부금액에 포함시킨다. 예컨대, ① 생산능력이 증대되거나, ② 내용연수가 연장되거나, ③ 상당한 원가절감이나 품질향상을 초래하는 지출은 대부분 유형자산의 인식기준을 충족시켜 유형자산의 장부금액에 포함시키고 있다.

한편, 유형자산의 장부금액에 포함시키지 않는 모든 지출은 발생 즉시 비용으로 처리한다. 이러한 지출은 지출이 당기의 수익창출에만 영향을 미치고 차기 이후 경제적 효익을 기대할 수 없는 경우를 말한다. 따라서 이러한 지출은 당기의 비용

---

2) 자본화의 의미는 자산의 원가에 포함시키거나 새로운 자산으로 계상한다는 의미로 비용화의 상대적 개념이다. 그러므로 지출의 효과가 장기간 지속되어 미래의 경제적 효익을 기대할 수 있는 경우에는 자본화하고 그렇지 않은 경우에는 당기비용으로 처리한다.

3) 회계문헌에서는 유형자산의 장부금액에 포함시키는 지출을 자본적 지출(capital expenditure)이라 하고, 비용으로 인식해야 하는 지출을 수익적 지출(revenue expenditure)이라 한다. 그러나 한국채택국제회계기준에서는 이러한 용어를 사용하지 않고 있다.

으로 인식하여 당기에 실현된 수익에 대응시켜야 한다.

당기비용으로 처리하는 지출의 대표적 예가 수선유지비(repairs and maintenance expense)이다. 수선유지비는 자산의 현 상태나 성능을 유지시키기 위한 지출이다. 따라서 수선유지비는 발생시 비용으로 처리한다.

예제 8-4 유형자산의 취득 후 지출

다음은 (주)대한이 유형자산을 취득한 후 보유과정에서 발생된 지출이다.

(1) 건물의 외부도장과 유리청소를 하고 공사비 ₩200,000을 수표로 지급하다.
(2) 건물 옥상에 100m^{2}의 사무실 공간을 확보하는 데 ₩1,000,000이 소요되어 현금으로 지급하다.
(3) 기계장치의 소모된 부속품을 대체하고 그 대금 ₩50,000을 현금으로 지급하다. 회사는 정기적으로 마모된 부속품을 대체하고 있다.
(4) 현금 ₩200,000을 지급하고 기계장치의 중요 부품을 품질이 보다 우수한 부품으로 교체한 결과 기계장치의 생산능력이 크게 향상되다.

요구사항

(주)대한이 행할 회계처리를 하시오.

풀이 및 해설

	차변	금액	대변	금액
(1)	(차) 수선유지비	200,000	(대) 현금(당좌예금)	200,000
(2)	(차) 건물	1,000,000	(대) 현금	1,000,000

* 증설에 해당되므로 유형자산의 장부금액에 포함시킨다.

	차변	금액	대변	금액
(3)	(차) 소모품비	50,000	(대) 현금	50,000
(4)	(차) 기계장치	200,000	(대) 현금	200,000

제 3 절 감가상각과 유형자산의 제거

1 감가상각의 본질

토지와 건설중인자산을 제외한 모든 유형자산은 수익을 얻기 위하여 영업활동에 사용함에 따라 그 가치가 여러 회계기간에 걸쳐 감소되어 가며, 궁극적으로 언젠가는 더 이상의 경제적 효익을 제공하지 못하게 되어 그 가치가 소멸하게 된다. 그런데 영업활동에 사용함에 따라 유형자산의 가치가 감소하는 것은 분명하나 정확히 몇 년 동안에 걸쳐 가치의 감소가 이루어지는지, 그리고 매년 이루어지는 가치의 감소분이 정확히 얼마인지를 객관적으로 측정한다는 것은 현실적으로 불가능하다. 이런 이유로 기업은 감가상각이라는 절차를 통해 유형자산의 원가를 비용으로 인식하고 있다.

감가상각(depreciation)은 유형자산의 원가에서 잔존가치를 차감한 금액을 그 자산의 내용연수 동안 체계적인 방법(systematic method)에 의하여 각 회계기간에 배분하는 과정을 말한다. 즉, 감가상각의 기본적인 목적은 유형자산의 취득원가를 당해 자산의 사용가능기간에 걸쳐 비용으로 인식하기 위하여 체계적·합리적으로 배분하는 데 있는 것이지, 유형자산의 가액을 현행원가나 공정가치로 평가하는 데 있는 것은 아니다. 결국 감가상각은 유형자산의 취득원가를 내용연수에 걸쳐 체계적·합리적으로 배분하는 원가배분과정이지 평가과정이 아니다.

▶ QR코드로 배우는 회계
감가상각

2 감가상각의 요소

매 회계기간별로 감가상각비를 계산하기 위해서는 감가상각대상금액과 내용연수 및 감가상각방법을 이해하고 있어야 하는데, 이를 감가상각의 3요소라고 부르기도 한다.

감가상각대상금액(depreciation base)이란 당해 유형자산의 사용기간 동안에 인식할 수 있는 감가상각비의 총액을 말하며, 취득원가에서 잔존가치를 차감한 금액으로 계산한다. 유형자산의 취득원가는 전술한 바와 같이 매입원가 또는 건설(제작)원가에 취득부대비용을 합계한 금액을 말한다. 잔존가치(salvage or residual value)란 자산이 이미 오래되어 내용연수 종료시점에 도달하였다는 가정하에 자산의 처분으로부터 현재 획득할 금액에서 추정 처분부대원가를 차감한 금액의 측정치로 정의된다. 따라서 잔존가치는 유형자산의 종류에 따라 달라지며, 동일한 종류일지라도 회계담당자의 추정에 따라 달리 결정될 수도 있다.

내용연수(useful life)란 기업에서 자산이 사용가능한 것으로 기대되는 기간 또는 자산에서 얻을 것으로 예상되는 생산량이나 이와 유사한 단위 수량으로 정의된다. 즉, 내용연수는 유형자산이 수익획득에 이용될 것이라고 예상되는 추정 사용가능 연수 또는 추정 생산량을 의미한다.

감가상각방법(depreciation method)이란 감가상각대상금액을 내용연수 동안 체계적·합리적으로 배분하는 방법을 말하며, 이하에서 자세하게 살펴본다.

3 감가상각방법

유형자산의 감가상각방법은 자산의 미래 경제적 효익이 소비되는 형태를 반영해야 한다. 즉, 매 회계기간마다 인식해야 하는 감가상각비는 이론적으로 당해 회계기간의 수익획득활동에 사용함으로 인하여 감소된 유형자산의 가치가 되어야 한다. 그러나 이를 객관적인 화폐단위로 정확하게 구분하여 측정하는 것이 현실적으로 불가능하기 때문에 감가상각비의 인위적인 배분기준으로 여러 가지 감가상각방법이 사용된다.

일반적인 감가상각방법으로는 시간에 근거한 정액법(직선법)과 체감잔액법(정률법, 연수합계법 등) 및 용역제공에 따른 생산량(사용량)비례법 등 세 가지로 구분할 수 있다. 각 방법에 의한 감가상각비 계산방법을 설명하기 위해 다음의 기본자료를 이용하기로 한다.

기본자료

- 취득일 : 20×1년 1월 1일
- 취득원가 : ₩400,000
- 잔존가치 : ₩40,000
- 내용연수 : 4년
- 총생산가능단위 : 2,000단위

1. 정액법

정액법(straight line method, 일명 직선법)은 시간이 경과함에 따라 비례적으로 용역제공 능력이 감소된다는 가정하에 매 기간 균등하게 감가상각비를 계산하는 방법이다. 정액법에 의한 매 회계기간별 감가상각비는 다음과 같은 산식에 의하여 계산한다.

정액법에 의한 감가상각비

$$\text{감가상각비} = (\text{취득원가} - \text{잔존가치}) \times \frac{1}{\text{내용연수}}$$

위의 계산식에서 "(취득원가－잔존가치)×1/내용연수"에 의하여 계산된 감가상각비는 연간 기준으로 계산된 금액을 의미한다. 기본자료를 근거로 정액법에 의해 감가상각비를 계산하면 다음과 같다.

정액법에 의한 감가상각

연 도	감가상각비 계산	감가상각누계액	기말장부금액
20×1	(₩400,000－₩40,000)×1/4＝₩90,000	₩90,000	₩310,000
20×2	(₩400,000－₩40,000)×1/4＝₩90,000	180,000	220,000
20×3	(₩400,000－₩40,000)×1/4＝₩90,000	270,000	130,000
20×4	(₩400,000－₩40,000)×1/4＝₩90,000	360,000	40,000

2. 체감잔액법

체감잔액법(declining-balance method)은 유형자산의 내용연수 초기에 보다 많은 용역을 제공하므로 내용연수 후반기보다는 전반기에 보다 많은 비용을 인식한다는 가정에 근거하고 있다. 체감잔액법은 시간이 경과함에 따라 매년 인식하는 감가상각비가 작아진다. 시간을 기준으로 한 체감잔액법으로는 정률법, 정액법의 배법(이중체감법), 연수합계법 등이 있다.

(1) 정률법

정률법은 시간의 경과에 따라 일정한 비율로 유형자산의 가치가 감소된다는 가정하에 적용되는 감가상각방법이다. 정률법에서 일정한 비율로 감소된다는 의미는 기초의 장부금액에 대한 일정한 비율로 감소된다는 것을 의미한다. 정률법에 의한 매 회계기간별 감가상각비는 다음과 같은 산식에 의하여 계산한다.

정률법에 의한 감가상각비

$$감가상각비=(취득원가-기초감가상각누계액)\times\left(1-\sqrt[n]{\frac{잔존가치}{취득원가}}\right)$$

위의 계산식에서 기초감가상각누계액은 전기말 현재 계상되어 있는 감가상각누계액의 잔액을 의미한다. 그러므로 취득원가에서 기초감가상각누계액을 차감한 금액은 기초시점의 유형자산의 장부금액을 의미한다. 정률법은 정액법과 달리 취득원가에서 잔존가치를 차감하여 감가상각비를 계산하지 않는다는 점에 주의해야 한다.

또한 위의 산식에서 n은 내용연수 동안 이루어지는 감가상각 횟수를 의미한다. 예를 들어, 회계기간이 12개월인 법인이 내용연수 3년인 자산을 사용하는 경우에는 감가상각비를 세 번 인식하게 되므로 n은 3이 되며, 회계기간이 6개월인 법인의 경우에는 감가상각비를 여섯 번 인식해야 하므로 n은 6이 된다.

기본자료를 근거로 정률법에 의해 감가상각비를 계산하면 다음과 같다.

정률법에 의한 감가상각(상각률 : 0.438)

연 도	기초장부금액	상각률	연간감가상각비	감가상각누계액	기말장부금액
20×1	₩400,000	0.438	₩175,200	₩175,200	₩224,800
20×2	224,800	0.438	98,462	273,662	126,338
20×3	126,338	0.438	55,336	328,998	71,002
20×4	71,002	0.438	31,002*	360,000	40,000

* 반올림 오차로 마지막 연도에는 잔존가치로 맞추기 위해 조정한다.

참고 정액법의 배법(이중체감법)

정액법의 배법에 의한 매 회계기간별 감가상각비는 다음과 같은 산식에 의하여 계산한다.

$$\text{감가상각비} = (\text{취득원가} - \text{기초감가상각누계액}) \times \frac{2}{\text{내용연수}}$$

정액법의 배법의 상각률은 "2/내용연수"로 정액법의 상각률인 "1/내용연수"의 2배를 사용하므로 정액법의 배법이라 하는데, 이를 이중체감법이라 하기도 한다. 정액법의 배법은 잔존가치를 고려하지 않고 상각률을 산정하였기 때문에 마지막 연도의 감가상각비는 미상각잔액에 상각률을 곱하여 계산하지 않고 기초 현재의 미상각잔액(=취득원가－감가상각누계액)에서 잔존가치를 차감하여 계산한다.

연 도	기초장부금액	상각률	연간감가상각비	감가상각누계액	기말장부금액
20×1	₩400,000	2/4*	₩200,000	₩200,000	₩200,000
20×2	200,000	2/4	100,000	300,000	100,000
20×3	100,000	2/4	50,000	350,000	50,000
20×4	50,000	2/4	10,000**	360,000	40,000

* (정액법의 감가상각률 1/4)×2=2/4

** 마지막 연도에는 잔존가치로 맞추기 위해 조정한다.

정액법의 배법은 이론적 타당성이 있어서가 아니라 정률을 쉽게 계산하기 위해 고안된 방법이다. 왜냐하면 정률법을 적용하려면 n제곱근 형태의 수식을 풀어 정률을 계산해야 되기 때문이다. 외국 문헌에는 간혹 정액법의 1.5배법 등과 같이 변형하여 사용되는 경우도 있다.

(2) 연수합계법

연수합계법(sum-of-the-year's-digit method)에 의한 매 회계기간별 감가상각비는 다음과 같은 산식에 의하여 계산한다.

연수합계법에 의한 감가상각비

$$\text{감가상각비} = (\text{취득원가} - \text{잔존가치}) \times \frac{\text{기초 현재의 잔존내용연수}}{\text{내용연수의 합계}}$$

위의 산식에서 내용연수의 합계는 내용연수 내의 자연수의 합을 의미한다. 따라서 내용연수가 3년인 경우 내용연수의 합은 6(=1+2+3)이 되며, 5년인 경우 내용연수의 합은 15(=1+2+3+4+5)가 된다. 또한 기초 현재의 잔존내용연수라 함은 기초 현재 남아 있는 내용연수를 의미한다. 따라서 내용연수가 5년인 경우 1차연도의 기초 현재의 잔존내용연수는 5가 되며, 2차연도에는 4(=5−1)가 된다.

기본자료를 근거로 연수합계법에 의해 감가상각비를 계산하면 다음과 같다.

연수합계법에 의한 감가상각

연 도	감가상각대상금액*	상각률	연간감가상각비	감가상각누계액	기말장부금액
20×1	₩360,000	4/10	₩144,000	₩144,000	₩256,000
20×2	360,000	3/10	108,000	252,000	148,000
20×3	360,000	2/10	72,000	324,000	76,000
20×4	360,000	1/10	36,000	360,000	40,000

* 취득원가−잔존가치=₩400,000−₩40,000=₩360,000

3. 생산량(사용량)비례법

생산량(사용량)비례법은 자산의 내용연수가 시간의 경과가 아니라 주로 생산 또는 사용된 자산의 양에 의하여 영향을 받는다고 가정될 때 사용되는 방법이다. 이 방법을 적용하기 위해서는 총생산가능량(사용량)을 합리적으로 추정할 수 있어야 하며, 일정기간 동안 생산량(사용량)을 계산할 수 있는 경우에만 적용이 가능하다.

생산량비례법은 총생산가능량을 추정하고 매 회계기간별 실제 생산량에 비례하여 감가상각비를 계산하는 방법으로 일반적으로 광산・삼림・유전 등과 같이 채굴량 또는 벌채량에 비례하여 가치가 감소하는 감모성 자산의 감가상각비를 계산할 경우에 적합한 방법으로 인정되고 있다.

생산량비례법에 의한 매 회계기간별 감가상각비는 다음과 같은 산식에 의하여 계산한다.

생산량비례법에 의한 감가상각비

$$감가상각비=(취득원가-잔존가치)\times\frac{당기\ 실제\ 생산량}{추정\ 총생산가능량}$$

기본자료에 각 연도의 생산량을 가정하여 생산량비례법에 의해 감가상각을 하면 다음과 같다.

생산량비례법에 의한 감가상각

연 도	생산단위	상각률	연간감가상각비	감가상각누계액	기말장부금액
20×1	400단위	₩180/단위	₩72,000	₩72,000	₩328,000
20×2	700	180	126,000	198,000	202,000
20×3	600	180	108,000	306,000	94,000
20×4	300	180	54,000	360,000	40,000

* 생산량은 가상 숫자이며, 상각률은 감가상각대상금액을 총생산가능량으로 나눈 값이다.

▶ **QR코드로 배우는 회계**
동물원 호랑이 · 사자 · 곰은 얼마면 살까

각 감가상각방법에 의해 계산된 감가상각비는 다음과 같이 회계처리한다. 그리고 감가상각비는 포괄손익계산서에 비용(판매비와관리비)으로 표시하거나, 공장건물이나 기계장치의 감가상각비는 제품의 제조원가(제조기업의 경우)에 포함된다. 그리고 감가상각누계액은 해당 유형자산에서 차감하는 형식으로 표시한다.

(차) 감가상각비	×××	(대) 감가상각누계액	×××

부분재무상태표

유 형 자 산	×××		
감가상각누계액	(×××)	×××	

4. 기중에 구입한 유형자산의 감가상각

지금까지 설명한 유형자산의 감가상각은 1월 1일에 구입하여 12월 31일까지 1년 동안 사용한 것으로 가정한 것이다. 즉 1년 전체에 대한 감가상각비를 계산한 것이다. 그러나 만약 회계기간중에 당해 자산을 취득하여 영업활동에 사용하기 시작한 경우에는 감가상각비를 사용월수를 고려하여 다시 계산해야 하므로 (사용월수/12)를 연간감가상각비에 곱해 주어야 한다. 이와 같이 사용월수를 고려하여 감가상각비를 계산하는 것을 월할상각이라 하며, 월할상각의 개념은 다른 감가상각방법에서도 동일하게 적용된다. 예를 들어 6월초에 취득한 자산은 12월말까지 총 6개월을 사용하였으므로 연간 감가상각비의 6/12만큼을, 10월초에 취득한 자산은 12월말까지 총 3개월을 사용하였으므로 연간 감가상각비의 3/12만큼을 당해 연도의 감가상각비로 인식한다.

그러나 반드시 월할계산을 해야 되는 것은 아니다. 회계기간중에 취득하였다면 일 단위, 주 단위 및 6월(반년) 단위 등 회사가 합리적인 기간단위를 선택하여 상각하면 된다. 그러나 동종의 신규자산에 대해서는 일관성을 지켜야 한다.

사용월수를 고려한 정액법에 의한 감가상각비

$$감가상각비=(취득원가-잔존가치)\times\frac{1}{내용연수}\times\frac{사용월수}{12}$$

사용월수를 고려한 정률법에 의한 감가상각비

$$감가상각비=(취득원가-기초감가상각누계액)\times\left(1-\sqrt[n]{\frac{잔존가치}{취득원가}}\right)\times\frac{사용월수}{12}$$

사용월수를 고려한 연수합계법에 의한 감가상각비

$$감가상각비=(취득원가-잔존가치)\times\frac{기초\ 현재의\ 잔존내용연수}{내용연수의\ 합계}\times\frac{사용월수}{12}$$

예제 8-5 기중에 구입한 유형자산의 감가상각

다음은 (주)대한의 유형자산과 관련된 거래이다.

(1) (주)대한은 20×1년 7월 1일에 취득원가 ₩400,000, 잔존가치 ₩40,000인 기계장치를 취득하였다.

(2) (주)대한은 20×1년 10월 1일에 취득원가 ₩400,000, 잔존가치 ₩40,000인 기계장치를 취득하였다.

요구사항

내용연수는 4년이고 정액법을 사용하는 경우에 20×1년의 감가상각비를 계산하시오.

풀이 및 해설

(1) 7월에 취득하였으므로 6/12만큼을 당해 연도의 감가상각비로 인식한다.

연 도	감가상각비 계산	감가상각누계액	기말장부금액
20×1	(₩400,000－₩40,000)×1/4×6/12 ＝₩45,000	₩45,000	₩355,000

(2) 10월에 취득하였으므로 3/12만큼을 당해 연도의 감가상각비로 인식한다.

연 도	감가상각비 계산	감가상각누계액	기말장부금액
20×1	(₩400,000－₩40,000)×1/4×3/12 ＝₩22,500	₩22,500	₩377,500

4 유형자산의 처분 및 폐기(제거)

유형자산의 장부금액은 처분하거나 폐기할 때에 제거한다. 유형자산을 대가를 받고 매각하는 경우를 처분이라 하며, 대가를 받지 않고 없애버리는 것을 폐기라 한다. 유형자산을 처분하는 경우에는 유형자산의 취득원가와 관련 자산의 감가상각누계액을 동시에 제거해야 한다.

자산을 처분하는 경우 유형자산의 순매각금액과 장부금액(미상각잔액)의 차이는 유형자산처분이익 또는 유형자산처분손실로 기록한다. 만약 회계연도중에 처분이 이루어진다면 장부금액은 직전 결산일부터 처분일까지의 감가상각비를 계상한 후의 금액이어야 한다. 즉, 유형자산처분손익을 산정하기 전에 결산일 이후 처분시점까지 유형자산에 대한 감가상각을 해야 한다.

예제 8-6 유형자산의 처분

다음은 유형자산의 처분과 관련된 거래이다.

(1) 건물(취득원가 : ₩10,000, 감가상각누계액 : ₩7,500)을 ₩3,000에 처분하고 대금은 3개월 만기의 약속어음으로 받다.

(2) 기계장치(취득원가 : ₩8,000, 장부금액 : ₩2,000)를 ₩1,500에 처분하고 대금은 당좌수표로 받다.

요구사항

위 거래를 회계처리하시오.

풀이 및 해설

(1)	(차) 건물감가상각누계액	7,500	(대) 건 물	10,000
	미 수 금	3,000	유형자산처분이익	500
(2)	(차) 기계장치감가상각누계액	6,000	(대) 기 계 장 치	8,000
	현 금	1,500		
	유형자산처분손실	500		

제 4 절 무형자산의 인식과 종류

1 무형자산의 정의와 인식기준

기업은 경제적 자원을 사용하거나 부채를 부담하여 과학적·기술적 지식, 새로운 공정이나 시스템의 설계와 실행, 라이선스, 지적재산권, 시장에 대한 지식과 상표(브랜드명 및 출판표제 포함) 등의 무형자원을 취득, 개발, 유지하거나 개선한다. 이러한 예에는 컴퓨터소프트웨어, 특허권, 저작권, 영화필름, 고객목록, 모기지관리용역권, 어업권, 수입할당량, 프랜차이즈, 고객이나 공급자와의 관계, 고객의 충성도, 시장점유율과 판매권 등이 있다.

위에서 예시된 모든 항목이 재무상태표에 무형자산으로 보고되는 것은 아니다. 이들 항목이 재무상태표에 무형자산으로 보고되기 위해서는 무형자산의 정의와 인식요건을 충족시켜야 한다. 무형자산(intangible assets)은 물리적 실체는 없지만 식별가능한 자산으로 정의된다. 무형자산의 정의를 충족시키려면 8-3 의 요건을 모두 만족시켜야 한다.

8-3 무형자산의 정의

(1) 물리적 실체가 없어야 한다.
(2) 식별가능해야 한다.
(3) 기업이 통제하고 있어야 한다.
(4) 미래 경제적 효익이 기업에 유입되리라고 기대되어야 한다.

자산이 분리가능하거나 계약상 권리 또는 기타 법적 권리로부터 발생하는 경우에는 식별가능성이 충족된다. 자산이 분리가능하다는 것은 기업에서 분리하거나 분할할 수 있고, 개별적으로 또는 관련된 계약, 자산이나 부채와 함께 매각, 이전, 라이선스, 임대, 교환할 수 있다는 것을 의미한다.

그리고 미래 경제적 효익이 유입되리라고 기대되며, 그 효익에 대한 제3자의 접근을 제한할 수 있다면 기업이 자산을 통제하고 있는 것으로 간주된다. 무형자산의 미래 경제적 효익에 대한 통제능력은 일반적으로 법적 권리에서 나오지만, 다른 방법으로도 미래 경제적 효익을 통제할 수 있기 때문에 권리의 법적 집행가능성이 반드시 있어야만 하는 것은 아니다.

마지막으로 무형자산의 미래 경제적 효익은 제품의 매출, 용역수익, 원가절감 또는 자산의 사용에 따른 기타 효익의 형태로 발생할 수 있다. 예를 들면, 제조과정에서 지적재산을 사용하면 미래 수익을 증가시키기보다는 미래 제조원가를 감소시킬 수 있다.

한편, 무형자산이 재무상태표에 보고되기 위해서는 8-4 의 인식기준을 충족시켜야 한다. 그리고 무형자산을 최초로 인식할 때에는 취득원가로 측정한다.

8-4 무형자산의 인식기준

(1) 무형자산의 정의를 충족시켜야 한다.
(2) 자산에서 발생하는 미래 경제적 효익이 기업에 유입될 가능성이 높아야 한다.
(3) 자산의 취득원가를 신뢰성 있게 측정할 수 있어야 한다.

2 무형자산의 종류

무형자산은 기업의 영업활동에서 유사한 성격과 용도를 가진 자산끼리 묶어서 분류한다. 따라서 무형자산은 기업의 성격에 따라 다양하게 분류할 수 있다. 한국채택국제회계기준에서는 무형자산의 분류 예를 다음과 같이 제시하고 있다.

무형자산의 분류 예

(1) 브랜드명	(2) 제호와 출판표제
(3) 컴퓨터소프트웨어	(4) 라이선스와 프랜차이즈
(5) 저작권, 특허권, 기타 산업재산권, 용역운영권	(6) 기법, 방식, 모형, 설계 및 시제품
(7) 개발중인 무형자산	

1. 브랜드명

브랜드는 특정한 판매자의 제품 및 서비스를 식별하는 데 사용되는 명칭・기호・디자인 등을 총칭하는 용어로 사용된다. 이 중에서 말로 표현할 수 있는 것을 브랜드명이라 하고, 말로 표현할 수 없는 기호, 디자인, 레터링 등을 브랜드마크라고 한다. 또, 브랜드명과 브랜드마크 가운데에서 그 배타적 사용이 법적으로 보증되어 있는 것을 상표(트레이드 마크)라고 한다.

상표권은 독창적인 상표(자기의 상품을 타인의 상품과 식별시키기 위하여 사용하는 기호・문자・도형 또는 이들의 결합으로서 특별・현저한 것)를 얻을 경우에 소요된 비용을 자본화한 것으로서 상표법에 의한 법률상의 권리를 나타낸다. 상표권을 획득한 기업은 상표법에서 규정하고 있는 일정 기간 동안 당해 권리를 독점적・배타적으로 향유할 수 있게 된다.

상표는 상호와 구별된다. 상표는 상품에 대한 표식으로서 기호・문자・도형 등으로 표시되는 반면, 상호는 회사를 표시하기 위한 명칭으로서 주로 문자로만 표시된다. 상표는 상표법에 의하여 등록된 상표이든 등록되지 않은 상표이든 해당 상품의 영업과 함께 하지 않으면 이를 타인에게 양도할 수 없다. 즉, 상표만을 분리하여 양도할 수 없다. 상표권은 상품의 영업과 운명을 같이하며, 등록상표의 지정 상품에 대한 영업이 폐지되면 상표권도 자동적으로 소멸된다.

2. 컴퓨터소프트웨어

컴퓨터소프트웨어는 컴퓨터 프로그램과 관련 문서들을 총칭하며, 외부에서 소프트웨어를 구입하는 경우 구입비용 중 자산인식요건을 충족하는 것을 말한다. 내부에서 개발된 소프트웨어는 개발비의 자산인식요건을 모두 충족하는 경우에만 개발비(무형자산)로 계상할 수 있다는 점에 유의해야 한다.

3. 라이선스 및 프랜차이즈

라이선스(license)는 방송사업, 시내버스운송사업, 전화사업 등 주로 중앙정부나 지방정부로부터 허가의 형태로 권리를 부여받아 영업을 할 수 있는 권리를 말한다. 프랜차이즈(franchise)는 일정한 지리적 관할권 내에서 특정한 제품이나 용역, 상호 등을 사용하여 영업을 할 수 있는 권리를 의미한다.

4. 저작권 및 산업재산권

저작권은 문학, 학술, 예술의 범위에 속하는 창작물(영화, 음반, 서적 등)에 대하여 저작자나 권리승계인이 행사하는 저작물에 대한 배타적 · 독점적인 권리를 말한다. 반면, 산업재산권이란 법률에 의하여 일정 기간 독점적 · 배타적으로 이용할 수 있는 권리인 특허권, 실용신안권, 의장권, 상표권 등을 말한다.

특허권(patents)은 발명특허를 얻은 경우에 특허에 소요된 비용을 자본화한 것으로서 특허법에 의한 법률상의 권리를 나타낸다. 특허권을 획득한 기업은 특허법에서 규정하고 있는 일정 기간 동안 당해 권리를 독점적 · 배타적으로 향유할 수 있게 된다. 특허권은 특허법에 의한 등록을 해야 발생하고, 특허권이 발생하면 대상물건을 생산, 사용, 판매할 권리를 독점한다. 특허법은 우리나라의 것뿐만 아니라 독점적 · 배타적인 권리를 인정하는 외국의 특허법도 포함된다.

특허권을 취득한 경우 매입가액에 특허법에 의한 특허료 및 수수료 등의 부대비용을 가산한 가액을 취득원가로 기록한다. 그리고 특허권 침해 등 이와 관련하여 소송이 제기되는 경우가 있다. 이때 승소한 경우의 소송비용은 특허권의 취득원가에 가산하고, 패소한 경우의 소송비용은 비용화한다. 또한 이로 인하여 특허권의 가치가 감소되거나 없어진 경우에는 특허권 가액을 감액시키거나 전체를 즉시 제거해야 한다. 이 점은 다른 무형자산에도 그대로 적용된다.

실용신안권은 실용적인 고안(자연법칙을 이용한 기술적 사상의 창작)을 얻은 경우에 실용신안에 소요된 비용을 자본화한 것으로서 실용신안법에 의한 법률상의 권리를 나타낸다. 실용신안권을 획득한 기업은 실용신안법에서 규정하고 있는 일정 기간 동안 당해 권리를 독점적 · 배타적으로 향유할 수 있게 된다.

의장권은 독창적인 의장(물품의 형상 · 모양 · 색채 또는 이들을 결합한 것으로서 시각을 통하여 미감을 일으키는 것), 즉 독창적인 디자인을 얻을 경우에 소요된 비용을 자본화한 것으로서 의장법에 의한 법률상의 권리를 나타낸다. 의장권을 획득한 기업은 의장법에서 규정하고 있는 일정 기간 동안 당해 권리를 독점적 · 배타적으로 향유할 수 있게 된다.

▶ QR코드로 배우는 회계
짧아진 드라마 수명… 줄어든 판권 상각

5. 개발비

개발비란 신제품 및 신기술의 개발활동과 관련하여 비경상적으로 발생된 비용(소프트웨어 개발과 관련된 비용을 포함한다)으로서 미래의 경제적 효익을 기대할 수 있는 것을 말한다. 개발활동과 관련된 지출은 일정한 요건을 모두 충족하는 경우에 한하여 개발비(무형자산)로 계상한다. 그 이외의 경우에는 경상개발비의 과목으로 기타비용으로 처리한다. 그리고 연구비는 당기비용으로 처리한다. 이에 관한 추가적 내용은 절을 달리하여 설명한다.

6. 영업권

영업권이란 다른 기업과 합병하거나 영업을 양수하는 경우 그 대가로 지급한 금액이 당해 기업의 순자산의 공정가치를 초과할 때, 그 초과액을 말한다.

이 외에도 무형자산으로는 임차권리금, 차지권, 광업권 및 어업권 등이 있다. 임차권리금은 토지 · 건물의 임대차에 부수하여 그 부동산이 가지는 특수한 장소적 이익의 대가로서 임대인이 임차인으로부터 수취하는 대가를 말한다. 차지권(지상권 포함)은 임차료 또는 지대를 지급하고 타인이 소유하는 토지를 일정 기간 동안 사용 · 수익할 수 있는 권리를 말하며, 이는 토지의 임대차계약에 의하여 설정되는 권리이다.

광업권은 자연자원인 금강석, 석탄, 석유, 천연가스 등을 채굴하기 위한 권리를 얻은 경우에 소요된 비용을 자본화한 것으로서 광업법에 의한 법률상의 권리를 나타낸다. 광업권을 획득한 기업은 광업법에서 규정하고 있는 일정 기간 동안 등록된 광산에서 등록을 한 광물과 부존하는 다른 광물을 독점적 · 배타

▶ QR코드로 배우는 회계
기업간 결합 때 고려해야 할 '영업권'

적으로 채굴할 수 있는 권리를 향유할 수 있게 된다.

어업권(입어권 포함)은 수산자원인 물고기, 어패류 등을 채포하기 위한 권리를 얻은 경우에 소요된 비용을 자본화한 것으로서 수산업법에 의한 법률상의 권리를 나타낸다. 어업권을 획득한 기업은 수산업법에서 규정하고 있는 일정 기간 동안 등록된 어장에서 수산물을 독점적 · 배타적으로 채포할 수 있는 권리를 향유할 수 있게 된다.

제 5 절 무형자산의 회계처리

1 취득시점 및 취득 후 지출의 회계처리

개별 취득하는 무형자산의 취득원가는 구입가격에 자산을 의도한 목적에 사용할 수 있도록 준비하는 데 직접 관련되는 원가를 포함시킨다. 구입가격에는 매입할인과 리베이트를 차감하고 수입관세와 환급받을 수 없는 제세금은 포함시킨다. 무형자산의 취득과 직접 관련되는 원가의 예는 다음과 같다.

무형자산의 취득원가에 포함시키는 지출

(1) 그 자산을 사용가능한 상태로 만드는 데 직접적으로 발생하는 종업원급여
(2) 그 자산을 사용가능한 상태로 만드는 데 직접적으로 발생하는 전문가 수수료
(3) 그 자산이 적절하게 기능을 발휘하는지 검사하는 데 발생하는 원가

그러나 다음의 지출은 무형자산의 취득원가에 포함시키지 않는다.

무형자산의 취득원가에 제외시키는 지출

(1) 새로운 제품이나 용역의 홍보원가(광고와 판매촉진활동 원가를 포함)
(2) 새로운 지역에서 또는 새로운 계층의 고객을 대상으로 사업을 수행하는 데에서 발생하는 원가(교육훈련비를 포함)
(3) 관리원가와 기타 일반경비원가

무형자산은 외부로부터 취득할 수도 있고 내부적으로 창출될 수도 있다. 내부적으로 창출되는 무형자산은 대부분 연구활동과 개발활동을 거쳐 창출된다. 그러나 내부적으로 창출한 영업권과 브랜드, 제호, 출판표제, 고객 목록 및 이와 실질이 유사한 항목은 무형자산으로 인식하지 않는다.

한편, 무형자산 관련 지출 중에서 무형자산의 취득원가 기준을 충족시키지 못하는 경우에는 발생시점에 비용으로 인식한다. 발생시점에 비용으로 인식하는 지출의 다른 예는 다음과 같다.

발생시점에 비용으로 인식하는 지출

(1) 사업개시활동에 대한 지출(즉, 사업개시원가)
(2) 교육 훈련을 위한 지출
(3) 광고 및 판매촉진활동을 위한 지출
(4) 기업의 전부나 일부의 이전 또는 조직 개편에 관련된 지출

그리고 최초에 비용으로 인식한 무형항목에 대한 지출은 그 이후에 무형자산의 취득원가로 인식할 수 없다.

2 무형자산의 상각과 보고 방법

무형자산의 원가배분은 상각(amortization)이란 용어를 사용한다. 상각대상금액을 그 자산의 추정 내용연수 동안 체계적인 방법에 의하여 비용으로 배분한다.

무형자산을 상각할 때에는 정액법이나 체감잔액법 또는 생산량비례법 등 자산의 경제적 효익이 소비되는 행태를 반영한 합리적인 방법을 사용한다. 다만, 합리적인 상각방법을 정할 수 없는 경우에는 정액법을 사용한다. 무형자산의 잔존가치는 없는 것을 원칙으로 한다.

재무상태표에 무형자산을 보고하는 방법으로 유형자산과 마찬가지로 간접법을 적용하여 무형자산에서 상각누계액을 차감하는 형식으로 표시할 수도 있다. 그러나 무형자산은 직접법에 의해 상각 후 잔액만을 보고하는 방법을 자주 사용하고 있다.

▶ QR코드로 배우는 회계
막대한 금액의 전속계약금은 무형자산 처리

(차) 무형자산상각비	×××	(대) 무 형 자 산 (또는 상각누계액)	×××

3 무형자산의 제거

무형자산은 사용이나 처분으로 미래 경제적 효익이 기대되지 않을 때에 재무상태표에서 제거한다. 무형자산을 제거할 때에는 처분가액과 장부금액을 비교하여 처분손익을 계산하며, 이는 당기손익으로 처리한다.

제 6 절 연구개발비

내부적으로 창출된 무형자산이 인식기준을 충족하는지를 평가하기 위해서 자산의 발생과정을 연구단계와 개발단계로 구분한다. 연구단계에서 발생한 모든 지출은 발생한 기간의 비용으로 인식한다. 개발단계에서 발생한 지출은 무형자산의 인식기준을 모두 충족할 경우에는 자산으로 인식하고, 그 외에는 발생한 기간의 비용으로 인식한다. 이를 도시하면 8-5 와 같다.

8-5 연구개발비의 회계처리

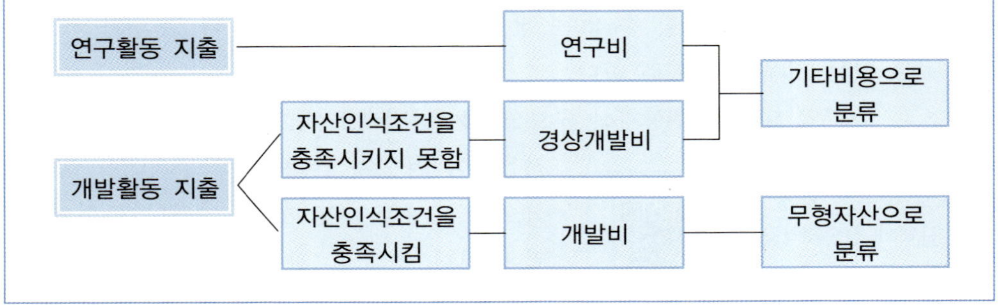

연구(research)는 새로운 과학적·기술적 지식이나 이해를 얻기 위해 수행하는 독창적이고 계획적인 탐구활동을 말한다. 프로젝트의 연구단계에서는 미래 경제적 효익을 창출할 무형자산이 존재한다는 것을 입증할 수 없기 때문에 연구단계에서 발생한 지출은 무형자산으로 인식할 수 없고 발생한 기간의 비용으로 인식한다. 연구단계에 속하는 활동의 일반적인 예는 다음과 같다.

연구활동의 예

(1) 새로운 지식을 얻고자 하는 활동
(2) 연구결과나 기타 지식을 탐색, 평가, 최종 선택, 응용하는 활동
(3) 재료, 장치, 제품, 공정, 시스템 등에 대한 여러 가지 대체안을 탐색하는 활동
(4) 새롭거나 개선된 재료, 장치, 제품, 공정, 시스템 등에 대한 여러 가지 대체안을 제안, 설계, 평가 및 최종 선택하는 활동

개발(development)은 상업적인 생산이나 사용 전에 연구결과나 관련 지식을 새롭거나 현저히 개량된 재료, 장치, 제품, 공정, 시스템이나 용역의 생산을 위한 계획이나 설계에 적용하는 활동을 말한다. 개발단계에 속하는 활동의 일반적인 예는 다음과 같다.

개발활동의 예

(1) 생산이나 사용 전의 시제품과 모형을 설계, 제작, 시험하는 활동
(2) 새로운 기술과 관련된 공구, 지그, 주형, 금형 등을 설계하는 활동
(3) 상업적 생산목적으로 실현가능한 경제적 규모가 아닌 시험공장을 설계, 건설, 가동하는 활동
(4) 신규 또는 개선된 재료, 장치, 제품, 공정, 시스템이나 용역에 대하여 최종적으로 선정된 안을 설계, 제작, 시험하는 활동

개발단계에서 발생한 지출은 다음의 조건을 모두 충족하는 경우에만 무형자산으로 인식하고, 그 외의 경우에는 경상개발비의 과목으로 하여 발생한 기간의 비용으로 인식한다.

K-IFRS 개발비의 자산인식 요건

(1) 무형자산을 사용하거나 판매하기 위해 그 자산을 완성할 수 있는 기술적 실현가능성
(2) 무형자산을 완성하여 사용하거나 판매하려는 기업의 의도
(3) 무형자산을 사용하거나 판매할 수 있는 기업의 능력
(4) 무형자산이 미래 경제적 효익을 창출하는 방법. 그중에서도 특히 무형자산의 산출물이나 무형자산 자체를 거래하는 시장이 존재함을 제시할 수 있거나 또는 무형자산을 내부적으로 사용할 것이라면 그 유용성을 제시할 수 있다.
(5) 무형자산의 개발을 완료하고 그것을 판매하거나 사용하는 데 필요한 기술적 · 재정적 자원 등의 입수가능성
(6) 개발과정에서 발생한 무형자산 관련 지출을 신뢰성 있게 측정할 수 있는 능력

개발단계는 연구단계보다 훨씬 더 진전되어 있는 상태이기 때문에 프로젝트의 개발단계에서는 무형자산을 식별할 수 있으며, 그 무형자산이 미래 경제적 효익을 창출할 것임을 입증할 수 있다.

▶ **QR코드로 배우는 회계**
JYP 연습생은 비용… YG 연습생은 자산

♣ (주)농심의 중요한 회계정책 주석사항(일부)

- 유형자산 : 유형자산은 원가에서 감가상각누계액과 손상차손누계액을 차감하여 표시하고 있습니다. 원가는 구입가격과 당사가 의도하는 방식으로 자산을 가동하는 데 필요한 장소와 상태에 이르게 하는 데 직접 관련되는 원가를 포함합니다. 후속원가는 자산으로부터 발생하는 미래의 경제적 효익이 당사에 유입될 가능성이 높으며 그 원가를 신뢰성 있게 측정할 수 있는 경우에 한하여 자산의 장부금액에 포함하거나 별도의 자산으로 인식하고 있습니다. 별도의 자산으로 인식할 경우 대체되는 부분의 장부금액은 제거하며, 이 외의 수선 및 유지비는 발생한 기간의 비용으로 인식하고 있습니다.
- 무형자산 : 무형자산은 원가에서 상각누계액과 손상차손누계액을 차감하여 표시하고 있습니다. 내부적으로 창출된 무형자산은 특정 요건을 충족하여 자본화된 개발비를 제외하고 지출시점에 당기비용으로 처리합니다. 당사는 무형자산의 내용연수가 유한한지 또는 비한정인지 평가하고 내용연수를 갖는 무형자산은 동 경제적 내용연수에 걸쳐 상각을 수행하고 있습니다.

유형자산과 무형자산 | 재무제표 공시 사례

1. 재무상태표

제58(당)기 2021년 12월 31일 현재
제57(전)기 2020년 12월 31일 현재

주식회사 농심 (단위 : 원)

과 목	제58(당)기	제57(전)기
자 산		
Ⅱ. 비유동자산	1,795,909,783,591	1,792,259,359,883
유형자산	867,980,492,375	866,204,775,670
무형자산	18,216,042,283	19,633,104,714

2. 주석 12. 유형자산(일부)

(1) 보고기간종료일 현재 유형자산의 내역은 다음과 같습니다.

(단위 : 천원)

구 분	당기말	전기말
토지	390,892,004	337,847,209
건물	763,132,011	678,829,429
감가상각누계액	(321,455,473)	(291,573,300)
정부보조금	(361,111)	(377,778)
구축물	55,428,382	53,400,827
감가상각누계액	(36,991,617)	(35,679,544)
기계장치	1,147,428,239	1,066,215,337
감가상각누계액	(747,365,116)	(682,677,991)
정부보조금	(921,054)	(670,755)
차량운반구	13,442,641	12,541,455
감가상각누계액	(8,437,459)	(7,780,011)
기타의 유형자산	130,107,196	124,373,257
감가상각누계액	(99,716,392)	(94,334,697)
건설중인자산	142,334,745	111,300,517
합 계	1,427,516,996	1,271,413,955

3. 주석 14. 무형자산(일부)

(1) 보고기간종료일 현재 무형자산의 내역은 다음과 같습니다.

(단위 : 천원)

구 분	당기말	전기말
영업권	8,981,573	8,981,573
산업재산권	833,559	755,098
시설이용권	18,209,918	19,635,861
기타의 무형자산	16,210,421	16,725,718
합 계	44,235,471	46,098,250

Epilogue

본장에서는 유형자산과 무형자산의 정의와 측정방법을 다루었다. 유형자산과 무형자산의 원가에 포함시킬 항목, 감가상각 또는 상각, 취득 후 지출에 대한 회계처리는 기본적으로 알아둬야 할 내용이다. 그러나 차입금 이자의 원가산입 문제, 정부보조금의 표시방법, 자산의 손상차손 인식과 환입 문제는 어렵다기보다는 복잡하다. 자산재평가모형과 더불어 이들 내용은 중급회계에서 다루게 된다.

종합사례

CHAPTER 8

다음은 12월 결산법인인 (주)대한의 유형자산과 관련된 자료이다.

(1) 당해 연도에 (주)대한이 취득하고 처분한 유형자산 및 무형자산의 내역은 다음과 같다.
   ① 영업활동에 사용할 목적으로 토지를 구입하고 그 대금 ₩200,000을 타인발행수표로 지급하였으며, 취득시 중개수수료 ₩5,000, 취득세 ₩2,000이 발생하여 현금으로 지급하였다.
   ② 본사 사옥을 건설할 목적으로 토지를 현금 ₩500,000에 구입하였으며, 토지에 있던 구건물을 철거하는 데 ₩10,000, 정지비로 ₩20,000을 지급하였다.
   ③ 기증자의 장부에 ₩50,000으로 기록되어 있는 토지를 기증받았는데, 증여받을 당시 공정가치가 ₩80,000이었다.
   ④ 토지와 건물 및 비품을 외상으로 일괄하여 ₩38,000에 취득하였으며, 중개수수료 ₩2,000을 현금으로 지급하였다. 취득시점의 각 자산의 공정가치는 다음과 같다.

   토지 ₩12,000,　　건물 ₩9,000,　　비품 ₩4,000

   ⑤ 취득원가 ₩400,000, 감가상각누계액 ₩300,000인 기계장치를 ₩150,000의 현금을 받고 처분하였다.
   ⑥ 취득원가가 ₩50,000이고 감가상각누계액이 ₩45,000인 기계장치를 폐기처분하였다. 단, 폐기비용 ₩2,000은 현금으로 지급하였다.
   ⑦ 보유하고 있는 10층 건물에 ₩200,000의 현금을 지급하여 12층의 건물을 만들었으며, 지하실 벽면의 페인트칠로 ₩50,000의 현금을 지급하였다.
   ⑧ (주)대한은 20×1년 1월 2일에 특허권을 ₩300,000에 취득하고 등기비용 ₩80,000과 수수료 ₩20,000 등 모두 ₩400,000을 현금으로 지급하였다.
   ⑨ ⑧의 특허권은 내용연수가 10년인데 20×4년 1월 2일에 ₩350,000의 현금을 받고 처분하였다. (주)대한은 특허권을 직접법에 의해 정액법으로 상각한다.

(2) (주)대한은 20×1년초에 취득원가 ₩400,000, 잔존가치 ₩40,000인 기계장치를 취득하였다.

(3) (주)대한은 20×1년 4월 1일에 취득원가 ₩2,500,000, 잔존가치는 ₩100,000인 차량운반구를 취득하였다.

(물음 1) (1)과 관련하여 (주)대한이 행할 회계처리를 하시오.

(물음 2) (2)와 관련하여 기계장치의 내용연수가 4년일 때 ① 정액법, ② 연수합계법, ③ 정률법(0.45 가정), ④ 정액법의 배법(이중체감법)에 의해 20×1년부터 20×4년까지 감

가상각비를 각각 계산하시오. 그리고 총생산가능량이 10,000단위이고, 20×1년 생산량이 3,000단위, 20×2년 생산량이 2,500단위, 20×3년 생산량이 3,500단위, 20×4년 생산량이 1,000단위일 때 ⑤ 생산량비례법에 의해 20×1년부터 20×4년까지 감가상각비를 각각 계산하시오.

(물음 3) (3)과 관련하여 차량운반구의 내용연수가 3년일 때 ① 정액법, ② 연수합계법, ③ 정률법(0.7 가정), ④ 정액법의 배법(이중체감법)에 의해 20×1년부터 20×4년까지 감가상각비를 각각 계산하시오. 그리고 총생산가능량이 500,000단위이고, 20×1년 생산량이 120,000단위, 20×2년 생산량이 160,000단위, 20×3년 생산량이 140,000단위, 20×4년 생산량이 80,000단위일 때 ⑤ 생산량비례법에 의해 20×1년부터 20×4년까지 감가상각비를 각각 계산하시오.

풀이 및 해설

(물음 1)

	차변	금액	대변	금액
①	(차) 토 지	207,000	(대) 현 금	207,000

* 취득세, 등기비, 수수료 등은 부대원가로 자산의 취득원가에 포함시킨다.

	차변	금액	대변	금액
②	(차) 토 지	530,000	(대) 현 금	530,000

* 토지는 건물을 짓기 위해 취득한 것이므로 건물을 지을 수 있는 상태로 만들기까지 발생한 지출은 토지의 원가에 포함시킨다.

	차변	금액	대변	금액
③	(차) 토 지	80,000	(대) 자산수증이익	80,000

* 증여받은 유형자산은 공정가치로 기록하고 해당 금액을 기타수익으로 처리한다.

	차변	금액	대변	금액
④	(차) 토 지	19,200	(대) 현 금	2,000
	건 물	14,400	미지급금	38,000
	비 품	6,400		

* 일괄로 구매한 경우에는 상대적 시장가치에 비례하여 취득원가를 배분한다.

	차변	금액	대변	금액
⑤	(차) 현 금	150,000	(대) 기계장치	400,000
	감가상각누계액	300,000	유형자산처분이익	50,000

* 유형자산을 처분하는 경우에는 처분가액과 장부금액(감가상각누계액을 차감한 금액)을 비교하여 처분손익을 계산한다.

	차변	금액	대변	금액
⑥	(차) 감가상각누계액	45,000	(대) 기계장치	50,000
	유형자산처분손실	7,000	현 금	2,000

* 유형자산을 폐기하는 경우에는 장부금액과 폐기비용을 처분손실에 반영한다.

	차변	금액	대변	금액
⑦	(차) 건 물	200,000	(대) 현 금	250,000
	수선유지비	50,000		

* 증설은 유형자산의 장부금액에 반영시키고(자본적 지출), 자산의 현 상태를 유지시키는 지출은 당기비용으로 처리한다.

⑧ (차) 특 허 권 400,000 (대) 현 금 400,000

* 무형자산을 취득하는 데 발생된 부대원가(수수료, 등기비 등)는 무형자산의 원가에 반영한다.

⑨ (차) 현 금 350,000 (대) 특 허 권 280,000

무형자산처분이익 70,000

* 무형자산을 처분하는 경우에는 처분가액과 장부금액(상각누계액을 차감한 금액)을 비교하여 처분손익을 계산한다.

(물음 2)

① 정액법(직선법)

연 도	계산 근거	감가상각비
20×1	(₩400,000－₩40,000)×1/4	₩90,000
20×2	(₩400,000－₩40,000)×1/4	90,000
20×3	(₩400,000－₩40,000)×1/4	90,000
20×4	(₩400,000－₩40,000)×1/4	90,000
계		₩360,000

② 연수합계법

연 도	계산 근거	감가상각비
20×1	(₩400,000－₩40,000)×4/10	₩144,000
20×2	(₩400,000－₩40,000)×3/10	108,000
20×3	(₩400,000－₩40,000)×2/10	72,000
20×4	(₩400,000－₩40,000)×1/10	36,000
계		₩360,000

③ 정률법(0.45 가정)

연 도	계산 근거	감가상각비
20×1	₩400,000×0.45	₩180,000
20×2	(₩400,000－₩180,000)×0.45	99,000
20×3	(₩400,000－₩180,000－₩99,000)×0.45	54,450
20×4	₩400,000－₩180,000－₩99,000－₩54,450－₩40,000	26,550
계		₩360,000

④ 이중체감법

연 도	계산 근거	감가상각비
20×1	₩400,000×0.5*	₩200,000
20×2	(₩400,000－₩200,000)×0.5	100,000
20×3	(₩400,000－₩200,000－₩100,000)×0.5	50,000
20×4	₩400,000－₩200,000－₩100,000－₩50,000－₩40,000	10,000
계		₩360,000

* 상각률 : 1/내용연수×2＝0.5

⑤ 생산량비례법

연 도	계산 근거	감가상각비
20×1	(₩400,000 − ₩40,000) × 3,000단위/10,000단위	₩108,000
20×2	(₩400,000 − ₩40,000) × 2,500단위/10,000단위	90,000
20×3	(₩400,000 − ₩40,000) × 3,500단위/10,000단위	126,000
20×4	(₩400,000 − ₩40,000) × 1,000단위/10,000단위	36,000
계		₩360,000

(물음 3)

① 정액법(직선법)

연 도	계산 근거	감가상각비
20×1	(₩2,500,000 − ₩100,000) × 1/3 × 9/12	₩600,000
20×2	(₩2,500,000 − ₩100,000) × 1/3	800,000
20×3	(₩2,500,000 − ₩100,000) × 1/3	800,000
20×4	(₩2,500,000 − ₩100,000) × 1/3 × 3/12	200,000
계		₩2,400,000

② 연수합계법

연 도	계산 근거	감가상각비
20×1	(₩2,500,000 − ₩100,000) × 3/6 × 9/12	₩900,000
20×2	(₩2,500,000 − ₩100,000) × 3/6 × 3/12 +(₩2,500,000 − ₩100,000) × 2/6 × 9/12	900,000
20×3	(₩2,500,000 − ₩100,000) × 2/6 × 3/12 +(₩2,500,000 − ₩100,000) × 1/6 × 9/12	500,000
20×4	(₩2,500,000 − ₩100,000) × 1/6 × 3/12	100,000
계		₩2,400,000

③ 정률법(0.7 가정)

연 도	계산 근거	감가상각비
20×1	₩2,500,000 × 0.7 × 9/12	₩1,312,500
20×2	(₩2,500,000 − ₩1,312,500) × 0.7	831,250
20×3	(₩2,500,000 − ₩1,312,500 − ₩831,250) × 0.7	249,375
20×4	₩2,500,000 − ₩1,312,500 − ₩831,250 − ₩249,375 − ₩100,000	6,875
계		₩2,400,000

④ 이중체감법

연 도	계산 근거	감가상각비
20×1	₩2,500,000×0.667*×9/12	₩1,250,625
20×2	(₩2,500,000−₩1,250,625)×0.667	833,333
20×3	(₩2,500,000−₩1,250,625−₩833,333)×0.667	277,500
20×4	₩2,500,000−₩1,250,625−₩833,333−₩277,500 −₩100,000	38,542
계		₩2,400,000

* 상각률 : 1/내용연수×2=0.667

⑤ 생산량비례법

연 도	계산 근거	감가상각비
20×1	(₩2,500,000−₩100,000)×120,000단위/500,000단위	₩576,000
20×2	(₩2,500,000−₩100,000)×160,000단위/500,000단위	768,000
20×3	(₩2,500,000−₩100,000)×140,000단위/500,000단위	672,000
20×4	(₩2,500,000−₩100,000)×80,000단위/500,000단위	384,000
계		₩2,400,000

연습문제

CHAPTER 8

1 [진위형] 다음 서술이 옳으면 T, 옳지 않으면 F를 기재하시오.

(1) 회계에서 물리적 실체가 있는 것은 재무상태표 작성시 모두 유형자산으로 분류한다.

(2) 유형자산은 모두 감가상각을 통해 비용화가 된다.

(3) 유형자산은 구입가격에 설치비용이나 운반비용 등을 가산한 금액을 원가로 한다.

(4) 구건물이 있는 토지를 새로운 건물을 건설하기 위해 취득하였다면 구건물의 철거비용은 신건물의 취득원가로 한다.

(5) 감가상각은 유형자산의 공정가치를 나타내기 위한 평가과정이다.

(6) 유형자산은 취득시 취득원가로 기록하고 계속 이를 유지해야 한다.

(7) 기초에 취득하였다면 연수합계법에 의한 감가상각비는 매년 일정한 금액씩 감소된다.

(8) 연구비는 그 금액이 중요하고 미래의 경제적 효익이 기대되면 무형자산으로 보고한다.

2 [완성형] 다음 괄호 안에 가장 적절한 용어를 넣으시오.

(1) 재화나 용역의 생산이나 제공, 타인에 대한 임대 또는 관리 활동에 사용할 목적으로 보유하는 물리적 형태가 있는 자산으로서, 한 회계기간을 초과하여 사용할 것이 예상되는 자산을 (   )이라 한다.

(2) 유형자산을 최초 인식할 때에는 (   )로 측정한다. 이에는 구입가격뿐만 아니라 등기비, 취득세, 설치비, 운반비, 하역비, 시운전비 등 부대비용을 포함한다.

(3) 유형자산의 원가에서 잔존가치를 차감한 금액을 그 자산의 내용연수 동안 체계적인 방법에 의하여 각 회계기간에 배분하는 과정을 (   )이라 한다.

(4) (   )란 기업에서 자산이 사용가능할 것으로 기대되는 기간 또는 자산에서 얻을 것으로 예상되는 생산량이나 이와 유사한 단위 수량으로 정의된다.

(5) 유형자산의 내용연수 초기에 보다 많은 용역을 제공한다는 가정하에 내용연수 초기

에 보다 많은 비용을 인식하는 방법을 (　　　)이라 한다.

(6) (　　　)는 특정한 판매자의 제품 및 서비스를 식별하는 데 사용되는 명칭 · 기호 · 디자인 등을 총칭하는 용어로 사용된다.

(7) (　　　)는 방송사업, 시내버스운송사업, 전화사업 등 주로 중앙정부나 지방정부로부터 허가의 형태로 권리를 부여받아 영업을 할 수 있는 권리를 말한다.

(8) 새로운 과학적 · 기술적 지식이나 이해를 얻기 위해 수행하는 독창적이고 계획적인 탐구활동을 (　　　)라 한다.

3 [선다형] 다음 물음에 가장 타당한 답을 하나만 선택하시오.

(1) (주)대한은 사무실용 건물을 신축하기 위해 기존 건물이 있는 토지를 ₩5,000,000에 취득하여 공사를 시작하였다. 공사기간은 2년으로 예상된다. 당 회계기간중 사무실 신축과 관련하여 발생한 지출은 다음과 같다. (주)대한의 사무실 건축과 관련하여 건설중인자산계정으로 계상할 금액은 얼마인가?

건물 설계비	₩360,000
기존 건물 철거비	110,000
신축공사에 따른 위험보상을 위한 보험료	100,000
건물 기초공사를 위한 굴착공사비	180,000
토지의 취득세	240,000
신축공사용 시멘트 및 철근 구입비	500,000

① ₩960,000　② ₩1,140,000　③ ₩1,250,000
④ ₩1,380,000　⑤ ₩1,490,000

(2) 다음 중 유형자산의 장부금액에 포함시키기 어려운 지출은?
① 엘리베이터 또는 냉난방장치의 설치
② 기계장치의 소모된 부속품의 대체
③ 건물의 증축
④ 빌딩 등에 피난시설 등을 설치
⑤ 상당한 원가절감이 초래되는 장치의 개량

(3) 다음 중 유형자산을 감가상각하는 목적과 가장 관련이 깊은 것은?
① 유형자산의 가치를 정확하게 평가하기 위해서
② 일정 기간 동안 감소한 자산의 가치를 정확히 측정하기 위해서
③ 향후 자산을 교체하기 위한 자금을 확보하기 위해서

④ 자산의 취득원가를 체계적으로 각 회계기간에 배분하기 위해서
⑤ 특정 기간의 이익이 급격히 감소하는 현상을 방지하기 위해서

(4) (주)대한은 건물을 20×2년초에 취득하여 정액법에 의해 감가상각한다. 내용연수는 20년, 잔존가치는 ₩216,800이며 20×3년 감가상각비로 ₩216,800을 계상한 경우 건물의 취득원가는 얼마인가?

① ₩3,902,400 ② ₩4,336,000 ③ ₩4,119,200
④ ₩4,552,800 ⑤ ₩4,668,200

(5) 다음 중 감가상각비 계산시 장부금액을 사용하는 감가상각방법은?

① 정액법 ② 정률법 ③ 연수합계법
④ 생산량비례법 ⑤ 없 음

(6) 감가상각비의 계상이 미치는 영향으로 옳은 것은?

① 자산총액 증가, 자본총액 증가 ② 자산총액 감소, 부채총액 증가
③ 자산총액 감소, 자본총액 증가 ④ 자산총액 감소, 자본총액 감소
⑤ 정답 없음

(7) 12월 결산법인인 (주)대한은 20×7년 1월 1일에 취득원가 ₩2,200, 잔존가치 ₩200, 내용연수 5년인 기계장치를 취득하였고 정액법을 이용하여 감가상각하였다. (주)대한은 이 기계장치를 20×8년 10월 1일에 ₩1,800의 현금을 받고 처분하였다. 이 거래와 관련하여 발생하는 유형자산처분손익은 얼마인가?

① 유형자산처분손실 ₩200 ② 유형자산처분손실 ₩300
③ 유형자산처분이익 ₩200 ④ 유형자산처분이익 ₩300
⑤ 유형자산처분손익 없음

(8) 다음 무형자산에 관한 설명으로 부적절한 것은?

① 무형자산은 투자목적으로 보유하고 있어야 한다.
② 무형자산의 잔존가치가 없는 것을 원칙으로 한다.
③ 무형자산을 재무상태표에 보고하는 방법으로는 상각누계액을 차감표시하는 간접법과 상각 후 잔액만 보고하는 직접법 모두 가능하다.
④ 무형자산은 합리적인 상각방법을 정할 수 없는 경우에는 정액법을 사용한다.
⑤ 무형자산의 상각비용은 비용이나 자산의 원가 등으로 처리한다.

4 [유형자산 취득 거래] 다음 거래를 회계처리하시오.

(1) 영업목적의 토지를 구입하고 그 대금 ₩10,000을 수표를 발행하여 지급하다. 또한 매입수수료 ₩500, 취득세 ₩300을 현금으로 지급하다.

(2) 공장부지로 사용할 토지를 현금 ₩20,000에 구입하였으며, 구입시 토지에 존재하고 있던 구건물을 철거하는 데 현금 ₩800이 소요되었다.

(3) 위 (1)의 토지를 영업목적에 사용가능한 상태로 만드는 과정에서 정지에 소요된 비용 ₩2,000과 상하수도시설비 ₩1,000을 현금으로 지급하다.

(4) 영업용 금고를 ₩2,000에 구입하고 대금은 수표를 발행하여 지급하다. 운반비 및 금고설치에 따르는 제 비용 ₩100을 현금으로 지급하다.

(5) 20×1년 12월 31일에 (주)대한은 건물의 신축공사를 위하여 연초에 은행으로부터 차입한 ₩100,000에 대한 1년간의 이자를 현금으로 지급하다. 단, 이자율은 연 10%이며 건물은 결산일 현재 미완성의 상태이다.

(6) (주)대한은 건물을 신축하기로 하고 공사도급대금 ₩10,000 중 ₩2,000을 수표를 발행하여 지급하다.

(7) 위 (6)의 건물이 완공되어 건물을 인도받고 공사잔액을 수표를 발행하여 지급하다.

5 [유형자산의 일괄취득] (주)대한은 건물이 있는 토지를 현금 ₩20,000,000에 구입하였다. 건물과 토지의 구입당시 공정가치 비율은 2 : 3이다.

(물음 1) 기존의 건물을 그대로 이용하기로 한 경우 건물과 토지의 취득원가를 각각 얼마로 기록해야 하는가?

(물음 2) 기존의 건물을 철거하고 사옥을 새로 건설할 목적으로 취득하였다고 가정하자. 건물의 철거비용은 ₩800,000이며 철거과정에서 발생한 폐자재의 처분으로 인한 수입금액은 ₩100,000이었다. 이 경우 (주)대한은 건물과 토지를 각각 얼마로 기록해야 하는가?

6 [정액법] 12월 결산법인인 (주)대한은 20×1년 1월 1일 건물을 취득하였다. 건물의 취득원가는 ₩500,000이고 잔존가치는 없으며, 내용연수는 10년으로 예상된다. (주)대한은 정액법을 이용하여 감가상각을 하고 있다.

(물음 1) (주)대한이 20×1년말에 수행해야 할 수정분개를 제시하시오.

(물음 2) (주)대한이 20×2년말에 수행해야 할 수정분개를 제시하시오.

(물음 3) 20×2년말 재무상태표에 표시될 건물에 대한 감가상각누계액은 얼마인가?

(물음 4) 20×2년도 포괄손익계산서에 표시될 감가상각비는 얼마인가?

(물음 5) 20×2년말 건물의 장부금액은 얼마인가?

7 [연수합계법과 정률법] 기계장치의 취득원가는 ₩61,000이고 잔존가치는 ₩6,000이며, 내용연수는 10년이라고 가정한다. 단, 정률법의 상각률은 20%이다. 연수합계법과 정률법에 의해 기계장치를 감가상각할 경우, 각 방법하의 연간 감가상각비를 2차연도까지 계산하시오.

8 [유형자산의 취득, 감가상각, 처분] (주)대한은 20×1년 1월 1일 기계장치(구입가격 ₩9,500)를 어음을 발행하여 취득하면서 구입가격 외에 설치비 ₩500을 별도로 현금으로 지급하였다. 기계장치의 내용연수는 5년으로 예상되며, 잔존가치는 ₩1,000으로 추정된다. 동 기계장치를 20×2년 3월 31일 ₩8,000에 처분하고 대금은 현금으로 받았다. (주)대한의 결산일은 12월 31일이며 감가상각방법은 연수합계법을 쓰고 있다.

(물음 1) 취득일의 회계처리를 제시하시오.

(물음 2) 20×1년말에 이 기계장치와 관련하여 해야 할 기말 수정분개를 제시하시오.

(물음 3) 이 기계장치를 처분하는 시점에서 해야 할 회계처리를 제시하시오.

9 [회계기간중에 취득한 유형자산의 감가상각, 처분] 다음은 (주)대한의 유형자산과 관련된 거래이다. (주)대한의 결산일은 12월 31일이다.

(1) (주)대한은 20×1년 4월 1일에 기계장치를 ₩1,800,000에 구입하였다. 이 기계장치의 잔존가치는 ₩200,000이며, 내용연수는 4년이다.

(2) (주)대한은 20×2년 10월 1일에 기계장치를 ₩2,600,000에 처분하였다.

(물음 1) (주)대한이 정액법으로 감가상각할 경우, 처분하는 시점에 해야 할 회계처리를 제시하시오.

(물음 2) (주)대한이 연수합계법으로 감가상각할 경우, 처분하는 시점에 해야 할 회계처리를 제시하시오.

10 [무형자산의 취득과 상각] 다음은 12월 결산법인인 (주)대한의 무형자산과 관련된 거래이다. (주)대한은 무형자산의 상각방법으로 정액법을 사용하고 있다.

> 20×1년 1월 1일 (주)대한은 특허권을 현금 ₩3,000,000에 구입하고, 수수료 ₩300,000과 등기비용 ₩200,000을 별도로 지급하였다. 특허권의 내용연수는 10년, 잔존가치는 없는 것으로 추정된다. 20×2년 1월 1일 (주)대한은 위 특허권에 의해 생산되는 제품의 대체안을 설계하는 데 ₩450,000의 현금을 지급하였다.

(물음) (주)대한이 20×1년과 20×2년에 행할 회계처리를 모두 하시오.

11 [연구개발활동] 12월 결산법인인 (주)대한은 연구 및 개발 활동과 관련하여 20×1년 1월 1일에 다음과 같은 지출을 하였다.

① 연구결과를 응용하는 활동	₩200,000
② 생산 전 시제품을 시험하는 활동	120,000
③ 공정에 대한 대체안을 탐색하는 활동	360,000
④ 개선된 시스템에 대한 대체안을 설계하는 활동	150,000
⑤ 개선된 시스템에 대하여 최종적으로 선정된 안을 설계하는 활동	200,000
⑥ 새로운 기술과 관련된 금형을 설계하는 활동	180,000

(물음 1) 위 지출 중 연구비로 계상할 금액은 얼마인가?

(물음 2) 개발단계에서 발생한 지출 중 40%는 개발비의 인식요건을 모두 충족시킨다고 가정할 경우 위 지출과 관련하여 (주)대한이 20×1년도에 행할 회계처리를 하시오. 개발비는 정액법에 의해 상각하며, 내용연수는 10년, 잔존가치는 없는 것으로 추정된다.

CHAPTER

9 부 채

일러두기 ••• 본장에서는 부채의 인식과 측정에 대해 알아보고, 주로 상각후원가로 측정하는 금융부채의 일종인 사채의 발행과 발행차금의 상각 및 상환에 따른 회계처리에 대해 살펴보고자 한다. 사채의 회계처리를 이해하기 위해서는 본장의 부록에 실린 '화폐의 시간가치'를 반드시 먼저 학습해야 한다. 특히 본장에서는 사채의 발행가액이 결정되는 구조와 기간별로 유효이자율법에 따른 이자비용의 인식 내용을 숙지해야 한다.

주요 용어 ••• 유동부채, 충당부채, 현재가치, 액면이자율, 시장(유효)이자율, 사채, 액면발행, 할인발행, 할증발행, 사채할인(할증)발행차금, 유효이자율법, 확정급여부채

중소기업의 부채 급증세 지속

글로벌 국내외 경영환경의 불확실성과 고물가, 고금리, 고환율 등 복합위기가 지속되고 있어 중소기업 부채 증가는 우려스럽다.

전문가들은 현실적인 부채감소 연착륙 방안을 모색할 것을 주문하고 있다. 중소기업 상황이 엄중한 만큼 금융 지원책과 구조적 개선방안을 마련해야 한다는 의견이다.

신한·KB국민·우리·하나·NH농협 등 5대 시중은행에 따르면 기업대출은 8개월째 증가하고 있다. 반면 가계대출 잔액 감소세가 이어지고 있다.

5대 시중은행의 8월말 기업대출(대기업+중소기업) 잔액은 687조 4,270억원으로, 전월(681조 6,676억원)보다 5조 7,594억원 증가했다. 지난해 말(635조 8,789억원)과 비교하면 올해만 51조 5,481억원 늘었다.

대기업 대출은 96조 7,491억원으로, 전월 대비 2조 1,128억원이 증가했다. 지난해 연말보다 14조 3,398억원이 늘었다. 나머지 37조여원이 자영업자와 소상공인 등이 포함된 중소기업 대출이다. 중소기업 대출 잔액은 8월말 590조 6,780억원으로, 지난해 연말과 비교하면 37조 1,995억원이 급증했다.

코로나19 장기화로 매출이 아직 회복되지 않은 데다 원자재가격 상승과 고금리 등으로 자금수요가 늘어난 탓이다.

중소기업중앙회의 '중소기업·소상공인 금융안정 지원을 위한 의견조사' 결과에서 코로나19 발생 전년도(2019년) 대비 2021년도 매출성장률이 '-20% 이상 하락'했다는 응답이 42.0%로 가장 많았다. '-10%～-20%'도 17.8%였다. 조사는 8월 1～5일까지 중소기업·소상공인 400개사를 대상으로 진행했다.

매출이 -20% 이상 하락했다는 응답은 '5인 이상～10인 미만', 매출액 '5억 미만'에서 상대적으로 높게 나타났다. 영세 중소기업과 소상공인 체력이 매우 약화됐다는 의미다. 특히 정부가 발표한 소상공인 평균매출 추이 통계(2020년 사업체당 매출액 전년 대비 4.5% 감소)에 비해 상황이 더 심각한 것으로 보인다.

응답업체 10곳 중 3곳가량(29.5%)은 같은 기간에 부채(대출)가 늘었다. 보유한 대출건수는 '4건 이상'이 24.5%를 차지했다. 대출금 평균 이자율은 4%대 이상이 절반 이상(51.0%)이었다. 올해 대출금리 인상과 인상요구를 받은 업체는 38.3%였다.

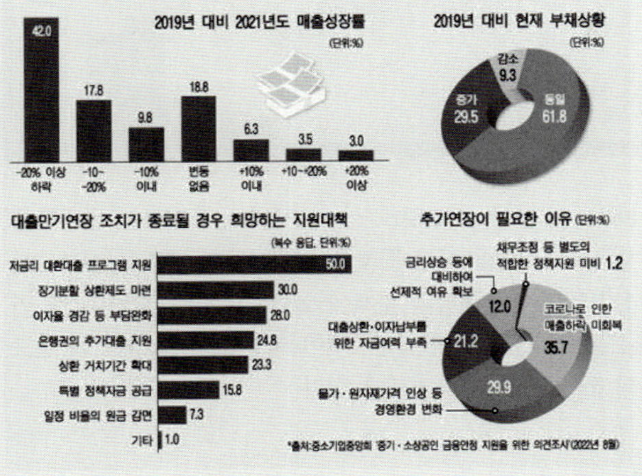

(자료 : 중소기업중앙회)

국제통화기금(IMF)도 중소기업 부채를 걱정스럽게 보고 있다. IMF는 2년 전인 2020년 9월 '대한민국 금융부문 평가 프로그램 기술 노트' 보고서에서 "중소기업의 평균부채 비율은 약 60% 수준으로 중소기업(30%)에 비하면 높다"고 진단하며 중소기업 부채 절반을 '위험부채'로 추정했다. 위험부채란 유동성 위험을 초래할 정도로 기업의 실적이나 자산 규모에 비해 부채가 많은 것을 의미한다.

(자료 : 내일신문, 2022.9.7)

제 1 절 부채의 기본개념

1 부채의 정의와 특성

부채는 자산과 함께 기업의 재무상태를 나타내는 중요한 요소이다. 한국채택국제회계기준의 개념체계에서는 부채에 대해 '과거 사건에 의하여 발생하였으며 경제적 효익이 내재된 자원이 기업으로부터 유출됨으로써 이행될 것으로 기대되는 현재 의무'로 정의하고 있다.

부채의 정의는 다음과 같은 특성을 갖고 있다. 첫째, 부채는 경제적 효익이 내재된 자원의 유출이 예상되어야 한다. 미래의 경제적 효익이 내재된 자원이란 자산을 의미하므로 부채는 결국 자산의 감소를 가져온다. 대부분 부채는 현금을 지급하거나 재화의 인도, 용역의 제공 등을 필요로 한다.

둘째, 특정 기업이 부담하는 의무여야 한다. 대부분의 의무는 법적 강제력으로부터 발생되지만 그렇지 않은 부채도 있다. 예를 들면, 상품대금을 먼저 수취한 경우 이를 수익으로 계상하지 않고 선수금이라는 부채로 계상한다. 이는 기업이 선수금을 받은 만큼 그에 상응하는 의무가 있다는 것을 뜻한다. 그리고 기업이 휴가수당이나 명절상여금 등을 지급할 법적 의무는 없지만 실무관행상 회사와 종업원 관계를 의제할 때 부채로 계상하는 것이다.

셋째, 경제적 효익의 유출이 예상되는 사건이 이미 발생했어야 한다. 대부분의 부채도 교환거래로부터 발생한다. 상품을 외상으로 구입하는 경우나 은행으로부터 운영자금을 차입하는 경우가 그 예이다.

2 부채의 분류와 공시

재무상태표 작성을 위해 부채는 지급시기에 따라 유동부채와 비유동부채로 분류한다. 유동부채(current liabilities)는 보고기간말 이후 1년 내에 상환되어야 할 부채를 말한다. 유동부채로 분류되지 않는 부채는 모두 비유동부채로 분류된다.

그리고 부채는 부채의 존재 여부, 지급할 금액의 측정 가능성, 지급시기의 확정 여부 등에 따라 확정부채와 추정부채로 분류된다. 확정부채란 부채가 확실히 존재하고, 부채의 금액을 확정적으로 결정할 수 있으며, 부채의 지급시기를 비교적 정확히 알 수 있는 부채를 말한다. 반면에 부채의 존재는 확실하지만 지급액이나 지급시기가 확정되지 않아 추정을 필요로 하는 부채를 추정부채(estimated liabilities)라 한다. 매입채무나 사채 등 대부분의 부채는 확정부채이며, 추정부채의 예로 제품보증충당부채와 퇴직급여부채, 우발부채 등을 들 수 있다.

또한, 부채는 성격에 따라 금융부채와 비금융부채로 분류할 수도 있다. 금융부채란 거래상대방에게 현금 등의 금융자산을 인도하기로 한 계약상의 의무를 말한다. 금융부채의 예로는 매입채무, 차입금, 미지급금, 미지급비용, 사채 등을 들 수 있다. 금융부채가 아닌 부채는 모두 비금융부채이다. 비금융부채의 예로는 각종 충당부채, 선수금, 선수수익, 퇴직급여 관련 부채 등을 들 수 있다.

제 2 절 유동부채의 분류요건 및 종류

1 유동부채의 분류요건

자산을 유동자산으로 분류하는 것이 중요하듯이 부채를 유동부채와 비유동부채로 분류하는 것은 더욱 중요하다. 왜냐하면, 유동부채 및 유동자산 또는 당좌자산(재고자산을 제외한 유동자산)과의 관계에서 유동비율이나 당좌비율 등 유동성에 관한 정보가 산출되기 때문이다. 그러므로 유동성에 관한 정보가 왜곡 표시되지 않도록 유동성 분류기준은 엄격히 적용되어야 한다.

일반적으로 1년 이내에 결제일이 도래하는 경우 유동부채로 분류하는데, 한국채택국제회계기준에서는 9-1 의 요건을 충족하는 경우에 유동부채로 분류하도록 규정하고 있다.

9-1 유동부채의 분류요건

(1) 주로 단기매매 목적으로 보유하고 있다.
(2) 보고기간 후 12개월 이내에 결제하기로 되어 있다.

유동부채의 예로는 매입채무, 미지급금, 미지급비용, 선수수익, 선수금, 단기차입금, 유동성장기부채 등이 있다. 이하에서는 매입채무를 비롯한 유동부채의 종류별 회계처리에 대해 알아보기로 한다.

2 매입채무

매입채무란 기업이 정상적인 영업과정에서 재화(상품이나 원재료 등)나 용역을 외상으로 구입했을 때 발생하는 채무로서 보고기간말 현재 미지급 상태인 채무를 말한다. 매입채무는 어음상의 채무를 부담하는 지급어음(note payable)과 증서가 없는 순수 외상계정인 외상매입금(accounts payable)으로 구분한다. 매입채무는 상품 이외의 자산을 외상으로 구입하였을 때 발생되는 미지급금과 구별된다. 또한 용역을 제공받았으나 아직 지급기일이 도래하지 않은 미지급비용과도 구별된다. 회계에서는 차입금이나 사채와 더불어 매입채무, 미지급금 및 미지급비용 등을 지급채무라 한다.

상품을 외상으로 매입한 경우 매입에누리와환출이 발생할 때에는 매입액과 매입채무를 각각 감소시킨다. 왜냐하면 이는 매입액의 감소뿐만 아니라 해당 금액만큼 지급할 의무가 소멸되었기 때문이다.

한편, 현금할인(매입자 입장에서의 매입할인)의 혜택이 주어진 경우에는 매입채무를 총액으로 기록하고, 할인기간 내에 대금의 결제가 이루어지면 매입할인을 인식하여 순매입액 계산시 차감해 준다.

3 미지급금과 미지급비용

미지급금이란 유형자산이나 유가증권 등을 구입하였으나 그 대가를 아직 지급하지 않은 경우 또는 용역을 제공받고 계약상의 지급기일이 경과하여 법률적으로 지급할 의무가 확정되었으나 아직 대가를 지급하지 않은 경우에 발생하는 채무를 말한다.

미지급비용이란 일정 기간 동안 계속적으로 제공받는 용역에 대하여 이미 당기에 기간의 경과로 발생은 되었으나, 아직 계약상의 지급기일이 도래하지 않아 용역대가를 지급할 의무가 법적으로 확정되지 않은 비용을 말한다. 예를 들어, 당기에 기간의 경과로 인하여 발생은 되었으나 계약상의 지급기일이 도래하지 않아 지급하지 않은 건물임차료, 이자비용 등이 미지급비용에 속한다.

그러나 미지급비용이라 하더라도 계약상의 지급시기가 이미 경과한 경우에는 지급의무가 법적으로 확정되었으므로 미지급금으로 기록해야 한다. 즉, 미지급금은 법률상의 채무이며, 미지급비용은 발생주의를 적용함에 따른 회계상 부채이다. 이런 논리는 미수수익과 미수금의 경우에도 그대로 적용된다.

4 선수수익과 선수금

선수수익이란 일정 기간 동안 계속하여 용역을 제공하기로 약정하고 미리 대가를 받은 이자, 임대료, 수수료 등의 수익 중에서 결산일 현재 용역을 제공하지 못한 부분에 대한 채무를 말한다. 즉, 선수수익은 일정한 계약에 따라 계속적으로 용역을 제공하는 경우 이미 용역대가는 받았으나, 결산일 현재 아직 용역을 제공하지 못하여 당기의 수익으로 인식하지 않고 차기의 수익으로 인식해야 할 부분을 말한다.

반면, 선수금은 판매자가 상품판매 대금의 일부를 먼저 받은 경우에 발생되는 것으로, 상품을 인도할 의무를 말한다. 선수금은 상품이 인도되는 경우에 장부에서 제거된다.

5 단기차입금과 유동성장기부채

단기차입금은 단기간(보통 1년) 내에 지급하기로 하고 차입한 금액을 의미한다. 단기차입금에서 발생되는 이자는 이자비용으로 보고한다.

상환일이 결산일로부터 1년 이후에 도래하는 부채는 비유동부채로 분류한다. 이와 같은 비유동부채 중 일부 또는 전부에 대한 상환일이 결산일로부터 1년 이내에 도래하게 되면 이를 비유동부채에서 분리하여 유동부채로 재분류해야 하는데, 이를 유동성장기부채라 한다. 예를 들어, 장기차입금 중 일부 또는 전부에 대한 상환일이 결산일로부터 1년 이내에 도래하게 되면 다음과 같은 결산조정분개를 해야 한다. 유동성장기부채는 유동부채란에 보고한다.

유동성장기부채의 회계처리

20×2년말 현재 장기차입금 중 ₩100,000은 상환일이 20×3년말이다.

(차) 장기차입금	100,000	(대) 유동성장기부채	100,000

이러한 유동성 대체분개를 통하여 별도계정인 유동성장기부채계정을 설정하는 것은 매우 중요한 의미가 있다. 왜냐하면 비유동부채는 기업의 장기자금조달수단이지만 지급기일이 1년 이내에 도래할 경우에는 반드시 별도의 상환자금을 마련해야 되기 때문이다. 유동성장기부채계정은 이러한 별도의 상환자금이 필요한 부분을 구분하여 정보이용자에게 전달하기 위한 것이다. 즉, 정보이용자에게 유동성에 관한 정보를 정확히 보고하는 데 반드시 필요한 분개이다.

예제 9-1 유동성장기부채

12월 결산법인인 (주)대한은 20×1년 1월 1일 동서은행으로부터 ₩300,000을 차입하고 약속어음을 발행해 주었다. 약속어음의 만기는 20×3년 12월 31일이며, 이자율은 10%로 시중 금리와 비슷한데 매년 12월 31일에 지급하기로 되어 있다.

요구사항

유동성 대체분개를 포함하여 (주)대한이 행할 모든 회계처리를 하시오.

풀이 및 해설

(1) 1/01/×1 :	(차) 현금	300,000	(대) 장기차입금	300,000
(2) 12/31/×1 :	(차) 이자비용	30,000	(대) 현금	30,000
(3) 12/31/×2 :	(차) 이자비용	30,000	(대) 현금	30,000
	장기차입금	300,000	유동성장기부채	300,000
(4) 12/31/×3 :	(차) 이자비용	30,000	(대) 현금	330,000
	유동성장기부채	300,000		

예제 9-2 기타의 채무(1)

(주)대한은 가전제품을 제조하여 판매하는 회사이고 (주)민국은 이를 매입하여 판매하는 상기업이다. 두 회사 모두 결산일은 12월 31일이다.

(1) 8월 8일 (주)민국은 (주)대한으로부터 업무용 건물을 건설할 목적으로 토지를 ₩17,000에 외상으로 구입하다.
(2) 10월 1일부터 (주)민국은 (주)대한으로부터 건물을 임차하기로 하고 대금은 매년 9월 30일에 후불로 지급하기로 하다. 임차료는 연 ₩24,000이다.
(3) 11월 1일부터 (주)민국은 (주)대한에 특허권을 사용하게 하고 동 일자로 연간 사용료 ₩12,000을 현금으로 수취하다. (주)민국은 현금 수취시 부채계정을 사용한다.
(4) 11월 20일 (주)민국은 (주)대한으로부터 6개월 후에 상환하기로 하고 ₩80,000의 운영자금을 차입하다.
(5) 12월 9일 (주)민국은 상품판매대금으로 (주)만세로부터 ₩60,000의 현금을 미리 수취하다.

요구사항

(주)민국이 행할 회계처리를 하시오.

풀이 및 해설

(1) 8/08 :	(차) 토지	17,000	(대) 미지급금	17,000
(2) 10/01 :	(회계처리 없음)			
12/31 :	(차) 임차료	6,000	(대) 미지급비용	6,000
(3) 11/01 :	(차) 현금	12,000	(대) 선수수익	12,000
12/31 :	(차) 선수수익	2,000	(대) 로열티수익	2,000
(4) 11/20 :	(차) 현금	80,000	(대) 단기차입금	80,000
(5) 12/09 :	(차) 현금	60,000	(대) 선수금	60,000

6 가수금과 예수금

가수금이란 현금을 수취하였으나 그 원인이 밝혀지지 않은 경우에 그 원인이 밝혀질 때까지 현금수입액을 기록하기 위하여 일시적으로 사용하는 계정과목을 말한다. 따라서 가수금은 거래의 내용이 밝혀져 계정과목과 금액이 확정되면 해당 계정과목으로 대체하여 감소시켜야 하며, 결과적으로 이들 계정은 재무상태표에 표시할 수 없다.

예수금이란 궁극적으로 제3자에게 지급해야 할 금액을 기업이 거래처나 직원으로부터 받아 일시적으로 보관하고 있는 경우에 발생하는 채무를 말한다. 예를 들어, 상품 판매시 고객으로부터 수취하여 일시적으로 보관하다가 세무서에 납부해야 하는 부가가치세나 급여 지급시 종업원으로부터 원천징수하여 일시적으로 보관하다가 세무서나 건강보험공단 등에 납부해야 하는 소득세, 국민연금, 의료보험료 등을 기록하기 위하여 사용된다.

예제 9-3 기타의 채무(2)

다음은 (주)대한과 관련된 내용이다.

(1) 출장중인 점원으로부터 당좌예금계좌로 ₩100,000의 송금이 있었으나 내용은 알 수 없었다.
(2) 점원이 출장에서 돌아와 송금액은 매출채권 회수액으로 밝혀졌다.
(3) 종업원에 대한 급여 ₩400,000을 지급함에 있어 소득세, 국민연금 및 의료보험료 등의 합계액 ₩40,000을 차감하고 잔액을 현금으로 지급하였다.

요구사항

(주)대한이 행할 회계처리를 하시오.

풀이 및 해설

(1)	(차) 현 금	100,000	(대) 가 수 금	100,000
(2)	(차) 가 수 금	100,000	(대) 매 출 채 권	100,000
(3)	(차) 급 여	400,000	(대) 예 수 금	40,000
			현 금	360,000

지금까지 알아본 유동부채의 종류와 개념을 요약하면 9-2 와 같다.

9-2 유동부채의 종류와 개념

단기차입금	1년 내에 상환될 차입금으로 자금차입을 위한 융통어음뿐만 아니라 당좌차월을 포함한다.
매입채무	기업의 일반적 상거래에서 재화와 용역 등을 외상으로 구입함으로써 발생되는 부채로 외상매입금과 지급어음을 포함한다.
미지급법인세	법인이 납부할 세액 중 아직 납부하지 않은 금액을 말한다.
미지급비용	비용으로 발생되었으나 아직 지급하지 않은 것으로 미지급이자, 미지급급여 등을 포함한다.
선수금	수주공사, 수주품 및 기타 일반적 상거래에서 발생한 선수액으로 미래에 재화 및 용역을 인도 또는 제공하기로 하고 선수한 금액으로 한다.
선수수익	기업이 일정 기간 동안 계속적으로 용역을 제공하기로 하고 수취한 수익(예 : 이자수익, 임대료) 중 차기 이후에 속하는 금액(주로 발생주의에 의해 수익을 인식하는 경우)으로 한다.
예수금	일반적 상거래 이외에서 발생한 일시적 제 예수액으로서 종업원소득세예수금, 부가가치세예수금 등이 이에 해당한다.
미지급금	상품 이외의 자산을 외상으로 매입한 금액을 말한다.
유동성장기부채	비유동부채 중에서 상환기일이 1년 이내로 도래하는 부분을 말한다.

제 3 절 사 채

1 사채의 특성

사채(bond payable, 또는 회사채)란 주식회사가 불특정 다수인으로부터 거액의 장기자금을 조달하기 위한 목적으로 발행하는 채무증서를 말한다. 주식회사는 친분관계가 있는 소수의 채권자로부터 필요한 자금을 조달하기도 하나, 대규모 자금이 필요한 경우에는 이를 친분관계가 없는 일반대중으로부터 장기간 안정적으로 조달하기 위하여 사채를 발행한다.

주식회사는 사채를 1만원 이상의 균일한 금액으로 나누어 발행함으로써 소액의 자금들을 모아 거액의 장기투자자금을 쉽게 조달할 수 있다. 사채발행회사는 사채권에 기재되어 있는 만기일에 원금을 사채권자에게 상환해야 하며, 1년 단위와 6개월 단위 또는 3개월 단위 등으로 약정된 이자지급기일마다 정기적으로 이자를 지급해야 한다.

사채는 이사회 결의에 의하여 발행할 수 있는 채무증서로서 주식과 함께 주식회사가 필요로 하는 안정적인 장기자금의 주요 조달원천이라는 공통점이 있다. 그러나 사채는 원금과 정기적 이자만 수취할 뿐 배당금을 수취하거나 회사 경영에 참여할 수 있는 권리가 없다.

▶ **QR코드로 배우는 회계**
정해진 가격에 신주발행을 요구할 수 있는 사채

▶ **QR코드로 배우는 회계**
발행 후 한 달 뒤면 주식으로… '카멜레온 사채' CB

2 사채발행가액 결정과 회계처리

사채권에는 액면금액과 이자율, 이자지급기일 및 만기일 등이 표시된다. 여기서 이자율이란 사채권에 표시되어 있는 이자율을 말하며, 이를 표시이자율 또는 액면이자율이라 한다. 사채발행회사는 약정된 이자지급기일에 표시이자율에 따라 정기적으로 이자를 지급해야 하며, 만기일에 액면금액인 원금을 상환해야 한다.

1. 사채의 발행가액

사채발행회사는 만기일에 액면금액으로 사채를 상환해야 하지만 사채의 발행일에 항상 액면금액과 동일한 금액의 현금을 수취하는 것은 아니다. 즉, 사채는 발행시점의 시장여건에 따라 액면금액이나 액면 이하의 금액 또는 액면 이상의 금액으로 발행할 수 있으며, 어떤 금액으로 발행하더라도 만기에는 액면금액을 상환한다.

사채의 발행가액은 사채발행일 현재 시장에서 결정되는 시장이자율과 사채발행비에 의하여 결정된다. 시장이자율은 발행일 현재 시장에서 형성된 투자자의 기대수익률을 의미한다.

이론적으로 사채의 발행가액은 사채의 발행으로 인하여 기업이 미래에 현금으로 지급해야 할 사채의 액면금액과 표시이자를 시장이자율로 할인한 금액인 현재가치로 결정되어야 한다. 즉, 사채의 발행으로 인한 현금 유입시점과 사채의 상환 및 이자 지급으로 인한 현금 유출시점이 동일하지 않기 때문에 사채의 발행가액은 미래에 지급해야 할 사채의 액면금액과 이자를 발행일 현재의 시장이자율로 할인한 금액이어야 한다는 것이다.

사채에 관한 회계처리를 이해하기 위해 다음 기본자료를 이용하기로 하자.

기본자료

• 발행일 : 20×1년 1월 1일	• 만기일 : 20×3년 12월 31일(3년)
• 액면금액 : ₩10,000	• 표시이자율 : 10%
• 이자지급일 : 매년말	• 사채발행비 : 없음

기본자료에 제시된 사채를 시장이자율 12%로 발행한 경우 발행가액은 다음과 같이 계산된다.[1]

사채의 발행가액

사채의 발행가액(=미래지급액의 현재가치) : (1)+(2)=₩9,520[2]

(1) 액면가(만기)의 현재가치 :	₩10,000×PV(3, 12%)	
	=₩10,000×0.7118	₩7,118
(2) 이자지급액의 현재가치 :	₩10,000×10%×PA(3, 12%)	
	=₩1,000×2.4018	2,402
합 계		₩9,520

사채의 발행에 따라 발행회사가 채권자에게 3년 동안 지불해야 하는 현금의 합계는 ₩13,000(=₩10,000+₩1,000×3)이 되는데, 이와 같은 현금의 유출은 사채발행일 이후 3년간에 걸쳐서 이루어진다. 그러나 사채의 발행으로 인한 현금유입은 사채발행일 현재 시점에서 이루어지므로 사채발행으로 인한 현금 유입시점과 유출시점이 같지 않다.

따라서 미래에 지급해야 할 사채원금과 이자의 합계 ₩13,000을 사채발행일

1) 독자들은 이 부분을 이해하기 위해 화폐의 시간가치(주로 현재가치)에 대해 알고 있어야 한다. 화폐의 시간가치 개념은 비교적 간단한데, 이에 대해 확실히 모르는 독자들은 본장의 부록을 참고하기 바란다.

2) 현재가치 계산시 PV(3, 12%)는 기간 3, 이자율 12%에 의한 단순금액(목돈)의 현재가치이고, PA(3, 12%)는 기간 3, 이자율 12%에 의한 연말연금의 현재가치를 표시한다. 이후에도 동일하게 표시하기로 한다.

현재 시점의 시장이자율로 할인한 금액만큼을 사채발행에 따른 대가로 받아야만 사채발행회사와 투자회사 모두 불이익이 없게 된다. 즉, 투자회사는 시장이자율이 12%인 경우에 3년에 걸쳐 ₩13,000을 받으려면 20×1년 1월 1일 현재 ₩9,520을 투자해야 하며, 사채발행회사는 20×1년 1월 1일 현재 ₩9,520을 받게 되면 향후 3년에 걸쳐 ₩13,000을 지급해야 한다는 것이다.

2. 사채의 액면금액과 발행가액의 관계

사채의 발행가액은 시장이자율과 표시이자율의 관계에서 결정된다. 시장이자율은 사채에 대한 수요와 공급의 변화에 따라 매일 변화하게 되나, 표시이자율은 일단 결정(인쇄)되면 변경할 수 없다. 사채발행일에 시장에서 형성된 시장이자율을 사채 표면에 표시이자율로 표시할 수만 있다면 모든 사채는 항상 액면금액으로 발행된다. 그러나 사채발행절차상 항상 표시이자율을 사채발행일에 앞서 먼저 결정해야 하며, 일단 결정된 표시이자율은 변경할 수 없다. 따라서 사채발행일에 앞서 미리 결정된 표시이자율과 발행일 현재의 시장이자율은 차이가 날 수 있는데, 이와 같은 표시이자율과 시장이자율의 차이를 조정함으로써 궁극적으로 투자자의 기대수익률을 보장해 주기 위하여 할인발행 또는 할증발행이 이루어진다.

(1) 액면발행

사채의 액면발행이란 사채발행에 따라 발행회사가 수취하는 금액이 사채의 액면금액과 동일한 경우를 말한다. 사채의 액면발행은 사채의 표시이자율과 시장이자율이 일치할 경우에 이루어진다.

사채의 표시이자율이 발행시점의 시장이자율과 동일하면 투자자의 입장에서는 사채의 표시이자율에 만족하게 되므로 당해 사채를 액면금액으로 구입하는 것을 망설일 이유가 없게 된다. 즉, 투자자는 사채에 투자하든 다른 투자항목에 투자하든 동일한 수익률을 기대할 수 있으므로 무차별해진다. 따라서 이러한 경우에는 사채를 액면금액으로 발행하게 된다.

기본자료의 경우 시장이자율이 표시이자율과 같은 10%라면 발행가액은 다음과 같이 계산되며, 발행가액이 액면금액과 일치됨을 알 수 있다.

액면발행(표시이자율＝시장이자율)

사채의 발행가액(＝미래지급액의 현재가치) : (1)＋(2)＝₩10,000

(1) 액면가(만기)의 현재가치 :	₩10,000×PV(3, 10%)	
	＝₩10,000×0.7513	₩7,513
(2) 이자지급액의 현재가치 :	₩10,000×10%×PA(3, 10%)	
	＝₩1,000×2.4869	2,487
합 계		₩10,000

사채를 액면금액으로 발행하는 경우 사채발행회사는 다음과 같은 분개를 해야 한다.

(차) 현 금	10,000	(대) 사 채	10,000

(2) 할인발행

사채의 할인발행이란 사채발행에 따라 발행회사가 수취하는 금액이 사채의 액면금액보다 적은 경우를 말한다. 사채의 할인발행은 사채의 표시이자율이 시장이자율보다 낮은 경우에 이루어진다. 사채의 표시이자율이 발행일 현재의 시장이자율보다 낮으면 투자자는 사채를 구입하려 하지 않을 것이다. 따라서 사채발행회사는 투자자에게 시장이자율을 보장해 주어야만 사채발행을 통하여 자금을 조달할 수 있기 때문에 표시이자율을 높게 조정하여 시장이자율과 일치시켜야 한다.

그러나 앞서 설명한 바와 같이 표시이자율은 발행일에 앞서 미리 결정되며, 일단 결정되면 임의로 수정할 수 없기 때문에 표시이자율을 높게 조정할 수는 없다. 따라서 사채발행회사는 표시이자율과 시장이자율의 차이에 상당하는 금액만큼을 덜 받고 사채를 발행할 수밖에 없게 된다. 즉, 발행시점에서는 액면금액보다 덜 받고 상환시점에서는 액면금액대로 상환하면 결국 그 차이금액이 표시이자율과 시장이자율의 차이를 보전해 주게 된다.

기본자료의 사채를 시장이자율이 12%일 때 발행하였다면 사채발행가액은 다음과 같이 계산될 것이다. 그리고 분개는 다음과 같이 행한다.

할인발행(표시이자율＜시장이자율)

사채의 발행가액(＝미래지급액의 현재가치) : (1)＋(2)＝₩9,520

(1) 액면가(만기)의 현재가치 :	₩10,000×PV(3, 12%)	
	＝₩10,000×0.7118	₩7,118
(2) 이자지급액의 현재가치 :	₩10,000×10%×PA(3, 12%)	
	＝₩1,000×2.4018	2,402
합 계		₩9,520

사채를 할인발행하는 경우 사채발행회사는 다음과 같은 분개를 해야 한다.

(차) 현 금	9,520	(대) 사 채	10,000
사채할인발행차금	480		

이때 발생하는 사채할인발행차금은 사채의 현재가치를 나타내기 위한 일종의 평가계정이다. 그러므로 재무상태표에 표시할 때에는 다음과 같이 관련 사채에 대해 차감하는 형식으로 나타낸다.

〈부분재무상태표〉

비유동부채 :	사 채	₩10,000	
	사채할인발행차금	(480)	₩9,520

사채할인발행차금은 결국 사채에 대한 이자를 의미하므로 이자지급기일이 도래하면 액면이자금액보다 더 많은 이자비용을 인식해야 한다.[3] 결과적으로 사채발행회사가 인식하게 될 총이자비용은 표시이자율에 의하여 지급하는 현금이자와 사채할인발행차금의 합계액이 된다.

(3) 할증발행

사채의 할증발행이란 사채발행에 따라 발행회사가 수취하는 금액이 사채의 액면금액보다 많은 경우를 말한다. 사채의 할증발행은 사채의 표시이자율이 시장이자율보다 높은 경우에 이루어진다. 사채의 표시이자율이 발행일 현재의 시장이자율보다 높으면 투자자는 당연히 사채를 구입하려 할 것이다. 그런데 사채발행회사는 투자자에게 시장이자율만 보장해 주면 사채의 발행을 통하여 자금을 조달할 수 있기 때문에 불필요하게 높은 표시이자율로 이자를 지급할 필요가 없다.

따라서 표시이자율을 낮게 조정하여 시장이자율과 일치시켜야 하나, 이는 앞서 설명한 바와 같이 현실적으로 불가능한 일이기 때문에 사채발행회사는 표시이자율과 시장이자율의 차이에 상당하는 금액을 액면금액보다 더 받고 사채를 발행할 수밖에 없게 된다. 즉, 발행시점에서는 액면금액보다 더 받고 상환시점에서는 액면금액대로 상환하면 결국 그 차이금액이 표시이자율과 시장이자율의 차이를 보전해 주게 된다. 결국, 사채발행회사는 발행가액에 관계없이 동일한 이자율로 이자비용을 부담하게 된다.

기본자료의 사채를 시장이자율이 8%일 때 발행하였다면 사채발행가액은 다음

3) 이에 대해서는 사채발행차금의 상각에서 설명하기로 한다.

과 같이 계산될 것이다. 그리고 분개는 다음과 같이 행한다.

할증발행(표시이자율＞시장이자율)

사채의 발행가액(=미래지급액의 현재가치) : (1)+(2)=₩10,515

(1) 액면가(만기)의 현재가치 :	₩10,000×PV(3, 8%)	
	=₩10,000×0.7938	₩7,938
(2) 이자지급액의 현재가치 :	₩10,000×10%×PA(3, 8%)	
	=₩1,000×2.5771	2,577
합 계		₩10,515

표시이자율이 시장이자율보다 높아 발행회사가 액면금액보다 더 받은 금액, 즉 할증발행된 금액은 사채할증발행차금으로 기록한다.

(차) 현 금	10,515	(대) 사 채	10,000
		사채할증발행차금	515

이때 발생하는 사채할증발행차금은 사채의 현재가치를 나타내기 위한 일종의 부가적 평가계정이다. 그러므로 재무상태표에 표시할 때에는 다음과 같이 관련 사채에 대해 가산하는 형식으로 나타낸다.

〈부분재무상태표〉

비유동부채 :	사 채	₩10,000	
	사채할증발행차금	515	₩10,515

사채할증발행차금은 사채에 대한 이자비용의 차감항목을 의미하므로 이자지급기일이 도래하면 이자비용에서 차감해야 한다. 결과적으로 사채발행회사가 인식하게 될 총이자비용은 표시이자율에 의하여 지급하는 현금이자에서 사채할증발행차금을 차감한 금액이 된다.

3 사채이자비용과 사채발행차금의 상각

사채이자는 발생주의에 따라 기간이 경과함에 따라 비용으로 인식해야 한다. 비용으로 인식할 사채이자의 금액은 유효이자율법에 따라 계산한다.

유효이자율법(effective interest method)은 사채이자비용을 장부금액에 대한 일정한 비율(유효이자율)로 먼저 인식(이를 유효이자 또는 실질이자라 함)하고 유효이자와 표시이자(계약상 지급하기로 된 현금이자지급액)의 차액만큼 사채발행차금을 상각한다.

한국채택국제회계기준에서는 사채발행차금에 대해 유효이자율법으로 상각하도록 규정하고 있다. 또한, 사채의 이자지급일과 결산일 및 상환일에는 반드시 사채발행차금을 상각해야 한다. 이하에서는 유효이자율법에 의한 사채발행차금상각방법을 알아보기로 한다. 사례로 제시한 사채의 경우 사채발행비가 없으므로 시장이자율과 유효이자율이 같다.

1. 사채할인발행차금의 상각

유효이자율법은 사채의 기초장부금액(=액면금액−기초사채할인발행차금)에 유효이자율을 곱하여 계산된 금액을 매기의 이자비용으로 인식하고, 이 금액에서 표시이자를 차감한 잔액만큼 사채할인발행차금을 상각하는 방법이다. 유효이자율법에 의하면 다음과 같은 산식에 의하여 매기의 사채할인발행차금상각액을 계산하게 된다.

사채할인발행차금상각액

사채할인발행차금상각액=사채의 기초장부금액×유효이자율−표시이자

유효이자율법에 의하여 사채할인발행차금을 상각하는 경우, 매기 인식하는 이자비용은 사채의 기초장부금액에 유효이자율을 곱하여 계산되는 금액이 되며, 그 금액은 매기 증가하게 된다. 왜냐하면 기간이 경과함에 따라 사채할인발행차금 잔액이 감소하게 되어 사채의 기초장부금액이 매기 증가하기 때문이다. 또한 사채할인발행차금상각액도 매기 증가하는 이자비용에서 매기 일정한 표시이자를 차감하여 계산되므로 매기 증가하게 된다.

결과적으로 유효이자율법에 의하면 이자비용(=기초장부금액×유효이자율)이 독립적으로 먼저 결정되고, 사채할인발행차금상각액은 이자비용에서 표시이자를 차감함으로써 종속적으로 결정된다.

기본자료에 의한 할인발행의 경우 유효이자율법에 의해 사채할인발행차금을 상각하는 표를 작성하면 다음과 같다. 결산일은 12월 31일로 간주한다.

유효이자율법에 의한 사채할인발행차금상각표

• 액면금액 : ₩10,000, 만기 : 3년, 표시이자율 : 10%, 유효이자율 : 12%

연 도 (12.31)	(A) 사채유효이자(기초E×유효이자율)	(B) 표시이자 (액면금액×표시이자율)	(C) 사채할인발행차금 상각액(A−B)	(D) 사채할인발행차금 잔액 (D−C)	(E) 사채의 장부금액 (액면가−D)
발행일				₩480	₩9,520
20×1	₩1,142	₩1,000	₩142	338	9,662
20×2	1,159	1,000	159	179	9,821
20×3	1,179	1,000	179	0	10,000
계	₩3,480	₩3,000	₩480		

그리고 사채를 할인발행한 경우 20×1년 12월 31일과 20×2년 12월 31일의 분개를 보이면 다음과 같다.

사채이자지급일의 회계처리(할인발행)

20×1년 12월 31일 :

(차) 이 자 비 용	1,142	(대) 현 금	1,000
		사채할인발행차금	142

20×2년 12월 31일 :

(차) 이 자 비 용	1,159	(대) 현 금	1,000
		사채할인발행차금	159

2. 사채할증발행차금의 상각

유효이자율법은 사채의 기초장부금액(=액면금액+기초사채할증발행차금)에 유효이자율을 곱하여 계산된 금액을 매기의 이자비용으로 인식하고, 이 금액을 표시이자에서 차감한 잔액만큼 사채할증발행차금을 상각하는 방법이다. 유효이자율법에 의하면 다음과 같은 산식에 의하여 매기의 사채할증발행차금상각액을 계산하게 된다.

사채할증발행차금상각액

사채할증발행차금상각액＝표시이자－사채의 기초장부금액×유효이자율

유효이자율법에 의하여 사채할증발행차금을 상각하는 경우, 매기 인식하게 되는 이자비용은 사채의 기초장부금액에 유효이자율을 곱하여 계산되는 금액이 되며, 그 금액은 매기 감소하게 된다. 왜냐하면 기간이 경과함에 따라 사채할증발행차금 잔액이 감소하게 되어 사채의 기초장부금액이 매기 감소하기 때문이다. 그러나 사채할증발행차금상각액은 매기 일정한 표시이자에서 매기 감소하는 이자비용을 차감하여 계산되므로 매기 증가하게 된다.

결과적으로 유효이자율법에 의하면 이자비용이 독립적으로 먼저 결정되고, 사채할증발행차금상각액은 표시이자에서 이자비용을 차감함으로써 종속적으로 결정된다.

기본자료에 의한 할증발행의 경우 유효이자율법에 의해 사채할증발행차금을 상각하는 표를 작성하면 다음과 같다. 결산일은 12월 31일로 간주한다.

유효이자율법에 의한 사채할증발행차금상각표

• 액면금액 : ₩10,000, 만기 : 3년, 표시이자율 : 10%, 유효이자율 : 8%

연 도 (12.31)	(A) 사채유효이자(기초E× 유효이자율)	(B) 표시이자 (액면금액× 표시이자율)	(C) 사채할증 발행차금 상각액(B－A)	(D) 사채할증 발행차금 잔액 (D－C)	(E) 사채의 장부금액 (액면가＋D)
발행일				₩515	₩10,515
20×1	₩841	₩1,000	₩159	356	10,356
20×2	828	1,000	172	184	10,184
20×3	816	1,000	184	0	10,000
계	₩2,485	₩3,000	₩515		

그리고 사채를 할증발행한 경우 20×1년 12월 31일과 20×2년 12월 31일의 분개를 보이면 다음과 같다.

사채이자지급일의 회계처리(할증발행)

20×1년 12월 31일 :

(차) 이 자 비 용	841	(대) 현　　금	1,000
사채할증발행차금	159		

20×2년 12월 31일 :

(차) 이 자 비 용	828	(대) 현　　금	1,000
사채할증발행차금	172		

4 사채의 상환

사채발행에 의하여 조달된 자금을 사채권자에게 반환하는 것을 사채의 상환이라 한다. 사채는 만기일에 가서 일시상환(만기상환)하는 것이 원칙이나 여러 가지 이유로 만기일 이전에 상환(조기상환)할 수도 있다.

본서에서는 만기상환만을 다루고, 조기상환은 중급회계에서 학습하기 바란다. 만기상환은 사채의 만기일에 계약대로 액면금액을 이자발생액과 함께 상환하는 것이다. 사채를 만기일에 일시상환할 경우에는 사채할인(할증)발행차금이 모두 상각되므로 사채의 장부금액과 액면금액이 일치하게 된다. 따라서 액면금액만큼 현금으로 상환하면 되므로 사채의 상환에 따른 이익이나 손실은 발생하지 않게 된다.

만기에 기본자료의 할인발행된 사채(할인발행이든 할증발행이든 사채상환손익은 발생되지 않음)를 20×3년 12월 31일 상환한 경우 회계처리는 다음과 같다.

사채의 만기상환시 회계처리

(차) 이 자 비 용	1,179	(대) 현 금	1,000
		사채할인발행차금	179
(차) 사 채	10,000	(대) 현 금	10,000

예제 9-4 사채의 할인발행

(주)대한은 다음과 같은 사채를 시장이자율 10%에 발행하였다. 현재가치표는 본장의 말미에 있는 〈부표〉를 참고하기 바란다.

- 발행일 : 20×1년 1월 1일
- 만기일 : 20×4년 12월 31일(4년)
- 액면금액 : ₩100,000
- 표시이자율 : 8%
- 이자지급일 : 매년말
- 사채발행비 : 없음

요구사항

1. 사채의 발행가액을 계산하시오.
2. 사채발행차금을 상각하는 표를 작성하시오.
3. 20×1년 12월 31일에 행할 회계처리를 하시오.
4. 만기시점에 행할 회계처리를 하시오.

5. 만약, (주)대한이 위 사채를 20×3년 1월 1일 현금 ₩97,000으로 상환한 경우 회계처리는 어떻게 되겠는가?
[힌트] 사채를 중도에 상환할 경우에는 상환가액과 상환일의 사채장부금액을 비교하여 상환손익을 계산한다.

풀이 및 해설

1. 시장이자율로 할인한 미래지급액의 현재가치가 발행가액이다.
사채의 발행가액 : (1)+(2)=₩93,659

(1) 액면가(만기)의 현재가치 :	₩100,000×PV(4, 10%)	
	=₩100,000×0.6830	₩68,300
(2) 이자지급액의 현재가치 :	₩100,000×8%×PA(4, 10%)	
	=₩8,000×3.1699	25,359
합 계		₩93,659

2. 사채할인발행차금상각표의 작성
• 액면금액 : ₩100,000, 만기 : 4년, 표시이자율 : 8%, 유효이자율 : 10%

연 도 (12.31)	(A) 사채유효이자(기초E×유효이자율)	(B) 표시이자 (액면금액×표시이자율)	(C) 사채할인발행차금 상각액(A−B)	(D) 사채할인발행차금 잔액 (D−C)	(E) 사채의 장부금액 (액면가−D)
발행일				₩6,341	₩93,659
20×1	₩9,366	₩8,000	₩1,366	4,975	95,025
20×2	9,503	8,000	1,503	3,472	96,528
20×3	9,653	8,000	1,653	1,819	98,181
20×4	9,819	8,000	1,819	0	100,000
계	₩38,341	₩32,000	₩6,341		

3. 20×1년 12월 31일

(차) 이 자 비 용	9,366	(대) 현 금	8,000
		사채할인발행차금	1,366

4. 20×4년 12월 31일

(차) 이 자 비 용	9,819	(대) 현 금	8,000
		사채할인발행차금	1,819
(차) 사 채	100,000	(대) 현 금	100,000

5. 중도상환의 회계처리(☆)

(차) 사 채	100,000	(대) 현 금	97,000
사채상환손실	472	사채할인발행차금	3,472

제 4 절 기타비유동부채

1 장기차입금

장기차입금은 금융기관이나 신용대여기관 등으로부터 자금을 차입하고 그 원금을 재무상태표일로부터 1년 이후에 상환하는 부채를 말한다.

한편, 장기차입금이 만기가 가까워져 보고기간 후 1년 이내에 도래할 때에는 유동성장기부채로 재분류하여 유동부채란에 보고해야 한다. 이렇게 함으로써 기업의 유동성에 관한 정보를 제대로 보고할 수 있게 된다.

예제 9-5 장기차입금의 회계처리

12월 결산법인인 (주)대한은 20×1년 1월 1일 은행으로부터 ₩10,000,000을 차입하였다. (주)대한은 차입금에 대한 이자로 연 6%를 부담하며 상환일은 20×3년 12월 31일이다. 이자는 매년말에 지급하기로 하였다. (주)대한은 예정대로 상환하였다.

요구사항

(주)대한이 행할 모든 회계처리를 하시오.

풀이 및 해설

(1) 1/01/20×1 :	(차)	현 금	10,000,000	(대)	장기차입금	10,000,000
(2) 12/31/20×1 :	(차)	이 자 비 용	600,000	(대)	현 금	600,000
(3) 12/31/20×2 :	(차)	이 자 비 용	600,000	(대)	현 금	600,000
		장기차입금	10,000,000		유동성장기부채	10,000,000
(4) 12/31/20×3 :	(차)	유동성장기부채	10,000,000	(대)	현 금	10,600,000
		이 자 비 용	600,000			

2 제품보증충당부채

충당부채는 미래의 지급시기와 금액은 확정되지 않았지만 과거의 거래나 사건의 결과로 미래의 지출이 거의 확실시되는 부채를 말한다.[4] 충당부채는 추정부채의 일종으로 수익·비용 대응의 원칙에 의거하여 비용의 발생과 더불어 부채로 계상하는 것이다.

제품보증이란 판매자가 구매자에게 제품의 품질이나 성능에 결함이 있는 경우 제품을 교환해 주거나 수리해 주겠다는 약정이다. 판매자가 제품보증을 조건으로 제품이나 용역을 제공하는 경우에 고객이 보증을 청구하는 사건이 발생될 때 궁극적으로 비용(손실)의 발생이 확정된다. 이때 원인이 되는 행위는 제품의 판매 또는 용역의 제공이며, 따라서 이에 대한 수익이 인식될 때 관련 비용을 인식하게 된다. 이렇게 인식되는 부채가 제품보증충당부채이며, 기간이 단기 또는 장기냐에 따라 단기제품보증충당부채와 장기제품보증충당부채로 분류하여 보고한다. 제품보증충당부채는 다음과 같이 회계처리한다.

제품보증충당부채의 회계처리

결산일 :

(차) 제품보증비용	×××	(대) 제품보증충당부채	×××

보증행위 발생 시점 :

(차) 제품보증충당부채	×××	(대) 현금(소모품 등)	×××

예제 9-6 제품보증충당부채

다음은 12월말 결산법인인 (주)대한의 회계자료이다. (주)대한은 판매를 촉진시키기 위해 판매한 상품에 대해 3년간 보증해 주기로 하였다. 보증비용으로 매출액의 2%가 발생될 것으로 추정하고 있다.

(1) 20×1년도 매출액은 총 ₩200,000이다.

(2) 20×2년 3월 3일 실제 보증수리비용으로 현금 ₩2,000을 지출하다.

---

4) 충당부채와 유사한 것으로 우발부채가 있다. 우발부채는 과거사건은 발생하였으나 기업이 전적으로 통제할 수 없는 사건의 발생 여부에 따라 존재 여부가 확인되는 잠재적 의무와 충당부채로 계상되지 않는 잠재적 부채를 말한다. 그러므로 우발부채는 재무상태표에 표시되지 않고 발생이 확실한 경우에 주석으로 공시한다.

(3) 20×2년 11월 11일 실제 보증수리비용으로 현금 ₩1,000을 지출하다.
(4) 20×2년도 매출액은 총 ₩250,000이다.

요구사항

매출액 분개를 제외한 나머지 회계처리를 하시오.

풀이 및 해설

(1) 12/31/×1 :	(차) 제품보증비용	4,000	(대) 제품보증충당부채	4,000
(2) 3/03/×2 :	(차) 제품보증충당부채	2,000	(대) 현 금	2,000
(3) 11/11/×2 :	(차) 제품보증충당부채	1,000	(대) 현 금	1,000
(4) 12/31/×2 :	(차) 제품보증비용	5,000	(대) 제품보증충당부채	5,000

▶ **QR코드로 배우는 회계**
불확실한 경영환경… 충당부채와 우발부채

♣ (주)농심의 중요한 회계정책 주석사항(일부)

- 금융부채 : (인식 및 측정) 당사는 금융부채를 당기손익인식금융부채 및 기타금융부채, 위험회피수단으로 지정된 파생상품으로 분류하고 있습니다. 금융부채는 최초 인식 시점에 공정가치로 측정하며, 당기손익인식금융부채를 제외하고는 취득과 직접 관련되는 거래원가를 공정가치에서 차감하고 있습니다.

부 채 　재무제표 공시 사례

1.

재무상태표

제58(당)기 2021년 12월 31일 현재

주식회사 농심　제57(전)기 2020년 12월 31일 현재　(단위 : 원)

과 목	제58(당)기	제57(전)기
부 채		
Ⅰ. 유동부채	445,146,157,311	444,662,502,868
매입채무	250,991,137,365	250,317,951,426
기타채무	151,691,281,610	141,127,632,316
계약부채	3,016,854,538	2,683,637,508
차입금	2,371,000,000	2,176,000,000
리스부채	3,775,458,737	5,702,715,042
당기법인세부채	8,000,837,380	19,628,564,582
환불부채	5,932,688,162	6,748,107,784
배출부채	490,173,184	—
기타유동부채	18,876,726,335	16,277,894,210
Ⅱ. 비유동부채	64,607,219,292	66,864,787,104
리스부채	3,404,431,746	4,569,209,832
이연법인세부채	39,045,195,983	35,453,952,909
기타장기종업원급여부채	22,157,285,208	26,590,920,760
기타비유동부채	306,355	250,703,603

2. 주석 16. 기타채무

보고기간종료일 현재 기타채무의 내역은 다음과 같습니다.　(단위 : 천원)

구 분	당기말	전기말
미지급금	20,853,863	13,509,795
미지급비용	106,699,770	101,123,256
미지급배당금	10,284	9,401
수입보증금	24,127,365	26,485,180
합 계	151,691,282	141,127,632

Epilogue

본장에서는 부채의 분류와 측정 문제를 다루었다. 특히, 사채의 발행과 발행차금의 상각에 관한 회계처리를 잘 이해해야 한다. 부채 중 충당부채의 인식과 공시 문제는 복잡하여 중급회계에서 다루기로 한다. 그리고 금융부채와 지분상품의 성격을 동시에 갖고 있는 전환사채와 같은 복합금융상품의 회계처리에 대해서도 어렵기 때문에 다루지 않았다. 또한, 외화부채와 외화자산의 평가 문제가 있는데 이는 주로 고급회계에서 다루는 주제여서 본서에서는 제외하였다.

부 록 화폐의 시간가치(☆)

화폐의 시간가치(time value of money)란 동일한 화폐금액이라도 측정하는 시점에 따라 그 가치가 달리 평가되는 것을 말한다. 화폐의 시간가치개념은 '오늘의 ₩1은 내일의 ₩1보다 가치가 더 크다'라는 가정에서 출발한다. 이러한 가정이 성립하는 가장 주된 이유는 경제환경이 불확실하기 때문이다. 채무불이행가능성, 기업의 존립가능성, 대손가능성, 물가변동가능성 등이 대표적인 불확실성의 예이다.

이러한 불확실성을 보상하기 위해 도입하는 것이 이자이다. 이자는 위와 같은 불확실성을 보상하기 위해 채무자의 재무상태나 경영성과, 신용상태 등을 복합적으로 평가하여 결정된 이자율을 근거로 계산한다. 이러한 이자율을 가지고 특정 시점의 현금흐름을 시간가치로 환산한 것이 화폐의 미래가치 및 현재가치 개념이다.

화폐의 시간가치 개념은 회계학에서 매우 중요하고 빈번하게 이용된다. 특히 화폐의 현재가치 개념은 사채의 발행가액과 취득금액의 결정, 연불로 구매하는 유형자산이나 무형자산의 원가 결정 등에 활용된다.

아래에서는 ₩1의 미래가치 및 연금 ₩1의 미래가치, ₩1의 현재가치 및 연금 ₩1의 현재가치로 구분하여 그 개념을 정리한다.

1. ₩1의 미래가치

₩1의 미래가치는 현재시점의 화폐금액을 미래시점의 가치로 환산한 것을 말한다. 20×1년초에 ₩1을 현재시점에서 연 이자율 r%를 보장하는 예금에 예치하였을 경우 미래가치는 다음과 같이 계산이 가능하다.

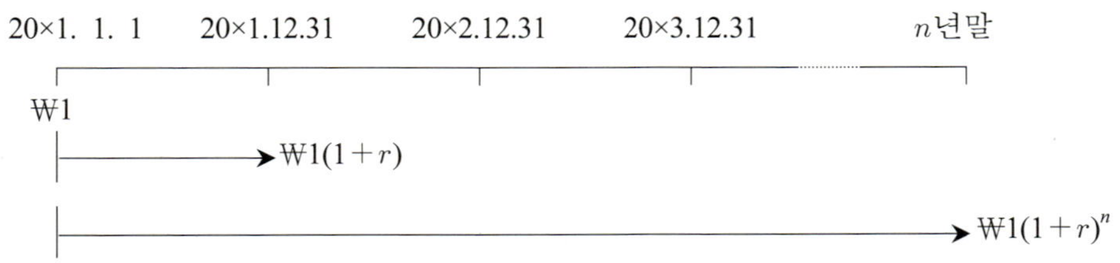

위의 이자계산은 복리로 이자를 계산한 것이다. 이자계산방식은 단리와 복리

계산방식이 있으나 단리에 의한 이자계산방식은 일반적으로 사용하지 않으므로 이자계산을 할 때에는 복리이자계산방식을 이용하게 되는 것이다. 위의 표에서 n년 후의 ₩1의 가치인 $(1+r)^n$을 ₩1의 미래가치라 한다. ₩1의 미래가치산식은 다음과 같이 정리할 수 있다.

$$FV = A \times (1+r)^n$$

FV : 미래가치　　　A : 투자원금
r : 이자율　　　n : 이자기간

이 경우 기간 n은 연 단위가 아니라 이자계산단위이다. 즉, 이자가 연 1회 수수조건이라면 연수가 되는 것이고 이자가 연 2회 이상 지급되는 조건이라면 기간은 (연수×연이자지급횟수)로 확장할 수 있다.

위의 산식을 각각의 거래마다 계산한다면 상당히 번잡하다. 따라서 별도의 표로 작성하여 쉽게 이용할 수 있도록 하고 있다. 본서의 부록 중 〈부표 1〉은 ₩1의 미래가치요소를 각각 계산해 놓고 있다. 이 표에서 가로축의 이자율과 세로축의 이자기간이 만나는 점의 미래가치요소를 이용하면 된다.

본 개념을 응용해 보기 위해 다음과 같은 예를 살펴보자. 20×1년초에 ₩100,000을 연 이자율 10%를 보장하는 예금에 예치하였다면 5년 후에 받을 수 있는 금액이 얼마인지는 다음과 같이 계산할 수 있다.

₩100,000×1.6105[미래가치요소(5년, 10%)]=₩161,050

이 경우 미래가치요소는 〈부표 1〉의 미래가치요소를 이용하였다. 앞으로 ₩1의 미래가치요소를 FV(기간, 이자율)로 표시하기로 한다.

2. 연금 ₩1의 미래가치

연금 ₩1의 미래가치는 매년말에 정기적으로 ₩1씩을 예금하였을 경우의 만기가치로 환산한 것을 말한다. 만약, 20×1년말부터 매년 ₩1씩을 연 이자율 r%를 보장하는 예금에 예치한다면 만기금액은 얼마가 될 것인가? 이를 측정하기 위해 미래현금흐름을 표시하면 다음과 같다.

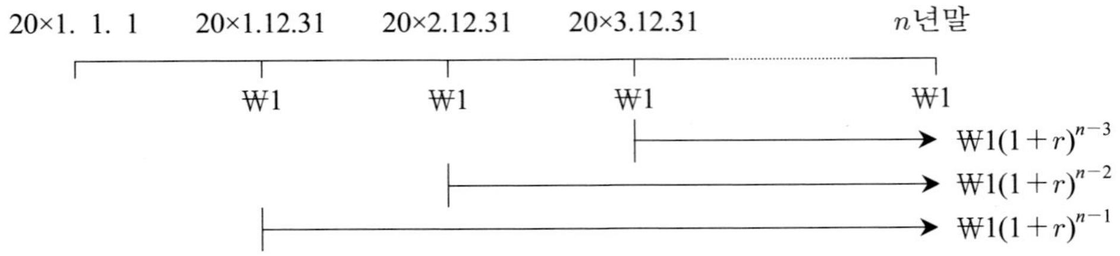

이 경우 만기금액을 측정하기 위해서는 ₩1의 미래가치 계산산식을 모두 더한 수치와 일치할 것이다.

$$\text{연금 ₩1의 미래가치} = ₩1 + ₩1(1+r)^1 + ₩1(1+r)^2 + \cdots + ₩1(1+r)^{n-1}$$

위의 식을 다시 정리하면 다음과 같이 정리가 가능하다. 이를 연금 ₩1의 미래가치라 한다.

$$FV_A = A \times \frac{(1+r)^n - 1}{r}$$

FV_A : 연금미래가치　　　　A : 투자원금
r : 이자율　　　　n : 이자기간

위의 산식도 쉽게 이용할 수 있도록 별도의 표가 작성되어 있다. 본서의 부록 중 〈부표 3〉은 연금 ₩1의 미래가치요소를 각각 계산해 놓고 있다. 이 표에서 가로축의 이자율과 세로축의 이자기간이 만나는 점의 연금미래가치요소를 이용하면 된다.

본 개념을 응용해 보기 위해 다음과 같은 예를 살펴보자. 20×1년말부터 매년말에 ₩100,000을 연 이자율 10%를 보장하는 예금에 예치하였다면 5년 후에 받을 수 있는 금액은 다음과 같이 계산할 수 있을 것이다.

₩100,000 × 6.1051[연금미래가치요소(5년, 10%)] = ₩610,510

이 경우 연금미래가치요소는 〈부표 3〉의 미래가치요소를 이용한다. 앞으로 연금 ₩1의 미래가치요소를 FA(기간, 이자율)로 표시하기로 한다.

부록예제 9-1 미래가치

다음은 각기 독립된 상황이다.

(1) (주)대한은 ₩100,000을 예금하여 5년 후에 원금과 이자를 찾으려 한다. 예금이자율은 연 8%이다.

(2) (주)민국은 매년말에 ₩100,000씩 5년간 예금하여 5년말에 찾으려 한다. 예금이자율은 연 8%이다.

요구사항

1. (주)대한이 5년 후에 찾을 금액은 얼마인가?
2. (주)민국이 5년 후에 찾을 금액은 얼마인가?

풀이 및 해설

1. ₩100,000×FV(5, 8%)=₩100,000×1.4693=₩146,930
2. ₩100,000×FA(5, 8%)=₩100,000×5.8666=₩586,660

3. ₩1의 현재가치

₩1의 현재가치는 미래시점의 화폐금액을 현재시점의 가치로 환산한 것을 말한다. 특정 시점에 ₩1을 만들기 위해서는 현재시점에서 얼마를 예금해야 하는지를 구한 수치가 현재가치가 되는 것이다.

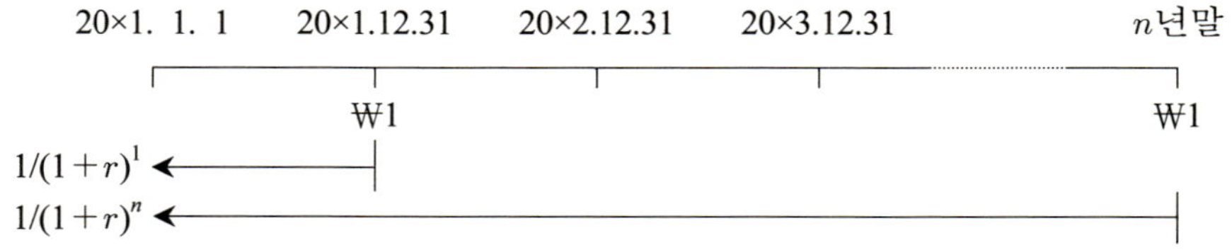

이 경우 연 이자율을 r%로 가정하면 현재가치는 다음과 같이 계산할 수 있다.

$$1\text{년 후의 ₩1의 현재가치 : } \frac{1}{1+r}$$

$$2\text{년 후의 ₩1의 현재가치 : } \frac{1}{(1+r)^2}$$

$$n\text{년 후의 ₩1의 현재가치 : } \frac{1}{(1+r)^n}$$

위의 식에서 ₩1의 현재가치산식은 다음과 같이 정리된다.

$$PV = A \times \frac{1}{(1+r)^n}$$

PV : 현재가치 A : 투자원금
r : 이자율 n : 이자기간

위의 산식도 별도의 표로 작성해 쉽게 이용할 수 있도록 하고 있다. 본서의 부록 중 〈부표 2〉는 ₩1의 현재가치요소를 각각 계산해 놓고 있다. 이 표에서 가로축의 이자율과 세로축의 이자기간이 만나는 점의 현재가치요소를 이용하면 된다.

본 개념을 응용해 보기 위해 다음과 같은 예를 살펴보자. 20×5년말에 ₩100,000을 20×1년초의 가치로 환산하면 얼마가 되겠는가? 이 경우 시장이자율을 연 10%로 가정한다면 현재가치는 다음과 같이 계산이 가능하다.

₩100,000 × 0.6209[현재가치요소(5년, 10%)] = ₩62,090

이 경우 현재가치요소는 〈부표 2〉의 현재가치요소를 이용한다. 앞으로 ₩1의 현재가치요소를 PV(기간, 이자율)로 표시하기로 한다.

4. 연금 ₩1의 현재가치

연금 ₩1의 현재가치는 미래시점의 정기적인 현금흐름을 현재시점의 화폐가치로 환산한 것을 말한다. 연금의 미래현금흐름을 표시하면 다음과 같다.

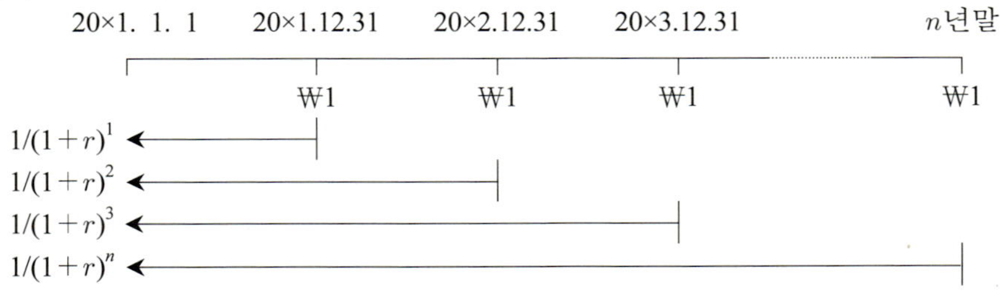

이 경우 연 이자율을 r%로 가정하면 연금 ₩1의 현재가치는 ₩1의 현재가치의 합으로 계산할 수 있다.

$$\text{연금 ₩1의 현재가치} = \frac{1}{1+r} + \frac{1}{(1+r)^2} + \cdots + \frac{1}{(1+r)^n}$$

위의 산식을 정리하면 연금 ₩1의 현재가치산식은 다음과 같이 정리할 수 있다.

$$PV_A = A \times \frac{1-(1+r)^{-n}}{r}$$

PV_A : 연금현재가치 A : 투자원금
r : 이자율 n : 이자기간

위의 산식도 별도의 표로 작성해 쉽게 이용할 수 있도록 하고 있다. 본서의 부록 중 〈부표 4〉는 연금 ₩1의 현재가치요소를 각각 계산해 놓고 있다. 이 표에서 가로축의 이자율과 세로축의 이자기간이 만나는 점의 연금현재가치요소를 이용할 수 있다.

본 개념을 응용해 보기 위해 다음과 같은 예를 살펴보자. 20×1년말부터 매년말에 ₩100,000씩 받는 연금을 20×1년초에 한꺼번에 수령할 경우에는 얼마를 받을 수 있는지 계산해 보자. 이 경우 시장이자율이 연 10%라면 연금의 현재가치는 다음과 같이 계산이 가능하다.

₩100,000 × 3.7908[연금현재가치요소(5년, 10%)] = ₩379,080

이 경우 연금의 현재가치요소는 〈부표 4〉의 현재가치요소를 이용한다. 앞으로 연금 ₩1의 현재가치요소를 PA(기간, 이자율)로 표시하기로 한다.

부록예제 9-2 현재가치

다음은 각기 독립된 상황이다.

(1) (주)대한은 상품을 판매하고 별도의 이자 없이 3년 후 ₩100,000을 받기로 하였다. (주)대한의 적정한 이자율은 연 8%이다.

(2) (주)민국은 토지를 처분하고 별도의 이자 없이 매년말에 ₩100,000씩 3년간 수취하

기로 하였다. (주)민국의 적정한 이자율은 연 8%이다.

(3) (주)대한은 (주)민국이 발행하는 3년 만기인 사채에 투자하기로 하였다. 사채의 액면금액은 ₩1,000,000이며, 이자는 매년말에 ₩50,000(5%)씩 수취한다. 사채에 대한 투자수익률(유효이자율)은 8%이다.

요구사항

1. (주)대한이 매출로 기록할 금액(매출채권의 장부금액)은 얼마인가?
2. (주)민국이 미수금으로 기록할 장부금액은 얼마인가?
3. (주)대한은 위 사채를 얼마를 주고 취득해야 적정한가? 이는 적정한 발행금액이기도 하다.

풀이 및 해설

1. ₩100,000×PV(3, 8%)=₩100,000×0.7938=₩79,380
2. ₩100,000×PA(3, 8%)=₩100,000×2.5771=₩257,710
3. 액면금액의 현재가치+이자금액의 현재가치
   =₩1,000,000×PV(3, 8%)+₩50,000×PA(3, 8%)
   =₩1,000,000×0.7938+₩50,000×2.5771=₩922,655

〈부표 1〉 단일금액 1원의 미래가치 $F_n = (1+r)^n$ 기간이자율(r)

기간수 (n)	1%	2%	3%	4%	5%	6%	7%	8%	9%	10%
1	1.0100	1.0200	1.0300	1.0400	1.0500	1.0600	1.0700	1.0800	1.0900	1.1000
2	1.0201	1.0404	1.0609	1.0816	1.1025	1.1236	1.1449	1.1664	1.1881	1.2100
3	1.0303	1.0612	1.0927	1.1249	1.1576	1.1910	1.2250	1.2597	1.2950	1.3310
4	1.0406	1.0824	1.1255	1.1699	1.2155	1.2625	1.3108	1.3605	1.4116	1.4641
5	1.0510	1.1041	1.1593	1.2167	1.2763	1.3382	1.4026	1.4693	1.5386	1.6105
6	1.0615	1.1262	1.1941	1.2653	1.3401	1.4185	1.5007	1.5869	1.6771	1.7716
7	1.0721	1.1487	1.2299	1.3159	1.4071	1.5036	1.6058	1.7138	1.8280	1.9487
8	1.0829	1.1717	1.2668	1.3686	1.4775	1.5938	1.7182	1.8509	1.9926	2.1436
9	1.0937	1.1951	1.3048	1.4233	1.5513	1.6895	1.8385	1.9990	2.1719	2.3579
10	1.1046	1.2190	1.3439	1.4802	1.6289	1.7908	1.9672	2.1589	2.3674	2.5937
11	1.1157	1.2434	1.3842	1.5395	1.7103	1.8983	2.1049	2.3316	2.5804	2.8531
12	1.1268	1.2682	1.4258	1.6010	1.7959	2.0122	2.2522	2.5182	2.8127	3.1384
13	1.1381	1.2936	1.4685	1.6651	1.8856	2.1329	2.4098	2.7196	3.0658	3.4523
14	1.1495	1.3195	1.5126	1.7317	1.9799	2.2609	2.5785	2.9372	3.3417	3.7975
15	1.1610	1.3459	1.5580	1.8009	2.0789	2.3966	2.7590	3.1722	3.6425	4.1772

기간수 (n)	11%	12%	13%	14%	15%	16%	17%	18%	19%	20%
1	1.1100	1.1200	1.1300	1.1400	1.1500	1.1600	1.1700	1.1800	1.1900	1.2000
2	1.2321	1.2544	1.2769	1.2996	1.3225	1.3456	1.3689	1.3924	1.4161	1.4400
3	1.3676	1.4049	1.4429	1.4815	1.5209	1.5609	1.6016	1.6430	1.6852	1.7280
4	1.5181	1.5735	1.6305	1.6890	1.7490	1.8106	1.8739	1.9388	2.0053	2.0736
5	1.6851	1.7623	1.8424	1.9254	2.0114	2.1003	2.1924	2.2878	2.3864	2.4883
6	1.8704	1.9738	2.0820	2.1950	2.3131	2.4364	2.5652	2.6996	2.8398	2.9860
7	2.0762	2.2107	2.3526	2.5023	2.6600	2.8262	3.0012	3.1855	3.3793	3.5832
8	2.3045	2.4760	2.6584	2.8526	3.0590	3.2784	3.5115	3.7589	4.0214	4.2998
9	2.5580	2.7731	3.0040	3.2519	3.5179	3.8030	4.1084	4.4355	4.7854	5.1598
10	2.8394	3.1058	3.3946	3.7072	4.0456	4.4114	4.8068	5.2338	5.6947	6.1917
11	3.1518	3.4785	3.8359	4.2262	4.6524	5.1173	5.6240	6.1759	6.7767	7.4301
12	3.4985	3.8960	4.3345	4.8179	5.3503	5.9360	6.5801	7.2876	8.0642	8.9161
13	3.8833	4.3635	4.8980	5.4924	6.1528	6.8858	7.6987	8.5994	9.5964	10.6993
14	4.3104	4.8871	5.5348	6.2613	7.0757	7.9875	9.0075	10.1472	11.4198	12.8392
15	4.7846	5.4736	6.2543	7.1379	8.1371	9.2655	10.5387	11.9737	13.5895	15.4070

〈부표 2〉 단일금액 1원의 현재가치 $P_n = \frac{1}{(1+r)^n}$ 기간이자율(r)

기간수 (n)	1%	2%	3%	4%	5%	6%	7%	8%	9%	10%
1	0.9901	0.9804	0.9709	0.9615	0.9524	0.9434	0.9346	0.9259	0.9174	0.9091
2	0.9803	0.9612	0.9426	0.9246	0.9070	0.8900	0.8734	0.8573	0.8417	0.8264
3	0.9706	0.9423	0.9151	0.8890	0.8638	0.8396	0.8163	0.7938	0.7722	0.7513
4	0.9610	0.9238	0.8885	0.8548	0.8227	0.7921	0.7629	0.7350	0.7084	0.6830
5	0.9515	0.9057	0.8626	0.8219	0.7835	0.7473	0.7130	0.6806	0.6499	0.6209
6	0.9420	0.8880	0.8375	0.7903	0.7462	0.7050	0.6663	0.6302	0.5963	0.5645
7	0.9327	0.8706	0.8131	0.7599	0.7107	0.6651	0.6227	0.5835	0.5470	0.5132
8	0.9235	0.8535	0.7894	0.7307	0.6768	0.6274	0.5820	0.5403	0.5019	0.4665
9	0.9143	0.8368	0.7664	0.7026	0.6446	0.5919	0.5439	0.5002	0.4604	0.4241
10	0.9053	0.8203	0.7441	0.6756	0.6139	0.5584	0.5083	0.4632	0.4224	0.3855
11	0.8963	0.8043	0.7224	0.6496	0.5847	0.5268	0.4751	0.4289	0.3875	0.3505
12	0.8874	0.7885	0.7014	0.6246	0.5568	0.4970	0.4440	0.3971	0.3555	0.3186
13	0.8787	0.7730	0.6810	0.6006	0.5303	0.4688	0.4150	0.3677	0.3262	0.2897
14	0.8700	0.7579	0.6611	0.5775	0.5051	0.4423	0.3878	0.3405	0.2992	0.2633
15	0.8613	0.7430	0.6419	0.5553	0.4810	0.4173	0.3624	0.3152	0.2745	0.2394

기간수 (n)	11%	12%	13%	14%	15%	16%	17%	18%	19%	20%
1	0.9009	0.8929	0.8850	0.8772	0.8696	0.8621	0.8547	0.8475	0.8403	0.8333
2	0.8116	0.7972	0.7831	0.7695	0.7561	0.7432	0.7305	0.7182	0.7062	0.6944
3	0.7312	0.7118	0.6931	0.6750	0.6575	0.6407	0.6244	0.6086	0.5934	0.5787
4	0.6587	0.6355	0.6133	0.5921	0.5718	0.5523	0.5337	0.5158	0.4987	0.4823
5	0.5935	0.5674	0.5428	0.5194	0.4972	0.4761	0.4561	0.4371	0.4190	0.4019
6	0.5346	0.5066	0.4803	0.4556	0.4323	0.4104	0.3898	0.3704	0.3521	0.3349
7	0.4817	0.4523	0.4251	0.3996	0.3759	0.3538	0.3332	0.3139	0.2959	0.2791
8	0.4339	0.4039	0.3762	0.3506	0.3269	0.3050	0.2848	0.2660	0.2487	0.2326
9	0.3909	0.3606	0.3329	0.3075	0.2843	0.2630	0.2434	0.2255	0.2090	0.1938
10	0.3522	0.3220	0.2946	0.2697	0.2472	0.2267	0.2080	0.1911	0.1756	0.1615
11	0.3173	0.2875	0.2607	0.2366	0.2149	0.1954	0.1778	0.1619	0.1476	0.1346
12	0.2858	0.2567	0.2307	0.2076	0.1869	0.1685	0.1520	0.1372	0.1240	0.1122
13	0.2575	0.2292	0.2042	0.1821	0.1625	0.1452	0.1299	0.1163	0.1042	0.0935
14	0.2320	0.2046	0.1807	0.1597	0.1413	0.1252	0.1110	0.0985	0.0876	0.0779
15	0.2090	0.1827	0.1599	0.1401	0.1229	0.1079	0.0949	0.0835	0.0736	0.0649

〈부표 3〉 정상연금 1원의 미래가치 $FA_n = \sum_{t=1}^{n}(1+r)^{n-t} = \frac{(1+r)^n - 1}{r}$ 기간이자율(r)

기간수 (n)	1%	2%	3%	4%	5%	6%	7%	8%	9%	10%
1	1.0000	1.0000	1.0000	1.0000	1.0000	1.0000	1.0000	1.0000	1.0000	1.0000
2	2.0100	2.0200	2.0300	2.0400	2.0500	2.0600	2.0700	2.0800	2.0900	2.1000
3	3.0301	3.0604	3.0909	3.1216	3.1525	3.1836	3.2149	3.2464	3.2781	3.3100
4	4.0604	4.1216	4.1836	4.2465	4.3101	4.3746	4.4399	4.5061	4.5731	4.6410
5	5.1010	5.2040	5.3091	5.4163	5.5256	5.6371	5.7507	5.8666	5.9847	6.1051
6	6.1520	6.3081	6.4684	6.6330	6.8019	6.9753	7.1533	7.3359	7.5233	7.7156
7	7.2135	7.4343	7.6625	7.8983	8.1420	8.3938	8.6540	8.9228	9.2004	9.4872
8	8.2857	8.5830	8.8923	9.2142	9.5491	9.8975	10.2598	10.6366	11.0285	11.4359
9	9.3685	9.7546	10.1591	10.5828	11.0266	11.4913	11.9780	12.4876	13.0210	13.5795
10	10.4622	10.9497	11.4639	12.0061	12.5779	13.1808	13.8164	14.4866	15.1929	15.9374
11	11.5668	12.1687	12.8078	13.4864	14.2068	14.9716	15.7836	16.6455	17.5603	18.5312
12	12.6825	13.4121	14.1920	15.0258	15.9171	16.8699	17.8885	18.9771	20.1407	21.3843
13	13.8093	14.6803	15.6178	16.6268	17.7130	18.8821	20.1406	21.4953	22.9534	24.5227
14	14.9474	15.9739	17.0863	18.2919	19.5986	21.0151	22.5505	24.2149	26.0192	27.9750
15	16.0969	17.2934	18.5989	20.0236	21.5786	23.2760	25.1290	27.1521	29.3609	31.7725

기간수 (n)	11%	12%	13%	14%	15%	16%	17%	18%	19%	20%
1	1.0000	1.0000	1.0000	1.0000	1.0000	1.0000	1.0000	1.0000	1.0000	1.0000
2	2.1100	2.1200	2.1300	2.1400	2.1500	2.1600	2.1700	2.1800	2.1900	2.2000
3	3.3421	3.3744	3.4069	3.4396	3.4725	3.5056	3.5389	3.5724	3.6061	3.6400
4	4.7097	4.7793	4.8498	4.9211	4.9934	5.0665	5.1405	5.2154	5.2913	5.3680
5	6.2278	6.3528	6.4803	6.6101	6.7424	6.8771	7.0144	7.1542	7.2966	7.4416
6	7.9129	8.1152	8.3227	8.5355	8.7537	8.9775	9.2068	9.4420	9.6830	9.9299
7	9.7833	10.0890	10.4047	10.7305	11.0668	11.4139	11.7720	12.1415	12.5227	12.9159
8	11.8594	12.2997	12.7573	13.2328	13.7268	14.2401	14.7733	15.3270	15.9020	16.4991
9	14.1640	14.7757	15.4157	16.0853	16.7858	17.5185	18.2847	19.0859	19.9234	20.7989
10	16.7220	17.5487	18.4197	19.3373	20.3037	21.3215	22.3931	23.5213	24.7089	25.9587
11	19.5614	20.6546	21.8143	23.0445	24.3493	25.7329	27.1999	28.7551	30.4035	32.1504
12	22.7132	24.1331	25.6502	27.2707	29.0017	30.8502	32.8239	34.9311	37.1802	39.5805
13	26.2116	28.0291	29.9847	32.0887	34.3519	36.7862	39.4040	42.2187	45.2445	48.4966
14	30.0949	32.3926	34.8827	37.5811	40.5047	43.6720	47.1027	50.8180	54.8409	59.1959
15	34.4054	37.2797	40.4175	43.8424	47.5804	51.6595	56.1101	60.9653	66.2607	72.0351

〈부표 4〉 정상연금 1원의 현재가치 $PA_n = \sum_{t=1}^{n} \frac{1}{(1+r)^t} = \frac{1-(1+r)^{-n}}{r}$ 기간이자율(r)

기간수 (n)	1%	2%	3%	4%	5%	6%	7%	8%	9%	10%
1	0.9901	0.9804	0.9709	0.9615	0.9524	0.9434	0.9346	0.9259	0.9174	0.9091
2	1.9704	1.9416	1.9135	1.8861	1.8594	1.8334	1.8080	1.7833	1.7591	1.7355
3	2.9410	2.8839	2.8286	2.7751	2.7232	2.6730	2.6243	2.5771	2.5313	2.4868
4	3.9020	3.8077	3.7171	3.6299	3.5460	3.4651	3.3872	3.3121	3.2397	3.1699
5	4.8534	4.7135	4.5797	4.4518	4.3295	4.2124	4.1002	3.9927	3.8897	3.7908
6	5.7955	5.6014	5.4172	5.2421	5.0757	4.9173	4.7665	4.6229	4.4859	4.3553
7	6.7282	6.4720	6.2303	6.0021	5.7864	5.5824	5.3893	5.2064	5.0330	4.8684
8	7.6517	7.3255	7.0197	6.7327	6.4632	6.2098	5.9713	5.7466	5.5348	5.3349
9	8.5660	8.1622	7.7861	7.4353	7.1078	6.8017	6.5152	6.2469	5.9952	5.7590
10	9.4713	8.9826	8.5302	8.1109	7.7217	7.3601	7.0236	6.7101	6.4177	6.1446
11	10.3676	9.7868	9.2526	8.7605	8.3064	7.8869	7.4987	7.1390	6.8052	6.4951
12	11.2551	10.5753	9.9540	9.3851	8.8633	8.3838	7.9427	7.5361	7.1607	6.8137
13	12.1337	11.3484	10.6350	9.9856	9.3936	8.8527	8.3577	7.9038	7.4869	7.1034
14	13.0037	12.1062	11.2961	10.5631	9.8986	9.2950	8.7455	8.2442	7.7862	7.3667
15	13.8651	12.8493	11.9379	11.1184	10.3797	9.7122	9.1079	8.5595	8.0607	7.6061

기간수 (n)	11%	12%	13%	14%	15%	16%	17%	18%	19%	20%
1	0.9009	0.8929	0.8850	0.8772	0.8696	0.8621	0.8547	0.8475	0.8403	0.8333
2	1.7125	1.6901	1.6681	1.6467	1.6257	1.6052	1.5852	1.5656	1.5465	1.5278
3	2.4437	2.4018	2.3612	2.3216	2.2832	2.2459	2.2096	2.1743	2.1399	2.1065
4	3.1024	3.0373	2.9745	2.9137	2.8550	2.7982	2.7432	2.6901	2.6386	2.5887
5	3.6959	3.6048	3.5172	3.4331	3.3522	3.2743	3.1993	3.1272	3.0576	2.9906
6	4.2305	4.1114	3.9975	3.8887	3.7845	3.6847	3.5892	3.4976	3.4098	3.3255
7	4.7122	4.5638	4.4226	4.2883	4.1604	4.0386	3.9224	3.8115	3.7057	3.6046
8	5.1461	4.9676	4.7988	4.6389	4.4873	4.3436	4.2072	4.0776	3.9544	3.8372
9	5.5370	5.3282	5.1317	4.9464	4.7716	4.6065	4.4506	4.3030	4.1633	4.0310
10	5.8892	5.6502	5.4262	5.2161	5.0188	4.8332	4.6586	4.4941	4.3389	4.1925
11	6.2065	5.9377	5.6869	5.4527	5.2337	5.0286	4.8364	4.6560	4.4865	4.3271
12	6.4924	6.1944	5.9176	5.6603	5.4206	5.1971	4.9884	4.7932	4.6105	4.4392
13	6.7499	6.4235	6.1218	5.8424	5.5831	5.3423	5.1183	4.9095	4.7147	4.5327
14	6.9819	6.6282	6.3025	6.0021	5.7245	5.4675	5.2293	5.0081	4.8023	4.6106
15	7.1909	6.8109	6.4624	6.1422	5.8474	5.5755	5.3242	5.0916	4.8759	4.6755

종합사례

CHAPTER 9

다음은 12월 결산법인인 (주)대한의 재무자료로부터 발췌한 것이다.

(1) (주)대한은 가전제품을 매입하여 판매하는 상기업이다. 20×1년도 (주)대한과 관련된 거래는 다음과 같다.

① (주)대한은 (주)민국으로부터 업무용 토지를 ₩300,000에 외상으로 매입하였다.

② 10월 1일부터 (주)대한은 (주)민국으로부터 건물을 임차하기로 하고 대금은 매년 9월 30일에 후불로 지급하기로 하였다. 임차료는 월 ₩12,000이다.

③ (주)대한은 (주)만세에 20×2년부터 특허권을 사용하게 하고 12월 1일자로 20×2년도 사용료 ₩24,000을 현금으로 수취하였다.

④ 11월 20일 (주)대한은 (주)한국으로부터 20×2년 11월 20일에 상환하기로 하고 ₩50,000의 운영자금을 차입하였다.

⑤ 12월 9일 (주)대한은 상품판매대금으로 (주)만세로부터 ₩60,000의 현금을 미리 수취하였다.

⑥ (주)대한은 종업원을 출장 보내면서 ₩100,000의 현금을 지급하였다.

⑦ 출장 간 종업원으로부터 당좌예금계좌로 ₩500,000의 송금이 있었으나 내용은 알 수 없었다.

⑧ 종업원이 출장에서 돌아와 여비를 정산한 결과 ₩20,000이 부족하여 부족액을 현금으로 지급했으며, 송금액은 매출채권 회수액으로 밝혀졌다.

⑨ 장기차입금 ₩300,000 중 ₩100,000이 만기가 1년 이내로 도래하였다.

⑩ 급여 ₩400,000을 지급함에 있어 소득세 · 국민연금 및 의료보험료 등의 합계액 ₩40,000을 차감하고 잔액을 현금으로 지급하였다.

(2) 20×1년 1월 1일 (주)대한은 다음의 사채를 발행하였다.

• 발행일 : 20×1년 1월 1일	• 만기일 : 20×4년 12월 31일(4년)
• 액면금액 : ₩50,000	• 표시이자율 : 8%
• 이자지급일 : 매년말	• 사채발행비 : 없음

(물음 1) (1)과 관련하여 (주)대한이 행할 회계처리를 하시오.

(물음 2) (2)와 관련하여 유효이자율이 10%인 경우 다음 물음에 답하시오.

① 사채의 발행가액을 계산하시오.

② 유효이자율법에 의해 사채발행차금상각표를 작성하시오.

③ 20×1년 1월 1일과 20×1년 12월 31일에 행할 회계처리를 하시오.

④ 20×1년 12월 31일의 부분재무상태표를 작성하시오.

⑤ 20×3년 1월 2일 위 사채를 ₩49,200에 상환한 경우 회계처리를 하시오.

(물음 3) (2)와 관련하여 유효이자율이 5%인 경우 다음 물음에 답하시오.

① 사채의 발행가액을 계산하시오.

② 유효이자율법에 의해 사채발행차금상각표를 작성하시오.

③ 20×1년 1월 1일과 20×1년 12월 31일에 행할 회계처리를 하시오.

④ 20×1년 12월 31일의 부분재무상태표를 작성하시오.

⑤ 20×3년 1월 2일 위 사채를 ₩51,200에 상환한 경우 회계처리를 하시오.

풀이 및 해설

(물음 1)

	차변	금액	대변	금액
①	(차) 토 지	300,000	(대) 미 지 급 금	300,000

* 상품 이외의 자산을 외상으로 취득한 경우에는 미지급금계정을 사용한다.

	차변	금액	대변	금액
②	(차) 임 차 료	36,000	(대) 미지급비용	36,000

* 12월 31일의 결산조정분개이며, 10월 1일의 분개는 없다.

	차변	금액	대변	금액
③	(차) 현 금	24,000	(대) 선 수 수 익	24,000

* 차기에 해당하는 수익을 미리 받은 경우에는 선수수익(부채)으로 처리한다.

	차변	금액	대변	금액
④	(차) 현 금	50,000	(대) 단기차입금	50,000

* 1년 이내로 지급하기로 하고 차입한 것은 단기차입금(유동부채)으로 처리한다.

	차변	금액	대변	금액
⑤	(차) 현 금	60,000	(대) 선 수 금	60,000

* 상품대금으로 미리 받은 금액은 선수금(부채)으로 처리한다.

	차변	금액	대변	금액
⑥	(차) 가 지 급 금	100,000	(대) 현 금	100,000

* 확정되지 않은 지출액은 일시적으로 가지급금(임시계정)으로 처리한다.

	차변	금액	대변	금액
⑦	(차) 현 금	500,000	(대) 가 수 금	500,000

* 확정되지 않은 수취액은 일시적으로 가수금(임시계정)으로 처리한다.

	차변	금액	대변	금액
⑧	(차) 여비교통비	120,000	(대) 가 지 급 금	100,000
	가 수 금	500,000	현 금	20,000
			매 출 채 권	500,000

* 임시계정은 적절한 계정으로 대체시키고, 금액이 작고 원인을 알 수 없는 경우에는 잡손실 또는 잡이익으로 처리한다.

	차변	금액	대변	금액
⑨	(차) 장기차입금	100,000	(대) 유동성장기부채	100,000

* 비유동부채 중 만기가 1년 이내로 도래하는 부분은 유동성장기부채(유동부채)로 처리한다.

⑩ (차) 급 여 400,000 (대) 예 수 금 40,000
현 금 360,000

* 소득세, 부가가치세, 의료보험료 등 제 예수액은 예수금(부채)으로 처리한다.

(물음 2)

① 사채의 발행가액(=미래지급액의 현재가치)

만기 액면금액의 현재가치 : ₩50,000×0.6830	₩34,150
매년 이자지급액의 현재가치 : ₩50,000×8%×3.1699	12,680
사채의 발행가액	₩46,830

②

유효이자율법에 의한 사채할인발행차금상각표

연 도 (12.31)	① 이자비용 (=⑤×10%)	② 표시이자 (=액면×8%)	③ 사채할인발행 차금상각액 (=①−②)	④ 사채할인발행 차금 잔액 (=④−③)	⑤ 사채의 장부금액 (=액면−④)
발행일				₩3,170	₩46,830
20×1	₩4,683	₩4,000	₩683	2,487	47,513
20×2	4,751	4,000	751	1,736	48,264
20×3	4,826	4,000	826	910	49,090
20×4	4,910	4,000	910	−	50,000
합 계	₩19,170	₩16,000	₩3,170		

③ 20×1년 1월 1일 :

(차) 현 금 46,830 (대) 사 채 50,000
사채할인발행차금 3,170

20×1년 12월 31일 :

(차) 이 자 비 용 4,683 (대) 현 금 4,000
사채할인발행차금 683

④ 20×1년 12월 31일의 부분재무상태표

	부 채 :		
	사 채	₩50,000	
	사채할인발행차금	(2,487)	₩47,513

* 사채할인발행차금은 사채에 대한 차감적 평가계정으로 사채에서 차감하는 형식으로 표시한다.

⑤ 20×3년 1월 2일 :

(차) 사 채 50,000 (대) 현 금 49,200
사채상환손실 936 사채할인발행차금 1,736

* 사채를 상환하는 경우에는 사채의 상환가액과 장부금액(액면금액에서 사채할행차금을 가감한 금액)을 비교하여 상환손익(기타손익)을 계산한다.

(물음 3)

① 사채의 발행가액(=미래지급액의 현재가치)

만기 액면금액의 현재가치 :	₩50,000×0.8227	₩41,135
매년 이자지급액의 현재가치 :	₩50,000×8%×3.5460	14,184
사채의 발행가액		₩55,319

②

유효이자율법에 의한 사채할증발행차금상각표

연 도 (12.31)	① 이자비용 (=⑤×5%)	② 표시이자 (=액면×8%)	③ 사채할증발행 차금상각액 (=②-①)	④ 사채할증발행 차금 잔액 (=④-③)	⑤ 사채의 장부금액 (=액면+④)
발행일				₩5,319	₩55,319
20×1	₩2,766	₩4,000	₩1,234	4,085	54,085
20×2	2,704	4,000	1,296	2,789	52,789
20×3	2,639	4,000	1,361	1,428	51,428
20×4	2,572	4,000	1,428	–	50,000
합 계	₩10,681	₩16,000	₩5,319		

③ 20×1년 1월 1일 :

(차) 현 금	55,319	(대) 사 채	50,000
		사채할증발행차금	5,319

20×1년 12월 31일 :

(차) 이 자 비 용	2,766	(대) 현 금	4,000
사채할증발행차금	1,234		

④ 20×1년 12월 31일의 부분재무상태표

	부 채 :		
	사 채	₩50,000	
	사채할증발행차금	4,085	₩54,085

* 사채할증발행차금은 사채에 대한 부가적 평가계정으로 사채에서 가산하는 형식으로 표시한다.

⑤ 20×3년 1월 2일 :

(차) 사 채	50,000	(대) 현 금	51,200
사채할증발행차금	2,789	사채상환이익	1,589

* 사채를 상환하는 경우에는 사채의 상환가액과 장부금액(액면금액에서 사채할행차금을 가감한 금액)을 비교하여 상환손익(기타손익)을 계산한다.

연습문제

CHAPTER 9

1 [진위형] 다음 서술이 옳으면 T, 옳지 않으면 F를 기재하시오.

(1) 모든 부채는 반대급부가 있어야만 부채로 계상하고, 경제적 자원을 소비해야만 소멸된다.

(2) 유동부채는 정상적인 영업주기나 1년 이내에 상환되어야 할 부채이다.

(3) 사채의 발행가액은 원금과 유효이자비용을 유효이자율로 할인한 현재가치이다.

(4) 사채의 발행가액은 유효이자율과 시장이자율의 차이에 따라 할인발행 또는 할증발행 및 액면발행으로 이루어진다.

(5) 유효이자율법에 의해 사채할인발행차금을 상각하는 경우 상각액은 매기 감소한다.

(6) 유효이자율법에 의해 사채할인발행차금을 상각하는 경우 상각액은 기초의 장부금액에 유효이자율을 곱한 금액에서 현금이자지급액을 가산한 금액이다.

(7) 할인 또는 할증발행이든 유효이자율법을 사용하는 경우 매기 이자비용은 증가한다.

(8) 사채를 상환하는 경우 상환이익은 발생되지 않고 상환손실만 발생한다.

2 [완성형] 다음 괄호 안에 가장 적절한 용어를 넣으시오.

(1) 유동부채는 정상적인 ( )나 1년 이내에 상환 등을 통하여 소멸할 것이 예상되는 부채를 말한다.

(2) 부채의 존재는 확실하지만 지급액이나 지급시기가 확정되지 않아 추정을 필요로 하는 부채를 ( )라 하는데, 충당부채는 이의 일종이다.

(3) 비유동부채 중 일부 또는 전부에 대한 상환일이 결산일로부터 1년 이내에 도래하는 부채를 ( )라 한다.

(4) 금융부채의 상각후원가를 계산하고 관련 기간에 걸쳐 이자비용을 배분하는 방법을 ( )이라 한다.

(5) 사채의 ( )은 사채의 액면이자율이 사채의 유효이자율보다 작을 때 이루어진다.

(6) 유효이자율법에 의해 사채할증발행차금을 상각하는 경우 상각액은 매기 ( )한다.

(7) 사채가 할증발행된 경우 사채발행회사가 인식하게 될 총이자비용은 표시이자율에 의하여 지급하는 현금이자에서 사채할증발행차금을 (   )한 금액이 된다.

(8) 판매자가 제품보증을 조건으로 제품을 판매하는 경우에 보증을 청구하는 사건이 발생될 때를 대비하여 설정하는 부채를 (   )라 한다.

3 [선다형] 다음 물음에 가장 타당한 답을 하나만 선택하시오.

(1) 기업이 은행으로부터 ₩360,000을 빌리고 다음 달부터 매월말 이자와 함께 일정한 금액씩 3년에 걸쳐 상환하기로 한 경우, 재무상태표에 표시하는 방법으로 옳은 것은?

① ₩360,000 모두를 비유동부채로 보고한다.
② ₩360,000과 지급할 이자를 비유동부채로 보고한다.
③ ₩120,000은 유동부채로 나머지는 비유동부채로 보고한다.
④ ₩120,000과 이에 대한 이자는 유동부채로 ₩240,000과 이에 대한 이자는 비유동부채로 보고한다.
⑤ 3년 뒤 ₩360,000의 현재가치를 1 : 2의 비율로 유동부채와 비유동부채로 보고한다.

(2) 재무상태표에 표시되는 금융부채의 하나인 사채의 보고금액으로 가장 타당한 것은?

① 상각후원가　② 미래가치　③ 공정가치
④ 현금흐름가치　⑤ 역사적 수취액(historical proceeds)

(3) 사채에 대한 이자비용이 매년 증가하는 이유에 대한 설명으로 옳은 것은?

① 사채발행 이후 시장이자율이 증가되었다.
② 사채발행 이후 표시이자율이 증가되었다.
③ 사채가 할인발행되었다.
④ 사채가 할증발행되었다.
⑤ 올바른 설명이 없다.

(4) 다음 중 채권자에게 지급하는 현금이자액에 영향을 주지 않는 항목은?

① 사채의 만기금액　② 시장이자율　③ 표시이자율
④ 이자지급횟수　⑤ ②와 ④

(5) 사채를 할증발행한 경우의 설명으로 옳지 않은 것은?

① 사채의 발행가액이 액면(만기)금액보다 크다.
② 사채계정에는 액면금액으로 대기한다.

③ 이자비용은 현금이자금액보다 크다.
④ 사채할증발행차금상각액은 매년 증가한다.
⑤ 사채할증발행차금은 사채에 대한 부가계정이다.

(6) 사채를 할인, 할증 또는 액면발행을 결정하는 요인은?
① 액면금액과 사채발행일의 액면이자율
② 액면금액과 사채발행일의 시장이자율
③ 사채발행일의 액면이자율과 유효이자율
④ 사채발행일의 액면이자율과 표시이자율
⑤ 사채발행일의 시장이자율과 유효이자율

◆ 12월 결산법인인 (주)대한은 20×1년초에 액면가 ₩1,000,000(액면이자율 10%, 매년말 지급), 만기가 20×3년 12월 31일에 도래하는 사채를 ₩885,843에 발행하였다. (주)대한은 20×2년 1월초에 현금 ₩380,000을 지급하여 액면 ₩400,000의 사채를 상환하였으며 사채발행 당시의 시장이자율은 15%이다.

(7) (주)대한이 20×1년도에 이자비용으로 인식할 금액은 얼마인가?
① ₩100,000 ② ₩132,876 ③ ₩150,000
④ ₩88,584 ⑤ ₩0

(8) 사채상환손익은 얼마인가?
① 사채상환이익 ₩20,000 ② 사채상환손실 ₩20,000
③ 사채상환손실 ₩38,731 ④ 사채상환손실 ₩12,512
⑤ 사채상환이익 ₩21,730

4 [화폐의 시간가치] 다음의 각 물음에 답하시오. 시장이자율은 연 10%이며 복리를 가정한다.

(물음 1) 현재 ₩100,000의 1년 후 미래가치는 얼마인가?
(물음 2) 현재 ₩100,000에 대한 1년간의 이자는 얼마인가?
(물음 3) 현재가치와 1년 후 미래가치의 차이는 얼마인가?
(물음 4) 현재 ₩100,000의 2년 후 미래가치는 얼마인가?
(물음 5) 현재 ₩100,000에 대한 두 번째 연도의 이자는 얼마인가?
(물음 6) 현재가치와 2년 후 미래가치의 차이는 얼마인가?

5 [사채의 발행가액] (주)대한은 20×1년초에 액면금액 ₩10,000, 표시이자율 10%, 만기 3년(20×3.12.31), 이자지급일 매년 12월 31일인 사채를 발행하였다. 현가표는 본장의 부록을 참고하시오.

(물음 1) 발행시점에서의 시장이자율이 10%인 경우 이 사채의 발행가액은 얼마인가?

(물음 2) 발행시점에서의 시장이자율이 12%인 경우 이 사채의 발행가액은 얼마인가?

(물음 3) 발행시점에서의 시장이자율이 5%인 경우 이 사채의 발행가액은 얼마인가?

6 [사채의 할인발행] 12월 결산법인인 (주)대한은 20×1년 1월초에 액면 ₩1,000,000의 사채를 발행하였다. 사채의 표시이자율은 10%이고 이자는 매년 12월 31일에 지급하며 사채의 만기일은 20×3년 12월 31일이다. 사채발행일의 시장이자율은 12%이다. 사채할인발행차금은 유효이자율법을 이용하여 상각한다. 현가표는 본장의 부록을 참고하시오.

(물음 1) 사채의 발행가액은 얼마인가?

(물음 2) 이 사채로 인해 (주)대한이 만기까지 지급하게 될 총현금은 얼마인가?

(물음 3) (주)대한이 20×1년도 포괄손익계산서에 인식할 이자비용은 얼마인가?

(물음 4) 위의 (물음 2)와 (물음 1)의 값의 차이는 얼마이며 무엇을 의미하는가?

7 [사채의 할증발행] (주)대한은 다음과 같은 사채를 시장이자율 5%에 발행하였다. 현재가치표는 본장의 <부표>를 참고하기 바란다.

• 발행일 : 20×1년 1월 1일	• 만기일 : 20×4년 12월 31일(4년)
• 액면금액 : ₩100,000	• 표시이자율 : 8%
• 이자지급일 : 매년말	• 사채발행비 : 없음

(물음 1) 사채의 발행가액을 계산하시오.

(물음 2) 사채발행차금을 상각하는 표를 작성하시오.

(물음 3) 20×1년 12월 31일에 행할 회계처리를 하시오.

(물음 4) 만기시점에 행할 회계처리를 하시오.

CHAPTER

10

금융자산(Ⅱ) 및 투자부동산

일러두기 ••• 본장에서는 주로 금융자산의 분류와 회계처리에 대해 알아보고자 한다. 금융자산은 당기손익-공정가치측정금융자산, 기타포괄손익-공정가치측정금융자산, 상각후원가측정금융자산으로 분류되는데, 각각의 분류요건에 대해 숙지해야 한다. 그리고 각각의 금융자산별로 어떻게 평가하여 재무제표에 보고하는지 평가방법과 더불어 평가손익의 처리방법을 잘 구분하여 학습해야 한다. 금융자산 중 채무상품인 기타포괄손익-공정가치측정금융자산은 간략한 개념 정도만 학습하고 자세한 내용은 중급회계를 참조하기 바란다.

주요 용어 ••• 금융상품, 공정가치, 당기손익-공정가치측정금융자산, 기타포괄손익-공정가치측정금융자산, 상각후원가측정금융자산, 기타포괄손익누계액, 투자부동산

현장사례 금융상품에 투자하고 은행 예금을 넣고 있는 기업들

식품업계가 금융상품 투자, 은행 예금 등의 재테크 전략을 펼치며 수익성을 끌어올리는 데 집중하고 있다. 오뚜기는 올해 상반기 통화선도 파생상품거래이익 증가 영향으로 금융수익이 전년 동기 대비 크게 뛰었다. 통화선도는 환율 하락과 같은 환율변동위험에 대비할 수 있도록 미래 시점에 특정 통화를 사전에 정한 가격에 매매하기로 한 계약을 뜻한다.

농심과 동원F&B, 대상도 예금이자 및 외환차익 등을 거두며 금융수익이 일제히 증가했다. 8일 오뚜기 반기보고서에 따르면 올 6월말 기준 오뚜기는 94억 4,721만원의 금융수익을 기록했다. 이는 2021년 연간 금융수익 85억 4,124만원을 뛰어넘는 수치다. 지난해 같은 기간 25억 3,888만원과 비교해서는 금융수익이 272% 급증했다. 올 상반기 오뚜기 금융수익이 크게 늘어난 주 요인은 '파생상품거래이익'의 증가다. 오뚜기 파생상품거래이익은 지난해 3,732만원에서 올해 58억 8,279만원으로 15배 이상 증가했다. 오뚜기 관계자는 "외환관리 차원에서 환율변동위험을 줄이고자 통화선도계약을 체결해 관리했고, 이에 따른 파생상품거래이익이 증가했다"고 설명했다.

식품 4사 금융수익 및 금융비용 추이 (단위 : 원)

구 분	금융수익		금융비용(원가)	
	2022년 상반기	2021년 상반기	2022년 상반기	2021년 상반기
오뚜기	9,447,214,367	2,538,882,905	5,083,411,381	4,249,008,861
동원F&B	2,564,536,970	847,961,221	7,474,429,340	7,101,974,558
농심	14,353,722,475	8,870,984,266	9,809,601,723	4,173,504,171
대상	9,299,084,067	4,234,947,350	32,251,453,308	17,457,786,855

(자료 : 각사 반기보고서)

농심도 예금이자, 외환차익 등에 힘입어 금융수익이 증가했다. 올 6월말 기준 농심 금융수익은 143억 5,372만원으로, 전년 동기 88억 7,098만원 대비 62% 늘었다. 다만 금융비용이 지난해보다 증가한 점을 고려하면 실질적인 금융이익은 줄었다는 게 농심 측 설명이다. 실제 상반기 농심의 금융비용은 98억 960만원으로, 지난해 같은 기간 41억 7,350만원보다 135% 늘었다. 금융비용은 기업이 외부 자금 차입에 대해 지불하는 대가를 뜻한다.

동원F&B와 대상의 경우 지난해보다 금융수익이 큰 폭으로 증가했지만 다른 기업들과 달리 금융비용이 금융수익을 상회했다. 올 상반기 동원F&B는 25억 6,453만원의 금융수익을 기록했다. 지난해 같은 기간(8억 4,796만원)과 비교해 금융수익이 202% 늘었다. 금융비용은 74억 7,442만9,340원으로, 지난해(71억 197만원)와 비슷한 수준을 유지했다. 동원F&B 관계자는 "지난해 영업이익이 이전보다 늘어 보유 현금이 증가했고, 올 들어 예금금리가 인상되면서 기존에 예치된 자금 이자수익이 늘었다"고 말했다.

대상 금융수익은 상반기 92억 9,908만원으로, 전년 동기 42억 3,494만원 대비 120% 뛰었다. 같은 기간 금융비용은 174억 5778만원에서 322억 5,145만원으로 85% 늘었다. 금융비용이 늘어난 사유는 차입금 금리 및 환율 상승으로 인한 외화환산손실 증가 등이다.

기업의 주도면밀한 투자활동이 수익성 제고에 기여할 수 있다는 게 전문가 분석이다. 실제 금융수익은 영업외수익으로 분류돼 당기순익 증감에 영향을 미친다. 김대종 세종대학교 경영학부 교수는 "기업이 보유 현금을 활용해 은행 예금과 함께 투자에 실패하지 않는다는 가정하에 주식이나 채권 투자에 나서는 것도 수익성 제고 측면에서 긍정적인 기능을 할 수 있다"고 분석했다.

이어 그는 "특히 선물, 옵션 같은 파생상품은 기업이 원화나 환율 변동 상황을 면밀히 예측하고 방향을 잘 잡아 투자한다면 큰 수익을 올릴 수 있는 수단"이라면서 "다만 파생상품은 고수익을 내는 동시에 최악의 경우 원금 전액을 손실할 위험성도 상존하는 만큼 주의가 필요한 부분"이라고 덧붙였다.

(자료 : 이코노믹 리뷰, 2022.9.8)

제 1 절 금융상품의 정의와 분류

1 금융상품의 정의와 예

현금 그 자체는 수익성이 없고 도난이나 분실 등의 위험이 매우 큰 자산이다. 그래서 기업들은 여유자금을 부동산에 투자하거나 타 회사가 발행한 주식이나 사채 또는 금융기관이 취급하는 어음(현금)관리계좌(CMA)에 투자하기도 한다. 회계에서는 이렇게 가치증식을 목적으로 투자하여 보유하고 있는 항목을 투자자산이라 하며, 투자기간의 장·단에 따라 유동자산 또는 비유동자산으로 분류한다. 투자항목 중에서 기업들이 가장 많이 보유하고 선호하는 대상이 금융상품이다. 왜냐하면 금융상품은 투자수익을 기대할 수 있을 뿐만 아니라 각종 재무위험으로부터 회피할 수 있는 헤지 목적으로도 이용되기 때문이다.

금융상품(financial instruments)이란 거래당사자 일방에게 금융자산을 발생시키고 동시에 다른 거래상대방에게 금융부채나 지분상품을 발생시키는 모든 계약을 말한다. 따라서 금융상품을 일방이 금융자산으로 분류하면 거래상대방은 거래의 실질과 성격에 따라 금융부채 또는 지분상품(자본의 구성요소)으로 분류한다. 금융상품은 금융기관이 취급하는 정기예금이나 양도성예금 등 예금상품뿐만 아니라 거래당사자에게 금융자산과 금융부채 또는 지분상품을 발생시키는 모든 계약상의 권리와 의무를 포괄한다.

금융상품의 개념

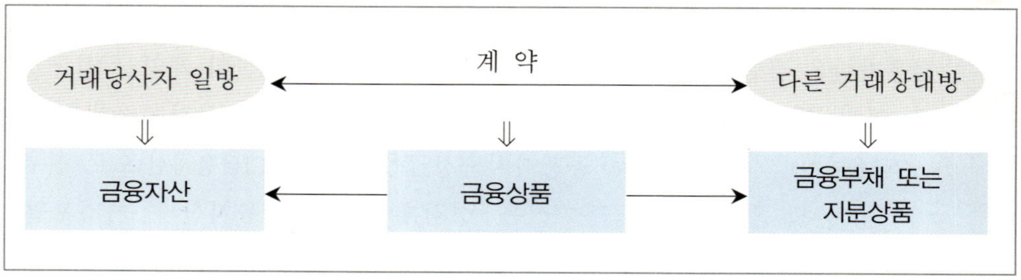

금융상품이 되기 위해서는 계약(contract)에 의해 이루어져야 하며 계약에 의하

지 않은 권리와 의무는 금융상품으로 분류되지 않는다. 예를 들어 일정한 만기에 정해진 이자를 수취하기로 하고 정기예금에 가입했다면 이는 금융상품이며, 기업에게는 금융자산이고 은행의 경우에는 금융부채에 해당된다. 또 다른 예로 어느 기업이 사채를 발행하였다면 해당 사채는 금융상품이며, 발행한 기업에게는 금융부채이고 이를 취득한 기업에게는 금융자산이 된다. 만약, 어느 기업이 주식을 발행하였다면 그 주식은 금융상품이며, 발행한 기업은 이를 지분상품(보통주나 우선주 등 자본의 구성요소)으로 분류하고 이를 취득한 다른 기업은 이를 금융자산으로 분류한다. 금융자산과 금융부채는 여러 종류가 있는데, 이에 대한 예를 제시하면 다음과 같다.

금융자산	금융부채
현금및현금성자산, 매출채권, 대여금, 미수금, 미수수익, 투자주식, 투자사채 등	매입채무, 차입금, 미지급금, 미지급비용, 사채 등

위의 예에서 알 수 있듯이 재고자산과 유형자산, 투자부동산 등 실물자산과 무형자산은 금융자산이 아니다. 또한 선급비용과 선급금은 현금청구권이 아니라 재화나 용역을 수취할 대가로 미리 지급한 것이므로 금융자산이 아니다. 부채 중에서도 미지급법인세와 미지급재산세는 법률에 의한 지급의무이므로 금융부채가 아니다. 선수금과 선수수익 및 각종 충당부채(예 : 제품보증충당부채)도 재화를 인도하거나 용역을 제공해야 할 의무이므로 금융부채가 아니다. 그리고 지분상품으로는 기업이 발행하는 보통주와 우선주 및 주식선택권 등이 있다.

2 금융자산의 분류

금융자산은 금융자산의 관리를 위한 사업모형과 금융자산의 계약상 현금흐름 특성에 따라 당기손익-공정가치측정금융자산(FVPL금융자산), 상각후원가측정금융자산(AC금융자산), 기타포괄손익-공정가치측정금융자산(FVOCI금융자산)으로 분류한다.

당기손익-공정가치측정금융자산은 상각후원가측정금융자산과 기타포괄손익-공정가치측정금융자산으로 분류되지 않는 금융자산이다. 당기손익-공정가치측정금융자산은 단기매매금융자산과 당기손익-공정가치측정 항목으로 지정된 금융자산으로 구성된다. 단기매매금융자산은 단기간 내에 처분할 목적으로 보유한 금융자산이고, 당기손익-공정가치측정 항목으로 지정된 금융자산은 금융자산의 사업모형과 계약상 현금흐름 특성에 관계없이 금융자산의 가격변동을 당기손익에 반영하기로 취득시점에서 지정한 금융자산이다.

상각후원가측정금융자산은 ① 계약상 현금흐름을 수취하기 위해 보유하는 것이 목적인 사업모형하에서 금융자산을 보유하고, ② 금융자산의 계약조건에 따라 특정일에 원리금 지급만으로 구성되어 있는 현금흐름이 발생하는 경우의 두 가지 조건을 모두 충족하는 금융자산이다.

기타포괄손익-공정가치측정금융자산은 ① 계약상 현금흐름의 수취와 금융자산의 매도 둘 다를 통해 목적을 이루는 사업모형하에서 금융자산을 보유하고, ② 금융자산의 계약조건에 따라 특정일에 원리금 지급만으로 구성되어 있는 현금흐름이 발생하는 경우의 두 가지 조건을 모두 충족하는 금융자산이다.

채무상품은 사업모형과 계약상 현금흐름의 특성에 따라 당기손익-공정가치측정금융자산, 상각후원가측정금융자산, 기타포괄손익-공정가치측정금융자산으로 분류한다. 그러나 지분상품은 계약상 현금흐름이 원리금 지급만으로 구성되어 있지 않으므로 원칙적으로 당기손익-공정가치측정금융자산으로 분류한다. 다만, 단기매매목적이 아닌 지분상품의 경우에는 취득시에 기타포괄손익-공정가치측정금융자산으로 분류하는 것을 선택할 수 있다.

제 2 절 당기손익-공정가치측정금융자산

1 취득시 회계처리 : 최초 인식

당기손익-공정가치측정금융자산은 최초 인식시 공정가치로 측정하며 취득과 관련된 거래원가는 당기비용으로 처리한다.[1)] 여기서 거래원가란 금융상품의 취득, 발행 또는 처분과 직접 관련된 증분원가를 의미하는데, 증분원가는 금융상품의 취득, 발

1) 상각후원가측정금융자산, 기타포괄손익-공정가치측정금융자산의 취득과 관련된 거래원가는 해당 자산의 공정가치에 가산한다.

행 또는 처분이 없었다면 발생하지 않았을 원가를 말한다. 거래원가에는 대리인(판매대리인 역할을 하는 종업원을 포함), 고문, 중개인 및 판매자에게 지급하는 수수료와 중개수수료, 감독기관과 증권거래소의 부과금 및 양도세 등이 포함된다.

당기손익-공정가치측정금융자산의 취득(최초 인식)

단기매매목적으로 타 회사의 지분상품(보통주)을 취득하면서 ₩208,000을 지급하였는데, 지분상품의 공정가치가 ₩200,000이고 ₩8,000은 중개수수료라면 다음과 같이 회계처리한다.

(차)	FVPL금융자산	200,000	(대) 현 금	208,000
	수수료비용	8,000		

2 이자수익과 배당금수익

금융자산 보유자(투자자)는 보유하고 있는 채무상품에 대해 이자가 발생되어 약정된 이자를 받게 되면 이를 이자수익으로 기록한다. 그러나 이자가 발생되었으나 이자를 수취하기 전에 결산일이 도래하게 되면 미수이자계정에 차기하고 이자수익계정에 대기(수익의 발생)하는 결산조정분개를 행한다. 이는 회계순환과정에서 설명한 결산조정분개와 동일하다. 그리고 이자를 회수하면 회수와 관련된 분개를 행하면 된다.

앞서 예를 든 투자자(A)는 다음과 같은 회계처리를 행한다.

투자자(A)의 회계처리 :

12/31/×1 (차)	미 수 이 자	200	(대) 이 자 수 익	200
6/30/×2 (차)	현 금	1,200	(대) 미 수 이 자	600
			이 자 수 익	600

채무상품과는 달리 보통주나 우선주 같은 지분상품에는 이자가 지급되지 않는다. 다만, 이익이 발생되면 이에 대한 배당금을 주주에게 지급하는데, 주주는 배당금을 받기로 확정되었을 때 배당금수익으로 기록한다.

지분상품의 배당금수익

단기 시세차익을 목적으로 시장성 있는 C회사 보통주식 100주를 취득하여 보유하던 중 20×1년 2월 20일 주주총회에서 1주당 ₩10의 배당금이 선언되었으며, 3월 10일 동 배당금을 현금으로 수령한 경우 다음과 같이 회계처리한다.

(1) 배당금 선언일(20×1년 2월 20일)

(차) 미수배당금	1,000	(대) 배당금수익	1,000

(2) 배당금 수취일(20×1년 3월 10일)

(차) 현　　금	1,000	(대) 미수배당금	1,000

3 단가의 산정

동일회사의 금융자산, 예컨대 지분상품(보통주식이나 우선주) 또는 채무상품 등을 여러 시점에 걸쳐 취득한 경우, 취득시점의 공정가치는 시가의 변동으로 취득시점마다 다른 것이 일반적이다. 이와 같이 상이한 가격으로 취득한 금융자산을 처분한 경우에는 처분된 금융자산의 장부금액을 알아야만 해당 금융자산을 처분함으로써 발생되는 처분손익을 계산하고 재무상태표에 표시할 금융자산의 금액을 알 수 있다. 만약, 이에 대한 체계적인 방법이 없다면 투자기업으로 하여금 이익을 조정할 수 있는 구실을 제공하게 된다. 예컨대 이익을 과대계상하려면 낮게 취득한 금융자산이 처분된 것으로 간주할 것이고, 이익을 과소계상하려면 높게 취득한 금융자산이 처분된 것으로 간주할 것이다.

이와 같이 이익조작을 방지하고 금융자산의 제거(처분이나 양도)에 따른 처분손익을 인식하기 위해 양도한 금융자산의 원가(단가)를 결정하는 방법으로 총평균법과 이동평균법이 많이 사용된다. 기업은 어떠한 방법을 사용하든 동일한 방법을 매기 계속 적용해야 한다.[2)]

2) 금융자산의 단가 산정방법은 제7장에서 설명한 재고자산의 원가흐름가정과 동일하다. 그러므로 총평균법은 기중에 단가를 파악할 수 없으며, 금융자산의 취득과 처분에 계속기록법을 사용할 경우 이동평균법에 의한 단가가 산정된다.

4 취득 후 기말 평가 : 후속 측정

자산의 후속 측정이란 자산을 취득한 후 일정 시점(주로 결산일)에서 재무상태표에 표시할 자산의 금액을 결정하는 과정을 말한다. 재고자산이나 유형자산 등 대부분의 자산은 취득시에 원가(취득원가)로 기록하는데, 그 이유는 원가가 취득할 당시 자산의 공정가치를 반영하기 때문이다. 과거에는 취득 후에도 원가를 재무상태표에 표시하는 것을 원칙으로 하였다. 왜냐하면 미실현이익의 계상을 방지하고 정보의 신뢰성을 유지하려는 데 더 큰 비중을 두었기 때문이다.

금융자산은 수요·공급의 원리와 경제환경의 변화에 따라 시시각각으로 공정가치가 변화되는 자산이므로 당해 금융자산의 최초 인식액(공정가치)과 결산일 현재의 공정가치가 다른 것이 일반적이다. 그리고 금융자산은 자본시장에서 객관적으로 결정되는 공정가치가 존재하므로 단순히 과거의 최초 인식액으로 재무상태표에 표시하는 것보다는 결산일 현재의 공정가치로 표시하는 것이 금융자산의 실질가치를 보다 잘 나타낼 수 있다. 뿐만 아니라 금융자산의 공정가치는 당해 금융자산을 처분할 경우 예상되는 미래현금유입액에 대한 예측정보를 제공하므로 회계정보이용자들에게 보다 목적적합한 정보가 된다. 왜냐하면 과거의 공정가치가 아닌 보고기간말의 공정가치로 표시하면 결산일 현재 기업이 보유하고 있는 금융자산의 현금창출능력을 보다 잘 나타낼 수 있기 때문이다. 그리고 금융자산의 공정가치는 투자자, 채권자 및 기타의 정보이용자들이 금융자산에 대한 기업의 투자성과를 평가하는 데 가장 유용한 정보이다.

이런 이유로 한국채택국제회계기준에서는 당기손익-공정가치측정금융자산의 후속 측정은 공정가치에 의하도록 규정하고 있다. 그리고 공정가치의 변동은 당기순손익 결정에 반영하도록 하였다. 이는 공정가치의 변동이 발생한 회계기간에 그 효과를 보고함으로써 현재의 주주들에게 자본의 변동과 그 성과에 대하여 적절한 보고를 할 수 있기 때문이며, 보다 더 목적적합한 재무정보를 제공할 수 있기 때문이다.

K-IFRS 당기손익-공정가치측정금융자산의 회계처리 요약

- 당기손익-공정가치측정금융자산의 최초 인식
  - 최초 인식시점의 공정가치(거래원가는 비용으로 처리)

• 당기손익-공정가치측정금융자산의 후속 측정
 -기말 공정가치로 평가
 -모든 손익과 이자/배당은 당기손익으로 인식

당기손익-공정가치측정금융자산의 경우 공정가치가 상승하면 평가이익이 발생하고 공정가치가 하락하게 되면 평가손실이 발생한다. 이때 공정가치의 변동으로 인한 당기손익-공정가치측정금융자산의 장부금액은 직접 가감하는 것이 일반적이다.

그런데 기업이 여러 종목의 당기손익-공정가치측정금융자산을 보유하고 있는 경우 일부 금융자산에서는 평가이익이 발생하고 일부 금융자산에서는 평가손실이 발생할 수 있다. 이와 같이 유사한 거래의 집합에서 발생하는 차익과 차손은 순액으로 표시한다. 이는 상계금지에 해당되지 않는다. 그러나 그러한 차익과 차손이 중요한 경우에는 구분하여 표시한다.

당기손익-공정가치측정금융자산의 기말 평가

20×1년 10월 1일 단기투자 목적으로 삼성전자의 보통주 10주를 ₩5,500,000(=공정가치)에 취득하였는데 20×1년 12월 31일(결산일)의 공정가치가 ₩6,000,000이라면 다음과 같이 분개한다.

(1) 10/01	(차)	FVPL금융자산	5,500,000	(대)	현 금	5,500,000
(2) 12/31	(차)	FVPL금융자산	500,000	(대)	FVPL금융자산평가이익	500,000

5 처분시 회계처리

당기손익-공정가치측정금융자산을 처분하는 경우에는 처분된 금융자산의 장부금액(앞의 3에서 설명한 방법으로 산정한 금액)을 당기손익-공정가치측정금융자산계정의 대변에 기록한다. 그리고 처분금액이 장부금액보다 크면 그 차이를 당기손익-공정가치측정금융자산처분이익으로 기록하며, 처분금액이 장부금액보다 작은 경우에는 그 차이를 당기손익-공정가치측정금융자산처분손실로 기록한다. 즉, 당기손익-공정가치측정금융자산을 처분한 경우에는 처분금액과 처분시점의 장부금액을 비교하여 산정한다. 여기서 장부금액이란 당기손익-공정가치측정금융자산의 최초 인식액(공정가치)에 공정가치의 변동으로 인한 평가이익 또는 평가손실을 가감한 금액을 말한다. 그러므로 당기손익-공정가치측정금융자산의 공정가치가 변동되는 경우에는 이의 장부금액도 변동하게 된다.

당기손익-공정가치측정금융자산의 처분

20×2년 3월 15일 앞의 삼성전자 주식 5주를 총 ₩3,300,000에 처분하였다면 다음과 같이 회계처리한다.

3/15 (차) 현　　금	3,300,000	(대)	FVPL금융자산	3,000,000
			FVPL금융자산처분이익	300,000

예제 10-1 당기손익-공정가치측정금융자산의 취득, 평가 및 처분

12월말 결산법인인 부산회사는 단기차익 목적으로 다음과 같이 금융자산에 투자하고 있다. 다음은 이와 관련된 20×1년도 거래내역이며 금융자산의 단가 산정은 이동평균법에 의한다.

(1) 2/20 : A회사 보통주 20주를 현금 ₩20,000(=공정가치)에 취득하다.
(2) 4/01 : B회사가 발행한 사채 액면 ₩40,000을 발생이자를 포함하여 ₩41,000에 취득하다. 위 사채는 20×1년초에 액면금액으로 발행하였으며 이자율은 연 10%, 이자는 매년말에 지급된다.
(3) 10/11 : A회사 보통주 20주를 현금 ₩24,000(=공정가치)에 취득하다.
(4) 11/20 : A회사 보통주 10주를 주당 ₩1,300에 처분하다.
(5) 12/10 : A회사 우선주 20주를 현금 ₩30,000(=공정가치)에 취득하다.
(6) 12/31 : B회사로부터 이자를 수취하였으며, 보유하고 있는 당기손익-공정가치측정금융자산의 공정가치는 다음과 같다.

A회사 보통주 : ₩36,000　A회사 우선주 : ₩28,500　B회사 사채 : ₩38,800

요구사항

1. 일자별 거래를 회계처리하시오.
2. 20×2년 1월 8일 A회사 보통주 10주를 주당 ₩1,400에 처분했을 때 회계처리를 하시오.

풀이 및 해설

1. 분 개

(1) 2/20 : (차) FVPL금융자산(A사/보) 20,000 (대) 현　　금 20,000

(2) 4/01 : (차) FVPL금융자산(B사/사) 40,000 (대) 현 금 41,000
미 수 이 자 1,000
(3) 10/11 : (차) FVPL금융자산(A사/보) 24,000 (대) 현 금 24,000
(4) 11/20 : (차) 현 금 13,000 (대) FVPL금융자산(A사/보) 11,000
FVPL금융자산처분이익 2,000

* (₩20,000＋₩24,000)÷40주＝₩1,100 ∴ ₩1,100×10주＝₩11,000

(5) 12/10 : (차) FVPL금융자산(A사/우) 30,000 (대) 현 금 30,000
(6) 12/31 : (차) 현 금 4,000 (대) 미 수 이 자 1,000
이 자 수 익 3,000
(차) FVPL금융자산 300 (대) FVPL금융자산평가이익 300

* FVPL금융자산	장부금액	공정가치	평가이익(손실)
A사 보통주	₩33,000	₩36,000	₩3,000
A사 우선주	30,000	28,500	(1,500)
B사 사 채	40,000	38,800	(1,200)
	₩103,000	₩103,300	₩300

cf. 보통주와 우선주는 별개의 종목으로 간주하며, 평가이익과 평가손실이 중요한 경우에는 각각 총액으로 표시한다.

2. 처분시 회계처리
(차) 현 금 14,000 (대) FVPL금융자산 12,000
FVPL금융자산처분이익 2,000

제 3 절 상각후원가측정금융자산

1 취득시 회계처리 : 최초 인식

상각후원가측정금융자산은 취득시(최초 인식) 공정가치로 측정한다.[3] 상각후원가측정금융자산의 취득에 직접 관련되는 거래원가, 예컨대 증권거래세나 매입수수료 등

3) 일반적으로 지분상품(주식 등)은 만기가 없으므로 지분상품투자자는 상각후원가측정금융자산으로 분류하지 못한다.

부대비용은 최초 인식하는 공정가치에 가산한다. 상각후원가측정금융자산에 대해서는 금융상품 발행자(채무자)와는 달리 만기금액으로 표시하지 않고 공정가치에 거래원가를 가산한 금액으로 측정한다. 왜냐하면 상각후원가측정금융자산은 자산이므로 자산은 원가(취득시의 공정가치)로 기록하는 것이 기본원칙이기 때문이다.

그러면 상각후원가측정금융자산의 취득시 공정가치는 어떻게 결정되는 것일까? 이는 사채발행자(금융부채 소유자)의 상대편에서 바라보는 것으로 동일한 원리에 의해 결정된다. 우선 투자자는 상각후원가측정금융자산에 대한 투자로 기대하는 투자수익률이 있을 것이다. 이 투자수익률은 적어도 유사한 위험을 가지고 있는 다른 투자안의 수익률보다 같거나 커야 할 것이다. 그래야만 상각후원가측정금융자산에 투자할 가치가 있기 때문이다. 그러면 투자자는 상각후원가측정금융자산을 보유함으로써 예상되는 현금흐름을 투자시점의 투자수익률로 할인한 금액을 투자하고 상각후원가측정금융자산을 구입하려 할 것이다.

그런데 상각후원가측정금융자산에는 사채에서 설명했듯이 액면금액과 표시이자율 및 이자지급일 등이 표시되어 있다. 따라서 상각후원가측정금융자산에 투자할 경우 현금흐름은 약정된 이자지급액과 만기에 지급되는 액면금액이 될 것이다. 이러한 현금흐름의 현재가치가 상각후원가측정금융자산의 투자금액이 될 것이며, 이는 사채발행자의 발행금액과 일치할 것이다. 여기서 상각후원가측정금융자산의 투자금액(사채발행자의 발행금액)과 상각후원가측정금융자산의 현금흐름의 현재가치를 일치시키는 할인율을 해당 증권에 대한 유효이자율이라 한다. 결국, 투자자는 상각후원가측정금융자산의 현금흐름을 유효이자율로 할인한 현재가치로 투자하게 되고, 사채발행자는 이 금액으로 발행하게 되는 것이다. 유효이자율은 상각후원가측정금융자산의 취득시 이자율로 매우 중요한 의미를 갖고 있다. 왜냐하면 상각후원가측정금융자산 투자자는 이를 기준으로 당해 금융자산을 평가하기 때문이다.

상각후원가측정금융자산으로 분류되는 채무증권의 회계처리방법을 설명하기 위해 다음의 기본자료를 참고하도록 하자. 이는 사채발행과 관련된 회계처리(제9장)에서 사용한 자료와 동일하다.

기본자료

- 사채권면 발행일 : 20×1.1.1
- 만기일 : 20×3.12.31(3년)
- 액면금액 : ₩10,000
- 표시이자율 : 10%
- 이자지급일 : 매년말
- 투자목적 : 만기보유(하나회사)

예를 들어 위의 채무증권을 하나회사가 만기보유목적으로 20×1년 1월 1일에 ₩9,520을 지급하고 취득하였다고 하자. 그러면 다음의 관계식이 성립한다.

$$\frac{₩1,000}{(1+r)^1}+\frac{₩1,000}{(1+r)^2}+\frac{₩1,000}{(1+r)^3}+\frac{₩10,000}{(1+r)^3}=₩9,520$$

위의 등식을 성립시키는 이자율이 유효이자율이다. 시행착오법으로 r을 계산하면 12%가 된다.

2 취득 후 기말 평가 : 후속 측정

상각후원가측정금융자산에 투자하고 있는 경우에는 기말에 이자수익을 인식하고 유효이자율법에 의해 장부금액도 수정해야 한다. 즉, 상각후원가측정금융자산을 보고기간 말에 평가할 때 측정속성은 상각후원가이다. 이와 같이 상각후원가측정금융자산에 대해 공정가치로 평가하지 않고 상각후원가로 평가하는 이유는 보유목적에 있다. 즉, 상각후원가측정금융자산은 중도에 처분할 목적이 아니라 만기까지 보유할 목적(즉, 원리금 지급만으로 구성되어 있는 계약상 현금흐름을 수취할 목적)으로 취득했기 때문에 보유기간중의 가격변동은 투자자에게 별다른 의미가 없다는 것이다. 왜냐하면 만기에 회수할 금액은 그간의 가격변동이 어떻게 이루어졌든 만기의 액면금액이기 때문이다. 즉, 만기금액이 미래의 현금흐름에 관한 정보와 더 밀접한 관계가 있다.

상각후원가측정금융자산을 유효이자율법에 의해 상각하는 방법은 사채발행차금을 상각하는 방법과 동일하다. 그리고 이자수익은 기초시점의 상각후원가측정금융자산의 장부금액에 유효이자율을 곱하여 계산한다.

기본자료의 채무상품을 만기보유목적으로 하나회사가 20×1년 1월 1일에 ₩9,520을 지급하고 취득한 것은 앞서 설명한 바와 같이 상각후원가측정금융자산의 유효이자율이 12%라는 뜻이다. 유효이자율법에 의해 상각후원가측정금융자산의 상각후원가를 표시하면 다음과 같게 된다.

유효이자율법에 의한 상각후원가측정금융자산의 상각후원가(할인취득)

• 액면금액 : ₩10,000, 만기 : 3년, 표시이자율 : 10%, 유효이자율 : 12%

연 도	(A) 이자수익 (D′×유효이자율)	(B) 이자수취액 (액면금액×표시이자율)	(C) 투자차액 상각액(A−B)	(D) AC금융자산의 장부금액(D′+C)
발행일				₩9,520
20×1	₩1,142	₩1,000	₩142	9,662
20×2	1,159	1,000	159	9,821
20×3	1,179	1,000	179	10,000
계	₩3,480	₩3,000	₩480	

* D′는 기초장부금액을 나타냄.

위에서 이자수익은 기초시점의 상각후원가측정금융자산 장부금액에 유효이자율을 곱하여 계산한다. 이자수취액은 현금이자로서 액면금액에 표시이자율을 곱하여 계산한다. 그리고 이자수익인식액과 표시이자액의 차액이 상각후원가측정금융자산 할인취득 상각액이 된다. 할인취득인 경우에는 상각액만큼 상각후원가측정금융자산의 장부금액을 증가시켜 준다.4)

그리고 투자자는 만기에 액면금액과 해당 이자수익인식에 관한 분개를 하면 된다. 투자자(하나회사)가 각 연도에 행할 분개를 보이면 다음과 같다.

상각후원가측정금융자산의 할인취득

(1) 20×1년 1월 1일

(차) AC금융자산	9,520	(대) 현 금	9,520

(2) 20×1년 12월 31일

(차) 현 금	1,000	(대) 이 자 수 익	1,142
AC금융자산	142		

(3) 20×2년 12월 31일

(차) 현 금	1,000	(대) 이 자 수 익	1,159
AC금융자산	159		

4) 이는 다음과 같이 설명될 수도 있다. 상각후원가측정금융자산 투자자는 20×1년도 투자수익으로 ₩1,142을 인식하여 이 금액을 채무자로부터 받아야 하는데 채무자로부터는 ₩1,000만 받았다. 그러므로 덜 받은 금액 ₩142은 받을 권리가 있을 뿐만 아니라 만기에 회수가능한 금액이므로 상각후원가측정금융자산의 장부금액에 가산해 주는 것이다. 이를 재투자하였다는 개념으로 이해하면 된다.

(4) 20×3년 12월 31일(만기일)

(차) 현 금	1,000	(대) 이 자 수 익	1,179
AC금융자산	179		
(차) 현 금	10,000	(대) AC금융자산	10,000

만약 기본자료(상각후원가측정금융자산)의 유효이자율이 8%이어서 하나회사가 ₩10,515에 취득하였다면 상각후원가측정금융자산의 상각후원가는 다음과 같게 된다.

유효이자율법에 의한 상각후원가측정금융자산의 상각후원가(할증취득)

• 액면금액 : ₩10,000, 만기 : 3년, 표시이자율 : 10%, 유효이자율 : 8%

연 도 (12.31)	(A) 이자수익 (D′×유효이자율)	(B) 이자수취액 (액면금액× 표시이자율)	(C) 투자차액 상각액(B－A)	(D) AC금융자산의 장부금액(D′－C)
발행일				₩10,515
20×1	₩841	₩1,000	₩159	10,356
20×2	828	1,000	172	10,184
20×3	816	1,000	184	10,000
계	₩2,485	₩3,000	₩515	

＊ D′는 기초장부금액을 나타냄.

위에서 이자수익은 기초시점의 상각후원가측정금융자산 장부금액에 유효이자율을 곱하여 계산한다. 이자수취액은 현금이자로서 액면금액에 표시이자율을 곱하여 계산한다. 그리고 이자수익인식액과 표시이자액의 차액이 상각후원가측정금융자산 할증취득 상각액이 된다. 할증취득인 경우에는 상각액만큼 상각후원가측정금융자산의 장부금액을 감소시켜 준다.[5)]

그리고 투자자는 만기에 액면금액과 해당 이자수익인식에 관한 분개를 하면 된다. 투자자(하나회사)가 각 연도에 행할 분개를 보이면 다음과 같다.

5) 이는 다음과 같이 설명될 수도 있다. 상각후원가측정금융자산 투자자는 20×1년도 투자수익으로 ₩841을 인식하여 이 금액을 채무자로부터 받아야 하는데 채무자로부터는 ₩1,000을 받았다. 그러므로 더 받은 금액 ₩159은 받을 권리가 없을 뿐만 아니라 만기에 회수가능한 금액이 아니므로 상각후원가측정금융자산에 차감해 주는 것이다. 이는 이미 회수하였다는 개념으로 이해하면 된다.

상각후원가측정금융자산의 할증취득

(1) 20×1년 1월 1일

(차) AC금융자산	10,515	(대) 현 금	10,515

(2) 20×1년 12월 31일

(차) 현 금	1,000	(대) 이 자 수 익	841
		AC금융자산	159

(3) 20×2년 12월 31일

(차) 현 금	1,000	(대) 이 자 수 익	828
		AC금융자산	172

(4) 20×3년 12월 31일(만기일)

(차) 현 금	1,000	(대) 이 자 수 익	816
		AC금융자산	184
(차) 현 금	10,000	(대) AC금융자산	10,000

한편, 투자자가 상각후원가측정금융자산을 취득할 당시 부대비용이 추가적으로 많이 발생된다면 이는 유효이자율과 어떠한 관계가 있는지 생각해 보자. 앞서 투자자 입장에서 유효이자율은 투자수익률의 의미가 있다고 하였다. 부대비용이 발생하면 이를 취득원가에 포함시키므로 부대비용이 없는 유효이자율 8%일 때보다 더 큰 금액이 될 것이다. 이렇게 계산한 유효이자율은 아마도 8%보다 작아질 것이다. 이는 그만큼 투자수익률이 감소됨을 의미한다. 왜냐하면 유효이자율 8%일 때보다 더 많이 지급하고 수취한 반면, 이자로 수취하는 금액은 동일하므로 투자수익률은 감소하게 되는 것이다.

예제 10-2 사채의 할인취득

(주)민국은 (주)대한이 발행한 다음의 사채를 취득하였는데, 취득 당시 유효이자율은 10%이다. (주)민국은 해당 투자사채를 상각후원가측정금융자산으로 분류하고 있다. 현재가치표는 제9장의 말미에 있는 〈부표〉를 참고하기 바란다.

- 발행일(=취득일) : 20×1년 1월 1일
- 만기일 : 20×4년 12월 31일(4년)
- 액면금액 : ₩100,000
- 표시이자율 : 8%
- 이자지급일 : 매년말
- 취득부대비용 : 없음

요구사항

1. 사채의 취득금액을 계산하시오.

2. 취득금액과 액면금액의 차이를 상각하는 표를 작성하시오.
3. 20×1년 12월 31일에 행할 회계처리를 하시오.
4. 만기시점에 행할 회계처리를 하시오.
5. 만약, (주)민국이 위 사채를 20×3년 1월 1일 현금 ₩97,000으로 처분한 경우 회계처리는 어떻게 되겠는가?
   [힌트] 사채를 중도에 처분할 경우에는 처분금액과 처분일의 장부금액을 비교하여 처분손익을 계산한다.

풀이 및 해설

1. 시장이자율로 할인한 미래수취액의 현재가치가 취득금액(공정가치)이다.
   사채의 취득금액 : (1)+(2)=₩93,659

(1) 액면금액(만기)의 현재가치 :	₩100,000×PV(4, 10%)	
	=₩100,000×0.6830	₩68,300
(2) 이자지급액의 현재가치 :	₩100,000×8%×PA(4, 10%)	
	=₩8,000×3.1699	25,359
합 계		₩93,659

2. 유효이자율법에 의한 취득금액과 액면금액의 차액 상각표

• 액면금액 : ₩100,000, 만기 : 4년, 표시이자율 : 8%, 유효이자율 : 10%

연 도 (12.31)	(A) 이자수익 (기초E× 유효이자율)	(B) 이자수취액 (액면금액× 표시이자율)	(C) 투자차액 상각액(A−B)	(D) 투자차액 잔액 (D−C)	(E) AC금융자산의 장부금액 (액면금액−D)
취득일				₩6,341	₩93,659
20×1	₩9,366	₩8,000	₩1,366	4,975	95,025
20×2	9,503	8,000	1,503	3,472	96,528
20×3	9,653	8,000	1,653	1,819	98,181
20×4	9,819	8,000	1,819	0	100,000
계	₩38,341	₩32,000	₩6,341		

3. 20×1년 12월 31일

(차) 현 금	8,000	(대) 이 자 수 익	9,366
AC금융자산	1,366		

4. 20×4년 12월 31일

(차) 현 금	8,000	(대) 이 자 수 익	9,819
AC금융자산	1,819		
(차) 현 금	100,000	(대) AC금융자산	100,000

5. 중도처분의 회계처리

(차) 현 금	97,000	(대) AC금융자산	96,528
		AC금융자산처분이익	472

※ 본 예제는 제9장의 [예제 9-4]를 투자자 입장에서 회계처리한 것이다. 서로 비교해 보면 의미 있는 결과를 얻을 것이다.

제 4 절 기타포괄손익-공정가치측정금융자산 : 지분상품

1 취득시 회계처리 : 최초 인식

취득시 지분상품을 기타포괄손익-공정가치측정금융자산으로 분류하는 것을 선택한 경우 취득시(최초 인식)에 공정가치로 측정한다. 지분상품인 기타포괄손익-공정가치측정금융자산의 취득에 직접 관련되는 거래원가, 예컨대 증권거래세나 매입수수료 등 부대비용은 공정가치에 가산한다.[6] 지분상품인 기타포괄손익-공정가치측정금융자산의 최초 인식액도 당해 금융자산의 취득시점의 공정가치와 취득부대비용의 합계금액을 초과할 수 없다.

2 취득 후 기말 평가 : 후속 측정

기타포괄손익-공정가치측정금융자산으로 분류되는 지분상품은 취득 후에 공정가치로 측정한다.

---

6) 기타포괄손익-공정가치측정금융자산이라 해서 최초 인식시 특별히 고려해야 할 내용이 있는 것은 아니다. 상각후원가측정금융자산과 기타포괄손익-공정가치측정금융자산의 최초 인식시 회계처리는 동일하다. 다만, 당기손익-공정가치측정금융자산의 취득시 발생하는 부대비용은 당기비용으로 처리한다는 점만 차이가 있다.

기타포괄손익-공정가치측정금융자산을 공정가치로 후속 측정하는 경우 발생하는 공정가치의 변동은 기타포괄손익-공정가치측정금융자산평가손익이라는 과목으로 재무상태표의 자본항목(기타포괄손익누계액)으로 표시한다. 그리고 기타포괄손익-공정가치측정금융자산을 보유함으로써 수취하게 되는 배당금도 배당금수익으로 인식한다.

기타포괄손익-공정가치측정금융자산의 공정가치 평가

12월 결산법인인 둘리회사가 장기투자목적으로 (주)독도의 보통주 5%인 1,000주를 20×1년 10월 22일에 ₩700,000의 현금을 지급하고 취득하였다고 하자. 그리고 20×1년 12월 20일에 배당금으로 ₩20,000을 현금으로 수취하였으며, (주)독도의 20×1년 12월 31일 보통주의 공정가치가 주당 ₩750이라고 하자. 그러면 둘리회사는 다음과 같은 분개를 한다.

(1) 10/22 :	(차) FVOCI금융자산	700,000	(대) 현　　금	700,000
(2) 12/20 :	(차) 현　　금	20,000	(대) 배당금수익	20,000
(3) 12/31 :	(차) FVOCI금융자산	50,000	(대) FVOCI금융자산평가이익 (기타포괄손익)	50,000

3 처분시 회계처리

지분상품인 기타포괄손익-공정가치측정금융자산을 처분한 때에는 먼저 기타포괄손익-공정가치측정금융자산을 처분시의 공정가치(처분금액)로 평가하여 이에 따른 평가손익을 기타포괄손익으로 인식한다. 그리고 기타포괄손익-공정가치측정금융자산을 재무상태표에서 제거하고, 처분에 따른 현금수취액을 기록한다. 따라서 지분상품인 기타포괄손익-공정가치측정금융자산을 처분한 경우 처분손익은 인식하지 않는다. 또한 지분상품인 기타포괄손익-공정가치측정금융자산을 처분한 경우에도 기타포괄손익으로 인식한 기타포괄손익-공정가치측정금융자산평가손익의 누계액을 당기손익으로 재순환(재분류)하지 않는다.

지분상품인 기타포괄손익-공정가치측정금융자산의 처분

위의 예에서 둘리회사가 20×2년 3월 12일에 (주)독도의 보통주 200주를 ₩172,000에 현금을 받고 처분하였다면 다음과 같은 처분 분개를 한다.

(차) FVOCI금융자산	22,000	(대) FVOCI금융자산평가이익	22,000
현　　금	172,000	FVOCI금융자산	172,000

* 처분시에 처분금액으로 FVOCI금융자산을 평가하고, 이에 따른 평가손익을 인식하므로 처분손익은 인식하지 않는다.

한편, 채무상품에 대한 투자를 기타포괄손익-공정가치측정금융자산으로 분류하는 경우가 있다. 이때에는 상각후원가측정금융자산의 회계처리와 동일하게 한다. 다만, 유효이자율법에 의해 투자차액을 상각한 다음에 본절에서 설명한 것처럼 공정가치에 의해 평가하는 작업만 추가하면 된다. 이 외에 복잡한 회계처리방법은 중급회계 교재를 참고하기 바라며, 지금까지 설명한 금융자산의 회계처리방법을 요약하면 다음과 같다.

K-IFRS 금융자산의 회계처리 요약

	최초 측정	후속 측정	처분손익
당기손익-공정가치측정금융자산	공정가치	공정가치(당기손익에 반영)	처분금액－장부금액
상각후원가측정금융자산	공정가치＋부대비용	상각후원가(이자수익으로 당기손익에 반영)	처분금액－장부금액
기타포괄손익-공정가치측정금융자산(지분상품)	공정가치＋부대비용	공정가치(기타포괄손익에 반영)	인식하지 않음

예제 10-3 기타포괄손익-공정가치측정금융자산(지분상품)의 회계처리

12월 결산법인인 서울회사는 20×1년 12월 31일 기타포괄손익-공정가치측정금융자산을 보유하고 있다. 이들은 모두 20×1년에 장기투자목적으로 취득하였다.

	취득원가	공정가치
A회사 보통주	₩300,000	₩270,000
B회사 우선주	200,000	220,000

20×2년에 다음과 같은 거래가 발생하였다.

3/11 : B회사로부터 배당금 ₩1,000을 받다.
10/15 : A회사 보통주 반(1/2)을 ₩140,000에 처분하다.

20×2년 12월 31일 기타포괄손익-공정가치측정금융자산의 공정가치는 다음과 같다.

A회사 보통주 : ₩130,000, B회사 우선주 : ₩190,000

요구사항

1. 20×1년 12월 31일 서울회사가 행할 회계처리를 하시오.
2. 20×2년도 기중 거래를 회계처리하시오.
3. 20×2년 12월 31일 서울회사가 행할 회계처리를 하시오.

풀이 및 해설

1. 20×1년 12월 31일

(차)	FVOCI금융자산평가손실	30,000	(대) FVOCI금융자산(A)	30,000
	FVOCI금융자산(B)	20,000	FVOCI금융자산평가이익	20,000

2. 20×2년 기중 거래 회계처리

(1) 3/11

(차)	현　　금	1,000	(대) 배당금수익	1,000

(2) 10/15

(차)	FVOCI금융자산(A)	5,000	(대) FVOCI금융자산평가손실	5,000
	현　　금	140,000	FVOCI금융자산(A)	140,000

3. 20×2년 12월 31일

(차)	FVOCI금융자산평가손실	5,000	(대) FVOCI금융자산(A)	5,000
(차)	FVOCI금융자산평가이익	20,000	(대) FVOCI금융자산(B)	30,000
	FVOCI금융자산평가손실	10,000		

참고 관계기업투자주식과 연결재무제표

기업들은 주가상승이나 배당금 수취 목적과는 관계없이 타 기업과의 바람직한 관계를 유지하기 위해 타 기업의 주식에 투자하고 있는 경우가 많다. 타 기업과의 바람직한 관계는 원재료시장이나 판매시장을 확보하거나 시장점유율의 향상, 효율적인 경영자문 등 다양한 목적으로 이루어진다. 이렇게 타 기업과의 바람직한 관계를 유지하기 위해서는 타 기업에 대해 유의적 영향력을 행사할 수 있어야 한다.

유의적 영향력(significant influence)이란 일반적으로 투자회사가 피투자회사의 재무정책과 영업정책에 관한 의사결정에 참여할 수 있는 능력을 말한다. 예를 들어 타 기업의 임원을 선임하거나 자금의 대여 또는 제품의 구매 등에 실질적인 영향을 미치는 경우 등이다. 유의적 영향력은 반대의 증거가 없는 한 직접 또는 간접으로 의결권 있는 주식의 20% 이상을 보유하고 있을 때 행사할 수 있다고 본다. 유의적 영향력을 행사할 수 있는 피투자회사를 관계기업(affiliated company)이라 한다.

투자회사가 유의적 영향력을 행사할 수 있는 경우에는 배당금 지급 의사결정에 영향을 미칠 수 있다. 그러므로 이런 경우에는 배당금의 수취보다는 관계기업의 순자산의 변동에 따라 투자수익을 인식하고 투자자산가액을 조정해 주는 방법이 보다 적절하다. 이와 같은 평가방법을 지분법(equity method)이라 하며, 지분법을 적용해야 하는 투자주식을 관계기업투자주식(또는 지분법적용투자주식)이라 한다.

관계기업투자주식을 취득하는 경우 최초에 원가로 인식한다. 즉, 투자금액에 수수료와 증권거래세 등을 포함한 취득원가를 관계기업투자주식으로 기록한다. 취득 후 관계기업이 당기순이익을 보고하여 관계기업의 순자산이 증가하게 되면 지분비율만큼 관계기업투자주식계정을 증가시키고 지분법이익을 기록한다. 만약, 배당금을 수취하게 되면 피투자회사의 순자산이 감소되었으므로 관계기업투자주식계정을 감소시키고 현금 수취 분개를 하면 된다.

한편, 기업은 유의적 영향력의 행사를 초월하여 타 기업의 경영권을 직접적으로 지배 또는 통제하기를 원하는 경우가 있다. 이와 같은 타 기업의 지배는 원칙적으로 의결권 있는 지분을 50% 초과하여 취득하고 있을 때 가능하다. 이런 경우 투자회사를 지배기업(parent company)이라 하고, 피투자회사를 종속기업(subsidiary company)이라 한다. 기업들이 지배·종속 관계를 유지하고 있는 경우에는 기업간 내부거래를 통해 부당한 회계조작을 행할 가능성이 있다. 이런 경우 재무상태와 경영성과 등을 적정히 보고하기 위해 지배회사와 종속회사를 하나의 경제실체로 간주하여 재무제표를 작성하게 된다. 이를 연결재무제표(consolidated financial statements)라 한다.

지분법과 연결재무제표는 회계원리에서 다루지 않는다. 이는 중급회계 또는 고급회계에서 다루는 주제이다. 다만, 여기서는 회계용어를 이해하는 차원에서 참고적으로 소개할 뿐이다.

▶ QR코드로 배우는 회계

투자 지분율·목적 따라 용어 다르게 표기… 유용한 정보 줘요

(*) K-IFRS 제1109호 '금융상품'의 시행에 따라 2018년부터 당기손익금융자산은 '당기손익-공정가치측정금융자산'으로, 매도가능금융자산은 '기타포괄손익-공정가치측정금융자산'으로 계정명칭이 변경되었다.

▶ QR코드로 배우는 회계

KCC와 조광피혁 사례로 본 기업의 주식투자와 회계처리

제 5 절 투자부동산과 기타비유동자산

1 투자부동산

투자부동산은 임대수익이나 시세차익 또는 두 가지 모두를 얻기 위하여 소유자가 보유하고 있는 부동산, 즉 토지, 건물(또는 건물의 일부분) 또는 두 가지 모두를 말한다. 그러나 재화의 생산이나 용역의 제공 또는 관리목적에 사용하거나 정상적인 영업과정에서의 판매를 목적으로 보유하고 있는 자산은 제외한다.

투자부동산은 투자부동산에서 발생하는 미래 경제적 효익의 유입가능성이 높고, 투자부동산의 원가를 신뢰성 있게 측정할 수 있을 때 투자부동산으로 인식한다. 투자부동산은 최초 인식시점에 원가로 측정하고, 등기비용이나 수수료 등 거래원가는 최초 측정에 포함한다.

투자부동산을 취득한 이후에는 원가모형이나 공정가치모형 중 한 가지를 선택하여 매기 계속적으로 적용해야 한다. 공정가치모형을 적용하는 경우에는 공정가치로 평가하고 평가손익은 당기손익에 반영하며, 감가상각은 하지 않는다. 원가모형을 적용하는 경우에는 공정가치 변동을 장부에 반영하지 않고, 건물의 경우에는 감가상각을 한다.

▶ **QR코드로 배우는 회계**
상장제약사 절반 '투자부동산' 보유… 유한 965억 최다

만약, 투자부동산을 자가사용할 경우에는 자가사용부동산(유형자산)으로 대체하고, 자가사용이 종료되면 다시 투자부동산으로 대체한다. 정상적인 영업과정에서 판매하기 위하여 개발을 시작한 경우에는 투자부동산을 재고자산으로 대체한다.

예제 10-4 투자부동산

12월 결산법인인 (주)충남은 20×1년 1월 1일 시세차익을 목적으로 건물을 ₩50,000,000에 취득하였다. 건물의 내용연수는 50년이고 잔존가치는 없으며, 감가상각방법으로 정액법을 사용한다. 그런데 (주)충남은 20×2년 1월 1일 위 건물을 자가사용하기로 하였다.

요구사항

(주)충남이 투자부동산에 대해 원가모형을 적용한다고 할 때, 20×1년도와 20×2년 1월 1일에 행할 회계처리를 하시오.

풀이 및 해설

(1) 1/01/20×1 :	(차) 투자부동산	50,000,000	(대) 현 금	50,000,000
(2) 12/31/20×1 :	(차) 감가상각비	1,000,000	(대) 투자부동산감가상각누계액	1,000,000
(3) 1/01/20×2 :	(차) 건물(유형자산)	50,000,000	(대) 투자부동산	50,000,000
	투자부동산감가상각누계액	1,000,000	건물감가상각누계액	1,000,000

2 기타비유동자산

지금까지 알아본 자산 이외에 기타비유동자산이란 것이 있다. 이는 투자자산과 유형자산, 무형자산에 속하지 않는 비유동자산으로서 투자수익이 없고 다른 자산으로 분류하기 어려운 자산을 말한다. 기타비유동자산으로는 이연법인세자산과 각종 보증금 등이 있다.

이연법인세자산은 차감할 일시적 차이 등으로 미래에 경감될 법인세부담액을 말한다. 보증금의 예로는 전세권(전세금을 지급하고 타인의 부동산을 그 용도에 따라 사용·수익할 수 있는 권리), 회원권(특정한 회원자격을 유지하기 위하여 취득한 권리), 임차보증금(타인의 부동산이나 동산을 월세 등의 조건으로 사용하기 위하여 지급하는 보증금) 및 영업보증금(영업목적을 위하여 제공한 거래보증금, 입찰에 응할 수 있는 자격을 얻기 위해 예치하는 입찰보증금 및 공사 후에 발생할 수 있는 각종 하자의 보수를 보증하기 위해 예치하는 하자보증금 등) 등이 있다. 이연법인세에 대한 회계처리는 중급회계에서 다룬다.

♣ (주)농심의 중요한 회계정책 주석사항(일부)

- 금융자산 : (분류 및 측정)
  특정 매출채권을 제외하고, 당사는 당기손익-공정가치로 측정하지 아니하는 금융자산의 거래원가는 최초 인식시점의 공정가치에 포함합니다.
  채무상품은 후속적으로 당기손익-공정가치(FVPL), 상각후원가 또는 기타포괄손익-공정가치(FVOCI)로 측정됩니다. 분류는 당사의 금융자산 관리방식에 대한 사업모형과 금융상품이 '원금과 원금에 대한 이자'만으로 구성되어 있는지 여부를 나타내는 계약상 현금흐름 특성(SPPI 기준)의 두 가지 기준에 근거합니다.

금융자산 — 재무제표 공시 사례

1.

재무상태표

제58(당)기 2021년 12월 31일 현재

주식회사 농심 제57(전)기 2020년 12월 31일 현재 (단위 : 원)

과 목	제58(당)기	제57(전)기
자 산		
II. 비유동자산	1,795,909,783,591	1,792,259,359,883
장기금융상품	6,000,000	6,000,000
기타채권	6,661,896,486	9,778,846,778
기타금융자산	70,643,612,762	66,191,941,366
종속기업및관계기업투자	629,051,934,213	627,626,413,443
퇴직급여자산	13,541,701,760	5,792,900,130
유형자산	867,980,492,375	866,204,775,670
사용권자산	6,890,626,231	9,652,286,896
무형자산	18,216,042,283	19,633,104,714
투자부동산	182,857,620,134	187,260,774,684
기타비유동자산	59,857,347	112,316,202

2. 주석 6. 기타금융자산

(1) 보고기간종료일 현재 기타금융자산의 내역은 다음과 같습니다.

(단위 : 천원)

구 분		당기말	전기말
당기손익-공정가치측정금융자산	채무증권(유동)	154,366,235	35,638,900
	채무증권(비유동)	3,501,041	2,000,000
	지분증권(비유동)	93,490	–
기타포괄손익-공정가치측정금융자산	채무증권(비유동)	24,244,607	24,994,138
	지분증권(비유동)*	42,804,475	39,197,803
합 계		225,009,848	101,830,841

* 동 지분증권은 단기매매항목 또는 기업회계기준서 제1103호를 적용하는 사업결합에서 취득자가 인식하는 조건부대가가 아닌 지분상품으로서 당사는 이를 기타포괄손익-공정가치측정항목으로 선택하였습니다.

Epilogue

본장의 핵심은 금융상품이다. 주로 금융상품의 분류와 최초측정 및 후속측정 문제를 다루었다. 후속측정시 당기손익에의 포함 여부가 중요하다. 그러나 금융상품의 제거문제, 파생금융상품의 회계처리, 금융자산간의 대체, 금융상품의 손상차손 인식과 환입에 대해서는 다루지 않았다. 이들 주제는 중급회계에서 다룬다.

종합사례

CHAPTER 10

다음은 (주)백제가 금융자산에 투자한 내역들이다.

(1) (주)백제는 20×1년 3월 1일 (주)신라가 발행한 보통주 100주를 주당 ₩3,000(액면가 ₩500)에 취득하면서, 거래수수료로 ₩20,000을 현금으로 지급하였다. (주)백제는 (주)신라에 대해 유의적인 영향력을 행사하지 못한다. (주)신라는 20×1년 12월 10일 보통주 주당 ₩20의 배당금을 현금으로 지급하였다. 20×1년 12월 31일 (주)신라의 보통주의 공정가치는 주당 ₩4,000이다. (주)백제는 20×2년 2월 1일에 (주)신라의 주식을 주당 ₩4,200에 모두 처분하였다.

(2) (주)백제는 (주)고구려가 발행한 사채(액면가 ₩50,000, 발행일 20×1년 1월 2일, 표시이자율 8%, 만기 20×4년 12월 31일, 이자지급일 매년 말일)를 유효이자율 10%로 할인한 금액인 ₩46,840에 취득하였다. 20×1년 12월 31일 (주)고구려의 사채의 공정가치는 ₩48,000이며, 20×2년 1월 2일 (주)백제는 이를 모두 ₩48,200에 처분하였다.

(물음 1) (1)과 관련하여, (주)백제가 (주)신라의 보통주를 당기손익-공정가치측정금융자산으로 분류한 경우 일자별 회계처리를 하고, 당기순이익에 미치는 영향을 나타내시오.

(물음 2) (1)과 관련하여, (주)백제가 (주)신라의 보통주를 기타포괄손익-공정가치측정금융자산으로 분류한 경우 일자별 회계처리를 하고, 당기순이익에 미치는 영향을 나타내시오.

(물음 3) (2)와 관련하여, (주)백제가 (주)고구려의 사채를 당기손익-공정가치측정금융자산으로 분류한 경우 일자별 회계처리를 하고, 당기순이익에 미치는 영향을 나타내시오.

(물음 4) (2)와 관련하여 (주)백제가 (주)고구려의 사채를 상각후원가측정금융자산으로 분류한 경우 일자별 회계처리를 하고, 당기순이익에 미치는 영향을 나타내시오.

풀이 및 해설

(물음 1)

① 20×1년 3월 1일 :

(차) FVPL금융자산	300,000	(대) 현　　금	320,000
수수료비용	20,000		

* FVPL금융자산을 취득하는 데 발생한 부대비용은 당기비용으로 처리한다.

② 20×1년 12월 10일 :

(차) 현 금	2,000	(대) 배당금수익	2,000

* 배당금수익은 받기로 확정된 날에 수익으로 기록한다.

③ 20×1년 12월 31일 :

(차) FVPL금융자산	100,000	(대) FVPL금융자산평가이익	100,000

* FVPL금융자산평가손익은 당기순손익에 반영한다.

④ 20×2년 2월 1일 :

(차) 현 금	420,000	(대) FVPL금융자산	400,000
		FVPL금융자산처분이익	20,000

* FVPL금융자산을 처분하는 경우에는 처분금액과 장부금액을 비교하여 처분손익을 계산한다.

• 당기순이익에 미치는 영향 :

20×1년도 : ₩82,000 증가

20×2년도 : ₩20,000 증가

(물음 2)

① 20×1년 3월 1일 :

(차) FVOCI금융자산	320,000	(대) 현 금	320,000

* FVPL금융자산을 제외한 금융자산의 취득과정에서 발생한 부대비용은 취득원가에 포함시킨다.

② 20×1년 12월 10일 :

(차) 현 금	2,000	(대) 배당금수익	2,000

③ 20×1년 12월 31일 :

(차) FVOCI금융자산	80,000	(대) FVOCI금융자산평가이익	80,000

* FVOCI금융자산평가손익은 당기손익에 반영하지 않고 기타포괄손익으로 처리하여 누계액을 자본의 구성요소로 표시한다.

④ 20×2년 12월 31일 :

(차) FVOCI금융자산	20,000	(대) FVOCI금융자산평가이익	20,000
현 금	420,000	FVOCI금융자산	420,000

* FVOCI금융자산을 처분하는 경우에는 처분금액으로 FVOCI금융자산을 평가하여 기타포괄손익으로 인식하고, 처분손익은 인식하지 않는다.

• 당기순이익에 미치는 영향 :

20×1년도 : ₩2,000 증가

20×2년도 : ₩0

(물음 3)

① 20×1년 1월 2일 :

(차) FVPL금융자산	46,840	(대) 현　　금	46,840

* FVPL금융자산의 취득원가에는 부대원가가 포함되지 않는다.

② 20×1년 12월 31일 :

(차) FVPL금융자산	1,160	(대) FVPL금융자산평가이익	1,160
(차) 현　　금	4,000	(대) 이 자 수 익	4,000

* 채무상품을 단기매매목적으로 취득한 경우에는 유효이자율법을 적용하지 않고 공정가치법에 의해 평가하고, 발생주의에 의해 이자수익을 인식한다.

③ 20×2년 1월 2일 :

(차) 현　　금	48,200	(대) FVPL금융자산	48,000
		FVPL금융자산처분이익	200

* FVPL금융자산을 처분하는 경우에는 처분금액과 장부금액을 비교하여 처분손익을 계산한다.

- 당기순이익에 미치는 영향 :

  20×1년도 : ₩5,160 증가

  20×2년도 : ₩200 증가

(물음 4)

① 20×1년 1월 2일 :

(차) AC금융자산	46,840	(대) 현　　금	46,840

* AC금융자산 취득시 부대비용은 취득원가에 포함시킨다.

② 20×1년 12월 31일 :

(차) AC금융자산	684	(대) 이 자 수 익	4,684
현　　금	4,000		

* AC금융자산은 취득 후 유효이자율법을 적용하여 평가하고, 공정가치로 평가하지 않는다.
₩46,840 × 10% = ₩4,684

③ 20×2년 1월 2일 :

(차) 현　　금	48,200	(대) AC금융자산	47,524
		AC금융자산처분이익	676

* AC금융자산을 처분하는 경우에는 처분금액과 장부금액을 비교하여 처분손익을 계산한다.

- 당기순이익에 미치는 영향 :

  20×1년도 : ₩4,684 증가

  20×2년도 : ₩676 증가

연습문제

CHAPTER 10

1 [진위형] 다음 서술이 옳으면 T, 옳지 않으면 F를 기재하시오.

(1) 당기손익-공정가치측정금융자산을 취득하는 과정에서 발생하는 거래원가는 자산의 원가에 포함시킨다.

(2) 상각후원가측정금융자산의 예로는 타회사가 발행한 사채와 보통주, 국공채 등이 있다.

(3) 상각후원가측정금융자산의 취득 후 측정은 상각후원가이며 공정가치 변동으로 인한 손익을 인식하지 않는다.

(4) 단기매매목적이 아닌 지분상품의 경우에는 취득시에 기타포괄손익-공정가치측정금융자산으로 분류하는 것을 선택할 수 있다.

(5) 상각후원가측정금융자산과 기타포괄손익-공정가치측정금융자산을 공정가치로 평가함에 따라 발생되는 손익은 기타포괄손익으로 보고한다.

(6) 지분상품인 기타포괄손익-공정가치측정금융자산을 중도에 처분하는 경우 처분손익은 처분시점의 기타포괄손익-공정가치측정금융자산의 장부금액과 처분금액을 비교하여 처분손익을 인식한다.

(7) 임대수익을 얻기 위해 보유하고 있는 부동산은 유형자산으로 분류한다.

2 [완성형] 다음 괄호 안에 가장 적절한 용어를 넣으시오.

(1) 금융자산은 (　　　)금융자산과 상각후원가측정금융자산, 기타포괄손익-공정가치측정금융자산으로 분류한다.

(2) 당기손익-공정가치측정금융자산을 취득할 때에는 (　　　)로 기록해야 한다.

(3) 당기손익-공정가치측정금융자산의 후속 측정은 (　　　)에 의한다.

(4) 기타포괄손익-공정가치측정금융자산에 대해 공정가치로 평가할 때 발생하는 기타포괄손익-공정가치측정금융자산평가손익은 재무상태표상 자본란의 (　　　)으로 표시한다.

3 [선다형] 다음 물음에 가장 타당한 답을 하나만 선택하시오.

(1) 당기초에 기업 A가 기업 C의 의결권이 있는 보통주 5%를 5년간 보유할 목적으로 취득한 경우 당기말 재무상태표에 표시하는 방법으로 가장 타당한 것은? 단, 동 주식은 취득 당시 단기매매목적으로 취득한 것은 아니다.

① 유동자산란에 취득원가
② 유동자산란에 결산일의 공정가치
③ 비유동자산란에 취득원가
④ 비유동자산란에 결산일의 공정가치
⑤ 비유동자산란에 지분법을 적용한 금액

(2) 기타포괄손익-공정가치측정금융자산으로 분류된 지분상품을 보유하고 있음으로써 수취한 현금배당액의 회계처리로 옳은 것은?

① 기타포괄손익-공정가치측정금융자산의 장부금액을 감소시킨다.
② 재무상태표에 기타포괄손익누계액으로 표시한다.
③ 수익의 발생으로 기록한다.
④ 포괄손익계산서에 비용의 감소로 기록한다.
⑤ 정답 없음

◆ 경북상사는 20×1년 3월 10일 단기투자목적으로 상장회사인 A, B, C 회사의 주식을 구입하였으며 각 주식의 취득원가(취득시 공정가치)와 그 후의 공정가치에 관한 자료는 다음과 같다.

주 식	취득원가	20×1년말 공정가치	20×2년말 공정가치
A	₩10,500	₩9,000	₩8,000
B	12,000	11,000	−
C	8,500	9,000	8,000
합 계	₩31,000	₩29,000	₩16,000

20×2년 7월 5일에 경북상사는 B회사 주식 전부를 ₩11,500에 현금을 받고 처분하였다.

(3) 위의 당기손익-공정가치측정금융자산과 관련하여 경북상사의 20×1년 포괄손익계산서상 당기순이익에 미치는 영향으로 가장 올바른 것은?

① 당기순이익을 ₩2,000 증가시킨다.
② 당기순이익을 ₩2,000 감소시킨다.
③ 당기순이익을 ₩2,500 감소시킨다.
④ 당기순이익을 ₩2,500 증가시킨다.
⑤ 당기순이익에 미치는 영향은 없다.

(4) 위의 당기손익-공정가치측정금융자산과 관련하여 경북상사의 20×2년 포괄손익계산서상 당기순이익에 미치는 영향으로 가장 올바른 것은?
① 당기순이익을 ₩1,500 감소시킨다.
② 당기순이익을 ₩3,000 감소시킨다.
③ 당기순이익을 ₩13,000 감소시킨다.
④ 당기순이익을 ₩500 증가시킨다.
⑤ 당기순이익에 미치는 영향은 없다.

(5) (주)충남은 20×1년 1월 1일 (주)경북이 발행한 액면금액 ₩100,000, 표시이자율 8%, 이자지급일 매년 말일인 사채를 만기보유목적으로 ₩95,026(유효이자율 10%)에 취득하였다. (주)충남은 20×1년 12월 31일 재무상태표에 얼마로 보고해야 하는가?
① ₩95,026 ② ₩96,529 ③ ₩98,182
④ ₩10,000 ⑤ 공정가치

(6) 20×1년 10월 15일 (주)대전은 (주)서울이 발행한 보통주 10주를 총 ₩800,000에 취득하여 기타포괄손익-공정가치측정금융자산으로 지정하였다. 20×1년 12월 31일(결산일) 이 주식의 공정가치는 ₩820,000인데, 이를 20×2년 2월 1일에 ₩850,000에 처분하였다. (주)대전이 기타포괄손익-공정가치측정금융자산처분이익으로 보고할 금액은?
① ₩50,000 ② ₩30,000 ③ ₩20,000
④ ₩10,000 ⑤ ₩0

(7) 기업이 투자 목적 또는 비업무용으로 소유하고 있는 토지와 건물 및 기타의 부동산은 무엇으로 보고해야 하는가?
① 재고자산 ② 투자부동산 ③ 유형자산
④ 기타비유동자산 ⑤ 유동자산

4 [당기손익-공정가치측정금융자산의 회계처리 1] 다음 거래를 회계처리하시오. 단, 다음의 모든 금융자산은 당기손익-공정가치측정금융자산으로 분류한다.

(1) 연암상사는 경주상사의 주식 100주(@₩5,000)를 1주당 ₩5,200(공정가치)에 매입하고, 대금은 매입수수료 ₩3,000과 함께 전액 수표를 발행하여 지급하다.
(2) 상기 주식의 1/2을 1주당 ₩5,500에 판매하고, 그 대금은 전액 당좌수표로 받다.
(3) 연말에 상기 주식에 대한 배당을 전액 현금으로 수취하다. 배당률(액면금액 기준)은 10%이다.
(4) 연암상사는 20×1년 1월 1일에 경주상사가 발행한 다음의 사채를 ₩550,000에 매입

하고, 대금은 수표를 발행하여 지급하다.

사채의 액면금액 : ₩550,000,　표시이자율 : 연 12%
이자지급일 : 6/30, 12/31(연 2회)

(5) 20×1년 6월 30일 상기 사채의 이자를 현금으로 수취하다.

(6) 20×1년 12월 31일에 상기 사채를 ₩620,000에 시장에서 처분하고 대금은 전액 현금으로 수취하였으며, 12월 31일에 기일이 도래한 사채이자는 별도로 현금으로 수취하다.

5 [당기손익-공정가치측정금융자산의 회계처리 2] (주)강릉의 당기손익-공정가치측정금융자산과 관련한 회계자료는 다음과 같다. 20×1년말 A회사 주식의 주당 공정가치는 ₩15,000이다.

날 짜	적 요	수 량	단 가	금 액
20×1.2. 1	A회사 주식 구입	10주	₩10,000	₩100,000
20×1.7.24	A회사 주식 구입	8주	20,000	160,000
20×2.2.14	A회사 주식 매각	5주	30,000	150,000

(물음 1) 당기손익-공정가치측정금융자산과 관련하여 20×1년 포괄손익계산서에 반영될 계정과목과 금액은 얼마인가?

(물음 2) 이 당기손익-공정가치측정금융자산과 관련하여 20×2년 포괄손익계산서에 반영될 계정과목과 금액은 얼마인가?

6 [상각후원가측정금융자산의 회계처리] (주)경신은 (주)충남이 발행한 사채를 20×1년초에 만기보유목적으로 취득하였다. 20×1년초의 유효이자율은 8%이며, 이 사채의 조건은 다음과 같다.

사채 액면금액 : ₩100,000	액면이자율 : 8%
이자지급조건 : 매년말	만기 : 20×3년말 (3년 만기)

(물음 1) 이 채무상품의 취득시점에서의 공정가치를 계산하시오.

(물음 2) 이 사채와 관련하여 (주)경신이 해야 할 연도별 회계처리를 하시오.

(물음 3) 20×1년 12월 31일 (주)경신의 재무상태표에는 상각후원가측정금융자산이 어떻게 보고되겠는가? 부분재무상태표를 작성하시오.

7 [기타포괄손익-공정가치측정금융자산의 회계처리 1] (주)소정은 20×1년 3월 1일에 증권거래소에 상장되어 있는 (주)정서의 주식 10주(액면가 @₩5,000)를 장기투자목적으로 주당 ₩10,000에 현금으로 매입하고 매입부대비용 ₩1,000을 현금으로 지급하였다.

(물음 1) 이 주식의 취득과 관련한 회계처리를 하시오.

(물음 2) 20×1년 12월 31일 현재 (주)정서의 주식에 대한 공정가치가 주당 ₩11,000인 경우 기말 재무상태표에 표시해야 할 금액은 얼마인가?

(물음 3) 위의 (물음 2)와 관련하여 (주)소정이 해야 할 회계처리를 하시오.

(물음 4) 위의 (물음 3)의 회계처리 후 이 주식과 관련한 부분재무상태표를 작성하시오.

(물음 5) (주)소정이 20×2년 2월 1일 위 주식 모두를 주당 ₩12,400에 처분한 경우 해야 할 회계처리를 하시오.

8 [기타포괄손익-공정가치측정금융자산의 회계처리 2] 다음은 상품매매기업인 (주)강릉의 투자주식 거래내역이다.

(1) 20×1년 1월 4일 시장성 있는 설악회사의 보통주 100주(1%)를 장기투자목적으로 ₩998,000에 구입하면서 증권회사에 수수료 ₩2,000을 별도로 지급하였다.
(2) 20×1년 12월말 현재 회사가 보유중인 위 주식의 공정가치가 ₩1,200,000이다.
(3) 20×2년 12월말 현재 회사가 보유하고 있는 위 주식의 공정가치가 ₩900,000이다.
(4) 20×3년 1월 5일 회사가 보유하고 있는 위 주식 중 40주를 ₩320,000에 처분하였다.

(물음 1) 20×1년과 20×2년 12월말의 회계처리를 나타내시오.

(물음 2) 20×3년 1월 5일의 회계처리를 나타내시오.

CHAPTER

11 자 본

일러두기 ••• 본장은 자본계정과 관련된 기본개념과 회계처리를 다룬다. 자본에서는 각 구성요소의 발생원인과 분류 및 향후 처리방법을 위주로 학습해야 한다. 자본의 회계처리는 상법의 규정과 밀접한 관련이 있으므로 상법의 내용을 참조하면 이해에 많은 도움이 될 것이다. 본장에서는 주식의 발행과 소각, 자기주식, 그리고 이익잉여금의 처리에 대한 내용을 숙지하기 바란다.

주요 용어 ••• 자본금, 보통주, 우선주, 증자(감자), 자기주식, 기타포괄손익누계액, 적립금, 배당, 주당이익

현장사례 기업들은 증시에서 어떻게 자금을 조달할까

최근 증시가 활황세를 이어가면서 기업들의 증시를 통한 자금조달 사례가 급증하고 있다. 원래 기업들이 증시에 상장하려는 목적 중 하나가 바로 직접금융시장으로 불리는 주식시장을 통해 필요한 자금을 원활하게 조달하기 위해서이므로 활황장을 이용해 자금조달에 적극 나서는 것은 어찌 보면 자연스러운 현상이다.

기업들은 자금조달이나 대외 이미지 제고 등을 목적으로 증시에 상장하는데, 기존 대주주의 지분 중 일부를 떼어내 공모방식으로 일반투자자들에게 주식을 나눠준다는 의미에서 기업공개(Initial Public Offering : IPO)라고 부른다. 기업이 일단 상장을 한 후에는 증시를 통해 마음대로 자금을 끌어다 쓸 수 있다. 자금조달은 흔히 증자(增資)를 통해 이뤄지는데, 증자란 말 그대로 자본금을 늘리는 것이다. 자본금은 발행주식총수에다 액면가를 곱한 값이다. 가령 A라는 기업의 발행주식총수가 1,000만주이고 액면가가 5,000원이라면 이 회사의 자본금은 1,000만주×5,000원=500억원이 된다. 따라서 자본금을 늘리려면 새로운 주식을 발행해 발행주식총수를 증가시키면 된다. 주식회사는 보통 회사 설립시 정관에 발행할 주식의 총수를 기재하도록 돼 있으며, 향후 필요에 따라 한도 내에서 주식을 추가로 발행할 수 있다.

기업이 증자를 하는 방법에는 여러 가지가 있다. 대표적인 것이 유상증자다. 투자자들한테 일정한 돈을 받고 신주를 발행해 나눠주는 것이다. 유상증자는 다시 주주배정 증자, 일반공모 증자, 3자 배정 증자 등 세 가지로 나뉜다. (중략)

기업들은 증자로 끌어들이려 하는 자금 규모나 증자 목적 등에 따라 세 가지 중 하나를 선택해 증자에 나선다. 증자를 통해 새로운 주식을 발행할 경우 발행가격은 보통 시장가격(주가)을 기준으로 그것보다 싸게 정해진다. 만약 증자하는 주식의 발행가격이 시장가격보다 비쌀 경우 아무도 증자에 참여하지 않을 것이기 때문이다.

또 다른 증자방법으로 무상증자가 있는데, 말 그대로 돈을 받지 않고 무상으로 신주를 나눠주는 것이다. 자본조달 목적이라기보다는 사내유보자금이 자본금 대비 너무 많거나 주식수가 지나치게 적을 경우 흔히 무상증자를 한다.

코스닥협회(http://www.kosdaqca.or.kr)

한편 증자와 반대되는 개념이 감자(減資)다. 자본금을 인위적으로 감소시키는 것으로, 자본규모가 너무 커 효율성이 떨어지거나 누적 적자가 커 자본잠식 상태인 기업들이 흔히 사용하는 방법이다. 감자는 무상으로 주식수를 줄이는 무상감자가 일반적인데, 간혹 일정한 보상을 주며 주식수를 줄이는 유상감자도 시행된다. 감자를 실시하게 되면 기존 주주들이 가진 주식은 감자하는 비율만큼 줄어들게 된다. 예컨대 50% 감자를 실시하면 100주를 가진 주주의 보유주식수는 50주가 되는 것이다.

(자료 : 한국경제신문, 2007.8.31)

제 1 절 자본의 의의와 분류

1 자본의 의의

자본은 광의의 자본과 협의의 자본으로 구분할 수 있다. 광의의 자본은 기업이 사용가능한 모든 자원으로 채권자로부터 조달된 부채와 소유주로부터 조달된 자본을 포함한다. 그러나 회계에서 자본이라 함은 협의의 자본으로서 소유주로부터 조달된 자본만을 의미한다. 회계문헌에서는 채권자로부터 조달된 자본(부채)을 채권자 청구권(creditor's equity)이라 하고, 소유주로부터 조달된 자본을 소유주 청구권(owner's equity)이라 하기도 한다. 따라서 회계상 자본은 소유주 청구권이라 부르기도 하며, 이를 자기자본이라 한다. 반면, 채권자 청구권인 부채를 타인자본이라 한다.[1)]

회사의 형태 중 주식회사의 경우 소유주는 주주이므로 주식회사의 자본을 주주지분(stockholder's equity)이라 부르기도 한다. 그리고 자본은 기업의 총자산에서 총부채를 차감한 후에 남는 잔여지분(residual interest)으로서, 이를 순자산(net assets)이라 하기도 한다.

기업의 소유주는 기업의 경영활동과 관련하여 발생하는 모든 위험에 대해 최종적인 책임을 진다. 소유주는 기업이 청산을 하더라도 채권자에게 상환해야 할 채무를 모두 상환한 후 남는 금액에 대해서만 청구권을 갖게 된다. 만약, 주식회사가 채권자에게 상환해야 할 채무를 모두 상환하지 못하는 경우에 주식회사의 주주는 유한책임만을 지므로 추가적인 부담의무가 없다. 따라서 기업의 자본에 대해 엄격한 규정이 없는 경우에는 다른 주주뿐만 아니라 채권자에게 경제적 손실을 끼칠 가능성이 있다. 이러한 이유로 우리나라 상법에서도 채권자 보호를 위해 자본에 대해 엄격히 규정하고 있다.

---

1) 회계등식을 고려해 보면 자산은 부채와 자본의 합이므로, 자산은 채권자 청구권과 소유주 청구권으로 구성됨을 알 수 있다. 따라서 자산은 청구권 또는 지분(equity)과 금액이 같다는 식(자산=equity)으로 표기하기도 한다. 그러나 회계문헌에서는 equity를 소유주 청구권으로 한정시키는 경우가 많다.

2 자본의 분류

주식회사의 자본은 법률적 관점에서 법정자본(legal capital)과 잉여금(surplus)으로 분류된다. 법정자본은 자본금(capital stock)으로서 채권자 보호를 위해 기업이 보유해야 할 최소한의 금액이며, 잉여금은 자본 중 법정자본을 초과하는 금액이다. 그리고 잉여금은 자본거래에서 발생하는 잉여금과 손익거래에서 발생하는 잉여금으로 구분하기도 한다. 자본거래에서 발생하는 잉여금의 대표적 예가 주식발행초과금이며, 손익거래에서 발생하는 잉여금을 이익잉여금이라 한다.

한편, 주식회사의 자본은 경제적 관점에서 납입자본(또는 불입자본)과 가득자본(earned capital)인 이익잉여금으로 분류할 수 있다. 납입자본은 주주가 납입한 금액으로 자본금과 자본거래에서 발생한 잉여금인 자본잉여금으로 구성된다. 이익잉여금은 기업의 경영활동으로 획득된 이익을 사외로 유출시키지 않고 기업 내부에 유보시킨 금액으로서, 이런 의미에서 유보이익이라 하기도 한다. 즉, 경제적 관점에 의한 분류는 자본거래와 손익거래로 인한 분류를 뜻한다.

한국채택국제회계기준에서는 자본의 분류에 대해 자세히 규정하고 있지는 않다. 다만, 자본을 납입자본(contributed capital)과 적립금으로 구분하고 납입자본은 자본금과 주식발행초과금으로 세분화하도록 되어 있다. 적립금(reserve)은 납입자본 이외의 자본으로 대표적 구성요소가 이익잉여금이다. 따라서 한국채택국제회계기준의 규정을 종합분석하면 자본을 11-1 과 같이 분류하는 것이 바람직할 것이다.

11-1 자본의 분류와 종류

납입자본	자본금	보통주자본금, 우선주자본금
납입자본	주식발행초과금	보통주와 우선주
기타 자본요소	기타포괄 손익누계액	재평가잉여금, 해외사업장의 재무제표 환산으로 인한 손익, FVOCI금융자산의 재측정손익, 현금흐름위험회피의 위험회피수단의 평가손익 중 효과적인 부분 등
기타 자본요소	자기주식	자기회사가 발행한 주식을 취득한 경우 취득가액
기타 자본요소	기 타	자기주식처분손실, 감자차손, 배당건설이자
이익잉여금	법정적립금	이익준비금 등
이익잉여금	임의적립금	공장확장적립금, 사채상환적립금 등
이익잉여금	미처분이익잉여금	처분되지 않고 차기로 이월되는 이익잉여금

제 2 절 자본금

1 자본금과 주식의 종류

자본금(capital stock)이란 영업활동을 위하여 필요한 현금이나 현물을 주주로부터 출자받고 그 대가로 주주에게 발행·교부한 주식의 액면금액을 말한다. 즉, 자본금은 다음과 같이 계산된다.

자본금

자본금＝발행한 주식의 총수×액면금액

자본금은 신주의 발행 또는 주식의 소각을 통하여 증가 또는 감소할 수 있다. 신주의 발행으로 인하여 자본금이 증가되는 것을 증자라 하며, 주식의 소각으로 인하여 자본금이 감소되는 것을 감자라 한다.

주식회사가 발행할 수 있는 주식은 크게 보통주와 우선주로 나누어지며 이에 따라 자본금도 보통주자본금과 우선주자본금으로 나누어진다.

보통주(common stock)란 주식회사가 반드시 발행해야 하는 기본적인 주식으로서 주식회사가 여러 종류의 주식을 발행할 경우 기준이 되는 주식을 말한다.

우선주(preferred stock)란 보통주주에 우선하여 배당금을 받을 권리가 부여되거나 회사를 청산하는 경우 청산시점의 부채를 상환하고 남는 잔여재산에 대하여 보통주주에 우선하는 청구권이 인정되는 주식을 말한다. 그러나 우선주는 보통주처럼 반드시 발행해야 하는 주식은 아니다. 우선주는 보통주보다 배당금과 잔여재산에 대한 우선청구권을 갖고 있으나 의결권이 인정되지 않는 경우가 대부분이다.

배당금에 대한 우선적 권리가 있는 이익배당우선주는 약정된 권리에 따라 다양하게 분류된다. 예컨대, 전기까지 받지 못한 배당금을 누적하여 받을 수 있는 누적적우선주가 있는가 하면, 우선적으로 배당을 받고 난 후에 보통주와 함

▶ **QR코드로 배우는 회계**
'우선주'는 패스트 패스… 배당 먼저 받을 권리 있어요

께 일정 비율에 의한 배당에 추가적으로 참여할 수 있는 참가적우선주도 있다.

2 주식의 발행

1. 일반적 회계처리

주식회사는 주식을 발행하고 주주로부터 대가를 받게 되는데, 주권에 기재되어 있는 액면금액과 발행가액의 관계에 따라 액면발행과 할증발행 및 할인발행으로 구분된다.2)

액면발행이란 주식의 발행가액이 액면금액과 동일한 경우를 말한다. 현행 상법상 액면주식을 발행하는 경우 액면금액은 ₩100 이상 균일액으로 하도록 규정되어 있으며 대다수의 주식회사들은 1주당 액면금액이 ₩500 또는 ₩5,000인 주식을 주로 발행하고 있다.

주식을 발행하게 되면 1주당 액면금액에 발행한 주식의 수를 곱하여 계산된 금액을 자본금으로 기록하며, 보통주와 우선주 등 서로 다른 두 종류의 주식을 발행한 경우에는 이를 구분하여 각각 보통주자본금과 우선주자본금으로 기록해야 한다.

주식의 액면발행

액면금액 ₩500인 보통주식 1,000주와 액면금액 ₩500인 우선주 500주를 현금을 받고 액면금액으로 발행하였다면 다음과 같이 회계처리한다.

(차) 현 금	750,000	(대) 보통주자본금	500,000
		우선주자본금	250,000

할증발행이란 주식의 발행가액이 액면금액을 초과하는 경우를 말한다. 주식의 액면금액을 초과하여 더 받은 금액은 주식발행초과금(paid-in capital in excess of par value)으로 기록해야 한다. 주식발행초과금은 기업의 정상적인 영업활동과정에서 실현된 이익이 아니라, 주주가 자본의 일부로 납입한 것이므로 납입자본으로 분류한

2) 우리나라의 주식회사는 정관으로 정한 경우 무액면주식을 발행할 수 있다. 다만, 무액면주식을 발행하는 경우에는 액면주식을 발행할 수 없다.

다. 그리고 주식발행초과금을 재무상태표에 표시할 때에는 자본금과는 달리 보통주와 우선주로 분류하지 않고 하나로 통합하여 나타낸다.

주식의 할증발행

액면 ₩500인 보통주 1,000주를 주당 ₩800에 발행한 경우 다음과 같이 회계처리한다.

(차) 현 금	800,000	(대)	보통주자본금	500,000
			주식발행초과금	300,000

이와 같은 주식의 할증발행은 기업의 장래가 유망하거나 영업실적이 좋은 경우에 이루어진다. 왜냐하면 투자자의 입장에서는 투자기업의 영업실적이 양호하거나 또는 당해 기업이 미래에 많은 이익을 획득할 것으로 기대되는 경우, 미래의 시세차익 등을 기대하여 액면금액보다 많은 대가를 지불하고서라도 당해 주식을 구입하려 하기 때문이다.

할인발행이란 주식을 액면금액에 미달하여 발행하는 것을 말한다. 주식을 할인발행하는 경우 액면금액 미달액은 주식할인발행차금으로 기록해야 한다. 주식할인발행차금은 자본금이 실질적으로 회사에 납입되지 않은 금액을 의미하므로, 기존의 주식발행초과금과 상계하거나 기타자본요소로 분류하여 자본에서 차감하는 형식으로 표시해야 한다.

한편, 무액면주식을 발행한 경우에는 자본금과 주식발행초과금으로 구분하지 않고 발행가액 전액을 자본금(또는 납입자본)으로 계상하는 것이 일반적이다. 그러나 우리나라 상법에서는 발행가액의 2분의 1 이상을 자본금으로 계상하도록 규정하고 있다.

2. 현물출자

대부분의 주식발행은 현금으로 이루어진다. 그러나 회사 설립시에는 발기인에 한해 현물로 출자할 수 있도록 하고 증자시에는 제3자도 현물로 출자할 수 있도록 하고 있다. 주식발행대가로 토지 · 건물 등과 같은 현물을 납입받는 경우를 현물출자라 한다. 현물출자시 출자로 받은 현물의 가치는 공정가치로 평가하도록 되어 있다. 따라서 현물출자자산의 공정가치를 자산으로 기록함과 동시에 주식의 발행가액으로 간주하여 주식발행초과금(또는 주식할인발행차금)으로 계상할 금액을 결정한다. 현물출자자산이 실제보다 과대평가될 경우에는 혼수주식(watered stock)이 발생하고, 과소평가될 경우에는 비밀적립금(secret reserves)이 발생된다. 혼수주식과 비밀적립금 모두 바람직한 현상은 아니다.

예제 11-1 주식발행의 회계처리

(1) (주)대한은 회사 설립시 (주)민국으로부터 현금 ₩18,000을 출자받고 그 대가로 액면 ₩5,000인 주식 2주를 발행・교부하다.
(2) (주)대한은 (주)만세로부터 장부금액이 ₩14,000인 토지를 출자받고 그 대가로 액면 ₩5,000인 주식 3주를 발행・교부하다. 토지의 공정가치는 ₩20,000이다.
(3) (주)대한은 회사 설립 후 (주)서울로부터 현금 ₩9,000을 출자받고 그 대가로 액면 ₩5,000인 주식 2주를 발행・교부하다.

요구사항

1. (주)대한이 행할 회계처리를 하시오.
2. 현물출자한 (주)만세의 회계처리를 하시오. (주)만세는 지분증권을 FVOCI금융자산으로 분류하였다.
3. 위 거래를 자본금계정에 전기하시오.

풀이 및 해설

1.

	차변	금액		대변	금액
(1)	(차) 현 금	18,000	(대)	자 본 금	10,000
				주식발행초과금	8,000
(2)	(차) 토 지	20,000	(대)	자 본 금	15,000
				주식발행초과금	5,000
(3)	(차) 현 금	9,000	(대)	자 본 금	10,000
	주식할인발행차금	1,000			

* 주식할인발행차금은 기존의 주식발행초과금과 상계하거나 기타자본요소로 분류한다.

2.

차변	금액		대변	금액
(차) FVOCI금융자산	20,000	(대)	토 지	14,000
			유형자산처분이익	6,000

3.

자본금

차변		대변	금액
		(1) 현 금	10,000
		(2) 토 지	15,000
		(3) 제 좌	10,000

3. 주식발행비의 회계처리

주식을 발행할 때에는 증권회사의 수수료, 광고비, 회계사 수수료, 주권 인쇄비 등의 지출이 소요된다. 이를 주식발행비 또는 신주발행비라 한다. 주식발행비가 발생된 경우에는 그만큼 주식발행으로 인한 실수금이 감소하게 된다. 따라서 주식발행비가 발생된 경우에는 주식발행초과금을 감소시키거나 주식할인발행차금을 증가시키는 회계처리를 해야 한다.

한편, 회사 설립시에도 변호사 수수료, 등기비, 광고비 등 설립비용(창업비용)과 영업준비비에 해당하는 개업비용이 많이 소요된다. 이러한 창업비와 개업비는 발생시 전액을 비용으로 처리한다.

4. 실질적 증자와 형식적 증자

주식회사는 설립 이후 필요에 따라 수권주식의 범위 내에서 신주를 발행함으로써 자본금을 증가시킬 수 있다. 주식회사의 설립 이후에 신주를 발행·교부함으로써 자본금을 증가시키는 것을 증자라 하며, 증자는 정관에 기재되어 있는 수권자본의 범위 내에서 이루어진다.

증자는 신주발행의 결과 회사의 자산과 자본이 실질적으로 증가하는지의 여부에 따라 실질적 증자와 형식적 증자로 나누어진다.

실질적 증자란 신주발행의 대가로 현금 또는 현물을 받게 되어 회사의 자산이 실질적으로 증가되는 것을 말한다. 실질적 증자는 주식을 발행한 회사에 현금 또는 현물의 대가가 유입되므로 이를 유상증자(대가가 있는 증자)라고도 한다.

반면, 형식적 증자란 신주발행의 대가를 실질적으로 받지 않아 형식적으로만 자본금이 증가되는 것을 말한다. 이런 의미에서 형식적 증자를 무상증자라 부르기도 한다. 형식적 증자는 다음과 같이 잉여금의 자본전입에 의한 신주발행과 주식배당에 의한 신주발행의 경우에 나타난다.

① 잉여금의 자본전입 : 주식회사는 주식발행초과금이나 기타자본요소 또는 이익잉여금을 재원으로 하여 신주를 발행할 수 있다. 이와 같이 신주를 발행하게 되면 기타자본요소나 이익잉여금은 감소되면서 그만큼 자본금은 증가하게 된다. 잉여금을 자본에 전입하게 되면 그 전입으로 인하여 자본금이 증가된 만큼 회사이익의 사내유보가 가능하게 되므로 결과적으로 회사의

재무구조가 개선되는 효과가 있다.

잉여금의 자본전입에 의하여 발행되는 신주는 기존주주의 주식보유비율에 비례하여 무상으로 분배해야 하며, 기존주주는 회사에 아무런 대가를 납입하지 않고 무상으로 주식을 교부받게 된다. 잉여금의 자본전입에 의하여 회사는 주식을 추가로 발행·교부하지만 그 대가의 납입이 없으므로 회사의 순자산 총액에는 전혀 변화가 없게 된다. 다만, 자본의 구성내용에만 변화를 초래한다.

② 주식배당의 자본전입 : 배당을 현금으로 하지 않고 주식으로 배당하는 것을 주식배당이라 한다. 주식배당을 할 경우에는 기업의 현금이 사외로 유출되지 않는 대신 이익잉여금이 감소되고 주식발행으로 자본금이 증가된다. 그러므로 잉여금의 자본전입과 주식배당은 자본금으로의 전입 재원만 다를 뿐 무상증자로 자본금의 증가를 초래한다는 점에서는 동일하다. 주식배당에 대해서는 제4절에서 추가적 설명이 이루어진다.

예제 11-2 무상증자

다음은 20×1년 12월 31일 (주)대한의 자본계정이다.

자 본 :	자 본 금(액면 ₩500)	₩3,000,000
	주식발행초과금	6,500,000
	이익준비금	2,000,000
	미처분이익잉여금	5,500,000
		₩17,000,000

(주)대한은 20×2년 주주총회에서 2,000주의 주식배당과 주식발행초과금을 재원으로 무상주 2,000주를 교부하기로 하였다.

요구사항

1. (주)대한이 행할 회계처리를 하시오.
2. 무상증자 후 재무상태표상 자본계정을 나타내시오.

풀이 및 해설

1. (차)	주식발행초과금	1,000,000	(대) 자 본 금	2,000,000
	미처분이익잉여금	1,000,000		

2. 부분재무상태표

자 본 :	자 본 금(액면 ₩500)	₩5,000,000
	주식발행초과금	5,500,000
	이익준비금	2,000,000
	미처분이익잉여금	4,500,000
		₩17,000,000

5. 자본금의 감소

주식회사는 상법규정에 의하여 필요한 경우 자본금을 감소시킬 수 있는데, 이를 감자라 한다. 감자는 자본금 감소의 결과 회사의 자본이 실질적으로 감소하는지의 여부에 따라 실질적 감자와 형식적 감자로 나누어진다.

실질적 감자란 자본금 감소의 대가로 주주에게 현금을 지급하여 회사의 순자산이 실질적으로 감소하는 것을 말한다. 실질적 감자는 회사로부터 현금이 실질적으로 유출되므로 이를 유상감자(대가가 있는 감자)라고도 한다.

실질적 감자는 대부분 다음과 같이 주식수량을 감소시키는 방법으로 이루어진다.[3] 즉, 기업은 발행주식 중 일부를 주주로부터 유상으로 매입하여 소각함으로써 실질적으로 자본금을 감소시킬 수 있다. 주식을 유상으로 매입・소각하는 경우, 액면금액보다 낮은 가격으로 주식을 매입하면 회사는 감자로 인하여 이익을 얻게 되는데, 이를 감자차익이라 한다. 반면 액면금액보다 높은 가격으로 매입하여 소각할 경우에는 감자차손이 발생하게 된다. 감자차손은 기존의 감자차익과 상계하고 상계 후에도 잔액이 남는 경우에는 이익잉여금계정 차변에 기록하거나 기타자본요소로 표시한다.

형식적 감자란 감소되는 주식에 대한 대가를 지급하지 않아 형식적으로만 자본금이 감소되는 것을 말하며, 이를 무상감자(대가가 없는 감자)라고도 한다. 형식적 감자는 이월결손금을 장부에서 제거하기 위하여 주로 이루어지는데, 주식회사는 발행주식 중 일부를 결손금의 보전에 사용하기 위하여 주식을 무상으로 소각함으로써 자본금을 감소시킬 수 있다.

3) 주당 액면금액의 일부를 주주에게 현금으로 반환함으로써 실질적으로 자본금을 감소시킬 수도 있는데, 이는 거의 사용되지 않는다. 그리고 감자차익이나 감자차손은 원칙적으로 주식의 매입가격과 최초의 발행가액을 비교하여 계산해야 한다. 그러나 주식을 여러 차례에 걸쳐 상이한 가격으로 발행한 경우에는 최초의 발행가액을 파악하기 곤란하다. 우리나라에서는 이런 점을 고려하여 액면금액을 기준으로 한 것이다.

주식을 무상으로 소각하는 경우, 감소되는 결손금이 소각되는 주식의 액면금액보다 적으면 감자로 인하여 이익이 발생하게 되는데, 이를 감자차익으로 기록해야 한다. 이와 같이 결손금을 장부에서 제거하는 것을 결손보전 또는 결손전보라 한다.

> ▶ **QR코드로 배우는 회계**
> 기업 군살 빼는 '감자(減資) 다이어트'

형식적 감자에 의하여 주식을 무상으로 소각하는 경우에도 회사에 대한 주주의 청구권을 의미하는 자본총액에는 아무런 변화가 없기 때문에 주주들은 보유주식의 무상소각에 대하여 회계처리를 할 필요가 없다. 다만, 주주의 보유주식 수량이 대가 없이 감소되므로 주주는 보유주식의 1주당 장부금액이 증가하게 된다.

제 3 절 기타자본요소

1 자기주식

자기주식(treasury stock)이란 회사가 이미 발행한 주식을 추후에 재발행하거나 소각할 목적으로 발행회사가 주주로부터 매입 또는 증여를 통해 보유하고 있는 주식을 말한다. 자기주식의 취득은 상법상 원칙적으로 금지되어 있지만, 자본을 감소시키거나 종업원지주제의 일환으로 주식을 교부할 필요가 있거나 주주로부터 증여받는 경우에는 자기주식을 일시적으로 보유할 수 있다.

자기주식의 취득은 유가증권의 취득과는 달리 자본란에 차감하는 형식으로 표시한다. 즉, 자기주식은 자산이 아니라 확정되지는 않았지만 자본의 감소로 간주해야 한다. 자기주식의 회계처리는 원가법(cost method)에 의한다.

자기주식을 취득한 경우에는 자기주식계정 차변에 취득원가로 기록한다. 그리고 취득한 주식을 자기주식의 장부금액 이상으로 처분한 경우에는 그 차액을 자기주식처분이익으로 계상한다. 만약, 자기주식을 장부금액 이하로 처분한 경우에는 그 차액을 자기주식처분손실로 계상한다. 자기주식처분손실은 기존의 자기주식처분이익과 상계하고 상계 후에도 잔액이 남는 경우에는 기타자본요소로 표시한다. 그러므로 자기주식처분손실이 발생하더라도 당기순이익 계산에는 영향을 미치지 않는다. 그리고 자기주식을 처분하는 경우 처분단가는 재고자산의 단가산정방법에서 설명한 평균법 등을 이용하여 산정한다.

예제 11-3 자기주식거래

(주)대한이 아래의 자기주식거래를 하기 전에 총계정원장에는 다음과 같은 계정잔액이 있었다. (주)대한은 자기주식거래에 있어서 계속기록법에 의한 선입선출법을 적용하고 있다.

보통주자본금(액면 ₩50)	₩120,000
주식발행초과금	36,000
이익잉여금	30,000

(1) 주당 ₩63으로 자기주식 300주를 매입하다.
(2) 주당 ₩67으로 자기주식 150주를 매입하다.
(3) 주당 ₩66으로 자기주식 225주를 매각하다.
(4) 주당 ₩62으로 자기주식 120주를 매각하다.
(5) 보유하고 있는 자기주식 모두를 소각하다.

요구사항

위 거래를 회계처리하시오.

풀이 및 해설

(1)	(차) 자 기 주 식	18,900	(대)	현 금	18,900
(2)	(차) 자 기 주 식	10,050	(대)	현 금	10,050
(3)	(차) 현 금	14,850	(대)	자 기 주 식	14,175*
				자기주식처분이익	675

* ₩63×225=₩14,175

(4)	(차) 현 금	7,440	(대)	자 기 주 식	7,740*
	자기주식처분이익	300			

* ₩63×75주+₩67×45주=₩7,740
자기주식처분손실은 자기주식처분이익과 상계하거나 기타자본요소로 분류한다.

(5)	(차) 보통주자본금	5,250	(대)	자 기 주 식	7,035*
	감 자 차 손	1,785			

* 만약, 자기주식의 장부금액이 보통주자본금 ₩5,250보다 작은 경우에는 감자차익(기타자본요소)이 발생한다.

2 기타포괄손익누계액(☆)

포괄이익은 기업실체가 일정 기간 동안 소유주와의 자본거래를 제외한 모든 거래나 사건에서 인식한 자본의 변동을 말한다. 포괄이익의 대부분은 포괄손익계산서에 당기순이익으로 보고되는데, 기타포괄손익누계액은 당기순이익으로 보고되지 않는 포괄이익을 누계(누적)시킨 것이다. 기타포괄손익누계액으로는 FVOCI금융자산평가손익이 대표적인 예이다.

FVOCI금융자산평가손익은 FVOCI금융자산을 보고기간말에 공정가치로 평가함에 따라 발생되는 미실현손익이다.

기타포괄손익에서 주의할 점은 포괄손익계산서에 보고되는 기타포괄손익과 재무상태표에 보고되는 기타포괄손익누계액이다. 기타포괄손익은 기간의 변동을 나타내는 포괄손익계산서에 보고되므로 증가 또는 감소액으로 표시되지만, 재무상태표에는 기타포괄손익 변동액의 누계액이 기타포괄손익누계액으로 표시된다. 예컨대 기초에 FVOCI금융자산평가이익의 잔액이 ₩100,000인데 기말에 공정가치로 평가함에 따라 ₩30,000이 증가되고, FVOCI금융자산의 처분이 없었다면 포괄손익계산서에는 기타포괄손익으로 ₩30,000을 보고하고 재무상태표에는 기타포괄손익누계액으로 ₩130,000을 보고해야 한다.

3 기타의 자본요소

다음은 자본거래에서 기타자본요소로 분류될 수 있는 항목에 대해 간략히 알아보도록 한다.

1. 주식할인발행차금

주식할인발행차금은 주식을 액면금액에 미달하여 발행하였을 때 발생된다. 주식발행초과금과 주식할인발행차금은 상계 후 잔액을 기타자본요소로 표시한다.

주식의 할인발행은 채권자 보호를 위해 상법에서 엄격히 제한하고 있다. 즉, 우리나라 상법에서는 일정한 요건을 충족시키는 경우에만 법원의 허가를 받아 발행할 수 있도록 하였다. 이런 이유로 주식의 할인발행은 실무에서 거의 찾아볼 수 없다.

2. 감자차익과 감자차손

감자차익이란 감소된 자본금이 주주에게 지급한 대가보다 많거나 또는 감소된 결손금보다 많은 경우에 그 차이금액을 말한다. 감자차손은 자본금의 감소액이 소각금액(결손보전액)보다 적은 경우에 발생된다. 감자차익과 감자차손은 상계 후 잔액을 기타자본요소로 표시한다.

3. 자기주식처분이익과 자기주식처분손실

자기주식처분이익이란 회사가 일시적으로 취득한 자기주식을 취득원가 이상을 받고 처분한 경우에 발생하는 이익을 말한다. 자기주식처분손실은 자기주식을 취득원가 이하의 금액으로 재발행할 때 발생한다. 자기주식처분이익과 자기주식처분손실은 상계 후 잔액을 기타자본요소로 표시한다.

제 4 절 이익잉여금

1 이익잉여금의 의의와 분류

이익잉여금(earning surplus)이란 기업의 경영활동 등 이익창출활동에 의해 획득된 이익으로서 배당금 등으로 사외로 유출되거나 무상증자로 자본금 등으로 대체되지 않고 기업 내부에 유보되어 있는 금액을 말한다. 이런 의미에서 이익잉여금을 유보이익(retained earning)이라 부르기도 한다. 이익잉여금의 증가를 초래하는 주된 항목은 당기순이익이며, 이익잉여금의 감소를 초래하는 주된 항목은 배당이다.

이익잉여금의 증가 또는 감소를 초래하는 항목을 이익잉여금계정에 표시하면 11-2 와 같다.

11-2 이익잉여금의 증감요인

(감소)	이익잉여금 (증가)
(1) 당기순손실	(1) 당기순이익
(2) 배 당	(2) 결손금보전에 의한 이입액 등
(3) 주식할인발행차금상각 등	

당기순이익 또는 당기순손실은 회계순환과정에서 마감분개를 통해 집합손익계정으로부터 이익잉여금계정(미처분이익잉여금)으로 대체된다.

배당은 현금배당이나 주식배당 등으로써 이익잉여금을 처분하는 것이다. 현금배당은 기업의 현금이 기업 외부로 빠져나가지만 주식배당은 이익잉여금이 자본금계정으로 대체될 뿐 기업의 자원이 사외로 빠져나가지 않는 특징이 있다.

그리고 순자산의 감소를 초래하지만 비용으로 처리하지 않고 이익잉여금의 감소로 처리하는 항목이 있다. 예를 들어 주식할인발행차금이 발생한 경우 기존의 주식발행초과금이 있는 경우에는 이와 상계하지만 없는 경우에는 이익잉여금의 처분으로 상각할 수 있다. 이와 유사한 예로 감자차손과 자기주식처분손실 등이 있다.

한편, 재무상태표에 이익잉여금을 보고할 때에는 법정적립금, 임의적립금, 미처분이익잉여금으로 구분하여 표시하기도 한다. 적립금은 이익잉여금 중에서 특별한 목적을 달성하기 위하여 처분이 제한된 것으로 법정적립금과 임의적립금이 있다. 적립금을 설정하는 이유는 자본충실의 원칙을 기하며 배당금이나 다른 형태로 사외유출을 방지하는 데 있다. 미처분이익잉여금은 배당이나 적립금 등으로 처분되지 않고 남아 있는 것으로서, 처분대기중인 잉여금이다.

2 이익잉여금의 처분 제한 : 적립금의 설정

적립금은 이익잉여금의 처분으로 이루어지는데, 이는 법의 규정에 의해 의무적으로 적립해야 하는 법정적립금과 기업이 자발적으로 적립하는 임의적립금으로 구분된다.

1. 법정적립금

법정적립금은 법의 규정에 의해 의무적으로 적립해야 하는 항목이다. 이에는 이익준비금이 있다. 이익준비금은 상법에 의한 것으로 자본금의 1/2에 달할 때까지 매 결산기에 금전에 의한 배당금의 1/10 이상의 금액을 적립하도록 규정하고 있다. 자본금의 1/2을 초과한 적립금은 임의적립금의 성격을 가지며, 상법상의 이익준비금은 결손보전의 경우를 제외하고는 처분할 수 없도록 제한하고 있다.

2. 임의적립금

임의적립금은 배당금으로 사외유출되는 것을 방지하기 위하여 설정되는데, 그 설정목적에 따라 다음과 같이 적극적 적립금과 소극적 적립금으로 나누어진다.

적극적 적립금은 미래의 투자나 차입금의 상환 등의 적극적인 목적에 대비하기 위하여 설정되는 적립금으로서 본래의 설정목적이 달성되더라도 자동적으로 감소되지 않는 적립금을 말한다. 적극적 적립금은 적립목적이 달성되더라도 자동적으로 감소되지는 않지만, 목적이 달성된 적립금을 그대로 두면 이해관계자에게 혼란을 가져다줄 수 있다는 점 때문에 특정 목적을 갖지 않는 별도적립금으로 대체하거나, 미처분이익잉여금에 이입하여 배당의 재원이나 다른 용도로 사용할 수 있다. 적극적 적립금의 예로는 사채 또는 차입금 등의 상환에 필요한 자금을 확보할 목적으로 하는 감채적립금과 공장 또는 건물 등의 신축에 필요한 자금을 확보할 목적으로 하는 신축적립금, 사업을 확장하기 위한 사업확장적립금 등이 있다.

소극적 적립금은 장래에 발생할 손실이나 순자산의 감소에 대비하기 위하여 설정되는 적립금으로서 본래의 설정목적이 달성되면 자동적으로 감소되는 적립금을 말한다. 소극적 적립금의 예로는 매 회계기간의 배당액을 평균적으로 비슷하게 유지할 목적으로 적립하는 배당평균적립금과 미래에 발생할지도 모르는 손실에 대비할 목적으로 적립하는 결손보전적립금, 재해로 인한 손실에 대비할 목적으로 적립하는 재해손실적립금 등이 있다.

3 배 당

이익잉여금은 주주로부터의 납입자본을 토대로 영업활동을 수행하여 획득한 이익의 누적액을 의미하며, 기업은 이와 같이 이익이 발생하는 경우 투자(납입자본)에 대한 대가의 의미로 주주에게 이익을 분배할 수 있다. 이와 같이 투자(납입자본)에 대한 대가로 이익을 분배하는 것을 배당(dividend)이라 하며, 배당의 목적물이 현금인지 또는 주식인지의 여부에 따라 배당은 현금배당과 주식배당으로 나누어진다.

현금배당(cash dividend)이란 현금으로 배당이 이루어지는 것을 말한다. 배당에 관한 회계처리를 하는 데 있어서 중요시되는 시점은 배당선언일(결의일)과 실제지급일이다.[4] 우리나라의 경우 연말배당은 주주총회에서 결의하므로 배당선언일(결의일)은 배당금 지급을 결의한 주주총회일을 의미하며, 실제지급일은 회사가 배당금을 실제로 지급한 날을 의미한다.

기업은 배당선언일에 지급의무가 발생하며, 이때 미지급배당금이라는 부채계정에 기록한다. 그리고 실제 현금의 지급이 이루어진 경우 부채의 감소로 기록한다. 일자별 회계처리를 보이면 다음과 같다.

현금배당의 회계처리

(1) 현금배당 선언일 : 2월 20일 주주총회에서 현금배당 ₩1,000을 선언하다.

(차) 배당금(미처분이익잉여금)	1,000	(대) 미지급배당금	1,000

(2) 현금배당금 지급일 : 3월 10일 현금배당 ₩1,000을 지급하다.

(차) 미지급배당금	1,000	(대) 현　　금	1,000

한편, 주식배당(stock dividend)이란 현금배당과 달리 주식으로 배당이 이루어지는 것을 말한다. 주식배당이 이루어지면 회사는 주주에게 신주를 발행하여 교부하게 되며, 주주는 기존주식보유비율에 비례하여 주식을 분배받게 된다.

주식배당을 하게 되면 미처분이익잉여금이 감소되면서 그만큼 자본금이 증가하게 된다. 그러나 주식배당을 하는 회사의 자산총액과 자본총액에는 전혀 변화가 없으며, 다만 이익잉여금이 감소됨과 동시에 자본금이 증가되어 자본의 구성내용에

4) 이 외에 배당금을 수취할 주주를 확정하는 기준일이 있다. 이때에는 별다른 회계처리를 하지 않지만 배당금을 지급해야 할 주주를 파악해 두는 사무적 작업이 필요하다.

참고 주식분할과 주식병합

기업의 주식과 관련된 내용으로 자본금의 증가나 감소를 초래하지 않는 것으로 주식분할과 주식병합이 있다. 주식분할(stock split)이란 하나의 주식을 여러 개의 주식으로 분할하여 발행주식수를 증가시키는 것을 말한다. 즉, 주식분할은 기존 주식의 액면금액을 일정 금액으로 낮추고 낮춰진 금액을 액면가로 하여 새로운 주식을 발행하는 것을 의미한다. 예를 들어, 액면 ₩5,000인 주식 1주를 액면 ₩1,000인 주식 5주로 나누어 새로이 발행할 수 있다.

주식분할이 이루어지는 이유는 기존에 발행되어 있는 주식의 1주당 시가가 너무 높아 증권시장에서 당해 주식의 거래가 원활하게 이루어지지 않는 경우에 1주당 액면금액을 낮추고 낮춰진 금액만큼 주식의 수량을 늘림으로써 당해 주식이 시장에서 원활하게 유통되도록 하려는 데 있다.

주식분할이 이루어지면 주식의 액면금액이 감소된 만큼 주식을 추가로 발행하게 되므로 회사의 자본금 총액에는 변화가 없다. 따라서 회사는 주식분할에 대하여 아무런 분개를 할 필요가 없으며, 다만 발행주식수와 주당 액면금액을 변경하여 재무상태표에 주석으로 기재하면 된다.

한편, 주식병합(reverse stock split)이란 여러 개의 주식을 하나의 주식으로 합하여 발행주식수를 감소시키는 것을 말한다. 즉, 주식병합이란 기존 주식의 액면금액을 하나로 합하고 합쳐진 금액을 액면금액으로 하여 새로운 주식을 발행하는 것을 의미한다. 예를 들어, 액면가 ₩500인 주식 10주를 하나로 합하여 액면가 ₩5,000인 주식 1주를 발행할 수 있다.

주식병합이 이루어지는 이유는 기존에 발행되어 있는 주식의 1주당 시가가 너무 낮아 회사의 대외적인 이미지에 손상을 줄 우려가 있는 경우에 1주당 액면금액을 높이고 높아진 금액만큼 주식의 수량을 감소시킴으로써 당해 주식의 1주당 시가를 높이려는 데 있다.

주식병합이 이루어지면 감소된 주식수에 비례하여 주식의 액면금액은 증가되므로 회사의 자본금 총액에는 변화가 없다. 따라서 주식병합에 대해서는 주식분할과 마찬가지로 아무런 분개를 할 필요가 없으며, 다만 발행주식수와 주당 액면금액을 변경하여 재무상태표에 주석으로 기재하면 된다.

본문의 주식배당과 주식분할 및 주식병합의 차이를 보이면 다음과 같다.

주식배당과 주식분할 및 주식병합의 비교

구 분	주식배당	주식분할	주식병합
결의기관	주주총회	주주총회	주주총회
재 원	미처분이익잉여금	-	-
발행주식수	증 가	증 가	감 소
주당 액면금액	불 변	감 소	증 가
자 본 금	증 가	불 변	불 변
이익잉여금	감 소	불 변	불 변
자본 총계	불 변	불 변	불 변
주당순자산가액	감 소	감 소	증 가
투자자의 이익 여부	이익이 아님	이익이 아님	이익이 아님

만 변화가 이루어지기 때문에 이를 형식적 증자라 한다. 주식배당은 형식적으로는 주주에게 주식을 분배함으로써 배당욕구를 충족시키는 것으로 볼 수 있지만, 실질적인 의미는 기업의 이익을 영구적으로 자본화시키는 데 있다고 볼 수 있다.

그러므로 주식배당을 선언한 경우에는 미교부주식배당금계정에 대변기입하고 이를 기타자본요소로 보고한다. 다음에 주식을 실제로 교부한 경우에 관련 자본금 계정으로 대체한다. 이를 예시하면 다음과 같다.

주식배당의 회계처리

(1) 주식배당 선언일 : 2월 20일 주주총회에서 주식배당 ₩1,000을 선언하다.

(차) 미처분이익잉여금	1,000	(대) 미교부주식배당금	1,000

(2) 주식교부일 : 3월 10일 주식 10주(액면금액 ₩100)를 발행하여 교부하다.

(차) 미교부주식배당금	1,000	(대) 자 본 금	1,000

* 실무에서는 주식배당을 선언한 시점에서 자본금으로 회계처리하는 경우가 많다.

한편, 주주의 입장에서는 주주총회에서 배당결의가 이루어질지라도 회사에 대한 주주의 청구권을 의미하는 자본총액에는 전혀 변화가 없기 때문에 주식배당에 대하여 주주는 아무런 분개를 할 필요가 없다. 다만, 주식수가 증가하므로 주당 장부금액만 감소될 뿐이다.

예제 11-4 이익잉여금의 처분

다음은 20×1년 1월 1일 설립된 (주)대한의 이익잉여금과 관련된 자료이다. (주)대한의 결산일은 12월 31일이며, 보통주 액면은 ₩5,000이다.

(1) 20×1년의 당기순이익은 ₩1,000,000이다.

(2) 20×2년 2월 25일 주주총회에서 다음과 같이 이익잉여금을 처분하기로 결의하였다.

• 현금배당	₩300,000
• 주식배당	100,000
• 이익준비금 적립	30,000
• 공장확장적립금 적립	200,000

(3) 20×2년 3월 10일 현금배당금을 지급하였다.

(4) 20×2년 3월 15일 주식배당에 대한 주식을 교부하였다.

요구사항

일자별 회계처리를 하시오.

풀이 및 해설

일자	차변	금액	대변	금액
20×1.12.31 :	(차) 집 합 손 익	1,000,000	(대) 미처분이익잉여금	1,000,000
20×2. 2.25 :	(차) 미처분이익잉여금	630,000	(대) 이익준비금	30,000
			미지급배당금	300,000
			자 본 금	100,000
			공장확장적립금	200,000
20×2. 3.10 :	(차) 미지급배당금	300,000	(대) 현 금	300,000
20×2. 3.15 :	(회계처리 없음)			

▶ **QR코드로 배우는 회계**
우량기업의 끝판왕 '배당 챔피언'

▶ **QR코드로 배우는 회계**
적자누적으로 기업을 갉아먹는 '자본잠식'

제 5 절 주당이익

주당이익(earning per share : EPS)은 보통주에게 귀속되는 당기순이익을 가중평균유통보통주식수로 나누어 산출한다. 그러므로 주당이익 계산시 우선주배당금은 당기순이익에서 차감한다. 가중평균유통보통주식수는 주식의 유통일수를 가중평균한 것으로 자기주식은 유통주식수에서 차감한다. 주당순이익은 다음의 산식에 의한다.

주당이익(손실)

$$\text{주당순이익(손실)} = \frac{\text{보통주 당기순이익(손실)}[=\text{당기순손익} - \text{우선주배당금}]}{\text{가중평균유통보통주식수}}$$

주당이익은 기업의 수익력을 나타내는 중요한 지표 중의 하나이다. 특히 주당이익은 1주당 순이익을 표시하므로 기업의 자본금의 크기나 자본구조 또는 기업의 규모에 관계없이 기간별 및 기업간 수익성의 비교에 유용한 정보를 제공한다.[5)]

주당이익에 관한 정보는 포괄손익계산서에 표시한다. 단일 포괄손익계산서(통합형식)를 작성하는 경우에는 총포괄손익 다음에 표시하고, 별개의 손익계산서를 작성하는 경우에는 당기순손익 다음에 표시한다.

예제 11-5 주당순이익의 계산

(주)대한의 20×1년도 당기순이익은 ₩2,400,000이다. 그리고 (주)대한의 회계연도초의 유통보통주식수는 10,000주인데 4월 1일 유상증자로 5,000주를 발행했으며, 10월 1일 자기주식을 1,000주 취득하였다. 20×1년도 우선주배당금은 ₩600,000이다.

요구사항

(주)대한의 주당이익을 계산하시오. 가중평균유통보통주식수는 월수로 계산한다.

풀이 및 해설

(1) 보통주 당기순이익 : ₩2,400,000 − ₩600,000 = ₩1,800,000

(2) 가중평균유통보통주식수 : (10,000 × 3 + 15,000 × 6 + 14,000 × 3) ÷ 12 = 13,500(주)

(3) 주당순이익 : $\frac{₩1,800,000}{13,500}$ = ₩133.3

♣ (주)농심의 중요한 회계정책 주석사항(일부, 48기에서 발췌)

- 자본금 : 회사가 회사의 보통주를 취득하는 경우, 직접거래원가를 포함하는 지급 대가는 그 보통주가 소각되거나 재발행될 때까지 회사의 자본에서 차감하여 표시하고 있습니다. 이러한 자기주식이 재발행되는 경우, 수취한 대가는 회사의 주주에게 귀속되는 자본에 포함하고 있습니다.

---

5) 주당이익은 미래의 주가 또는 배당금을 예측하는 데에도 유용한 기초 자료가 된다. 왜냐하면, 주가수익비율(price earning ratio : PER)은 주가를 주당이익으로 나눈 값으로 이는 투자지표 중에서 매우 유용한 지표인데 이의 계산에 주당이익이 포함되기 때문이다. 주당이익에 대해서는 중급회계를 참고하기 바란다.

자 본 — 재무제표 공시 사례

1.

재무상태표

제58(당)기 2021년 12월 31일 현재
주식회사 농심 제57(전)기 2020년 12월 31일 현재 (단위 : 원)

과 목	제58(당)기	제57(전)기
자 본		
Ⅰ. 자본금	30,413,210,000	30,413,210,000
Ⅱ. 주식발행초과금	123,720,854,309	123,720,854,309
Ⅲ. 기타자본항목	(76,349,373,966)	(75,155,516,050)
Ⅳ. 이익잉여금	1,957,234,874,433	1,903,661,825,602
자본 총계	2,035,019,564,776	1,982,640,373,861

2. 주석 25. 기타자본항목

(1) 보고기간종료일 현재 당사의 기타자본항목은 다음과 같습니다.

(단위 : 천원)

구 분	당기말	전기말
기타자본잉여금	2,199,328	2,199,328
자기주식	(80,773,829)	(80,773,829)
기타포괄손익-공정가치측정금융자산평가손익	2,225,127	3,418,985
합 계	(76,349,374)	(75,155,516)

(2) 당사는 자사주식가격의 안정을 목적으로 보통주식을 취득하여 보유하고 있으며, 보고기간종료일 현재 자기주식의 현황은 다음과 같습니다.

(단위 : 천원)

구 분	당기말	전기말
주식수	300,018주	300,018주
취득가액	80,773,829	80,773,829

Epilogue

본장에서는 자본의 분류와 자본거래의 회계처리 및 공시 문제를 다루었다. 한국채택국제회계기준에서는 이에 관한 자세한 회계처리방법을 규정하고 있지 않아 많은 혼란이 예상되는 분야이기도 하다. 어찌되었건 자본은 주주가 불입한 불입자본과 영업활동으로 인한 순이익 중 사외에 유출되지 않고 유보된 이익잉여금 및 이 두 가지로 분류하기 곤란하거나 임시적 성격인 기타자본요소로 구성됨에는 틀림이 없다.

종합사례

다음은 20×1년도 (주)부산의 자본과 관련된 자료이다.

(1) 20×1년 1월 1일 (주)부산의 자본구성요소는 다음과 같다.

자 본 :	
자 본 금(액면 ₩500, 10,000주)	₩5,000,000
주식발행초과금	8,000,000
자 기 주 식(500주)	(600,000)
이익준비금	1,000,000
공장확장적립금	500,000
미처분이익잉여금	3,000,000
자본 합계	₩16,900,000

(2) 20×1년 2월 10일 (주)부산은 주당 ₩100의 현금배당과 10%의 주식배당을 선언하였다. 이익준비금은 현금배당액의 10%를 적립한다. 그리고 미처분이익잉여금을 처분하여 공장확장적립금으로 ₩150,000을 적립하였다. 주식은 20×1년 2월 28일에 교부되었으며, 동 일자로 현금배당도 지급하였다.

(3) 20×1년 7월 1일 자기주식 250주를 ₩424,000에 처분하였다.

(4) 20×1년 10월 1일 (주)부산은 보통주 2,000주를 주당 ₩1,300에 발행하였다.

(5) (주)부산은 20×1회계연도의 당기순이익으로 ₩1,800,000을 보고하였다.

(물음 1) 20×1년도에 행할 회계처리를 모두 하시오.

(물음 2) 20×1년 12월 31일의 자본계정을 나타내는 부분재무상태표를 작성하시오.

풀이 및 해설

(물음 1)

① 20×1년 2월 10일 :

(차) 미처분이익잉여금	1,670,000	(대)	미지급배당금	950,000
			미교부주식배당금	475,000
			이익준비금	95,000
			공장확장적립금	150,000

* 현금배당액은 선언한 경우 부채로 계상하고, 주식배당액은 선언한 경우 미교부주식배당금으로 기록한다.

② 20×1년 2월 28일 :

(차) 미교부주식배당금	475,000	(대)	자 본 금	475,000
미지급배당금	950,000		현 금	950,000

* 미교부주식배당금은 주식을 교부하는 때 자본금계정으로 대체한다.

③ 20×1년 7월 1일 :

(차) 현 금	424,000	(대)	자 기 주 식	300,000
			자기주식처분이익	124,000

* 자기주식은 원가로 기록하며, 처분하는 경우에는 장부금액과 처분가액을 비교하여 처분손익을 계산한다. 자기주식처분이익은 기타자본요소로 구분하며, 자기주식처분손실은 자기주식처분이익이 있는 경우 이와 상계하고 잔액이 없는 경우에는 이익잉여금의 처분으로 상각한다.

④ 20×1년 10월 1일 :

(차) 현 금	2,600,000	(대)	자 본 금	1,000,000
			주식발행초과금	1,600,000

* 액면금액을 초과하는 주식발행액은 그 차액을 주식발행초과금(자본잉여금)으로 처리한다.

⑤ 20×1년 12월 31일 :

(차) 집 합 손 익	1,800,000	(대)	미처분이익잉여금	1,800,000

(물음 2) 부분재무상태표(20×1년 12월 31일)

자 본 :	
자 본 금(액면 ₩500, 12,950주)	₩6,475,000
주식발행초과금	9,600,000
자기주식처분이익	124,000
자 기 주 식(250주)	(300,000)
이익준비금	1,095,000
공장확장적립금	650,000
미처분이익잉여금	3,130,000
자본 합계	₩20,774,000

연습문제

CHAPTER 11

1 [진위형] 다음 서술이 옳으면 T, 옳지 않으면 F를 기재하시오.

(1) 자본은 자산과 부채를 합한 개념으로 사용되기도 한다.

(2) 한국채택국제회계기준에서 자본은 불입자본과 이익잉여금 및 기타자본요소로 분류된다.

(3) 상환우선주는 거래의 실질에 따라 금융부채로 분류되기도 한다.

(4) 주식발행비는 지분상품의 발행가액을 증가시키는 역할을 한다.

(5) 우리나라에서 무상증자나 주식배당은 재원만 다를 뿐 경제적 실질은 같다.

(6) 자기주식은 처분을 통해 현금유입을 초래하므로 자산으로 보고하기도 한다.

(7) 원가법을 적용하는 경우 자기주식의 처분만으로도 기타자본요소의 증가가 이루어진다.

(8) FVOCI금융자산을 처분하지 않고 보유하고 있는 경우 공정가치가 상승하면 포괄손익계산서에 보고되는 기타포괄손익도 매년 상승액만큼 보고하게 된다.

2 [완성형] 다음 괄호 안에 가장 적절한 용어를 넣으시오.

(1) 한국채택국제회계기준에 의하면 자본을 불입자본, (　　) 및 기타자본요소로 분류할 수 있다.

(2) 영업이나 투자 또는 차입금 등을 상환하기 위하여 필요한 현금이나 현물을 주주로부터 출자받고 그 대가로 주주에게 발행·교부한 주식의 액면금액을 (　　)이라 한다.

(3) 회사가 이미 발행한 주식을 추후에 재발행하거나 소각할 목적으로 발행회사가 주주로부터 매입 또는 증여를 통해 보유하고 있는 주식을 (　　)이라 한다.

(4) 형식적 감자란 감소되는 주식에 대한 대가를 지급하지 않아 형식적으로만 자본금이 감소되는 것을 말하며, 이를 (　　)라고도 한다.

(5) (　　)이란 감소된 자본금이 주주에게 지급한 대가보다 많거나 또는 감소된 결손금보다 많은 경우에 그 차이금액을 말한다.

(6) 소유주와의 거래를 제외한 순자산의 증가 중 별도의 손익계산서에 보고되지 않고 포괄손익계산서에 보고되어 자본란에 표시되는 항목을 (   )이라 한다.
(7) 배당이나 적립금 등으로 처분되지 않고 남아 있는 것으로서, 처분대기중인 잉여금을 (   )이라 한다.
(8) 기초 자본항목의 잔액에 당기의 자본항목 변동액을 가감하여 기말 자본항목의 잔액을 표시하는 형식으로 작성하는 재무제표를 (   )라 한다.

3 [선다형] 다음 물음에 가장 타당한 답을 하나만 선택하시오.

(1) 회계상 자본의 개념이라 할 수 없는 것은?
① 소유주 청구권 ② 타인자본 ③ 잔여지분
④ 순자산 ⑤ 자기자본

(2) 보통주의 특성으로 옳지 않은 것은?
① 우선주에 앞서 배당금을 받을 수 있는 권리가 있다.
② 의결권을 통해 경영권을 행사할 수 있다.
③ 청산시 잔여재산에 대한 청구권이 있다.
④ 양도에 제한이 없다.
⑤ 시가상승으로 자본이득을 얻을 수 있다.

(3) 다음 중 자본금이 증가하는 거래는?
① 주식분할 ② 이익잉여금의 적립 ③ 현금배당
④ 주식배당 ⑤ 자기주식의 취득

(4) 자기주식과 관련된 설명으로 옳지 않은 것은?
① 자기주식은 발행은 되었으나 유통되지 않는 주식이다.
② 자기주식은 의결권, 배당권, 잔여재산청구권이 없다.
③ 자기주식은 자본의 감소를 초래한다.
④ 자기주식의 취득은 주당순이익을 감소시킨다.
⑤ 자기주식의 취득과 처분은 당기순손익에 영향을 주지 않는다.

(5) 주식배당과 관련된 설명으로 옳은 것은?
① 주식배당은 현금흐름표에 표시된다.
② 주식배당은 자본변동표에 표시된다.
③ 주식배당으로 자본총액은 증가한다.
④ 주식배당으로 자본총액은 감소한다.

⑤ 주식배당은 액면금액의 감소를 초래한다.

(6) 다음 중 이익잉여금에 관한 설명으로 옳은 것은?
① 이익잉여금은 특정 회계기간 동안의 수익과 비용의 세부적인 내역을 나타낸다.
② 배당금으로 지급할 수 있는 현금보유액을 의미한다.
③ 당기순이익과 이익잉여금은 항상 일치한다.
④ 이익잉여금의 증가를 초래하는 주된 항목은 당기순이익이며, 감소를 초래하는 주된 항목은 배당이다.
⑤ 주식을 발행하게 되면 이익잉여금이 증가된다.

(7) 회사가 20%의 주식배당을 선언한 경우 이익잉여금과 자본에 미치는 영향은?

	이익잉여금	자 본
①	불변	감소
②	불변	증가
③	감소	증가
④	감소	불변
⑤	불변	불변

(8) 다음 중 기타포괄손익누계액으로 분류되는 항목은?
① 해외사업환산손실 ② 주식할인발행차금 ③ 감자차손
④ 자기주식 ⑤ 자기주식처분손실

4 [주식의 발행 1] (주)경남은 주당 액면금액이 ₩5,000인 주식을 100주 발행하였다. 아래의 각 물음에 답하시오.

(물음 1) 주당 ₩5,000에 발행한 경우 회계처리를 제시하시오.
(물음 2) 주당 ₩7,000에 발행한 경우 회계처리를 제시하시오.
(물음 3) 주당 ₩3,000에 발행한 경우 회계처리를 제시하시오.

5 [주식의 발행 2] (주)상일의 20×1년 기초와 기말의 자본과 관련한 항목은 다음과 같다. (주)상일이 발행한 주식의 액면금액은 모두 ₩5,000으로 동일하다.

	20×1.1.1	20×1.12.31
자본금		
보통주자본금	₩500,000	₩1,000,000
주식발행초과금	100,000	300,000

(물음 1) 20×1년에 (주)상일이 추가로 발행한 주식수는 몇 주인가?

(물음 2) 20×1년에 (주)상일이 주식발행을 통해 조달한 현금은 얼마인가?

6 [자본계정의 이해] 다음은 (주)우리의 20×2년 12월 31일의 재무상태표와 주석에서 발췌한 정보의 일부이다. 보통주는 주당 ₩200에 발행하였다.

보통주자본금	₩4,600,000	이익잉여금	₩2,400,000
당기순이익	3,600,000	배당금지급액	2,100,000
발행주식수	30,000주	유통주식수	28,000주

(물음 1) 주식발행초과금은 얼마인가?

(물음 2) 기초이익잉여금은 얼마인가?

(물음 3) 자기주식수는 몇 주인가?

(물음 4) 주당이익은 얼마인가?

7 [주식배당과 주식분할] 다음은 하나회사의 주식배당 또는 주식분할 전의 재무상태표상 자본계정이다.

자 본 :	
보통주자본금(액면 ₩300, 수권주 40,000주, 발행주식 10,000주)	₩3,000,000
주식발행초과금	2,000,000
이익잉여금	4,000,000
자본 총계	₩9,000,000

하나회사는 주식배당 또는 주식분할을 하려고 한다. 하나회사의 경영자는 주식배당 또는 주식분할 후의 재무상태변동에 대해 많은 관심을 갖고 있다. 다음은 각기 독립된 상황이다.

(1) 5,000주의 주식배당(주식배당은 액면금액으로 자본전입이 이루어진다)
(2) 액면가 ₩200으로 주식분할

(물음 1) 주식배당을 선언하고 주식을 교부한 경우 각각에 대해 회계처리하시오.
(물음 2) 주식분할을 한 경우 회계처리를 하시오.
(물음 3) 주식배당 또는 주식분할 후 자본계정의 변화를 액면금액, 발행주식수를 포함하여 나타내시오.

8 [자본거래의 회계처리] 다음 거래는 각기 독립적이다. 각각의 거래를 회계처리하시오.

(1) 액면금액 ₩500인 보통주 1,000주를 주당 ₩800에 현금을 받고 발행하다.
(2) 액면금액 ₩500인 보통주 500주를 법원의 인가를 받아 주당 ₩400에 발행하다.
(3) 토지를 현물출자받고 액면가 ₩500인 보통주 8,000주를 발행하다. 주식 및 현물의 공정가치는 ₩8,000,000이다.
(4) 회사가 발행한 보통주 200주(주당 액면금액 ₩500)를 주당 ₩1,200에 취득하다.
(5) 주당 ₩1,000에 취득한 자기주식 10주를 주당 ₩1,200에 재발행하다.
(6) 주주총회에서 미처분이익잉여금을 현금배당 ₩400,000, 주식배당 ₩200,000, 공장확장적립금 ₩300,000으로 처분하는 결의가 이루어지다.

PART

Ⅳ 현금흐름표와 재무제표의 활용

CHAPTER

12

현금흐름표

일러두기 ••• 본장은 발생주의와 현금주의의 차이점을 바탕으로 기업의 현금흐름에 관한 내용을 알아보고자 한다. 일정 기간 동안의 현금흐름은 현금흐름표를 통해 보고하는데, 현금흐름표는 기업의 미래현금흐름 전망을 평가하는 데 매우 유용한 정보를 제공한다. 현금흐름표는 영업활동, 투자활동, 재무활동의 세 가지 활동으로 구분하여 작성하는데, 각 활동을 어떻게 구분하는지와 각 활동별 현금흐름 작성방법에 대해 확실히 이해해야 한다.

주요 용어 ••• 현금흐름표, 영업활동, 투자활동, 재무활동, 직접법, 간접법

중소형 건설사 매출 늘었지만 현금흐름 급격히 감소

유가증권시장에 상장된 중소형 건설사들의 재무상태가 외화내빈 상태를 보이고 있다. 이들 건설사는 2000년 이후 매출과 영업이익이 꾸준히 성장해오고 있다. 하지만 영업활동을 통해 확보하는 현금흐름은 지난해부터 급격히 나빠지고 있다. 미분양 증가로 인해 토지매입과 공사대금 중 회수하지 못하는 미수금이 크게 늘었기 때문이다. 이 같은 결과는 매일경제신문과 NH투자증권이 상장 건설사 중 20개 중소형사의 2000~2006년 간 재무제표를 분석한 데 따른 것이다. 20개 중소형 건설사의 평균매출액은 2000년 3,723억원에 불과했다. 부동산경기 활황에 따른 아파트 건설 증가와 왕성한 국토개발사업 등에 힘입어 매년 8% 이상의 매출성장세를 보여왔다. 2004년에는 매출액성장률이 17.8%에 달하기도 했다. 2006년 평균매출액은 6,597억원으로 2000년에 비해 77%나 늘었다. 영업이익도 꾸준한 호조세이고 부채비율도 양호하다. 하지만 세부적으로 보면 사정이 다르다. 현금이 얼마나 잘 유입되는지를 알 수 있는 현금흐름은 2003년까지만 해도 사당 한 해 평균 400억원을 넘었다. 하지만 2004년 -222억원으로 급격히 악화됐고 2005년 276억원으로 잠시 개선되더니 다시 2006년에는 46억원으로 줄었다. 2000년 423억원과 비교하면 89%나 감소했다.

■ 중소형 상장 건설사 주요 재무제표

(단위 : 억원, %)

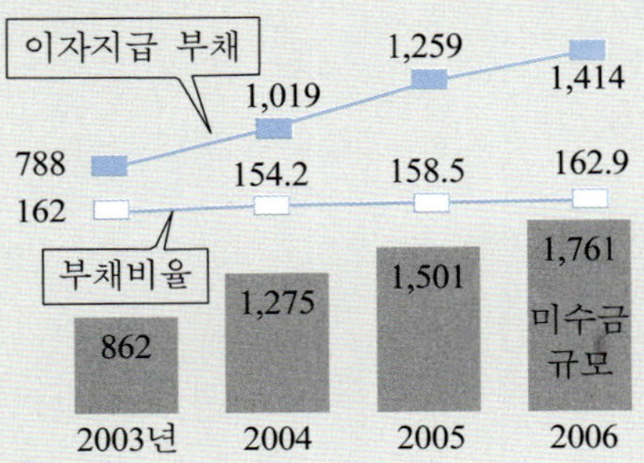

■ 중소형 상장 건설사 경영성적 변화

(단위 : 억원)

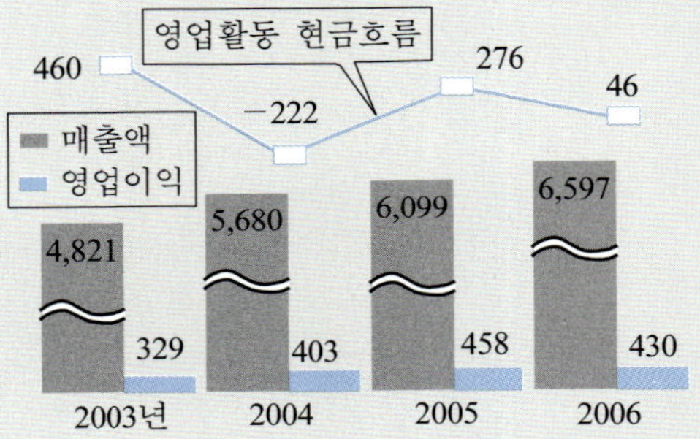

(자료 : NH투자증권)

조주형 하나대투증권 애널리스트는 "건설사의 재무건전성을 파악하는 가장 적절한 지표가 현금흐름"이라며 "이익이 줄거나 금융부채가 많이 늘어나면 현금흐름을 악화시킨다"고 설명했다. 실제로 이자를 지급해야 하는 금융권 부채(이자지급부채) 규모를 보면 단순한 부채비율과는 다른 추세를 보인다. 이들 건설사는 2000년 평균 1,895억원이던 이자지급부채를 2003년 788억원까지 크게 줄였지만 2004년 1,019억원으로 다시 늘어나기 시작해 2006년에는 1,414억원까지 증가했다. 강승민 애널리스트는 "이들 건설사가 직접 토지를 매입해 건설과 분양을 맡는 자기사업에 뛰어들기 시작한 시점과 이자지급부채가 증가하기 시작한 시점이 유사하다"고 분석했다. 이처럼 공격적으로 영업했지만 지난해부터 지방을 중심으로 미분양이 증가한 것이 재무구조에 악영향을 주고 있다. 2003년 사당 평균 862억원에 불과했던 미수금이 2006년 1,761억원으로 두 배 이상 증가했다. 올 들어서도 6월말까지 1,976억원으로 불과 6개월 만에 12.2% 늘었다. 조주형 애널리스트는 "최근 비상장 중소건설사들이 미분양으로 연쇄부도 위기를 맞고 있는 현실은 정도 차이가 있을 뿐 상장건설사들의 재무제표에도 비슷한 추세로 나타난다"고 설명했다. 상장건설사의 재무구조를 볼 때 비상장 건설사의 자금압박 정도를 쉽게 유추할 수 있다는 얘기다. 강 애널리스트는 "비상장 건설사의 경우 미수금 증가로 상당한 자금압박을 받고 있는 것이 현실"이라고 설명했다. 상장건설사들은 건설업계 전체적으로 비교하면 아직 상대적으로 우량한 재무구조를 갖추고 있다. 하지만 비상장 건설사의 자금압박이 장기화하면 상장건설사로의 여파도 무시하기 어렵다.

(자료 : 매일경제신문, 2007.9.17)

제 1 절 현금흐름표의 의의와 유용성

1 현금흐름표의 의의

지금까지 우리는 기본재무제표로서 재무상태표와 포괄손익계산서의 작성방법 및 구성요소의 인식과 측정에 대해 살펴보았다. 재무상태표는 일정 시점에서 기업의 재무상태를 나타내고, 포괄손익계산서는 일정 기간 동안 기업의 재무성과를 나타낸다.

그리고 이들 재무제표는 각기 독립적으로 존재하는 것이 아니라 회계등식에 의해 상호 밀접하게 연관되어 있다. 또한 위에 열거한 재무제표는 발생주의를 기준으로 작성된다는 것이다. 즉, 기업의 재무성과를 나타내는 포괄손익계산서의 당기순이익도 발생주의에 의해 계산된 수치이다.

그런데 당기순이익이 많고 기업에 유입되는 현금도 많으면 별다른 문제점이 없으나 그렇지 않은 경우가 많다. 즉, 기업의 당기순이익은 기대 이상으로 많이 발생되었음에도 불구하고 운영자금이 부족하거나 새로운 투자기회를 놓치는 경우가 있을 수 있다. 역으로 당기순이익은 그리 많이 발생되지 않았지만 기업의 여유자금이 많아 마땅한 투자처를 찾지 못하는 경우가 있다.

기업에 대한 현금흐름은 당기순이익 정보 못지않게 매우 중요한 정보이다. 당기순이익은 많이 발생되었지만 유동부채를 결제하지 못해 기업이 도산하는 경우도 많다. 이런 이유로 경영자나 정보이용자들은 현금흐름에 관한 정보를 필요로 하고 있다. 재무보고의 목적으로 기업의 미래현금흐름 전망을 평가하고, 유용한 정보를 제공하는 데 있다고 한 것을 보아도 그 중요성을 알 수 있다. 현금흐름표(statement of cash flow)는 현금흐름에 관한 정보를 정보이용자들에게 전달하기 위한 목적으로 작성한다.

기업의 경영활동은 그 성격에 따라 크게 상품의 매매와 관련된 주된(정상적) 영업활동과 토지와 건물의 구입 또는 처분과 같은 투자활동 및 차입금의 조달 또는 상환과 같은 재무활동으로 분류된다. 현금흐름표는 이와 같은 기업의 영업・투자・재무 활동에 의하여 발생되는 현금흐름(유입과 유출)에 대한 상세한 정보를 제공해 줌으로써 포괄손익계산서와 재무상태표의 유용성을 제고시켜 준다.

발생주의에 의해 작성되는 포괄손익계산서의 당기순이익 정보도 물론 중요하다. 그러나 이는 실제 현금흐름을 반영하지 못한다는 문제점이 있다. 그러므로 현금흐름표에 의한 영업활동 현금흐름은 발생주의에 의한 당기순이익이 제공하는 정보에 부가하여 추가(증분)적 정보(incremental information)의 역할을 한다. 즉, 정보의 유용성을 증가시키는 기능을 수행한다.

그리고 재무상태표를 직전 회계연도와 비교하는 형식으로 작성한다고 해서 재무상태의 변동에 관한 모든 정보를 제공하는 것은 아니다. 비교재무상태표는 직전 회계연도에 비해 얼마만큼 변동되었는지 그 변동의 크기만을 나타낸다. 즉, 토지가 증가되었다면 증가된 크기만 나타낼 뿐 증가된 원인에 대해서는 알 수 없다. 현금흐름표는 재무상태가 어떻게 변동되었는가를 현금흐름을 통해 알려준다. 토지가 증가되었다면 그 재원이 사채를 발행한 것인지 아니면 다른 유형자산을 처분한 것인지를 알 수 있게 해준다.

2 현금흐름표의 유용성

현금흐름표는 일정 기간 동안 기업의 현금유입과 현금유출에 관한 정보를 각 활동별로 제공하는 재무제표이다. 현금흐름표는 다음과 같은 유용한 정보를 제공한다.

(1) 현금흐름표는 미래현금흐름의 크기(양), 시기, 불확실성을 예측하는 데 도움이 되는 정보를 제공한다

현금흐름표는 현금흐름을 영업활동, 투자활동, 재무활동으로 구분하여 그 원천과 사용에 관한 정보를 제공하기 때문에, 정보이용자들은 활동별 현금흐름에 관한 정보를 이용할 수 있다. 동일한 금액의 현금흐름이라 하더라도 어떤 활동에서 발생했느냐가 의사결정에 중요한 영향을 미칠 수 있다. 일반적으로 투자자들은 영업활동으로부터 조달된 현금이 큰 기업을 보다 건실하고 양호한 기업으로 평가하고 선호한다.

(2) 현금흐름표는 영업활동, 투자활동 및 재무활동으로 인한 순현금흐름 정보를 제공함으로써 잉여(여유)현금흐름(free cash flow)의 파악을 가능하게 해준다

잉여현금흐름은 영업활동 현금흐름에서 배당금과 자본적 지출에 필요한 현금을 차감하고 남은 금액을 말하며, 이는 주식투자나 배당금, 타 기업의 인수 등에 사용가능한 현금을 의미한다. 그러므로 잉여현금흐름의 창출 여부에 따라 기업이 영업활동능력을 유지하고 성장을 위한 재투자 및 배당금 등을 지급할 능력이 있는 기업인가가 판명된다.

(3) 현금흐름표는 재무탄력성과 유동성을 평가하는 데 유용한 정보를 제공한다

재무탄력성은 예기치 못한 자금수요에 대비할 수 있도록 현금흐름의 크기와 시기를 효과적으로 변경할 수 있는 기업의 능력이며, 유동성은 기업의 자산이 현금화되는 데 걸리는 기간으로 유동부채를 상환할 수 있는 능력을 의미한다.

(4) 현금흐름표에 보고되는 영업활동 현금흐름은 이익의 우수성(quality of income)을 평가하는 데 유용한 정보를 제공한다[1)]

발생주의에 의한 순이익의 계산에는 가정과 추정, 임의적 배분이 수반되기 때문에 현금주의에 의한 것보다 객관성이 떨어진다. 따라서 동일한 순이익이라 하더라도 현금유입이 큰 순이익이 현금유입이 적은 순이익에 비해 우수하게 평가된다.

(5) 현금흐름표는 재무활동과 투자활동에 관한 정보를 제공하는 데 유용하다

현금흐름표는 기업이 필요한 자금을 타인자본에 의존하였는지 주식발행이나 사내에 유보된 자금을 사용했는지를 알 수 있게 해주며, 그 자금을 어떻게 사용했는지도 알 수 있게 해준다.

현금흐름표의 문제점 중의 하나는 현금개념이 모호하다는 것이다. 현금을 현금및현금성자산으로 정의하고 있지만 이의 분류가 명확한 것은 아니다. 다른 문제점으로 지적되는 것은 자금으로서의 현금개념이다. 현금개념은 목전의 현실에 입각한 단기적 자금개념이지만, 순운전자본이나 총재무자원은 기업활동을 전체적·장기적으로 파악하는 자금개념이다.[2)] 그러므로 이들 자금개념이 현금개념보다 더 유용할 수 있다.

---

1) 이익의 우수성은 영업활동 현금흐름을 당기순이익으로 나누어 측정한다.

2) 순운전자본은 유동자산에서 유동부채를 차감한 개념이며 총재무자원은 모든 자산과 부채를 의미하는 개념이다.

제 2 절 현금흐름표의 구조와 내용

1 현금개념과 현금흐름표의 구조

현금흐름표에서 현금은 현금및현금성자산을 포함하는 개념이다.[3] 현금성자산은 ① 유동성이 매우 높은 단기투자자산으로서, ② 확정된 금액의 현금으로 전환이 용이하고, ③ 가치변동의 위험이 중요하지 않은 자산을 말한다. 그러므로 현금변동액을 파악하려면 이들 항목이 배제되지 않도록 주의해야 한다.

기업의 현금흐름을 파악하는 방법에는 크게 두 가지가 있다. 하나는 모든 현금유입에서 모든 현금유출을 차감하는 방법이다. 즉, 이 방법은 영업활동과 투자활동 및 재무활동으로 인한 현금유입을 먼저 파악하고, 그 다음으로 각 활동으로 인한 현금유출을 파악하는 형식으로 작성한다. 이 방법은 기업의 실제 현금흐름의 방향과 일치한다. 그러나 이 방법은 각 활동으로 인한 현금흐름에 관한 정보를 제공하지 못한다. 이의 대안으로 제시된 방법이 각 활동별로 현금흐름을 파악하는 방법이다. 즉, 영업활동으로 인한 현금과 투자활동으로 인한 현금 및 재무활동으로 인한 현금을 분리하여 파악한 다음 각 활동별 현금흐름을 집계하는 형식으로 이루어진다.

한국채택국제회계기준에 의한 현금흐름표는 후자의 방식에 의하도록 되어 있다. 즉, 현금흐름은 영업활동과 투자활동 및 재무활동으로부터 각각의 현금유입액과 현금유출액을 파악한 다음 각 활동으로 인한 순현금유입액을 가산(각 활동별 현금흐름이 유출이면 차감)하는 형식으로 작성한다. 이는 현금흐름표를 작성하는 원리와 동일하다. 그러면 현금흐름표를 작성하는 원리를 살펴보자. 우선 회계등식으로부터 다음 최종 등식까지 전환할 수 있다. 왜냐하면 회계등식은 항등식이기 때문이다.

자산＝부채＋자본
현금＋비현금자산＝부채＋자본(비현금자산은 현금을 제외한 나머지 자산을 의미함)
현금＝부채＋자본－비현금자산
Δ현금＝Δ부채＋Δ자본－Δ비현금자산(여기서 Δ는 변동액을 나타냄)

3) 간략한 표현을 위해 앞으로 특별한 경우를 제외하고는 현금및현금성자산을 현금으로 표기하기로 한다.

위의 최종 등식에서 현금이 증가(유입, Δ값이 +)되기 위해서는 부채가 증가(Δ값이 +, 차입금 조달 등)되거나 자본이 증가(Δ값이 +, 신주발행 등) 또는 비현금자산이 감소(Δ값이 −, 토지 처분 등)되어야 한다. 역으로 현금이 감소(유출, Δ값이 −)되기 위해서는 부채가 감소(Δ값이 −, 차입금 상환 등)되거나 자본이 감소(Δ값이 −, 배당금 지급 등) 또는 비현금자산이 증가(Δ값이 +, 건물 취득 등)되어야 한다. 그러므로 현금변동액은 부채와 자본 및 비현금자산의 변동액을 파악하여 계산하며, 이는 비교재무상태표상의 현금변동액과 일치되어야 한다. 지금까지의 설명을 도해하면 12-1 과 같다.

12-1 실제 현금흐름과 현금흐름표의 형식

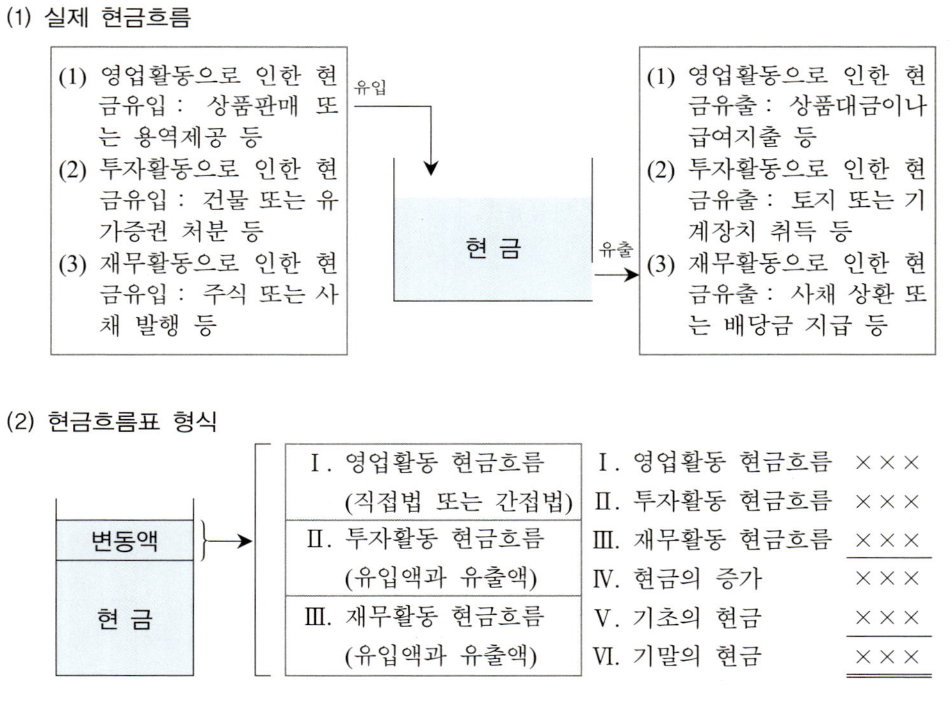

위에서 보는 바와 같이 현금흐름표는 현금흐름을 영업활동, 투자활동 및 재무활동 현금흐름으로 구분하여 표시하고, 이 세 가지 활동의 순현금흐름에 기초의 현금을 가산하여 기말의 현금을 산출하는 형식으로 표시한다. 현금흐름을 영업활동, 투자활동 및 재무활동 현금흐름으로 구분하여 표시하면 이러한 활동이 각각 재무

상태와 전체 현금흐름에 미친 영향 및 각 활동의 상호 관련성을 평가하는 데 유용하다.

한국채택국제회계기준에 의한 현금흐름표의 개략적 양식을 보이면 다음과 같다. 양식은 다음에 설명할 영업활동 현금흐름을 어떻게 표현하느냐에 따라 직접법과 간접법으로 구분된다. 간접법은 영업활동 현금흐름란만 제시한다.

직접법과 간접법은 영업활동 현금흐름을 분석하는 방법에만 차이가 있으며, 투자활동과 재무활동 현금흐름을 분석하는 방법에는 차이가 없다. 그리고 투자활동과 재무활동 현금흐름을 분석할 때, 동일한 계정과목에서 현금유입과 현금유출이

(직접법)

현금흐름표

제×(당)기 20×2년 ×월 ×일부터 20×2년 ×월 ×일까지

××회사 제×(전)기 20×1년 ×월 ×일부터 20×1년 ×월 ×일까지 (단위 : 원)

과 목	제×(당)기		제×(전)기	
	금 액		금 액	
영업활동 현금흐름		×××		×××
고객으로부터 유입된 현금	×××		×××	
공급자와 종업원에 대한 현금유출	(×××)		(×××)	
영업에서 창출된 현금	×××		×××	
이 자 수 취	×××		×××	
배당금수취	×××		×××	
법인세납부 등	(×××)		(×××)	
투자활동 현금흐름		×××		×××
토 지 처 분	×××		×××	
기타포괄손익-공정가치측정금융자산 처분	×××		×××	
건 물 취 득	(×××)		(×××)	
특허권취득 등	(×××)		(×××)	
재무활동 현금흐름		×××		×××
사 채 발 행	×××		×××	
보통주발행	×××		×××	
차입금상환	(×××)		(×××)	
배당금지급 등	(×××)		(×××)	
현금및현금성자산의 순증가(감소)		×××		×××
기초의 현금및현금성자산		×××		×××
기말의 현금및현금성자산		×××		×××

(간접법)

현금흐름표

제×(당)기 20×2년 ×월 ×일부터 20×2년 ×월 ×일까지

××회사 제×(전)기 20×1년 ×월 ×일부터 20×1년 ×월 ×일까지 (단위 : 원)

과 목	제×(당)기		제×(전)기	
	금 액		금 액	
영업활동 현금흐름		×××		×××
법인세비용차감전순이익	×××		×××	
가감조정 :				
감가상각비	×××		×××	
외화환산손실	×××		×××	
유형자산처분손실	×××		×××	
투 자 수 익	(×××)		(×××)	
이 자 비 용	×××		×××	
매출채권의 증가	(×××)		(×××)	
매입채무의 증가 등	×××		×××	
영업에서 창출된 현금	×××		×××	
이 자 수 취	×××		×××	
배당금수취	×××		×××	
이 자 지 급	(×××)		(×××)	
법인세납부 등	(×××)		(×××)	

동시에 발생되는 경우 각각 총액으로 표시한다. 예를 들면 건물 구입으로 인한 현금유출액과 건물 처분으로 인한 현금유입액은 이를 상계하지 않고 각각 총액으로 표시한다.

2 활동유형별 현금흐름

1. 영업활동 현금흐름

영업활동 현금흐름은 경영활동, 차입금 상환, 배당금 지급 및 신규 투자 등에 필요한 현금을 외부로부터 조달하지 않고 자체적인 영업활동으로부터 얼마나 창출하였는지에 대한 정보를 제공한다. 영업활동은 투자활동 또는 재무활동에 속하지 않는 모든 거래와 사건을 포함하며, 주로 재고자산의 생산 또는 구매 활동과 판매활동 및

관리활동을 포함한다. 영업활동 현금흐름은 일반적으로 당기순이익에 영향을 주는 거래와 사건의 결과로 발생한다. 영업활동 현금흐름의 예를 보이면 다음과 같다.

영업활동 현금흐름의 예

(1) 재화의 판매와 용역 제공에 따른 현금유입
(2) 로열티, 수수료, 중개료 및 기타수익에 따른 현금유입
(3) 재화와 용역의 구입에 따른 현금유출
(4) 종업원과 관련하여 직·간접으로 발생하는 현금유출
(5) 법인세의 납부 또는 환급. 다만, 재무활동과 투자활동에 명백히 관련되는 것은 제외한다.
(6) 단기매매목적으로 보유하는 계약에서 발생하는 현금유입과 현금유출

2. 투자활동 현금흐름

투자활동 현금흐름은 미래이익과 미래현금흐름을 창출할 자원의 확보와 처분에 관련된 현금흐름에 대한 정보를 제공한다. 투자활동은 현금의 대여와 회수 활동, 유가증권 등 투자자산과 유형자산 및 무형자산의 취득과 처분 활동을 포함한다. 투자활동으로 인한 현금유입과 현금유출의 예를 보이면 다음과 같다.

투자활동 현금흐름의 예

(1) 유형자산, 무형자산 및 기타 장기성 자산의 취득에 따른 현금유출
(2) 유형자산, 무형자산 및 기타 장기성 자산의 처분에 따른 현금유입
(3) 다른 기업의 지분상품이나 채무상품 및 조인트벤처 투자지분의 취득에 따른 현금유출(현금성자산으로 간주되는 상품이나 단기매매목적으로 보유하는 상품의 취득에 따른 유출액은 제외)
(4) 다른 기업의 지분상품이나 채무상품 및 조인트벤처 투자지분의 처분에 따른 현금유입(현금성자산으로 간주되는 상품이나 단기매매목적으로 보유하는 상품의 처분에 따른 유입액은 제외)
(5) 제3자에 대한 선급금 및 대여금(금융회사의 현금 선지급과 대출채권은 제외)
(6) 제3자에 대한 선급금 및 대여금의 회수에 따른 현금유입(금융회사의 현금 선지급과 대출채권은 제외)

3. 재무활동 현금흐름

재무활동 현금흐름의 정보는 주주, 채권자 등이 미래현금흐름에 대한 청구권을 예측하는 데 유용하다. 재무활동은 현금의 차입과 상환, 신주발행과 배당금의 지급을 포함한다. 재무활동으로 인한 현금유입과 현금유출의 예를 보이면 다음과 같다.

재무활동 현금흐름의 예

(1) 주식이나 기타 지분상품의 발행에 따른 현금유입
(2) 주식의 취득이나 상환에 따른 소유주에 대한 현금유출
(3) 담보·무담보부사채 및 어음의 발행과 기타 장·단기차입에 따른 현금유입
(4) 차입금의 상환에 따른 현금유출
(5) 리스이용자의 금융리스부채 상환에 따른 현금유출

여기서 주의할 점은 이자와 배당금의 표시방법이다. 한국채택국제회계기준에서는 이자와 배당금의 수취 및 지급에 따른 현금흐름은 각각 별도로 공시하도록 규정하고 있다. 또한 각 현금흐름은 매 기간 일관성 있게 영업, 투자 또는 재무 활동으로 분류해야 한다. 이에 대한 대체적 표시방법을 보이면 다음과 같다.

K-IFRS 이자와 배당금의 분류표시

- 이자지급, 이자수입, 배당금수입
  - 금융회사의 경우 일반적으로 영업활동
  - 다른 업종의 경우에도 일반적으로 영업활동으로 분류하나 재무자원의 획득원가로 간주하는 경우에는 재무활동, 투자자산에 대한 수익으로 보는 경우에는 투자활동으로 일관성 있게 분류한다.
- 배당금 지급
  - 재무자원의 획득비용으로 보는 경우에는 재무활동
  - 재무제표이용자가 영업활동 현금흐름에서 배당금을 지급할 수 있는 기업의 능력을 판단하는 데 도움을 주고자 하는 경우에는 영업활동으로 분류할 수 있다.

현금흐름표는 영업활동, 투자활동 및 재무활동으로 인한 현금의 유입액과 유출액을 표시하므로 현금의 유입과 유출을 수반하지 않는 비현금거래는 현금흐름표에서 제외된다. 한국채택국제회계기준에서는 비현금거래를 재무제표의 다른 부분

에 공시하도록 요구하고 있다. 이러한 정보는 주로 주석으로 공시된다. 중요한 비현금거래의 예로는 ① 자산 취득시 직접 관련된 부채를 인수하거나 금융리스를 통하여 자산을 취득하는 경우, ② 주식 발행을 통한 기업의 인수, ③ 채무의 지분 전환 등을 들 수 있다.

▶ QR코드로 배우는 회계
기업의 미래 재정능력을 보여주는 '현금흐름'

▶ QR코드로 배우는 회계
위메프, 현금 600억 늘었지만 미지급금 4,700억

제 3 절 활동유형별 현금흐름의 측정과 표시(☆)

1 영업활동 현금흐름 : 직접법과 간접법

영업활동 현금흐름 계산은 현금흐름표 작성에 있어서 가장 핵심적인 부분으로서, 이를 계산하고 현금흐름표에 표시하는 방법으로 직접법과 간접법이 있다.

1. 직접법

직접법이란 현금의 증감을 초래하는 수익 또는 비용 항목들을 직접 이용하여 영업활동 현금흐름을 구하는 방법을 말한다. 즉, 직접법은 현금을 수반하여 발생한 수익 또는 비용 항목을 총액으로 표시하되, 현금유입액은 원천별로 분류하여 표시하고 현금유출액은 용도별로 분류하여 표시하는 방법이다.

영업활동 현금흐름을 직접법에 의하여 계산하는 경우 현금을 수반하여 발생하는 수익·비용 항목을 원천별로 구분하여 직접 계산하는 방법, 매출과 매출원가에 현금의 유출·유입이 없는 항목과 재고자산·매출채권·매입채무의 증감을 가감하여 계산하는 방법 등 두 가지가 있다. 본서에서는 후자의 방법을 이용하여 영업활동 현금흐름을 계산하는 과정을 설명하기로 한다.

직접법을 적용하여 표시한 영업활동 현금흐름은 재무상태표나 포괄손익계산서에서 얻을 수 없는 정보를 제공하며, 미래현금흐름을 추정하는 데 간접법에 비하여 보다 유용한 기초자료를 제공한다. 그러면, 직접법을 적용하여 영업활동 현금흐름을 표시하는 경우에 필요한 매출활동으로 인한 현금유입과 매입활동으로 인한 현금유출, 이자지급 및 이자수취 금액을 계산하는 방법에 대해 알아보도록 하자.

(1) 매출활동으로 인한 현금유입액

포괄손익계산서에 보고되는 매출액은 전액 현금으로 유입된 것으로 볼 수 없다. 상품을 판매하면 수익인식기준에 따라 매출(수익)을 인식하게 되나, 그 대가는 계약조건에 따라 상품의 인도와 동시에 받을 수도 있고 나중에 받을 수도 있다. 매출액은 현금매출액과 신용매출액으로 구성된다. 그러므로 매출활동으로 인한 현금유입액은 현금매출액에 매출채권 회수액의 합으로 결정된다.

그런데 매출채권 회수액은 전기의 신용매출액이 당기에 현금으로 회수될 수도 있기 때문에 매출채권의 변동(증가 또는 감소)을 신용매출액과 관련시켜 분석해야만 한다. 즉, 당기말 매출채권 잔액이 전기말 매출채권 잔액보다 증가하게 되면 그 증가액은 당기의 신용매출액 중 아직 현금으로 회수되지 않은 금액을 의미한다.[4] 그러므로 당기의 신용매출액에서 매출채권 순증가액을 차감한 금액이 당기의 매출채권 회수액이 된다.

이와는 달리, 당기말 매출채권 잔액이 전기말 매출채권 잔액보다 감소하게 되면 그 감소액은 전기의 신용매출액이 당기에 현금으로 회수된 금액을 의미한다. 그러므로 당기의 신용매출액에 매출채권 순감소액을 가산한 금액이 당기의 매출채권 회수액이 된다.

이러한 관계를 매출채권 잔액이 증가한 경우를 예로 들어 살펴보면 다음과 같다.

매출채권

기초금액	✓20,000	80,000	←	회수액
당기 신용매출액 →	100,000			
기말금액	✓40,000			

위의 경우 매출채권의 기초금액은 ₩20,000이고 당기 신용매출액은 ₩100,000임

4) 물론 매출채권에 대해 대손이 발생하는 경우에는 이를 고려해야 한다. 즉, 대손발생액만큼 현금회수액이 감소될 것이다. 그리고 고객으로부터 선수금을 받은 경우에도 이를 고려해야 한다. 보다 자세한 내용은 중급회계 교재를 참고하기 바란다.

을 보여주고 있다. 만약 매출채권의 기말금액이 ₩40,000이라면 매출채권 중 당기 회수액이 ₩80,000(=₩20,000+₩100,000−₩40,000)임을 알 수 있다. 이런 관계를 이용해 **12-2** 와 같이 공식화할 수 있다.

12-2 매출활동으로 인한 현금유입액

매출채권 회수액=매출채권 기초금액+당기 신용매출액−매출채권 기말잔액
　=당기 신용매출액−(매출채권 기말금액−매출채권 기초금액)
매출활동으로 인한 현금유입액=당기 현금매출액+매출채권 회수액
　=(당기 현금매출액+당기 신용매출액)−(매출채권 기말금액−매출채권 기초금액)
　=포괄손익계산서상의 매출액−Δ매출채권

이를 발생주의와 현금주의의 조정 측면에서 다음과 같은 관계로 표시할 수 있다.

		발생주의		조 정		현금주의
매출활동으로 인한 현금유입	=	포괄손익계산서상의 매출		(+) 기초매출채권 (−) 기말매출채권	=	매 출

(2) 매입활동으로 인한 현금유출액

포괄손익계산서에 비용으로 계상되어 있는 매출원가는 전액 현금으로 유출된 것으로 볼 수 없다. 상품을 매입하여 판매하면 발생주의에 따라 매출원가를 인식하게 되나, 매입대가는 계약조건에 따라 상품의 인수와 동시에 지급할 수도 있고 나중에 지급할 수도 있기 때문이다. 그리고 매출원가는 기초재고액에 당기매입액을 가산하고 기말재고액을 차감하여 계산한다. 그러므로 매입으로 인한 현금유출액을 계산하기 위해서는 이들 계정을 모두 고려해야 한다.

매입활동으로 인한 현금유출액은 당기의 현금매입액과 매입채무 상환액의 합으로 결정된다. 그런데 매입채무 상환액은 전기의 신용매입액을 당기에 현금으로 상환할 수도 있기 때문에 매입채무의 변동(증가 또는 감소)을 신용매입액과 관련시켜 분석해야만 한다. 즉, 당기말 매입채무 잔액이 전기말 매입채무 잔액보다 증가하게 되면 그 증가액은 당기의 신용매입액 중 아직 현금으로 상환하지 않은 금액을 의미한다. 그러므로 당기의 신용매입액에서 매입채무 순증가액을 차감한 금액이 당기의 매입채무 상환액이 된다.

이와는 달리, 당기말 매입채무 잔액이 전기말 잔액보다 감소하면 그 감소액은 전기의 신용매입액을 당기에 현금으로 상환한 금액을 의미한다. 그러므로 당기의 신용매입액에 매입채무 순감소액을 가산한 금액이 당기의 매입채무 상환액이 된다.

이러한 관계를 매입채무 잔액이 증가한 경우를 예로 들어 살펴보면 다음과 같다.

매입채무

상환액	→	180,000	✓30,000		기초금액
			200,000	←	당기 신용매입액
			✓50,000		기말금액

매출원가

기초재고액		10,000	20,000		기말재고액
당기매입액 :	신용	200,000	490,000	←	당기 매출원가
	현금	300,000			
		510,000	510,000		

∴ 매입활동으로 인한 현금유출액 : ₩180,000＋₩300,000＝₩480,000
(대체적 방법 : ₩500,000－₩20,000＝₩480,000
₩490,000＋₩10,000－₩20,000＝₩480,000)

위의 경우 매입채무의 기초금액은 ₩30,000이고 당기 신용매입액은 ₩200,000임을 보여주고 있다. 만약, 매입채무의 기말금액이 ₩50,000이라면 당기 매입채무 상환액이 ₩180,000(＝₩30,000＋₩200,000－₩50,000)임을 알 수 있다. 그리고 현금매입액이 ₩300,000이므로 매입활동으로 인한 현금유출액은 ₩480,000이 된다.

그러나 매입장을 보면 현금매입액을 알 수 있지만 총계정원장에는 현금매입액이 나타나지 않는다. 그러므로 대체적 방법으로 다음의 공식에서 보듯이 매입계정과 매출원가계정 및 매입채무계정으로부터 매입으로 인한 현금유출액을 계산한다. 이런 관계와 매출원가를 계산하는 공식을 이용해 12-3 과 같이 공식화할 수 있다.

12-3 매입활동으로 인한 현금유출액

매입채무 상환액＝매입채무 기초금액＋당기 신용매입액－매입채무 기말잔액
＝당기 신용매입액－(매입채무 기말금액－매입채무 기초금액)
매입활동으로 인한 현금유출액＝당기 현금매입액＋매입채무 상환액
＝(당기 현금매입액＋당기 신용매입액)－(매입채무 기말금액－매입채무 기초금액)
＝당기매입액－Δ매입채무
＝포괄손익계산서상 매출원가＋Δ재고자산－Δ매입채무[5)]

이를 발생주의와 현금주의의 조정 측면에서 다음과 같은 관계로 표시할 수 있다.

		발생주의		조 정		현금주의
매입활동으로 인한 현금유출	=	포괄손익계산서상의 매출원가		(+) 기초매입채무 (−) 기말매입채무 (+) 기말재고자산 (−) 기초재고자산	=	매출원가

예제 12-1 매출과 매입으로 인한 현금흐름(직접법)

다음은 청주회사의 20×1년도 재무자료의 일부이다.

(1) 20×1년도 포괄손익계산서상의 매출액은 ₩500,000이고, 매출원가는 ₩300,000이다.
(2) 일부 자산과 부채의 20×1년도 기초와 기말 잔액은 다음과 같다. 대손충당금계정은 없다고 가정한다.

	1/01/20×1	12/31/20×1
매 출 채 권	₩50,000	₩60,000
재 고 자 산	70,000	100,000
매 입 채 무	40,000	20,000

요구사항

1. 매출활동으로 인한 현금유입액을 계산하시오.
2. 매입활동으로 인한 현금유출액을 계산하시오.

풀이 및 해설

1. 매출활동으로 인한 현금유입액＝포괄손익계산서상의 매출액－Δ매출채권
   ∴ ₩500,000－(₩60,000－₩50,000)＝₩490,000
2. 매입활동으로 인한 현금유출액＝포괄손익계산서상 매출원가＋Δ재고자산－Δ매입채무
   ∴ ₩300,000＋(₩100,000－₩70,000)－(₩20,000－₩40,000)＝₩350,000

(3) 기타 이자수익 등의 현금유입액

이자수익이나 배당금수익 또는 임대료 등 포괄손익계산서에 수익으로 계상되어 있는 항목 역시 전액 현금으로 유입된 것으로 볼 수 없다. 이와 같은 수익은 가

5) ∵ 기초재고액＋당기매입액＝매출원가＋기말재고액
당기매입액＝매출원가＋(기말재고액－기초재고액)＝매출원가＋Δ재고자산

득되었지만 계약조건에 따라 아직 현금으로 유입되지 않은 미수수익과 가득되지 않았지만 이미 현금으로 유입된 선수수익 등이 있기 때문에 포괄손익계산서상의 수익과 당기의 현금유입액이 일치하지 않는 것이 일반적이다.

그러므로 미수수익의 당기중 증가・감소와 선수수익의 당기중 증가・감소를 포괄손익계산서상의 기타수익과 비교・분석해야만 기타수익으로부터의 현금유입액을 계산할 수 있게 된다. 즉, 당기말 미수수익계정 잔액이 전기말 잔액보다 증가하게 되면 그 순증가액은 당기에 가득된 수익 중 아직 현금으로 유입되지 않은 금액을 의미한다. 그리고 당기말 선수수익계정 잔액이 전기말 잔액보다 감소하게 되면 그 순감소액은 당기에 가득된 수익이지만 이미 전기에 현금으로 유입된 금액을 의미한다. 따라서 이러한 경우에는 당기에 가득된 수익에서 미수수익의 순증가액과 선수수익의 순감소액을 차감한 금액이 당기중 기타수익으로부터의 현금유입액이 된다.

역으로 당기말 미수수익계정 잔액이 전기말 잔액보다 감소하게 되면 그 순감소액은 전기에 가득된 수익 중 당기에 현금으로 유입된 금액을 의미한다. 그리고 당기말 선수수익계정 잔액이 전기말 잔액보다 증가하게 되면 그 순증가액은 당기에 가득되지는 않았지만 당기에 현금으로 유입된 금액을 의미한다. 따라서 이러한 경우에는 당기에 가득된 수익에 미수수익의 순감소액과 선수수익의 순증가액을 가산한 금액이 당기중 기타수익으로부터의 현금유입액이 된다. 이러한 관계를 산식으로 표시하면 다음과 같다.

기타수익으로부터의 현금유입액

기타수익으로부터의 현금유입액＝포괄손익계산서상의 기타수익－(기말미수수익－기초미수수익)＋(기말선수수익－기초선수수익)

(4) 기타 이자비용 등의 현금유출액

이자비용과 법인세비용 또는 임차료 등 포괄손익계산서에 비용으로 계상되어 있는 항목 역시 전액 현금으로 유출된 것으로 볼 수 없다. 이와 같은 비용은 발생되었지만 계약조건에 따라 아직 현금으로 유출되지 않은 미지급비용과 발생되지는 않았지만 이미 현금으로 지급한 선급비용 등이 있기 때문에 포괄손익계산서상의 비용과 당기의 현금유출액이 일치하지 않는 것이 일반적이다.

그러므로 미지급비용의 당기중 증가・감소와 선급비용의 당기중 증가・감소를 포괄손익계산서상의 기타비용과 비교·분석해야만 기타비용으로 인한 현금유출액을 계산할 수 있게 된다. 즉, 당기말 미지급비용 잔액이 전기말 잔액보다 증가하게 되면 그 순증가액은 당기에 발생된 비용 중 아직 현금으로 유출되지 않은 금액을 의미한다. 그리고 당기말 선급비용 잔액이 전기말 잔액보다 감소하게 되면 그 순감소액은 당기에 발생된 비용이지만 이미 전기에 현금으로 유출된 금액을 의미한다. 따라서 이러한 경우에는 당기에 발생된 비용에서 미지급비용의 순증가액과 선급비용의 순감소액을 차감한 금액이 당기중 기타비용으로 인한 현금유출액이 된다.

역으로 당기말 미지급비용 잔액이 전기말 잔액보다 감소하게 되면 그 순감소액은 전기에 발생된 비용 중 당기에 현금으로 유출된 금액을 의미한다. 그리고 당기말 선급비용 잔액이 전기말 잔액보다 증가하게 되면 그 순증가액은 당기에 발생되지는 않았지만 이미 현금으로 유출된 금액을 의미한다. 따라서 이러한 경우에는 당기에 발생된 비용에 미지급비용의 순감소액과 선급비용의 순증가액을 가산한 금액이 당기중 기타비용으로 인한 현금유출액이 된다. 이러한 관계를 산식으로 표시하면 다음과 같다.

기타비용으로 인한 현금유출액

> 기타비용으로 인한 현금유출액＝포괄손익계산서상의 기타비용－(기말미지급비용－기초미지급비용)＋(기말선급비용－기초선급비용)

예제 12-2 기타 수익과 비용의 현금흐름

다음은 20×1회계연도 강원회사의 임차료와 이자수익과 관련된 자료이다.

(1) 20×1회계연도 포괄손익계산서에 계상된 임차료는 ₩100,000이며, 관련 재무상태표 계정은 다음과 같다.

	1/01/20×1	12/31/20×1
선 급 비 용	₩24,000	₩28,000
미지급비용	16,000	14,000

(2) 20×1회계연도 포괄손익계산서에 계상된 이자수익은 ₩200,000이며, 관련 재무상태표계정은 다음과 같다.

	1/01/20×1	12/31/20×1
선 수 수 익	₩35,000	₩32,000
미 수 수 익	40,000	32,000

요구사항

1. 임차료로 인한 현금유출액을 계산하시오.
2. 이자수익으로 인한 현금유입액을 계산하시오.

풀이 및 해설

1. 임차료 현금유출액
   =포괄손익계산서상의 기타비용−(기말미지급비용−기초미지급비용)
   +(기말선급비용−기초선급비용)
   ∴ ₩100,000−(₩14,000−₩16,000)+(₩28,000−₩24,000)=₩106,000
2. 이자수익 현금유입액
   =포괄손익계산서상의 기타수익−(기말미수수익−기초미수수익)
   +(기말선수수익−기초선수수익)
   ∴ ₩200,000−(₩32,000−₩40,000)+(₩32,000−₩35,000)=₩205,000

2. 간접법

간접법이란 포괄손익계산서상의 법인세비용차감전순이익에 가산할 항목은 가산하고 차감할 항목은 차감하여 영업활동 현금흐름을 구하는 방법이다.[6] 가산할 항목은 성격상 ① 현금의 유출이 없는 비용 등을 가산하는 항목, ② 현금의 유입이 없는 수익 등을 차감하는 항목, ③ 영업활동과 관련된 자산·부채의 변동 등 세 가지로 분류할 수 있다.

(1) 현금의 유출이 없는 비용 등의 가산

현금의 유출이 없는 비용 등이란 ① 현금의 유출이 없는 비용과 ② 투자활동과 재무활동으로 인한 비용을 말한다.

현금의 유출이 없는 비용의 대표적 예로 감가상각비와 무형자산상각비, 사채할인발행차금상각분, 지분법손실 등이 있다. 이들 비용은 현금의 유출이 없지만 포

6) 간접법에 의해 영업활동 현금흐름을 표시하는 경우 다양한 방법이 있다. 우선, 당기순이익에 가감조정하는 방법과 법인세비용차감전순이익에 가감조정하는 방법이 있다. 그리고 이자수익과 이자비용 및 법인세지급 등을 별도로 표시하는 방법과 그렇지 않은 방법이 있다. 앞의 양식에서 제시했듯이 한국채택국제회계기준에서는 법인세비용차감전순이익에 가감조정하고, 이자수익과 배당금수익 및 이자비용과 법인세지급 등을 별도로 나타내는 방법을 예시하고 있다. 이때에는 법인세비용과 미지급법인세 변동액을 고려하여 법인세지급액을 파악하는 절차가 추가로 필요하다.

괄손익계산서에 비용으로 계상되어 그만큼 법인세비용차감전순이익을 감소시켜 주었으므로 법인세비용차감전순이익에 가산한다. 이렇게 함으로써 영업활동으로 인한 현금액이 정확히 계산된다.

투자활동 및 재무활동으로 인한 비용(손실)을 가산시켜 주는 이유는 다르다. 예를 들어, 장부금액 ₩100,000인 사채를 ₩120,000에 현금으로 상환하였다고 하자. 그러면 포괄손익계산서에 ₩20,000의 사채상환손실이 계상되어 법인세비용차감전순이익을 감소시킬 것이다. 간접법에 의해 영업활동 현금흐름을 계산할 때에는 법인세비용차감전순이익만큼 현금의 유입이 있다고 가정하고 그 다음 특정 항목을 가감해 주는 것이다. 그런데 재무활동으로 인한 현금유출액을 표시할 때에는 사채의 장부금액이 아니라 상환가액인 ₩120,000으로 하도록 되어 있다. 그러므로 ₩20,000을 법인세비용차감전순이익에 가산하지 않게 되면 ₩20,000만큼 현금유출이 이중으로 표시되어 현금흐름에 관한 정보를 정확히 보고하지도 못할 뿐만 아니라 대차도 맞지 않게 된다. 이런 이유로 사채상환손실이나 유형자산처분손실 등을 가산해 주는 것이다.

(2) 현금의 유입이 없는 수익 등의 차감

현금의 유입이 없는 수익 등이란 ① 현금의 유입이 없는 수익과 ② 투자활동과 재무활동으로 인한 수익을 말한다.

현금의 유입이 없는 수익의 예로 지분법이익과 외화환산이익, 유형자산처분이익, 사채상환이익, 할인취득한 상각후원가측정금융자산의 할인차금 상각분 등을 들 수 있다. 이들 항목은 포괄손익계산서에 수익으로 보고되어 법인세비용차감전순이익을 증가시켜 주었다. 그러나 현금의 유입이 없는 수익이므로 법인세비용차감전순이익에서 차감해 주어야만 영업활동으로 인한 현금흐름액이 정확히 보고된다.

그러나 투자활동과 재무활동으로 인한 수익을 차감해 주는 이유는 다르다. 예를 들어, 장부금액 ₩200,000인 토지를 ₩250,000에 처분하였다고 하자. 그러면 포괄손익계산서에는 유형자산처분이익으로 ₩50,000이 보고되어 법인세비용차감전순이익을 증가시켰을 것이다. 그리고 투자활동란에는 유형자산처분으로 장부금액이 아닌 처분가액으로 ₩250,000이 보고된다. 그러므로 유형자산처분이익 ₩50,000을 법인세비용차감전순이익에서 차감해 주지 않을 경우에는 ₩50,000만큼 현금유입액이 이중으로 계상되어 정확한 현금흐름을 보고할 수 없을 뿐만 아니라 대차도 일치하지 않게 된다. 이런 이유로 법인세비용차감전순이익에서 차감해 주는 것이다.

(3) 영업활동으로 인한 자산 · 부채의 변동

현금을 제외한 영업활동과 관련된 자산의 순감소액과 부채의 순증가액은 법인세비용차감전순이익에 가산하고, 자산의 순증가액과 부채의 순감소액은 법인세비용차감전순이익에서 차감해야 한다. 이는 직접법에서 매출 또는 매입 활동으로 인한 현금유입과 현금유출액을 산출할 때 설명한 논리와 동일하다.

예를 들어, 기초매출채권이 ₩1,000이고 기말매출채권이 ₩700으로 ₩300만큼 감소되었다면, 이는 전기의 매출로 인식되었던 기초매출채권이 당기에 현금으로 회수된 것을 의미한다. 따라서 매출채권의 순감소액 ₩300은 법인세비용차감전순이익에는 영향을 미치지 않았지만 현금의 유입을 초래하였으므로 이를 법인세비용차감전순이익에 가산해야 한다.

다른 예로 기초매입채무가 ₩1,000인데 ₩1,200으로 ₩200만큼 증가되었다고 하자. 이는 당기에 매출원가로 계상한 금액 중 ₩200을 현금으로 지출하지 않았다는 것을 의미한다. 그러므로 법인세비용차감전순이익의 감소를 초래했지만 현금유출이 이루어지지 않았으므로 매입채무의 증가액 ₩200을 법인세비용차감전순이익에 가산해 주는 것이다.

한편, 법인세비용차감전순이익에서 차감해 주는 항목의 예를 보자. 만약, 선급비용이 기초보다 기말에 ₩300만큼 증가되었다고 하자. 이는 현금의 지출은 이루어졌지만 당기의 비용으로 계상하지 않고 차기의 비용으로 계상하기 위해 선급비용으로 계상한 것이다. 그러므로 법인세비용차감전순이익에는 영향을 초래하지 않았지만 영업활동과 관련하여 현금의 지출이 이루어졌으므로 법인세비용차감전순이익

12-4 간접법에 의한 영업활동 현금흐름

Ⅰ. 영업활동 현금흐름

1. 법인세비용차감전순이익(손실)
2. 현금의 유출이 없는 비용 등의 가산 : 감가상각비, 무형자산상각비, 퇴직급여, 사채할인발행차금상각(이자비용), 재해손실, 외화환산손실, 유형자산처분손실, 무형자산처분손실, 사채상환손실, 지분법손실 등
3. 현금의 유입이 없는 수익 등의 차감 : 사채할증발행차금상각(이자수익), 외화환산이익, 유형자산처분이익, 무형자산처분이익, 사채상환이익, 지분법이익 등
4. 영업활동으로 인한 자산 · 부채의 변동 : 영업활동 관련 자산의 감소와 부채의 증가는 가산하고 자산의 증가와 부채의 감소는 차감한다. 영업활동과 관련 있는 자산과 부채로는 매출채권, 재고자산, 선급비용, 미수수익, 매입채무, 미지급비용, 선수금, 선수수익 등이 있다.

에서 차감한다.

다른 예로 미지급비용이 ₩400만큼 감소되었다고 하자. 이는 전기에 발생되어 비용으로 계상되었지만 지급하지 않은 금액을 당기에 지급한 것을 의미한다. 그러므로 당기의 법인세비용차감전순이익에는 영향을 미치지 않았지만 현금의 유출을 초래하였으므로 법인세비용차감전순이익에서 차감해 주는 것이다.

지금까지 설명한 논리는 영업활동과 관련이 있는 자산과 부채인 재고자산과 선급금, 선수금, 미수수익 등의 항목에도 그대로 적용된다. 간접법에 의해 법인세비용차감전순이익에 가감하는 항목을 예시하면 12-4 와 같다.

예제 12-3 영업활동 현금흐름(간접법)

다음은 부산회사의 재무상태표와 포괄손익계산서로부터 발췌한 자료이다.

(1) 법인세비용차감전순이익 : ₩300,000
(2) 유형자산처분이익 : ₩20,000
(3) 지분법이익 : ₩30,000
(4) 사채상환손실 : ₩24,000
(5) 유가증권처분손실 : ₩33,000
(6) 퇴직급여부채 증가액 : ₩41,000
(7) 감가상각비 : ₩18,000
(8) 광고선전비 : ₩15,000
(9) 매출채권 증가액 : ₩16,000
(10) 매입채무 증가액 : ₩13,000
(11) 재고자산 감소액 : ₩42,000

요구사항

간접법에 의해 영업활동 현금흐름을 구하시오.

풀이 및 해설

영업활동 현금흐름		₩405,000
법인세비용차감전순이익	₩300,000	
가감조정 :		
감가상각비	18,000	
유가증권처분손실	33,000	
사채상환손실	24,000	
유형자산처분이익	(20,000)	
지분법이익	(30,000)	
매출채권 증가	(16,000)	
매입채무 증가	13,000	
재고자산 감소	42,000	
퇴직급여부채 증가	41,000	

cf. 단기차입금 감소액은 재무활동이다.

2 투자활동 현금흐름

투자활동 현금흐름은 대여금의 회수와 장기금융자산 및 비유동자산의 처분 등으로 인한 현금의 유입액에서 현금의 대여와 장기금융자산 및 비유동자산의 취득 등으로 인한 현금의 유출액을 차감하여 계산한다. 장기금융자산 및 비유동자산의 처분으로 인한 현금유입액을 현금흐름표에 표시할 때에는 장부금액이 아니라 처분가액임을 명심해야 한다. 이때 발생하는 처분손익은 간접법에서 설명한 바와 같이 이중계산을 방지하기 위해 법인세비용차감전순이익에서 조정해 준다. 그러나 직접법에서는 영업활동과 관련 없으므로 영업활동 현금흐름을 계산할 때에는 고려대상에서 제외한다. 예를 들어, 취득원가가 ₩10,000이고 감가상각누계액이 ₩3,000인 건물을 ₩8,000에 현금으로 처분한 경우, 회사는 다음과 같은 분개를 하였을 것이다.

(차)	현 금	8,000	(대)	건 물	10,000
	감가상각누계액	3,000		유형자산처분이익	1,000

이때, 건물의 처분가액 ₩8,000을 투자활동으로 인한 현금유입액으로 기재하고, 유형자산처분이익 ₩1,000은 간접법에 의해 영업활동 현금흐름을 계산할 때 법인세비용차감전순이익에서 차감한다. 그러나 직접법에 의한 영업활동 현금흐름에는 기재되지 않는다.

3 재무활동 현금흐름

재무활동 현금흐름은 당좌차월과 차입금의 조달 및 사채와 주식의 발행 등으로 인한 현금의 유입액에서 당좌차월과 차입금 및 사채의 상환과 유상감자, 배당금의 지급 등으로 인한 현금의 유출액을 차감하여 계산한다. 사채와 주식의 발행으로 인한 현금의 유입액은 액면금액이 아닌 발행가액으로 기재한다.

그리고 사채를 상환하는 경우 재무활동 현금흐름란에 장부금액이 아닌 상환가액으로 표시한다는 점을 주의해야 한다. 이는 유형자산을 처분하는 경우 처분가액으로 기재하는 논리와 동일하다.[7]

예제 12-4 투자 및 재무 활동 현금흐름

다음은 광주회사의 투자 및 재무 활동과 관련된 자료이다.

(1) 취득원가 ₩100,000, 감가상각누계액 ₩40,000인 건물을 현금 ₩70,000에 처분하다.
(2) 기타포괄손익-공정가치측정금융자산 ₩50,000을 취득하다.
(3) 원가 ₩20,000인 토지를 ₩30,000에 처분하고 대금은 1년 후에 받기로 하다.
(4) 액면가 ₩500인 보통주 100주를 주당 ₩800에 발행하다.
(5) 당기의 현금배당으로 ₩20,000을 지급하다.
(6) 장부금액 ₩50,000인 사채를 ₩46,000에 상환하다.

요구사항

1. 투자활동 현금흐름을 계산하시오.
2. 재무활동 현금흐름을 계산하시오.

풀이 및 해설

1. 투자활동 현금흐름		
(1) 건 물 처 분	₩70,000	
(2) 기타포괄손익-공정가치측정금융자산 취득	(50,000)	₩20,000
2. 재무활동 현금흐름		
(1) 주 식 발 행	₩80,000	
(2) 배당금지급	(20,000)	
(3) 사 채 상 환	(46,000)	₩14,000

cf. (3)은 비현금거래로 현금흐름표 본문에 표시하지 않고 주석으로 공시한다.

7) 이에 대한 설명은 간접법에 의한 영업활동 현금흐름을 참고하기 바란다.

현금흐름표 | 재무제표 공시 사례

1. 현금흐름표

제58(당)기 2021년 1월 1일부터 2021년 12월 31일까지

주식회사 농심 제57(전)기 2020년 1월 1일부터 2020년 12월 31일까지 (단위 : 원)

과 목	제58(당)기	제57(전)기
Ⅰ. 영업활동으로 인한 현금흐름	138,295,967,430	183,667,170,568
Ⅱ. 투자활동으로 인한 현금흐름	(193,989,282,545)	(95,405,984,945)
Ⅲ. 재무활동으로 인한 현금흐름	(29,217,745,148)	(106,009,876,840)
Ⅳ. 외화표시현금의 환율변동효과	(1,640,575)	(26,462,913)
Ⅴ. 현금및현금성자산의 증감(Ⅰ+Ⅱ+Ⅲ+Ⅳ)	(84,912,700,838)	(17,775,154,130)
Ⅵ. 기초의 현금및현금성자산	93,937,356,729	111,712,510,859
Ⅶ. 기말의 현금및현금성자산	9,024,655,891	93,937,356,729

2. 주석 36. 현금흐름표(일부)

(3) 당기와 전기 중 현금의 유입과 유출이 없는 중요한 거래는 다음과 같습니다.

(단위 : 천원)

구 분	당 기	전 기
유형자산의 본계정 대체	77,959,803	80,645,082
유형자산의 투자부동산 대체	2,012,616	1,427,534
유형자산 취득 관련 미지급금 변동	5,088,914	(23,054,670)

(4) 현금흐름표상의 현금및현금성자산은 재무상태표상의 현금및현금성자산과 일치합니다.

Epilogue

본장은 현금흐름표의 유용성과 현금흐름 활동의 종류 및 작성방법에 대해 살펴보았다. 한국채택국제회계기준에서는 이자비용과 이자수익 및 배당금 수입과 지출에 대해 기업에 재량권을 부여하였다. 복잡한 내용을 현금흐름표에 표시하는 방법은 중급회계를 참고하기 바란다.

종합사례

CHAPTER 12

다음은 (주)서울의 20×1년도와 20×2년도의 기말재무상태표 및 각 계정의 증감액을 나타낸 것이다(주의 : 증감표시는 독자들의 편리를 위해 계산한 것이다. 현금흐름표를 작성하려면 작성자 스스로가 변동액을 계산해야 한다).

	12/31/20×2	12/31/20×1	증가(감소)
자 산 :			
현 금	₩450,000	₩130,000	₩320,000
매출채권	120,000	85,000	35,000
재고자산	400,000	500,000	(100,000)
토 지	460,000	600,000	(140,000)
건 물	900,000	700,000	200,000
감가상각누계액	(250,000)	(200,000)	(50,000)
자산 총계	₩2,080,000	₩1,815,000	₩265,000
부채 및 자본 :			
매입채무	₩250,000	₩210,000	₩40,000
장기차입금	320,000	420,000	(100,000)
자본금(액면가 ₩500)	600,000	500,000	100,000
주식발행초과금	150,000	–	150,000
이익잉여금	760,000	685,000	75,000
부채 및 자본 총계	₩2,080,000	₩1,815,000	₩265,000

(주)서울의 20×2년도 요약 포괄손익계산서는 다음과 같다.

매 출 액		₩1,800,000
매출원가		1,200,000
매출총이익		600,000
토지처분이익		40,000
급 여	₩365,000	
감가상각비	50,000	
이자비용	25,000	440,000

법인세비용차감전순이익	200,000
법인세비용	60,000
당기순이익	₩140,000

20×2년도에 발생된 주요 거래는 다음과 같다.

(1) 20×2년도 법인세비용차감전순이익은 ₩200,000이며, 법인세비용은 모두 현금으로 납부하였다.
(2) 20×2년 2월 1일에 장부금액 ₩140,000의 토지를 ₩180,000에 처분하였다.
(3) 20×2년도 건물의 증가는 추가로 취득한 것이며 처분한 건물은 없었다.
(4) 20×2년 12월 31일 장기차입금 ₩100,000을 상환하였으며, 20×2년도 이자비용은 모두 현금으로 지급하였다. (주)서울은 이자비용을 영업활동으로 분류하고 있다.
(5) 20×2년도 12월 30일에 배당금으로 ₩65,000을 지급하였다.

(물음 1) 간접법에 의해 20×2년 12월 31일로 종료되는 회계연도의 현금흐름표를 작성하시오.
(물음 2) 영업활동 현금흐름을 직접법에 의해 표시하시오.

풀이 및 해설

(물음 1)

(1) 기중 현금변동액 계산

기중 현금변동액을 계산하기 위해서는 기말현금에서 기초현금을 차감하여 계산한다. 이때의 현금에는 현금성자산을 포함한다.

(주)서울의 현금변동액 : 기말현금－기초현금
=₩450,000－₩130,000=₩320,000

(2) 영업활동 현금흐름(간접법)

영업활동 현금흐름을 표시하기 위해서는 법인세비용차감전순이익에 가산할 항목을 가산하고 차감할 항목을 차감해야 한다. 가산할 항목으로는 감가상각비나 무형자산상각비처럼 현금의 유출이 없는 비용, 현금유출을 초래하는 비유동항목의 처분손실, 영업활동과 관련이 있는 유동자산의 감소액, 영업활동과 관련이 있는 유동부채의 증가액 등이다. 그러므로 (주)서울의 경우 감가상각비와 이자비용 및 재고자산의 감소 및 매입채무의 증가를 가산해야 한다. 이자비용을 가산하는 이유는 이자지급액을 별도로 표시하기 위해서이다.

한편, 차감할 항목으로는 지분법이익처럼 현금의 유입이 없는 수익, 현금유입을 초래하는 비유동항목의 처분이익, 영업활동과 관련이 있는 유동자산의 증가액, 영업활동과 관련이 있는 유동부채의 감소액 등이다. 그러므로 (주)서울의 경우 토지처분이익과 매출채권의 증가를 차감해야 한다.

이에 따라 (주)서울의 영업활동 현금흐름을 나타내면 다음과 같다.

영업활동 현금흐름		₩255,000
법인세비용차감전순이익	₩200,000	
가감조정 :		
감가상각비	50,000	
토지처분이익	(40,000)	
이 자 비 용	25,000	
매출채권의 증가	(35,000)	
재고자산의 감소	100,000	
매입채무의 증가	40,000	
영업에서 창출된 현금	340,000	
이 자 지 급	(25,000)	
법인세지급	(60,000)	

(3) 투자활동 현금흐름

투자활동 현금흐름에 포함시킬 항목으로는 현금의 대여와 회수 활동, 유가증권 등 투자자산과 유형자산 및 무형자산의 취득과 처분 등이다. (주)서울의 경우 투자활동 현금흐름에 포함시킬 항목으로는 토지의 처분과 건물의 취득이다. 토지의 처분으로 표시할 금액은 장부금액이 아니라 처분가액임에 주의해야 한다. 이런 이유로 토지처분이익을 영업활동 현금흐름에서 차감하는 것이다.

이에 따라 (주)서울의 투자활동 현금흐름을 나타내면 다음과 같다.

투자활동 현금흐름		(20,000)
토 지 처 분	180,000	
건 물 취 득	(200,000)	

(4) 재무활동 현금흐름

재무활동 현금흐름에 포함되는 항목으로는 현금의 차입과 상환, 신주발행과 배당금 지급 등이다. (주)서울의 경우 재무활동 현금흐름에 포함시킬 항목으로는 장기차입금의 상환과 신주발행 및 배당금 지급 등이다. 장기차입금의 상환도 장부금액이 아니라 상환가액임에 주의해야 한다. (주)서울의 경우 장부금액으로 상환하였기 때문에 장기차입금상환손익이 발생되지 않은 것이다.

이에 따라 (주)서울의 재무활동 현금흐름을 나타내면 다음과 같다.

재무활동 현금흐름		85,000
보통주발행	250,000	
장기차입금상환	(100,000)	
배당금지급	(65,000)	

이상의 자료에 의해 20×2년 12월 31일로 종료되는 회계연도의 현금흐름표를 작성하면 다음과 같다.

현금흐름표

(주)서울 20×2년 1월 1일부터 20×2년 12월 31일까지 (단위 : 원)

영업활동 현금흐름		₩255,000
법인세비용차감전순이익	₩200,000	
가감조정 :		
감가상각비	50,000	
토지처분이익	(40,000)	
이 자 비 용	25,000	
매출채권의 증가	(35,000)	
재고자산의 감소	100,000	
매입채무의 증가	40,000	
영업에서 창출된 현금	340,000	
이 자 지 급	(25,000)	
법인세지급	(60,000)	
투자활동 현금흐름		(20,000)
토 지 처 분	180,000	
건 물 취 득	(200,000)	
재무활동 현금흐름		85,000
보통주발행	250,000	
장기차입금상환	(100,000)	
배당금지급	(65,000)	
현금의 증가		320,000
기초의 현금		130,000
기말의 현금		₩450,000

(물음 2) 직접법에 의한 영업활동 현금흐름

(주)서울의 영업활동 현금흐름을 직접법에 의해 작성하면 다음과 같다.

영업활동 현금흐름		₩255,000
고객으로부터 유입된 현금[1]	₩1,765,000	
공급자와 종업원에 유출된 현금[2]	1,425,000	
영업에서 창출된 현금	340,000	
이 자 지 급	(25,000)	
법인세납부	(60,000)	

* 1) 고객으로부터 유입된 현금(=매출활동으로 인한 현금유입액)
=포괄손익계산서상의 매출액－Δ매출채권
=₩1,800,000－₩35,000
=₩1,765,000

2) 공급자와 종업원에 유출된 현금
=매입활동으로 인한 현금유출액+급여지급액
=포괄손익계산서상 매출원가+Δ재고자산－Δ매입채무+급여지급액
=(₩1,200,000－₩100,000－₩40,000)+₩365,000
=₩1,425,000

연습문제

CHAPTER 12

1 [진위형] 다음 서술이 옳으면 T, 옳지 않으면 F를 기재하시오.

(1) 재무상태표와 현금흐름표 모두 현금의 변동원인과 결과를 보고하는 재무제표이다.
(2) 유형자산의 처분으로 인한 현금유입은 재무활동 현금흐름으로 보고한다.
(3) 당기손익-공정가치측정금융자산의 취득과 처분은 투자활동으로 분류한다.
(4) 간접법에 의한 경우 재고자산의 증가는 영업활동 현금흐름에 가산한다.
(5) 간접법에 의한 경우 미지급비용의 증가는 영업활동 현금흐름에 차감한다.
(6) 20×2년도 포괄손익계산서상의 매출액은 ₩300,000이고 이 중 2/3가 외상매출이다. 매출채권의 20×2년도 기초잔액이 0(zero)이고 기말잔액이 ₩10,000이라면 상품매출로 인한 현금유입액은 ₩190,000이다.
(7) 매출원가 ₩1,400, 기초재고자산 ₩120, 기말재고자산 ₩140, 기초매입채무 ₩80, 기말매입채무 ₩70일 때, 공급자에 대한 현금유출액은 ₩1,430이다.
(8) 이자지급, 이자수입, 배당금수입은 일반적인 경우 영업활동으로 분류하지만 재무자원의 취득원가나 투자자산에 대한 수익으로 볼 때에는 재무 또는 투자활동으로 분류할 수 있다.

2 [완성형] 다음 괄호 안에 가장 적절한 용어를 넣으시오.

(1) 현금흐름표에서 현금은 현금과 (   )을 포함하는 개념이다.
(2) 현금흐름표는 현금흐름을 영업활동, 투자활동 및 (   )으로 구분하여 표시한다.
(3) (   ) 현금흐름은 경영활동, 차입금 상환, 배당금 지급 및 신규 투자 등에 필요한 현금을 자체적인 영업활동으로부터 얼마나 창출하였는지에 대한 정보를 제공한다.
(4) 이자수익은 영업활동 또는 (   )으로 구분이 가능하다.
(5) 현금의 대여와 회수활동, 장기금융상품과 유형자산 및 무형자산의 취득과 처분활동 등은 (   )으로 분류한다.
(6) 현금의 차입과 상환, 신주발행은 (   )으로 분류한다.
(7) (   )은 현금을 수반하여 발생한 수익 또는 비용 항목을 총액으로 표시하되, 현금

유입액은 원천별로 분류하여 표시하고 현금유출액은 용도별로 분류하여 표시하는 방법이다.

(8) (   )이란 포괄손익계산서상의 법인세비용차감전순이익에 가감조정을 통하여 영업활동 현금흐름을 구하는 방법이다.

3 [선다형] 다음 물음에 가장 타당한 답을 하나만 선택하시오.

(1) 많은 기업들이 영업활동 현금흐름을 표시할 때 간접법을 사용하는 이유는?
① 국제회계기준의 요구
② 직접법보다 작성이 용이
③ 간접법이 더 많은 현금흐름을 보고함
④ ①과 ②
⑤ 정답 없음

(2) 다음 중 영업활동 현금흐름에 보고되는 내용으로 가장 옳은 것은?
① 현금을 받고 상품을 판매한 금액
② 매출채권을 현금으로 회수한 금액
③ 차기의 수익을 현금으로 받은 금액
④ ①, ②, ③ 모두
⑤ 모두 아님

(3) 다음 중 현금흐름표의 투자활동 현금흐름란에 표시되지 않는 것은?
① 재고자산의 구입
② 사용중인 기계장치의 처분
③ 토지의 구입
④ 기타포괄손익-공정가치측정금융자산의 처분
⑤ 관계기업투자주식의 구입

(4) 다음 중 현금흐름표의 재무활동란에 표시될 수 없는 것은?
① 자기주식의 취득 ② 장기차입금의 상환 ③ 배당금의 수취
④ 배당금의 지급 ⑤ 상환우선주의 상환

(5) 간접법에 의한 영업활동 현금흐름 계산시 당기순이익에 가산할 항목이 아닌 것은?
① 매입채무의 증가 ② 매출채권의 감소 ③ 감가상각비
④ 유형자산처분손실 ⑤ 사채상환이익

◆ 다음은 (주)청주의 20×1년과 20×2년도 재무자료의 일부이다. (주)청주의 20×2년도 포괄손익계산서상의 매출액은 ₩700,000이고, 매출원가는 ₩450,000이다. [(6)~(7)]

	20×1.12.31	20×2.12.31
매 출 채 권	₩50,000	₩60,000
대손충당금	2,000	4,000
재 고 자 산	70,000	100,000
매 입 채 무	20,000	40,000

(6) 20×2년도에 매출활동으로 인한 현금유입액은 얼마인가?

① ₩710,000 ② ₩690,000 ③ ₩692,000
④ ₩720,000 ⑤ ₩750,000

(7) 20×2년도에 매입활동으로 인한 현금유출액은 얼마인가?

① ₩400,000 ② ₩500,000 ③ ₩450,000
④ ₩460,000 ⑤ ₩520,000

(8) 현금흐름표상 현금증가액(=영업활동+투자활동+재무활동)과 금액이 같은 것은?

① 비교재무상태표상 이익잉여금의 차액
② 포괄손익계산서상의 법인세비용차감전순이익
③ 비교재무상태표상 현금및현금성자산의 차액
④ 비교재무상태표상의 자본총액의 차액
⑤ 정답 없음

4 [현금흐름표의 기본구조] 다음은 (주)성북의 20×1년도 재무제표를 통해 수집한 정보이다.

20×1년말 현금 잔액	₩3,000,000
영업활동으로 인한 현금유입액	1,600,000
영업활동으로 인한 현금유출액	1,700,000
투자활동으로 인한 현금유입액	2,000,000
투자활동으로 인한 현금유출액	1,500,000
재무활동으로 인한 현금유입액	2,400,000
재무활동으로 인한 현금유출액	3,000,000

(물음) 20×1년도 기초의 현금 잔액은 얼마인가?

5 [영업활동/간접법] 다음은 간접법에 의해 영업활동 현금흐름을 표시하는 현금흐름표 항목이다. 각각의 항목이 표시되는 부분을 영업활동 현금흐름이면 O, 투자활동 현금흐름이면 I, 재무활동 현금흐름이면 F, 표시되지 않으면 NA로 나타내시오.

(1) 감가상각비	( )	(2) 고객으로부터 유입된 현금	( )
(3) 배당금지급액	( )	(4) 재고자산의 증가	( )
(5) 유형자산 취득액	( )	(6) 장기부채 상환	( )
(7) 법인세비용차감전순이익	( )	(8) 보통주 현금발행액	( )
(9) 단기차입금 상환	( )	(10) 미지급비용 증가	( )

6 [영업활동 현금흐름/간접법] 다음은 (주)월곡의 20×1년도 회계자료의 일부이다.

매출채권의 증가	₩500,000	단기차입금의 증가	₩2,000,000
급 여	600,000	임 차 료	1,400,000
감가상각비	900,000	당기순이익	2,000,000

(물음) 영업활동 현금흐름은 얼마인가?

7 [투자활동 및 재무활동 현금흐름] 다음은 두리회사의 재무자료의 일부이다.

법인세비용차감전순이익	₩200,000	사 채 상 환	₩350,000
설비자산 취득액	300,000	당기손익-공정가치측정금융자산의 처분	120,000
단기차입금 차입	150,000	토지 처분액	450,000
보통주 현금 발행액	720,000	배당금지급액	160,000
고객으로부터 유입된 현금	600,000	감가상각비	320,000
자기주식 취득액	280,000	선급비용 증가액	170,000

(물음 1) 위 자료로부터 투자활동 현금흐름을 나타내시오.

(물음 2) 위 자료로부터 재무활동 현금흐름을 나타내시오.

CHAPTER

13

재무제표 분석

일러두기 ••• 본장에서는 지금까지 학습한 재무제표의 내용을 바탕으로 여러 재무비율을 분석하고 이를 어떻게 평가할지에 관한 내용을 알아보고자 한다. 우리는 재무제표 분석을 통해 기업의 안정성, 활동성, 수익성 등 의사결정에 유용한 여러 비율들을 이용할 수 있다. 따라서 재무제표 분석을 제대로 활용하기 위해서는 각 재무제표 항목과 비율이 내포하고 있는 의미를 숙지해야 한다.

주요 용어 ••• 수평적 분석, 수직적 분석, 비율분석, 유동비율, 당좌비율, 부채비율, 이자보상비율, 매출액순이익률, 총자산이익률, 활동성 비율, 주당현금흐름, 주가수익비율

현장사례 100대 상장기업의 재무제표 분석 결과

100대 상장기업 안정성·활동성 지표 (단위 : %, 회전수)

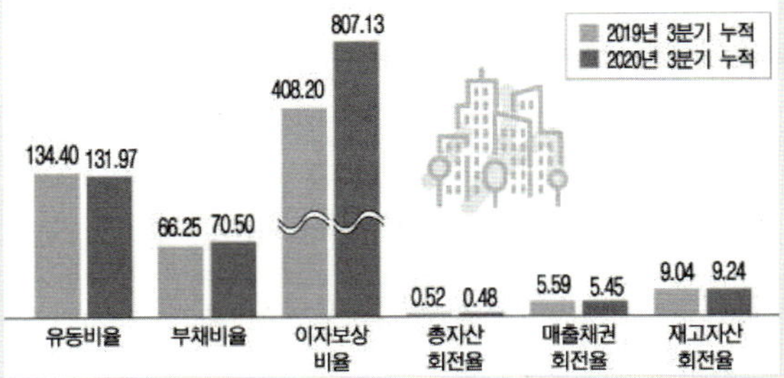

(자료 : 한경연)

100대 상장기업 3분기(누적) 별도재무제표를 분석한 결과, 100대 상장기업들의 부채비율은 70.5%였다. 지난해 66.25%뿐 아니라 2015년 73.95% 이후 가장 높은 수치다. 부채비율은 부채총계를 자기자본으로 나눈 값으로 수치가 클수록 기업 안정성이 나빠졌음을 나타낸다. 이들 기업 3분기 부채총계는 501조 9,100억원에 달했다. 지난해 464조 7,200원보다 37조원 증가했다. 반면 자기자본은 올해 711조 9,500억원으로 지난해 701조 4,600억원보다 10조 4,900억원 증가하는 데 그쳐 부채비율이 악화됐다. 기업들이 코로나19 확산에 따른 유동성 위기에 대비하기 위해 장단기 차입금을 늘린 때문으로 보인다.

기업의 지급능력을 나타내는 유동비율(유동자산/유동부채)은 131.97%로 지난해 134.4%보다 악화됐다. 총자산회전율은 3분기 누적 기준 0.48을 기록했다. 이는 최근 10년 동안 가장 낮은 수치다. 지난해 0.52였다. 매출채권회전율도 5.45로 최근 10년 동안 최저치다. 지난해는 5.59였다. 매출채권회전율은 매출채권, 즉 외상값이 현금으로 회수되는 속도다. 올해 기업들의 경영활동 위축이 두드러졌음을 알 수 있다. 다만 3분기 영업실적 호전으로 영업이익이 늘면서 이자보상비율은 개선됐다. 재고자산회전율도 지난해에 비해 나아졌다.

이들 기업 이자보상비율(3분기 누적)은 608.49로 지난해 486.15에 비해 크게 개선됐다. 이자보상비율은 영업이익을 이자비용으로 나눈 값으로 기업의 채무상환능력을 알 수 있다. 영업이익 총합은 30조 2,300억원으로 지난해 25조 1,390억원보다 5조 910억원 증가했다. 반면 이자비용은 6조 1,190억원으로 지난해 6조 3,500억원보다 2,310억원 감소했다.

재고자산회전율도 지난해에 비해 개선됐다. 3분기 누적 재고자산회전율은 9.24로 지난해 9.04보다 나아졌다. 재고자산회전율은 재고자산이 매출액으로 전환되는 정도를 나타낸다. 지난해보다 지표가 호전됐지만 이는 지난해 기저효과로 해석된다. 지난해와 올해 재고자산회전율은 2010년 이후 최하위를 차지하고 있기 때문이다. 예년에 비해 제품이 시장에서 판매되지 않고 창고에 머물러 있는 시간이 길어지고 있다는 의미다.

100대 상장기업 실적에서 삼성전자를 제외한 나머지 99개사 안정성과 활동성 지표는 지난해에 비해 눈에 띄게 악화됐다. 삼성전자 1개사의 실적이 다른 기업에 비해 월등하기 때문에 전체 지표에 착시현상이 나타났음을 알 수 있다. 삼성전자를 제외한 99개사 이자보상비율은 3분기 누적 기준 381.82%다. 지난해 359.1%보다 높다. 하지만 격차가 크지 않다. 삼성전자를 포함한 100대 기업 이자보상비율은 608% 대 486%로 차이가 많이 났다. 100대 기업 재고자산회전율은 지난해에 비해 호전된 것으로 나타났지만 삼성전자를 뺀 99개사 재고자산회전율은 지난해보다 더 나빠졌다. 최근 10년 동안 가장 악화된 것으로 조사됐다. 3분기 누적 재고자산회전율은 9.02로 지난해 9.11보다 악화됐다.

홍성일 한경연 경제정책팀장은 "코로나19 장기화 등 불확실성에 대비해 기업들이 차입을 통한 현금 확보에 주력하고 있고 3분기까지 지속된 매출 부진으로 삼성전자를 제외하면 기업 활동성 지표가 모두 눈에 띄게 악화됐다"며 "기업 재무구조와 경영환경 개선을 위한 지속적 다각적인 정책 마련이 필요하다"고 말했다.

(자료 : 내일신문, 2020.12.18)

제 1 절 재무제표 분석

1 재무제표 분석의 기초

기업의 재무적 특성을 파악하기 위해서는 재무제표로부터 유동성과 수익성 및 장기지급능력(solvency) 등에 관한 분석이 이루어져야 한다. 그리고 재무분석의 유형은 분석가(투자자, 채권자, 경영자, 정부, 노동조합 등)들이 기업에 대해 가지고 있는 관심에 따라 다르다. 예를 들어 은행과 같은 단기채권자들은 유동부채를 지급할 기업의 능력에 주로 관심이 있으므로 기업의 단기지불능력을 평가하기 위하여 유동자산의 구성과 유동부채와의 관계에 많은 관심을 갖고 있다.

하지만 사채권자 같은 장기채권자들은 기업들이 장기간 성장할 수 있는지를 파악하기 위해 기업의 수익성과 장기지급능력에 관심이 있다. 왜냐하면 이들 지표가 이자를 지급하거나 만기가 도래하는 장기채무를 상환할 수 있는지를 평가하는데 도움이 되기 때문이다. 또한 주주들도 장기채권자들과 마찬가지로 기업의 수익성과 장기지급능력에 관심을 갖고 있다. 이들은 이러한 정보가 배당금을 예측하거나 주가 상승을 예측하는 데 유용하다고 믿고 있기 때문이다.

1. 비교분석의 필요성

재무제표에 보고되는 각각의 항목은 중요한 의미를 내포하고 있다. 예컨대 어느 기업의 당해 연도의 재무상태표에 1억원의 현금을 보고하게 되면 정보이용자들은 그 금액을 알 수 있다.

그러나 당해 연도만의 재무상태표만으로는 현금액이 전년도에 비해 증가되었는지 아니면 적정량인지를 평가할 수 없게 된다. 정보이용자들은 이러한 내용을 알기 위해 다른 재무제표와 비교할 필요성이 있다고 믿는다.

일반적으로 비교의 기초가 되는 방법으로 기간별 비교와 산업평균과 비교 및 기업간 비교 등이 거론되고 있다. 각각에 대한 추가설명은 13-1 과 같다.

13-1 비교분석의 방법

구 분	내 용
(1) 기간별 비교	이는 기업의 재무제표 항목 또는 비율을 동일한 기업의 전년도 또는 그 이전 연도의 항목 또는 비율과 비교하는 기법이다. 예컨대 어느 기업의 20×8년 12월 31일 재무상태표의 현금이 전년도에 비해 증가되었는지, 또는 유동자산에서 차지하고 있는 비율이 전년도 또는 그 이전 연도에 비해 감소되었는지를 알기 위해서는 전년도 또는 그 이전 연도의 재무상태표가 필요하다. 기업의 기간별 비교는 재무비율의 변화와 중요한 추세를 발견하는 데 유용한 기법이다.
(2) 산업평균과 비교	이는 특정 기업의 재무제표에 나타난 항목 또는 재무비율을 동종산업에 속해 있는 기업들의 평균치, 즉 산업평균치와 비교하는 기법이다. 이렇게 산업평균과 비교함으로써 산업 내에서 차지하고 있는 위치나 영향력 등을 알 수 있게 된다.
(3) 기업간 비교	이는 기업의 재무제표 항목 또는 재무비율을 특정 기업, 예를 들면 선도기업(leading company)이나 주된 경쟁기업의 항목이나 비율과 비교하는 방법이다. 비교의 대상으로 굳이 하나의 특정 기업만을 선택할 필요가 없다. 기업간 비교기법은 특히 기업의 경쟁력을 평가하는 데 유용한 기법이다.

2. 재무제표 분석의 기법

재무제표의 의미를 평가하는 데에는 여러 가지 기법이 있는데, 가장 많이 사용하는 기법이 비율분석이다. 분석가들은 비율분석 이외에 수평적 분석과 수직적 분석을 사용하기도 한다.

수평적 분석은 주로 기업의 기간별 비교를 분석하는 데 사용된다. 수평적 기법은 최소한 두 기간을 비교하는 방법과 5년 또는 그 이상의 다년간을 비교하는 방법에 사용되는 기법이다. 수직적 분석은 기업간 또는 기업 내 기간별 비교에 이용된다. 그리고 비율분석은 위의 세 가지 비교기법 전체에 이용되는 방법이다.

먼저 수평적 분석과 수직적 분석에 대해 알아보고 비율분석에 대해서는 절을 달리하여 설명하기로 한다.

2 수평적 분석

수평적 분석(horizontal analysis)은 적어도 1회계기간 이상의 재무제표 자료를 평가하는 데 사용되는 기법으로 추세분석(trend analysis)이라고도 한다. 수평적 분석의 목적은 증가 또는 감소되었는가를 알기 위해 행하는 기법이다. 그리고 증가 또는 감소는 금액일 수도 있고 비율일 수도 있다. 또한 증가 또는 감소의 기준은 과거의 기준연도일 수도 있고 당해 연도일 수도 있다. 그러나 과거의 기준연도가 많이 사용된다.

다음 재무상태표와 포괄손익계산서는 앞으로의 모든 재무제표 분석에 사용할 기본자료이다. 포괄손익계산서는 분석의 편의상 영업이익을 구분하여 표시하였다. 여기에 수평적 분석 결과를 표시하면 다음과 같다.

수평적 분석 : 재무상태표

둘리회사 재무상태표 (단위 : 원)

	12/31/20×2	12/31/20×1	20×2년도 증가(감소) 금 액	20×2년도 증가(감소) 비 율
자 산				
유동자산 :				
현 금	₩420,000	₩300,000	₩120,000	40.0%
매 출 채 권	1,050,000	900,000	150,000	16.7%
재 고 자 산	930,000	750,000	180,000	24.0%
합 계	2,400,000	1,950,000	450,000	23.1%
비유동자산 :				
투 자 자 산	900,000	975,000	(75,000)	(7.7%)
유 형 자 산(순액)	3,450,000	3,375,000	75,000	2.2%
합 계	4,350,000	4,350,000	0	0%
자산 총계	₩6,750,000	₩6,300,000	₩450,000	7.1%
부채와 자본				
부 채				
유동부채 :				
매 입 채 무	₩1,725,000	₩1,350,000	₩375,000	27.8%
비유동부채 :				
장기차입금	2,175,000	1,650,000	525,000	31.8%
부채 총계	3,900,000	3,000,000	900,000	30.0%

자 본 :				
보통주자본금	450,000	450,000	0	0%
자본잉여금	1,650,000	1,950,000	(300,000)	(15.4%)
이익잉여금	750,000	900,000	(150,000)	(16.7%)
자본 총계	2,850,000	3,300,000	(450,000)	(13.6%)
부채 및 자본 총계	₩6,750,000	₩6,300,000	₩450,000	7.1%

수평적 분석에 의한 재무상태표를 보면 부채의 증가로 자산 총액이 증가되었다는 점을 알 수 있다. 즉, 20×2년도에 자본은 전년도에 비해 감소되었지만 부채가 훨씬 많이 증가되어 자산 총액이 ₩450,000만큼 증가된 것으로 나타났다.

또한, 부채의 증가로 조달된 자금은 비유동자산에 투자하지 않고 주로 유동자산에 투자하고 있거나 현금으로 보관하고 있음을 알 수 있다. 이러한 현상은 장기적인 기업의 수익성에 영향을 미칠 수 있을지도 모른다. 왜냐하면 현금 보유량이 많으면 수익성은 적기 때문이다.

수평적 분석 : 포괄손익계산서

포괄손익계산서

둘리회사 각 연도 1월 1일부터 12월 31일까지 (단위 : 원)

			20×2년도 증가(감소)	
	20×2	20×1	금 액	비 율
매 출 액	₩5,040,000	₩4,293,000	₩747,000	17.4%
매출환입및에누리	240,000	243,000	(3,000)	(1.2%)
순 매 출 액	4,800,000	4,050,000	750,000	18.5%
매 출 원 가	3,000,000	2,550,000	450,000	17.6%
매출총이익	1,800,000	1,500,000	300,000	20.0%
판매비와관리비				
감가상각비	450,000	450,000	0	0%
기타판매비와관리비	675,000	450,000	225,000	50.0%
영 업 이 익	675,000	600,000	75,000	12.5%
영업외수익				
이 자 수 익	75,000	60,000	15,000	25.0%
기 타 수 익	150,000	90,000	60,000	66.7%
영업외비용				
이 자 비 용	150,000	75,000	75,000	100%

법인세비용차감전순이익	750,000	675,000	75,000	11.1%
법인세비용	300,000	225,000	75,000	33.3%
당기순이익	₩450,000	₩450,000	₩0	0%
주당순이익	₩15.00	₩15.00	₩0	0%
(보통주 30,000주)				

수평적 분석에 의한 포괄손익계산서를 보면 당기순이익은 변동 없이 전년도와 동일하다는 것을 알 수 있다. 그러나 매출액이 증가되어 매출총이익이 ₩300,000 (20%)만큼 증가되었음에도 불구하고 왜 이러한 상황이 벌어진 것일까? 이에 대한 해답은 다른 항목의 변동을 통해 찾을 수 있다. 그 이유는 바로 기타판매비와관리비의 증가에 있다. 영업외수익과 영업외비용은 그 증감액이 정확히 상쇄되어 당기순이익에는 영향을 미치지 않는다. 그러므로 매출액의 증가는 판매비와관리비 및 법인세비용의 증가와 상쇄되어 당기순이익에 미치는 영향이 없게 된 것이다. 이 때문에 경영자는 왜 이런 상황이 초래되었는가를 내부적으로 조사할 필요성이 있다.

3 수직적 분석

수직적 분석(vertical analysis)은 재무제표를 구성하고 있는 각 재무제표 항목의 상대적 크기를 나타내는 분석기법으로 공통형 분석(common size analysis) 또는 요소구성비율분석이라고도 한다. 재무상태표의 각 항목을 총자산에 대한 비율로 표시하면 공통형 재무상태표를 작성할 수 있는데, 이로부터 각 구성항목의 상대적 크기를 보여준다. 또한, 공통형 재무상태표는 각각의 자산과 부채 및 자본 항목의 구성비율의 변동도 보여준다.

수직적 분석을 위해 둘리회사의 재무상태표를 공통형 재무상태표로 전환하면 다음과 같다.

수직적 분석 : 재무상태표

재무상태표

둘리회사 (단위 : 원)

	12/31/20×2	비 율	12/31/20×1	비 율
자 산				
유 동 자 산 :				
현 금	₩420,000	6.2%	₩300,000	4.8%
매 출 채 권	1,050,000	15.6%	900,000	14.3%
재 고 자 산	930,000	13.8%	750,000	11.9%
합 계	2,400,000	35.6%	1,950,000	31.0%
비유동자산 :				
투 자 자 산	900,000	13.3%	975,000	15.5%
유 형 자 산(순액)	3,450,000	51.1%	3,375,000	53.5%
합 계	4,350,000	64.4%	4,350,000	69.0%
자산 총계	₩6,750,000	100%	₩6,300,000	100%
부채와 자본				
부 채				
유동부채 :				
매 입 채 무	₩1,725,000	25.6%	₩1,350,000	21.4%
비유동부채 :				
장기차입금	2,175,000	32.2%	1,650,000	26.2%
부채 총계	3,900,000	57.8%	3,000,000	47.6%
자 본 :				
보통주자본금	450,000	6.7%	450,000	7.1%
자본잉여금	1,650,000	24.4%	1,950,000	31.0%
이익잉여금	750,000	11.1%	900,000	14.3%
자본 총계	2,850,000	42.2%	3,300,000	52.4%
부채 및 자본 총계	₩6,750,000	100%	₩6,300,000	100%

수직적 분석 결과 총자본 중 부채가 차지하는 비중이 약 10% 정도 증가하였음을 알 수 있다. 이는 앞서의 수평적 분석과도 일치되지만 분석내용이 다르다. 앞의 수평적 분석에서는 절대적 크기가 증가되었음을 알 수 있었고, 수직적 분석에서는 총자본에서 차지하는 비율이 증가되었음을 알 수 있다. 이는 총자본도 증가하고 부채도 증가하였지만 부채가 상대적으로 더 많이 증가되었다는 것을 의미한다.

그리고 자산구성비율을 살펴보면 비유동자산의 구성비율이 약간 감소되고 유동자산의 구성비율이 약간 증가되었음을 알 수 있다. 이는 부채의 증가로 결국 유동자산이 증가되었다는 것을 의미한다.

수직적 분석은 포괄손익계산서에 대해서도 할 수 있다. 포괄손익계산서를 수직적 분석에 의할 경우에는 보통 순매출액을 기준으로 구성비율을 표시한다. 수직적 분석의 커다란 장점은 비교 분석시 기업의 규모를 무시할 수 있다는 점이다. 즉, 기업의 규모와 관계없이 각각의 구성요소비율을 비교해 볼 수 있다. 예컨대, E마트의 매출총이익의 구성비율과 동네 슈퍼마켓의 매출총이익의 구성비율을 비교해 볼 수 있을 것이다.

수직적 분석을 위해 둘리회사의 포괄손익계산서를 공통형 포괄손익계산서로 전환하면 다음과 같다.

수직적 분석 : 포괄손익계산서

포괄손익계산서

둘리회사　　각 연도 1월 1일부터 12월 31일까지　　(단위 : 원)

	20×2년도		20×1년도	
	금 액	비 율	금 액	비 율
매 출 액	₩5,040,000	105.0%	₩4,293,000	106.0%
매출환입및에누리	240,000	5.0%	243,000	6.0%
순 매 출 액	4,800,000	100.0%	4,050,000	100.0%
매 출 원 가	3,000,000	62.5%	2,550,000	63.0%
매출총이익	1,800,000	37.5%	1,500,000	37.0%
판매비와관리비				
감가상각비	450,000	9.3%	450,000	11.1%
기타판매비와관리비	675,000	14.1%	450,000	11.1%
영 업 이 익	675,000	14.1%	600,000	14.8%
영업외수익				
이 자 수 익	75,000	1.5%	60,000	1.5%
기 타 수 익	150,000	3.1%	90,000	2.2%
영업외비용				
이 자 비 용	150,000	3.1%	75,000	1.8%
법인세비용차감전순이익	750,000	15.6%	675,000	16.7%
법인세비용	300,000	6.2%	225,000	5.6%
당기순이익	₩450,000	9.4%	₩450,000	11.1%
주당순이익	₩15.00	–	₩15.00	–

포괄손익계산서의 경우 약간의 차이이지만 순매출액에서 매출총이익이 차지하는 비율이 약간 증가하였으며, 이는 기타판매비와관리비 및 법인세비용의 증가로 순매출액에서 당기순이익이 차지하는 비율이 감소한 것으로 해석된다. 왜냐하면 순매

출액에서 매출총이익이 차지하는 비율만 증가하였을 뿐 영업이익과 법인세비용차감전순이익 및 당기순이익이 차지하는 비율이 모두 감소되었기 때문이다.

▶ QR코드로 배우는 회계

기업의 미래수익성, 재무제표 속에 답 있다

* K-IFRS 제1109호 '금융상품'의 시행에 따라 2018년부터 매도가능금융자산은 '기타포괄손익-공정가치측정금융자산'으로 계정명칭이 변경되었다.

제 2 절 비율분석

재무제표가 의미하는 바를 도출하기 위하여 재무제표 분석방법으로 여러 가지가 이용된다. 앞서 설명한 수평적 분석과 수직적 분석도 이런 방법 중의 하나이다. 그러나 이해관계자들이 처해 있는 상황이 서로 다르고 그에 대한 해결책은 자료들의 상호관계를 면밀히 검토한 후에 얻을 수 있기 때문에 어느 한 방법이 다른 방법보다 반드시 우수하다고는 말할 수 없다.

정보이용자들이 가장 쉽게 이용할 수 있는 재무제표 분석방법 중의 하나가 비율분석이다. 또한 비율분석은 다른 분석의 출발점이 되기도 한다. 일반적으로 비율분석은 크게 기업의 재무위험을 평가하는 데 이용되는 재무위험 분석비율과 기업의 수익성을 평가하는 데 이용되는 수익성 비율로 구분할 수 있다. 그리고 위험분석비율은 기업의 단기지급능력을 나타내는 유동성 비율과 장기지급능력을 나타내는 안정성 비율(또는 레버리지비율이라 함)로 세분할 수 있다. 또한 수익성 비율은 순수하게 수익성을 나타내는 수익성 비율과 활동성을 나타내는 활동성 비율로 세분할 수 있다. 그렇다고 해서 반드시 활동성 비율이 수익성만을 평가하는 데 이용되는 것은 아니다. 매출채권회전율과 같은 활동성 비율은 기업의 유동성을 파악하는 데에도 이용되고 있다. 이런 관계는 다른 비율에도 그대로 적용된다.

본서에서도 13-2 의 순서대로 각 비율이 갖는 의미와 사례기업인 둘리회사의 비율에 대해 알아보기로 한다. 이에 앞서 사례로 선정한 둘리회사는 화학물질을 판매하는 회사의 재무제표를 단순화한 것이다. 그러므로 절대적인 금액은 차이가 크지만 비율은 차이가 없다. 추가로 둘리회사의 보통주는 30,000주이며, 20×2년도에 현금배당은 주당 ₩6.75이고 전기오류수정액은 ₩13,500이다.

13-2 비율분석 체계

구 분	내 용
재무위험 분석비율	(1) 유동성 비율 : 기업의 유동부채 상환능력을 평가하는 데 이용 (2) 안정성 비율 : 장기지급능력으로 장기채권자나 주주에 대한 보호도 측정에 이용
수익성 분석비율	(3) 수익성 비율 : 기업의 수익성을 평가하는 데 이용 (4) 활동성 비율 : 자산의 효율적 운용에 대한 평가에 이용
기 타	주가수익비율, 배당성향 등

1 유동성 비율

기업의 유동부채 상환능력을 평가하는 데 사용되는 유동성 비율(liquidity ratio)은 기업의 재무위험을 평가할 때 매우 중요하다. 예를 들어 둘리회사의 20×2년 12월 31일의 유동부채는 ₩1,725,000이다. 이러한 부채가 만기에 결제될 수 있을까? 기업의 유동부채 상환능력을 평가하는 비율로 다음의 몇 가지가 있다.

1. 유동비율

유동비율(current ratio)은 유동부채의 총액에 대한 유동자산 총액의 비율이다. 이는 때때로 운전자본비율(working capital ratio)이라고도 불리는데, 그 이유는 운전자본은 유동자산에서 유동부채를 차감한 잔액이기 때문이다. 둘리회사의 유동비율은 다음과 같이 계산된다.

유동비율

$$\text{유동비율} = \frac{\text{유동자산}}{\text{유동부채}} = \frac{₩2,400,000}{₩1,725,000} = 1.39\text{배}$$

산업평균 = 2.30배

산업평균에 비해서 둘리회사의 유동비율은 유동부채를 상환하기에는 좀 낮은 편이다. 비교적 낮은 유동비율은 기업의 유동성에 문제가 있는가? 비율이 1보다 크면 무난한 것인가? 유동비율은 유동성을 평가하는 하나의 방법에 불과한 것이지 유동성에 관한 전체 문제를 다 해결해 주는 것은 아니다. 매출채권과 재고자산은 어느 정도의 유동성을 가지고 있는가? 재고자산의 생략은 유동성분석에 어떠한 영향을 미치는가? 이러한 질문들에 답하기 위해서는 또 다른 자료에 대한 추가적인 분석이 필요하다.

▶ QR코드로 배우는 회계
기업 유동성은 뭔가요

앞서 언급한 바와 같이 비율분석은 수평적 분석과 수직적 분석 모두가 가능하며, 비교의 기준도 세 가지 모두가 가능하다. 그러므로 둘리회사의 유동비율(앞으로 설명할 모든 비율에도 해당됨)은 20×1년도의 유동비율과 경쟁기업 또는 선도기업의 유동비율과도 비교가 가능하다. 그러나 본서에서는 간결성을 유지하기 위해 산업평균치와 비교하겠다.

2. 당좌비율

재고자산, 특히 원료와 재공품의 경우에는 이들을 완제품으로 완성하는 데 기업이 얼마나 걸리는지 또한 제품의 판매로 얼마만큼의 현금이 유입될 것인지를 정확히 예측하는 데에 어려움이 있다. 따라서 선급비용과 함께 재고자산을 유동자산에서 제외시키는 것이 단기채권자들에게 좀더 나은 정보를 제공할 수 있다. 대다수 분석가들은 유동부채와 현금, 단기투자자산, 매출채권순액 등의 비율인 당좌비율(quick ratio, 또는 산성시험비율)을 선호한다. 둘리회사의 당좌비율은 다음과 같다.

당좌비율

$$\text{당좌비율} = \frac{\text{현금} + \text{단기투자자산} + \text{매출채권순액}}{\text{유동부채}}$$

$$= \frac{₩1,470,000}{₩1,725,000} = 0.85\text{배}$$

산업평균＝1.20배

산업평균에 비해 둘리회사의 당좌비율은 낮다. 이는 둘리회사가 비유동자산을 처분하거나 추가적인 자금조달 또는 효율적인 경영성과를 통하여 추가적으로 유동자산을 조달해 놓지 않으면 단기채무를 상환하는 데 어려움을 겪을 수 있다는 것을 의미한다.

3. 방어기간비율

유동비율과 당좌비율도 기업의 단기채무 상환능력을 완전히 설명해 주고 있지는 못하다. 방어기간비율(defensive interval ratio)은 방어자산(현금, 단기투자자산, 매출채권순액 등)을 1일 현금영업활동비용으로 나눈 값이다. 이 비율은 차기연도의 이익에 의존하지 않고 현재의 유동자산으로 영업활동을 할 수 있는 기간을 말해 준다. 1일 현금영업활동비용은 매출원가, 판매비와관리비, 영업외비용 합계(일상적 영업활동비용)에서 감가상각비 등 비현금비용을 차감한 금액을 365일로 나눈 값이다. 둘리회사의 방어기간비율은 다음과 같다.

방어기간비율

$$\text{방어기간비율} = \frac{\text{방어자산}}{(\text{일상적 영업활동비용} - \text{비현금비용}) \div 365}$$

$$= ₩1,470,000 \div \frac{₩4,275,000 - ₩450,000}{365} = 140\text{일}$$

산업평균＝80일

이 비율이 유동비율이나 당좌비율보다 유동성에 관한 더 나은 정보를 제공할 것인가에 관한 판단은 어려운 것이나, 이것이 기업의 유동성에 관한 또 다른 유용한 정보를 제공한다는 것은 틀림없는 사실이다. 또한 이 비율은 기본적인 현금영업비용을 충족시킬 수 있는 기업의 능력을 결정하는 데 있어서 투자자들에 대한 안전요인을 제공해 준다. 위의 계산에서 140일은 높은 방어능력을 나타내 주고 있으며 낮은 유동비율과 당좌비율을 보상해 주고 있다.

4. 영업현금흐름 유동부채보상비율

지금까지 제시한 유동성 비율의 문제점은 비율분석에 유동자산과 유동부채의 기말잔액을 사용하고 있다는 점이다. 이들 잔액은 특정한 시점의 잔액이지 기업의 일상적인 재무상태를 나타내지 못하고 있다. 이러한 문제점을 부분적으로 수정한 비율이 영업현금흐름 유동부채보상비율(current cash debt coverage ratio)이다. 이는 영업활동현금흐름을 평균유동부채금액으로 나누어 계산한다.

만약, 둘리회사의 영업활동 현금흐름이 ₩900,000이라면 영업현금흐름 유동부채보상비율은 다음과 같이 계산된다.

영업현금흐름 유동부채보상비율

$$영업현금흐름\ 유동부채보상비율 = \frac{영업활동\ 현금흐름}{연평균유동부채금액}$$

$$= ₩900,000 \div \frac{₩1,725,000 + ₩1,350,000}{2}$$

$$= 0.59배$$

산업평균 = 0.80배

2 안정성 비율

안정성 비율(stability ratios)은 기업의 장기지급능력을 나타내는 비율로 레버리지비율(leverage ratios) 또는 보상비율이라고도 한다. 이는 사채권자 등 장기채권자나 주주들이 기업의 재무위험을 평가할 때 유용하게 쓰이고 있다. 특히, 이 비율은 채권자와 주주의 경제적 영향을 평가하는 데 많이 사용된다.

1. 부채비율

부채비율은 채권자의 이익을 해하지 않고 손실을 견디어 낼 수 있는 기업의 능력에 대한 정보를 제공해 준다. 이 비율이 낮으면 낮을수록 기업이 지급불능이 되기 전에 채권자에게 지급가능한 금액은 더 많아지므로 채권자의 입장에서는 부채비율이 낮은 것이 바람직하다. 둘리회사의 부채비율은 다음과 같다.

부채비율

$$부채비율 = \frac{부채}{자본} = \frac{₩3,900,000}{₩2,850,000} = 137\%$$

산업평균 = 62%

이 비율은 기업의 추가적인 자금조달능력에도 큰 영향을 미친다. 둘리회사의 부채비율은 산업평균에 비해 매우 높기 때문에 부채를 통한 추가적 자금조달은 어려울 것이다. 따라서 미래의 성장가능성은 그만큼 낮다고 할 수 있다. 실무에서는 간혹 자본 대신 총자산을 사용하기도 한다.

2. 이자보상비율

이자보상비율(interest coverage ratio)은 이자비용과 법인세비용을 차감하기 전 순이익을 이자비용으로 나눈 값이다. 이때 이자지급능력은 법인세비용의 함수가 아니기 때문에 법인세비용차감전순이익이 사용된다. 둘리회사의 이자보상비율은 다음과 같다.

이자보상비율

$$\text{이자보상비율} = \frac{\text{이자비용과 법인세비용차감전순이익}}{\text{이자비용}} = \frac{₩900,000}{₩150,000} = 6\text{배}$$

이 외에도 기업의 장기지급능력을 나타내는 비율로 영업현금흐름 부채보상비율과 금융부채비율, 현금기준이자보상비율 등이 사용되기도 한다. 영업현금흐름 부채보상비율은 영업활동 현금흐름을 평균부채총액으로 나눈 비율이다. 금융부채비율은 금융부채(차입부채)를 자기자본으로 나누어 계산한다. 마지막으로 현금기준이자보상비율은 영업활동 현금흐름을 이자비용으로 나눈 비율이다.

3 수익성 비율

수익성 비율(profitability ratio)은 당해 기간 동안 기업이 얼마나 경영을 잘했는가를 평가하는 데 사용되는 비율이다. 기업의 수익성은 차입금 조달이나 주식발행 등 기업의 자금조달에도 영향을 미치며, 기업의 유동성 및 기업의 성장가능성에도 영향을 미친다. 그러므로 기업의 수익성은 누구나 할 것 없이 관심을 갖고 있는 항목이다.

1. 매출액순이익률

매출액순이익률(ratio of net income to net sales)은 당기순이익을 순매출액으로 나눈 값이다. 둘리회사의 매출액순이익률은 다음과 같다.

매출액순이익률

$$매출액순이익률=\frac{당기순이익}{순매출액}=\frac{₩450,000}{₩4,800,000}=9.4\%$$

산업평균=6%

이 비율은 ₩1의 매출액에 대한 순이익이 산업평균을 상회함을 보여주고 있다. 이 비율을 총자산회전율과 연결시키면 총자산이익률(return on assets)을 알 수 있다. 이러한 관계는 다음과 같다.

총자산이익률

$$\begin{aligned}총자산이익률&=매출액순이익률\times 총자산회전율\\&=\frac{당기순이익}{순매출액}\times\frac{순매출액}{평균자산총액}\\&=\frac{₩450,000}{₩4,800,000}\times\frac{₩480,000}{\frac{₩6,750,000+₩6,300,000}{2}}=6.9\%\end{aligned}$$

매출액순이익률은 기업이 당해 연도 동안 얼마나 수익성이 높게 경영활동을 하였는가에 대해서는 해답을 주지 못한다. 주어진 기간 동안 기업의 자산이 얼마나 회전되었는가를 결정함으로써만 총자산에 대해 가득된 당기순이익의 양을 결정할 수 있다. 일반적으로 잡화상이나 할인코너 등의 기업들은 매출액순이익률이 낮고 회전율이 높은 반면, 보석상이나 가구점 등과 같은 기업들은 비교적 매출액순이익률은 높고 재고자산회전율이 낮다.

총자산이익률은 미국 Du Pont 회사에서 개발 사용한 것으로, 중요한 점은 위 비율에 의해 재무상태표 및 포괄손익계산서의 거의 모든 항목을 관리할 수 있다는 것이다.

2. 총자산이익률

총자산이익률(return on assets : ROA)은 당기순이익을 평균자산총액으로 나눈 값으로 총자본이익률이라고도 한다. 둘리회사의 총자산이익률은 다음과 같다.

총자산이익률

$$\text{총자산이익률(투자수익률)} = \frac{\text{당기순이익}}{\text{평균자산총액}}$$

$$= ₩450{,}000 \div \frac{₩6{,}750{,}000 + ₩6{,}300{,}000}{2} = 6.9\%$$

산업평균 = 5.6%

둘리회사의 총자산이익률은 산업평균보다 약간 높은데 이는 당기순이익이 비교적 많이 발생되었기 때문이다. 이 비율을 좀더 잘 측정하기 위해서는 이자비용차감전순이익을 사용해야 한다고 주장하는 학자도 있다. 이자비용은 추가적으로 자산을 확보하기 위한 비용을 표시하므로 당기순이익에 가산되어야 한다는 것이다. 이를 둘리회사에 적용했을 때의 비율은 다음과 같다.

이자비용을 고려한 총자산이익률

$$\text{투자수익률} = \frac{\text{당기순이익} + \text{이자비용} - \text{세금절약액}^{1)}}{\text{평균자산총액}}$$

$$= \frac{₩450{,}000 + ₩150{,}000 - 0.4 \times ₩150{,}000}{\frac{₩6{,}750{,}000 + ₩6{,}300{,}000}{2}} = 8.3\%$$

3. 자기자본이익률

자기자본이익률(return on equity : ROE)은 우선주배당금을 차감한 후의 당기순이익을 평균자기자본(평균자본 또는 평균순자산)으로 나눈 값이다. 둘리회사의 자기자본이익률은 다음과 같다.

---

1) 세금절약액(tax saving)은 이자비용에 유효세율을 곱하여 얻어진다. 유효세율(effective tax rate)은 법인세비용을 법인세비용차감전순이익으로 나눈 값이다.

자기자본이익률

$$\text{자기자본이익률} = \frac{\text{우선주배당금을 차감한 당기순이익}}{\text{평균자기자본}}$$

$$= ₩450{,}000 \div \frac{₩2{,}850{,}000 + ₩3{,}300{,}000}{2} = 14.6\%$$

산업평균 = 9.5%

부채가 전혀 없는 경우에는 자기자본이익률과 총자산이익률이 같다. 그러나 부채가 있으면 총자산이익률이 부채의 이자율을 초과하는 한 그 초과분이 자기자본이익률을 높이는 데 기여하므로 자기자본이익률이 총자산이익률보다 높다. 이는 타인자본인 부채를 사용함으로써 발생하는 레버리지 효과 때문에 발생되는 현상이다. 그러나 반대의 경우에는 기업의 위험이 그만큼 커지게 된다. 그러므로 불황기에 부채가 많은 기업이 견디기 곤란한 점도 바로 이 때문이다. 즉, 타인자본의 사용은 이익을 확대시킬 수도 있지만 손실 또한 증대될 수도 있다는 점을 잊어서는 안 된다.[2)]

4. 주당순이익

주당순이익(earnings per share)은 투자가들이 가장 많이 사용하는 비율이면서도 가장 현혹되기 쉬운 것 중의 하나이다. 자본구조에서 희석증권(dilutive securities)이 없으면 주당순이익은 단순히 당기순이익에서 우선주배당금을 차감한 금액을 가중평균유통보통주식수로 나누어서 계산한다. 그러나 전환증권이나 주식선택권, 기타 희석증권이 있게 되면 보통주식뿐만 아니라 희석성 잠재적보통주도 고려하여 주당순이익을 계산해야 한다. 이를 희석주당이익이라 한다. 둘리회사의 주당순이익을 계산하면 다음과 같다.

주당순이익

$$\text{주당순이익} = \frac{\text{우선주배당금을 차감한 당기순이익}}{\text{가중평균유통주식수}}$$

$$= \frac{₩450{,}000}{30{,}000\text{주}} = ₩15/\text{주}$$

2) 자기자본이익률에서 총자산이익률을 차감한 재무레버리지비율을 수익성 비율로 이용하는 경우도 있다.

위의 둘리회사에서는 보통주로 전환될 가능성이 있는 증권이 없기 때문에 기본주당순이익과 희석주당순이익을 구분하지 않았다.

주당순이익을 사용할 때 주의해야 할 점은 기업들은 간혹 자기주식을 매입하여 주식수를 감소시킴으로써 주당순이익을 증가시킬 수 있다는 점이다. 또한 주당순이익으로 인하여 주주의 투자액이 증가할 가능성을 식별할 수는 없다. 즉, 다른 조건이 일정하다면 기업이 잉여금을 재투자했을 때 이것이 분모, 즉 가중평균유통주식수를 증가시키지만 않으면 주당순이익은 매년 증가할 것이다. 심지어 정보를 많이 가지고 있는 대중들도 주당순이익에 강한 관심을 갖고 있기 때문에 주당순이익을 필요 이상으로 강조해서는 안 된다.

4 활동성 비율

자산이 효율적으로 운용되고 있는가를 알아보기 위한 비율을 활동성 비율(activity ratios)이라 한다. 활동성 비율은 기업이 얼마나 효율적으로 자산을 활용했는가를 나타내기 때문에 자산효율성 비율 또는 자산회전율이라 하기도 한다.

1. 매출채권회전율

매출채권회전율(receivables turnover ratio)은 순매출액을 평균매출채권금액으로 나눈 값이다. 이론적으로 분자에 순외상매출액만을 사용해야 하나 이러한 정보를 얻기 곤란하여 순매출액 정보를 이용한다. 그리고 365일을 회전율로 나누어 매출채권이 회수되는 평균일수를 계산하여 함께 이용한다.

또한 현금판매와 신용판매의 상대적인 금액이 비교적 일정하다면 이러한 비율이 나타내는 추세는 나름대로 의미를 갖고 있다. 계절적 변동이 중요하지 않다면 평균매출채권액은 매출채권의 기초잔액과 기말잔액으로부터 얻어진다. 이 경우에도 총매출채권이 아닌 순매출채권이 사용된다.

매출채권회전율

$$\text{매출채권회전율} = \frac{\text{순매출액}}{\text{평균매출채권액(순액)}}$$

$$= \frac{₩4{,}800{,}000}{\frac{₩1{,}050{,}000 + ₩900{,}000}{2}} = 4.92\text{회 또는 매 74일}$$

산업평균=7.15회 또는 매 51일

이러한 정보는 매출채권의 특성에 관한 지표를 제공해 주며, 또한 매출채권을 회수하는 데 기업이 얼마나 효과적으로 활동했는가에 대한 정보도 제공해 준다. 이 회전율이 빠르면 빠를수록 앞서 설명한 유동비율과 당좌비율에 대한 신뢰도는 높아진다. 가능하면 매출채권이 얼마나 오랫동안 회수되지 않고 있는가를 알아보기 위하여 연령표(aging schedule)를 작성하는 것이 좋다. 왜냐하면 전체적인 매출채권회전율이 만족스럽게 보일 수는 있지만 이는 다른 매출채권에 비해 일부 매출채권이 빨리 회수되어 그렇게 나타날 수도 있기 때문이다.

2. 재고자산회전율

재고자산회전율(inventory turnover ratio)은 매출원가를 평균재고자산으로 나눈 값이다. 둘리회사의 재고자산회전율은 다음과 같다.

재고자산회전율

$$\text{재고자산회전율} = \frac{\text{매출원가}}{\text{평균재고자산}}$$

$$= \frac{₩3{,}000{,}000}{\frac{₩930{,}000 + ₩750{,}000}{2}} = 3.57\text{배 또는 매 102일}$$

산업평균=4.62배 또는 매 79일

재고자산회전율은 재고자산이 얼마나 빨리 판매되는가를 측정해 준다. 일반적으로 회전율이 빠르면 빠를수록 기업은 상거래 활동을 열심히 하고 있다는 것을 뜻한다. 그러나 재고자산이 부족할 경우 재고고갈비용(stockout costs)의 기회비용이 발생될 가능성이 있다. 이 비율은 또한 진부화된 재고자산의 존재 유무 또는 가격

책정에 문제가 있는지 등에 관한 정보도 제공해 준다.

둘리회사의 비율이 산업평균보다 낮으므로 회전이 느리고 재고자산을 많이 보유하고 있다는 것을 알 수 있다. 그리고 이 비율이 재고자산 전체에 대한 평균비율이라는 점을 명심해야 한다. 즉, 재고자산 중에는 회전율이 빠른 재고자산이 있는가 하면 회전율이 아주 느린 재고자산도 있다. 게다가 기초재고자산과 기말재고자산의 평균치를 사용하였으므로 이 수치가 해당 기간의 평균치를 나타내지 않는다면 추가적으로 다른 정보를 이용해야 한다.

또한 재고자산은 원가로 표시되기 때문에 이익을 포함하고 있는 매출액이 아니라 매출원가를 분자로 사용해야 한다. 간혹 매출원가 대신에 매출액을 사용하는 경우가 있으나 타당한 방법은 아니다. 재고자산의 원가흐름가정도 회전율과 유동비율의 계산에 영향을 미칠 수 있다. 분석가들은 회계처리방법이 달라짐으로써 각종 비율에 미치는 영향에 대해서도 항상 주의를 기울여야 한다.

▶ **QR코드로 배우는 회계**
매실에 짓눌린 보해양조

▶ **QR코드로 배우는 회계**
이디야커피, 원재료 공급속도 '탁월'…
재고자산 회전일수 단 8일

3. 총자산회전율

총자산회전율(asset turnover ratio)은 순매출액을 평균자산총액으로 나눈 값이다. 둘리회사의 총자산회전율은 다음과 같다.

총자산회전율

$$총자산회전율=\frac{순매출액}{평균자산총액}$$

$$=\frac{₩4{,}800{,}000}{\frac{₩6{,}750{,}000+₩6{,}300{,}000}{2}}=0.74$$

산업평균=0.94

이 비율은 기업의 총자산이 수익을 창출하는 데 얼마나 효율적으로 활용되었는가를 알려준다. 총자산회전율이 높다는 것은 한 단위의 자산에 의해 보다 많은 매출액을 창출한 것이므로 그만큼 자산이 효율적으로 이용되고 있다고 본다.

총자산회전율과 더불어 자기자본회전율을 사용하기도 한다. 이는 분모에 평균자산총액 대신 평균자기자본이 사용된다는 점만 다르다.

자산회전율 계산시의 문제점은 기업이 채택하는 감가상각방법에 따라서 비율계산이 영향을 받는다는 점이다. 예를 들어, 다른 조건이 일정하다고 가정할 때 내용연수 초기에 가속상각법을 사용하는 기업의 자산회전율은 정액법을 사용하는 기업의 자산회전율보다 높을 것이다. 이러한 이유 등으로 이 비율을 기업의 능률을 평가하는 데 유일한 수단으로 사용해서는 안 된다.

5 기타비율

비율분석에는 지금까지 설명한 것만 있는 것은 아니다. 특히 요즘은 자본시장과 관련된 의미 있는 비율들을 자주 사용하고 있는 상황이다. 이하에서는 이에 대해 살펴보기로 한다.

1. 주당장부금액

기업의 순가치와 이의 변동을 평가하는 데 많이 사용되는 기준은 주당장부금액(book value per share)이다. 주당장부금액은 기업이 재무상태표금액을 기준으로 청산된다면 각 주식이 받을 수 있는 금액을 말한다. 그러나 재무상태표가액이 자산의 공정한 시장가치에 접근하지 못하면 적합성을 잃는다. 이를 계산할 때 자본항목들을 각 주식에 배분하고 각 주식에 배분된 총액을 총주식수로 나누어 계산한다. 둘리회사의 보통주당 장부금액은 다음과 같다.

주당장부금액

$$\text{주당장부금액} = \frac{\text{보통주주지분}}{\text{보통주식수}} = \frac{₩2,850,000}{30,000\text{주}} = ₩95/\text{주}$$

둘리회사의 경우는 우선주가 없다. 만약, 우선주가 발행되었을 때에는 이를 고려해야 한다. 만약, 누적적우선주인데 당기까지 배당하지 못한 부분이 있거나 참가적우선주가 있다면 기업의 이익잉여금을 우선주와 보통주에 배분할 때 세심한 주의를 기울여야 한다.

2. 주당현금흐름

최근에 자주 사용하고 있는 비율 중의 하나가 주당현금흐름(cash flow per share)이다. 이 비율은 당기순이익과 비현금비용의 합계액을 보통주식수로 나눈 값이다. 둘리회사의 주당현금흐름은 다음과 같다.

주당현금흐름

$$\text{주당현금흐름} = \frac{\text{당기순이익} + \text{비현금비용}}{\text{보통주식수}} = \frac{₩450{,}000 + ₩450{,}000}{30{,}000\text{주}} = ₩30/\text{주}$$

이는 기업 내부적으로 창출된 자원의 양을 결정하는 데 주로 사용된다. 그러나 흔히 이 비율은 기업의 실질적인 수익성의 측정치로 오용되고 있다. 이에 대해 일부 전문가들은 운전자본이나 영업활동으로부터 조달된 현금, 특히 주당현금액은 주주에게 보고하지 말자고 주장한다.

3. 주가수익비율

주가수익비율(price earning ratio : PER)은 기업에 대한 투자가능성을 분석할 때 자주 인용되는 비율이다. 이 비율은 주식의 시장가격을 주당순이익으로 나눈 값이다. 둘리회사의 주가수익비율은 다음과 같다.

주가수익비율

$$\text{주가수익비율} = \frac{\text{주식의 시장가격}}{\text{주당순이익}} = \frac{₩180}{₩15} = 12.0$$

13-3 각종 비율공식과 의미

비율 및 공식	의 미
1. 유동성 비율	
(1) 유동비율 $=\frac{\text{유동자산}}{\text{유동부채}}$	-기업의 단기지급능력을 판단하는 지표
(2) 당좌비율 $=\frac{\text{현금}+\text{단기투자자산}+\text{매출채권순액}}{\text{유동부채}}$	-단기지급능력을 판단하는 보조 지표
(3) 방어기간비율 $=\frac{\text{방어자산}}{(\text{일상적 영업활동비용}-\text{비현금비용})\div 365}$	-현재의 당좌자산으로 영업활동을 할 수 있는 기간을 나타내는 지표
2. 안정성 비율	
(1) 부채비율 $=\frac{\text{부채}}{\text{자본(또는 총자산)}}$	-타인자본(부채) 의존도를 판단하는 지표
(2) 이자보상비율 $=\frac{\text{이자비용과 법인세비용차감전순이익}}{\text{이자비용}}$	-경상적인 영업활동에 의한 이익으로 이자비용을 부담할 수 있는 능력을 측정하는 지표
3. 수익성 비율	
(1) 매출액순이익률 $=\frac{\text{당기순이익}}{\text{순매출액}}$	-매출액에 대한 순이익률로 수익성을 나타내는 지표
(2) 총자산이익률(투자수익률) $=\frac{\text{당기순이익}}{\text{평균자산총액}}$	-총자산에 대한 수익률을 나타내는 지표
(3) 자기자본이익률 $=\frac{\text{우선주배당금을 차감한 당기순이익}}{\text{평균자기자본}}$	-자기자본에 대한 수익률을 나타내는 지표
(4) 주당순이익 $=\frac{\text{우선주배당금을 차감한 당기순이익}}{\text{가중평균유통주식수}}$	-보통주 1주당 수익력을 나타내는 지표
4. 활동성 비율	
(1) 매출채권회전율 $=\frac{\text{순매출액}}{\text{평균매출채권액(순액)}}$	-매출채권을 회수하는 데 기업이 얼마나 효과적으로 활동했는가를 나타내는 지표
(2) 재고자산회전율 $=\frac{\text{매출원가}}{\text{평균재고자산}}$	-재고자산의 효율성을 나타내는 지표
(3) 총자산회전율 $=\frac{\text{순매출액}}{\text{평균자산총액}}$	-기업의 총자산의 활용 정도를 나타내는 지표
5. 기타비율	
(1) 주당장부금액 $=\frac{\text{보통주주지분}}{\text{보통주식수}}$	-1주당 기업의 순가치(장부금액)를 나타내는 지표
(2) 주당현금흐름 $=\frac{\text{당기순이익}+\text{비현금비용}}{\text{보통주식수}}$	-1주당 영업활동으로 인한 현금유입액을 나타내는 지표
(3) 주가수익비율 $=\frac{\text{주식의 시장가격}}{\text{주당순이익}}$	-기업의 수익성에 대한 주가의 반응 정도를 나타내는 지표
(4) 배당성향 $=\frac{\text{현금배당}}{\text{당기순이익}}$	-당기순이익에 대한 현금배당의 정도를 나타내는 지표

어떤 회사는 PER이 높은 반면, 어떤 회사는 PER이 낮다. 이러한 차이가 나는 이유는 각 회사마다 위험, 이익의 안전성, 이익의 추세, 성장가능성에 대한 시장에서의 인식이 다르기 때문이다. 기업이 현재보다 더 높은 수준으로 이익을 창출할 수 있다고 믿는 분석가들은 현재의 이익이 반영하는 주가보다 더 높게 주식을 평가한다.

4. 배당성향

배당성향(payout ratio)은 당기순이익에 대한 현금배당액의 비율이다. 만약 우선주가 발행되어 있는 경우에는 보통주식에 대한 배당금을 보통주주이익으로 나누어 계산한다. 현금배당이 ₩202,500이라고 가정하면 둘리회사의 배당성향은 다음과 같다.

배당성향

$$\text{배당성향} = \frac{\text{현금배당}}{\text{당기순이익}} = \frac{₩202{,}500}{₩450{,}000} = 45.0\%$$

배당성향이 높다는 것은 당기순이익에서 배당금이 차지하는 비중이 크다는 것을 뜻한다. 배당성향이 높다고 해서 항상 좋은 것은 아니다. 이러한 기업에 대해 마땅한 투자처를 찾지 못하는 기업 또는 성장가능성이 낮은 기업으로 평가하는 분석가들이 있을 수 있다. 일반적으로 성장회사들은 그들의 이익을 재투자하기 때문에 배당성향이 낮은 편이다.

지금까지 소개한 비율의 계산공식과 의미를 요약하면 13-3 과 같다.

6 비율분석의 한계점

비율분석이 기업의 재무제표를 분석하는 데 유용한 방법임에는 틀림이 없다. 그러나 비율분석에도 한계점이 있다. 이들 한계점은 주로 재무제표의 한계점과 관련이 많다.

(1) 재무제표는 추정치를 내포하고 있다는 점이다

재무제표 작성시에는 대손이나 내용연수, 잔존가치, 제품보증비용 등 추정치가 많이 사용된다. 만약 이들 추정치가 정확하지 않을 때에는 비율분석도 정확하지 않게 된다.

(2) 취득원가로 표시되는 자산과 공정가치로 표시되는 자산이 혼재되어 있다는 점이다

대부분의 금융자산은 공정가치로 표시되지만 재고자산이나 유형자산 및 무형자산은 취득원가로 표시되는 경우가 대부분이다. 따라서 이들 자산을 합산하여 분석하는 경우 공정가치도 아니고 취득원가도 아닌 애매한 가치를 나타낼 수 있다.

(3) 대체적인 회계처리방법이 존재함으로써 발생되는 문제점이다

유형자산의 감가상각방법이나 재고자산의 원가흐름가정 중 어떠한 방법을 채택하느냐에 따라 당기순이익이나 자산가액이 달리 보고될 수 있다. 그러므로 분석자들은 어떠한 방법을 적용했는가를 확인하고 다른 방법을 적용할 경우 어떻게 달라질 것인가를 알아야 한다.

(4) 산업의 다양화로 적절한 비교 상대를 찾기 어려운 경우가 많다

각각의 기업은 기업마다 고유의 특성이 있기 때문에 뱁새(붉은머리오목눈이)가 황새를 쫓아가는 우를 범해서는 안 된다.

▶ **QR코드로 배우는 회계**
투자자들이 좋아하는 매력적인 재무제표의 요건

Epilogue

재무제표의 비율분석은 경영분석이나 재무제표 분석 등의 교과목으로 수강할 수도 있다. 커다란 부담 없이 어떠한 분석방법이 있는가를 알아두면 충분하겠다. 회계는 공부한 만큼 성적이 나오는 교과목이며, 취미와 적성 또는 수학적 능력과도 아무런 상관이 없는 교과목이다. 오로지 많은 관심과 연습만이 회계실력을 높이는 지름길이며 왕도이다.

연습문제

CHAPTER 13

1 [진위형] 다음 서술이 옳으면 T, 옳지 않으면 F를 기재하시오.

(1) 특정 회사의 재무비율을 경쟁기업 또는 선도기업의 것과 비교하면 유용성이 증가된다.

(2) 당좌비율은 유동비율 계산시 사용하는 분자에 재고자산을 제외하여 계산한다.

(3) 안정성 비율은 기업이 산업평균 이상의 수익성을 안정하게 달성할 수 있는가를 알아보는 데 이용되는 비율이다.

(4) 이자보상비율은 활동성을 평가하는 데 이용되는 비율 중의 하나이다.

(5) 총자산순이익률은 매출액순이익률과 총자산회전율을 알고 있으면 구할 수 있다.

(6) 활동성 비율은 주로 회전율의 형태로 표시한다.

(7) 주가수익비율(PER)은 주당순이익을 주가로 나눈 값으로 주가수익비율이 클수록 수익성이 크다.

(8) 배당성향은 당해 연도 현금배당액을 전년도의 현금배당액으로 나눈 값이다.

2 [완성형] 다음 괄호 안에 가장 적절한 용어를 넣으시오.

(1) (　　　)은 적어도 1회계기간 이상의 재무제표 자료를 평가하는 데 사용되는 기법으로 추세분석이라고도 한다.

(2) (　　　)은 재무제표를 구성하고 있는 각 재무제표 항목의 상대적 크기를 나타내는 분석기법으로 공통형 분석 또는 요소구성비율분석이라고도 한다.

(3) (　　　)은 유동부채의 총액에 대한 유동자산의 총액의 비율이다.

(4) (　　　)은 기업의 장기지급능력을 나타내는 비율로 레버리지비율 또는 보상비율이라고도 한다.

(5) (　　　)은 이자비용과 법인세비용을 차감하기 전의 순이익을 이자비용으로 나눈 값이다.

(6) (　　　)은 순매출액을 평균매출채권금액으로 나눈 값이다.

(7) (　　　)은 당기순이익에 대한 현금배당액의 비율이다.

(8) 주가수익비율은 주가를 (　　　)으로 나눈 값이다.

3 [선다형] 다음 물음에 가장 타당한 답을 하나만 선택하시오.

(1) 다음 중 수익성을 분석하는 데 사용되는 비율이 아닌 것은?
① 현금이익비율 ② 당좌비율 ③ 총자산이익률
④ 순자산이익률 ⑤ 매출액순이익률

(2) 다음 중 소매업에서 매출채권회전율에 영향을 미치지 않는 것은?
① 소매가격의 인상 ② 신용정책의 변화 ③ 매입원가의 증가
④ ①과 ③ ⑤ ①, ②, ③ 모두

(3) 다음 중 유동성을 분석하는 데 사용되는 비율은?
① 주당이익 ② 당좌비율 ③ 부채비율
④ ①과 ③ ⑤ ①, ②, ③ 모두

(4) 재무레버리지비율이 양(+)이라는 의미는?
① 재무활동으로부터 양(+)의 현금유입액
② 부채비율이 1보다 크다.
③ 부채에 대한 이자비용비율보다 총자산이익률이 크다.
④ 전년도 매출총이익보다 당해 연도의 매출총이익률이 더 크다.
⑤ 정답 없음

(5) 다음 중 영업활동 현금흐름과 관련이 있는 것은?
① 재고자산회전율 ② 이익의 우수성 분석 ③ 주당이익
④ ①, ②, ③ 모두 ⑤ 정답 없음

(6) 다음 중 유동부채를 즉시 상환하는 데 어려움을 가장 적게 느낄 기업은?

	당좌비율	매출채권회전율
①	1.2	58
②	1.2	45
③	1.0	55
④	0.5	60

⑤ 모두 동일하다.

(7) 판매비와관리비의 감소는 다음 중 어떠한 비율에 영향을 미치는가?
① 비유동자산회전율 ② 부채비율 ③ 이자보상비율
④ 유동비율 ⑤ 정답 없음

(8) 장기간 자금을 대여하려는 채권자들이 거의 이용하지 않는 비율은?
① 현금보상비율　② 이자보상비율　③ 부채비율
④ 매출액순이익률　⑤ 유동비율

4 [여러 가지 비율] 한라회사는 수년간 영업활동을 해 왔는데 20×2년 12월 31일의 재무상태표는 다음과 같다.

재무상태표

한라회사　20×2년 12월 31일

현　　금	₩20,000	매 입 채 무	₩70,000
매 출 채 권	70,000	장기차입금	130,000
재 고 자 산	80,000	자　본　금(주당, ₩1)	120,000
유 형 자 산(순액)	180,000	이익잉여금	30,000
	₩350,000		₩350,000

20×2년도의 순이익은 ₩20,000이다. 과거자료에 기초한 영업비용 지출 예상액은 감가상각비를 제외하고 ₩45,000이다. 자산총액은 20×1년과 20×2년 모두 동일하다고 가정하고 다음의 비율을 계산하시오.

(1) 유동비율　(2) 당좌비율　(3) 방어기간비율
(4) 부채비율　(5) 총자산이익률

5 [비율분석 종합] 다음은 20×2년도 청송회사의 비교재무제표이다. 매출액 중 40%는 신용매출이며 20×2년도에 현금배당금으로 ₩2,250을 지급하였다.

	20×2년	20×1년
포괄손익계산서 :		
매 출 액	₩150,000	₩138,000
매 출 원 가	92,000	84,000
매출총이익	58,000	54,000
기 타 비 용	47,000	44,000
법인세비용차감전순이익	11,000	10,000
법인세비용	2,750	2,500
당기순이익	₩8,250	₩7,500
재무상태표 :		
현금및현금성자산	₩4,000	₩7,000
매 출 채 권(순액)	12,000	15,000
재 고 자 산	34,000	30,000
유 형 자 산	38,000	32,000
합 계	₩88,000	₩84,000
유 동 부 채(무이자)	₩14,000	₩16,000
장기차입금(10%)	38,000	38,000
자 본 금	20,000	20,000
이익잉여금	16,000	10,000
합 계	₩88,000	₩84,000

(물음) 20×2년도에 대해 다음의 비율을 계산하시오.

(1) 매출총이익률 (2) 법인세율 (3) 매출액순이익률
(4) 부채비율 (5) 자기자본이익률 (6) 총자산이익률
(7) 유동비율 (8) 당좌비율 (9) 재고자산회전율
(10) 매출채권회전율

보론

재무보고를 위한 개념체계

일러두기 ●●● [보론]에서는 외부 이용자를 위한 재무보고의 기초가 되는 개념인 재무보고를 위한 개념체계에 대해 간략히 살펴본다. 재무보고를 위한 개념체계(conceptual framework for financial reporting)는 외부 이용자를 위한 재무보고의 기초가 되는 개념(예 : 재무보고의 목적, 재무정보의 질적특성 등)을 논리적으로 정연하게 정립한 것이다. 개념체계의 구체적인 내용은 중급회계에서 다루게 될 것이다. 여기에서는 재무보고를 위한 개념체계의 핵심을 요약한 개요만 소개하도록 한다.

주요 용어 ●●● 개념체계, 유용성, 질적특성, 근본적 질적특성, 보강적 질적특성, 목적적합성, 표현충실성, 비교가능성, 검증가능성, 적시성, 이해가능성, 계속기업가정, 재무제표, 보고기업, 재무제표 요소

현장사례 왜 국제회계기준인가?

국제회계기준(IFRS)은 국제회계기준위원회가 기업의 회계처리와 재무제표에 대한 국제적 통일성을 높이기 위해 마련해 공표하는 회계기준이다. (중략)

전 세계 150여 개국에서 IFRS를 수용하고 있다. 한마디로 IFRS는 기업들의 재무상태와 영업성과를 나타내는 '만국공용어'인 셈이다.

Blue Areas Represent Areas where IFRS is Required for Domestic Public Companies (Source: IFRS)

우리나라가 IFRS를 도입하기로 한 것은 세계의 자본시장이 국제화되면서 이처럼 국제적으로 통일된 회계처리기준에 대한 요구가 그 어느 때보다 크게 증가하고 있기 때문이다.

또 현행 한국회계기준(K-GAAP)이 IFRS와 달라 외국인 등이 우리나라 기업의 회계에 대해 신뢰하지 못함으로써 우리나라 기업이 국제사회에서 정당한 평가를 받지 못하는 원인이 됐다.

게다가 국내기업이 해외 증시에 상장할 경우 현행 K-GAAP를 적용한 재무제표를 해당 국가의 회계처리기준을 적용해 다시 작성하고 외부감사도 받아 부담으로 작용해 왔다. 현재 해외 상장기업은 뉴욕증권거래소(NYSE) 8개사, 나스닥 7개사, 런던 12개사, 룩셈부르크 13개사 등 40개사에 이른다.

금융감독원이 미국에 상장한 국내 15개사에 대한 설문조사 결과 2003년부터 2006년까지 회계감사 및 회계기준의 차이조정으로 총 780억원의 비용이 발생했다. 연 평균 200억원에 이른다.

미국 증권거래위원회는 지난해 11월 15일 해외기업이 IFRS에 따라 작성한 재무제표를 제출할 경우 US-GAAP와의 차이조정의무를 면제하는 규정안을 최종 승인했다.

따라서 미국 증시에 상장되어 있거나 상장하려는 국내기업들이 IFRS를 도입하면 국내에서 사용하는 재무제표를 그대로 사용할 수 있게 되어 이중으로 회계장부를 작성해야 하는 부담이 없어지게 된다.

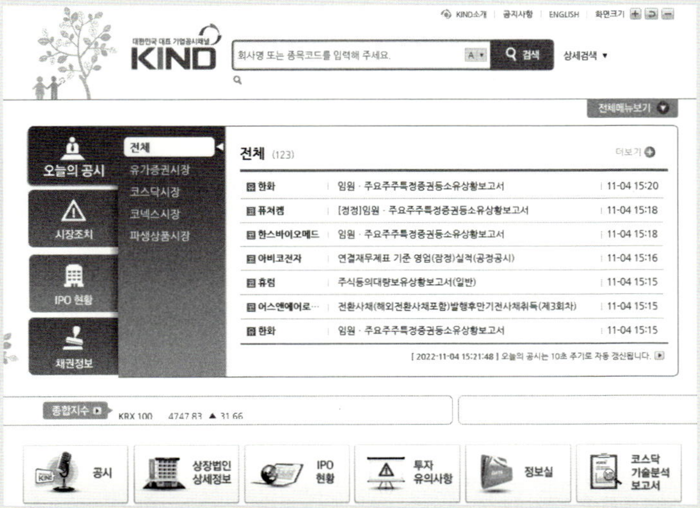

상장공시시스템(http://kind.krx.co.kr)

최진영 금융감독원 회계제도 실장은 "우리나라도 '국제회계기준 사용국'으로 인정받게 되어 회계기준의 국제적 정합성이 떨어진다는 지적이 없어지게 된다"며 "국내 법규에 의해 작성된 재무제표를 국제자본시장에서 그대로 사용할 수 있게 되어 글로벌 기업들의 부담이 줄어들 것"이라고 말했다.

(자료 : 이데일리, 2008.2.11)

재무보고를 위한 개념체계(conceptual framework for financial reporting)는 외부 이용자를 위한 재무보고의 기초가 되는 개념(예 : 재무보고의 목적, 재무정보의 질적특성 등)을 논리적으로 정연하게 정립한 것이다.

개념체계의 구체적인 내용은 중급회계에서 다루게 될 것이다. 그러나 회계원리를 학습한 학생들도 개념체계의 존재와 기본 용어는 익숙해질 필요가 있다고 판단되어 개념체계의 개요부분만 제시한다.

재무보고를 위한 개념체계 원문은 한국회계기준원 회계기준위원회 웹사이트에서 확인할 수 있다(http://www.kasb.or.kr).

1 개념체계의 목적과 위상

'재무보고를 위한 개념체계'(이하, '개념체계'라 한다)는 일반목적재무보고의 목적과 개념을 서술한다. 개념체계의 목적은 다음과 같다.

(1) 한국회계기준위원회가 일관된 개념에 기반하여 한국채택국제회계기준을 제·개정하는 데 도움을 준다.
(2) 특정 거래나 다른 사건에 적용할 회계기준이 없거나 회계기준에서 회계정책 선택이 허용되는 경우에 재무제표 작성자가 일관된 회계정책을 개발하는 데 도움을 준다.
(3) 모든 이해관계자가 회계기준을 이해하고 해석하는 데 도움을 준다.

개념체계는 회계기준이 아니다. 따라서 개념체계의 어떠한 내용도 회계기준이나 회계기준의 요구사항에 우선하지 않는다.

2 일반목적재무보고의 목적

일반목적재무보고의 목적은 현재 및 잠재적 투자자, 대여자와 그 밖의 채권자가 기업에 자원을 제공하는 것과 관련된 의사결정을 할 때 유용한 보고기업 재무정보를 제공하는 것이다.

일반목적재무보고서는 보고기업의 재무상태에 관한 정보, 즉 기업의 경제적 자원 및 보고기업에 대한 청구권에 관한 정보를 제공한다. 재무보고서는 보고기업의 경제적 자원과 청구권을 변동시키는 거래와 그 밖의 사건의 영향에 대한 정보도 제공한다. 이 두 유형의 정보는 기업에 대한 자원 제공 관련 의사결정에 유용한 투입요소를 제공한다.

3 유용한 재무보고의 질적특성

유용한 재무정보의 질적특성은 재무보고서에 포함된 정보(재무정보)에 근거하여 보고기업에 대한 의사결정을 할 때 현재 및 잠재적 투자자, 대여자와 그 밖의 채권자에게 가장 유용할 정보의 유형을 식별하는 것이다.

재무정보가 유용하기 위해서는 목적적합해야 하고 나타내고자 하는 바를 충실하게 표현해야 한다. 재무정보가 비교가능하고, 검증가능하며, 적시성 있고, 이해가능한 경우 그 재무정보의 유용성은 보강된다.

근본적 질적특성은 목적적합성과 표현충실성이다.

(1) 목적적합성 : 목적적합한 재무정보는 정보이용자의 의사결정에 차이가 나도록 할 수 있다. 정보는 일부 이용자들이 이를 이용하지 않기로 선택하거나 다른 원천을 통하여 이미 이를 알고 있다고 할지라도 의사결정에 차이가 나도록 할 수 있다. 재무정보에 예측가치, 확인가치 또는 이 둘 모두가 있다면 의사결정에 차이가 나도록 할 수 있다.

(2) 표현충실성 : 재무정보가 유용하기 위해서는 목적적합한 현상을 표현하는 것뿐만 아니라 나타내고자 하는 현상의 실질을 충실하게 표현해야 한다. 완벽한 표현충실성을 위해서는 서술에 세 가지의 특성이 있어야 할 것이다. 서술은 완전하고, 중립적이며, 오류가 없어야 할 것이다. 물론 완벽은 이루기 매우 어렵다. 회계기준위원회의 목적은 가능한 한 이러한 특성을 극대화하는 것이다.

비교가능성, 검증가능성, 적시성 및 이해가능성은 목적적합성과 나타내고자 하는 바를 충실하게 표현하는 것 모두를 충족하는 정보의 유용성을 보강시키는 질적특성이다.

(1) 비교가능성 : 이용자들이 항목간의 유사점과 차이점을 식별하고 이해할 수 있게 하는 질적특성이다.
(2) 검증가능성 : 합리적인 판단력이 있고 독립적인 서로 다른 관찰자가 어떤 서술이 표현충실성에 있어, 비록 반드시 완전히 의견이 일치하지는 않더라도, 합의에 이를 수 있다는 것을 의미한다.
(3) 적시성 : 의사결정에 영향을 미칠 수 있도록 의사결정자가 정보를 제때에 이용가능하게 하는 것을 의미한다.
(4) 이해가능성 : 정보를 명확하고 간결하게 분류하고, 특징지으며, 표시하는 것은 정보를 이해가능하게 한다.

4 재무제표와 보고기업

(1) 재무제표 : 재무제표의 목적은 보고기업에 유입될 미래 순현금흐름에 대한 전망과 보고기업의 경제적 자원에 대한 경영진의 수탁책임을 평가하는 데 유용한 보고기업의 자산, 부채, 자본, 수익 및 비용에 대한 재무정보를 재무제표이용자들에게 제공하는 것이다.

재무제표는 특정 기간(보고기간)에 대하여 작성되며 다음에 관한 정보를 제공한다.

① 보고기간말 현재 또는 보고기간중 존재했던 자산과 부채(미인식된 자산과 부채 포함) 및 자본

② 보고기간의 수익과 비용

재무제표이용자들이 변화와 추세를 식별하고 평가하는 것을 돕기 위해, 재무제표는 최소한 직전 연도에 대한 비교정보를 제공한다.

재무제표는 일반적으로 보고기업이 계속기업이며 예측가능한 미래에 영업을 계속할 것이라는 가정하에 작성된다. 따라서 기업이 청산을 하거나 거래를 중단하려는 의도가 없으며, 그럴 필요도 없다고 가정한다. 만약 그

러한 의도나 필요가 있다면, 재무제표는 계속기업과는 다른 기준에 따라 작성되어야 한다. 그러한 경우라면, 사용된 기준을 재무제표에 기술한다.

(2) 보고기업 : 보고기업은 재무제표를 작성해야 하거나 작성하기로 선택한 기업이다. 보고기업은 단일의 실체이거나 어떤 실체의 일부일 수 있으며, 둘 이상의 실체로 구성될 수도 있다.

보고기업이 반드시 법적 실체일 필요는 없다. 한 기업(지배기업)이 다른 기업(종속기업)을 지배하는 경우가 있다. 보고기업이 지배기업과 종속기업으로 구성된다면 그 보고기업의 재무제표를 '연결재무제표'라고 부른다. 보고기업이 지배기업 단독인 경우 그 보고기업의 재무제표를 '비연결재무제표'라고 부른다. 보고기업이 지배-종속관계로 모두 연결되어 있지는 않은 둘 이상 실체들로 구성된다면 그 보고기업의 재무제표를 '결합재무제표'라고 부른다.

5 재무제표 요소

개념체계에 정의된 재무제표 요소는 다음과 같다.

(1) 보고기업의 재무상태와 관련된 자산, 부채 및 자본
(2) 보고기업의 재무성과와 관련된 수익(income) 및 비용

이러한 요소들은 경제적 자원, 청구권 및 경제적 자원과 청구권의 변동과 연계되어 있으며, 정의는 다음과 같다.

항 목	요 소	정의 또는 설명
경제적 자원	자산	과거사건의 결과로 기업이 통제하는 현재의 경제적 자원. 경제적 자원은 경제적 효익을 창출할 잠재력을 지닌 권리
청구권	부채	과거사건의 결과로 기업의 경제적 자원을 이전해야 하는 현재의무
	자본	기업의 자산에서 모든 부채를 차감한 후의 잔여지분

<table>
<tr><td rowspan="2">재무성과를 반영하는 경제적 자원 및 청구권의 변동</td><td>수익</td><td>자본의 증가를 가져오는 자산의 증가나 부채의 감소로서, 자본청구권 보유자의 출자와 관련된 것은 제외</td></tr>
<tr><td>비용</td><td>자본의 감소를 가져오는 자산의 감소나 부채의 증가로서, 자본청구권 보유자에 대한 분배와 관련된 것은 제외</td></tr>
<tr><td colspan="2" rowspan="2">그 밖의 경제적 자원 및 청구권의 변동</td><td>자본청구권 보유자에 의한 출자와 그들에 대한 분배</td></tr>
<tr><td>자본의 증가나 감소를 초래하지 않는 자산이나 부채의 교환</td></tr>
</table>

6 인식과 제거

인식은 자산, 부채, 자본, 수익 또는 비용과 같은 재무제표 요소 중 하나의 정의를 충족하는 항목을 재무상태표나 재무성과표에 포함하기 위하여 포착하는 과정이다. 인식은 그러한 재무제표 중 하나에 어떤 항목(단독으로 또는 다른 항목과 통합하여)을 명칭과 화폐금액으로 나타내고, 그 항목을 해당 재무제표의 하나 이상의 합계에 포함시키는 것과 관련된다. 자산, 부채 또는 자본이 재무상태표에 인식되는 금액을 '장부금액'이라고 한다.

하나의 항목(또는 장부금액의 변동)의 인식은 하나 이상의 다른 항목(또는 하나 이상의 다른 항목의 장부금액의 변동)의 인식 또는 제거가 필요하기 때문에 재무제표들은 예를 들어 다음과 같이 연계된다.

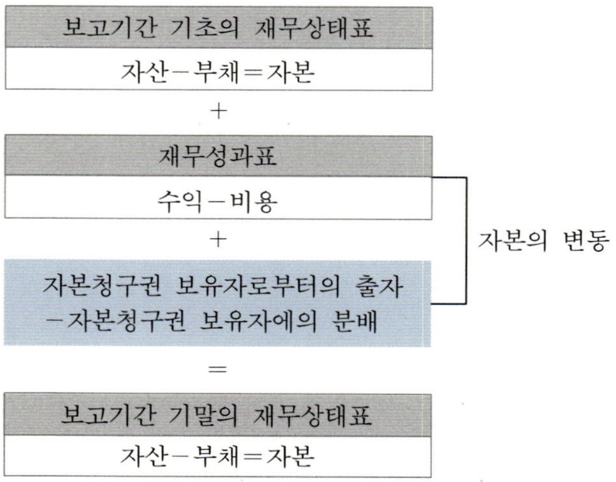

제거는 기업의 재무상태표에서 인식된 자산이나 부채의 전부 또는 일부를 삭제하는 것이다. 제거는 일반적으로 해당 항목이 더 이상 자산 또는 부채의 정의를 충족하지 못할 때 발생한다.

(1) 자산은 일반적으로 기업이 인식한 자산의 전부 또는 일부에 대한 통제를 상실하였을 때 제거한다.
(2) 부채는 일반적으로 기업이 인식한 부채의 전부 또는 일부에 대한 현재의무를 더 이상 부담하지 않을 때 제거한다.

7 측 정

재무제표에 인식된 요소들은 화폐단위로 수량화되어 있다. 이를 위해 측정기준을 선택해야 한다. 측정기준은 측정 대상 항목에 대해 식별된 속성(예 : 역사적 원가, 공정가치 또는 이행가치)이다. 자산이나 부채에 측정기준을 적용하면 해당 자산이나 부채, 관련 수익과 비용의 측정치가 산출된다. 측정기준을 선택할 때 측정기준이 재무상태표와 재무성과표에서 만들어 낼 정보의 성격을 고려하는 것이 중요하다. 특정 측정기준에 의해 제공되는 정보 중에서 재무상태표의 장부금액에 대한 정보를 요약하면 다음과 같다.

측정기준	장부금액 정보
역사적 원가	사용되지 않았거나 수취하지 않은 범위 내에서 회수가능한 역사적 원가(거래원가 포함)(금융요소가 있다면, 그 금융요소에서 발생한 이자 포함)
공정가치 (시장-참여자 가정)	자산을 매도하면서 수취하게 될 가격(처분시 발생할 거래원가 차감 전)
공정가치 (기업-특유 가정)	자산의 사용과 궁극적인 처분에서 발생할 미래 현금흐름의 현재가치(처분시에 발생할 거래원가의 현재가치 차감 후)
현행원가	사용되지 않았거나 수취하지 않은 범위 내에서 회수가능한 현행원가(거래원가 포함)

8 표시와 공시

보고기업은 재무제표에 정보를 표시하고 공시함으로써 기업의 자산, 부채, 자본, 수익 및 비용에 관한 정보를 전달한다.

재무제표의 정보가 효과적으로 소통되면 그 정보를 보다 목적적합하게 하고 기업의 자산, 부채, 자본, 수익 및 비용을 충실하게 표현하는 데 기여한다. 또한 이는 재무제표의 정보에 대한 이해가능성과 비교가능성을 향상시킨다. 재무제표의 정보가 효과적으로 소통되려면 다음이 필요하다.

(1) 규칙에 초점을 맞추기보다는 표시와 공시의 목적과 원칙에 초점을 맞춘다.
(2) 유사한 항목은 모으고 상이한 항목은 분리하는 방식으로 정보를 분류한다.
(3) 불필요한 세부사항 또는 과도한 통합에 의해 정보가 가려져서 불분명하게 되지 않도록 통합한다.

9 자본 및 자본유지의 개념

대부분의 기업은 자본의 재무적 개념에 기초하여 재무제표를 작성한다. 자본을 투자된 화폐액 또는 투자된 구매력으로 보는 재무적 개념하에서 자본은 기업의 순자산이나 지분과 동의어로 사용된다. 자본을 조업능력으로 보는 자본의 실물적 개념하에서 자본은 예를 들어, 1일 생산수량과 같은 기업의 생산능력으로 간주된다.

기업은 재무제표이용자들의 정보요구에 기초하여 적절한 자본개념을 선택해야 한다. 따라서 재무제표이용자들이 주로 명목상의 투하자본이나 투하자본의 구매력 유지에 관심이 있다면 재무적 개념의 자본을 채택해야 한다. 그러나 이용자들의 주된 관심이 기업의 조업능력 유지에 있다면 실물적 개념의 자본을 사용해야 한다.

자본개념에 따라 다음과 같은 자본유지개념이 도출된다.

(1) 재무자본유지 : 재무자본유지개념하에서 이익은 해당 기간 동안 소유주에게 배분하거나 소유주가 출연한 부분을 제외하고 기말순자산의 재무적 측정금액(화폐금액)이 기초순자산의 재무적 측정금액(화폐금액)을 초과하는 경

우에만 발생한다. 재무자본유지는 명목화폐단위 또는 불변구매력단위를 이용하여 측정할 수 있다.

(2) 실물자본유지 : 실물자본유지개념하에서 이익은 해당 기간 동안 소유주에게 배분하거나 소유주가 출연한 부분을 제외하고 기업의 기말 실물생산능력이나 조업능력이 기초 실물생산능력을 초과하는 경우에만 발생한다.

부록 연습문제 풀이

Chapter 1 회계학 입문

1 [진위형]

문제	(1)	(2)	(3)	(4)	(5)	(6)	(7)
정답	T	T	T	F	T	F	F

◆ 진위형 해설

(1) 유용한 정보는 위험을 감소시키는 역할을 한다.
(2) 기업실체 또는 경제실체로 간주되기 때문이다.
(4) 생산활동이 아니라 투자활동이다. 생산활동은 영업활동에 속한다.
(5) 다른 회사의 주식을 취득하고 처분하는 활동은 투자활동이다.
(6) GAAP는 환경이 변함에 따라 변하는 특성이 있다.
(7) 중대한 오류가 없다는 것이며, 회계감사의 목적은 오류 발견에 있는 것이 아니라 재무제표의 적정성을 검토하는 데 있다.

2 [완성형]

(1) 합리적(경제적)
(2) 식별, 측정
(3) 유한책임
(4) 재무, 투자, 영업
(5) 정보중개인
(6) 한국채택국제회계기준
(7) 분식회계
(8) 일반적으로 인정된 회계원칙

3 [선다형]

문제	(1)	(2)	(3)	(4)	(5)	(6)	(7)	(8)
정답	④	⑤	①	⑤	③	①	①	②

◆ 선다형 해설

(1) ④ - 정보중개인은 투자자들이 이해하기 쉽게 해석해 주는 역할을 담당하고 있지만, 이들의 정보요구수준은 일반 투자자와 다를 바가 없다.
(2) ⑤ - 회계는 주로 과거의 거래나 사건에 관한 재무적 정보를 제공하며, 영리조직 이외의 비영리조직(정부나 대학 등)에서도 필요하다. 또한 회계는 정보이용자들이 합리적으로 의사결정하는 것을 가정하고 정보를 제공하고 있다.
(3) ① - 일반적으로 배당금의 지급은 재무활동이지만 배당금의 수령은 영업활동(수익)이다.

(4) ⑤ - 현재뿐만 아니라 잠재적 투자자도 정보이용자로 간주된다.

(5) ③ - 기업의 내부 정보이용자를 위한 회계를 관리회계, 기업의 외부 정보이용자를 위한 회계를 재무회계라 한다.

(6) ① - 일반적으로 인정된 회계원칙은 경제적 또는 사회적 환경의 변화에 따라 진보하고 변화하는 특성을 갖고 있다.

(7) ① - 재무제표에 대한 일차적 책임은 경영자에게 있다.

(8) ② - 회계감사는 외부이용자에게 제공한 재무보고서의 신뢰성 제고를 목적으로 한다.

4 [일반적으로 인정된 회계원칙]

(1) GAAP는 제정 당시의 이용가능한 회계실무로서 기업실무에서 수용해야 한다.

(2) 회계담당자는 기업 외부에 공표하기 위한 재무제표의 작성과 공시에 반드시 이를 준수해야 한다.

(3) GAAP는 회계감사인이 회계감사시 재무제표의 적정성을 판단하는 기준이 되기도 한다.

(4) GAAP는 경제적 또는 사회적 환경의 변화에 따라 진보하고 변화하는 특성을 가지고 있다.

(5) GAAP는 다양한 이해관계자들이 회계원칙 제정과정에서 영향력을 행사하여 제정되는, 일종의 정치적 과정(political process)의 산물이다.

Chapter 2 재무제표

1 [진위형]

문제	(1)	(2)	(3)	(4)	(5)	(6)	(7)	(8)
정답	F	T	F	F	T	F	F	T

◆ **진위형 해설**

(1) 위험에 관한 내용은 주석으로 공시할 수 있다.
(2) 미래의 예측에 이용하지만 주로 과거의 거래나 사건을 보고한다.
(3) 회계등식은 '자산=부채+자본'이다.
(4) 주주의 순이익이 아니라 기업의 순이익이다.
(5) 발생주의의 장점이며 채택하고 있는 이유이기도 하다.
(6) 선수금은 부채항목이다.
(7) 재무상태표와 더불어 현금흐름표의 유용성이다.
(8) 자본변동표에는 이익잉여금의 변동내역이 공시되므로 배당금 지급내역도 보고된다.

2 [완성형]

(1) 재무제표(재무보고서)　(2) 재무상태표　(3) 주석
(4) 자산　(5) 발생주의(발생기준)　(6) 수익

3 [선다형]

문제	(1)	(2)	(3)	(4)	(5)	(6)	(7)	(8)
정답	⑤	⑤	③	③	④	④	⑤	④

◆ **선다형 해설**

(1) ⑤ - 재무제표에는 일정한 기간뿐만 아니라 재무상태표처럼 일정한 시점에 측정된 재무적 정보를 제공하는 것을 포함한다.
(2) ⑤ - 주기는 재무제표 본문의 해당 과목 다음에 그 회계사실의 내용을 간단한 자구 또는 숫자로 괄호 안에 표시하는 방법이다.
(3) ③ - 재무상태표의 자산과 부채는 유동성이 큰 순서대로 보고한다.
(4) ③ - 발생주의와 현금주의는 수익이나 비용을 인식하는 시점상의 차이이므로 보고되는 이익의 크기와는 일관된 관련성이 없다.

(5) ④ - 현금흐름표는 주로 현금의 증가 또는 감소를 초래하는 재무상태의 변동내역만 제공한다.

(6) ④ - 발생주의에 따라 회계처리를 해야 하므로 현금의 지출이 없더라도 수익을 발생시키기 위해 당기에 희생한 경제적 자원은 비용으로 인식해야 한다.

(7) ⑤ - ₩800,000 + (₩6,000,000 − ₩5,600,000) − ₩100,000 = ₩1,100,000

(8) ④ - 현금주의와 발생주의에 따른 각각의 당기순이익은 다음과 같다.

현금주의		발생주의	
수 입	₩3,200	매출액(수익)	₩8,200
지 출	7,500	매출원가(비용)	4,800
순손실	₩4,300	순이익	₩3,400

4 [재무상태표의 작성 1]

재무상태표

(주)호두 20×1년 12월 31일 현재

현금및현금성자산	₩3,500	매 입 채 무	₩13,500
당기손익-공정가치측정금융자산	2,750	미 지 급 금	9,000
매 출 채 권	12,400	미지급비용	2,400
선 급 금	1,500	자 본 금	10,000
건 물	20,000	이익잉여금	5,250
	₩40,150		₩40,150

5 [재무상태표의 항목 구분]

(1) 부채 (2) 자산 (3) 자산 (4) 자산 (5) 자산 (6) 자산
(7) 자산 (8) 부채 (9) 자본 (10) 자본 (11) 부채 (12) 자산

6 [회계등식]

(1) ₩7,500 − ₩6,000 = ₩1,500

(2) ₩9,400 + ₩5,000 = ₩14,400

(3) ₩12,500 − ₩3,000 = ₩9,500

7 [재무상태표, 포괄손익계산서 항목 구분]

자산항목 : 단기대여금, 매출채권, 미수금
부채항목 : 단기차입금, 미지급금
자본항목 : 자본금, 이익잉여금
수익항목 : 매출액, 임대료
비용항목 : 매출원가, 급여

8 [회계등식(재무상태표 등식)]

자산(₩25,000)=부채(₩11,000)+자본(X)
따라서 기초자본(X)은 ₩14,000이다.
한 해 동안 자산이 ₩4,000 증가하고, 부채는 ₩2,000 감소했으므로, 회계등식은 아래와 같이 변화한다.
자산(₩25,000+₩4,000)=부채(₩11,000−₩2,000)+자본(Y)
회계등식이 성립되려면 자본(Y)은 ₩6,000이 증가하여야 한다.
따라서 기말자본(Y)은 ₩20,000이다.

9 [재무상태표의 작성 2]

재무상태표

(주)호두 20×1년 12월 31일 현재

현 금	₩650	매 입 채 무	₩4,400
매 출 채 권	3,500	선 수 수 익	5,800
미 수 금	1,500	미지급비용	7,150
토 지	13,900	자 본 금	10,000
건 물	11,000	이익잉여금	3,200
	₩30,550		₩30,550

10 [포괄손익계산서의 작성]

포괄손익계산서

(주)신라 20×1년 1월 1일부터 20×1년 12월 31일까지

수 익 :		₩76,000
매 출 액	₩56,000	
이 자 수 익	12,000	
임 대 료	8,000	
비 용 :		61,000
매 출 원 가	₩18,000	
급 여	21,000	
광고선전비	9,000	
보 험 료	7,000	
감가상각비	6,000	
당기순이익		₩15,000

11 [순자산비교법]

(물음 1)

기말자본 : ₩100,000 − ₩20,000 = ₩80,000

기초자본 : ₩76,000 − ₩34,000 = ₩42,000

기초자본 + (총수익 + 유상증자) − (총비용 + 현금배당) = 기말자본 식에서 총비용을 구하면 다음과 같다.

₩42,000 + (₩16,000 + ₩30,000) − (총비용 + ₩1,800) = ₩80,000

∴ 총비용 = ₩6,200

(물음 2)

기초자본 + (총수익 + 유상증자 + 기타포괄이익) − (총비용 + 현금배당 + 기타포괄손실) = 기말자본 식에서 총수익을 구하면 다음과 같다.

₩42,000 + (총수익 + ₩30,000 + ₩3,000) − (₩7,000 + ₩1,800) = ₩80,000

∴ 총수익 = ₩13,800

Chapter 3 회계순환과정(Ⅰ) : 거래의 식별과 기록

1 [진위형]

문제	(1)	(2)	(3)	(4)	(5)	(6)	(7)	(8)
정답	F	F	F	T	F	T	F	T

◆ **진위형 해설**

(1) 현금으로 부채를 상환하면 자본은 변하지 않는다.

(2) 거래의 이중성이란 모든 거래는 자산이나 부채 또는 자본의 변동을 초래하는 원인과 결과라는 두 가지 속성이 함께 들어 있다는 것을 의미한다.

(3) 자산과 비용 계정의 차변에는 항상 증가를 기록하고 부채와 자본 및 수익 계정의 대변에는 항상 증가를 기록한다.

(4) 반면, 부채와 자본은 회계방정식의 우변(우측)에 있으므로 대변에 증가를 기록한다.

(5) 배당금은 이익잉여금의 감소를 초래하지만 비용이 아니다.

(6) 이렇게 함으로써 영업활동 결과를 자세히 나타낼 수 있다.

(7) 기업이 현금으로 재화를 구매하여 판매한 다음 현금으로 회수하는 일련의 과정을 영업순환주기라 한다.

(8) 분개장에 분개를 하는 이유 중의 다른 하나는 거래를 일자별로 파악하기 위한 것이다.

2 [완성형]

(1) 거래 (2) 거래의 이중성 (3) 계정 (4) 대차평형의 원리
(5) 회계순환과정 (6) 차변 (7) 분개 (8) 전기

3 [선다형]

문제	(1)	(2)	(3)	(4)	(5)	(6)	(7)	(8)
정답	②	③	③	④	③	①	②	④

◆ **선다형 해설**

(1) ② - 일상생활에서는 계약만 한 것도 거래라고 하지만 회계상으로는 재무상태의 변동을 초래하면서 그 변동금액을 객관적으로 파악할 수 있는 사건만 거래라고 한다.

(2) ③ - 계약만 한 것은 회계상의 거래에 해당하지 않는다.

(3) ③ - 자산의 감소는 대변이므로, 거래가 성립하기 위해서는 차변 항목이 결합되어야 한다.

(4) ④ - 자본의 증가는 대변에 기록한다.

(5) ③ - 분개에 현금계정이 없으므로 이 거래는 현금 잔액에 영향을 미치지 않는다. 한편 이 거래로 인해 매출이 발생했으므로 자본도 증가하게 된다.

(6) ① - 건물을 장부금액으로 매각하면 건물(자산)이 감소하고, 그 금액만큼 현금 또는 미수금이라는 자산이 증가한다.

(7) ② - 매출을 발생시키고 현금을 증가시킬 수 있는 항목은 외상매출금이다.

(8) ④ - ④는 다음과 같이 분개되므로 부채의 증가를 수반하지 않는다.

(차) 토 지	×××	(대) 자 본 금	×××

4 [계정기입의 원칙 1]

(1) 차변 (2) 차변 (3) 차변 (4) 차변 (5) 대변 (6) 차변
(7) 차변 (8) 차변 (9) 대변 (10) 차변 (11) 대변 (12) 차변

5 [계정기입의 원칙 2]

당기손익-공정가치측정금융자산	
증 가	감 소

외상매출금	
증 가	감 소

선수금	
감 소	증 가

급 여	
발 생	감 소 (소 멸)

매 출	
감 소 (소 멸)	발 생

자본금	
감 소	증 가

6 [분개]

	차변	금액	대변	금액
(1)	(차) 현 금	20,000	(대) 자 본 금	20,000
(2)	(차) 현 금	100	(대) 이 자 수 익	100
(3)	(차) 외상매입금	100	(대) 현 금	100
(4)	(차) 차 입 금	200	(대) 현 금	240
	이 자 비 용	40		
(5)	(차) 급 여	50	(대) 현 금	270
	잡 비	220		
(6)	(차) 현 금	100	(대) 수수료수익	100
(7)	(차) 외상매출금	120	(대) 매 출	120
(8)	(차) 비 품	400	(대) 미 지 급 금	400

(9)	(차) 이 자 비 용	180	(대) 미지급비용	180
(10)	(차) 미 수 수 익	300	(대) 임 대 료	300
(11)	(차) 상 품(매입)	200	(대) 외상매입금	200
(12)	(차) 미 수 금	600	(대) 토 지	500
			토지처분이익	100
(13)	(차) 법인세비용	120	(대) 미지급법인세	120
(14)	(차) 현 금	250	(대) 단기차입금	250

7 [거래의 추정 1]

(1) 단기차입금 ₩100과 차입금에 대한 이자 ₩10을 현금으로 지급하다.
(2) 상품의 외상판매대금 ₩200을 현금으로 회수하다.
(3) 상품을 매입하면서 대금 중 ₩100은 현금으로 지급하고 잔액 ₩50은 외상으로 하다.
(4) 상품을 ₩100에 외상으로 판매하다.
(5) 상품을 ₩150에 판매하면서 현금 ₩50을 수령하고 나머지는 외상으로 하다.

8 [거래의 추정 2]

①	(차) 현 금	30	(대) 단기대여금	30
②	(차) 현 금	200	(대) 단기차입금	200
③	(차) 이 자 비 용	30	(대) 현 금	30
④	(차) 단기대여금	150	(대) 현 금	150
⑤	(차) 이 자 비 용	80	(대) 미지급비용	80

9 [분개와 전기 1]

〈분 개〉

(1)	(차) 현 금	30,000	(대) 자 본 금	30,000
(2)	(차) 상 품[1)]	10,000	(대) 현 금	8,000
			외상매입금[2)]	2,000
(3)	(차) 받 을 어 음[2)]	8,000	(대) 매 출	8,000
(4)	(차) 보 험 료	300	(대) 현 금	300
(5)	(차) 외상매입금	2,000	(대) 현 금	2,000
(6)	(차) 급 여	3,000	(대) 현 금	3,000
(7)	(차) 이 자 비 용	1,500	(대) 현 금	1,500

* 1) 매입계정을 사용해도 가능하다. 이에 대해서는 제5장에서 설명한다.
2) 상품매입대가로 약속어음을 발행 · 교부한 경우에는 지급어음으로 기록하고, 상품판매대가로 약속어음을 수취한 경우에는 받을어음으로 기록한다. 그러나 재무상태표에는 지급

어음과 외상매입금, 받을어음과 외상매출금을 합하여 각각 매입채무와 매출채권으로 보고한다.

〈전 기〉

현 금

차변		대변	
(1) 자 본 금	30,000	(2) 상 품	8,000
		(4) 보 험 료	300
		(5) 외상매입금	2,000
		(6) 급 여	3,000
		(7) 이자비용	1,500

자본금

차변		대변	
		(1) 현 금	30,000

상 품

차변		대변	
(2) 제 좌	10,000		

외상매입금

차변		대변	
(5) 현 금	2,000	(2) 상 품	2,000

외상매출금

차변		대변	
(3) 매 출	8,000		

매 출

차변		대변	
		(3) 외상매출금	8,000

보험료

차변		대변	
(4) 현 금	300		

급 여

차변		대변	
(6) 현 금	3,000		

이자비용

차변		대변	
(7) 현 금	1,500		

10 [분개와 전기 2]

〈분 개〉

	차변		대변	
(1)	(차) 현 금	40,000	(대) 자 본 금	40,000
(2)	(차) 건 물	15,000	(대) 현 금	15,000
(3)	(차) 광고선전비	600	(대) 현 금	600
(4)	(차) 비 품	13,000	(대) 현 금	3,000
			미 지 급 금*	10,000
(5)	(차) 상 품	7,000	(대) 외상매입금	7,000
(6)	(차) 급 여	4,000	(대) 현 금	4,000
(7)	(차) 외상매출금	8,500	(대) 매 출	8,500
(8)	(차) 수도광열비	450	(대) 미지급비용	450
(9)	(차) 현 금	7,000	(대) 외상매출금	7,000

* 상품 이외의 자산을 구입하고 그 대가로 약속어음을 발행한 경우에는 지급어음이나 외상매출금이 아닌 미지급금으로 기록해야 한다.

〈전 기〉

현 금

(1) 자 본 금	40,000	(2) 건 물	15,000
(9) 외상매출금	7,000	(3) 광고선전비	600
		(4) 비 품	3,000
		(6) 급 여	4,000

자본금

		(1) 현 금	40,000

건 물

(2) 현 금	15,000		

광고선전비

(3) 현 금	600		

비 품

(4) 제 좌	13,000		

미지급금

		(4) 비 품	10,000

매 출

		(7) 외상매출금	8,500

수도광열비

(8) 미지급비용	450		

외상매출금

(7) 매 출	8,500	(9) 현 금	7,000

상 품

(5) 외상매입금	7,000		

외상매입금

		(5) 상 품	7,000

미지급비용

		(8) 수도광열비	450

급 여

(6) 현 금	4,000		

Chapter 4 회계순환과정(Ⅱ) : 결산

1 [진위형]

문제	(1)	(2)	(3)	(4)	(5)	(6)	(7)	(8)
정답	F	T	F	T	F	F	T	F

◆ **진위형 해설**

(1) 회계순환과정에서 마감분개는 재무제표 작성 후에 이루어지는 절차이다.

(2) 이중으로 전기하거나 자산계정 대신 비용계정에 전기한 경우에는 시산표를 작성하더라도 차변잔액과 대변잔액이 일치하므로 시산표만 보고는 오류를 발견할 수 없다.

(3) 수익으로 처리한 계정을 이연시키면 당기순이익이 감소하게 되고 자산은 변동이 없으며 선수수익의 부채가 증가한다.

(4) 이렇게 함으로써 포괄손익계산서에 소모품비로 ₩400,000, 재무상태표에 소모품(자산)으로 ₩300,000만큼을 보고하게 된다.

(5) 수익이나 비용 계정을 집합손익계정에 옮겨 적는 경우 집합손익계정에 대변잔액이 발생하면 당기순이익, 차변잔액이 발생하면 당기순손실이 된다.

(6) 정산표는 결산과정에서 반드시 작성해야 하는 재무제표가 아니라 재무제표 작성을 용이하게 하는 일종의 연습장(work sheet)이다.

(7) 발생과 이연은 발생주의의 산물이다.

(8) 발생항목은 현금의 수수는 이루어지지 않았지만 수익이나 비용으로 기록하므로 관련 부채나 자산 계정의 증가가 이루어진다.

2 [완성형]

(1) 결산 (2) 시산표 (3) 결산조정분개 (4) 대손

(5) 발생 (6) 영구(실질)계정 (7) 집합손익 (8) 이연

3 [선다형]

문제	(1)	(2)	(3)	(4)	(5)	(6)	(7)	(8)	(9)
정답	②	③	④	②	②	④	②	④	③

◆ **선다형 해설**

(1) ② - 회계순환과정을 구체적으로 표현하면 다음과 같다. ( )는 선택적임
[거래의 식별－분개－전기－수정전시산표－결산조정분개(수정분개)와 전기－(수정후시산표)－재무제표의 작성－마감분개 및 장부의 마감－(마감후시산표)－(역분개)]

(2) ③ - 차변과 대변에 동일한 영향을 미치는 오류를 범한 경우는 시산표를 통해 발견할 수 없다.

(3) ④ - 결산조정분개는 주로 수익과 비용의 발생 및 이연과 관련된 분개로서 총계정원장상의 계정잔액이 일치하지 않는 경우에 행하는 분개이다.

(4) ② - 당기에 현금으로 지급한 비용 중에서 차기에 해당하는 부분이 포함되어 있다면 이 비용을 차기의 비용으로 이연시키기 위해 자산(선급비용)으로 계상하는 결산조정분개(수정분개)를 수행하게 된다.

(5) ② - 수익계정을 마감하기 위해서는 수익계정의 합계액을 집합손익계정의 대변에 기입해야 한다.

(6) ④ - 당기에 인식할 소모품비는 ₩200,000이다.
₩100,000＋₩150,000－₩50,000＝₩200,000

(7) ② - ₩1,000＋₩3,000－₩2,000＝₩2,000

(8) ④ - 선급보험료는 자산계정이므로 영구계정이다.

(9) ③ - ㉠의 경우를 제외하고, 나머지는 모두 총계에 더해지는 금액이 된다. 왜냐하면 ㉠의 경우 분개를 하면 대변의 선급보험료 ₩175,000은 수정전시산표에 이미 존재하는 금액이므로 상계되기 때문이다.

4 [분개, 전기, 시산표 작성 1]

(물음 1)

4/01	(차) 현금	1,000,000	(대) 자본금	1,000,000
4/02	(차) 비품	500,000	(대) 현금	400,000
	소모품	50,000	미지급금	150,000
4/04	(차) 광고선전비	100,000	(대) 미지급비용	100,000
4/10	(차) 현금	200,000	(대) 매출	200,000
4/15	(차) 미지급비용	70,000	(대) 현금	70,000
4/23	(차) 외상매출금	300,000	(대) 매출	300,000
4/25	(차) 급여	100,000	(대) 현금	100,000
4/28	(차) 현금	200,000	(대) 외상매출금	200,000
4/29	(차) 미지급금	100,000	(대) 현금	100,000
4/30	(차) 임차료	60,000	(대) 현금	60,000

(물음 2)

현 금

4/01	자 본 금	1,000,000	4/02	제 좌	400,000
4/10	매 출	200,000	4/15	미지급비용	70,000
4/28	외상매출금	200,000	4/25	급 여	100,000
			4/29	미지급금	100,000
			4/30	임 차 료	60,000

자본금

			4/01	현 금	1,000,000

비 품

4/02	제 좌	500,000			

소모품

4/02	제 좌	50,000			

미지급금

4/29	현 금	100,000	4/02	제 좌	150,000

미지급비용

4/15	현 금	70,000	4/04	광고선전비	100,000

광고선전비

4/04	미지급비용	100,000			

매 출

			4/10	현 금	200,000
			4/23	외상매출금	300,000

외상매출금

4/23	매 출	300,000	4/28	현 금	200,000

급 여

4/25	현 금	100,000			

임차료

4/30	현 금	60,000			

(물음 3)

시 산 표

현 금	₩670,000	미 지 급 금	₩50,000
외상매출금	100,000	미지급비용	30,000
소 모 품	50,000	자 본 금	1,000,000
비 품	500,000	매 출	500,000
광고선전비	100,000		
급 여	100,000		
임 차 료	60,000		
총 계	₩1,580,000	총 계	₩1,580,000

5 [분개, 전기, 시산표 작성 2]

(물음 1)

7/01	(차)	현 금	100,000	(대)	비 품	100,000
7/05	(차)	현 금	120,000	(대)	외상매출금	120,000
7/10	(차)	차 입 금	100,000	(대)	현 금	110,000
		이 자 비 용	10,000			
7/15	(차)	외상매출금	150,000	(대)	매 출	150,000
7/18	(차)	미 지 급 금	30,000	(대)	현 금	30,000
7/25	(차)	급 여	60,000	(대)	현 금	60,000
7/31	(차)	임 차 료	30,000	(대)	현 금	50,000
		광고선전비	20,000			

(물음 2)

원장전기 생략

(물음 3)

시 산 표

현 금	₩170,000	미 지 급 금	₩40,000
외상매출금	210,000	차 입 금	50,000
비 품	230,000	자 본 금	400,000
급 여	160,000	매 출	450,000
광고선전비	70,000		
임 차 료	90,000		
이 자 비 용	10,000		
총 계	₩940,000	총 계	₩940,000

6 [결산조정분개]

(1)	20×1.10.01	(차)	정 기 예 금	1,000,000	(대)	현 금	1,000,000
	20×1.12.31	(차)	미 수 수 익	12,500	(대)	이 자 수 익	12,500
	20×2.09.30	(차)	현 금	1,050,000	(대)	정 기 예 금	1,000,000
						미 수 수 익	12,500
						이 자 수 익	37,500
(2)	20×1.04.01	(차)	현 금	1,000,000	(대)	차 입 금	1,000,000
	20×1.12.31	(차)	이 자 비 용	67,500	(대)	미지급비용	67,500
	20×2.03.31	(차)	차 입 금	1,000,000	(대)	현 금	1,090,000
			미지급비용	67,500			
			이 자 비 용	22,500			

(3) ① 현금지급시 비용으로 회계처리한 경우

20×1.12.01	(차) 보 험 료	12,000	(대) 현 금	12,000
20×1.12.31	(차) 선 급 비 용	11,000	(대) 보 험 료	11,000
20×2.11.30	(차) 보 험 료	11,000	(대) 선 급 비 용	11,000

② 현금지급시 자산으로 처리한 경우

20×1.12.01	(차) 선 급 비 용	12,000	(대) 현 금	12,000
20×1.12.31	(차) 보 험 료	1,000	(대) 선 급 비 용	1,000
20×2.11.30	(차) 보 험 료	11,000	(대) 선 급 비 용	11,000

(4) ① 현금지급시 비용으로 회계처리한 경우

20×1.09.01	(차) 소 모 품 비	10,000	(대) 현 금	10,000
20×1.12.31	(차) 소 모 품	2,000	(대) 소 모 품 비	2,000

② 현금지급시 자산으로 처리한 경우

20×1.09.01	(차) 소 모 품	10,000	(대) 현 금	10,000
20×1.12.31	(차) 소 모 품 비	8,000	(대) 소 모 품	8,000

(5) ① 현금수령시 수익으로 회계처리한 경우

20×1.11.01	(차) 현 금	60,000	(대) 임 대 수 익	60,000
20×1.12.31	(차) 임 대 수 익	40,000	(대) 선 수 수 익	40,000
20×2.04.30	(차) 선 수 수 익	40,000	(대) 임 대 수 익	40,000

② 현금수령시 부채로 처리한 경우

20×1.11.01	(차) 현 금	60,000	(대) 선 수 수 익	60,000
20×1.12.31	(차) 선 수 수 익	20,000	(대) 임 대 수 익	20,000
20×2.04.30	(차) 선 수 수 익	40,000	(대) 임 대 수 익	40,000

7 [결산조정분개, 재무제표에의 영향]

(물음 1)

(1)	(차) 선 수 수 익	3,200	(대) 임대료(임대수익)	3,200
(2)	(차) 외상매출금	5,000	(대) 용 역 수 익	5,000
(3)	(차) 보 험 료	700	(대) 선급보험료	700
(4)	(차) 급 여	2,000	(대) 미지급비용	2,000
(5)	(차) 감가상각비	1,200	(대) 감가상각누계액	1,200
(6)	(차) 수도광열비	2,600	(대) 미지급비용	2,600
(7)	(차) 이 자 비 용	300	(대) 미지급이자	300
(8)	(차) 소 모 품	300	(대) 소 모 품 비	300

(물음 2)

항 목	자 산	부 채	자 본	수 익	비 용	순이익
(1)	−	−3,200	+3,200	+3,200	−	+3,200
(2)	+5,000	−	+5,000	+5,000	−	+5,000
(3)	−700	−	−700	−	+700	−700
(4)	−	+2,000	−2,000	−	+2,000	−2,000
(5)	−1,200	−	−1,200	−	+1,200	−1,200
(6)	−	+2,600	−2,600	−	+2,600	−2,600
(7)	−	+300	−300	−	+300	−300
(8)	+300	−	+300	−	−300	+300

8 [결산조정분개, 재무제표 작성, 마감분개]

(물음 1)

(1)	(차) 이자비용	40,000	(대) 미지급비용	40,000
(2)	(차) 미수수익	24,000	(대) 이자수익	24,000
(3)	(차) 임 대 료	100,000	(대) 선수수익	100,000
(4)	(차) 선급비용	60,000	(대) 광고선전비	60,000
(5)	(차) 대손상각비	20,000	(대) 대손충당금	20,000
(6)	(차) 감가상각비	50,000	(대) 감가상각누계액	50,000
(7)	(차) 소모품비	110,000	(대) 소 모 품	110,000
(8)	(차) 법인세비용	44,000	(대) 미지급법인세	44,000

(물음 2)

포괄손익계산서

청주회사 20×1년 1월 1일부터 20×1년 12월 31일까지 (단위 : 원)

수 익 :		₩1,174,000
용역수익	₩950,000	
임 대 료	200,000	
이자수익	24,000	
비 용 :		(860,000)
급 여	₩250,000	
광고선전비	100,000	
접 대 비	170,000	
수도광열비	120,000	
이자비용	40,000	
대손상각비	20,000	
감가상각비	50,000	
소모품비	110,000	
법인세비용차감전이익		314,000
법인세비용		(44,000)
당기순이익		₩270,000

재무상태표

청주회사		20×1년 12월 31일 현재		(단위 : 천원)
자 산:			부 채:	
현 금		₩100	매 입 채 무	₩120
매 출 채 권	₩150		미지급비용	40
대손충당금	(20)	130	선 수 수 익	100
소 모 품		70	미지급법인세	44
미 수 수 익		24	장기차입금	400
선 급 비 용		60	부채 총계	704
장기대여금		200	자 본:	
토 지		400	자 본 금	500
비 품	₩800		이익잉여금	390*
감가상각누계액	(190)	610	자본 총계	890
자산 총계		₩1,594	부채와 자본 총계	₩1,594

* 기초이익잉여금(₩250,000)+당기순이익(₩270,000)−배당금(₩130,000)
=기말이익잉여금(₩390,000)

(물음 3)

① (차)	용 역 수 익	950,000	(대) 집 합 손 익	1,174,000
	임 대 료	200,000		
	이 자 수 익	24,000		
② (차)	집 합 손 익	904,000	(대) 급 여	250,000
			광고선전비	100,000
			접 대 비	170,000
			수도광열비	120,000
			이 자 비 용	40,000
			대손상각비	20,000
			감가상각비	50,000
			소 모 품 비	110,000
			법인세비용	44,000
③ (차)	집 합 손 익	270,000	(대) 이익잉여금	270,000
④ (차)	이익잉여금	130,000	(대) 배 당 금	130,000

Chapter 5 상기업의 회계순환과정

1 [진위형]

문제	(1)	(2)	(3)	(4)	(5)	(6)	(7)	(8)
정답	F	T	F	F	F	T	F	T

◆ **진위형 해설**

(1) 일반적으로는 짧지만 단정지을 수 없다.
(2) 이런 점이 계속기록법의 장점이다.
(3) 계속기록법에서 구매자측의 매입에누리는 상품원가의 감소로 처리한다.
(4) 매입할인(현금할인)은 매입한 상품원가의 감소이다.
(5) 상품을 판매하는 경우 발생된 운반비는 판매비와관리비로 처리한다.
(6) 매출할인 및 매출에누리와환입은 매출수익의 차감계정이다.
(7) 계속기록법의 단점은 재고수량을 정확히 파악할 수 없다는 점이다.
(8) 그러므로 실지재고조사법에서는 매출원가를 파악하기 위한 결산조정분개가 필요하다.

2 [완성형]

(1) 제품　(2) 매출총이익　(3) 판매가능상품　(4) 계속기록법
(5) 매출할인　(6) 매출환입　(7) 매입에누리　(8) 유동자산

3 [선다형]

문제	(1)	(2)	(3)	(4)	(5)	(6)	(7)	(8)
정답	①	③	④	③	②	②	③	③

◆ **선다형 해설**

(1) ① - 상기업에서만 매출원가를 직접적으로 파악이 가능하다.
(2) ③ - 상계표시에 해당되지 않으므로 각각 총액으로 보고한다.
(3) ④ - 실지재고조사법에 대한 설명이다.
(4) ③ - 매입할인이란 일정 기간 이내에 대금을 지급하면 할인해 주는 혜택을 의미한다.

(5) ② - 기초상품을 x라고 한다면, 기말상품은 x + ₩20,000이다.
매출원가=기초상품재고액+당기매입액−기말상품재고액이라는 식을 이용하면, x + ₩200,000 − (x + ₩20,000) = ₩180,000이 매출원가이다.

(6) ② - 포괄손익계산서에 보고될 매출액은 총매출액에서 매출에누리와환입, 매출할인을 차감한 순액이다.
∴ 매출액 = ₩100,000 − ₩1,000 − ₩300 = ₩98,700

(7) ③ - 매출원가=기초상품재고액+당기매입액−기말상품재고액
매입액은 순액으로 기록해야 하는데, 매입부대비용인 매입운임은 매입에 가산하고, 매입에누리와환출, 매입할인은 차감해야 한다.
당기매입액 = ₩50,000 + ₩1,000 − ₩500 − ₩600 = ₩49,900
매출원가 = ₩2,500 + ₩49,900 − ₩1,500 = ₩50,900

(8) ③ - 매출총이익에서 기타수익을 가산하고 모든 비용을 차감하여 계산한다. 그러나 배당금은 비용이 아니므로 당기순이익에 영향을 미치지 않는다.

4 [계속기록법과 실지재고조사법 1]

(물음 1)

기초재고수량+당기매입수량−기말재고수량=당기판매수량

200개 + 900개 − X = 800개

∴ X=300개

300개 × ₩2,000 = ₩600,000

(물음 2) 계속기록법

〈매입거래〉

(차) 상 품	1,800,000	(대) 현 금	1,800,000

〈매출거래〉

(차) 현 금	2,000,000	(대) 매 출	2,000,000
(차) 매 출 원 가	1,600,000	(대) 상 품	1,600,000

∴ 매출원가 : ₩1,600,000

매출총이익 : 매출−매출원가 = ₩2,000,000 − ₩1,600,000 = ₩400,000

(물음 3) 실지재고조사법

〈매입거래〉

(차) 매 입	1,800,000	(대) 현 금	1,800,000

〈매출거래〉

(차) 현 금	2,000,000	(대) 매 출	2,000,000

〈결산조정분개〉

(차) 매 출 원 가	400,000	(대) 상품(기초재고)	400,000

(차) 매 출 원 가	1,800,000	(대) 매 입	1,800,000
(차) 상품(기말)	600,000	(대) 매 출 원 가	600,000

또는

(차) 상품(기말재고)	600,000	(대) 상품(기초)	400,000
매 출 원 가	1,600,000	매 입	1,800,000

∴ 매출원가 : ₩1,600,000, 매출총이익 : ₩400,000

5 [계속기록법과 실지재고조사법 2]

(물음 1)

	계속기록법			실지재고조사법		
3월 2일	외상매출금	14,000		외상매출금	14,000	
	매 출		14,000	매 출		14,000
	매출원가	7,000		운 반 비	200	
	상 품		7,000	현 금		200
	운 반 비	200				
	현 금		200			
3월 4일	매출에누리와 환입	4,000		매출에누리와환입	4,000	
	외상매출금		4,000	외상매출금		4,000
	상 품	2,000				
	매출원가		2,000			
3월 6일	상 품	3,040		매 입	3,040	
	외상매입금		3,000	외상매입금		3,000
	현 금		40	현 금		40
				* 매입운임을 별도계정으로 설정하여 조정분개시 매입계정으로 대체해도 된다.		
3월 8일	외상매입금	1,000		외상매입금	1,000	
	상 품		1,000	매입에누리와환출		1,000
3월 10일	현 금	9,800		현 금	9,800	
	매출할인	200		매출할인	200	
	외상매출금		10,000	외상매출금		10,000
3월 14일	외상매입금	2,000		외상매입금	2,000	
	현 금		1,960	현 금		1,960
	상 품		40	매입할인		40
3월 31일 (결산조정 분개)	매 출	4,200		매 출	4,200	
	매출에누리와환입		4,000	매출에누리와 환입		4,000
	매출할인		200	매출할인		200
				매입에누리와환출	1,000	
				매입할인	40	
				매 입		1,040

		매출원가	10,000	
		상　　품		10,000
		매출원가	2,000	
		매　　입		2,000
		상　　품	7,000	
		매출원가		7,000

(물음 2)

(1) 계속기록법

상 품			
전기이월	10,000	3/2	7,000
3/4	2,000	3/8	1,000
3/6	3,040	3/14	40

매 출			
3/31	4,200	3/2	14,000

매출원가			
3/2	7,000	3/4	2,000

매출에누리와환입			
3/4	4,000	3/31	4,000

매출할인			
3/10	200	3/31	200

운반비			
3/2	200		

(2) 실지재고조사법

상 품			
전기이월	10,000	3/31	10,000
3/31	7,000		

매 출			
3/31	4,200	3/2	14,000

매출에누리와환입			
3/4	4,000	3/31	4,000

매출할인			
3/10	200	3/31	200

운반비			
3/2	200		

매 입			
3/6	3,040	3/31	1,040
		3/31	2,000

매출에누리와환출			
3/31	1,000	3/8	1,000

매입할인			
3/31	40	3/14	40

매출원가			
3/31	10,000	3/31	7,000
3/31	2,000		

(물음 3)

마감분개는 계속기록법과 실지재고조사법이 동일하다.

(1) (차) 매 출	9,800	(대) 집 합 손 익	9,800
(2) (차) 집 합 손 익	5,200	(대) 매 출 원 가	5,000
		운 반 비	200
(3) (차) 집 합 손 익	4,600	(대) 이익잉여금	4,600

6 [상기업의 매출원가]

본 문제에서 모든 상품 매입거래는 외상거래이므로 매입거래의 분개는 아래와 같다.

〈매입거래〉

(차) 매 입	X	(대) 외상매입금	X(①)

당기외상매입금에 대한 현금지급액 분개는 아래와 같다.

(차) 외상매입금	200,000	(대) 현 금	200,000(②)

외상매입금(부채)

현 금	₩200,000(②)	기 초	₩20,000
기 말	30,000	매 입	X(①)
	₩230,000		₩230,000

X＝₩210,000

∴ 매출원가＝기초상품재고액(₩50,000)＋당기매입액(₩210,000)

－기말상품재고액(₩70,000)

＝₩190,000

7 [회계순환과정 종합문제 1]

(물음 1)

수정전시산표

(주)대한	20×1년 12월 31일		(단위 : 원)
현 금	₩662,000	외상매입금	₩270,000
외상매출금	170,000	차 입 금	1,000,000
상 품	100,000	자 본 금	680,000
소 모 품	15,000	이익잉여금	100,000
건 물	1,200,000	매 출	400,000
매 입	300,000	임대료수익	62,000
보 험 료	9,000	이 자 수 익	10,000
이 자 비 용	50,000		
급 여	7,000		
여비교통비	1,000		
건물관리비	8,000		
차변합계	₩2,522,000	대변합계	₩2,522,000

(물음 2)

(1)	(차)	매 출 원 가	100,000	(대)	(기초)상품	100,000
	(차)	매 출 원 가	300,000	(대)	매 입	300,000
	(차)	(기말)상품	150,000	(대)	매 출 원 가	150,000
(2)	(차)	미수임대료(미수수익)	40,000	(대)	임대료수익	40,000
(3)	(차)	선급보험료	1,000	(대)	보 험 료	1,000
(4)	(차)	이 자 비 용	5,000	(대)	미지급이자(미지급비용)	5,000
(5)	(차)	소 모 품 비	10,000	(대)	소 모 품	10,000

(물음 3)

수정후시산표

(주)대한 20×1년 12월 31일 (단위 : 원)

차변	금액	대변	금액
현 금	₩662,000	외상매입금	₩270,000
외상매출금	170,000	차 입 금	1,000,000
상 품	150,000	미지급이자	5,000
소 모 품	5,000		
미수임대료	40,000	자 본 금	680,000
선급보험료	1,000	이익잉여금	100,000
건 물	1,200,000		
매 출 원 가	250,000	매 출	400,000
소 모 품 비	10,000	임대료수익	102,000
보 험 료	8,000	이 자 수 익	10,000
이 자 비 용	55,000		
급 여	7,000		
여비교통비	1,000		
건물관리비	8,000		
차변 합계	₩2,567,000	대변 합계	₩2,567,000

(물음 4)

포괄손익계산서

(주)대한 20×1년 1월 1일부터 20×1년 12월 31일까지 (단위 : 원)

수 익 :		
매 출	₩400,000	
임대료수익	102,000	
이 자 수 익	10,000	₩512,000
비 용 :		
매 출 원 가	₩250,000	
소 모 품 비	10,000	
이 자 비 용	55,000	
보 험 료	8,000	
급 여	7,000	
여비교통비	1,000	
건물관리비	8,000	(339,000)
당기순이익		₩173,000

(물음 5)

재무상태표

(주)대한	20×1년 12월 31일 현재		(단위 : 원)
자 산 :		부 채 :	
현금및현금성자산	₩662,000	매 입 채 무	₩270,000
매 출 채 권	170,000	차 입 금	1,000,000
미수임대료	40,000	미지급이자	5,000
선급보험료	1,000	자 본 :	
상 품	150,000	자 본 금	680,000
소 모 품	5,000	이익잉여금	273,000
건 물	1,200,000		
자산 총계	₩2,228,000	부채 및 자본 총계	₩2,228,000

(물음 6)

	차변	금액		대변	금액
① (차)	매 출	400,000	(대)	집 합 손 익	512,000
	임대료수익	102,000			
	이 자 수 익	10,000			
② (차)	집 합 손 익	339,000	(대)	매 출 원 가	250,000
				소 모 품 비	10,000
				보 험 료	8,000
				이 자 비 용	55,000
				급 여	7,000
				여비교통비	1,000
				건물관리비	8,000
③ (차)	집 합 손 익	173,000	(대)	이익잉여금	173,000

8 [회계순환과정 종합문제 2]

(물음 1)

	차변	금액		대변	금액
(1) (차)	대손상각비	5,600	(대)	대손충당금	5,600
(2) (차)	감가상각비	6,000	(대)	감가상각누계액	6,000
(3) (차)	보 험 료	1,600	(대)	선 급 비 용	1,600
(4) (차)	이 자 비 용	800	(대)	미지급비용	800
(5) (차)	급 여	1,200	(대)	미지급비용	1,200
(6) (차)	선 급 비 용	600	(대)	광 고 비	600
(7) (차)	소 모 품	1,000	(대)	영 업 비	1,000

(8) (차)	매출원가	70,000	(대)	상품	70,000
	매출원가	400,000		매입	400,000
	상품	80,000		매출원가	80,000
(9) (차)	법인세비용	3,000	(대)	미지급법인세	3,000

(물음 2)

포괄손익계산서

(주)대한 20×1년 1월 1일부터 20×1년 12월 31일까지 (단위 : 원)

매출		₩600,000
매출원가		390,000
매출총이익		210,000
급여	₩101,200	
광고비	1,200	
영업비	5,000	
보험료	1,600	
대손상각비	5,600	
감가상각비	6,000	
이자비용	800	(121,400)
세전이익		88,600
법인세비용		(3,000)
당기순이익		₩85,600

(물음 3)

재무상태표

(주)대한 20×1년 12월 31일 현재 (단위 : 원)

자 산 :			부 채 :	
현금		₩6,000	단기차입금	₩23,400
매출채권	₩56,000		미지급비용	2,000
대손충당금	(5,600)	50,400	미지급법인세	3,000
상품		80,000	부채 총계	28,400
선급비용		2,600	자 본 :	
소모품		1,000	자본금	56,000
비품	₩60,000		이익잉여금	85,600
감가상각누계액	(30,000)	30,000	자본 총계	141,600
자산 총계		₩170,000	부채와 자본 총계	₩170,000

(물음 4)

①	(차) 매 출	600,000	(대)	집 합 손 익	600,000
②	(차) 집 합 손 익	514,400	(대)	매 출 원 가	390,000
				급 여	101,200
				광 고 비	1,200
				영 업 비	5,000
				보 험 료	1,600
				대손상각비	5,600
				감가상각비	6,000
				이 자 비 용	800
				법인세비용	3,000
③	(차) 집 합 손 익	85,600	(대)	이익잉여금	85,600

Chapter 6 금융자산(Ⅰ) : 현금및현금성자산과 수취채권

1 [진위형]

문제	(1)	(2)	(3)	(4)	(5)	(6)	(7)	(8)
정답	F	F	F	F	F	T	T	F

◆ 진위형 해설

(1) 현금및현금성자산으로 보고되는 항목에는 당좌예금이 포함된다.
(2) 현금성자산이 되기 위해서는 결산일이 아니라 취득일이다.
(3) 현금시재액이 장부상 잔액보다 많을 때에는 현금과부족계정의 대변에 기록한 다음 원인을 파악하여 대체한다.
(4) 기발행미인출수표는 은행측 잔액에서 가산하여 정확한 잔액을 산출한다.
(5) 매출액에서 차감하지 않고 기타비용으로 보고한다.
(6) 그러므로 재무상태표에 보고되는 대손충당금은 대손추정액이 된다.
(7) 이렇게 함으로써 고객별로 신용평가를 할 수 있다.
(8) 어음이 부도가 된 경우에는 즉시 대손으로 처리하는 것이 아니라 소구비용 등을 가산하여 매출채권이나 부도어음 등으로 기록한다. 이후에 회수가 불가능한 것으로 판명되면 대손에 준해 회계처리한다.

2 [완성형]

(1) 현금 (2) 통화대용증권 (3) 취득일 (4) 내부통제제도
(5) 수취채권 (6) 매출채권 (7) 대손 (8) 순실현가능가치

3 [선다형]

문제	(1)	(2)	(3)	(4)	(5)	(6)	(7)	(8)
정답	④	④	②	②	⑤	④	②	②

◆ 선다형 해설

(1) ④ - 당좌개설보증금은 사용이 제한되어 있으므로 현금및현금성자산으로 보고하지 않는다.
(2) ④ - ₩625,400 + ₩1,320,000 + ₩325,000 + ₩350,000 = ₩2,620,400
(3) ② - 실제잔액과 장부상 잔액 간의 차이가 발생한 경우 그 차이의 원인이 밝혀지기

전까지 일시적으로 현금과부족이라는 과목을 이용한다. 그런 다음 차이의 원인이 밝혀지면 원인을 나타내는 과목으로 대체한다.

(4) ② - ①, ③, ④는 은행측에서 계산한 것을 회사측에서 아직 모르고 있는 것이므로 수정분개가 필요하며 ⑤는 오류를 수정하는 분개를 해주어야 한다.

(5) ⑤ - 조정 전 (주)대한의 당좌예금계정 잔액은 다음과 같은 과정에 의해 정확한 잔액 ₩42,000으로부터 역으로 계산한다.
₩42,000(조정 후 정확한 잔액) = 조정 전 (주)대한의 당좌예금 잔액 − ₩3,000(입금 후 부도수표) − ₩500(은행수수료)
∴ 조정 전 (주)대한의 당좌예금 잔액 = ₩45,500

(6) ④ - 차변에 대손충당금, 대변에 외상매출금으로 기록되므로 자본, 자산 및 비용에 아무런 영향을 초래하지 않는다.

(7) ② - 총외상매출금에 대한 대손추산액이 재무상태표에 보고되는 금액이며, ②에서 ④를 차감한 금액만큼 대손충당금을 추가로 계상하거나 환입한다.

(8) ② -

대손추정액	₩300,000	(= ₩2,300,000 − ₩2,000,000)
대손충당금 잔액	(100,000)	(= ₩200,000 − ₩150,000 + ₩50,000)
대손상각비	₩200,000	

4 [현금의 범위]

통화 ₩1,400,000 + 배당금지급통지표 ₩2,500,000 + 우편환증서 ₩20,000 + 거래처발행가계수표 ₩740,000 + 소액현금 ₩130,000 = ₩4,790,000

cf. 선일자수표, 차용증서는 수취채권으로 보고하고, 수입인지는 소모품 또는 선급비용으로 보고한다.

5 [현금계정 관련 분개]

(1)	(차) 매 입	1,200	(대) 현 금*	1,200

* 거래처로부터 받은 당좌수표와 자기앞수표는 회계상 현금에 해당된다.

(2)	(차) 현 금	1,500	(대) 매 출	2,000
	당 좌 예 금	500		
(3)	회계상 거래가 아님			
(4)	(차) 현금과부족	300	(대) 현 금	300
(5)	(차) 여비교통비	200	(대) 현금과부족	300
	잡 손 실	100		
(6)	(차) 현 금	3,000	(대) 현금과부족	3,000
(7)	(차) 현금과부족	3,000	(대) 이 자 수 익	2,000
			잡 이 익	1,000
(8)	(차) 당 좌 예 금	5,000	(대) 현 금	5,000

(9) (차) 매 입	3,000	(대) 당 좌 예 금	2,000
		외상매입금	1,000
(10) (차) 매 입	5,000	(대) 당 좌 예 금*	5,000
당 좌 예 금	1,000	당 좌 차 월	1,000

* 당좌차월은 단기차입금으로 보고해도 된다.

6 [은행계정조정]

(물음 1)

은행계정조정표

조정사항	회사측 잔액	조정사항	은행측 잔액
조정전 잔액	₩6,750	조정전 잔액	₩12,500
가 산 :		가 산 :	
④ 미통지예금	1,200	① 은행미기입예금	950
④ 추심어음입금	200		
차 감 :		차 감 :	
④ 은행차입금이자	(450)	③ 기발행미인출수표	(7,750)
② 부도수표	(2,000)		
조정후 잔액	₩5,700	조정후 잔액	₩5,700

(물음 2)

④ 미통지예금	(차) 당 좌 예 금	1,200	(대) 외상매출금*	1,200
④ 추심어음입금	(차) 당 좌 예 금	200	(대) 받 을 어 음*	200
④ 은행차입금이자	(차) 이 자 비 용	450	(대) 당 좌 예 금	450
② 부도수표	(차) 부 도 수 표	2,000	(대) 당 좌 예 금	2,000

* 외상매출금과 받을어음은 매출채권으로 처리해도 된다.

7 [기타의 수취채권]

(1) (차) 가 지 급 금	2,000	(대) 현 금	2,000
(2) (차) 여 비	1,600	(대) 가 지 급 금	2,000
현 금	400		
(3) (차) 건물감가상각누계액	1,500	(대) 건 물	5,000
미결산(또는 재해손실)	3,500		
(4) (차) 현 금	3,200	(대) 미 결 산	3,500
재 해 손 실	300		
(5) (차) 선 급 금	2,000	(대) 당 좌 예 금	2,000
(6) (차) 선 대 금	5,000	(대) 현 금	5,000

	(차)			(대)		
(7)	(차)	급 여	15,000	(대)	선 대 금	5,000
					예 수 금	400
					현 금	9,600
(8)	(차)	미 수 금	50,000	(대)	토 지	40,000
					유형자산처분이익	10,000
(9)	(차)	선 급 비 용	60,000	(대)	현 금	60,000
(10)	(차)	미 수 수 익	40,000	(대)	임 대 료	40,000
(11)	(차)	단기대여금	20,000	(대)	현 금	50,000
		장기대여금	30,000			

8 [충당금설정법 1]

(물음 1)
대손추산액인 ₩60,000을 대손충당금으로 차감 표시해야 한다.

(물음 2)
위의 (물음 1)에서 ₩60,000을 대손충당금으로 설정해야 하는데, 수정전시산표에서 현재 대손충당금 잔액이 ₩20,000 있으므로 ₩40,000을 추가로 설정하면 된다. 즉, 다음과 같은 수정분개를 수행한다.

(차) 대손상각비	40,000	(대) 대손충당금	40,000

따라서 포괄손익계산서에 기록될 대손상각비는 ₩50,000이다.
(주의) 수정전시산표상의 대손상각비 ₩10,000을 고려해야 함

(물음 3)
매출채권의 장부금액은 외상매출금에서 대손충당금을 차감한 순액을 의미한다.
∴ 매출채권의 장부금액 : ₩300,000－₩60,000＝₩240,000

9 [충당금설정법 2]

(1) (대손확정시점)	(차)	대손충당금	20,000	(대) 외상매출금	30,000
		대손상각비	10,000		
(보고기간말)	(차)	대손상각비	20,000	(대) 대손충당금	20,000

∴ 20×1년도 포괄손익계산서에 반영할 대손상각비 : ₩10,000＋₩20,000＝₩30,000

(2)

대손충당금(자산의 차감 평가계정)

대손확정액	10,000	기초	20,000
기말	?	대손상각비	5,000
	25,000		25,000

대손충당금 차감 전 외상매출금 잔액－대손충당금＝외상매출금의 순장부금액

X － ₩15,000 ＝ ₩120,000

∴ 대손충담금 차감 전 외상매출금 잔액＝₩135,000

10 [충당금설정법/연령분석법]

대손추정액 : (₩40,000×1%＋₩30,000×2%＋₩20,000×3%＋₩10,000×10%)＝₩2,600

(1)	(차) 대손상각비	2,600	(대) 대손충당금	2,600
(2)	(차) 대손충당금	400	(대) 대손충당금환입	400
(3)	(차) 대손상각비	600	(대) 대손충당금	600
(4)	(차) 대손상각비	3,100	(대) 대손충당금	3,100

11 [대손상각 종합문제]

기초대손충당금 잔액 ₩20,000

①	(차) 대손충당금	15,000	(대) 외상매출금	15,000
②	(차) 대손충당금	5,000	(대) 외상매출금	8,000
	대손상각비	3,000		
③	(차) 대손상각비	5,000	(대) 외상매출금	5,000
④	(차) 외상매출금	2,000	(대) 대손충당금	2,000
	현 금	2,000	외상매출금	2,000
⑤	(차) 외상매출금	5,000	(대) 대손상각비	5,000
	현 금	5,000	외상매출금	5,000
⑥	(차) 외상매출금	8,000	(대) 대손충당금	5,000
	현 금	8,000	대손상각비	3,000
			외상매출금	8,000
⑦	(차) 대손충당금	7,000	(대) 외상매출금	13,000
	대손상각비	6,000		

* 연령자료에서 회수가능성 0인 외상매출금은 대손이 확정된 것임.

(차) 대손상각비	9,500	(대) 대손충당금	9,500

* ₩100,000×0.01＋₩50,000×0.03＋₩20,000×0.05＋₩60,000×0.1＝₩9,500

Chapter 7 재고자산

1 [진위형]

문제	(1)	(2)	(3)	(4)	(5)	(6)	(7)	(8)
정답	F	F	T	F	F	F	T	F

◆ 진위형 해설

(1) 정상적인 영업순환과정에서 판매를 목적으로 보유하고 있어야 재고자산으로 분류한다.
(2) 당기매입원가와 기초재고액을 합쳐 판매가능원가라 한다.
(3) 재고자산의 취득과 관련된 부대비용은 일반적으로 자산의 효용을 증가시킨다.
(4) 구매자의 매입할인은 재고자산의 취득원가에 차감한다.
(5) 선적지인도기준으로 매입한 경우 상품이 선적된 시점에 구매자는 매입 또는 상품 계정에 차기한다.
(6) 적송품은 위탁자의 재고자산으로 기록하여 보고한다.
(7) 그러므로 계속기록법과 병행하는 방법을 사용하는 기업이 많다.
(8) 상품단가가 상이한 경우 후입선출법과 평균법에서는 실지재고조사법과 계속기록법에 의한 매출원가가 달리 계산된다.

2 [완성형]

(1) 재고자산 (2) 당기매입액 (3) 적송품 (4) 선입선출법
(5) 이동평균법 (6) 감모 (7) 저가평가(저가법) (8) 순실현가능가치

3 [선다형]

문제	(1)	(2)	(3)	(4)	(5)	(6)	(7)	(8)
정답	②	③	⑤	④	⑤	②	①	⑤

◆ 선다형 해설

(1) ② - 사용목적의 자산은 유형자산으로 분류해야 한다.
(2) ③ - 매입원가 모두가 매출원가가 되는 것은 아니다.
(3) ⑤ - 이익잉여금에 영향을 미치므로 자본변동표상의 금액도 달라질 수 있다.
(4) ④ - 저가법은 역사적 원가 원칙의 예외로 재고자산의 순실현가능가치가 감소하게

되면 당기순이익과 자산총액이 감소된다.

(5) ⑤ - 감모가 발생되면 재고자산가액을 감소시키는 수정분개가 필요하다.

(6) ② - 물가가 상승한 경우 선입선출법에 의한 기말재고가 가장 높은 단가로 기록되며, 후입선출법에 의한 재고가 가장 낮은 매입단가로 기록될 것이다. 따라서 선입선출법에 의한 당기순이익이 가장 높고, 후입선출법에 의한 당기순이익이 가장 낮게 기록된다.

(7) ① -

장부상 기말재고액	₩1,200	(=30개×₩40)
재고자산감모손실	Δ400	(=10개×₩40)
실지기말재고액	₩800	(=20개×₩40)
재고자산평가손실	Δ100	(=20개×₩5)
재무상태표상 기말재고액	₩700	(=20개×₩35)

(8) ⑤ - 기초재고+당기매입−기말재고=매출원가이므로,
기말재고자산 과소평가시 → 매출원가 과대계상, 당기순이익 과소계상
기초재고자산 과소평가시 → 매출원가 과소계상, 당기순이익 과대계상

4 [재고자산에 포함되는 항목]

○ : (1), (2), (5), (7)
× : (3), (4), (6)

5 [매출총이익]

(물음 1)
포괄손익계산서에는 순액이 기록된다. 따라서 포괄손익계산서상의 매출액은 총매출액에서 매출에누리, 매출환입을 차감한 금액이 기록되어야 한다.
순매출액=₩800,000−₩10,000−₩40,000=₩750,000

(물음 2)
매출원가=기초상품재고액+당기순매입액−기말상품재고액
먼저, 순매입액=₩500,000−₩70,000−₩30,000=₩400,000
매출원가=₩30,000+₩400,000−₩100,000=₩330,000

(물음 3)
매출총이익=매출액−매출원가
=₩750,000−₩330,000=₩420,000

6 [실지재고조사법 1]

(1) 결산조정분개 사항임

(2) (차)	매 입	10,000	(대)	지 급 어 음	4,000
				외상매입금	6,000
(3) (차)	매 입	16,000	(대)	외상매입금	16,000
	매 입(운임)	4,000		현 금	4,000
(4) (차)	외상매입금	1,000	(대)	매입에누리	1,000
(5) (차)	외상매출금	41,000	(대)	매 출	41,000
(6) (차)	매출에누리	2,000	(대)	외상매출금	2,000
(7) (차)	매 출 원 가	2,000	(대)	상 품	2,000
	매 출 원 가	29,000		매 입	26,000
	매입에누리	1,000		매 입(운임)	4,000
	상 품	5,000		매 출 원 가	5,000

7 [매출액, 매출원가, 매출총이익]

① ₩23,500－₩22,500＝₩1,000

② ₩12,500＋₩1,500－(₩11,900＋₩500－₩400)＝₩2,000

③ ₩22,500－₩12,500＝₩10,000

④ ₩30,000－₩29,250＝₩750

⑤ ₩15,000＋₩14,250＝₩29,250

⑥ 전기의 기말재고이므로 ₩1,500

⑦ ₩15,000＋₩3,000－(₩1,500－₩500＋₩700)＝₩16,300

⑧ ₩34,000＋₩1,250＝₩35,250

⑨ 전기의 기말재고이므로 ₩3,000

⑩ ₩3,000＋₩17,500－₩750＋₩500－₩18,000＝₩2,250

⑪ ₩34,000－₩16,000＝₩18,000

8 [계속기록법]

(물음 1)

선입선출법 : 기말재고 ₩12,000, 매출원가 ₩100,000

(물음 2)

이동평균법 : 기말재고 ₩11,714, 매출원가 ₩100,286

9 [실지재고조사법 2]

(물음 1)

판매가능원가=기초재고원가 ₩40,000+당기매입원가 ₩72,000=₩112,000

기말재고원가=150개×@₩120=₩18,000

매출원가=₩112,000−₩18,000=₩94,000

(물음 2)

판매가능원가=기초재고원가 ₩40,000+당기매입원가 ₩72,000=₩112,000

개당 평균원가=₩112,000÷1,000=@₩112

기말재고원가=150개×@₩112=₩16,800

매출원가=₩112,000−₩16,800=₩95,200

10 [선입선출법/후입선출법]

(물음 1) 계속기록법

상품의 입·출고 내역을 계속기록법에 의하여 상품수불부에 기록하면 다음과 같다.

상품수불부

	입고내역			출고내역		
일 자	수 량	단 가	금 액	수 량	단 가	금 액
10. 1	700개	₩50	₩35,000			
3				400개	[ ]	
4	300	52	15,600			
8	300	52	15,600			
9				500	[ ]	
11				300	[ ]	
13	1,000	51	51,000			
21	400	55	22,000			
23				600	[ ]	
27				800	[ ]	
10.29	300	56	16,800			
계	3,000개		₩156,000	2,600개		

판매가능수량	3,000개
판매수량	2,600개
기말재고수량	400개

(1) 선입선출법에 의한 기말재고액

일 자	수 량	단 가	금 액
10.29	300개	₩56	₩16,800
10.21	100개	55	5,500
계	400개		₩22,300

(2) 후입선출법에 의한 기말재고액

일 자	수 량	단 가	금 액
10.29	300개	₩56	₩16,800
10. 1	100개	50	5,000
계	400개		₩21,800

(물음 2) 실지재고조사법

(1) 선입선출법에 의한 기말재고액

계속기록법의 경우와 동일하다(항상 성립한다).

(2) 후입선출법에 의한 기말재고액

일 자	수 량	단 가	금 액
10. 1	400개	₩50	₩20,000
	400개		₩20,000

11 [감모손실과 평가손실]

(물음 1)

(30개－20개)×₩40＝₩400

(물음 2)

20개×(₩40－₩35)＝₩100

(물음 3)

20개×₩35＝₩700

(물음 4)

(1) 감모손실 분개

(차) 상 품	800	(대) 매 출 원 가	800
(차) 재고자산감모손실	400	(대) 매 출 원 가	400

또는 다음과 같이 해도 된다.

(차) 상 품	1,200	(대) 매 출 원 가	1,200
(차) 재고자산감모손실	400	(대) 상 품	400

(2) 평가손실 분개

(차) 매출원가(평가손실)	100	(대) 재고자산평가충당금	100

Chapter 8 유형자산과 무형자산

1 [진위형]

문제	(1)	(2)	(3)	(4)	(5)	(6)	(7)	(8)
정답	F	F	T	F	F	F	T	F

◆ **진위형 해설**

(1) 상품은 물리적 실체가 있더라도 유형자산으로 분류하지 않는다.
(2) 유형자산 중 토지와 건설중인자산은 감가상각을 하지 않는다.
(3) 유형자산의 원가는 사용가능한 상태나 위치에 두기까지 발생된 지출을 포함한다.
(4) 구건물이 있는 토지를 새로운 건물을 건설하기 위해 취득하였다면 구건물의 철거비용은 토지의 원가에 포함시킨다.
(5) 감가상각은 평가과정이 아니라 원가배분과정이다.
(6) 유형자산은 취득시 취득원가로 기록하지만 취득 후에는 원가모형이나 공정가치모형 중 한 가지를 선택하여 재무상태표에 표시한다.
(7) 연수합계법은 체감잔액법(가속상각법)의 일종이다.
(8) 연구비는 발생 즉시 비용으로 처리한다.

2 [완성형]

(1) 유형자산 (2) 원가(취득원가) (3) 감가상각 (4) 내용연수
(5) 체감잔액법(가속상각법) (6) 브랜드 (7) 라이선스 (8) 연구

3 [선다형]

문제	(1)	(2)	(3)	(4)	(5)	(6)	(7)	(8)
정답	②	②	④	④	②	④	④	①

◆ **선다형 해설**

(1) ② - 건물설계비, 신축공사에 대한 보험료, 굴착공사비, 건설을 위한 재료비 등은 건설중인자산에 포함되어야 한다. 기존 건물 철거비, 토지의 취득세는 토지의 취득원가에 가산한다. 따라서 건설중인자산계정에 계상할 금액은 다음과 같다.
∴ ₩360,000 + ₩100,000 + ₩180,000 + ₩500,000 = ₩1,140,000

(2) ② - 소모된 부속품의 대체는 당기비용으로 처리한다.

(3) ④ - 감가상각은 자산 취득원가를 사용기간에 배분하기 위한 것이다.

(4) ④ - ₩216,800 × 20 + ₩216,800 = ₩4,552,800

(5) ② - 정률법은 기초의 장부금액에 정률을 곱하여 감가상각비를 계산한다.

(6) ④ - 감가상각비의 계상은 자산의 장부금액 감소와 비용으로 자본의 감소를 초래한다.

(7) ④ - 20×7년 감가상각비 : (₩2,200 − ₩200) ÷ 5 = ₩400
20×8년 감가상각비(처분시까지) : (₩2,200 − ₩200) ÷ 5 × (9/12) = ₩300
처분시 기계장치의 장부금액 : ₩2,200 − (₩400 + ₩300) = ₩1,500
이를 ₩1,800에 판매하였으므로 유형자산처분이익 ₩300이 발생한다.

(8) ① - 무형자산의 정의에는 투자 목적이 포함되지 않는다.

4 [유형자산 취득 거래]

(1)	(차) 토 지	10,800	(대) 당 좌 예 금	10,000
			현 금	800
(2)	(차) 토 지	20,800	(대) 현 금	20,800
(3)	(차) 토 지	3,000	(대) 현 금	3,000
(4)	(차) 비 품	2,100	(대) 당 좌 예 금	2,000
			현 금	100
(5)	(차) 건설중인자산	10,000	(대) 현 금	10,000
(6)	(차) 건설중인자산	2,000	(대) 당 좌 예 금	2,000
(7)	(차) 건 물	10,000	(대) 건설중인자산	2,000
			당 좌 예 금	8,000

5 [유형자산의 일괄취득]

(물음 1)

건물의 취득원가 = ₩20,000,000 × 2/5 = ₩8,000,000

토지의 취득원가 = ₩20,000,000 × 3/5 = ₩12,000,000

(물음 2)

건물의 취득원가 = ₩0

토지의 취득원가 = ₩20,000,000 + ₩800,000 − ₩100,000 = ₩20,700,000

6 [정액법]

(물음 1)

정액법에 의한 연도별 감가상각비 : ₩500,000÷10년=₩50,000

(차) 감가상각비	50,000	(대) 감가상각누계액	50,000

(물음 2)

(차) 감가상각비	50,000	(대) 감가상각누계액	50,000

(물음 3)

20×1년말의 감가상각누계액은 ₩50,000이고 20×2년말 결산조정분개를 통해 감가상각누계액 ₩50,000이 추가되므로 ₩100,000이다.

(물음 4)

20×2년말 결산조정분개(물음 2)를 통해 감가상각비 ₩50,000이 포괄손익계산서에 계상된다.

(물음 5)

건물의 장부금액=₩500,000(취득원가)−₩100,000(감가상각누계액)=₩400,000

7 [연수합계법과 정률법]

(1) 연수합계법

	계산내역		감가상각비	감가상각누계액	장부금액
1차 :	$(₩61,000-₩6,000)\times\frac{10}{55}$	=	₩10,000	₩10,000	₩51,000
2차 :	$(₩61,000-₩6,000)\times\frac{9}{55}$	=	9,000	19,000	42,000

(2) 정률법

	계산내역		감가상각비	감가상각누계액	장부금액
1차 :	(₩61,000− 0)×0.2	=	₩12,200	₩12,200	₩48,800
2차 :	(₩61,000−₩12,200)×0.2	=	9,760	21,960	39,040

8 [유형자산의 취득, 감가상각, 처분]

(물음 1)

(차) 기 계 장 치	10,000	(대) 미 지 급 금	9,500
		현 금	500

(물음 2)

(차) 감가상각비	3,000	(대) 감가상각누계액	3,000

* (₩10,000−₩1,000)×(5/15)=₩3,000

(물음 3)

(1) 3개월간의 감가상각 추가하는 분개

(차) 감가상각비	600*	(대) 감가상각누계액	600

* 2번째 연도의 1년간 감가상각비 (₩10,000－₩1,000)×(4/15)＝₩2,400
3개월분 감가상각비＝₩2,400×3/12＝₩600

(2) 처분분개

(차) 현 금	8,000	(대) 기 계 장 치	10,000
감가상각누계액	3,600	유형자산처분이익	1,600

9 [회계기간중에 취득한 유형자산의 감가상각, 처분]

(물음 1) 정액법

(1) 감가상각비 계산

① 20×1년 : (₩1,800,000－₩200,000)×1/4×9/12＝₩300,000

② 20×2년 : (₩1,800,000－₩200,000)×1/4×9/12＝₩300,000

(2) 처분하는 시점에 해야 할 회계처리

① 처분시까지 감가상각비 인식

(차) 감가상각비	300,000	(대) 감가상각누계액	300,000

② 처분에 관한 회계처리

(차) 현 금	2,600,000	(대) 기 계 장 치	1,800,000
감가상각누계액	600,000	유형자산처분이익	1,400,000

(물음 2) 연수합계법

(1) 감가상각비 계산

① 20×1년 : $(₩1,800,000 - ₩200,000) \times \frac{4}{4+3+2+1} \times \frac{9}{12} = ₩480,000$

② 20×2년 : $(₩1,800,000 - ₩200,000) \times \frac{4}{4+3+2+1} \times \frac{3}{12} = ₩160,000$

$(₩1,800,000 - ₩200,000) \times \frac{3}{4+3+2+1} \times \frac{6}{12} = ₩240,000$

∴ ₩160,000＋₩240,000＝₩400,000

(2) 처분하는 시점에 해야 할 회계처리

① 처분시까지 감가상각비 인식

(차) 감가상각비	400,000	(대) 감가상각누계액	400,000

② 처분에 관한 회계처리

(차) 현 금	2,600,000	(대) 기 계 장 치	1,800,000
감가상각누계액	880,000	유형자산처분이익	1,680,000

10 [무형자산의 취득과 상각]

20×1년 1월 1일 :

(차)	특 허 권	3,500,000	(대) 현 금	3,500,000

＊ 무형자산은 구입가격에 수수료 등 부대원가를 가산한 금액을 취득원가로 한다.

20×1년 12월 31일 :

(차)	특허권상각비	350,000	(대) 특 허 권	350,000

＊ ₩3,500,000÷10년＝₩350,000

20×2년 1월 1일 :

(차)	연 구 비	450,000	(대) 현 금	450,000

＊ 당해 지출은 무형자산의 인식요건을 충족시키지 못하고 당기비용으로 처리하는 연구비이다.

20×2년 12월 31일 :

(차)	특허권상각비	350,000	(대) 특 허 권	350,000

11 [연구개발활동]

(물음 1)

①, ③, ④가 연구활동과 관련된 지출이다.

∴ ₩200,000＋₩360,000＋₩150,000＝₩710,000

(물음 2)

20×1년 1월 1일 :

(차)	연 구 비(I/S)	710,000	(대) 현 금	1,210,000
	경상개발비(I/S)	300,000		
	개 발 비(무형자산)	200,000		

20×1년 12월 31일 :

(차)	개발비상각비	20,000	(대) 개 발 비	20,000

Chapter 9 부 채

1 [진위형]

문제	(1)	(2)	(3)	(4)	(5)	(6)	(7)	(8)
정답	F	T	F	F	F	F	F	F

◆ **진위형 해설**

(1) 부채는 반대급부가 없더라도 발생되고(미지급법인세), 채무면제이익처럼 경제적 자원의 소비가 없어도 소멸될 수 있다.
(2) 정상적인 영업주기가 1년보다 긴 경우에는 정상적인 영업주기 내에 지급될 것으로 예상되는 경우 유동부채로 분류한다.
(3) 사채의 발행가액은 원금과 현금이자지급액을 유효이자율로 할인한 현재가치이다.
(4) 사채의 발행가액은 유효이자율과 표시이자율(액면이자율)의 차이에 따라 할인발행 또는 할증발행 및 액면발행으로 이루어진다.
(5) 유효이자율법에 의해 사채할인발행차금을 상각하는 경우 상각액은 매기 증가한다.
(6) 유효이자율법에 의해 사채할인발행차금을 상각하는 경우 상각액은 기초의 장부금액에 유효이자율을 곱한 금액에서 현금이자지급액을 차감한 금액이다.
(7) 유효이자율법을 사용하는 경우 할인발행인 경우에는 매기 이자비용은 증가하며, 할증발행인 경우에는 매기 감소한다.
(8) 사채의 장부금액보다 적게 지급하고 상환한 경우에는 상환이익도 발생한다.

2 [완성형]

(1) 영업주기 (2) 추정부채 (3) 유동성장기부채 (4) 유효이자율법
(5) 할인발행 (6) 증가 (7) 차감 (8) 제품보증충당부채

3 [선다형]

문제	(1)	(2)	(3)	(4)	(5)	(6)	(7)	(8)
정답	③	①	③	②	③	③	②	④

◆ 선다형 해설

(1) ③ - 1년 이내에 지급기일이 도래하는 ₩120,000은 유동부채로 표시하고 이자는 표시하지 않는다. 왜냐하면 이자는 발생되지 않았기 때문이다.

(2) ① - 당기손익-공정가치측정금융부채가 아닌 기타금융부채의 후속 측정은 상각후원가이다.

(3) ③ - 사채가 할인발행된 경우 이자비용은 매년 증가된다.

(4) ② - 현금이자지급액은 사채의 만기금액×표시이자율÷이자지급횟수로 계산된다.

(5) ③ - 할증발행인 경우 이자비용은 현금이자금액보다 작다.

(6) ③ - 사채발행일의 액면이자율과 유효이자율의 차이에 따라 결정된다.

(7) ② - ₩885,843×0.15=₩132,876

(8) ④ - 사채와 관련된 분개는 다음과 같다.

20×1년초 :	(차) 현 금	885,843	(대) 사 채	1,000,000
	사채할인발행차금	114,157		
20×1년말 :	(차) 이 자 비 용	132,876	(대) 현 금	100,000
			사채할인발행차금	32,876
20×2년 4월초 :	(차) 사 채	400,000	(대) 현 금	380,000
	사채상환손실	12,512	사채할인발행차금	32,512

* (₩114,157−₩32,876)×40%=₩32,512

4 [화폐의 시간가치]

(물음 1)

₩100,000×(1+0.1)=₩110,000

(물음 2)

₩100,000×0.1=₩10,000

(물음 3)

₩110,000−₩100,000=₩10,000

* 미래가치와 현재가치의 차이는 이자를 의미한다는 것을 이해하자.

(물음 4)

₩100,000×$(1+0.1)^2$=₩121,000

(물음 5)

두 번째 연도초의 원금은 ₩110,000이다. ((물음 1) 참고)

따라서 두 번째 연도의 이자는 ₩110,000×0.1=₩11,000

(물음 6)

₩121,000－₩100,000＝₩21,000

* 미래가치와 현재가치의 차이는 이자를 의미한다고 했다. 2년 후 미래가치와 현재가치의 차이는 결국 2년간의 이자와 동일하다.

1년째 이자	₩10,000	(물음 2)
2년째 이자	11,000	(물음 5)
2년간 이자 합계	₩21,000	

5 [사채의 발행가액]

(물음 1)

액면가의 현재가치와 이자지급액의 현재가치의 합이 발행가액이다.

발행가액＝₩10,000×0.7513＋₩1,000×2.4870＝₩10,000

* 액면이자율과 시장이자율이 같은 경우 사채는 액면발행된다.

(물음 2)

발행가액＝₩10,000×0.7118＋₩1,000×2.4018＝₩9,519.8

* 액면이자율이 시장이자율보다 작은 경우 사채는 할인발행된다.

(물음 3)

발행가액＝₩10,000×0.8638＋₩1,000×2.7232＝₩11,361.2

* 액면이자율이 시장이자율보다 큰 경우 사채는 할증발행된다.

6 [사채의 할인발행]

(물음 1)

발행가액＝₩1,000,000×0.7118＋₩100,000×2.4019＝₩951,990

(물음 2)

현금지급액＝₩1,000,000＋₩100,000×3회(이자지급)＝₩1,300,000

(물음 3)

매기 인식하는 이자비용은 사채의 기초장부금액에 유효이자율을 곱하여 계산한다.

₩951,990×12%＝₩114,239

(물음 4)

₩1,300,000－₩951,990＝₩348,010

발행가액은 사채로 인한 미래현금흐름의 현재가치를 의미하므로 현재가치와 미래가치의 차이금액은 총 인식할 이자를 의미한다.

7 [사채의 할증발행]

(물음 1)

시장이자율로 할인한 미래지급액의 현재가치가 발행가액이다.

사채의 발행가액 : (1)+(2)=₩110,798

(1) 액면가(만기)의 현재가치 :	₩100,000×PV(4, 5%)	
	=₩100,000×0.8227	₩82,270
(2) 이자지급액의 현재가치 :	₩100,000×8%×PA(4, 5%)	
	=₩8,000×3.5460	28,368
합 계		₩110,638

(물음 2)

액면금액 : ₩100,000, 만기 : 4년, 표시이자율 : 8%, 유효이자율 : 5%

연 도 (12.31)	(A) 사채유효 이자(기초E× 유효이자율)	(B) 표시이자 (액면금액× 표시이자율)	(C) 사채할증 발행차금 상각액(B－A)	(D) 사채할증 발행차금 잔액 (D－C)	(E) 사채의 장부금액 (액면가＋D)
발행일				₩10,638	₩110,638
20×1	₩5,532	₩8,000	₩2,468	8,170	108,170
20×2	5,409	8,000	2,591	5,579	105,579
20×3	5,279	8,000	2,721	2,858	102,858
20×4	5,142	8,000	2,858	0	100,000
계	₩21,362	₩32,000	₩10,638		

(물음 3)

20×1년 12월 31일 :

(차) 이 자 비 용	5,532	(대) 현 금	8,000
사채할증발행차금	2,468		

(물음 4)

20×4년 12월 31일 :

(차) 이 자 비 용	5,142	(대) 현 금	8,000
사채할증발행차금	2,858		
(차) 사 채	100,000	(대) 현 금	100,000

Chapter 10 금융자산(Ⅱ) 및 투자부동산

1 [진위형]

문제	(1)	(2)	(3)	(4)	(5)	(6)	(7)
정답	F	F	T	T	F	F	F

◆ **진위형 해설**

(1) 당기손익-공정가치측정금융자산을 취득하는 과정에서 발생하는 거래원가는 비용으로 처리한다.
(2) 보통주는 만기가 없으므로 상각후원가측정금융자산으로 분류할 수 없다.
(5) 상각후원가측정금융상품은 공정가치로 평가하지 않는다.
(6) 지분상품인 기타포괄손익-공정가치측정금융상품을 처분한 경우 처분손익은 인식하지 않는다.
(7) 임대수익을 얻기 위해 보유하고 있는 부동산은 투자부동산으로 분류한다.

2 [완성형]

(1) 당기손익-공정가치측정 (2) 공정가치
(3) 공정가치 (4) 기타포괄손익누계액

3 [선다형]

문제	(1)	(2)	(3)	(4)	(5)	(6)	(7)
정답	④	③	②	①	②	⑤	②

◆ **선다형 해설**

(1) ④ - 기타포괄손익-공정가치측정금융자산으로 결산일의 공정가치로 측정한다.
(2) ③ - 당기손익-공정가치측정금융자산 및 기타포괄손익-공정가치측정금융자산의 배당금의 수취는 모두 투자수익(배당금수익)으로 계상한다.
(3) ② - 경북상사가 20×1년말에 수행해야 할 분개는 다음과 같다.

(차) 당기손익-공정가치측정금융자산평가손실 2,000 (대) 당기손익-공정가치측정금융자산 2,000

(4) ① - 경북상사가 20×2년에 수행해야 할 분개는 다음과 같다.

7. 5	(차) 현 금	11,500	(대)	당기손익-공정가치측정금융자산	11,000
				당기손익-공정가치측정금융자산처분이익	500
12.31	(차) 당기손익-공정가치측정금융자산평가손실	2,000	(대)	당기손익-공정가치측정금융자산	2,000

(5) ② - ₩95,026+(₩95,026×10%−₩100,000×0.08)=₩96,529

(6) ⑤ - 지분상품인 기타포괄손익-공정가치측정금융상품을 처분한 경우 처분손익은 인식하지 않는다.

(7) ② - 투자 목적 또는 비업무용으로 소유하고 있는 토지와 건물 및 기타의 부동산은 투자자산 중 투자부동산으로 보고한다.

4 [당기손익-공정가치측정금융자산의 회계처리 1]

(1)	(차) 당기손익-공정가치측정금융자산	520,000	(대)	당 좌 예 금	523,000
	수수료비용	3,000			
(2)	(차) 현 금	275,000	(대)	당기손익-공정가치측정금융자산[1]	260,000
				당기손익-공정가치측정금융자산처분이익	15,000
(3)	(차) 현 금	25,000	(대)	배당금수익[2]	25,000
(4)	(차) 당기손익-공정가치측정금융자산	550,000	(대)	당 좌 예 금	550,000
(5)	(차) 현 금	33,000	(대)	이 자 수 익[3]	33,000
(6)	(차) 현 금	653,000	(대)	당기손익-공정가치측정금융자산	550,000
				당기손익-공정가치측정금융자산처분이익	70,000
				이 자 수 익	33,000

* 1) ₩520,000×1/2=₩260,000

2) 주식에 대한 배당률은 주식의 액면금액을 기준으로 한다.
₩5,000×100주×1/2×10%=₩25,000

3) 투자사채에 대한 이자는 사채의 액면금액을 기준으로 한다.
₩550,000×12%×6/12=₩33,000

5 [당기손익-공정가치측정금융자산의 회계처리 2]

(물음 1)

기말 공정가치와 장부금액의 차이가 평가이익(손실)으로 손익계산서에 반영되므로 당기손익-공정가치측정금융자산평가이익 ₩10,000이 20×1년 포괄손익계산서에 반영된다.

기말 공정가치 : 18주×₩15,000/주	₩270,000
장부상 금액 : ₩100,000+₩160,000	260,000
평가이익	₩10,000

(물음 2)
20×1년말 공정가치가 1주당 ₩15,000이었으므로 20×2년 처분시 5주의 장부금액은 ₩75,000(=5주×₩15,000/주), 공정가치는 ₩150,000(=5주×₩30,000/주)이므로 처분이익 ₩75,000이 발생한다. 따라서 20×2년 포괄손익계산서에는 당기손익-공정가치측정금융자산처분이익 ₩75,000이 반영된다. 계산과정은 다음과 같다.

처분시 공정가치 : 5주×₩30,000/주	₩150,000
처분시 장부금액 : 5주×₩15,000/주	75,000
처분이익	₩75,000

6 [상각후원가측정금융자산의 회계처리]

(물음 1) 20×1년초 채무상품의 공정가치

액면금액의 현재가치 : ₩100,000×0.79383[1]	₩79,383
액면이자의 현재가치 : ₩8,000×2.57710[2]	20,617
채무상품의 공정가치	₩100,000

* 1) 단일금액 ₩1에 대한 (3기간, 8%) 현가계수임
2) 연금 ₩1에 대한 (3기간, 8%) 현가계수임

(물음 2)
취득, 이자수취(매년말), 만기일의 회계처리가 필요하다.

일 자	회계처리			
20×1. 1. 1	(차) 상각후원가측정금융자산	100,000	(대) 현 금	100,000
20×1.12.31	(차) 현 금	8,000	(대) 이 자 수 익	8,000
20×2.12.31	(차) 현 금	8,000	(대) 이 자 수 익	8,000
20×3.12.31	(차) 현 금	8,000	(대) 이 자 수 익	8,000
	(차) 현 금	100,000	(대) 상각후원가측정금융자산	100,000

(물음 3) 부분재무상태표

비유동자산 :	
상각후원가측정금융자산	₩100,000

7 [기타포괄손익–공정가치측정금융자산의 회계처리 1]

(물음 1)

(차) 기타포괄손익-공정가치측정금융자산 101,000 (대) 현 금 101,000

* @₩10,000×10주+₩1,000=₩101,000

(물음 2)

기타포괄손익–공정가치측정금융자산은 기말에 공정가치로 평가해야 한다. 따라서 기말에 공정가치가 주당 ₩11,000이므로 ₩11,000×10주=₩110,000으로 평가해야 한다.

(물음 3)

(차) 기타포괄손익-공정가치측정금융자산 9,000 (대) 기타포괄손익-공정가치측정금융자산평가이익 9,000

(물음 4)

부분재무상태표

(주)소정 20×1년 12월 31일 현재 (단위 : 원)

자 산 :		부 채 :	
기타포괄손익–공정가치측정금융자산	₩110,000		
		자 본 :	
		기타포괄손익–공정가치측정금융자산평가이익	₩9,000

(물음 5)

(차) 기타포괄손익-공정가치측정금융자산 14,000 (대) 기타포괄손익-공정가치측정금융자산평가이익 14,000
현 금 124,000 기타포괄손익-공정가치측정금융자산 124,000

* 지분상품인 기타포괄손익–공정가치측정금융자산은 처분손익을 인식하지 않는다.

8 [기타포괄손익–공정가치측정금융자산의 회계처리 2]

(물음 1)

20×1. 1. 4 :

(차) 기타포괄손익-공정가치측정금융자산 1,000,000 (대) 현 금 1,000,000

20×1년말 :

(차) 기타포괄손익-공정가치측정금융자산 200,000 (대) 기타포괄손익-공정가치측정금융자산평가이익 200,000

20×2년말 :

(차) 기타포괄손익-공정가치측정금융자산평가이익 200,000 (대) 기타포괄손익–공정가치측정금융자산 300,000
기타포괄손익-공정가치측정금융자산평가손실 100,000

(물음 2)

(차) 기타포괄손익-공정가치측정금융자산평가손실 40,000 (대) 기타포괄손익–공정가치측정금융자산 360,000
현 금 320,000

Chapter 11 자 본

1 [진위형]

문제	(1)	(2)	(3)	(4)	(5)	(6)	(7)	(8)
정답	F	T	T	F	T	F	T	T

◆ 진위형 해설

(1) 자본은 자산에서 부채를 차감한 순자산으로 사용된다.
(2) 한국채택국제회계기준에서 자본은 불입자본과 적립금 등을 구분하여 표시한다.
(3) 법률적 형식보다는 경제적 실질을 중요시한다.
(4) 주식발행비는 지분상품의 발행가액을 감소시키는 역할을 한다.
(5) 주식배당은 이익잉여금으로만 이루어진다.
(6) 자기주식은 자본의 감소이지 자산이 아니다.
(7) 원가 이상으로 처분하는 경우에 기타자본요소의 증가가 이루어진다.
(8) FVOCI금융자산평가손익누계액은 기타자본요소로 자본란에 보고된다.

2 [완성형]

(1) 이익잉여금
(2) 자본금
(3) 자기주식
(4) 무상감자
(5) 감자차익
(6) 기타포괄손익누계액
(7) 미처분이익잉여금
(8) 자본변동표

3 [선다형]

문제	(1)	(2)	(3)	(4)	(5)	(6)	(7)	(8)
정답	②	①	④	④	②	④	④	①

◆ 선다형 해설

(1) ② - 타인자본은 부채이다.
(2) ① - 배당우선주는 보통주에 앞서 배당을 받을 수 있다.
(3) ④ - ① 자본금의 변동은 없고 주당 액면금액만 조정된다.
② 이익잉여금 항목 내의 거래이다.
③ 이익잉여금이 감소된다.

④ 이익잉여금이 자본금으로 전입된다.
⑤ 자기주식은 자본조정에 해당한다.

(4) ④ - 자기주식의 취득은 유통주식수의 감소로 주당순이익을 증가시킨다.
(5) ② - 주식배당은 자본총액에 변동이 없으며 액면금액도 변함이 없다.
(6) ④ - 이익잉여금은 특정 회계기간 동안의 것이 아니라 현재까지 당기순이익 중 사외로 유출되지 않고 사내에 유보되어 있는 금액을 의미하는 것이다.
(7) ④ - 주식배당은 이익잉여금을 재원으로 하므로 주식배당을 하면 이익잉여금은 감소하지만 이익잉여금의 감소만큼 자본금이 증가하므로 자본은 불변이다.
(8) ① - 나머지 항목은 기타자본요소로 분류된다.

4 [주식의 발행 1]

(물음 1) 액면발행

(차) 현　　금	500,000	(대)	자 본 금	500,000

(물음 2) 할증발행

(차) 현　　금	700,000	(대)	자 본 금	500,000
			주식발행초과금	200,000

* 주식발행초과금은 납입자본에 포함시킨다.

(물음 3) 할인발행

(차) 현　　금	300,000	(대)	자 본 금	500,000
주식할인발행차금	200,000			

* 주식할인발행차금은 기타자본요소로 자본의 차감항목으로 표시된다.

5 [주식의 발행 2]

(물음 1)

보통주자본금＝발행주식수×액면금액

20×1년초의 발행주식수＝₩500,000/₩5,000＝100주

20×1년말의 발행주식수＝₩1,000,000/₩5,000＝200주

따라서 추가로 발행한 주식은 100주이다.

(물음 2)

보통주자본금이 ₩500,000 증가했고, 주식발행초과금이 ₩200,000 증가했으므로 (주)상일은 주식을 할증발행하여 ₩700,000을 조달했음을 알 수 있다.

6 [자본계정의 이해]

(물음 1)

(₩200 × 30,000주) − ₩4,600,000 = ₩1,400,000

(물음 2)

₩2,400,000 − ₩3,600,000 + ₩2,100,000 = ₩900,000

(물음 3)

30,000주 − 28,000주 = 2,000주

(물음 4)

₩3,600,000 ÷ 28,000주 = ₩128.57

7 [주식배당과 주식분할]

(물음 1)

(1) 주식배당 선언일 :

(차) 이익잉여금	1,500,000	(대) 미교부주식배당금	1,500,000

(2) 주식교부일 :

(차) 미교부주식배당금	1,500,000	(대) 보통주자본금	1,500,000

(물음 2)

회계처리가 없으며 발행주식수와 액면금액의 변동을 주기 또는 주석으로 공시한다.

(물음 3)

	주식배당/분할 전	주식배당 후	주식분할 후
액면금액	₩300	₩300	₩200
발행주식수	10,000주	15,000주	15,000주
보통주자본금	₩3,000,000	₩4,500,000	₩3,000,000
주식발행초과금	2,000,000	2,000,000	2,000,000
이익잉여금	4,000,000	2,500,000	4,000,000
자본 총계	₩9,000,000	₩9,000,000	₩9,000,000

* 주식분할의 경우 수권주식수가 60,000주로 증가하게 된다.

8 [자본거래의 회계처리]

		차변	금액		대변	금액
(1)	(차)	현　　금	800,000	(대)	보통주자본금	500,000
					주식발행초과금	300,000
(2)	(차)	현　　금	200,000	(대)	보통주자본금	250,000
		주식할인발행차금	50,000			
(3)	(차)	토　　지	8,000,000	(대)	보통주자본금	4,000,000
					주식발행초과금	4,000,000
(4)	(차)	자 기 주 식	240,000	(대)	현　　금	240,000
(5)	(차)	현　　금	12,000	(대)	자 기 주 식	10,000
					자기주식처분이익	2,000
(6)	(차)	미처분이익잉여금	900,000	(대)	미지급배당금	400,000
					미교부주식배당금	200,000
					공장확장적립금	300,000

Chapter 12 현금흐름표

1 [진위형]

문제	(1)	(2)	(3)	(4)	(5)	(6)	(7)	(8)
정답	F	F	F	F	F	F	T	T

◆ 진위형 해설

(1) 재무상태표는 현금의 변동원인을 알 수 없다.
(2) 유형자산의 처분으로 인한 현금유입은 투자활동이다.
(3) 당기손익-공정가치측정금융자산의 취득과 처분은 영업활동으로 분류한다.
(4) 간접법에 의한 경우 재고자산의 증가는 영업활동 현금흐름에서 차감한다.
(5) 간접법에 의한 경우 미지급비용의 증가는 영업활동 현금흐름에 가산한다.
(6) 이 경우 상품매출로 인한 현금유입액은 ₩290,000이다.
(7) 재고자산의 변동액은 가산하고 매입채무의 변동액은 차감한다.
(8) 그러나 매기 계속적으로 적용해야 한다.

2 [완성형]

(1) 현금성자산 (2) 재무활동 (3) 영업활동 (4) 투자활동
(5) 투자활동 (6) 재무활동 (7) 직접법 (8) 간접법

3 [선다형]

문제	(1)	(2)	(3)	(4)	(5)	(6)	(7)	(8)
정답	②	④	①	③	⑤	③	④	③

◆ 선다형 해설

(1) ② - 국제회계기준에서는 두 가지 방법 모두 가능하다.
(2) ④ - 영업활동은 재화의 생산, 판매, 회수와 관계가 있다.
(3) ① - 재고자산의 구입은 영업활동이다.
(4) ③ - 배당금의 수취는 영업활동 아니면 투자활동으로 분류한다.
(5) ⑤ - 사채상환이익은 차감한다.
(6) ③ - 매출활동으로 인한 현금유입액 = 포괄손익계산서상의 매출액 − Δ매출채권

∴ ₩700,000 − [(₩60,000 − ₩4,000) − (₩50,000 − ₩2,000)] = ₩692,000

(7) ④ - 매입활동으로 인한 현금유출액
=포괄손익계산서상 매출원가+Δ재고자산-Δ매입채무
∴ ₩450,000+(₩100,000-₩70,000)-(₩40,000-₩20,000)=₩460,000

(8) ③ - 현금흐름표상 현금증가액은 비교재무상태표상 현금및현금성자산의 차액과 일치한다.

4 [현금흐름표의 기본구조]

현금흐름표 등식을 이용하여 다음과 같이 계산된다.

기초 현금 잔액	₩ ?
+영업활동 현금흐름	(100,000)
+투자활동 현금흐름	500,000
+재무활동 현금흐름	(600,000)
기말 현금 잔액	₩3,000,000

따라서 기초 현금 잔액은 ₩3,200,000이다.

5 [영업활동/간접법]

(1) O	(2) NA	(3) F 또는 O	(4) O	(5) I
(6) F	(7) O	(8) F	(9) F	(10) O

6 [영업활동 현금흐름/간접법]

간접법을 이용하여 영업활동 현금흐름을 계산하면 다음과 같다.

당기순이익	₩2,000,000
감가상각비	+900,000
매출채권 증가액	-500,000
영업활동 현금흐름	₩2,400,000

7 [투자활동 및 재무활동 현금흐름]

(물음 1)

투자활동 현금흐름 :

토지처분액	₩450,000	
설비자산 취득액	(300,000)	₩150,000

* 당기손익-공정가치측정금융자산의 취득과 처분은 영업활동으로 분류하고 있음

(물음 2)

재무활동 현금흐름 :

보통주 발행액	₩720,000	
단기차입금 차입	150,000	
사채상환	(350,000)	
배당금지급액	(160,000)	
자기주식 취득	(280,000)	₩80,000

* 배당금지급액은 영업활동으로 분류할 수 있음

Chapter 13 재무제표 분석

1 [진위형]

문제	(1)	(2)	(3)	(4)	(5)	(6)	(7)	(8)
정답	T	T	F	F	T	T	F	F

◆ 진위형 해설

(1) 이것과 더불어 기간별 비교가 비교의 방법이다.
(2) 당좌비율은 분자에 유동자산에서 재고자산을 차감하여 계산한다.
(3) 수익성 비율에 대한 설명이다.
(4) 이자보상비율은 안전성을 평가하는 데 이용되는 비율 중의 하나이다.
(5) 듀퐁회사의 분석방법이다.
(6) 활동성 비율은 매출채권회전율, 재고자산회전율, 총자산회전율 등 주로 회전율의 형태로 표시한다.
(7) 주가수익비율(PER)이 클수록 동일한 수익률에 주가가 과대평가되었다고 할 수도 있다.
(8) 배당성향은 당해 연도 현금배당액을 당기순이익으로 나눈 값이다.

2 [완성형]

(1) 수평적 분석 (2) 수직적 분석 (3) 유동비율 (4) 안정성 비율
(5) 이자보상비율 (6) 매출채권회전율 (7) 배당성향 (8) 주당순이익

3 [선다형]

문제	(1)	(2)	(3)	(4)	(5)	(6)	(7)	(8)
정답	②	③	②	③	②	①	③	④

◆ 선다형 해설

(1) ② - 당좌비율은 유동성 분석에 이용된다.
(2) ③ - 매출채권회전율은 매출액 및 매출채권과 관련이 있다.
(3) ② - 주당이익과 부채비율은 유동성과 관계가 없다.
(4) ③ - 자기자본이익률에서 총자산이익률을 차감한 것이다.

(5) ② - 이익의 우수성 분석은 당기순이익에서 영업활동 현금흐름이 차지하는 비율로 측정한다.

(6) ① - 당좌비율이 크고 매출채권회전율이 클수록 유리할 것이다.

(7) ③ - 당기순이익에 영향을 주기 때문이다.

(8) ④ - 매출액순이익률은 수익성 분석에 이용된다.

4 [여러 가지 비율]

(1) 유동비율

$$\frac{\text{유동자산}}{\text{유동부채}} = \frac{₩170{,}000}{₩70{,}000} = 242.9\%$$

(2) 당좌비율

$$\frac{\text{당좌자산}}{\text{유동부채}} = \frac{₩90{,}000}{₩70{,}000} = 128.6\%$$

(3) 방어기간비율

$$\frac{\text{방어자산}}{(\text{일상 영업비용}-\text{비현금비용})\div 365} = \frac{₩90{,}000}{₩45{,}000\div 365} = 730\text{일}$$

(4) 부채비율

$$\frac{\text{부채}}{\text{총자산}} = \frac{₩200{,}000}{₩350{,}000} = 57.1\%$$

* 총자산 대신 순자산(자본)을 사용하기도 한다.

(5) 총자산이익률

$$\frac{\text{당기순이익}}{\text{평균자산총액}} = \frac{₩20{,}000}{₩350{,}000} = 5.7\%$$

* 당기순이익 대신 영업이익을 사용하기도 한다.

5 [비율분석 종합]

(1) 매출총이익률 : ₩58,000÷₩150,000=38.67%
(2) 법인세율 : ₩2,750÷₩11,000=25.0%
(3) 매출액순이익률 : ₩8,250÷₩150,000=5.5%
(4) 부채비율 : ₩52,000÷₩36,000=1.44
(5) 자기자본이익률 : ₩8,250÷₩33,000=25.0%
(6) 총자산이익률 : ₩8,250÷(₩88,000+₩84,000)/2=9.59%
(7) 유동비율 : ₩50,000÷₩14,000=3.57
(8) 당좌비율 : ₩16,000÷₩14,000=1.14
(9) 재고자산회전율 : ₩92,000÷₩32,000=2.875

(10) 매출채권회전율 : ₩150,000×40%÷₩13,500=4.44

* 순외상매출액 정보를 얻기 곤란한 경우 다음과 같이 순매출액 정보를 이용하여 비율을 계산한다.

₩150,000÷₩13,500=11.11

찾아보기

ㅇ

A

B

C

■ 저자약력

반선섭 경영학박사(회계학전공), 국립 강릉원주대학교 사회과학대학 회계학과 교수
(ssban@gwnu.ac.kr)

박창래 경영학박사(회계학전공), 국립 강릉원주대학교 사회과학대학 회계학과 교수
(pcr@gwnu.ac.kr)

박종성 경영학박사(회계학전공), 숙명여자대학교 경상대학 경영학부 교수, 공인회계사
(jongsung@sookmyung.ac.kr)

이은철 경영학박사(회계학전공), 동덕여자대학교 사회과학대학 경영학과 교수
(eclee@dongduk.ac.kr)

최수미 경영학박사(회계학전공), 충남대학교 경상대학 경영학부 교수
(sumi@cnu.ac.kr)

최종원 경영학박사(회계학전공), 연세대학교 경영학부 교수
(finalone@yonsei.ac.kr)

곽지영 경영학박사(회계학전공), 세명대학교 사회과학대학 기업경영학과 교수
(jykwak@semyung.ac.kr)

이재홍 경영학박사(회계학전공), 상명대학교 경영경제대학 경영학부 교수
(jaehong321@gmail.com)

제5판 IFRS 회계원리

2013년 2월 20일 제 1 판 1쇄 발행
2023년 7월 10일 제 5 판 1쇄 인쇄
2023년 7월 20일 제 5 판 1쇄 발행

저 자 반선섭 · 박창래 · 박종성 · 이은철
최수미 · 최종원 · 곽지영 · 이재홍
발 행 인 권 영 섭
발 행 처 (주)신 영 사
경기도 파주시 심학산로 12(출판문화단지)
등 록 : 1988. 5. 2 / 제406-1988-000020호
전 화 : 031-946-2894(代)
F A X : 031-946-0799
e - mail : sys28945@naver.com
홈페이지 : http://www.shinyoungsa.co.kr

㈜신영사

정가 37,000원

ISBN 978-89-5501-806-6